Demokratisierung und Dezentralisierung

Philip Stöver

Demokratisierung und Dezentralisierung

Staatsorganisationsreformen im Kontext von Regime- und Regierungswechseln in Spanien, Polen und Großbritannien

Philip Stöver
Berlin, Deutschland

Dissertation Ruprecht-Karls-Universität Heidelberg, 2012

ISBN 978-3-658-00663-1   ISBN 978-3-658-00664-8 (eBook)
DOI 10.1007/978-3-658-00664-8

Die Deutsche Nationalbibliothek verzeichnet diese Publikation in der Deutschen Nationalbibliografie; detaillierte bibliografische Daten sind im Internet über http://dnb.d-nb.de abrufbar.

Springer VS
© Springer Fachmedien Wiesbaden 2012
Das Werk einschließlich aller seiner Teile ist urheberrechtlich geschützt. Jede Verwertung, die nicht ausdrücklich vom Urheberrechtsgesetz zugelassen ist, bedarf der vorherigen Zustimmung des Verlags. Das gilt insbesondere für Vervielfältigungen, Bearbeitungen, Übersetzungen, Mikroverfilmungen und die Einspeicherung und Verarbeitung in elektronischen Systemen.

Die Wiedergabe von Gebrauchsnamen, Handelsnamen, Warenbezeichnungen usw. in diesem Werk berechtigt auch ohne besondere Kennzeichnung nicht zu der Annahme, dass solche Namen im Sinne der Warenzeichen- und Markenschutz-Gesetzgebung als frei zu betrachten wären und daher von jedermann benutzt werden dürften.

Gedruckt auf säurefreiem und chlorfrei gebleichtem Papier

Springer VS ist eine Marke von Springer DE. Springer DE ist Teil der Fachverlagsgruppe Springer Science+Business Media
www.springer-vs.de

Vorwort

Die vorliegende Studie ist eine leicht überarbeitete Fassung meiner 2011 bei der Fakultät für Wirtschafts- und Sozialwissenschaften der Universität Heidelberg eingereichten Dissertation. Begutachtet wurde die Arbeit von Prof. Dr. Dr. h.c. mult. Dieter Nohlen und Prof. Dr. Peter Schlotter.

Mein besonderer Dank gilt meinem akademischen Lehrer und Doktorvater Dieter Nohlen. Von 2000 bis 2007 habe ich in der Forschungsgruppe Nohlen an zahlreichen Projekten, insbesondere im Bereich der Wahlsystemforschung, mitwirken dürfen. Dies war eine - im besten Sinne - lehrreiche Zeit, in der ich nicht nur sehr viel über politische Institutionen gelernt, sondern auch eine gründliche Ausbildung in Methoden, Arbeitstechniken und Herangehensweisen erfahren habe. Obwohl ich mich für einen beruflichen Weg außerhalb der Hochschule entschieden habe, wurde ich bei meinem Promotionsvorhaben dankenswerterweise weiter von Dieter Nohlen sehr unterstützt und motiviert. Eine besondere Freude war es mir, dass wir überdies 2010 das große Wahldatenhandbuch Elections in Europe gemeinsam abschließen konnten.

Während meiner Zeit in Heidelberg hat mir das Institut für Politische Wissenschaft ausgezeichnete Bedingungen für die Arbeit an unterschiedlichen Forschungsprojekten, der eigenen Dissertation und meine Tätigkeit als Lehrbeauftragter geboten. Hier geht mein Dank an die zahlreichen Kolleginnen und Kollegen wie auch die Studierenden für den anregenden und engagierten Austausch. Besonders profitiert habe ich wie viele andere Doktoranden vom kritischen und diskussionsfreudigen Magistranden- und Doktorandenkolloquium unter der Leitung von Prof. Nohlen. Herrn Prof. Schlotter möchte ich an dieser Stelle nochmals dafür danken, dass er sich der Arbeit als Zweitgutachter angenommen hat.

Nicht zuletzt gilt mein Dank auch der Studienstiftung des deutschen Volkes, die mich während meines Studiums und der Promotion materiell und immateriell großzügig gefördert hat.

Berlin, im September 2012   Philip Stöver

Inhalt

1 Einleitung 15
2 Demokratisierung und Dezentralisierung 21
   2.1   Begriffliche und historische Zusammenhänge 21
   2.2   Demokratisierung und Institutionenreform 24
       2.2.1   Von der Autokratie zur Demokratie 24
       2.2.2   Typologien und Ansätze der Analyse von Systemwechseln 27
       2.2.3   Transition als Kontext von Institutionenreformen 35
             2.2.3.1   Zum Kontextproblem in der politikwissenschaftlichen
                        Analyse 37
             2.2.3.2   Transition als Reformkontext: begriffliche, theoretische
                        und historische Aspekte 39
   2.3   Staatsorganisation und ihre Reform 43
       2.3.1   Staatsorganisationsreform als institutionenpolitischer Prozess ... 43
       2.3.2   Analysedimensionen und empirische Ausprägungen von
             Dezentralisierung und subnationaler Autonomie 47
       2.3.3   Historische Kontexte und Trends staatlicher
             Organisationsveränderung 53
             2.3.3.1   Zentralisierungstrends und Dezentralisierungstrends in
                        konsolidierten Demokratien 54
             2.3.3.2   Staatsorganisationsreform im Übergang zur Demokratie 58
             2.3.3.3   Institutionenwandel und -reform in Europa 63
   2.4   Anlage der Untersuchung und Einzelheiten des Vorgehens 69
       2.4.1   Untersuchungsdesign, Fallauswahl und Zeitraum 69
       2.4.2   Zum Inter-area-Vergleich 73
3 Demokratisierung und Staatsorganisationsreform in Spanien 77
   3.1   Staat und Politik vor der spanischen Transition 78
       3.1.1   Die nationale Integration 78
       3.1.2   Verwaltungsorganisation und Systemkonflikte vor der
             frankistischen Herrschaft 84
       3.1.3   Staat und Politik unter Franco 87

3.1.4	Autoritärer Zentralismus	93
3.1.5	Der Zentrum-Peripherie-Konflikt unter Franco	99
3.2	Die spanische Transition	102
3.2.1	Akteure, Institutionen und Rahmenbedingungen der transición	103
3.2.2	Der Verfassungsprozess und die Institutionalisierung der Demokratie	112
3.2.3	Entwicklung der politischen Kräfteverhältnisse	116
3.3	Transition und Staatsorganisationsreform in Spanien	125
3.3.1	Die erste Phase des Autonomieprozesses	126
3.3.2	Die Konstituierung der Autonomen Gemeinschaften	131
3.3.3	Lokale Demokratie und Verwaltung im Staat der Autonomen Gemeinschaften	149
3.3.4	Die Institutionen der Gemeinden und Provinzen	156
3.3.5	Die zweite Phase des Autonomieprozesses – Neudefinition der Positionen und institutionelle Entwicklung nach der Transition	164
3.3.6	Interregionale Solidarität im Staat der Autonomen Gemeinschaften	170
3.3.7	Die Beziehungen zwischen Zentralstaat und Regionen	174
3.4	Systemwechsel und Staatsorganisationsreform in Spanien: Fazit	181

4 Demokratisierung und Staatsorganisationsreform in Polen ... 189

4.1	Staat und Politik vor der polnischen Transition	190
4.1.1	Historische Entwicklung bis zum Sozialismus	190
4.1.2	Die politische Entwicklung der Volksrepublik	193
4.1.2.1	Die Ären Bierut und Gomułka (1948-1970)	195
4.1.2.2	Von Gierek bis zum Vorabend der Demokratisierung (1970-Mitte der 1980er Jahre)	198
4.1.3	Die sozialistische Staatsorganisation. Parteienstaat und Volksrätesystem ab 1950	202
4.1.4	Reformen der 1970er und 80er Jahre	206
4.2	Die polnische Transition	211
4.2.1	Akteure, Institutionen und Rahmenbedingungen des Systemwechsels	212
4.2.2	Entwicklung der Kräfteverhältnisse und Institutionalisierung der Demokratie in den 1990er Jahren	219
4.3	Transition und Staatsorganisationsreform in Polen	226
4.3.1	Die Institutionalisierung der lokalen Demokratie	227
4.3.2	Die Transformation der lokalen Politik	235

4.3.3	Die Territorialgliederung in der frühen Phase der Transition ...	246
4.3.4	Der zweite Anlauf zur Staatsorganisationsreform	254
4.3.5	Die Staatsorganisationsreform von 1998: Positionen, Verlauf und Ergebnisse	260
4.3.6	Die Staatsorganisation nach 1998	268
4.4	Systemwechsel und Staatsorganisationsreform in Polen: Fazit	275

5 Staatsorganisationsreform in Großbritannien 281

    5.1   Historische Entwicklung des local government 283
        5.1.1   Die historische dezentrale Administration 283
        5.1.2   Funktionswandel und institutionelle Entwicklung im 20. Jahrhundert 287
        5.1.3   Nationen und Regionen im Vereinigten Königreich 291
    5.2   Brüche und Kontinuitäten in den 1980er Jahren 298
    5.3   Entwicklung der Staatsorganisation seit den 1990er Jahren 305
        5.3.1   Die Reform der lokalen Ebene: inhaltliche Kontinuität und institutioneller Wandel 306
        5.3.2   Institutionen und Politik in Schottland und Wales 312
        5.3.3   Politische Prozesse und die weitere institutionelle Entwicklung in Schottland und Wales 320
        5.3.4   England: funktionale Erwägungen für die regionale Ebene 328
    5.4   Staatsorganisationsreform in Großbritannien: Fazit 338

6 Demokratisierung und Dezentralisierung. Abschließender Vergleich und Ergebnisse 343

    6.1   Die Makro-Ebene: systemübergreifende Trends der staatsorganisatorischen Entwicklung 343
    6.2   Staatsorganisationsreform im Kontext von Regime- und Regierungswechseln: Institutionen, Prozesse und Akteure 346
    6.3   Ergebnis und Ausblick 351

7 Bibliographie 355

Tabellenverzeichnis

Tabelle 1:   Merkmale der Systeme des local government 49
Tabelle 2:   Kabinette während und nach der spanischen Transition
              1975–1996 121
Tabelle 3:   Stimmenentwicklung der UCD ab 1979 139
Tabelle 4:   Die Autonomen Gemeinschaften Spaniens 143
Tabelle 5:   Spanische Kommunalwahlen 1979 bis 1987 151
Tabelle 6:   Die subregionale Struktur Spaniens in der Transition 159
Tabelle 7:   Regierungsparteien auf nationaler und regionaler Ebene
              nach der Transition 176
Tabelle 8:   Staatsorganisation in Ostmitteleuropa vor 1989 211
Tabelle 9:   Polnische Kabinette 1991 bis 1999 220
Tabelle 10:   Kommunalwahl 1990, prozentuale Stimmenverteilung 241
Tabelle 11:   Beschäftigung in zentraler und dezentraler Verwaltung 266
Tabelle 12:   Die Wojewodschaften nach 2001 272
Tabelle 13:   Stimmen- und Sitzverteilung bei regionalen und
              nationalen Wahlen 321

Abkürzungsverzeichnis

Abs.	Absatz
AP	*Alianza Popular* (Volksallianz)
Art.	Artikel
AWS	*Akcja Wyborcza Solidarność* (Wahlaktion Solidarność)
BIP	Bruttoinlandsprodukt
CC	*Coalición Canaria* (Kanarische Koalition)
CiU	*Convergència i Unió* (Konvergenz und Einheit)
EG	Europäische Gemeinschaft
ERC	*Esquerra Republicana de Catalunya* (Republikanische Linke Kataloniens)
EU	Europäische Union
EWG	Europäische Wirtschaftsgemeinschaft
FCI	*Fondo de Compensación Interterritorial* (Interterritorialer Ausgleichsfonds)
FEMP	*Federación Española de Municipios y Provincias* (Spanische Föderation der Gemeinden und Provinzen)
GOR	*Government Offices for the Regions*
HB	*Herri Batasuna* (Volksunion)
Jh.	Jahrhundert
Kap.	Kapitel
KLD	*Kongres Liberalno-Demokratyczny* (Liberaldemokratischer Kongress)
LBRL	*Ley Reguladora de las Bases del Régimen Local* (Gesetz über die Grundsätze der lokalen Verwaltung)
NUTS	*Nomenclature des unités territoriales statistiques*
OKP	*Obywatelski Klub Parlamentarny* (Fraktion Parlamentarischer Bürgerklub)
PCE	*Partido Comunista de España* (Kommunistische Partei Spaniens)
PNV	*Partido Nacionalista Vasco* (Baskische Nationalistische Partei)
PP	*Partido Popular* (Volkspartei)
PSA	*Partido Socialista de Andalucia* (Sozialistische Partei Andalusiens)

PSC	*Partit dels Socialistes de Catalunya* (Partei der Sozialisten Kataloniens)
PSL	*Polskie Stronnictwo Ludowe* (Bauernpartei)
PSOE	*Partido Socialista Obrero Español* (Spanische Sozialistische Arbeiterpartei)
PZPR	*Polska Zjednoczona Partia Robotnicza* (Polnische Vereinigte Arbeiterpartei)
SLD	*Sojusz Lewicy Demokratycznej* (Demokratische Linksallianz)
SNP	*Scottish National Party*
STV	*Single Transferable Vote*
UCD	*Unión de Centro Democrático* (Union des Demokratischen Zentrums)
UD	*Unia Demokratyczna* (Demokratische Union)
UW	*Unia Wolnosci* (Freiheitsunion)

1 Einleitung

Die Konsolidierung der meisten zwischenstaatlichen Grenzen innerhalb Europas nach Ende des Zweiten Weltkriegs ging nicht einher mit einer Festigung der *innerstaatlichen vertikalen Strukturen*. Fast jedes Jahrzehnt hat größere Verschiebungen der internen territorialen Ordnungen erlebt. In den meisten Fällen waren dies „von oben", d. h. den staatlichen Zentren, gesteuerte Prozesse. Noch zahlreicher und vielgestaltiger sind die institutionellen Entwicklungen, welche die vertikalen Staatsstrukturen und das Verhältnis zwischen den staatlichen Ebenen berühren, kurz: Zentralisierungs- und Dezentralisierungsprozesse. Diese Dynamik ist für konsolidierte Demokratien ebenso festzustellen wie für junge Demokratien bzw. Staaten im Übergang von einer autoritären Herrschaft zur Demokratie. Insbesondere den letztgenannten Fällen widmet sich diese Arbeit. Mit der vorliegenden Studie soll der gleichzeitige Ablauf der demokratischen Transition und der politischen und administrativen Dezentralisierung empirisch und vergleichend untersucht werden. Das politikwissenschaftliche Forschungsinteresse gilt dabei den direkten und indirekten Auswirkungen des politischen Systemwechsels als Reformkontext auf die Prozesse der Staatsorganisationsreform.

In den europäischen „Kernländern" (z. B. Frankreich) wie auch in der europäischen „Peripherie" (darunter Spanien im Übergang zur Demokratie) scheint mit der *Modernisierung* des Staates insgesamt und seiner vertikalen Struktur im Besonderen ein gemeinsames Paradigma die Rationalität jener Reformprozesse zu bestimmen. Plausibel erscheint dies, so weit im system- und modernisierungstheoretischen Sinne ein Zusammenhang hergestellt wird zwischen einem gesellschaftlichen Modernisierungsprozess mit den damit einhergehenden Differenzierungen einerseits und der zunehmenden Notwendigkeit entsprechend ausdifferenzierter und leistungsfähiger Strukturen des politischen Systems andererseits (Easton 1965; Parsons 1969). So oft der Modernisierungsbegriff seit Jahrzehnten in den entsprechenden Reformdiskussionen jedoch auch bemüht wurde, so unscharf ist er geblieben. Zu dieser Unbestimmtheit trug bei, dass sich nicht nur sehr unterschiedliche politische Rechtfertigungsdiskurse des Modernisierungsbegriffs bedient haben, sondern auch, dass die Reformrichtungen, Zentralisierung oder Dezentralisierung, unterschiedliche waren. Hier deutet sich an, dass es sich bei der Staatsorganisation um ein sehr politisches – d. h. Interessen und Machtressourcen betreffendes – Regelungsfeld handelt. Bei der hier anzustellenden Analyse ihrer Reform sind deshalb besonders auch die politischen Kräfteverhältnisse, Interessen und Strategien in den Blick zu nehmen, mithin mögliche Triebkräfte, die durch einen Modernisierungsdiskurs eher verschleiert als erhellt werden.

Sowohl in der Legitimierung von Dezentralisierung als auch bei ihrer politikwissenschaftlichen Analyse wird ein enger Zusammenhang mit Demokratisierung hergestellt. Dies galt zunächst für die demokratischen Industriestaaten und war oft beeinflusst von partizipatorischen Überlegungen. Entsprechend wurde hier unter Demokratisierung die *Vertiefung der Demokratie* – im Unterschied zum *Übergang zum Systemtyp der Demokratie* – verstanden und fand ein weiter Demokratiebegriff Anwendung. Dem Ziel, die politischen und administrativen Zuständigkeiten auf die kleinsten in den jeweiligen Angelegenheiten handlungsfähigen Einheiten zu verlagern, steht mit der *effizienten Verwaltung* jedoch ein Reformziel gegenüber, das mal als konfligierend, mal als komplementär beschrieben wird. Wenngleich die Vertreter des Demokratisierungsarguments die Dezentralisierung eben auch mit jener Effizienz staatlichen Handelns, welche aus sachgerechteren Lösungen resultiere, rechtfertigen, zeigt sich empirisch, dass unter Effizienzgesichtspunkten häufig zentralisierende Reformen durchgeführt und Aufgaben und Ressourcen auf höhere staatliche Ebenen transferiert wurden.

Deutlicher als in den konsolidierten Demokratien stellt sich der Zusammenhang zwischen Dezentralisierung und Demokratisierung in Ländern dar, die im Ausgang einer autokratischen – und damit immer auch zentralistischen (vgl. Loewenstein 1959: 327) – Herrschaft demokratische Institutionen schaffen und dezentrale Institutionen aufbauen bzw. stärken. Von diesem gleichzeitigen Ablauf demokratischer Transition und politischer und administrativer Dezentralisierung handelt die vorliegende Arbeit. Der Untersuchung liegt die Annahme zugrunde, dass der Regimewechsel als soziopolitischer Kontext nicht neutral ist, sondern die institutionelle Entwicklung in spezifischer Weise beeinflusst. Die Untersuchung ist so angelegt, dass der Vergleich zweier Transitionsländer, Spanien und Polen, durch einen Vergleich mit einer konsolidierten Demokratie, Großbritannien, ergänzt wird. Dieser Fall stellt insofern ein Differenzmodell dar, als hier *Regierungswechsel* und nicht *Regimewechsel* die Entwicklung der Staatsorganisation markieren. Was den Vergleich mit dem britischen Fall neben der heuristischen Funktion überdies potentiell ertragreich macht, sind die „paradigmatischen" staatsorganisatorischen Entwicklungen im Zuge der – und hier ist wieder der Allgemeinbegriff: – staatlichen *Modernisierung* sowie die ebenfalls unter dem Modernisierungsbegriff diskutierten Reformen seit den 1990er Jahren. Anknüpfend an eine bereits Ende des 19. Jahrhunderts begonnene heterogene Dekonzentration wurde hier eine asymmetrische politische und administrative Dezentralisierung umgesetzt, die unter manchen Gesichtspunkten an den spanischen „Staat der Autonomen Gemeinschaften" (Nohlen/Gonzáles Encinar 1992) erinnert. Die Fragestellung der vorliegenden Arbeit bezieht sich auf die gesamte vertikale Staatsorganisation und schließt damit regionale wie subregionale Ebenen ein. Gemeinden, Kreise, Provinzen und Regionen wurden unter je spezifischen Blickwinkeln vielfach untersucht. Wenn es um die Stellung der Gebietskörperschaften im gesamtstaatlichen Gefüge geht, konzentriert sich die Analyse in der Regel auf *eine* dieser Ebenen. In der Forschung herrscht hier eine gewisse Arbeitsteilung vor, die sich aus einer verbreiteten Sicht auf die vertikale Struktur der Flächenstaaten ergibt. Nach dieser Sichtweise nimmt in der vertikalen Staatsorganisation das administrative Moment von „oben" nach „unten" zu, während das politische abnimmt, oder anders: *Politik* wird im Zentrum gemacht, das Lokale hat *Verwaltungscharakter*.

Wenn es um die Dezentralisierung des postautoritären Staates geht,[1] trägt diese Differenzierung freilich nur bedingt. Historische Spezifika spielen eine Rolle für die Frage, welche konkrete politische Bedeutung eine staatliche Ebene hat, d. h. inwiefern macht- bzw. ressourcenbezogene Interessen berührt werden. Die Reformdynamiken und -strategien unterscheiden sich in den hier untersuchten Fällen je nach staatlicher Ebene. Der *Übergang zur Demokratie* stellt jedoch, so die grundlegende Annahme der Arbeit, für die gesamte vertikale Organisation des Staates einen besonderen Kontext institutionenpolitischer Prozesse dar. Durch die Berücksichtigung der regionalen (bzw. provinzialen) *und* subregionalen Gebietskörperschaften im Rahmen der Fallanalysen kann folglich die Erkenntnisbasis für die leitende Forschungsfrage verbreitert werden.

Das politikwissenschaftliche Interesse an der Genese und Reform von Institutionen unterlag seit Beginn der „dritten Welle der Demokratisierung" (Huntington 1991b) in den 1970er Jahren einem deutlichen Wandel. So galt die Aufmerksamkeit, mit der die Reform von Institutionen *im Kontext der Transition* bedacht wurde, lange Zeit weniger den Entstehungsbedingungen. Das Interesse an den Systemwechseln war eher Folge der realpolitischen Entwicklungen und damit vornehmlich auf Rezepte, „gute" Institutionen und Bedingungen orientiert, die der demokratischen Entwicklung förderlich seien. Was der Prozess der Transition wiederum für die Reformprozesse bzw. die „Herausbildung politischer Institutionen" (Rüb 1994) bedeutete, interessierte zunächst nur am Rande und wird erst seit den 1990er Jahren, insbesondere für osteuropäische System-

---

[1] Da der gebietskörperschaftliche Staatsaufbau der untersuchten Länder mit dem Ende des jeweiligen Autoritarismus aufgrund der staatlichen Kontinuität nicht zusammengebrochen ist, sondern allmählich umgebaut wurde, ist der Dezentralisierungsbegriff, der die *planmäßige Veränderung bestehender Institutionen* impliziert, hier anwendbar (s. u. Kap. 2.3.1).

wechsel, systematisch untersucht.[2] Überraschend kam das zunehmende Interesse an der Institutionengenese nicht. Offenkundig war der Bedarf an neuen gesellschaftlichen, politischen und ökonomischen Institutionen, die delegitimierte Normen und Strukturen ersetzen sollten, immens (vgl. Offe 1996: 199).

Die Studie versucht einen Beitrag zur vergleichenden Analyse politischer Systeme und zur kontextbezogenen Erforschung der Institutionengenese zu leisten. Ziel der empirischen Untersuchung von politischen Prozessen und ihren soziopolitischen Rahmenbedingungen ist es, generalisierende Aussagen über die Wirkungen des Kontextes auf die „eigentlichen" operativen Variablen des institutionenpolitischen Prozesses zu treffen. Die zentrale Fragestellung ist dabei thematisch in der Transitionsforschung zu verorten, da der hier interessierende Kontext der politische Systemwechsel zur Demokratie ist. Die empirische Untersuchungstiefe soll darüber hinaus eine Verzahnung mit dem Feld der Staatsorganisation leisten. Dieser Teil des politischen Systems, dem sich in erster Linie verwaltungsinteressierte Politikwissenschaftler widmen, wurde innerhalb der Transitionsforschung in der Regel nur am Rande berührt. Dies hängt auch damit zusammen, dass die Staatsorganisation – im Unterschied zum Wahl- oder Regierungssystem – kein konstitutives Element des Regimes bzw. der Herrschaftsordnung ist, in deren Veränderung die Demokratisierung besteht. Die vertikale Organisation der Demokratie kann sehr unterschiedliche Grade der (De-) Zentralisierung aufweisen und ist insofern kontingent, wenngleich ein enger Zusammenhang zwischen Demokratisierung und Dezentralisierung diskutiert wird (s. u. Kap. 2.1 und 2.2.3).

Es ist im Laufe der Untersuchung zu prüfen, inwieweit sich die Konzepte und der Erfahrungsbestand der vergleichenden Analyse politischer Systeme für die Fragestellung eignen. Die mittlerweile umfangreiche Forschungsliteratur zum Thema Staatsorganisationsreform auch in Transitionsländern rechtfertigt jedoch die Annahme ihrer grundsätzlichen Anwendbarkeit (s. o. Fußnote 1). Der Untersuchungsansatz ist historisch-empirisch und kombiniert prozess- und akteursbezogene, institutionelle, politisch-strukturelle, soziokulturelle und sozioökonomische Faktoren. Ein solcher Ansatz trägt den Erkenntnissen der jüngeren Institutionenforschung Rechnung, nach denen sich sowohl bei der Analyse der Institutionengenese als auch beim Studium von politischen Systemwechseln „Theoriesynthesen" (Schmidt 2010: 431) als ergiebig und angemessen erwiesen haben (vgl. Merkel 1994c; Nohlen 2010c: 1109). Die Fälle werden deshalb sowohl historisch – mit dem Fokus auf Strukturen und längerfristigen Entwicklungslinien – als auch prozessbezogen – unter Berücksichtigung von Akteuren, Interessen, Strategien, Konstellationen, Ressourcen, aber auch von

---

[2] Entsprechende, komparativ angelegte Untersuchungen sind beispielsweise: Nohlen/Kasapovic (1996); Taras (1997); Krohn (2003); Birch (2003) und Grotz (2005).

Restriktionen – analysiert. Mit Spanien und Polen sind dabei zwei Länder der (ehemaligen) europäischen Peripherie die primären Vergleichsfälle dieser Arbeit. Der „europäische Tatbestand", also die jeweils wenige Jahre nach dem Systemwechsel vollzogene Integration in die Strukturen der Europäischen Gemeinschaft bzw. Union, hat für die politisch-materielle und teilweise auch institutionelle Entwicklung dieser Länder eine wichtige Rolle gespielt. Sie wird deshalb an entsprechender Stelle thematisiert, und auch eine Einordnung in die Forschung wird vorgenommen.[3] Da die Transitionsprozesse den Beitrittsprozessen jedoch einige Jahre vorausgingen, kann es in dieser Studie nur nachgeordnet um mögliche direkte Aus- und Rückwirkungen der europäischen Integration auf die nationalen Reformprozesse gehen. Zudem liegt das Hauptaugenmerk auf den *institutionellen Reformen* der vertikalen Staatsorganisation. Dieser Hinweis auf den institutionellen Fokus ist deshalb von Bedeutung, weil sich seit den 1990er Jahren Zweige der Politikwissenschaft weniger mit Regierungen als Organisationen denn mit *governance* als einer Aktivität beschäftigen (vgl. Burch/Gomez 2002: 767). Dies gilt besonders auch für Analysen der Stellung der Gebietskörperschaften. Etwa parallel zu dieser Entwicklung fand eine Fokusverschiebung vom Nationalstaat auf die unterschiedlichen politischen Ebenen statt („*multilevel governance*"). Akteursverhalten und -beziehungen, politikfeldspezifische Muster und Trends bilden hier den Gegenstand der Analyse. Diese Gesichtspunkte sind für die vorliegende Untersuchung nur insoweit von Bedeutung, als sie Einfluss auf die Reform von Institutionen haben. Empirisch ist dies jedoch nur bedingt fassbar. Auch ist anzumerken, dass die Erträge der Europäisierungsforschung teilweise hinter den Erwartungen zurückgeblieben sind und das Interesse an „nationalen Faktoren" gewissermaßen ein *revival* erlebt hat. Auf die entsprechenden Befunde und Konsequenzen soll im begrifflich-theoretischen Teil dieser Arbeit (Kap. 2.3) noch einmal vertiefend eingegangen werden.

Die Studie ist wie folgt aufgebaut: Kapitel 2 behandelt die begrifflichen und theoretischen Grundlagen, den Stand der Forschung bezogen auf die einzelnen Untersuchungsaspekte sowie das methodische Vorgehen. Den empirischen Teil der Arbeit bilden die Kapitel 3 bis 5. Hier werden die Staatsorganisationsreformen Spaniens, Polens und Großbritanniens fallweise untersucht. Die monographische Darstellung trägt den Spezifika der Fälle Rechnung, die eine integrierte Analyse nur unter einzelnen Gesichtspunkten erlauben würden. Die Fallanalysen werden jedoch in vergleichender Absicht unter Verwendung einheitlicher Analysedimensionen und allgemeiner Konzepte durchgeführt. Die Untergliederung der Länderkapitel steht dabei in Funktion der jeweiligen Besonderheiten und richtet sich in der Darstellung nach Phasen der politisch-institutionellen Entwicklung.

---

[3] Die Frage nach den Auswirkungen der europäischen Integration auf die Reform der Staatsorganisation wurde erst in jüngster Zeit systematisch untersucht (Grotz 2007).

Für Spanien und Polen erfolgt jeweils eine prozess- und akteursorientierte Darstellung der Systemwechsel (Kap. 3.2 und 4.2), die auch die Institutionen und Rahmenbedingungen herausarbeitet, die den jeweiligen Reformkontext konstituieren. Die stärker abweichende Kapitelstruktur im britischen Fall ist durch dessen Status als „konsolidierter Kontrastfall" bedingt.

Die vergleichende Zusammenführung der Einzelergebnisse erfolgt in Kapitel 6. Hier werden zunächst die historischen Befunde auf der Makro-Ebene allgemeiner struktureller Entwicklungen diskutiert. Anschließend werden die drei Fälle unter besonderer Berücksichtigung der Reformprozesse und der Kontexte miteinander verglichen und auf Muster hin untersucht, die die Prozesse jenseits der historischen Singularität kennzeichnen und auf kausale Wirkungsbeziehungen zwischen Prozessen und Kontexten hindeuten. Abschließend werden die zentralen Ergebnisse der Untersuchung zusammengefasst und Anknüpfungsmöglichkeiten für die weitere Forschung aufgezeigt.

2 Demokratisierung und Dezentralisierung Fragestellungen, Grundlagen und methodisches Vorgehen

Im Folgenden werden die begrifflichen und theoretischen Grundlagen der Untersuchung dargelegt. Nach einer politikwissenschaftlichen Explikation der Fragestellung (Kap. 2.1) werden die zentralen Begriffe und Untersuchungsdimensionen definiert. Dabei geht es zunächst (Kap. 2.2) um den Transitionsbegriff sowie um die Präzisierung dessen, was im Rahmen dieser Studie unter *Transitionskontext* verstanden wird. Die Elemente und Analysedimensionen der Staatsorganisation (und ihrer Reform) sind Gegenstand von Kapitel 2.3. Hier wird zudem der Forschungsstand bezogen auf unterschiedliche Reformkontexte skizziert. Das Design der historisch-empirischen Untersuchung ist Gegenstand des vierten Teils.

2.1 Begriffliche und historische Zusammenhänge

Staatsorganisationsreformen sind kein junges Phänomen. Die internen Territorialstrukturen der westeuropäischen Staaten sind seit der zweiten Hälfte des 20. Jahrhunderts im Fluss und waren auch vorher keineswegs statisch. Besonders seit den 1970er Jahren haben in vormals zentralistischen Staaten (beispielsweise in Italien, Belgien und Frankreich) Dezentralisierungsprozesse und die Errichtung regionaler politischer Institutionen vertikal kompetenz- und gewaltenteilige Strukturen an die Stelle überkommener Zentralismen gesetzt. Dezentralisierung, d. h. die Übertragung von Kompetenzen innerhalb der vertikalen Organisation eines Staates auf niedrigere Ebenen, ist ein internationaler Trend, der in seiner Dynamik Ähnlichkeiten mit der politischen Zentralisierung im Zuge der Entstehung der modernen Nationalstaaten aufweist, wenn auch mit umgekehrten Vorzeichen. Mit dem Zusammenbruch der autokratischen Systeme in Süd- und Osteuropa kam die Dezentralisierung auch hier auf die Agenda. Als sie in jungen und etablierten Demokratien Hochkonjunktur hatte, nahmen sogar Staaten Dezentralisierungs- und Föderalisierungstendenzen auf, die keine entsprechenden institutionellen Erfahrungen und in manchen Fällen – wie in Spanien und

Großbritannien – sogar als ungünstig geltende politisch-kulturelle Voraussetzungen aufwiesen (vgl. Traut 2001: 362f.).

Die Dezentralisierung der entwickelten Industriestaaten wurde von der Politikwissenschaft als politische Reaktion auf strukturelle Probleme zentralstaatlichen Regierens analysiert. Zunehmende zentrale Kontrolle und die damit verbundene Einschränkung von Partizipationsmöglichkeiten auf lokaler Ebene, eine problemferne Überregulierung und mangelnde Effizienz des Regierungsapparates waren die vornehmlich wahrgenommenen Dysfunktionalitäten (vgl. March/Olsen 1989: 97; de Vries 2000). Besonders deutlich wurde dies in Politikfeldern mit territorialen Bezügen wie der Regionalentwicklung. Eine räumlich differenzierte wirtschaftliche und gesellschaftliche Entwicklung, die nicht durch Anhebung des wohlfahrtsstaatlichen Leistungsniveaus auszugleichen war, stellte das Staatsziel allgemeiner Wohlfahrt in Frage und erforderte, so die neue Sicht, eine territoriale Dimension der Politik (vgl. Hesse/Benz 1990: 50).

Die politische Debatte wie auch die Wissenschaft haben die Prozesse der Organisationsveränderung in den Begriffen *staatliche Modernisierung* und *Vertiefung der Demokratie* diskutiert, Letztere insbesondere hinsichtlich der Beziehungen zwischen Staat und Gesellschaft. Nicht nur von Vertretern eines partizipatorischen Demokratiemodells wurde politiktheoretisch für etablierte Demokratien ein enger Zusammenhang zwischen Dezentralisierung und Demokratisierung angenommen. Allerdings haben Reformen von Verwaltung und Staatsorganisation, wie sie in den 1970er Jahren in einer Reihe von Staaten (darunter Deutschland, Großbritannien und Polen) mit der Zusammenlegung von Gebietskörperschaften unternommen wurden, Anlass zur Diskussion von Zielkonflikten gegeben, aufgrund derer „Effizienzgewinne" nur unter „Demokratieverlusten" zu erzielen seien. Tatsächlich ist der Zusammenhang zwischen Dezentralisierung und Demokratisierung historisch keineswegs eindeutig. Denn die Reformpfade der Industrienationen, beispielsweise die demokratische Entwicklung Großbritanniens und Frankreichs in jeweils lange ungebrochen zentralistisch organisierten Staaten, zeigen die Vielzahl möglicher Antworten auf die Frage nach Struktur und Wirkung (vgl. Thedieck 2000: 67; Grindle 2007).

Besondere Bedeutung gewinnen die von der Dezentralisierung erwartete Verlagerung der Politik „zu den Bürgern" und die Schaffung von Partizipationsmöglichkeiten, mithin die demokratietheoretische Argumentation (vgl. Wehling 1992: 183), vor dem Hintergrund überwundener autoritärer Herrschaft. Während sich Dezentralisierung in etabliert-demokratischen Kontexten häufig „nur" als Verwaltungs- bzw. Institutionenreform mit begrenzten Auswirkungen auf einzelne Politikbereiche darstellt, verbindet sich mit *Dezentralisierung in Transitionskontexten* die Vorstellung der Abwicklung eines gesamten Systems der Staatlichkeit, das vertikale Gewaltenteilung konsequent ausgeschlossen hat (vgl. Goetz 1995) und durch eine horizontal und vertikal gewaltenteilige Organisation zu ersetzen ist. Die Rahmenbedingungen und politisch-institutionellen Ausgangslagen dieser Reformprozesse waren sehr divers, da auch die autokratischen Systeme sehr unterschiedliche Modelle zentralistischer und dekonzentrierter Verwaltung aufwiesen (s. u. Kap. 3.1.4 und 4.1.3). Dennoch treten im Kontext der Transition die demokratietheoretischen Implikationen deutlich zu Tage. Im Rückblick wird der in der „dritten Welle der Demokratisierung" laut gewordene Ruf nach der „Macht dem Volke" häufig als ein Ruf nach demokratischer (Zentral-) Regierung, einer Regierung „durch" und „für" das Volk beschrieben. Eine weitere Forderung war jedoch die nach einer Verlagerung der Politik „nach unten", auf die lokale oder regionale Ebene.

Anfangs waren es vor allem ausgewiesene Verwaltungsspezialisten, die sich mit den politischen Implikationen von postautoritärem Staatsorganisations- und Verwaltungswandel befassten. Die Literatur dokumentiert jedoch auch ein zunehmendes Interesse der institutionell orientierten Transitionsforschung an diesem Gegenstand. Dezentralisierung wurde als ein politischer Prozess erkannt, der die Interessen unterschiedlicher Akteure berührt. Als politisch-institutionelle Entscheidung geht die Reform von Regierungs- und Verwaltungssystemen mit einer Umverteilung von Einflusschancen, Machtpositionen und Ressourcen einher und beeinflusst, indem sie die binnenstaatlichen „intergouvernementalen" Beziehungen verändert, die territoriale Machtverteilung (vgl. Hesse/Benz 1990: 66; Illner/Wollmann 2003: 318).

Wenngleich Analysen von Institutionenreformen in Transitionskontexten und jungen Demokratien zahlenmäßig zugenommen haben, steht die Forschung in diesem Bereich noch am Anfang. Grob lassen sich zwei Untersuchungsrichtungen unterscheiden, die empirisch und theoretisch eng miteinander zusammenhängen und sich gegenseitig befruchten. Die eine thematisiert die Auswirkungen von Institutionen und materieller Politik oder externer Akteure auf Demokratisierung und/oder Konsolidierung. Dies ist innerhalb des Neo-Institutionalismus die überwiegende Forschungsrichtung. Der Fokus der anderen Perspektive liegt auf der Entwicklung der Institutionen unter den Bedingungen der Transition. Besonders für diese Perspektive ist weiterhin ein Forschungsbedarf festzustellen, wenngleich die Demokratisierungswelle, die in Südeuropa ihren Ausgang nahm und sich in Lateinamerika, Ostasien und Osteuropa fortsetzte,[4] die Beschäftigung mit den Institutionen und ihrer Genese als abhängige Variablen in unterschiedlichen Kontexten stimuliert hat (vgl. Dahl 1996: 178f.;

---

[4] Die Unterscheidung einer „vierten Welle" für die Transformationsprozesse in Mittel- und Osteuropa und den baltischen Staaten (von Beyme 1994b; Schmidt 2010: 434) hat sich ungeachtet ihrer Plausibilität gegen die von Huntington geprägte Begrifflichkeit nicht durchgesetzt (vgl. Merkel 2010: 19 FN 2).

Kaiser 2002: 17). Besonders Vielzahl und Gleichzeitigkeit der Reformprozesse in Ostmitteleuropa ab 1989 haben nicht nur ganze Forschungszweige innerhalb der Sozialwissenschaften empirisch belebt, sie waren auch für die methodisch bewusste Analyse ein wichtiger Anreiz. Neben der Politik- und (deren organisationstheoretisch interessierter Teildisziplin) Verwaltungswissenschaft haben sich insbesondere die Soziologie, die politische Geographie und die Ökonomie mit dem Dezentralisierungsphänomen in postsozialistischen Staaten befasst. Systematisch vergleichende und theoretisch anspruchsvolle Untersuchungen stellen freilich die Ausnahme dar (Hesse 1993; Illner 2002). Häufiger sind die Arbeiten eher deskriptiv oder bilanzierend (vgl. Illner 2003a: 10ff.).[5] Noch größer ist die Forschungslücke, wenn es um interregional vergleichende Analysen geht, die von der vermeintlichen postsozialistischen Exzeptionalität abstrahieren.

2.2 Demokratisierung und Institutionenreform

2.2.1 Von der Autokratie zur Demokratie

Unter Transition (bzw. Regime- oder Systemwechsel) wird im Folgenden der Übergang von einer autokratischen Herrschaft zur Demokratie verstanden. Kern dieses Übergangs ist der Wechsel des *Regimes*, d. h. derjenigen politischen Institutionen, die den Zugang zur Macht, die Herrschaftsstruktur und die Beziehungen zwischen Herrschenden und Beherrschten regeln (vgl. Fishman 1990; Rüb 1994: 129). Ausgangs- und Endpunkt der Transition sind mithin zwei sich fundamental unterscheidende Herrschaftsformen, die im Folgenden begrifflich näher bestimmt werden sollen. Auf die Phase des Übergangs selbst wird in den folgenden Kapiteln eingegangen.

Hinsichtlich des Demokratiebegriffs folgt die Arbeit dem von Robert A. Dahl (1971) formulierten Polyarchie-Konzept. Dahl ist innerhalb der pluralistischen Demokratietheorie zur gesellschaftszentrierten Theoriefamilie zu zählen, die die Input-Seite der Politik betont (vgl. Schmidt 2010: 212). Die liberal-pluralistische Demokratie bzw. Polyarchie[6] ist als Systemtyp prozessual und institutionell durch eine partizipatorische und eine pluralistische Dimension gekennzeichnet. Diese Dimensionen sind nach Dahl durch sieben Basisinstitutionen abzusichern, bei denen es sich um „harte institutionelle Anforderungen" (Puhle 1997: 144) handelt: politische Entscheidungen durch gewählte Vertreter;

---

[5] Eine der Ausnahmen ist der von Harald Baldersheim, Michal Illner, Audun Offerdal, Lawrence Rose und Pawel Swianiewicz herausgegebene Band (Baldersheim et al. 1996).
[6] Die Bezeichnung „Demokratie" behält Dahl dem Idealtyp vor, an den sich die Systeme in ihrer empirischen Vielfalt, die „Polyarchien", unterschiedlich stark annähern.

2 Demokratisierung und Dezentralisierung

freie und faire Wahlen; allgemeines Wahlrecht; freier Zugang zum Wettbewerb um öffentliche Ämter; Meinungsfreiheit; Meinungsvielfalt; Vereinigungsfreiheit (vgl. Dahl 1989: Kap. 15). Auch das Maß an Rechtsstaatlichkeit, das dem Prinzip freier und fairer Wahlen Geltung verschafft, ist eine anspruchsvolle Grundvoraussetzung. Was Dahl indes offen lässt – und offen lassen kann –, ist die konkrete institutionelle Ausgestaltung der Demokratie (vgl. Schmidt 2010: 214). Regierungssystem, Wahlsystem, Staatsorganisation und weitere Teilsysteme des politischen Systems sind im Übergang zur Demokratie (bzw. Polyarchie) oder danach (s. u. Kap. 2.2.3) zu regelnde Fragen, deren Antworten sehr unterschiedlich ausfallen können, ohne dass dadurch die klassifikatorische Zuordnung zu den Demokratien (bzw. Polyarchien) berührt wird. Die an Dahls Konzept geübte Kritik, dass es die Ergebnisse politischer Prozesse ausklammere, also die Output-Seite der Politik zugunsten der Input-Seite vernachlässige, schränkt seine analytische Eignung für Probleme der Transition nicht ein.

Der Demokratie wurden seit der aristotelischen Herrschaftsformenlehre unterschiedliche Typen gegenübergestellt, teilweise in komplexen Typologien, teilweise in Dichotomien oder Trichotomien. Platon hat in seiner Schrift vom *Politikos* (Der Staatsmann) die Frage der „Rechtmäßigkeit", d.h. der Unterwerfung unter geltendes Recht und heilige Bräuche, zum Differenzkriterium seiner Herrschaftsformentypologie gemacht (vgl. Friedrich 1970: 51). Parallelen weist die Verfassungssystematik Hans Kelsens (1925) auf, der der Demokratie dichotomisch die Autokratie gegenüberstellte. Kern von Kelsens Unterscheidung ist die Identität oder Nichtidentität von Gesetzgebern und den Gesetzen Unterworfenen. Karl Loewenstein hat einige Jahre später bei seiner Analyse der „politischen Systeme" ebenfalls einer Zweiteilung den Vorzug gegenüber einer komplexen Typologie gegeben. Unterhalb der beiden „Gattungsbegriffe", für die er das Kriterium der geteilten (Konstitutionalismus) oder konzentrierten Machtausübung und -kontrolle (Autokratie) verwendet, unterscheidet Loewenstein allerdings eine Reihe von „Regierungstypen" (vgl. Loewenstein 1959: 12f.) und trägt damit der sich im 20. Jahrhundert ausdifferenzierenden Vielfalt demokratischer und nichtdemokratischer Systeme Rechnung.[7]

Der weitere Erfahrungsbestand des 20. Jahrhunderts hat zu einer Vielfalt von Ordnungssystemen für die Staatenwelt geführt. In der modernen Transitionsforschung, die den Blick eher auf Prozesse denn auf Normen richtet, wird zur Unterscheidung demokratischer und nichtdemokratischer Systeme auf die Kontingenz politischer Ergebnisse abgehoben. So ist nach dieser Systematik in der Demokratie jeder (individuelle oder kollektive) Akteur den geltenden Regeln zur Entscheidungsfindung unterworfen und niemand imstande, die

---

[7] Zu den verschiedenen Herrschaftsformentypologien siehe auch Friedrich (1970; insb. S. 50ff.).

Ergebnisse politischer Entscheidungen zu determinieren (vgl. Przeworski 1992; Merkel 2010: 29). Hier wird die empirische Bedeutung der Dahlschen Wettbewerbsdimension demokratisch verfasster Systeme deutlich. Autokratien hingegen verbinden „unsichere Institutionen und Verfahren mit nicht kontingenten politischen Ergebnissen" (Rüb 1994: 114).

Auch Autoren, die wie die Staatsrechtler Kelsen und Loewenstein ein sparsames Ordnungssystem vor Augen hatten, waren sich der empirischen Vielfalt durchaus bewusst. Loewenstein präzisierte etwa, dass sich „die einzelnen Regierungstypen innerhalb des politischen Systems des Konstitutionalismus durch das verschiedene Gewicht, welches die Verfassung und der tatsächliche Machtprozeß den verschiedenen Machtträgern zubilligen", unterscheiden (Loewenstein 1959: 27). Entsprechend differenziert wurde auch die Autokratie in ihren realen Erscheinungsformen analysiert. Neben komplexen Typologien autokratischer Systeme nahm ab Mitte des 20. Jahrhunderts die Unterscheidung von Autoritarismus und Totalitarismus in der Herrschaftsformenlehre einen wichtigen Rang ein (vgl. von Beyme 1971: 22).[8] Autoritäre und totalitäre Systeme werden heute in der Regel als zwei Subtypen autokratischer Herrschaft unterschieden, die einander ähnlicher sind als jeder einzelne der Demokratie (vgl. Merkel 2010: 26). Ausgehend von der Theorie und Empirie des Totalitarismus hat seit den 1960er Jahren Juan Linz mit der Identifikation spezifischer Merkmale der Systemtypen einen wichtigen Beitrag zur Begriffsbildung geleistet. Autoritäre Systeme sind nach Linz solche, die „einen begrenzten, nicht verantwortlichen politischen Pluralismus haben; die keine ausgearbeitete und leitende Ideologie, dafür aber ausgeprägte Mentalitäten besitzen und in denen keine extensive oder intensive politische Mobilisierung, von einigen Momenten in ihrer Entwicklung abgesehen, stattfindet und in denen ein Führer oder manchmal eine kleine Gruppe die Macht innerhalb formal kaum definierter, aber tatsächlich recht vorhersagbarer Grenzen ausübt" (Linz 1964: 255; zitiert nach Linz 2009: 129). Auf Grundlage der Erforschung autoritärer Systeme lassen sich dem einige institutionelle Merkmale hinzufügen, nämlich die „Herrschaft selbst ernannter Führungsschichten oder eines selbst ernannten Führers, oder im Falle einer gewählten Führung ihre Nichtabwählbarkeit" wie auch „schwache institutionelle Sicherungen und Gegenkräfte gegen die Exekutive und entsprechend ein weiter Handlungsspielraum der Herrschenden" und schließlich eine „massive Eingrenzung individueller Freiheitsräume, jedoch bei grundsätzlicher Respektierung politikferner Privatangelegenheiten" (Schmidt 2003: 195f.).

---

[8] Karl Loewenstein beispielsweise verwendete die Unterscheidung von autoritären und totalitären Systemen bereits 1942 in seiner Studie zum brasilianischen *Estado Novo* unter Getúlio Vargas (Loewenstein, K. 1942: Brazil under Vargas, New York; vgl. Loewenstein 1959: 53 FN 3).

Mit Demokratie und Autoritarismus sind End- und Ausgangspunkt der hier interessierenden Systemwechsel typologisch erfasst. In Analogie zum Demokratiebegriff ist zu betonen, dass die konkrete politisch-institutionelle Ausgestaltung einer autoritären Herrschaft bezogen auf den Regimetyp kontingent ist (sofern die definitorischen Merkmale erfüllt sind). Bezogen auf die realhistorischen Übergänge zur Demokratie sind jedoch die Institutionen und materiellen Politiken sowie die sozioökonomischen und soziokulturellen Gegebenheiten der autoritären Systeme von großer Bedeutung. Denn die „Besonderheiten und Dynamiken der unterschiedlichen Systemwechsel" (Merkel 2010: 22) hängen nicht allein vom Typ des autokratischen Systems ab, sondern auch von dessen historisch-konkreter Ausgestaltung. Auch die vertikale Organisation der Autokratie ist heterogener, als es die Assoziation mit einem rigiden Zentralismus vermuten lässt. Diesen Spezifika soll im Rahmen der historisch-empirischen Analyse Rechnung getragen werden.

2.2.2 Typologien und Ansätze der Analyse von Systemwechseln

Die Transition wird in der Politikwissenschaft zumeist als abgeschlossener Prozess *ex post* untersucht (vgl. Nohlen 2005: 316). Dass die Transitionsforschung in den 1980er Jahren florierte und sich intensiv mit dem Ende autoritärer und totalitärer Ordnungen sowie den Gründen dieser Zusammenbrüche befasste, ist nicht zuletzt historisch bedingt und eine Folge der südeuropäischen und lateinamerikanischen Transitionsprozesse. Gleiches gilt für die akademische Aufmerksamkeit in der anschließenden Dekade, die vornehmlich den Konsolidierungsprozessen und den Bedingungen erfolgreicher Demokratisierung galt.

Der beschleunigte Wandel, dem politische Systeme, Gesellschaften und Volkswirtschaften im Übergang vom Autoritarismus zur Demokratie unterliegen, wurde von der Transitions- bzw. Transformationsforschung[9] empirisch-vergleichend untersucht (Pridham/Vanhanen 1994; Linz/Stepan 1996). Die Transitionsforschung – und innerhalb der Teildisziplin besonders der akteurstheoretische Zweig (vgl. Merkel 1994: 315) – hat Prozesse, Phasen und Ergebnisse, Akteure und deren Konstellationen beschrieben und Typologien gebildet. Die Feststellung, dass kausalanalytische Überlegungen einen vergleichsweise geringen Raum eingenommen haben, schmälert nicht den Wert der

---

[9] Der Autor folgt dem Begriffsverständnis, nach dem *Transformation* den umfassenden Übergang von der Plan- zur Marktwirtschaft und vom autoritären zum demokratischen Regime bezeichnet (vgl. Nohlen 2005: 318). Die Bezeichnungen Transition, Systemwechsel, Regimewechsel und Demokratisierung werden im Folgenden synonym verwendet und beziehen sich im politisch-institutionellen Sinne auf den Übergang vom Autoritarismus zur Demokratie.

geleisteten Forschungsarbeit, wenngleich dieser Trend nicht ohne Folgen für die Theoriebildung der Disziplin im Sinne der Identifikation und Prüfung von erklärenden Faktoren geblieben ist (vgl. Nohlen 2005). Die Zahl von Modellen, Ansätzen und Theoremen ist allerdings hoch, und die meisten Transitionsfälle sind empirisch-deskriptiv gut bearbeitet. Davon profitiert schließlich auch die vorliegende Studie.

Deutlich kommt in der Entwicklung des Forschungszweigs der Unterschied zwischen methodologischem Individualismus (akteurstheoretische Ansätze) und Kollektivismus (Systemtheorie, Strukturalismus) zum Ausdruck (vgl. Thibaut 1996). Quintessenz der strukturalistischen Betrachtungsweise ist die Betonung „restriktiver Bedingungen", die die institutionelle Entwicklung beeinflussen und sich der Gestaltung durch die Akteure entziehen (vgl. Wollmann 1995: 555f.). In der vergleichenden Institutionenforschung hat das aus der Entwicklungsländerforschung stammende Konzept der *Pfadabhängigkeit* (Karl/Schmitter 1991) Bedeutung erlangt, um die unterschiedlichen postautoritären und posttotalitären Entwicklungswege zu erklären. Demnach sind Institutionengenese und Institutionenreform nur zu begreifen vor dem Hintergrund ihrer historischen Entwicklung – oder mit den Worten Jason Sharmans (2003): *„History creates context, which shapes choice."* Für modernisierungstheoretische Analysen (Lipset 1959; Rustow 1970), die den struktur-funktionalistischen Ansätzen zuzurechnen sind, ist der sozioökonomische Entwicklungsstand ein zentraler Faktor der Demokratisierung. Spanien, dessen Modernisierung unter dem Franco-Regime seit den 1960er Jahren eine wichtige Rolle für die spätere Transition gespielt hat, ist hier ein häufig zitierter Fall, in dieser Deutlichkeit jedoch auch eine Ausnahme (vgl. Nohlen 2010b: 1077).

Vor dem Hintergrund der lateinamerikanischen Transitionen erlangte hingegen der akteurszentrierte Ansatz von Guillermo O'Donnell und Philippe Schmitter (1986) besondere Prominenz. Mit diesem Ansatz rückten strategisch handelnde Akteure und deren Interaktionen ins Zentrum der Analyse. Damit ging auch eine Abkehr vom Determinismus der Systemtheorie einher (vgl. Merkel 1994: 325). Ausgangspunkt dieser Forschungsrichtung ist die Beobachtung, dass Spannungen zwischen Regime tragenden Gruppen politische Veränderungen bis hin zur Transition auslösen und neue und alte Eliten – mit unterschiedlichem Erfolg – die Transitionsprozesse zu steuern versuchen. Die gleichzeitige Beteiligung alter Regimeeliten und bisheriger Opposition und die von den Akteurstheoretikern analysierten Pakte zwischen den verständigungsbereiten Vertretern von Regime und Opposition kennzeichnen zahlreiche Transitionsprozesse in unterschiedlichen Regionen (vgl. O'Donnell/Schmitter 1986; Przeworski 1992). Auch eine wichtige Rolle weiterer Akteure, insbesondere des Militärs, ist nicht ungewöhnlich. Spanien und Polen lassen sich hingegen dem Typ einer von innen durch zivile Kräfte eingeleiteten Redemokratisierung

2 Demokratisierung und Dezentralisierung

zuordnen (vgl. von Beyme 1994a: 164). Im spanischen Fall ist dies freilich eindeutiger als in Polen, wo mit Jaruzelski ein Militär an der Macht blieb, dessen Regierung aber überwiegend zivil war. Auf Grundlage akteurs- und prozessorientierter Analysen unterscheidet die Transitionsliteratur infolge der dritten Demokratisierungswelle unterschiedliche Pfade des Übergangs zur Demokratie: Wenn sich reformorientierte Kräfte im alten Machtblock durchsetzen und die Transitionsagenda bestimmen und zumindest eine Zeitlang die institutionellen Entscheidungen kontrollieren, wird von *transformation* (Huntington 1990; Nohlen/Kasapovic 1996: 47) bzw. einer Steuerung von oben (von Beyme 1994a) gesprochen. Ein Kräftegleichgewicht, das alten und oppositionellen Eliten einen Kompromiss abverlangt, wird als *transplacement* bzw. ausgehandelter Systemwechsel bezeichnet. Ein *replacement* bzw. eine Implosion des alten Regimes tritt dann ein, wenn die alten Machthaber in einer sehr frühen Phase die Kontrolle verlieren und gestürzt werden (Huntington 1990; von Beyme 1994a).

Die empirische Evidenz des akteurszentrierten Ansatzes von O'Donnell und Schmitter ist unbestreitbar. Er ist jedoch in seiner Beschränkung auf interne und akteursbezogene Faktoren zugleich auch reduktionistisch. Unberücksichtigt bleiben etwa solche Faktoren, die ein bestimmtes Handeln der Akteure erzwingen und durch diese nicht zu kontrollieren sind (vgl. Nohlen 2005: 320).[10] Hinsichtlich der Frage, wie die Akteure Entscheidungen treffen bzw. Präferenzen bilden, bestehen innerhalb der akteurstheoretischen Forschung unterschiedliche Auffassungen. So betrachten *Rational-Choice*-Ansätze (Przeworski 1992) die Präferenzen grundsätzlich als exogen, d. h. gegeben und unbeeinflusst von den Institutionen. Dem steht ein institutionen- und handlungstheoretischer Ansatz gegenüber, der unter Annahme einer begrenzten Rationalität auch die Interdependenzen der handelnden (individuellen und kollektiven) Akteure sowie (institutionelle) Handlungsbeschränkungen und -möglichkeiten analysiert. Manfred G. Schmidt (1996: 197) hebt die Parallelen zum akteurszentrierten Institutionalismus nach Renate Mayntz und Fritz Scharpf hervor (*dies.* 1995). Hier ist die „Reflexivität" von Institutionen von Bedeutung, die zum Gegenstand von Reformdebatten werden, welche sie selbst strukturieren (vgl. Kaiser 2002: 19f.). Getroffene institutionelle Entscheidungen engen das weitere Handeln ein. Diese gewissermaßen zirkuläre Perspektive nimmt auch die vorliegende Arbeit ein, wenngleich in der „originären" Analyserichtung die Institutionen (der Staatsorganisation) die abhängige Variable darstellen (s. u. Kap. 2.4.1).

Bezogen auf Systemwechselprozesse haben akteurstheoretische Arbeiten insbesondere herrschende und oppositionelle Eliten sowie Hardliner bzw. Radikale und reformbereite Softliner bzw. Gemäßigte unterschieden. Eine weitere

---

[10] Eine weitere Beschränkung betrifft die zeitliche bzw. Prozess-Dimension, da der Ansatz die Konsolidierung weder berücksichtigt noch zu erklären vermag (vgl. Nohlen 2005d: 320; s. u.).

Unterscheidung betrifft das Aggregat: individuelle versus kollektive Akteure (vgl. O'Donnell/Schmitter 1986; Przeworski 1992; Bos 1994: 88). Auch die politischen Parteien, deren Ziele und strategische Interessen sowie die Beziehungen der Parteien untereinander spielen bei der Analyse von Transitionsprozessen eine zentrale Rolle (vgl. Pasquino 2002: 234). Das konkrete Gewicht der Parteien differiert jedoch nach Fall und Phase deutlich. Bezogen auf den Beginn der Transitionen Spaniens und Polens hat Klaus von Beyme (1997: 34) eine nur sekundäre Bedeutung Parteien feststellt.[11] Im Hinblick auf die Systemwechselprozesse in Süd- und Ostmitteleuropa insgesamt wurden sie jedoch auch als die „wichtigsten Akteure" bzw. den wichtigsten politischen Akteuren zugehörig bezeichnet (Puhle 1997: 145; Grotz 2000: 29). Die „Zurückhaltung" der Militärs in den Systemwechseln der frühen 1990er Jahre hat das Gewicht der Parteien gestärkt, während die Streitkräfte etwa in Portugal oder Lateinamerika eine deutlich prominentere Rolle spielten. Fest steht, dass die Parteien spätestens mit der Konstituierung des politischen Wettbewerbs an Bedeutung gewinnen und zu den zentralen Akteuren werden, wenn sie die weiteren institutionenpolitischen Entscheidungen, auch zur Staatsorganisation, treffen.

Aufgrund der Wiederkehr bestimmter Muster von Transitionsprozessen (wie der Akteurskonstellationen) hat die Politikwissenschaft versucht, ihr in den 1980er Jahren für die Untersuchung von Demokratisierungsprozessen in Lateinamerika und Südeuropa entwickeltes theoretisches Rüstzeug auf die mittel- und osteuropäischen Systemwechsel anzuwenden (Przeworski 1992; Pridham 1994). Die tatsächlichen und vermeintlichen Unterschiede dieser umfassenden politischen, ökonomischen und gesellschaftlichen Transformationen zu den früheren Demokratisierungen führten darüber hinaus zu einer Reihe von neuen Analysekonzepten, Theoremen und Typologien. Über die Betonung der Besonderheit und Beispiellosigkeit der osteuropäischen Transformationen wurden häufig allerdings die ebenfalls bestehenden strukturellen Ähnlichkeiten vernachlässigt, auf die weiter unten (Kap. 2.4.2) ausführlicher eingegangen werden soll.

Nachdem Schmitter und O'Donnell 1986 noch die geringe Bedeutung externer Faktoren für den Übergang zur Demokratie betont hatten, widmete sich die vergleichende Transitionsforschung mit den Demokratisierungsprozessen in Osteuropa verstärkt auch externen Einflüssen wie der Wirkung der demokratischen Staatenumwelt auf nationale Transitionsprozesse (vgl. Niklasson 1994). Bei der Analyse dieser Einflüsse geht es nicht nur um eine mögliche Verursa-

---

[11] Im weiteren Prozess hätten die spanischen Sozialisten und Kommunisten allerdings durch ihre „Verpflichtungsleitung" im Rahmen der wirtschaftspolitischen Vereinbarungen erheblich zur Stabilität des Konsenses beigetragen (vgl. von Beyme 1997: 34). Die mangelnde Kohäsion und schließlich sogar das Auseinanderfallen der ehemaligen Oppositionsbewegung führte hingegen in Polen dazu, dass hier eine „solche verpflichtende organisatorische Kraft fehlte" (ebd.).

2 Demokratisierung und Dezentralisierung

chung oder Beschleunigung des Zusammenbruchs der alten Regime, sondern auch um Geschwindigkeit und Richtung der demokratischen Entwicklung, die als eine systemische Angleichung an demokratische Staaten begriffen wurde. Es wurde gezeigt, dass die Abhängigkeit vom Ausland in den südeuropäischen Transitionsfällen geringer war als in Lateinamerika und Osteuropa. Ein demokratisierungsfreundliches Ambiente, das in der Transition bedeutsamer gewesen sei als in der Konsolidierung, wurde aber auch für Südeuropa konstatiert und institutionell am Europarat, der EG und der NATO festgemacht (vgl. Puhle 1994: 176; Pridham/Vanhanen 1994). Da die Mitgliedschaft in diesen internationalen Organisationen aus symbolischen und praktischen Gründen hohe Priorität besaß (und besitzt), hat die „externe Setzung verbindlicher Standards" (Franzke 2002: 275f.) eine potentiell große Bedeutung in der Transition. Es wurde vom „Import" von Konzepten, Zukunftsbildern, Programmatiken und Institutionen gesprochen und dieser Modus von Entwicklungen auf der Basis eigener Erfahrungen und Traditionen unterschieden (Offe 1998). Allerdings haben akteurszentrierte Analysen gezeigt, dass dieser exogene Einfluss nicht direkt wirkt, sondern durch nationale Eliten vermittelt wird (vgl. Nohlen/Kasapovic 1996: 38ff. 163; Morlino 1998: 166), die sich durchaus unterschiedlich „reformfreudig" zeigen. Auch Antoaneta Dimitrova und Geoffrey Pridham (2004: 105) weisen für die Analyse nationaler Politik in internationalen Kontexten (z. B. für die internationale Demokratieförderung) neben den Institutionen auf die zentrale Bedeutung der nationalen Akteure und deren „Rationalität" hin, d. h. auf die Frage, unter welchen Bedingungen sich die Akteure nach externen Agenden richten. Das Handeln der Akteure im nationalen Kontext wird demnach durch die genannten externen Faktoren nicht determiniert.

Im europäischen Kontext ging es der Demokratisierungsforschung insbesondere um den Einfluss und die Mechanismen, über die die EG/EU verfügt, um die politisch-institutionelle Entwicklung von Regimen in der Transition zu steuern. Die „demokratische Konditionalität" wurde zu einem Instrument der Steuerung politischer Transitionen entwickelt (Pridham 2002a, Pridham 2002b), das sich im Laufe der europäischen Integrationsgeschichte stark gewandelt hat. Erstmals formuliert wurde sie 1962 mit dem Birkelbach-Bericht der Parlamentarischen Versammlung der EWG anlässlich des spanischen Beitrittsgesuchs. Damit wurde die sehr allgemeine Forderung der Römischen Verträge (Art. 237), dass Beitrittsländer liberale Demokratien sein müssen, spezifiziert und klargestellt, dass Spanien die politischen Bedingungen für einen Beitritt nicht erfülle. Institutionelle Standards liberaler Demokratie (Rechtsstaatlichkeit, Gewaltenteilung, freie Wahlen) wurden zu Kriterien für die Beitrittsfähigkeit europäischer Staaten erhoben. Der Süderweiterung der Gemeinschaft Mitte der 1980er Jahre ging schließlich eine Prüfung prozeduraler Aspekte von Demokratie voraus. Eine liberale demokratische Verfassung, allgemeine und freie Wahlen, zunehmendes Gewicht demokratischer Parteien und Regierungsstabilität waren wesentliche Voraussetzungen. Dabei bestand seitens der EG die Überzeugung, dass die Mitgliedschaft die demokratische Konsolidierung der jungen Demokratien befördern würde, ohne dass freilich Klarheit über die Mechanismen dieses Prozesses bestand. Der weitere Integrationsprozess ging mit einer substanziellen „Sättigung" der politischen Beitrittsbedingungen einher. Infolge der politischen Entwicklung in Osteuropa und der raschen Annäherung der osteuropäischen Staaten an die Gemeinschaft nahmen diese Bedingungen eine immer zentralere und proaktivere Rolle ein (vgl. Pridham 2002a: 206). Über die Qualität und die konkrete Bedeutung dieser Faktoren für die „nationalen" politischen Prozesse besteht allerdings kein wissenschaftlicher Konsens. Inwieweit diese Problematik für den Gegenstand der vorliegenden Arbeit von Bedeutung ist, wird in Kapitel 2.3.3.3 erörtert.

Mit den Fragen, wann die Transition beginnt, wann sie endet und in welche Phasen sie zerfällt, sind weitere Grundprobleme der Transitionsforschung für diese Studie relevant. Jenseits der Diskussion empirischer Fälle hat der Beitrag von Schmitter und O'Donnell (1986) konzeptionell eine Integrationsleistung für die Disziplin entfaltet. Die Autoren sehen in der Öffnung des alten Regimes, der Liberalisierung (*demise of authoritarian regime*), die erste Phase des politischen Systemwechsels, die bis zu den ersten kompetitiven Wahlen andauert. Bei weiterhin zentralisierter Macht werden bestimmte Rechte eingeräumt, aber noch keine Institutionen zur Umsetzung von Partizipation und Wettbewerb geschaffen (vgl. Rüb 1994: 114). An diese Phase schließt sich der Aufbau der demokratischen Institutionen an (*transition to democracy*). Hier verlieren die alten Machthaber die Kontrolle über die Prozesse und die Ergebnisse von Entscheidungen. Idealtypisch endet diese Phase mit der Verabschiedung der Verfassung oder der ersten freien Wahl (vgl. Bos 1994: 97). Die Konsolidierung (*consolidation*) bringt schließlich den Prozess zum Abschluss. Für den Beginn der Konsolidierung wurde die erste demokratische Wahl vorgeschlagen (vgl. Puhle 1997: 144). In dieser Konzeption fallen der Um- und Aufbau der Verwaltung, die demokratische Errichtung der subnationalen Selbstverwaltung sowie deren erstmalige Bestellung durch freie Wahl in die zweite Phase, die des Institutionenaufbaus. Das hier skizzierte Phasenmodell bringt den Übergangscharakter des Systemwechsels zum Ausdruck, der zwar zeitlich zunächst unbestimmt bleibt, sich aber deutlich unterscheidet von der „Dichotomie Zusammenbruch des alten Regimes – Aufbau eines neuen Systems" (von Beyme 1994a: 145). In diesem Übergang wird eine Reihe institutioneller Entscheidungen getroffen, was die politikwissenschaftliche Relevanz seiner Analyse als Kontext von Institutionenbildung begründet.

2 Demokratisierung und Dezentralisierung

Auch Leonardo Morlino unterscheidet drei Phasen der Transition und begreift die Konsolidierung als dritte Phase des Prozesses. In der ersten Phase bricht das alte Regime zusammen und entsteht allmählich die neue Ordnung. Noch sind nicht alle alten Strukturen aufgelöst, noch nicht alle neuen geschaffen. Sobald die politischen und bürgerlichen Rechte gelten, beginnt die *instauración*, die Gründungsphase, die die Verfassungsgebung und wichtige institutionelle Entscheidungen sowie das Entstehen eines Parteiensystems umfasst. Die neue Ordnung gewinnt an Zustimmung, die autoritäre Bedrohung wird überwunden, die *poderes fácticos* (vor allem das Militär) werden neutralisiert. Die Gefahr einer autoritären Regression besteht allerdings fort. Erst wenn eine neue, nicht kompromittierte *coalición dominante* an der Macht ist, kann nach Morlino die Demokratie als konsolidiert gelten (vgl. Morlino 1986; Morlino 1998; Caciagli 1986: 5).

Eine Kritik an diesen Modellen bezieht sich auf den empirischen Befund, dass sich die genannten Phasen für manche empirischen Fälle, wie etwa den Kollaps der griechischen Militärherrschaft, nicht unterscheiden lassen (vgl. Merkel 2010: 105). Während abweichende Fälle ein analytisches Modell noch nicht grundsätzlich in Frage stellen, gibt es einen Einwand fundamentalerer Natur, nach dem Transition und Konsolidierung nicht als zwei Phasen, sondern als zwei – sich teilweise überlagernde – Prozesse voneinander unterschieden werden sollten.[12] Dafür, dass die Konsolidierung ein eigenständiger Prozess ist, spricht, dass sich infolge der Schaffung der demokratischen Institutionen die „politischen Prioritäten" verschieben (Puhle 1994: 183). Zudem macht die „breitere Front und komplexe Interaktion der Probleme demokratischer Konsolidierung [...] einen stärker system- und institutionenorientierten Zugang erforderlich" (ebd.). Für das Studium von Konsolidierungsprozessen bedeutet dies, dass die bei der Transitionsanalyse bewährten akteurstheoretischen Ansätze an ihre Grenzen kommen. Der Erfolg der Konsolidierung ist stärker strukturell bedingt und stellt entsprechend eher ein Feld für strukturalistische Ansätze dar (vgl. Puhle 1997: 144f.; Nohlen 2005: 318f.). Dafür, Transition und Konsolidierung als zwei Prozesse voneinander zu unterscheiden, spricht schließlich auch die Vielschichtigkeit Letzterer. Als Indikatoren für Konsolidierung wurden u. a. die Dynamik und der Umfang der Verschiebung parlamentarischer Machtverhältnisse, die Stabilität der Parteiensysteme, das Niveau sozialer Beteiligung, die Stabilisierung der

---

[12] So ist beispielsweise nach Schmitter (1992a: 424) Konsolidierung „*the process of transforming the accidental arrangements, prudential norms, and contingent solutions that emerged during the transition into relations of cooperation and competition that are reliably known, regularly practiced, and voluntarily accepted by those persons or collectivities that participate in democratic governance*". Adam Przeworski sowie Juan Linz und Alfred Stepan sehen Konsolidierung hingegen nicht als Prozess, sondern als Ergebnis: als ein Institutionensystem, welches zum viel zitierten „*only game in town*" geworden sei (vgl. Przeworski 1991: 26; Linz/Stepan 1996).

Wahlmuster und die Einstellungen der Bevölkerung herausgearbeitet (vgl. Gruszak 2001: 165; Merkel 2010: 199ff.; Schmidt 2010: 445).

Konsolidierung ist nicht als gleichförmiger Prozess zu begreifen; sie kann die verschiedenen Bereiche der politischen Ordnung unterschiedlich betreffen, zu verschiedenen Zeitpunkten beginnen und mit unterschiedlichen Geschwindigkeiten verlaufen. Die von Morlino beschriebene Sequenz, nach der Konsolidierung sich auf *„the years that follow the installation of democracy when all relevant institutions have been set up"* (Morlino 1998: 13) bezieht, ist somit eher analytisch denn empirisch evident. Ausgehend von Morlino kann jedoch präzisiert werden, dass die Fokussierung auf jene Institutionen, die Partizipation und Wettbewerb gewährleisten – eine Perspektive, die sich bei der Analyse der Transition bewährt hat –, bei der Konsolidierung zugunsten einer breiteren Perspektive aufzugeben ist.

Während für die jungen Demokratien Südeuropas das „Ob" der demokratischen Konsolidierung schon bald unstrittig war (vgl. Caciagli 1986; Linz/Stepan 1996; Kraus/Merkel 1993: 196), fiel die Einschätzung der demokratischen Entwicklung in Ostmitteleuropa eher pessimistisch aus. Hier irritierte – wie in Polen 1993 – die Rückkehr der ehemaligen Staatsparteien an die Macht, aber auch langwierige Verfassungsprozesse ließen Zweifel an der demokratischen Konsolidierung aufkommen. Transitionsexperten wie Wolfgang Merkel schätzten die Konsolidierungschancen Polens skeptisch ein (vgl. Merkel 1994a), das Land galt zu Anfang seiner Transition vielen als „problematischer Reformkandidat" (Franzke 2002: 274). Tatsächlich konnte sich das Parteiensystem auch in der folgenden Dekade nicht konsolidieren (s. u. Kap. 4.2.3). In Spanien wurde hingegen in der (vorübergehenden) Dekonsolidierung des Parteiensystems 1982 ein wichtiger Beitrag zur demokratischen Konsolidierung gesehen (vgl. Puhle 1997: 145). Betrachtet man, wiederum am polnischen Fall, das grundsätzliche Funktionieren der Institutionen wie auch die „Verfassungstreue" der Postkommunisten (Merkel 2010: 420), ist festzustellen, dass seit Mitte der 1990er Jahre die Phase grundlegenden Wandels vorüber war und die weitere politische Entwicklung in einem demokratischen (und kapitalistischen) Kontext verläuft (vgl. Mueller 1996: 103). Diese wenigen Beispiele zeigen die Grenzen einer schematischen Konzeptanwendung (vgl. von Beyme 1994a: 146). Sinnvoll ist hingegen eine historische und kontextbezogene Analyse des Einzelfalls.

In der vorliegenden Arbeit geht es nicht um die theoretische Frage, ob bzw. wann eine Demokratie konsolidiert ist. Auch geht es nicht um die Auswirkungen von institutionellen Arrangements auf die demokratische Entwicklung, wie sie die Konsolidierungsforschung im Rahmen des *institutional engineering* thematisiert (s. u. Kap. 2.2.3). Für diese Studie ist vielmehr die Annahme entscheidend, dass die Prozesse, Strukturen, Akteurskonstellationen und Entscheidungen der

Transition über die Institutionalisierung der Demokratie hinaus wirken. Deshalb endet die Analyse unter der vorliegenden Fragestellung nicht mit der Errichtung der demokratischen Institutionen. Ermöglicht wird dadurch eine diachrone Perspektive innerhalb der Länderfälle, die Entwicklungen sowohl des Kontextes als auch der Staatsorganisation zu analysieren erlaubt.

2.2.3 Transition als Kontext von Institutionenreformen

Das politikwissenschaftliche Interesse der vorliegenden Studie gilt der *Transition als spezifischem Kontext institutioneller Reformen*. Die Analyse der Länderfälle sowie der Ländervergleich sollen erhellen, welchen Einfluss die Transition als Wandel der soziopolitischen und politisch-institutionellen Rahmenbedingungen auf die Prozess-Verläufe und institutionellen Entscheidungen im Bereich der Staatsorganisation hat. Diese Untersuchungsaspekte sollen im Folgenden präzisiert werden.

Wissenschaftshistorisch folgte auf den Akteursfokus der Transitionsforschung mit dem Übergang von der Transition auf die Konsolidierung Anfang der 1990er Jahre eine akademische Fokusverschiebung zugunsten der Institutionen. Dabei wurde die Institutionenbildung insbesondere im Hinblick auf die demokratische Entwicklung bzw. Konsolidierung thematisiert (vgl. Rüb 1994: 111; Kaiser 2002: 14). Arbeiten zum *institutional engineering* und *Best-system*-Debatten drehten sich um die Vorzüge von Präsidentialismus oder Parlamentarismus, Verhältniswahl oder Mehrheitswahl, Konsens- oder Mehrheitsdemokratie, die Rolle der Verfassungsgerichtsbarkeit und die Vor- und Nachteile von Föderalismus, insbesondere bei der Befriedung von Konflikten (vgl. Stanger 2004: 2; Pasquino 2002: 234).[13] Die umgekehrte Analyserichtung – die Frage nach den Auswirkungen des Systemwechsels auf die Genese bzw. Reform von Institutionen – fand erst relativ spät Eingang in die Forschung.[14] Eine solche Perspektive auf institutionelle Reformprozesse nimmt die vorliegende Arbeit ein. Die Auswahl der Fälle Spanien und Polen konstituiert dabei ein Reformsetting, das durch ein relativ hohes Maß an personeller und institutioneller Kontinuität gekennzeichnet ist. Der Start dieser Länder in die Demokratie erfolgte nicht unter den Bedingungen einer vollständigen normativen bzw. institutionellen *tabula rasa*. Ungeachtet der Exzeptionalität der politisch-institutionellen Verän-

---

[13] Zu den entsprechenden Arbeiten zählen J. J. Linz 1990: The Virtues of Parliamentarism, in: Journal of Democracy, 1/4: 84-91; B. Grofman (Hg.) 1984: Choosing an Electoral System, Westport, CT; A. Lijphart/C. Waisman (Hg.) 1996: Institutional Design in New Democracies: Eastern Europe and Latin America, Boulder, Col.
[14] Zum jüngeren Trend, der sich dieser Frage angenommen hat, siehe oben Fußnote 2.

derung, die die Transition *ipso facto* ausmacht, waren die Systemwechsel reformerischer Natur im Sinne einer planvollen Veränderung einer massiv herausgeforderten, aber noch geltenden Ordnung.

Bei der Analyse postautokratischer Institutionenbildung sind insbesondere prozess- und akteurszentrierte sowie strukturelle bzw. historisch-konstitutionelle Erklärungsansätze zur Anwendung gekommen und externe Faktoren berücksichtigt worden (vgl. Merkel 2010: 107ff.):

1.) Den *prozess-* und *akteurszentrierten Erklärungsansätzen* ist gemein, dass hier die Akteure eine zentrale Rolle spielen. Während allerdings nach der rein akteurstheoretischen Auffassung die Institutionen auf rationale Strategien und Nutzenkalküle zurückzuführen sind, betrachtet die prozessdynamische Analyse die Akteure und deren Konstellationen im Zusammenhang des Systemwechsel-Verlaufs und unter Berücksichtigung von (Macht-) Strukturen (vgl. Nohlen/Kasapovic 1996; s. u.). 2.) *Strukturelle* bzw. *historisch-konstitutionelle Erklärungsansätze* heben demgegenüber auf die Bedeutung historisch-konstitutioneller Erfahrungen und soziokultureller Besonderheiten ab. Nach dieser Analyse beeinflussen Strukturen vergangener Epochen, Traditionen und konkrete institutionelle Erfahrungen die Präferenzen der Akteure und deren Entscheidungen. Historische Institutionen werden als Modelle gesehen (vgl. Jon Elster et al. 1998: 60ff.). Auf dieser Ebene kann allerdings auch, wenn negative Erfahrungen überwiegen, die Abgrenzung wichtiger sein als die Nachahmung. Wenn es an demokratischen Traditionen mangelt oder die autoritäre Herrschaft von langer Dauer war, ist es wahrscheinlich, dass eher solche „Negationen" die postautoritäre Reformagenda speisen als positive Anknüpfungen an Erfahrungsbestände (vgl. Nohlen/Kasapovic 1996: 162; s. u. Kap. 3.2.2). 3.) Mit *exogenen Faktoren* bzw. einem *Import-Ansatz* werden schließlich institutionenbezogene Entscheidungen auf Einflüsse zurückgeführt, die außerhalb der „nationalen" Politik liegen. Da eine neue institutionelle Ordnung nicht aus dem Nichts entstehe, sei es wichtig, dass es „kopierbare" Designs gebe. Wenn als mögliche Quelle des „Imports" neben dem Ausland auch die „nationale" Vergangenheit genannt wird (vgl. Offe 1996: 212f.), zeigt sich die Nähe zur historisch-konstitutionellen Analyse.

Dieter Nohlen und Mirjana Kasapovic (*dies*. 1996) haben anhand der vergleichenden Analyse der Wahlsystem-Entstehung in Osteuropa gezeigt, dass die Verknüpfung von prozessdynamischen und akteurstheoretischen Ansätzen die Ergebnisse der Reformprozesse am besten zu erklären vermag. Die Gestaltung der Wahlsysteme steht deutlich in Funktion der Interessen und Kalküle der interagierenden Regime- und Oppositionsvertreter. Abhängig davon, wie der Prozess des Systemwechsels verläuft, gestalten sich die Möglichkeiten der Akteure, die Entstehung oder Reform der Institutionen zu beeinflussen. „Macht-

2 Demokratisierung und Dezentralisierung

interessen und -kalküle entwickeln sich ja nicht losgelöst von Machtstrukturen und -positionen, die einzelne Akteure oder Gruppen von Akteuren einnehmen, die sich charakteristischerweise im Transitionsprozeß verändern." (ebd.: 160f.; s. u. Kap. 2.2.3.2). Dies bedeutet freilich nicht, dass andere Faktoren keine Relevanz besäßen. Institutionelle Traditionen und ausländische Modelle liegen jedoch analytisch auf einer anderen Ebene, da es bei den handelnden Akteuren liegt, sich auf diese zu beziehen (vgl. Nohlen/Kasapovic 1996: 163). Für den Bereich der Wahlsysteme haben die Autoren zudem gezeigt, dass die *Innovation* bzw. *Neuschöpfung* von Institutionen eine wichtige Rolle spielt. Freilich eignet sich nicht jedes Feld so gut für Innovationen wie die Wahlsysteme, bei denen die technischen Elemente in vielfältiger Weise kombiniert werden können.

Wenn es um die Institutionengenese und -reform in der Transition geht, gilt die Aufmerksamkeit zumeist denjenigen Institutionen, die untrennbar mit dem politischen Systemwechsel verbunden sind (wie kompetitive Wahlen). Die Staatsorganisation, d. h. die vertikale Untergliederung in Gebietskörperschaften mit bestimmten Aufgaben und Ressourcen, ist ein konstitutiver Teil des Staates bzw. seiner Organisationsstruktur. Sie ist jedoch nicht Teil des Regimes, das die Fragen der Herrschaft regelt; sie ist keine die liberal-pluralistische Demokratie konstituierende zentrale Verfassungsinstitution. Ein Regimewechsel bedeutet deshalb nicht zwangsläufig auch die Veränderung der Staatsorganisation, wenngleich, wie oben (Kap. 2.1) beschrieben, mit der Öffnung eines nichtdemokratischen Systems auch ein Dezentralisierungsdruck einhergeht. Da es bei Entscheidungen im Bereich der Staatsorganisation – im Unterschied zum Wahlsystem – nicht um die wichtigsten *constitutional choices* (vgl. Nohlen/Kasapovic 1996: 12) geht, handelt es sich ungeachtet der empirischen Komplexität um ein Teilregime einer „niedrigeren Ordnung" („*lower-order*"; Offe 1996: 209), über das im Rahmen der Institutionen der Demokratie oder im Rahmen der provisorischen Ordnung des Übergangs befunden wird. Auch ein Fortbestand der Institutionen oder Teilreformen sind hier möglich.

Empirie und Analyse von Staatsorganisationsreformen werden in Kapitel 2.3 behandelt. Im Anschluss an allgemeinere Überlegungen zum Kontextproblem in der Politikwissenschaft im folgenden Kapitel werden einige Aspekte der Transition als Kontext institutioneller Reformprozesse diskutiert.

2.2.3.1 Zum Kontextproblem in der politikwissenschaftlichen Analyse

Politische Prozesse wie die Reform von Institutionen stehen grundsätzlich in einem historischen und kulturellen Zusammenhang. Während die Analyse sich bemüht, die operativen Variablen zu „isolieren", stehen solche politischen

Phänomene in der Realität stets auch unter dem Einfluss ihres Kontextes. Für die Wissenschaft stellt sich die Frage, wie sie unter diesen Umständen Kausalanalysen leisten kann, die über den einzelnen untersuchten Fall hinausgehen (vgl. Grotz 2010a: 504; Nohlen 2010d: 1161).

Sehr allgemein lässt sich der Kontext eines politischen Prozesses als die Gesamtheit der Rahmenbedingungen begreifen, zu denen dieser Prozess in einer gewissen − räumlichen, zeitlichen, direkten oder vermittelten etc. − Beziehung steht. Hierzu zählen soziostrukturelle und -kulturelle, historische, religiöse, demographische, technologische, ideologische und psychologische Faktoren wie auch politisch-situative Konstellationen (z. B. Akteursbeziehungen) und Institutionen (vgl. March/Olsen 1989: 3f.; Grotz 2010a: 505). Eine besondere Herausforderung ergibt sich für die Forschung daraus, dass politische Phänomene zwar ohne Kontextbezug im Prinzip nicht korrekt erklärbar sind, der Kontext jedoch, wenn er in der Analyse als direkt ursächlich betrachtet wird, nicht mehr Kontext, sondern Teil des beobachteten Phänomens selbst ist (vgl. Collier/Mazzuca 2006: 475). Analysen, die sich besonders auf den Kontext beziehen, nehmen sich also eines grundsätzlichen Problems der Politikwissenschaft an. Sie können herausarbeiten, unter welchen konkreten Bedingungen welche Wirkungsbeziehungen bestehen (vgl. Grotz 2010a: 505).

Bei ihrer Analyse der Rahmenbedingungen, unter denen bestimmte kausale Zusammenhänge vorliegen, muss die Forschung in einem gewissen Maße Komplexität reduzieren. So muss sie etwa Annahmen hinsichtlich der Homogenität oder Heterogenität von Kontexten treffen. Zwar können auch in homogen angenommenen Kontexten Einflüsse der Rahmenbedingungen auf den untersuchten Zusammenhang nicht ausgeschlossen werden. Diese Einflüsse sind jedoch − so zumindest die zu begründende Prämisse − in allen Beobachtungen weitgehend gleich (vgl. Nohlen 2010d: 1160). Alternativ lassen sich auch gezielt heterogene Kontexte betrachten, wobei die Frage zu beantworten ist, unter welchen Kontextbedingungen ein kausaler Zusammenhang gilt und unter welchen nicht (vgl. Grotz 2010b: 506; Tilly/Goodin 2006: 23 ff.). Eine mögliche Strategie der kontextbezogenen Analyse besteht ferner darin, als besonders relevant betrachtete „*contextual areas*" (ebd.) ausdrücklich mit zu berücksichtigen. Dies unternimmt die vorliegende Arbeit mit der demokratischen Transition, die einen Kontext viel beachteter und umfangreicher institutioneller Entwicklung darstellt.

Die Forschung diskutiert einige Merkmale der Transition, die potentiellen Einfluss auf institutionenpolitische Prozesse haben. Einige dieser Spezifika werden im Folgenden erörtert. Das Hauptaugenmerk liegt dabei entsprechend den forschungsleitenden Fragestellungen auf den Bedingungen des *Regimewechsels*. Dass der wirtschaftliche Systemwechsel seinerseits Auswirkungen auf gebietskörperschaftliche Institutionen und Ressourcen haben kann, ist evident, kann jedoch im Rahmen dieser Arbeit nicht in umfassender Weise berücksichtigt werden.

2.2.3.2 Transition als Reformkontext: begriffliche, theoretische und historische Aspekte

Zu den Herausforderungen, die eine zu Ende gehende Autokratie der neuen Ordnung hinterlässt, zählt ein besonders großer *Reformbedarf*. In normativer Hinsicht geht es darum, als illegitim betrachtete politische Strukturen, Inhalte und Prozesse durch neue zu ersetzen. Institutionentheoretisch wurde der postautokratische Reform- bzw. Gestaltungsbedarf als Folge der *mangelnden Funktionserfüllung* der alten Institutionen und ihres damit verbundenen Legitimitätsverlusts analysiert (vgl. Offe 1996). Die Systemtheorie betont die in der Autokratie nicht geleistete Differenzierung, die mit dem Übergang zu einer modernen Gesellschaft hätte einhergehen müssen (vgl. Merkel 2010: 61; Schmidt 1996: 199). Während in wirtschaftlich liberalisierten Autokratien vor allem das politische System von der Unterdrückung jener Ausdifferenzierung betroffen ist, gilt dies in sozialistischen Staaten auch für die ökonomischen Institutionen. Für das (wirtschaftlich liberalisierte) frankistische Spanien wurde eine besondere Diskrepanz zwischen der hohen institutionellen Komplexität des Regierungssystems einerseits und der fehlenden strukturellen Ausdifferenzierung im Input-Bereich andererseits festgestellt (vgl. von Beyme 1971: 186f.; Almond/ Powell 1966).

Neben dem Reformbedarf werden Transitionen auch mit besonderen Gelegenheiten und Spielräumen für Institutionenreformen und Politikgestaltung (*macro-window of opportunity*; Kingdon 1984) assoziiert. Bedarf und Möglichkeiten der Institutionenreform sind jedoch typischerweise nicht kongruent, wie die Gesamtschau der Prozess-Eigenschaften der Transition zeigt.

Ein weiteres Kennzeichen der Transition ist infolge der Entmonopolisierung der Staatsgewalt die *Pluralisierung der politischen (und gesellschaftlichen) Kräfte* (s. o. Kap. 2.2.1), die zum Zwecke der Regelsetzung – d. h. der Schaffung und Reform von Institutionen –, der Machterlangung oder des eigenen Machterhalts in (zunächst provisorisch geregelte) Interaktion treten. Dass die Existenz einer Opposition und deren Fähigkeit, alternative Wertvorstellungen effektiv zu vertreten, Auswirkungen auf die Institutionenbildung hat (vgl. Offe 1996: 211), ist evident, ebenso wie ein differenzierter Einfluss der Akteure in Abhängigkeit von der Kräftekonstellation im Stadium der Institutionenbildung. Ausgehend von den unterschiedlichen Modi von Systemwechseln wurden spezifische Auswirkungen auf das Gefüge der demokratischen Institutionen abgeleitet (vgl. Rüb 1994: 120): So führt ein paktierter Übergang zur Demokratie am ehesten dazu, dass das Machtmonopol aufgebrochen wird und die bisherigen Machthaber bestimmte Gruppen partizipieren lassen. Zu einer effektiven Teilung der Macht kommt es unter den Bedingungen eines Systemwechsels, der durch ein Patt gekennzeichnet ist, das keiner Partei die Durchsetzung ihrer Vorstellungen gegen den Widerstand der anderen erlaubt. Ein Zusammenbruch des alten Regimes infolge einer Revolution hinterlässt hingegen ein Vakuum, in dem externe Modelle potentiell von größerer Bedeutung sind.[15]

Beispielgebend wurde die Transition als institutionenpolitischer Kontext von Dieter Nohlen und Mirjana Kasapovic komparativ anhand von Wahlsystemreformen in Mittel- und Osteuropa analysiert (Nohlen/Kasapovic 1996; s. o. Kap. 2.2.3).[16] Nohlen und Kasapovic zeigen mit Hilfe einer akteurs- und prozessorientierten Analyse, dass die spezifische institutionelle Entwicklung, d.h. die Entscheidungen zu den Wahlsystemen, anfangs stark von der Art des Systemwechsels und damit von der politischen Kräftekonstellation und den Machterhaltstrategien des Apparates sowie den Machterwerbstrategien der neuen Eliten bestimmt war. Dass mit veränderten Machtkonstellationen auch die Wahlsysteme weiterentwickelt wurden, stützt diese Analyse (vgl. Grotz 2000: 68f.).

Vor dem Hintergrund dieser Erkenntnisse hat es sich als sinnvoll erwiesen, die Demokratisierungsprozesse auf der mittleren Ebene der Institutionen näher zu untersuchen. Denn wie die früheren Systemwechsel führte auch die dritte Demokratisierungswelle zu sehr unterschiedlich ausgestalteten Demokratien. „Die institutionelle Ordnung, die sie [die Eliten in den Transitionsprozessen; P.S.] anstreben, entspricht in der Tendenz nicht zufällig den machtpolitischen Strukturen, die die Akteure als beste Garantie zur Durchsetzung ihrer gegenwärtigen und künftigen Interessen ansehen." (Schmitter 1999: 47) Hier geht es um die Unterscheidung zwischen den Grundprinzipien der pluralistischen Demokratie, mit denen die demokratische Transition schon begrifflich verbunden ist, „und den mannigfachen Formen, diese institutionell zum Ausdruck zu bringen" (Nohlen/Kasapovic 196: 162).

Die *Unbestimmtheit des Ausgangs* gilt in der Forschung als „hervorstechendes Merkmal von Transformationssituationen" (Merkel 2010: 89). Gleichzeitig würden die strategischen Handlungsmöglichkeiten aufgrund der „temporäre[n] Verflüssigung von Institutionen und Normen […] unter Umständen stark erweitert" (ebd.). Allerdings fehlen in der Transition nicht nur gefestigte, verbindliche

---

[15] Friedbert Rüb unterscheidet überdies die Modi der demokratische Konkurrenz der Akteure, bei der die Bürger frühzeitig durch Referenden oder die Wahl einer verfassungsgebenden Versammlung in die Institutionenbildung einbezogen werden, sowie die Sezession, die eine staatliche Neugründung zur Folge hat (vgl. Rüb 1994: 120).

[16] Ebenfalls mit Blick auf Wahlsysteme knüpft Tobias Krohn (2003) hier an. Weitere Studien, die diesen Zusammenhang thematisieren, sind die Beiträge von Sarah Birch (2003) und Florian Grotz (2005).

2 Demokratisierung und Dezentralisierung

Normen, Institutionen und Routinen, sondern es sind auch die konkreten Machtverhältnisse nicht bekannt. Machtressourcen und -strategien ändern sich, und die Folgen von Entscheidungen sind kaum absehbar (vgl. Colomer 1991: 1287). Die Kontingenz der politischen Entscheidungen, die den Beginn der Transition kennzeichnet, wird erst durch neue Regeln, vornehmlich durch die zentralen Verfassungsinstitutionen, eingeschränkt. Erst zunehmende Institutionalisierung schafft eine gegenseitige Erwartungssicherheit und macht Entscheidungen kalkulierbar (vgl. Bos 1994: 87; Rüb 1994: 111; Merkel et al. 1996: 12).

Kompromisse, deren Überarbeitung auf die Zukunft vertagt wird, sind in einer solchen Reformsituation eher zu erwarten als dauerhafte institutionelle Entscheidungen (vgl. Bafoil 1995; Jones Luong 2000; Rose/Traut 2001). Somit erfüllen die bestehenden, fragilen Institutionen − nun als unabhängige Variable betrachtet − die vom neueren Institutionalismus hervorgehobene Systemfunktion, die Voraussetzungen zu schaffen, unter denen Akteure Handlungsalternativen abwägen und rational entscheiden können (Thibaut 1996: 42; Offe 1996: 199f.), in der Transition nicht in dem Maße wie in einer konsolidierten Demokratie. Allerdings kann die Institutionenbildung auch in der Transition bis zu einem gewissen Grade geregelt ablaufen: *„The most radical case of institutionally regulated institutional change is 'transicion pactada' or round table talks, as they have occurred in the Spanish and East European transitions from authoritarianism."* (Offe 1996: 209) Voraussetzung ist die Existenz von anerkannten Verfahren und Maßstäben, die die Reform von Institutionen einer „lower-order" regeln (ebd.). Dies war bei den Staatsorganisationsreformen in Spanien und Polen der Fall.

„In Transitionen werden die Folgen der Wahl einer institutionellen Konfiguration den Akteuren unmittelbar deutlich, da die politischen Akteure, die über sie entscheiden, direkt anschließend in ihr agieren." (Rüb 1994: 118) Diese *Reziprozität* ist allerdings keine exklusive Eigenschaft von Transitionen. Dass die politischen Akteure „im Institutionalisierungsprozess Regeln entwerfen, nach denen sie direkt anschließend selber agieren müssen" (Merkel 2010: 106), gilt für die Genese und Reform politischer Institutionen unabhängig von ihrem Kontext, wie beispielsweise die immer wieder diskutierte Unwahrscheinlichkeit der Ersetzung der Mehrheitswahl durch die durch dieses Wahlsystem begünstigte Mehrheit zeigt.[17] Die Reziprozität gewinnt in der Transition jedoch insofern an Bedeutung, als nicht nur einzelne politische Teilsysteme oder materielle Politiken zur Reform anstehen, sondern eine Vielzahl von Institutionen und

---

[17] Auch wurde die in der Transitionsforschung häufig zitierte (für viele: Rüb 1994: 118) handlungstheoretische Unterscheidung einer *„logic of appropriateness"* und einer *„logic of consequentiality"* (March/Olsen 1989: 160ff.) organisationssoziologisch ohne besonderen Bezug auf die Transition entwickelt.

policies (vgl. Schmidt 2010: 444). Die Akteure verfolgen hier nicht nur ihre jeweiligen Interessen, da ihre zukünftigen Positionen betroffen sind; sie haben überdies unterschiedliche Vorstellungen von der institutionellen Ausgestaltung der gesamten neuen Ordnung (vgl. Offe 1996: 215f.; Merkel 2010: 106).

In den konsensorientierten Systemwechseln sahen sich alte und neue Eliten mit einer Vielzahl mitunter schwer zu vereinbarender Ziele konfrontiert, darunter insbesondere der Demokratisierung, dem Auf- und Umbau der Institutionen, der Konsolidierung, der organisatorischen Festigung der Parteien und dem Machterhalt. Es ging darum, innerhalb eines noch im Aufbau befindlichen institutionellen Kontextes verschiedene Interessen zu akkommodieren. Die Strukturierung der Interessen – angesprochen ist hier vor allem die Parteiensystem-Entwicklung – und der Aufbau der demokratischen Institutionen, die den Wettbewerb jener Interessen regeln sollen, verliefen förmlich parallel (vgl. Wasilewski 1998: 163; Linz/Stepan 1996).

Neben den grundsätzlichen, die Funktionsweise der demokratischen Ordnung fixierenden Entscheidungen geht es um eine Reihe weiterer, teilweise komplexer Felder, darunter die vertikale Organisation der Demokratie. Wie oben (Kap. 2.1) ausgeführt, geht es auch in diesem Bereich um zukünftige Positionen und Machtressourcen. Die Transitionsagenden und der Zeitdruck haben es jedoch erforderlich gemacht, die Reformaktivitäten zu fokussieren (vgl. Offe 1996: 216). Von einem „institutionentechnischen" Standpunkt aus betrachtet, eignet sich die Staatsorganisation für eine differenzierte Reformstrategie, da sie eine Vielzahl von Elementen beinhaltet, die (zumindest theoretisch) unabhängig voneinander gestaltet werden können. Inwieweit dies mit den tatsächlichen strukturellen Interdependenzen und Erwartungen in der Transition vereinbar ist, soll im empirischen Teil dieser Arbeit untersucht werden.

Die hier kursorisch diskutierten Merkmale der Transition hat die Forschung anhand der Reform zentraler Verfassungsinstitutionen herausgearbeitet. Dies ist naheliegend, da diese institutionellen Entscheidungen im Übergang zur Demokratie zwingend getroffen werden müssen. Dies gilt, wie bereits ausgeführt, nicht für die Staatsorganisation. Die empirische Analyse soll deshalb auch erhellen, inwieweit sich die erläuterten Prozess-Spezifika der Transition auf die Reform der Staatsorganisation in der Transition auswirken.

2.3 Staatsorganisation und ihre Reform

2.3.1 *Staatsorganisationsreform als institutionenpolitischer Prozess*

Dezentralisierung, die aus den oben (Kap. 2.1) genannten historisch-politischen und strukturellen Gründen im Rahmen dieser Studie vornehmlich interessierende Richtung von Staatsorganisationsreformen, ist mehrdimensional; umfassend lässt sie sich nur interdisziplinär analysieren (vgl. Nohlen 1991b: 358). Die Politikwissenschaft hat sich insbesondere der politischen (besonders unter dem Schlagwort „Demokratisierung"; s. o. Kap. 2.1), der räumlich-kulturellen (im Falle Autonomie beanspruchender nationaler Minderheiten; vgl. Brusis 2002) und der administrativen (Dekonzentration, Devolution und Delegation) Dimension der Dezentralisierung gewidmet. Wirtschaftswissenschaftliche Studien behandeln unter dem Begriff vornehmlich den Strukturwandel des Marktes (Privatisierung, Versorgung mit öffentlichen Gütern etc.). Die Staatsorganisation ist den politischen Institutionen im engeren Sinne[18] zuzuordnen, mithin denjenigen „regulativen Muster[n], in denen und durch die bindende Entscheidungen hergestellt und durchgeführt werden" (Rüb 1994: 116; Göhler 1987: 18; Merkel et al. 1996: 11). In einer systemischen Perspektive lässt sich die vertikale Organisation des Staates als (territorialpolitisches) „Teilregime" begreifen (Puhle 1997: 148ff.; Kraus 1996: 274).

In theoretischer und empirischer Hinsicht ist das Feld der Staatsorganisation gut bearbeitet. Auf dieser Grundlage kann den folgenden Ausführungen eine Arbeitsdefinition vorangestellt werden, die den Gegenstand für die vorliegende Studie in geeigneter Weise eingrenzt. Unter Staatsorganisationsreform wird demnach ein Prozess der Struktur- bzw. Organisationsveränderung mit Auswirkungen auf die Stellung von staatlichen Ebenen bzw. deren Verhältnis untereinander verstanden (vgl. Benz et al. 1999). Dies schließt auch Gebietsreformen ein, bei denen – aus einer *top-down*-Perspektive – kleinere oder – aus einer *bottom-up*-Perspektive – größere Einheiten geschaffen werden. *Dezentralisierung* betrifft die Verlagerung von Aufgaben, Zuständigkeiten und Ressourcen auf eine niedrigere staatliche Ebene, *Zentralisierung* den entgegengesetzten Prozess. Staatsorganisationsreformen sind somit institutionelle Entscheidungen, bei denen im Zuge planvoller Veränderungen Ressourcen politischer, ökonomischer und ideologischer Art – mithin Macht – verteilt werden (Przeworski 1992; Benz 2004). In der Regel ist mit der politischen Dezentralisierung eine Erhöhung der dezentralen Autonomie verbunden. Wenn im Folgenden von Autonomie die

---

[18] Im weiteren Sinne werden darunter auch gesellschaftliche Organisationen (Parteien, Verbände etc.) verstanden. In der Transitionsforschung findet hingegen das engere Begriffsverständnis Verwendung (vgl. Grotz 2000: 51 FN 30).

Rede ist, ist damit der relative Handlungsspielraum innerhalb der vertikalen Staatsorganisation gemeint. Als kategorialer Begriff ist Autonomie hingegen nach Ansicht des Verfassers im gegebenen Zusammenhang analytisch nicht geeignet, da sich die effektive Entscheidungsfreiheit einer politischen Ebene auf institutionellem Wege nur unvollständig bestimmen lässt. Die hier beschriebene institutionelle Konzeptualisierung hat Konsequenzen für den Ansatz und die Begriffe dieser Untersuchung, da für die formal-institutionelle Dimension der Staatsorganisation, d. h. die Aufgaben-, Ressourcen- und Entscheidungsstrukturen, auf das gut entwickelte Instrumentarium der vergleichenden Regierungslehre zurückgegriffen werden kann (vgl. Grotz 2007).

Die Entwicklung der Forschungsliteratur seit den 1980er Jahren, die einen breiten Anwendungsbereich der Begriffe offenbart, macht deutlich, dass die Abgrenzung von verwandten Konzepten ebenso wichtig ist wie die inhaltlich-substanzielle Begriffsbestimmung. Wie Joachim Hesse und Arthur Benz (*dies.* 1990: 72f.) zeigen, wurde der Dezentralisierungsbegriff in der politischen Praxis für sehr unterschiedliche Reformstrategien in Anspruch genommen. Während in Frankreich darunter eine politische Aufwertung der subnationalen Ebene, also Selbstverwaltung, verstanden wurde, ging es in Großbritannien primär um die Stärkung der Marktkräfte und eine Erweiterung der bürgerschaftlichen Selbstbestimmung. Als unter den Oberbegriff der Staatsorganisationsreform fallendes Konzept ist Dezentralisierung wiederum ein Sammelbegriff für verschiedene Typen von *Prozessen staatlicher Organisationsveränderung*. Diesen Typen ist die Richtung gemein: von einer höheren auf eine niedrigere Ebene. Konzepte von *Föderalisierung* bis *Dekonzentration* bilden eine ganze Skala unterschiedlicher Grade der Dezentralisierung (vgl. Hesse/Sharpe 1991: 605).[19] Werden bei der Föderalisierung eigenstaatliche Gebilde mit einem hohen Grad an Autonomie gegenüber dem politischen Zentrum geschaffen,[20] wird die Hierarchie des Systems durch Dekonzentration (auch: administrative Dezentralisierung oder Funktionalreform) nicht in Frage gestellt.[21] Die Unterordnung subnationaler Ebenen unter das Zentrum bleibt hier bestehen, es werden lediglich Verwaltungsaufgaben von einer Ebene auf eine andere übertragen, die in der Umsetzung

---

[19] Die verbreitete Schaffung einer intermediären Ebene relativiert die alte Dichotomie föderal-unitarisch. Auch bedeutet die Unterscheidung von Graden (im Unterschied zu einer kategorialen Unterscheidung), dass föderale Staaten sinnvoll mit dezentralisierten, nicht föderalen Staaten zu vergleichen sind (vgl. Hesse/Sharpe 1991: 605). Analog ist bezogen auf den Vergleich des spanischen Autonomieprozesses mit der Schaffung vergleichsweise kompetenzarmer Provinzen in Polen bzw. der regionalen Entitäten Großbritanniens zu argumentieren.
[20] Zur Föderalismusforschung vgl. Hesse/Wright (1996); Wachendorfer-Schmidt (2000); EZFF (2003); Benz/Lehmbruch (2002).
[21] Auf einer weiteren Ebene lässt sich mit der Unterscheidung *Staatsaufbau*, der unitarisch oder föderal sein kann, versus *Verwaltungsstruktur*, die zentralisiert oder dezentralisiert ist, operieren.

2 Demokratisierung und Dezentralisierung

von den Entscheidungen des Zentrums abhängig bleibt. Politische Dezentralisierung findet statt, wenn legislative und/oder exekutive Zuständigkeiten und Ressourcen auf Körperschaften übertragen werden, die eine gewisse Autonomie besitzen. Deren demokratische Legitimation durch Direktwahl ist nicht zwingend erforderlich, entspricht aber dem Idealtyp der Selbstverwaltung. Politische Dezentralisierung reicht in der Regel weniger weit als Föderalisierung. Anders als die Dekonzentration ist sie aber geeignet, die Beziehungen zwischen Zentralstaat und Gebietskörperschaften einerseits und zwischen Staat und Bürgern andererseits deutlich zu verändern. Somit lässt ihre Umsetzung auch größere Widerstände erwarten als eine rein administrative Dezentralisierung.

Eine weitere begriffliche Abgrenzung gilt dem Konzept der Regionalisierung, wie es von Benz et al. (1999: 11) definiert wird: als ein Prozess, der „die Entwicklung einer neuartigen Form von Politik, für die der Raum als Kontext zur Erfüllung öffentlicher Aufgaben relevant wird", beinhaltet. „Dieser Raum konstituiert sich in Prozessen der Kooperation von Akteuren und Organisationen, die ihre Handlungen und Ressourcen mit dem Ziel einer gemeinsamen Förderung und Gestaltung regionaler Entwicklungen bündeln." (ebd.) Zum Definitionsmerkmal wird hier der Raumbezug.[22] In den 1960er Jahren war in den Industriestaaten erstmals eine funktionalistischen Erwägungen geschuldete Regionalisierung als Grundlage einer neuen Form der Planung und Programmierung zu beobachten. Damit wurde die territoriale Dimension der Politik gegenüber der sektoralen Dimension gestärkt (vgl. Keating 2003b: 53). Dieser Prozess beinhaltete oft auch Dezentralisierungsreformen. Politische und administrative Dezentralisierung sind wichtige Elemente der so verstandenen Regionalisierung; insofern besteht ein enger historischer und funktionaler Zusammenhang. Da jedoch die Aufgabenübertragung auf Gebietskörperschaften nicht immer unter dem Entwicklungsparadigma steht und erst recht nicht immer jenen Raumbezug aufweist, ist eine klare Trennung der Konzepte erforderlich.

Im Zuge der Begriffsschärfung ist schließlich auch ein Vergleich englischer und deutscher Terminologie erhellend. *„Self-government"* impliziert politische Autonomie; „kommunale Selbstverwaltung" lässt an die Verwaltungsfunktion der kommunalen Ebene denken (vgl. Wehling 1992: 181f.; Wollmann 1999b: 187, Anm. 5). Während die englischsprachige Literatur *„local government"* und *„local administration"* praktisch synonym verwendet,[23] sind „lokale Regierung" und „lokale Verwaltung" kein entsprechendes Begriffspaar. Im Deutschen wird

---

[22] Siehe abweichend Yoder (2003). Von *Regionalisierung* ist ferner *Regionalismus* zu unterscheiden, ein Begriff der politischen Soziologie, „der Tendenzen selbstorganisationsträchtiger Politisierung substaatlicher kollektiver Zusammen-gehörigkeitserfahrungen feststellt" (vgl. EZFF 2003: 15).
[23] Fast gleichbedeutend wird seit den 1980er Jahren vermehrt auch von *local democracy* gesprochen (vgl. Johnson 1988: 2).

„Regierung" mit der Nutzung von Souveränitätsrechten gleichgesetzt, „Verwaltung" hingegen mit Ausführung. Diese terminologischen Unterschiede sind nach Alan Norton (1994: 17) nicht zuletzt historisch bedingt. Subnationale Einheiten des europäischen Festlands unterlagen traditionell stärker zentralen Regelungen als die englischen. Die Entwicklung hat diesen Unterschied teilweise ins Gegenteil verkehrt.[24] Zudem ist zu beachten, dass in Großbritannien auch die regionalen Entitäten (Schottland, Wales und Nordirland) unter dem Begriff des *local government* diskutiert werden. Wichtiger aber ist die Differenz, auf die Neville Johnson (1988: 20) hinweist: Während *„local government"* nichts über die Stellung der lokalen Ebene im gesamtstaatlichen Gefüge aussagt, enthält „kommunale Selbstverwaltung" den Hinweis auf die Struktur des Staates und die institutionell gesicherte Autonomie der untersten Ebene, die es in der englischen Tradition nicht gibt (s. u. Kap. 5).

Dass die vorliegende Arbeit von den Institutionen des Regierens (*government*) handelt, hat Implikationen für die zu berücksichtigenden Faktoren und Prozesse, insbesondere im Kontext der Europäisierungsdiskussion (s. u. Kap. 2.3.3.3). Die politikwissenschaftliche Analyse der Rückwirkungen der europäischen Integration ist häufig – ohne dass dies immer so benannt wird – auf Fragen der Steuerung bzw. *governance* fokussiert. So geht es beispielsweise in Untersuchungen des „Mehrebenen-Systems" darum, welche (institutionellen) Akteure an welchen Politiken in welcher Form beteiligt sind und ob sich die „Modi" und Stile der nationalen Politik verändern. Gerade auch die Rolle und das Agieren der Gebietskörperschaften wurden in diesem Zusammenhang intensiv studiert. Wenn im Folgenden hingegen ein enger Institutionenbegriff angelegt wird und die Analyse sich auf die Reform dieser Institutionen konzentriert, ist evident, dass dadurch ein Teil jenes „Wandels von Staatlichkeit" ausgeklammert wird. Was hier in der thematischen Breite nicht abgedeckt werden kann, soll jedoch durch die analytische Tiefe bezüglich der institutionenpolitischen Fragestellung gewissermaßen „kompensiert" werden.

Mit dieser Untersuchungsstrategie hängt auch zusammen, dass eine breite Erkenntnisbasis gewählt wurde, indem unterschiedliche staatliche Ebenen berücksichtigt werden. Untersuchungen staatlicher Organisationsveränderung befassen sich in der Regel mit einer gebietskörperschaftlichen Ebene. Dabei liegt der Fokus zumeist auf den regionalen Institutionen, wenn es um die *politische Dimension* von Dezentralisierung oder Zentralisierung geht. Interessieren hingegen *Verwaltungsreformen* oder die Ausweitung von *Partizipationsmöglichkeiten* der Bürger in „überschaubaren" Einheiten, stehen vornehmlich lokale Strukturen und die Beziehungen zwischen Gemeinden und übergemeindlichen Ebenen im

---

[24] Siehe hierzu die historischen Ausführungen zur britischen Staatsorganisation in Kapitel 5.1.

Mittelpunkt. Wie die Untersuchungsfälle Spanien und Polen zeigen, wurde der oben (Kap. 2.1) angesprochene Dezentralisierungbedarf im Übergang zur Demokratie politisch auf unterschiedlichen staatlichen Ebenen bearbeitet. Eine gesamthafte Betrachtung ist hier gegenüber einer Beschränkung auf eine Ebene potentiell aussagekräftiger, zumal Reformen auf einer Ebene auch Auswirkungen auf andere Ebenen haben. Dass zudem in der vergleichenden Perspektive nicht immer eindeutig ist, was regional ist und was lokal, macht der britische Fall mit den besonders großen Gebietskörperschaften deutlich (s. u. Kap. 5).

2.3.2 Analysedimensionen und empirische Ausprägungen von Dezentralisierung und subnationaler Autonomie

In historischer Perspektive stellt die Analyse der lokalen Ebene den Ausgangspunkt für die Frage nach der Stellung und Funktion der Gebietskörperschaften im modernen Flächenstaat dar. Dies gilt sowohl für die meisten westlichen Industrieländer als auch für viele Transitionsländer, in denen die Reformbemühungen zunächst den Gemeinden galten.[25] Lokale Autonomie, institutionalisiert durch vertikale Gewaltenteilung und eigene Zuständigkeitsbereiche (mindestens aber Ermessensfreiheit), eine nicht auf wenige Aufgaben beschränkte Verwaltung und lokale demokratische Institutionen gelten als die Elemente, die die moderne Selbstverwaltung konstituieren. Prozedural sichert die allgemeine Wahl von Vertretungskörperschaften und gelegentlich die Direktwahl von Exekutiven die Selbstverwaltung (vgl. Verebelyi 1993: 13f.; Norton 1994: xix). Eine Besonderheit der kommunalen Selbstverwaltung wird darin gesehen, dass hier die politische und die Verwaltungsseite des Staatshandelns in einer stärkeren Weise verschmolzen seien als auf regionaler oder nationaler Ebene. Die Menschen werden gleichzeitig als Bürger und Konsumenten gegenüber den lokalen Institutionen betrachtet, die Entscheidungen treffen, demokratisch verantwortlich sind und einen Großteil der staatlichen Dienstleistungen bereitstellen (vgl. Marcou/Verebelyi 1993a: 242).

Die vergleichende Kommunalpolitikforschung unterscheidet eine innere und eine äußere Kommunalverfassung. Die innere Kommunalverfassung umfasst die institutionelle Ordnung der Gemeinden, die äußere bezieht sich auf deren Stellung im Gesamtstaat. Da beide eng miteinander zusammenhängen, „sind mit der Frage, ob die Kommunalvertretungen als kommunale Verwaltungsorgane

---

[25] Insbesondere in einigen lateinamerikanischen Ländern war es in den 1990er Jahren nicht möglich, den Staat im Wege der Förderalisierung zu dezentralisieren. In der Folge wurde hier häufig der Weg der Munizipalisierung beschritten, bei der die Gemeinden Aufgaben und Mittel der zentralen Ebene erhielten (vgl. Nohlen 1991b: 360).

oder Parlamente zu beurteilen seien, zugleich grundsätzliche Fragen zur verfassungsrechtlichen und -politischen Stellung der Kommunen im Verfassungs- und Verwaltungssystem [...] insgesamt aufgeworfen" (Wollmann 1999a: 50). Die „politische Qualität" von Kommunalwahlen ist heute nicht nur in Deutschland weitgehend unstrittig. Gleichzeitig vermögen der Verwaltungscharakter und die „Einzelfallorientierung", die Hans-Georg Wehling (1992) der für einen politischen Charakter erforderlichen Normsetzung gegenüberstellt, die lokale Ebene nur zum Teil zu beschreiben. Denn auch auf kommunaler Ebene stehen interessenbezogene Handlungsalternativen zur Entscheidung (vgl. ebd.).

Alle Flächenstaaten verfügen über Institutionen auf der lokalen Ebene. In Demokratien sind diese in der Regel rechtsfähige Körperschaften, die Eigentum besitzen und über eigene Einnahmen und Budgets verfügen. Die politischen Systeme auf lokaler Ebene sind jedoch vielfältig. Die Gemeinden erfüllen die Aufgaben der lokalen sowie die ihnen übertragenen Aufgaben der nationalen Verwaltung. Zuständig sind sie insbesondere für Daseinsvorsorge, Bildung, gesundheitliche Grundversorgung, Kultur und Freizeit, örtliche Infrastrukturen und Nahverkehr, öffentliche Sicherheit und Flächen- und Raumnutzung. Im Rahmen der kommunalen Kompetenzen ist der Zentralstaat in der Regel lediglich für die Prüfung der Legalität der kommunalen Entscheidungen sowie die Rechnungsprüfung zuständig. Davon zu unterscheiden sind einerseits die Erfüllung staatlicher Aufgaben durch dekonzentrierte Stellen des Zentralstaates und andererseits die vom diesem an die Gemeinden delegierten Aufgaben (Wehling 1992: 182; Illner 2002: 12).

Bis in die 1980er Jahre gab es kaum wissenschaftliche Beschäftigung mit lokalen Strukturen, eine vergleichende Forschung existierte praktisch nicht (vgl. Rhodes 1980: 563). Im Zusammenhang mit der sich verschärfenden Krise der Wohlfahrtsstaaten entstand seit den 1980er Jahren eine Reihe komparativer Untersuchungen der empirischen Vielfalt lokaler und regionaler Strukturen,[26] die zu Typenbildungen von „*Systems of Local Government*" führten. Trotz ihrer statischen Perspektive – sie nehmen vertikale Staatsstrukturen zu bestimmten Zeitpunkten in den Blick, nicht aber deren Entwicklung – sind diese analytischen Zugriffe auch für die vorliegende Arbeit relevant, da sie die Parameter identifizieren, in deren Veränderung sich die Zentralisierung oder Dezentralisierung der Staatsstruktur ausdrückt.

Für die lokale Ebene der westeuropäischen Länder sind die empirischen Arbeiten Alan Nortons hervorzuheben, der eine Typologie auf der Basis von elf Strukturmerkmalen entwickelt hat (vgl. Tabelle 1). Diese relativ hohe Ausdifferenzierung, die sowohl qualitative als auch quantitative Merkmale beinhaltet,

---

[26] Für viele: Elander (1991); Page (1991); Page/Goldsmith (1987b).

2 Demokratisierung und Dezentralisierung

erlaubt die Würdigung fallspezifischer Strukturen innerhalb der Typen. Während die historisch bedingte Betonung der Rolle des Präfekten aufgegeben wurde, gilt die Aufmerksamkeit seither den Beziehungen zwischen nationaler, regionaler und lokaler Ebene. Neben einer südeuropäischen (Frankreich, Italien) und einer nordeuropäischen Gruppe (Dänemark und Schweden) stellt Norton Großbritannien als eigenständigen Fall heraus (vgl. Norton 1994), wobei die hier skizzierte Struktur durch die Reformen (*New*) *Labours* teilweise einschneidende Veränderungen erfahren hat. Auf die einzelnen Aspekte wird in Kapitel 5 eingegangen.

Tabelle 1: Merkmale der Systeme des local government

Strukturmerkmale	Großbritannien	Südeuropa	Nordeuropa
Verfassungsmäßiger Status	durch Parlament geschaffen	Verfassung	Verfassung
Nationale Struktur	heterogen	drei Ebenen	zwei Ebenen
Befugnisse	durch Gesetz beschränkt	allgemeine und gesetzmäßige Kompetenzen	allgemeine und gesetzmäßige Kompetenzen
Legalitätskontrolle durch	Gerichte	Regionen und Gerichte	Regionen und Gerichte
Kontrolle lokaler Politik	gering	ineinander verzahnt	ineinander verzahnt
Kontrolle lokaler Politik historisch	gering	hoch	hoch
Lokale Funktionen 1949-89	reduziert	erhöht	erhöht
Lokale Ausgaben in % des BIP, 1985	12%	9%; 15%	28%; 30%
Staatsausgaben in % des BIP	44%	49%; 50%	57%; 60%
Lokale Exekutive	Council	Bürgermeister oder Präsident	gemischt
Repräsentationsprinzip	Mehrheitswahl	Verhältniswahl	Verhältniswahl
Parteiensystem	2-Parteien-System	Mehr-Parteien-System	Mehr-Parteien-System
Wahlbeteiligung	gering	hoch	hoch

Quelle: Norton 1994: 14.

In der Regel basieren die Typologien, ähnlich wie bei Norton, auf der Messung der institutionell operationalisierten Autonomie (vgl. Vetter 2002: 21; Page 1991; Page/Goldsmith 1987a; Hesse/Sharpe 1991). Die in der Literatur am häufigsten genannten historischen, politisch-strukturellen und funktionalen Parameter, deren individuelle Bedeutung freilich unterschiedlich eingeschätzt wird, sind: (1.) die Zahl, Größe und Geographie der Gebietseinheiten, (2.) die vertikale Kompetenz- und Aufgabenverteilung, (3.) die Institutionen der Regierungsebenen und deren Beziehungen untereinander und zu Organen anderer Ebenen (insbesondere hinsichtlich der Kontrolle), (4.) die fiskalische Dezentralisierung, (5.) die personellen Ressourcen sowie (6.) die Verfassungsgarantie.

Ein wichtiges Maß für die lokale Autonomie bzw. den Dezentralisierungsgrad einer Staatsorganisation ist der Funktionsumfang. Als reine Auflistung von Aufgaben bzw. Kompetenzen ist dieser jedoch wenig aussagekräftig, da die europäischen Kommunen nominal über weitgehend identische Aufgabenkataloge verfügen. Dabei wird der internationale Vergleich dadurch erschwert, dass sich hinter gleichen Bezeichnungen oft Unterschiedliches verbirgt (vgl. Norton 1994: 62; Page/Goldsmith 1987b: 4). Zusätzlich zur Aufgabenverteilung sind Informationen über die Verteilung der Ausgaben über die staatlichen Ebenen aufschlussreich, da die Höhe der Ausgaben ein Indikator für den Umfang der Aufgabenerfüllung ist. Als ein weiterer Indikator für das funktionale Gewicht der dezentralen Ebenen wird häufig auch der Anteil der hier Tätigen an der Gesamtheit der im öffentlichen Sektor Beschäftigten betrachtet (vgl. Wollmann/Lankina 2003: 109). Die personelle Entwicklung der öffentlichen Verwaltung kann jedoch auch unabhängig von der Aufgabenentwicklung erfolgen, etwa wenn vorrangig zu Patronagezwecken in erheblichem Umfang Stellen geschaffen werden. Es ist daher bei Kennzahlen dieser Art auch eine genauere Betrachtung des Falles geboten.

Dass neben der bloßen Aufgabenzuschreibung und dem Grad zentralstaatlicher Kontrolle der Umfang der Ressourcen die dezentrale Autonomie determiniert, ist evident. Politische Dezentralisierung ist ohne ihr fiskalisches Pendant wirkungslos. Wer über Abgaben und Steuern entscheidet, wer welchen Teil des Steueraufkommens erhält und ob und wie bei unzureichendem Aufkommen Unterstützung gewährleistet ist, sind Kernfragen der fiskalischen Dezentralisierung (vgl. EZFF 2003: 52). Hinsichtlich der lokalen finanziellen Ressourcen wird zwischen Steuereinnahmen (aus eigenen Steuern oder als Anteil an geteilten Steuern) und Beihilfen, die in der Regel aus dem zentralen Budget kommen, unterschieden. Grundsätzlich gilt, dass sich die finanzielle Autonomie mit zunehmendem Zuschussanteil verringert.[27] Allerdings genießen subnationale

---

[27] Hinsichtlich des Anteils der eigenen Einnahmen gehört Spanien traditionell zu den Spitzenreitern, während Großbritannien das Schlusslicht darstellt (vgl. Vetter 2002: 141).

2 Demokratisierung und Dezentralisierung

Einheiten, deren Einnahmen auf intergouvernementalen Mechanismen wie zentralstaatlichen Zuschüssen oder auf Modellen der Einnahmenaufteilung basieren, aufgrund der gesetzlichen Festsetzung eine gewisse Einnahmenstabilität (vgl. Wollmann/Lankina 2003: 110). Bei quantitativen Vergleichen der Finanzierungssysteme ist zu beachten, dass die Daten aus Finanzstatistiken aufgrund staatsstruktureller Unterschiede, unterschiedlicher Aufgabenverteilung und unterschiedlicher Erfassung nur eingeschränkte Aussagekraft haben und bestenfalls Tendenzen deutlich machen (Benz/Hesse 1990: 122, FN 3).[28]

Hinsichtlich des konstitutionellen Status der Gemeinden ist festzuhalten, dass in Europa nur in Großbritannien das *ultra-vires*-Prinzip gilt, nach dem die Kompetenzen grundsätzlich beim Zentralstaat liegen und auf niedrigere Ebene übertragen werden können. Anders als in den meisten anderen europäischen Staaten gibt es hier keine konstitutionelle Garantie kommunaler Selbstverwaltung. In Spanien (und in der BRD) sind hingegen sogar finanzielle Rechte der Kommunen in der Verfassung verankert. Interessanterweise enthalten vor allem jüngere Verfassungen umfangreiche kommunale Garantien. Wenngleich diese Frage bisher nicht systematisch untersucht wurde, ist anzunehmen, dass die geringere Beachtung der lokalen Ebene in älteren Verfassungen durch deren größere historische „Selbstverständlichkeit" bedingt ist (vgl. Vetters 2002: 131).

In der Diskussion der Stellung der Gebietskörperschaften innerhalb der vertikalen Staatsstruktur ergibt sich ein weiterer Fragenkomplex aus dem Zielkonflikt, der mit den zentralen Reformzielen Effizienz und Demokratisierung einhergeht (s. o. Kap. 2.1). Kommunale Gebietsreformen wie in Deutschland in den 1970er Jahren zielten auf die Schaffung leistungsfähiger Verwaltungseinheiten. Die Frage, welcher Zuschnitt für die Dienstleistungserbringung am geeignetsten ist, gewann in den Industriestaaten spätestens seit den 1960er Jahren stark an Bedeutung (vgl. Page/Goldsmith 1987b). Ausgangspunkt war die Feststellung, dass eine weitgehend dezentrale Aufgabenwahrnehmung nur dann funktioniert, wenn die Territorien der Gebietskörperschaften so beschaffen sind, dass eine Aufgabenübertragung organisatorisch und wirtschaftlich möglich ist. Es ging also um das Verhältnis von Einwohnerzahl, Verwaltungskraft, demokratischer Legitimation und Infrastrukturmöglichkeiten. In Großbritannien und Polen fanden in den 1970er Jahren ähnliche Reformen statt, durch die jeweils sehr große – und damit „bürgerferne" – Einheiten geschaffen wurden (vgl. Marcou/Verebelyi 1993a: 239; s. u. Kap. 4.1.4 und Kap. 5.2). Auch bezogen auf

---

[28] Ein anderes Problem besteht darin, von den Indikatoren angezeigte Veränderungen richtig zu bewerten. So hat sich beispielsweise die Schaffung des britischen *National Health Service* so stark in der lokalen Finanzlage niedergeschlagen, dass die politische Schwächung der unteren Ebene durch diese Reform leicht überschätzt wird (vgl. Page 1991: 20).

die Schaffung einer intermediären Ebene wurde sowohl von wissenschaftlicher Seite als auch in der politischen Diskussion darauf hingewiesen, dass eine derartige Organisationsveränderung zentralisierend wirken könne, wenn die intermediäre Ebene Kompetenzen und Ressourcen auf Kosten der lokalen Ebene erhalte (Laffin 2004: 14; für Spanien vgl. Heywood 1995: 157).[29] In der Annahme, dass eine starke lokale Ebene nicht mit einer starken regionalen Ebene koexistieren kann, hat die Literatur zur britischen *devolution* die Auswirkung auf die lokale Ebene zunächst praktisch nicht beachtet.

Deutlicher als für die Gemeinden gilt für Regionen und Provinzen, dass sie politische Einheiten sind, in denen die Akteure um Machtressourcen konkurrieren. Zum einen ist die Nähe der Bürger der territorialen Einheit zu den Institutionen geringer, die repräsentative Eigenschaft ist stärker ausgeprägt und Intermediäre spielen tendenziell eine größere Rolle. Zum anderen können hier politische Symbolik, größere Ressourcen und strategische Zuständigkeiten auf dem Spiel stehen, aufgrund welcher der politische Wettbewerb um die regionalen Institutionen unter den nationalen Parteien intensiver bestritten wird.[30] Im Unterschied zu den Gemeinden wurden deshalb Regionen in den nationalen und europapolitischen Reformdebatten dann ins Spiel gebracht, wenn es um vertikale Gewaltenteilung und die Verteilung von Machtressourcen ging.

Infolge politischer Dezentralisierung sind Regionen und Provinzen in der Regel in den übergemeindlichen Angelegenheiten ihres Territoriums exekutiv und legislativ tätig. Eine solche intermediäre Ebene war bis Anfang der 1990er Jahre in den meisten nicht-föderalen Flächenstaaten mit mehr als 16 Mio. Einwohnern errichtet worden (Ausnahmen waren seinerzeit Japan und das Vereinigte Königreich). Auch die Kommunalverwaltung kann in die Zuständigkeit der Regionen fallen, wobei die konstitutionell garantierte Selbstverwaltung unberührt bleibt (vgl. Norton 1994: 21). Die Errichtung einer regionalen Regierungsebene in westeuropäischen Staaten seit den 1950er Jahren geschah zumeist durch die Übertragung von Aufgaben von der Zentralregierung auf eine Ebene, von der ein geringerer Verwaltungsaufwand und eine bessere Kenntnis der lokalen Bedürfnisse angenommen wurden. Die Regionen wurden dabei in der Regel dazu angehalten, solche Aufgaben weiter „nach unten" zu übertragen, die nicht unbedingt einheitlich erfüllt werden müssen. Während das oben diskutierte Demokratisierungsargument für Dezentralisierung insbesondere die kommunale Ebene betraf, überwog für die Regionen die Skepsis. Dies hat zum einen histo-

---

[29] Forschungsbeiträge wie die Arbeit von Peter John (2001) haben sich mit der Rolle der neuen regionalen Ebene befasst, die diese zwischen den traditionellen Kommunen und dem Zentralstaat finden musste.
[30] Der Vergleich zeigt allerdings, dass Regionen und Provinzen häufig durch ihre relativ geringen Ressourcen gekennzeichnet sind. International bestehen diesbezüglich große Unterschiede.

risch-kulturelle Gründe (z. B. fehlende regionale Identitäten[31]). In Ländern mit regionalen Kulturen wurde hingegen zumeist auf die Schaffung einer politisch gewichtigen regionalen Ebene verzichtet, um zentrifugale Kräfte nicht mit Machtressourcen auszustatten.

Abschließend sei noch auf den fundamentalen Unterschied zwischen der Regionalisierung der Verwaltung, wie sie nach Effizienzgesichtspunkten erfolgen kann, und der Errichtung einer subnationalen Regierungsebene zum Zwecke politischer Dezentralisierung und vertikaler Gewaltenteilung hingewiesen. Eine regionalisierte Verwaltung kann die Form von dekonzentrierten Stellen des Zentralstaates annehmen. Historisch geschah dies insbesondere in Gestalt ernannter Entwicklungsagenturen (etwa in England) oder korporatistischer Körperschaften. Eine solche regionalisierte Verwaltung ist typischerweise mit geringen Kompetenzen und begrenzter Autonomie ausgestattet. Im Unterschied dazu ist eine regionale „Regierungsebene" demokratisch legitimiert und ihrer Wählerschaft gegenüber verantwortlich. Sie kann im vertikalen Gefüge schwächer oder stärker sein, ihre Aufgaben umfassen aber immer eine Reihe von Politikfeldern, und sie kann sich zu einer Arena entwickeln, in der verschiedene – auch konfligierende – Interessen miteinander in Einklang zu bringen sind (vgl. Keating 2003a: 11).

2.3.3 Historische Kontexte und Trends staatlicher Organisationsveränderung

Für die historisch-konkrete vertikale Organisation von Staaten wie auch deren Reform gelten in der Forschung unterschiedliche Faktoren als relevant. Historisch-politische, politisch-kulturelle, demographische und geographische Faktoren zählen ebenso dazu wie die Ziele, in deren Funktion die Institutionen gestaltet werden (vgl. Illner 2002: 4). Dass insbesondere jüngere Entwicklungen unter besonderer Berücksichtigung handelnder Akteure als institutionenpolitische Prozesse analysiert wurden, spiegelt dabei weniger einen empirischen Trend als die Bedingungen des Erkenntnisprozesses wider: Sozialwissenschaftliche Daten, wie sie eine entsprechende Analyse erfordert, sind für mehr als 30 Jahre zurückliegende Prozesse in der Regel kaum verfügbar.

Idealtypisch lassen sich mit Blick auf die Entwicklung der Staatsorganisation im 20. Jahrhundert drei Kontexte von Dezentralisierungsreformen unterscheiden: (1.) In den westlichen (demokratischen) Industriestaaten waren die Schaffung subnationaler Institutionen und die Verlagerung von Kompetenzen auf

---

[31] Die Föderalisierung Deutschlands nach 1945 zeigt jedoch, dass die Entwicklung regionaler Identitäten unter bestimmten Umständen auch der Errichtung der Institutionen folgen kann und keine zwingende Voraussetzung ist.

untere Ebenen zentrale Elemente der Verfassungsentwicklung in der zweiten Hälfte des 20. Jahrhunderts. Dies ist der von der Politik- und Verwaltungswissenschaft am gründlichsten bearbeitete Bereich. (2.) In den Transitionsländern ging mit der Demokratisierung eine politische Stärkung dezentraler Gebietskörperschaften einher; (3.) und schließlich waren Dezentralisierungsreformen in politischen und Regierbarkeitskrisen etablierter und junger Demokratien ein Ventil zur Regulierung politischen und gesellschaftlichen Drucks.[32]

An deskriptiven Ausführungen zur Staatsorganisation und ihrer Reform mangelt es nicht, im Unterschied zur systematischen Analyse der erklärenden Faktoren. Über die politiktheoretisch sinnvolle Identifikation länderübergreifender Muster der Strukturanpassung hinaus werden häufig entlang der oben beschriebenen demokratie- und staatstheoretischen Debatte (vermeintliche) inhärente Vorzüge oder Nachteile bestimmter Staatorganisationsreformen von konkreten Reformprozessen abstrahiert. Eher übersichtlich ist die Literatur zur politischen Dimension der Staatsorganisationsreform, also zu dem Befund, dass Dezentralisierung in der Praxis eine in hohem Maße politische Angelegenheit ist, deren Beurteilung mit individuellen Machtpositionen zusammenhängt und mithin mit Spannungen verbunden ist zwischen einem Beharren auf dem *status quo* einerseits und der wahrgenommenen Notwendigkeit oder strategisch motivierten Absicht, Strukturen zu ändern, andererseits[33] (vgl. de Vries 2000: 195; Altmann 2000). Angesprochen sind hier vor allem die politischen Kräftekonstellationen in Dezentralisierungsprozessen, insbesondere der Parteien, denen in demokratischen Regierungssystemen wie auch in Systemwechselprozessen eine entscheidende Rolle zugeschrieben wird (Pasquino 2002).

2.3.3.1 Zentralisierungstrends und Dezentralisierungstrends in konsolidierten Demokratien

Zu den Universalien, die Max Weber in seiner Analyse der allgemeinen Entwicklung der Bürokratie hervorhebt und die mit der Entwicklung der bürokratischen Institutionen eng zusammenhängen, zählt neben der Ausprägung einer Geldwirtschaft, der territorialen Ausdehnung der Regierung, der Entwicklung des Kapitalismus und der zunehmenden Demokratisierung der Gesellschaft auch die Zentralisierung politischer Macht (Weber 1972; Page 1993: 14). Auf dem

---

[32] Solche Systemkrisen spielten auch im Falle der ersten beiden Typen eine Rolle, die Typen schließen sich nicht aus.
[33] Zu den Ausnahmen zählen: Kochanowicz, J. 1994: Reforming Weak States and Deficient Bureaucracies, in: Nelson, J. (Hg.), Intricate Links: Democratization and Market Reforms in Latin America and Eastern Europe, Oxford, 195-219.

2 Demokratisierung und Dezentralisierung

europäischen Festland hat die Entwicklung des Römischen Rechts die politische Zentralisierung begünstigt. Vor der Vereinheitlichung des Rechts hatte Gewohnheitsrecht der monarchischen Autorität enge Grenzen gesetzt, da die nationalen Territorien in Hunderte unklar abgegrenzter Einflussbereiche zerfielen, in denen je unterschiedliche Konventionen und Gesetze galten.

Die Wurzeln der Selbstverwaltung liegen historisch in der Autarkie und Autonomie überschaubarer lokaler Gemeinschaften. Mit der Entwicklung feudaler und nationaler Staatlichkeit gerieten die lokalen Einheiten zunehmend unter zentralen Einfluss und wurden zu Ausführenden zentral getroffener Entscheidungen (vgl. Norton 1994: 15). Die Entwicklung der Staatsorganisation und der Aufgaben- und Ressourcenverteilung über die staatlichen Ebenen der westlichen Industrienationen hängt eng zusammen mit der Entwicklung des Wohlfahrtsstaates im 20. Jahrhundert. Diese entfaltete Anfang des Jahrhunderts eine Eigendynamik, nachdem die Anerkennung der staatlichen Verantwortung für durch den Markt nicht zu bewältigende Probleme und die Gewährung politischer Partizipationsrechte zu zunehmenden Ansprüchen gegenüber dem Staat geführt hatte.[34] Die Weltwirtschaftskrise zog Politiken der makroökonomischen Konjunktursteuerung nach sich; der Staat griff aus Eigeninteresse in Produktions- und Verteilungsprozesse ein, als die Abhängigkeit der Sozialpolitik von der Ökonomie deutlich wurde und er als Wohlfahrtsstaat seine Handlungsgrundlage zu verlieren drohte. Angesichts der funktionalen Differenziertheit der Gesellschaft sowie der großen sozialen und regionalen Unterschiede musste die staatliche Steuerungsleistung optimiert werden, um materielle Sicherheit, Verteilungsgerechtigkeit und chancengleiche Entwicklungsprozesse sicherzustellen.

In dem Maße, wie der Zentralstaat in diesem Kontext seine Steuerungskapazitäten steigerte, verlor die dezentrale Politik an Freiraum und wurde zur vollziehenden Instanz. Infolge dieser Entwicklung spielen die Gebietskörperschaften trotz ihres zumeist beschränkten Handlungsspielraums praktisch überall in Europa eine zentrale Rolle im Wohlfahrtsstaat, wo sie insbesondere Aufgaben in den Bereichen Bildung, Gesundheit und Wohnungswesen übernommen haben (vgl. Hesse/Sharpe 1991: 617). Begleitet wurde der zentralstaatliche Kompetenzzuwachs durch eine stärker werdende Verflechtung; zunehmende Komplexität des Staatshandelns erforderte Informationen, über die nur die dezentralen Einheiten verfügten und die deshalb als vollziehende Instanzen an Bedeutung gewannen. Wie unten (Kap. 5.1) auszuführen ist, illustriert der britische Fall diese Entwicklung besonders deutlich.

---

[34] Die folgenden Ausführungen basieren insbesondere auf der vergleichenden Studie zur „Modernisierung der Staatsorganisation" westlicher Industriestaaten von Joachim Jens Hesse und Arthur Benz (*dies.* 1990: 32ff.).

Die hier skizzierte wohlfahrtsstaatliche Entwicklung führte zu politisch-administrativen Strukturen, die durch eine sektorale, aber keine territoriale Differenzierung gekennzeichnet waren. Staat und Regierung waren entsprechend den Ressorts arbeitsteilig organisiert. Aus funktionsspezifischen Bedürfnissen und räumlichen Lebenszusammenhängen ergaben sich unterschiedliche Ansprüche, denen der Staat genügen musste. Dieser weitete in der Wachstumsphase der Nachkriegszeit seine Leistungen aus, gewährleistete Sicherheit und hob das Wohlstandsniveau. Wachstum und staatliche Steuerung verringerten regionale Disparitäten. Infolge der auf den Ölpreisschock des Jahres 1973 folgenden Wirtschaftskrise ließen sich die gesellschaftlichen Interessen im Wege der unitarisierenden und sektoralisierten Politik jedoch nicht weiter integrieren. Für die Beziehungen zwischen den staatlichen Ebenen ergab sich ein Reformbedarf daraus, dass sich die ökonomischen, demographischen und soziokulturellen Bedingungen der Politik seit der Zeit, in der jene sich herausgebildet hatten – den durch außerordentliches Wachstum geprägten 1950er und 60er Jahren –, stark verändert hatten. Die Wirtschaftskrise führte vor dem Hintergrund struktureller wirtschaftlicher Anpassungsprobleme mit der massenhaften Freisetzung von Arbeitskräften und starker Inflation zu Steuerungsproblemen. Großbritannien gehörte zu den Ländern, die während der 1970er Jahre vor allem aufgrund ihrer einseitigen Branchenstrukturen, fehlender Innovationsfähigkeit und niedriger Produktivität im internationalen Wettbewerb den Anschluss zu verlieren drohten.

Die räumliche Konzentration der vom Strukturwandel besonders betroffenen Branchen (Kohle, Stahl, Textil etc.) führte zu regionalen Entwicklungsunterschieden, die auch infolge der positiven wirtschaftlichen Entwicklung Anfang der 1980er Jahre nicht reduziert wurden, teilweise sogar wuchsen. Folgen waren die Verschärfung der sozialen Probleme und zunehmender Druck auf die Sicherungssysteme, der die Kritik am Wohlfahrtsstaat an Einfluss gewinnen ließ. Es waren also die folgenden Entwicklungen, die in westlichen Industriestaaten schließlich zu Reformen von Regierungs- und Verwaltungssystemen führten: ökonomischer und soziokultureller Strukturwandel; die in der Folge bei gleichzeitig gesteigertem Bedarf sinkenden Ressourcen; und schließlich die Infragestellung bestehender politischer Institutionen und wohlfahrtsstaatlicher Politik insgesamt. Dabei waren die Probleme der einzelnen Staaten ähnlich; unterschiedlich waren vor allem die Prozesse der Anpassung der „Makrostrukturen", die von Hesse und Benz (1990: 7) als „Modernisierungspolitiken"[35] beschrieben werden.

---

[35] Die Autoren wählen den Modernisierungsbegriff bewusst in Abgrenzung zu „Reform", weil er „jenseits punktueller Reformereignisse" einen „evolutionären Prozess" (Hesse/Benz 1990: 13) beschreibe, in dem Wachstum bzw. Entwicklung und (Struktur brechender) Wandel zusammenkom-

Die meisten europäischen Staaten führten seit den 1950er und verstärkt seit den 1970er Jahren im Zuge der Steuerungsdiskussion Gebiets- und Institutionenreformen durch. Allein in den 1970er Jahren wurden in Italien, dem Vereinigten Königreich, Belgien, Frankreich und auch in Spanien kleinere Gemeinden zu leistungsfähigeren Verwaltungseinheiten zusammengefasst, intermediäre Ebenen geschaffen und das Verhältnis zwischen den Gebietskörperschaften bzw. zwischen Zentralstaat und politisch-administrativen Ebenen neu geordnet (Stichwort: Ver-/ Entflechtung). Ebenfalls unter Effizienzgesichtspunkten wurden Aufgaben auf die unteren Ebenen übertragen (vgl. CDLR 1998: 5; Vetter 2002: 3). In den 1980er Jahren begannen die Demokratien Kontinentaleuropas – häufig unter dem Schlagwort „Subsidiarität" – dem Prinzip der lokalen Selbstverwaltung sowie der Demokratisierung bzw. demokratischen Legitimation subnationaler Politik zunehmend Gewicht beizumessen (vgl. Norton 1994). Der Europarat übernahm durch seine Ständige Konferenz der Gemeinden und Regionen Europas eine Führungsrolle in diesen Angelegenheiten und erreichte auf internationaler Ebene einen breiten Konsens, der in der Europäischen Charta der Kommunalen Selbstverwaltung fixiert wurde (vgl. ebd.).

Die ideologischen Begründungen, Ziele und Reichweiten der westlichen Staatsorganisationsreformen sind trotz der grundsätzlich ähnlichen Problemlagen unterschiedlich. Ein wiederkehrendes Muster ist allerdings, dass es bei der Dezentralisierung um die Beziehungen zwischen Staat und Gesellschaft und die Erfüllung von Partizipationsansprüchen geht (vgl. Hesse/Benz 1990: 15). Diese Ansprüche gelten als Folge eines Wandels der Einstellungen, Normen und Werte und damit veränderter Erwartungen an staatliches Handeln, die seit den 1980er Jahren verstärkt über die politischen Prozesse vermittelt wurden. Bei allen nationalen Unterschieden ist der Trend deutlich, der neben einem allgemeinen Wertewandel vor allem ökologische und partizipatorische Einstellungen umfasst (vgl. Hesse/Benz 1990: 45). Demokratietheoretisch und prozessual wurden die subnationalen Ebenen als zivilgesellschaftliches Element betrachtet, das eine institutionelle Verbindung zwischen Staat und Bürgern biete (vgl. Illner 2002: 2). Aufgrund der Überschaubarkeit der politischen Zusammenhänge in der kleinsten Verwaltungseinheit sind die Partizipationsmöglichkeiten hier potentiell am größten. Wirksam sind hier auch pluralistische Vorstellungen von Machtverteilung und die Prinzipien Bürgernähe des Verwaltungshandelns und Subsidiarität sowie demokratische Legitimation und die Kontrolle staatlichen Handelns (vgl. Gurr/King 1987). So wird die Dezentralisierung auf die kommunale Ebene, die „*social sphere*" der staatlichen Aktivität (Mync 2001: 248), mit der Verbesserung der Beziehungen zwischen Staat und Gesellschaft in Verbindung ge-

---

men. „Modernisierungspolitik" ist die Reaktion des Staates auf wiederkehrende Probleme, die Anpassung von Verfahren, Regeln und Inhalten der Politik (vgl. ebd.).

bracht. Dezentralisierung eröffne ein größeres Potential an Kreativität für die Lösung von Problemen; sie erlaube die bessere Ausnutzung wirtschaftlicher Chancen und führe zu höherer Prosperität; sie verbessere die administrative Effizienz; sie erhöhe die politische Stabilität und führe zu einem schonenderen Umgang mit lokalen Ressourcen (vgl. Vazquez Barquero/Hebbert 1985: 299; Norton 1994: 46; Thedieck 2000: 67). Dies sind Elemente der konsequenzialistischen Argumentation, die (im Unterschied zur deontologischen Argumentation) auf die positiven *Effekte* politischer Dezentralisierung sowohl auf der demokratischen Dimension als auch auf der Dimension der Effizienz abhebt.

2.3.3.2 Staatsorganisationsreform im Übergang zur Demokratie

Der demokratietheoretischen Argumentation, die Demokratisierung und Dezentralisierung in einen engen Zusammenhang stellt, steht der empirische Befund gegenüber, dass sich die Demokratie in den zentralistischen Staaten Großbritannien und Frankreich weitaus früher durchgesetzt hat als dort, wo lange eine regionale Verteilung der Macht vorherrschte, wie etwa in Spanien bis zur bourbonischen Monarchie oder in Deutschland (vgl. Thedieck 2000: 67).[36] Nichtsdestoweniger finden sich weltweit Beispiele einer engen Verbindung von Demokratisierungsprozessen und Forderungen nach Dezentralisierung.[37] Durch die Systemwechsel der dritten Welle wurde der Blick auf Dezentralisierung als Instrument zur Stärkung der Partizipation und der Demokratisierung des politischen Prozesses zusätzlich verstärkt (vgl. de Vries 2000: 208). Mit dem Ende der autoritären Systeme waren die überkommenen Ordnungen – einschließlich der Verwaltungsstrukturen – delegitimiert. Aus dem „Inneren" der politischen Systeme erwuchsen neue Erwartungen und Wertvorstellungen, darunter insbesondere partizipatorische Ansprüche. Prozesse wie Globalisierung und europäische Integration, die die staatlichen Steuerungsmöglichkeiten unmittelbar berührten, lieferten zusätzliche exogene Impulse bzw. Argumente für die Veränderung von Staatsstrukturen (vgl. Jann 2004: 599f.).

Die Aufmerksamkeit der Transitionsforschung galt – für Süd- wie auch für Osteuropa – zunächst den Transitions- und Konsolidierungsprozessen. Staatsorganisation und Verwaltungsstrukturen interessierten dabei nur am Rande. Im

---

[36] Eine ähnliche Skepsis lässt sich auch hinsichtlich des Effizienzarguments und der Bedeutung der Dezentralisierung für die wirtschaftliche Leistungsfähigkeit vorbringen. So sind Entwicklungsprobleme dezentralisierten Systemen nicht unbekannt. Gleichzeitig zeigt die Leistungsfähigkeit zentralistischer Systeme (wie Großbritannien), dass es andere Faktoren sein müssen, die über Erfolg und Misserfolg (mit-) bestimmen (vgl. Thedieck 1999: 153; Thedieck 2000: 67).

[37] Zu den Dezentralisierungsdiskussionen und -Forderungen in Lateinamerika als wesentlichem Teil der Reformdiskussionen im Zuge der Demokratisierung siehe Nohlen (1991b).

spanischen Fall haben besonders der ethno-territoriale Konflikt und die Schaffung des Staates der Autonomen Gemeinschaften als mit jenem Konflikt eng verbundener Prozess das wissenschaftliche Interesse auf sich gezogen (Kraus 1996). Heterogene Gesellschaften wurden in der Forschung als besondere Fälle analysiert, für die eine föderale, gegebenenfalls durch Asymmetrie an (ethnisch) heterogene Bedingungen angepasste Struktur als Ziel gesehen wurde (vgl. Grau i Creus 2000: 59; Beyme 2005: 439). Jüngere Arbeiten haben sich mit den Dezentralisierungsprozessen in Ostmitteleuropa befasst (Brusis 2002; Ferry 2003; Yoder 2003). Hier bestand eine für vergleichende Analysen günstige Konstellation darin, dass eine Reihe von Staaten mit ähnlichen Ausgangsbedingungen wiederum ähnliche Reformagenden auflegte. Folglich liegt für Mittel- und Osteuropa eine umfangreiche Forschungsliteratur zur postautoritären Entwicklung von Verwaltung und Staatsorganisation vor, die für die vorliegende Untersuchung ausgewertet wurde.

Die für die Staatsorganisation und ihre Reform *in der Transition* als relevant identifizierten Faktoren unterscheiden sich nicht wesentlich von jenen Faktoren, die die Forschung für die konsolidierten Demokratien Westeuropas nennt. Endogene Determinanten wie nationale institutionelle „Hinterlassenschaften" (*legacies*), politisch-institutionelle Präferenzen von Reformbefürwortern und -gegnern sowie ethnisch-historischer Regionalismus und externe Einflüsse (Ende des Kalten Krieges, Aussicht auf EU-Beitritt) wurden als Ursachen der Dezentralisierungsdynamiken ausgemacht. Nicht systematisch untersucht wurden indes die transitionsspezifischen Kontextbedingungen von Dezentralisierungsprozessen. Probleme wie die hohe Geschwindigkeit der Institutionenbildungsprozesse wurden unter dem Gesichtspunkt der Konsolidierung thematisiert, aber nicht eingehend analysiert (Malovà/Haughton 2002; Ferry 2003).

Der Bruch mit der kommunistischen Vergangenheit und die Delegitimierung der alten Institutionen haben die Schaffung neuer Institutionen notwendig gemacht (vgl. Nunberg/Barbone 1999: 7), wenngleich für die Staatsapparate auch eine starke Kontinuität festgestellt und die Transformation teilweise vom Umbau der Wirtschaftsordnung bestimmt wurde (s. u. Kap. 2.4.2). Neben dem Regelungsfeld von Wahlen, Parteien und horizontaler Gewaltenteilung wurde von einigen (bisher oppositionellen) Akteuren die „vertikale Neuordnung der politischen und administrativen Strukturen" (Wollmann 1995: 554) – und hier insbesondere die kommunale Selbstverwaltung – gefordert. Die entsprechenden Analysen der staatsorganisatorischen Veränderungen heben hervor, dass deren Spezifität sich vor allem als Folge des Übergangs von der politischen und institutionellen Ordnung des Sozialismus zu liberaler Demokratie und kapitalistischer Wirtschaftsordnung darstelle. Der historische Rückblick auf die lokalen Institutionen Spaniens im Autoritarismus und im Übergang zur

Demokratie zeigt aber auch hier das Moment des unumgänglichen Strukturbruchs. Die zentralistischen Strukturen sahen sich im Zuge der demokratischen Öffnung einem starken Dezentralisierungsdruck ausgesetzt (s. u. Kap. 3.3). Die intensiven Reformdiskussionen in den Systemwechseln der dritten Demokratisierungswelle erklären das bald aufgekommene verwaltungswissenschaftliche Interesse an der Herausbildung subnationaler Selbstverwaltung sowie an deren Bedeutung für die demokratische Verfassung der jungen Demokratien, insbesondere in Ostmitteleuropa (vgl. Goetz 1995; Bennett 1993; Surazska 1993; Baldersheim/Illner 1994). Auch ein *grassroots*-Verständnis von Demokratie entfaltete in diesem Kontext große Bedeutung für die postautoritäre Verwaltungsentwicklung (vgl. Yoder 2003). Neben der Demokratisierung und dem Ausgleich früherer, als ungerecht wahrgenommener Strukturveränderungen bestanden spezifische, mit bestimmten politischen Wertvorstellungen (Regionalismus, Lokalpatriotismus und Kommunitarismus[38]) verbundene Erwartungen an Dezentralisierungsprozesse. Kern dieser Strömungen ist die Gründung des Staatswesens auf autonomen, teilweise auch direktdemokratisch organisierten Einheiten. Diese Organisationsformen waren gegen Bürokratisierung und Parteipolitisierung gerichtet und eine Reaktion sowohl auf den „demokratischen" Zentralismus des kommunistischen Regimes als auch auf die Tendenz des alten Regimes, ökonomische Organisationen als Rückgrat des sozialen Lebens zu errichten (vgl. Ryan 2004).

Reformen der zentralen Verwaltungsapparate kamen unterdessen erst Mitte der 1990er Jahre wieder auf die Agenda. Politik und Analyse der zentraladministrativen Umstrukturierung fielen gewissermaßen hinter die Dynamik auf der subregionalen Ebene zurück.[39] Der lokalen Politik wurden gleichsam systemische Potentiale zugesprochen. Die Erwartung war, dass der Verwaltungscharakter der lokalen Politik die Gemeinden zum Stabilitätsfaktor der Demokratisierung machen würde. Denn Pragmatismus, politische Kontinuität und Verwaltungseffizienz seien hier größer als auf den „fluiden" nationalen Ebenen (vgl. Kukliński et al. 1997). Die lokale Selbstverwaltung sollte mithin die zentralistische Verwaltung überwinden helfen und darüber hinaus als „Hebel und Garant für den Demokratisierungsprozeß im Lande insgesamt" (Wollmann 1995:

---

[38] Lokalpatriotismus hat in Ansätzen eine Rolle gespielt, die den territorialen Aspekt von Dezentralisierung betont und im Lokalpatriotismus eine treibende Kraft hinter den Reformen gesehen haben. Er war eine Reaktion auf den Zentralismus und in der Transition „Vorreiter" der Demokratisierung (vgl. Illner 2003a: 23). Die Rückbesinnung auf die lokale Gemeinschaft wird im Kommunitarismus als Rezept gegen die Vereinzelung in einer globalisierten, liberalen und individualisierten Welt gesehen. Die lokale Gemeinschaft wird hier zum Sinn und Zusammenhang stiftenden Ort (Vetter 2002: 5).

[39] Für viele: Hesse (1993); Hesse/Goetz (1993/94).

2 Demokratisierung und Dezentralisierung 61

554) dienen. Inwieweit diese Analyse auch auf die Untersuchungsfälle dieser Studie zutrifft, wird im empirischen Teil der Arbeit zu prüfen sein.

Die Literatur hat den postautoritären Institutionenwandel als (verspäteten) Modernisierungsprozess analysiert und sich dabei modernisierungstheoretischer Konzepte politologischer und soziologischer Provenienz bedient. Dies gilt sowohl für Süd- als auch für Osteuropa, wobei hier das Modernisierungsmoment noch umfassender verstanden wurde als dort, wo die wirtschaftsstrukturelle Entwicklung bereits vollzogen worden war. In Osteuropa, so eine verbreitete Auffassung, begann die ökonomische, gesellschaftliche und politische Modernisierung erst mit dem Systemwechsel. Durch wirtschaftliche Privatisierung und die Inwettbewerbsetzung von öffentlichen Leistungen, gesellschaftliche Pluralisierung und Individualisierung, Verbesserung des Lebensstandards, wohlfahrtsstaatliche Entwicklung, politische Liberalisierung und Demokratisierung sowie die Entwicklung der politischen Kultur hätten die postsozialistischen Gesellschaften ihre Modernisierung nachgeholt (vgl. Zapf 1994; Goetz 2001: 1032).

Die Reformen von Verwaltung und Staatsorganisation gelten als Teil dieses Prozesses. Soziologie und Politikwissenschaft assoziieren die liberale Demokratie mit einem bestimmten Typ staatlicher Verwaltung. Konstitutive Elemente dieses Verwaltungstyps sind eine deutliche Trennung von Politik und Verwaltung, Dekonzentration, Dezentralisierung und kommunale Selbstverwaltung.[40] In diese Verwaltung mündet aus modernisierungstheoretischer Perspektive die postautoritäre institutionelle Entwicklung des sozialistischen – aber auch jedes anderen autoritären flächenstaatlichen – administrativen Apparates (vgl. ebd.: 1033). In diesem Forschungskontext hat Klaus Goetz (1995) allerdings mit einiger Berechtigung die Teleologie der Forschung kritisiert, die die prinzipielle Offenheit der Prozesse verkennen lasse und die Verwaltungsentwicklung an westlichen Modernisierungsmaßstäben messe.

Der Optimismus hinsichtlich der raschen Etablierung moderner Verwaltung, der die Literatur Anfang der 1990er Jahre noch geprägt hatte, wich im Laufe der Dekade angesichts von Reform-Verzögerungen und der herrschenden Verwaltungspraxis einer zunehmenden Ernüchterung (vgl. Goetz 2001). In diesem Zusammenhang ist der Hinweis Hellmut Wollmanns aufschlussreich, dass sich bei der Analyse der institutionellen Entwicklung in Ostmitteleuropa am ehesten solche Konzepte als fruchtbar erwiesen, welche dem Umstand Rechnung trügen, dass sich jene Länder „nach wie vor im Prozess der Transformation befinden" (Wollmann 2004: 592). Dieses forschungsstrategische Postulat berührt die Anlage der vorliegenden Untersuchung. Hierauf soll im Zusammenhang mit

---

[40] Sowie ein voll entwickeltes Verwaltungsrecht, gesetzliche Kontrolle der Verwaltung, die Errichtung eines unparteilichen öffentlichen Dienstes und die Festlegung des Aufgabenprofils der Verwaltung (vgl. Goetz 2001: 1034).

den Einzelheiten des methodischen Vorgehens (Kap. 2.4) noch einmal zurückgekommen werden.

Die Entwicklung der subnationalen Selbstverwaltung wurde vereinzelt auch unter expliziter Berücksichtigung des Transitionskontextes analysiert. Unter den Gesichtspunkten der Partizipation und der Beziehungen zwischen Bürgern und Politik untersuchen beispielsweise Harald Baldersheim et al. (1996a) die lokale Politik im postsozialistischen Kontext. Die gemeinsame Klammer der einzelnen Beiträge ist die Frage, wie die genannten Zieldimensionen durch nach westlichem Vorbild geschaffene lokale Institutionen im Ausgang des Zentralismus realsozialistischer Prägung verwirklicht werden. Das besondere Augenmerk gilt dem *post-communist environment*, in dem die neuen Institutionen stehen, sowie der Problematik transitionsspezifischer Faktoren, die das Funktionieren der Lokalverwaltungen beeinflussen. Die Errichtung subnationaler Institutionen betrachten die Autoren als einen besonderen Aspekt der postautoritären Transitionen, dessen Bedeutung sich daraus ergebe, dass hier zwei zentrale Dimensionen der Systemwechsel im Mittelpunkt stehen: politischer Pluralismus und „Markteffizienz", letztere hinsichtlich der Qualität der Problemlösung und Aufgabenbewältigung. Die erfolgreiche Systemtransformation hängt in dieser Analyse eng mit der Demokratisierung der lokalen Ebene zusammen (Baldersheim/Illner 1996a: 1). Während diese Analyse die Chancen und Ressourcen der politischen Dezentralisierung in den Mittelpunkt rückt, wurden – allerdings seltener – auch kritische Betrachtungen angestellt. So wurde die Dezentralisierung auch als Strategie des Zentrums gesehen, die sozialen Folgekosten der Transformation und politische Missstände zu verschleiern. Positiv gewendet, sprechen Baldersheim et al. (1996a: 4) von einer Entlastung des Zentrums durch die dezentrale Politik und Verwaltung. Eine anders gelagerte kritische Analyse liefert der US-amerikanische Politikwissenschaftler Connor O'Dwyer (2006), der die Rolle der Parteien und der Parteiensystem-Konfiguration in Dezentralisierungsprozessen untersucht. In expliziter Abgrenzung zur Europäisierungsforschung, die institutionelle Veränderungen auf „europäische" Anreize und Verpflichtungsstrukturen zurückführt (s. u. Kap. 2.3.3.3), fokussiert O'Dwyer die Analyse auf nationale Faktoren. Die Regionalreformen stellen sich hier als Instrument von Regierungskoalitionen dar, die sich institutionelle Vorteile bei der Parteienentwicklung und -konsolidierung zu sichern suchen. Die regierenden Parteien würden die Patronagemöglichkeiten nutzen, die ihnen neue staatliche Ebenen eröffneten; auch würden sie die Gebietskörperschaften so gestalten, dass die Wählergeographie ihnen Vorteile bringe. Im postautoritären Kontext, in dem die Konsolidierung der Parteiensysteme tatsächlich ein Problem darstellt (s. u. Kap. 3.2.3 und 4.2.2), ist dies durchaus relevant. In O'Dwyers Analyse für Polen, die Slowakei und Tschechien passen sich die Parteien weniger der staatlichen Organisation an – obgleich sie dies formal, etwa durch die interne Föderalisierung, durchaus tun –, als dass sie sich die Staatsorganisation unterordnen. Auch wenn die praktisch monokausale Erklärung nicht überzeugen kann, da sie beispielsweise die Kontrolle der dezentralen Ressourcen durch die nationale Regierung überschätzt, gibt sie doch aufschlussreiche Hinweise auf potentielle Zusammenhänge zwischen Parteien und Parteiensystem einerseits und der Staatsorganisationsreform andererseits. Wie bereits erwähnt, soll den Strategien der Parteien und den politischen Kräfteverhältnissen in der vorliegenden Untersuchung besondere Aufmerksamkeit geschenkt werden.

2.3.3.3 Institutionenwandel und -reform in Europa

Politische Stabilität war in der zweiten Hälfte des 20. Jahrhunderts eine günstige Voraussetzung für einen internationalen Trend administrativer und politischer Dezentralisierung in Europa. Parallel hierzu hatte der in den 1950er Jahren begonnene und in den 1980er Jahren intensivierte Prozess der europäischen Integration Auswirkungen auf die Verteilung von Aufgaben und Kompetenzen zwischen nationaler und inter- bzw. supranationaler Ebene. Diese Entwicklung wurde als „Funktionsverlust" der Nationalstaaten und Herausforderung für die repräsentativen Demokratien diskutiert. Staatliche Struktur- und Prozessreformen zielten – sowohl für den Bereich staatlicher Leistungen als auch für die partizipatorische Dimension – darauf, das Verhältnis der Bürger zur Politik zu stärken und auf diesem Wege die (angeblich) auf dem Spiel stehende Legitimation der nationalen politischen Institutionen zu sichern (vgl. Vetter 2002: 1). Insbesondere die regionale Ebene wurde für geeignet befunden, als politischökonomische Einheit mit Identifikationspotential (funktional) an die Stelle des Staates zu treten. Jürgen Dieringer (2001: 36) sieht diesen Prozess sich in den zunehmenden Forderungen nach Dezentralisierung und dem Wunsch nach Partizipation auf der regionalen Ebene manifestieren. Im Ergebnis lassen sich damit infolge der „Ausbreitung komplexer zivilisatorischer Lebensverhältnisse im Raum" die Entwicklung moderner „Großraumorganisationen" einerseits und die Behauptung dezentraler Autonomie andererseits als komplementär zueinander betrachten (vgl. EZFF 2003: 20).

Die politikwissenschaftliche Beschäftigung mit europäischer Integration konzentrierte sich zunächst auf die Gemeinschaftsinstitutionen und die vergemeinschafteten Politikbereiche. Seit den 1990er Jahren blüht jedoch ein Forschungszweig, der sich – prominent unter dem Begriff „Europäisierung"[41] –

---

[41] Zu den Verwendungsweisen vgl. Ladrech 1994 mit einer wegweisenden Definition des Begriffs und Olsen (2002).

deskriptiv und theoriebildend mit den Rückwirkungen der europäischen Integration auf die mitgliedstaatlichen Strukturen, Prozesse und materiellen Politiken befasst (Börzel 2002; Morlino 1999; Ladrech 1994). Nach einem breiten Begriffsverständnis bezeichnet Europäisierung Prozesse der Schaffung, Verbreitung und Institutionalisierung formaler wie informeller Regeln, Verfahren, Politik-Paradigmen, Stile, Vorgehensweisen und geteilter Vorstellungen und Normen, die im Entscheidungsprozess auf EU-Ebene definiert und konsolidiert und dann in die Logik der nationalen Diskurse, Identitäten, Strukturen und Politiken aufgenommen werden (Radaelli 2000: 4). Aufgrund der gemeinschaftlichen Vertragslogik und der fortdauernden Vergemeinschaftung von Kompetenzen unterliegt dabei die materielle Politik der Mitgliedstaaten stärker der Veränderungsdynamik als die nationalen Institutionen (vgl. Sturm 2009: 34). Dadurch bedingt, dass nationale politische Veränderungsprozesse in einen „europäischen" Zusammenhang gestellt wurden, haben Experten der Internationalen Beziehungen und „klassische" Komparatisten zu ähnlichen Gegenständen teilweise intensiv nebeneinander her geforscht (Benz 1993; Kohler-Koch 1998; Hooghe/Marks 2001). Mit dem beschriebenen Forschungsinteresse wurde auch die Veränderung der Beziehungen zwischen den staatlichen Ebenen analysiert. Die Gebietskörperschaften wurden dabei zumeist als nationale Akteure analysiert, deren Handlungsspielraum je nach nationaler Institutionenordnung variiert, denen aber ihr Streben nach Beteiligung an den Prozessen auf europäischer Ebene gemein ist. Als Akteure eines europäischen „Mehrebenensystems" entwickeln sie sich, wenn auch nicht auf einer Ebene mit den nationalen Regierungen – die in der intergouvernementalistischen Analyse die entscheidenden *gate-keeper* sind (Moravcsik 1993; Bache 1999) –, zu mitwirkungsberechtigten Akteuren in vergemeinschafteten Politikfeldern (Hooghe/Marks 2001).

„Regieren im Mehrebenensystem" („*multilevel governance*") wurde seit den 1990er Jahren als Schlüsselbegriff eines Ansatzes prominent, der theoriegeschichtlich in den neofunktionalistischen Theorien der Internationalen Beziehungen verwurzelt ist (vgl. ebd.). Die „Regionalisierung" europäischer Politik, der Bedeutungsgewinn der „dritten Ebene" in der Gemeinschaft, ist der zentrale Befund, von dem dieser Ansatz ausgeht (vgl. Benz 1993: 329). Die entsprechenden Forschungsbeiträge machen darauf aufmerksam, dass subnationale Akteure teilweise direkten Zugang zur europäischen Ebene erlangt haben und folglich die Zentralstaaten nicht immer erfolgreiche *gate-keeper* sind (vgl. Sutcliffe 2000: 292). Dabei wird die Analyse weniger auf Kompetenz- bzw. Machtbilanzen konzentriert, sondern werden mit Blick auf die Akteursbeziehungen die gesamtsystemischen Veränderungen in Begriffen von Interdependenz und Kooperation herausgearbeitet (vgl. Featherstone/Kazamias 2001: 11; Jeffery 2004). Die Forschungsrichtung analysiert den Wandel der

2 Demokratisierung und Dezentralisierung

Institutionen und Prozesse als Transformation von einem hierarchischen *government* zu einer *governance* in einem flexiblen Netzwerk, verbunden mit einer erhöhten Komplexität der Muster des Regierens. Dass diese Transformation grundsätzlich geeignet scheint, die Stellung der Gebietskörperschaften zu beeinflussen, hat die Forschung inspiriert (vgl. Borrás et al. 1998: 25; Magone 2003).[42]

Das besondere *policy*-bezogene Interesse galt und gilt in diesem Kontext mit der Regionalentwicklung einem Politikfeld, in dem die EU Mitte der 1970er Jahre zu einem wichtigen Akteur geworden ist (Benz 1993; Bache/Jones 2000). Untersucht wurden insbesondere die (potentiell) dezentralisierenden Wirkungen der europäischen Regionalpolitik (Hooghe 1996; Featherstone/ Kazamias 2001; Morlino 2002). Im Ergebnis wurde ein doppelter Regionalisierungsdruck festgestellt, der von der EU und den Regionen ausgeht. Während Letztere nach Beteiligung streben, ist das Interesse der EU funktionaler Natur, da sie territoriale Partner zur effizienten Umsetzung ihrer Politik benötigt (vgl. Benz/Eberlein 1999: 330). Besondere Beachtung fand die Reform der gemeinschaftlichen Regionalpolitik von 1988. Die zur Verfügung stehenden Mittel und das Partnerschaftsprinzip[43] hätten dazu geführt, dass subnationale Akteure sich in der europäischen Arena verstärkt mobilisierten. Durch Instrumente der Programmplanung seien Konsultationen zwischen nationaler und europäischer Ebene verstärkt worden. Zudem seien die staatlichen und privaten subnationalen Akteure stärker in den regionalpolitischen Prozess einbezogen und die zentralstaatliche Autorität durch eine mit Mehrebenen-Charakter ersetzt worden (vgl. Borrás et al. 1998: 35f.). Das Partnerschaftsprinzip wurde als Schlüssel zur Institutionalisierung triangulärer Beziehungen zwischen Staaten, Regionen und EU gewertet (vgl. Keating 1997: 32). Im Falle unitarischer Staaten wurde bereits im Hinzutreten der EU im Bereich der Regionalentwicklung die Grundlage für „neue Formen von Allianzen und Kooperationen" gesehen (Uterwedde 2000: 174).

In der Literatur besteht jedoch Uneinigkeit darüber, welche Bedeutung der „europäische Faktor" für die nationalen politisch-materiellen und -institutionellen Entwicklungen tatsächlich hat und welche Rolle endogene Faktoren spielen. Die Gebietskörperschaften sind zwar zu bevorzugten Untersuchungsgegenständen der europäischen Integrationsforschung geworden. Im eigentlichen Sinne systematisch-komparative Arbeiten zu den Auswirkungen

---

[42] Für die regionalen Akteure Kataloniens und Schottlands untersuchen beispielsweise Elisa Roller und Amanda Sloat (2002) die Strategien, mit denen jene ihre Rolle in den europäischen Prozessen neu zu definieren versuchen. Die Autorinnen stellen die Bedeutung nationaler Faktoren fest.

[43] Das 1988 eingeführte Partnerschaftsprinzip betrifft die Umsetzung der aus den europäischen Fonds (ko-) finanzierten Regionalpolitik. Subnationale und nicht-staatliche Akteure sollen in die verschiedenen Phasen des *Policy*-Prozesses einbezogen werden (vgl. Sutcliffe 2000).

der europäischen Integration auf die Entwicklung der Staatsorganisation sind jedoch die Ausnahme geblieben (Grotz 2007). Die Ergebnisse einschlägiger Untersuchungen weisen allerdings in eine bestimmte Richtung: Das Maß, in dem es den Zentralregierungen gelingt, ihrerseits die „Spielregeln" im Bereich gemeinschaftlicher Politiken zu definieren, hängt wesentlich von den bestehenden Territorialbeziehungen bzw. der vertikalen Machtverteilung ab (vgl. Keating/Hooghe 1996: 226). Regionen bedürfen bereits entwickelter Ressourcen, um die institutionenpolitischen Optionen im Kontext europäischer Politik nutzen zu können (vgl. Benz/Eberlein 1999; Grotz 2007: 48). In diesem Sinne verläuft die integrationsbedingte Anpassung in hohem Maße pfadabhängig. Diesem Muster entspricht z. B. der Befund, dass das Partnerschaftsprinzip in Schottland größere Wirkung entfaltet hat als in Wales und England (vgl. Bache/Jones 2000). Die schottischen Akteure profitieren von historischen Erfahrungen mit partnerschaftlichen Verfahren und der generellen größeren Eigenständigkeit des Landesteils im Vereinigten Königreich (s. u. Kap. 5.1.2).

Erste Hinweise auf national spezifische Faktoren, Dynamiken und Entwicklungspfade auch in Bereichen, die unter zunehmendem europäischem Einfluss stehen, kamen vonseiten der Staatsrechtslehre (vgl. Borrás et al. 1998: 24: 25). Das theoretische Argument: Entscheidungen der europäischen Ebene werden durch die nationalen Verwaltungen implementiert, die in je spezifischen Traditionen stehen. Folglich muss sich die Umsetzung supranationaler Politik auch in Funktion dieser Rechts- und Verwaltungstraditionen gestalten. Dass die europäische Integration einen nur schwachen Einfluss auf die administrativen Strukturen und Verfahren der Mitgliedstaaten hat, wurde in der Folge durch zahlreiche Studien bestätigt. Eine Auswertung des Forschungsstands zu den Auswirkungen der Integration auf die Zentraladministrationen (Goetz 2000) kam zu dem Schluss, dass eine eindeutige Wirkung nicht gesichert ist und „die EU" eher eine intervenierende Variable für die Veränderungen von Staatsstrukturen und Verwaltung darstellt. Aus diesem Befund wurde für die Forschung die Notwendigkeit eines Umdenkens abgeleitet: weg von der Annahme der Europäisierung als potentiellem Faktor, der vorliegt oder nicht, hin zu einer Gewichtung des Faktors Europa unter mehreren (vgl. ebd.: 19; Radaelli 2000: 9, 25).

Aufgrund des Befundes eines nicht einheitlichen nationalen institutionellen Wandels wurde der Fokus auf die Bedingungen der Anpassung verschoben. Es wurde herausgestellt, dass es – als notwendiger Bedingung – eines *misfit* bedarf (Börzel/Risse 2000), d. h. einer Inkongruenz zwischen Regelungen und Verfahren, wie sie für nationale Politiken gelten, und solchen, wie sie im Rahmen europäischer Politiken bestehen. Dass nationale Politik keinen Anpassungszwängen unterliegt, wenn sie der europäischen bereits ähnlich ist, ist freilich evident (vgl. Morlino 2002: 244). Auf die analytische Schwäche des *misfit* weist auch

2 Demokratisierung und Dezentralisierung

Florian Grotz (2007: 356) hin, der feststellt, dass dessen bloßes Vorliegen weder den Zeitpunkt noch die konkreten Inhalte von Reformen erklären kann; zu offensichtlich ist die Bedeutung von Akteursinteressen und -konstellationen, wie Untersuchungen institutioneller Anpassung zeigen (Featherstone/Kazamias 2001: 11; Dimitrova 2002; Olsen 2002; Grotz 2007: 51). Ein reformfeindlicher Konsens der nationalen Akteure macht institutionelle Veränderungen unwahrscheinlich, auch wenn es Gründe für die Anpassungen an ein externes Modell gibt. Dies gilt umso mehr, wenn es sich, wie bei der Staatsorganisation, um ein Regelungsfeld handelt, für das die Kompetenz allein auf nationaler Ebene liegt.

Die hier geschilderten Fragestellungen und Konzepte wurden auch auf die jungen Demokratien Europas angewendet. Dabei wurde die Bedeutung der externen Dimension zunächst auf die ermöglichende Wirkung des Wegfalls des sowjetischen Vetos beschränkt, während Demokratisierung und die Errichtung der marktwirtschaftlichen Institutionen als endogene Prozesse analysiert wurden (Offe 1998). Das besondere Interesse der europaorientierten Forschung wurde geweckt, als ab Mitte der 1990er Jahre in einigen ostmitteleuropäischen Staaten die Wiedereinführung der intermediären Ebenen verstärkt diskutiert wurde, nachdem diese erst Anfang des Jahrzehnts abgeschafft worden waren (vgl. Kolarska-Bobinska 1999). Für die Beitrittskandidaten richtete sich die Analyse auf mögliche antizipatorische Effekte im Zusammenhang mit der Übernahme des *acquis communautaire*, wobei sich die Länder aufgrund der Gefahr des Ausschlusses teilweise auch ohne entsprechenden *aquis* politisch-institutionelle und verwaltungstechnische Beitrittsvoraussetzungen hätten diktieren lassen (vgl. Brusis 2005: 292f.; Hughes et al. 2003). Wieder haben die Regionalpolitik und die Territorialverwaltung vielversprechende Untersuchungsgegenstände dargestellt (Brusis 2002; Yoder 2003; Hughes et al. 2004), da aufgrund des Umfangs der zu erwartenden Förderung besonders starke Anreize zur Anpassung angenommen wurden. Verwaltungsstruktur und administrative Kapazitäten der Beitrittsstaaten mussten auf die Planung und Umsetzung der gemeinschaftlichen Strukturpolitik vorbereitet werden. Schließlich wurde auch eine gewisse Präferenz der Kommission für selbstverwaltete und finanziell autonome Regionen als zusätzlicher Anreiz für Reformen gewertet (vgl. Brusis 2002: 531).

Die Erwartungen hinsichtlich der Europäisierungseffekte sahen sich jedoch bald enttäuscht. Die autoritären Hinterlassenschaften, die Knappheit finanzieller, organisatorischer und personeller Ressourcen sowie ökonomische, politische und gesellschaftliche Problemlagen, die die Aufmerksamkeit banden, haben die bestehenden Strukturen beständig gemacht (vgl. Goetz 2001: 1039). Die oben beschriebene stärkere Berücksichtigung der nationalen Rahmenbedingungen erwies sich nicht nur in den Fällen der EU-Altmitglieder als Desiderat, sondern auch bei der Analyse von Anpassungsprozessen in Transitionsländern bzw.

jungen Demokratien. Studien, die sich in diesem Forschungszusammenhang mit jungen Demokratien befasst haben (Börzel 2002), haben die Problematik „fluider" Transitionskontexte nicht systematisch berücksichtigt. Für die südeuropäischen und später auch für die osteuropäischen Staaten wurde die Dynamik dadurch verstärkt, dass neben dem gesellschaftlichen und politischen Umbau in kurzer Zeit auch ein „re-launch" der europäischen Integration stattfand (Einheitliche Europäische Akte, Einheitlicher Europäischer Markt, die Vertragsreformen von Amsterdam und Maastricht), mit dem der Transferprozess auf die gemeinschaftliche Ebene eine bisher nicht gekannte Geschwindigkeit aufnahm (vgl. Borrás et al. 1998: 28).[44]

Jüngere Analysen der EU-Altmitglieder und der jungen Demokratien Süd- und Osteuropas haben die Bedeutung der nationalen Institutionen und Akteure betont, durch die Entscheidungen der europäischen Ebene implementiert werden (Knill 1998; Knill/Lehmkuhl 2002; Hughes et al. 2004: 140). Die Untersuchung der regionalpolitischen Praxis in Flächenstaaten unterschiedlichen Zentralisierungsgrads wie Spanien, Frankreich und Großbritannien hat gezeigt, dass die Strukturfonds-Mittel zentralistisch verwaltet werden und die Zentralregierungen sich die Entscheidungen über die interne Verteilung vorbehalten (Morata/Muñoz 1996; Held/Sánchez Velasco 1996; Bache/Jones 2000). Der regionale Beitrag beschränkt sich im Wesentlichen auf die Bereitstellung von Informationen. Der Einfluss der subnationalen Gebietskörperschaften steigt *nach* der Entscheidungsphase, bei der Implementation, wenn die Gestaltungsspielräume bereits definiert sind (vgl. Blomberg/Peterson 1998: 232). Auch die neuen Verfahren der gemeinschaftlichen Regionalpolitik nach 1988 hinderten die spanische Zentralregierung selbst im Zusammenspiel mit den neuen regionalen Institutionen nicht daran, die Programmgestaltung zur Regionalentwicklung maßgeblich zu beeinflussen und einen Großteil der Mittel nach eigenen Vorstellungen zu verwenden (Morata/Muñoz 1996: 217f.). Was nicht-staatliche Akteure betrifft, wurde gezeigt, dass diese (wenn überhaupt) erst spät in den Politikprozess einbezogen werden und bei der Formulierung praktisch keine Rolle spielen (vgl. Borrás et al. 1998: 36). Auch Gerd Held und Amat Sánchez Velasco (1996: 265) stellen in der Strukturpolitik eine Marginalisierung der gesellschaftlichen Akteure sowie der dezentralen Institutionen fest. Einige Regionen haben sich allerdings an die „europäischen" Bedingungen der Politik angepasst und eigene Stellen für europäische Angelegenheiten geschaffen. Zudem haben sie sich eigene Zugänge zur Brüsseler Verwaltung geschaffen, Arbeitskontakte mit Vertretern der Gemein-

---

[44] Der gemeinschaftliche Besitzstand hat sich kontinuierlich verdichtet, besonders von Mitte der 1980er bis Anfang der 1990er Jahre. Im Bereich der Regionalentwicklung werden seit Anfang der 1990er Jahre Entscheidungen sowohl auf nationaler wie auf europäischer Ebene getroffen (vgl. Grotz 2007: 44f.).

2 Demokratisierung und Dezentralisierung 69

schaft wurden ab 1989 intensiviert, Vertretungen eingerichtet und (auch grenzüberschreitende) interregionale Initiativen gestartet (vgl. Borrás et al. 1998: 36). Diese Kommunikationswege und die Praxis interregionaler Zusammenarbeit in Regionalorganisationen (wie dem Ausschuss der Regionen), die insbesondere ressourcenstärkeren Regionen die Möglicheit der organisierten Interessenvertretung gegenüber der EU eröffnet, zeigen, dass das *gatekeeping* der politischen Zentren bisweilen Spielräume lässt. Mit einer wesentlichen Einschränkung der zentralstaatlichen Möglichkeiten, Entscheidungen durchzusetzen, ist dies freilich nicht verbunden. Festzuhalten ist, dass die Zahl der Akteure in europäisierten Politikfeldern gestiegen ist. Zu nennen ist in diesem Zusammenhang schließlich auch die europapolitische Beteiligung regionaler Institutionen, wie sie durch die Entsendung von Vertretern der regionalen Exekutiven in den Ministerrat praktiziert wird. Wie Florian Grotz (2007: 48) feststellt, sind Handlungsmöglichkeiten dieser Art auch über die konkret betroffenen Politikfelder hinaus von potentieller Bedeutung für die nationalen Strukturen und das Verhältnis zwischen den staatlichen Ebenen, wenn subnationale Akteure bzw. Institutionen durch die „europäischen Ressourcen" nachhaltig gestärkt werden.[45] Signifikante Auswirkungen sind allerdings erst einige Zeit nach der Transition zu erwarten.

2.4 Anlage der Untersuchung und Einzelheiten des Vorgehens

2.4.1 Untersuchungsdesign, Fallauswahl und Zeitraum

Die Studie sucht den Anschluss an die historisch-empirische Institutionenforschung und ist als Vergleich auf der Grundlage von drei Fallstudien angelegt. Der Gegenstand legt ein fallorientiertes, qualitatives Forschungsdesign nahe. Aufgrund der hohen Zahl potentiell relevanter Variablen und der Berücksichtigung von Wirkungsbeziehungen zwischen politischen Prozessen und ihren Kontexten findet ein qualitativer Vergleich im Sinne des historisch-empirischen Ansatzes Anwendung (vgl. Nohlen 2010d). Historisch ist dieser Ansatz nicht als ereignisgeschichtlicher, sondern indem er die interessierenden Phänomene in ihrem jeweiligen zeitlichen und räumlichen Kontext analysiert (vgl. Monsalve/Sottoli 2003: 193). Für die vorliegende Arbeit gilt es den Kontext in

---

[45] Tanja Börzel (2002) hat eine positive Rolle der EU bei der Veränderung der Beziehungen zwischen den Ebenen in Spanien festgestellt. Ein weiteres Beispiel für eine Europäisierungsstudie am spanischen Fall ist Guillén et al. (2003). Die Autoren untersuchen, welche Auswirkungen der EU-Beitritt Portugals und Spaniens auf die Entwicklung der Sozialpolitiken hat bzw. ob die sozialen Sicherungssysteme europäisiert wurden.

einer Weise zu berücksichtigen – und gewissermaßen auf komparative „Begriffe zu bringen" –, dass ein kausalanalytisch orientierter Vergleich unter Berücksichtigung der Variablen des institutionenpolitischen Prozesses *und* des Kontextes möglich ist. Dies erfordert eine gewisse Offenheit in der Anlage der Untersuchung, für die sich die klassischen Schemata der vergleichenden Methode – nach Differenz oder Konkordanz – nicht eignen (vgl. Hesse/Benz 1990: 18).[46] Auf Grundlage der Fallstudien werden im abschließenden Kapitel Reformprozesse und Reformkontexte systematisch verglichen und auf Muster hin untersucht, welche auf kausale Entstehungs- und Entwicklungszusammenhänge schließen lassen. Im Ergebnis sollen generalisierende Aussagen mittlerer Reichweite über die Zusammenhänge zwischen Reformprozess und Reformkontext getroffen werden.

Für die interregional-komparative Analyse postautoritärer und demokratischer Staatsentwicklung ist von Bedeutung, auf welche *area*-übergreifenden Konzepte und Ansätze zurückgegriffen werden kann (vgl. Jann 2004: 593f.). Die Grundannahme der Arbeit, dass Institutionenbildung in Süd- und Osteuropa sinnvoll zu vergleichen ist, beinhaltet auch den Standpunkt, dass die Konzepte und Untersuchungsansätze der vergleichenden Analyse politischer Systeme für die Untersuchung von Institutionenreformen auch für die hier interessierenden Zusammenhänge grundsätzlich geeignet sind. Für die Analyse der Entwicklung der Staatsorganisation werden unterschiedliche Erklärungsansätze miteinander kombiniert (vgl. Wollmann/Lankina 2003: 92; Illner 2003a: 24; Nohlen 2005: 320). Auf der Ebene der Akteure und Prozesse werden insbesondere individuelle und kollektive Akteure und Akteurskonstellationen, Prozess-Verläufe, Machtressourcen, Strategien des Machterhalts und der Machterlangung, Interessen und Präferenzen (darunter Reformansätze bezüglich der Staatsorganisation) berücksichtigt. Auch der „Ort" der Initialisierung von Reformen, Zentrum oder Peripherie, ist in diesem Zusammenhang von Bedeutung. Die Entwicklung der Staatsorganisation wird folglich primär als politischer Prozess analysiert, in dem institutionenbezogene Entscheidungen im Rahmen bestimmter Strukturen getroffen werden. In der Transitionsforschung werden häufig historisch-konstitutionelle und externe Faktoren auf einer analytischen Ebene mit handlungstheoretischen Erklärungsansätzen diskutiert (s. o. Kap. 2.2.3). Im Folgenden werden hingegen die (potentiellen) Faktoren danach unterschieden, ob sie effektiv handlungsbeschränkend bzw. -bestimmend wirken, oder ob sie lediglich Anreize, Orientierungen, Legitimationen etc. darstellen, deren Berücksichtigung im Reformprozess den Akteuren obliegt.

---

[46] Zur methodologischen Diskussion solcher Untersuchungsdesigns siehe Ashford (1983: 188), Hesse/Benz (1990: 18) und Nohlen (2010c).

2 Demokratisierung und Dezentralisierung

Politisch-institutionelle Ausgangsbedingungen von Reformprozessen, der *status quo ante*, das institutionelle „Erbe", Pfadabhängigkeiten und politisch-kulturelle Faktoren (wie lokale und regionale Identitäten) schlagen sich mit hoher Wahrscheinlichkeit in den institutionellen Reformen nieder und sind deshalb zur erstgenannten Kategorie zu zählen. Entsprechend den Annahmen des historisch-empirischen Institutionalismus werden Institutionen in den folgenden Analysen nicht nur als abhängige Variable untersucht, sondern auch als unabhängige Variable berücksichtigt. Kurzfristig strukturieren sie die Verhandlungssituation der beteiligten – und als rational angenommenen – Akteure und bieten bestimmte Anreize. Langfristig wirken sie auf die Akteure; deren zunächst aus bestimmten Eigeninteressen gewählte Strategien festigen sich im institutionellen Arrangement (*logic of appropriateness*; March/Olsen 1989: 160ff.).

Im Unterschied zu diesen Faktoren liegt die Berücksichtigung vorautoritärer und autoritärer Erfahrungen (kultureller, kognitiver und institutioneller Art) und Traditionen sowie institutioneller Modelle aus dem Ausland eher im Ermessen der nationalen Akteure. Die auf solchen „Impulsen" beruhenden Prozesse sind demnach akteurstheoretisch zu analysieren. Allerdings ist die Unterscheidung keineswegs trennscharf. Auch vor diesem Hintergrund nimmt die institutionelle „Vorgeschichte" im empirischen Teil der Arbeit einen relativ breiten Raum ein. Hierbei geht es zum einen um die konkreten institutionellen „Ausgangspunkte" der Staatsorganisationsreformen. Zum anderen sollen durch die diachrone Perspektive direkte (das Handeln beeinflussende) Wirkungen und Kontingenzen voneinander unterschieden werden. Den Analysemöglichkeiten werden freilich durch die Datenverfügbarkeit gewisse Grenzen gesetzt.

Als Untersuchungsfälle kommen solche Flächenstaaten in Frage, die nach einer längeren Phase autoritärer Herrschaft im Übergang zur Demokratie Staatsorganisationsreformen durchführten bzw. diskutierten. Der Dezentralisierungsgrad der am (vorläufigen) Ende dieser Reformprozesse stehenden Staatsorganisation ist von nachrangiger Bedeutung, da die *Prozesse* der Gegenstand der Analyse sind. Die Untersuchung erfolgt im Wege eines Vergleichs von Fällen unterschiedlicher *areas*. Dieses Design erhöht die Kontext-Differenz, aber auch die Reichweite der aus dem Vergleich zu ziehenden Schlüsse. Dies hat auch Auswirkungen auf den Abstraktionsgrad der Aussagen, der tendenziell höher ausfallen muss.[47] Ein „Übermaß" an Differenz wird durch die Beschränkung auf europäische Staaten und Demokratisierungsprozesse gegen Ende des 20. Jahrhunderts ausgeschlossen (s. u. Kap. 2.4.2).

---

[47] Hier gilt die Analogie zu Giovanni Sartoris „Abstraktionsleiter" (*scala di astrazione*), nach der sich mit zunehmendem Abstaktionsgrad eines Begriffs immer mehr Fälle diesem Begriff zuordnen lassen, wobei der Bedeutungsgehalt (seine Intension) abnimmt (Sartori 1970).

Als primäre Untersuchungsfälle wurden Spanien und Polen ausgewählt. Der Vergleich ist damit interregional und intertemporär bzw. zeitversetzt. Der dritte Fall, Großbritannien, hebt sich durch die Abwesenheit des Systemwechsels ab und ermöglicht dadurch einen kontrastierenden kontextbezogenen Vergleich mit den beiden Transitionsfällen. Zeitlich liegen die letzten großen Staatsorganisationsreformen in Großbritannien und Polen etwa parallel, während der Prozess in Spanien rund 20 Jahre früher begann. Hinsichtlich der *area* weisen Typologien lokaler Verwaltungssysteme (s. o. Kap. 2.3.2) darauf hin, dass sich Großbritannien relativ deutlich von den kontinentaleuropäischen Systemen des Südens und des Nordens unterscheidet. Dabei handelt es sich jedoch um Unterschiede in den Merkmalsausprägungen, die im vorliegenden Zusammenhang von sekundärer Bedeutung sind und in der empirischen Analyse in geeigneter Weise gewürdigt werden können. Wichtiger ist für die Vergleichskonstellation dieser Arbeit, dass in allen drei Ländern Staatsorganisationsreformen in Richtung Dezentralisierung durchgeführt wurden.

Begünstigt wird der Vergleich der beiden Transitionsländer mit Großbritannien dadurch, dass die Systemwechsel Spaniens und Polens mit einer bemerkenswerten Kontinuität verlaufen sind. Zwar gilt der fundamentale und für diese Untersuchung konstitutive Unterschied zwischen den beiden *Regimewechseln* und den britischen *Regierungswechseln*.[48] Politisch-institutionelle und administrative Kontinuitäten sowie die Veränderung politischer Mehrheiten infolge von Wahlen spielen jedoch, neben anderen Faktoren, in allen untersuchten Fällen eine wichtige Rolle und begründen eine gewisse Homogenität, die den Vergleich begünstigt.

Die Festlegung des Untersuchungszeitraums folgt pragmatischen und forschungsstrategischen Überlegungen. Hinsichtlich des Endes des Untersuchungszeitraums ist zu beachten, dass die in den Verfassungsprozessen Spaniens und Polens getroffenen Entscheidungen häufig dilatorische Kompromisse waren. Aus diesem Grund waren die „Vorzeichen" der Transition auch dann noch wirksam, als sich die jungen Demokratien streng genommen bereits im Prozess der Konsolidierung befanden oder – dies gilt insbesondere für Spanien – bereits als konsolidiert galten. Auch Jahre nach dem eigentlichen Systemwechsel war so manches Kapitel, das nach dem Ende des Autoritarismus begonnen worden war, nicht abgeschlossen, darunter auch die vertikale Organisation der jungen Demokratien. Akteure, Kräfteverhältnisse und institutionelle Entscheidungen der Transition

---

[48] Bezüglich der Dyade „Regime- vs. Regierungswechsel" ist anzumerken, dass sie die relevanten Zusammenhänge nur verkürzt und mithin eher plakativ bezeichnet. So spielte auch in den Reformprozessen Spaniens und Polens die Verschiebung von Mehrheiten infolge von Regierungswechseln eine wichtige Rolle, während sich in Großbritannien die Reformaktivitäten nicht auf die Phasen der Regierungswechsel beschränkten.

beeinflussten die weitere institutionelle Entwicklung noch über Jahre. Besonders augenfällig ist hier die Rolle der PSOE-Regierung, deren Amtsantritt das Ende der Transition im engeren Sinne markiert und die vor und nach ihrer Regierungsübernahme eine maßgebliche Rolle bei der Entwicklung des Autonomiestaates gespielt hat. Dies ist einer der Gründe, weshalb der Untersuchungszeitraum über die relativ scharf abgrenzbare Phase der Schaffung der demokratischen Institutionen hinausreichen muss. Die Ausdehnung des Beobachtungszeitraums hat überdies auch einen untersuchungsstrategischen Vorteil: Sie eröffnet mit der diachronen Perspektive innerhalb der Länderstudien eine weitere Vergleichsdimension und erlaubt die Berücksichtigung weiterer historisch-genetischer Aspekte (vgl. Nohlen 2010d: 1155). Auch kann auf diese Weise herausgearbeitet werden, wann und mit welcher Konsequenz sich die Reformbedingungen gewissermaßen „normalisieren".

2.4.2 Zum Inter-area-Vergleich

Vergleiche von Transitionsfällen *innerhalb einer area* sind die Regel. Neben methodologischen Gründen – ausgegangen wird hier von homogenen Kontexten (Pye 1975; Nohlen 2010a) – spielen dabei auch Spezialisierungen innerhalb der Wissenschaft eine Rolle. Vergleichende Analysen der Institutionengenese und -reform in Ländern einer *area* sind der Frage nachgegangen, wodurch länderspezifische Divergenzen bei der (Um-) Gestaltung bedingt sind (vgl. Havlik 1996). *Zwischen* den verschiedenen *area*-Spezialisten ist jedoch eine gewisse „Sprachlosigkeit" (Wollmann 1995) zu einem Kennzeichen der Disziplin geworden, das die Zahl interregional vergleichender Arbeiten begrenzt hat.[49] Vergleiche dieses Typs haben die Differenzen zwischen den Regionen deutlich gemacht und den Blick für Gemeinsamkeiten, Unterschiede und Spezifika der nationalen Institutionenarrangements und der Transitionsprozesse in verschiedenen Regionen geschärft (vgl. Linz/Stepan 1996: xv).[50] Mit Blick auf die osteuropäischen Transitionen wurde die Besonderheit der gleichzeitigen gesellschaftlichen, politischen und wirtschaftlichen Transformation betont, während etwa die südeuropäischen Systemwechsel im Wesentlichen die Regime, d. h. die Herr-

---

[49] Ein Beispiel für eine interregional angelegte Studie, mit der die Auswirkungen von politischem und ökonomischem Wandel auf die Entwicklung des *local government* untersucht werden, ist die von Gérard Marcou und Imre Verebelyi (1993) herausgegebene Arbeit.
[50] Großbritannien und Spanien wurden beispielsweise von Ian Bache und Rachel Jones (2000) vergleichend untersucht. Mit Polen und Spanien hat sich bereits 1820 der Begründer der modernen polnischen Geschichtsschreibung, Joachim Lelewel, vergleichend befasst („Die historische Parallele Spaniens mit Polen im 16., 17., 18. Jahrhundert"). Lelewel analysierte die Gründe für den Niedergang der beiden ehemaligen europäischen Großmächte (vgl. Kraft 2003: 14).

schaftsstrukturen, betrafen (vgl. Baldersheim/Illner 1996a: 6; Rüb 1995: 509; Merkel 2010: 65). Entsprechend impliziert der Begriff *Post*-Sozialismus die Permanenz von Spezifika aus sozialistischer Zeit, die die Gegenwart der politischen und gesellschaftlichen Systeme Osteuropas bestimme (vgl. Sakwa 1999: 3). Dies hat Konsequenzen für die Analyse, für die sich in anderen Kontexten bewährte Konzepte und Ansätze möglicherweise nicht eignen. Wenn jedoch der ideologische Systemwechsel betont und ein historisch einmaliger Prozess beschrieben werden, ist einzuwenden, dass die postsozialistischen Transformationsprozesse jenen Entwicklungen ähnlich sind, die in den 1960er und 70er Jahren in den westlichen Industriestaaten abliefen (vgl. Gorzelak 1996: 33). So lässt sich beispielsweise der Niedergang der traditionellen Industrien nach 1990 als ein um 20 Jahre verspäteter Strukturwandel analysieren, wie er auch in den westlichen Demokratien stattgefunden hatte. Auch hier geschah die „Überwindung" einer auf massenhafter Industrieproduktion basierenden Wirtschaftsorganisation zum Preis einer Rezession. Politische und wirtschaftliche Grenzen hatten die Systeme Ostmitteleuropas bis 1989 von Weltmarkt und Wettbewerb abgeschirmt. Nach dem Verschwinden jener Grenzen begann ein Aufholprozess, in dem globale Entwicklungen in rasanter Geschwindigkeit nachgeholt wurden. Die Ähnlichkeiten zwischen westlichem und östlichem Strukturwandel sind mithin größer, als es die Betonung der ideologischen Differenzen vermuten lässt (vgl. ebd.).

Bezüglich der vertikalen Organisation westlicher und östlicher Industrienationen geht Richard Bennett davon aus, dass es jenseits der Teilung Europas eine spezifische europäische Dimension der Veränderung subnationaler Selbstverwaltungssysteme gibt. Diese Strukturen würden sich dem jeweiligen wirtschaftlichen und politischen Wandel anpassen (vgl. Bennett 1989a: vii), wobei die konkreten Auslöser – gleichsam systembedingt – unterschiedliche seien. Der in der zweiten Hälfte der 1980er Jahre in osteuropäischen Ländern festzustellende Wandel sei durch die mit Perestroika und Glasnost einhergehenden wirtschaftlichen und politischen Reformen bedingt. Währenddessen hätten in Westeuropa technologischer Fortschritt und gesellschaftliche wie politische Entwicklung zu „Repräsentationskrisen", „Finanzkrisen" und Zuständigkeitskonflikten zwischen den Regierungsebenen geführt (vgl. ebd.; s. o. Kap. 2.1).

Im Zuge seiner Analyse der Konsolidierungsbedingungen postautoritärer Systeme weist Wolfgang Merkel hinsichtlich der den Vergleich potentiell berührenden System-Differenz auf einen weiteren Aspekt hin, der auch für die vorliegende Arbeit relevant ist: „Das Problem der Staatlichkeit hatte einen weit größeren Einfluss auf den Erfolg und das Scheitern der demokratischen Konsolidierung in Osteuropa als mögliche Interferenzen der gleichzeitigen politischen und wirtschaftlichen Transformation." (Merkel 2010: 433)

2 Demokratisierung und Dezentralisierung

Staatlichkeit bezieht sich hier sowohl auf die (territoriale) Integrität als auch auf den Staatsapparat. Im Hinblick auf die Vergleichsfälle dieser Arbeit ist die zweite Bedeutung relevant, denn: „Staatsfixierte Autokratien geben ein positiveres Vermächtnis für die Demokratisierung weiter als Diktaturen mit schwachen Staatsstrukturen." (ebd.) Wenngleich personelle und bürokratische Kontinuitäten im Übergang zur Demokratie häufig kritisch beurteilt werden, ist evident, dass das Erbe eines funktionierenden Staates, ebenso wie „umfangreiche öffentliche Ressourcen und ein Verständnis für die notwendigen Funktionen des Staates" (ebd.), gewichtige Ressourcen für eine junge Demokratie darstellen können.[51] Für die Fragestellung und die Fallauswahl der vorliegenden Arbeit bedeutet dies, dass die Kontinuität der Staatlichkeit in beiden Transitionsfällen eine Homogenität konstituiert, die die *area*-Differenz relativiert und einen sinnvollen Vergleich begünstigt. Weitere strukturelle Parallelen wie die „Abkopplung von dem gesellschaftlichen und politischen Modernisierungsprozess" (Troebst 2003b: 4) bzw. eine verspätete gesellschaftliche und politische Modernisierung, krisenhafte parlamentarische Erfahrung, die lange Zeit diktatorischer Herrschaft und die massive Industrialisierung im Autoritarismus sind für den Vergleich ebenso konstitutiv wie der rigide Zentralismus der autoritären Regime und sich daran anschließende Dezentralisierungsprozesse.

Mit dem Untergang des alten Regimes begann für Polen, wie zuvor für Spanien, eine zweifache Transition von Demokratisierung und Dezentralisierung, die in der Perzeption der Akteure und der politischen Praxis eng miteinander in Verbindung standen (Nohlen/Hildenbrand 1988; Rose/Traut 2001). Auffällig sind überdies die strukturellen Ähnlichkeiten der beiden Volkswirtschaften in den Nachkriegsjahren.[52] Anfang der 1950er Jahre hatten beide Länder ähnliche Bevölkerungsgrößen und Wirtschaftsstrukturen. Das polnische Pro-Kopf-Einkommen hatte 1955 noch etwa 50% über dem spanischen gelegen, bevor es Ende der 1980er Jahre, nach der raschen Integration der spanischen Wirtschaft in die europäische Wirtschaftsentwicklung, nur noch einem Viertel des spanischen Niveaus entsprach (vgl. von Beyme 1971: 171; Blazyca 1998: 194). Besonders die historische Forschung hat immer wieder auf die Ähnlichkeiten der nationalen und staatlichen Entwicklung Spaniens und Polens hingewiesen (Smolar 1999). In Polen werden die spanische Nation und die spanische Staatsgründung traditionell als „Referenzrahmen und Vergleichsfolie" wahrge-

---

[51] Merkel nennt weitere Aspekte, die die Bedeutung des gleichzeitigen politischen, wirtschaftlichen und gesellschaftlichen Systemwechsels relativieren. So stellt er in Bezug auf die ehemals sozialistischen Staaten relativ hohe Modernisierungs- und Bildungsniveaus sowie geringe soziale Ungleichheiten fest (vgl. Merkel 2010: 432)

[52] Anfang der 1990er Jahre stellte der Harvarder Ökonom Jeffrey Sachs diesen Vergleich an, um zu zeigen, welche Entwicklungschancen Polen allein aufgrund der 40 Jahre seines Eingeschlossen-Seins in den sowjetischen Block verpasst habe (vgl. Sachs 1993).

nommen, ein Interesse, das allerdings nicht auf Gegenseitigkeit beruht. Denn von Madrid aus betrachtet, so zumindest eine pointierte Einschätzung, ist Polen weit weg und das polnische Volk eines, von dem man nichts weiß (vgl. Troebst 2003b: 7; Kieniewicz 2004).

Die Überlegungen zur Auswahl des dritten, „kontrastierenden" Falls wurden bereits an anderer Stelle (Kap. 2.4.1) ausgeführt. Grundsätzlich stellt sich die Frage der *area*-Differenz auch hier, zumal die einschlägigen Analysen auf die Spezifität der britischen Staatsorganisation hingewiesen haben. Allerdings ist das entscheidende Kriterium für die Auswahl dieses Falls das Vorliegen von entsprechenden Reformen im politischen Kontext einer konsolidierten Demokratie. Der britische Fall, der wie Spanien und Polen durch eine einheitsstaatliche Entwicklungslinie gekennzeichnet ist, erlaubt die Analyse solcher Prozesse in einem europäischen Flächenstaat Ende des 20. Jahrhunderts. Damit ist ein Maß an Homogenität gegeben, das den mit heuristischer Zielstellung anzustellenden Vergleich sinnvoll macht. Erwähnt seien an dieser Stelle lediglich noch die auffälligen Ähnlichkeiten mit Spanien hinsichtlich der Regionalisierungsdynamik. Diese Ähnlichkeiten betreffen neben der asymmetrischen Dezentralisierung auch einzelne Regionen, die in den gesamtstaatlichen Reformprozessen eine prominente Rolle gespielt haben und auch heute noch spielen. So ähnelten sich die jeweiligen „*perceptions, interpretations and aspirations for home rule*" (Moreno 1988: 166) in Schottland und Katalonien, wenngleich sich die Strukturen sehr unterschiedlich entwickelt haben. Beide Landesteile hatten im vorkapitalistischen Europa als ethnisch strukturierte Territorien eine große Unabhängigkeit genossen, die bis zu den dynastischen Vereinigungen mit England bzw. Kastilien währte. Institutionen der Selbstverwaltung konnten bis zur nationalen Integration im 18. Jahrhundert behauptet werden. Im späten 19. und frühen 20. Jahrhundert kam es in Form des *Secretaryship for Scotland* (1885) bzw. der katalanischen *Mancomunidad* (1914) zu einer administrativen Dekonzentration. Diese stellte eine Strategie der jeweiligen politischen Zentren angesichts der regionalistischen Bestrebungen dar, welche wiederum auf nicht erfüllten wirtschaftlichen und gesellschaftlichen Erwartungen gründeten (vgl. ebd.: 167). In den 1960er und 70er Jahren forderten Regionalisten angesichts der Unzulänglichkeiten der zentralistischen und einheitlichen Verwaltung die Zentren heraus. 1979 wurden in Katalonien und Schottland Referenden zur Selbstverwaltung abgehalten, die in beiden Fällen die Mehrheit fanden.[53]

---

[53] Siehe hierzu die Kapitel 2.3.2 und 4.2.

3 Demokratisierung und Staatsorganisationsreform in Spanien

Es mangelt Spanien nicht an Erfahrung mit politischem Wandel. Dass dieser sich mit dem Bild von „Pendelausschlägen" so treffend beschreiben lässt (Nohlen/Hildenbrand 2005: 247; Gunther et al. 2004: 156), markiert die Dynamik der politischen Entwicklung. Während der letzten 200 Jahre pendelte Spanien, dessen Geschichte durch eine „Diskontinuität des Modernisierungsprozesses" (von Beyme 1971: 16) gekennzeichnet ist, hin und her zwischen Monarchie und Republik, Demokratie und Autoritarismus und Zentralismus und regionaler Autonomie.

Gesellschaftliche und wirtschaftliche Entwicklung haben im letzten Viertel des 20. Jahrhunderts einer Transition den Weg geebnet, die den Übergang vom Zentralismus zur territorialen Autonomie mit einschloss (vgl. Baena del Alcázar 2004: 241). Der Wandel von einem der am stärksten zentralisierten politischen Systeme Europas zu einem, das durch einen hohen Grad an Dezentralisierung gekennzeichnet ist, der von manchen Autoren mit dem belgischen Föderalismus verglichen wird[54] (vgl. Norton 1994: 45), ist eine der bemerkenswerten und tiefgreifendsten politischen Entwicklungen in der Geschichte Spaniens (vgl. Subirats/Gallego: 2002: 3; Nohlen/Hildenbrand 2005: 323). Vor diesem Hintergrund ist es nicht verwunderlich, dass der Autonomieprozess (besonders aus verfassungsrechtlicher Perspektive) ähnlich gut untersucht ist wie die *transición* (vgl. Gunther et al. 2004: 313). In dem Land, in dem ein Zentrum-Peripherie-Konflikt gleichzeitig Triebkraft und Herausforderung des postautoritären Strukturwandels war, hängen Demokratisierung und Dezentralisierung in besonderer Weise miteinander zusammen. Es war und ist die Ansicht verbreitet, dass eine erfolgreiche Demokratisierung zwangsläufig auch mit der Abkehr vom Zentralismus und der Errichtung regionaler Autonomien einhergehen musste. Gleichzeitig schuf aber die Transition ihrerseits spezifische Bedingungen für den

---

[54] In der Frage, ob Spanien zu den föderalen Systemen zu zählen ist, besteht indes kein akademischer Konsens. Die „Asymmetrie" des spanischen Autonomiestaates sowie die fehlende institutionalisierte Beteiligung der Autonomen Gemeinschaften an der nationalen Politik sind die am häufigsten genannten Argument *gegen* die Zuordnung Spaniens zu den föderalen Staaten (vgl. Grau i Creus 2000: 58). Unstrittig ist, dass der Autonomieprozess ein sehr viel stärker dezentralisiertes Gebilde hervorgebracht hat, als es etwa der französische dezentralisierte Einheitsstaat ist.

Dezentralisierungsprozess. Außer Frage steht, dass beide Prozesse sich gegenseitig stark beeinflusst haben

Im Folgenden wird zunächst (Kap. 3.1) die Entwicklung der Staatsstrukturen in den Kontext der staatlichen Entwicklung gestellt, die auch für den historischen Zentrum-Peripherie-Konflikt von Bedeutung ist. Auf dieser Basis lassen sich Kontinuitäten und Brüche über die verschiedenen Herrschaftsphasen hinweg identifizieren. Für den spanischen Staat unter Franco werden zum einen die politisch-institutionellen und prozessualen Rahmenbedingungen nachgezeichnet und zum anderen wesentliche Elemente der vertikalen Staatsorganisation herausgearbeitet. Hieraus ergeben sich die Ausgangsbedingungen für den 1976 beginnenden Systemwechsel und die institutionellen Reformprozesse. Bei der Darstellung der Transition (Kap. 3.2) stehen Institutionen, Akteure, Kräfteverhältnisse, Rahmenbedingungen und Prozessverläufe im Mittelpunkt. Die Analyse der regionalen Dezentralisierung, des Autonomieprozesses, unterscheidet eine erste und eine zweite Phase, die nach der Transition im engeren Sinne beginnt und durch neudefinierte Positionen gekennzeichnet ist. Zudem werden die subregionalen Institutionen im Kontext des Systemwechsels analysiert. Der Schwerpunkt der Analyse in Kapitel 3.3 liegt jedoch auf der regionalen Ebene. Als besondere Aspekte der subnationalen Institutionenbildung werden das Thema der interregionalen Solidarität sowie die Beziehungen zwischen Zentralstaat und Regionen vertieft.

3.1 Staat und Politik vor der spanischen Transition

3.1.1 Die nationale Integration

Es mutet paradox an, dass mit Spanien für einen der ältesten europäischen Staaten die seit dem Unabhängigkeitskrieg gegen Frankreich (1808-1813) währenden Traditionen von politischem Konflikt und Instabilität betont werden (vgl. Medhurst 1973: 1). Das Land dient als klassisches Beispiel für eine starke Tendenz zu fehlendem Konsens, die zu einem zentralen Merkmal der Politik geworden ist. Frühere Demokratisierungsversuche (1812, 1876 und 1931) bedeuteten klare Brüche mit der jeweils bestehenden Ordnung und deren Unterstützern. Auch dies spielte eine Rolle beim Scheitern solcher Versuche, am dramatischsten im Falle des Bürgerkriegs der 1930er Jahre.

Die Gründung des spanischen Staates gilt als Ergebnis der *Reconquista*, der Rückeroberung Spaniens durch christliche Herrscher, die 1492 mit der Kapitulation des maurischen Königreichs von Granada abgeschlossen wurde. Die sprachliche und kulturelle Vielfalt sowie die Konflikte um die Struktur des Staates

3 Demokratisierung und Staatsorganisationsreform in Spanien

haben hier ihren Ursprung und rühren u. a. daher, dass verschiedene Gruppen mit unterschiedlichen kulturellen Zügen und Vorstellungen hinsichtlich der Struktur des Staates jene Rückeroberung leisteten (vgl. Gunther et al. 2004: 39). Entsprechend seiner regionalen Selbstverwaltungstradition gewährte das Königreich Aragon rückeroberten Territorien insbesondere in Zoll-, Steuer- und Selbstverwaltungsangelegenheiten substantielle Sonderrechte (*fueros*). Im Unterschied dazu war die Tradition Kastilien-Leons, abgesehen von der baskischen und navarrischen Autonomie, von deutlich stärkerer Zentralisierung geprägt (vgl. ebd.: 43). Vor diesem Hintergrund wurde Spanien zu einem Fall von frühem *state building* verbunden mit spätem *nation building* (vgl. Linz 1973a: 33). Seit dem 17. Jahrhundert erlebte das Land zahlreiche gewaltsame Konflikte zwischen Zentrum und Peripherie, wie sie für das europäische *state building* insgesamt nicht ungewöhnlich sind. Ungewöhnlich ist allerdings, dass diese Konflikte bis zum Ende des 20. Jahrhunderts (und darüber hinaus) eine Rolle spielen sollten.

Bedingt nicht zuletzt durch ihre Verbindung mit den bestehenden Konfliktlinien, wie sie insbesondere die Staatsorganisation betrafen, stellte die Monarchie seit dem frühen 18. Jahrhundert einen polarisierenden und destabilisierenden Faktor dar. Die Nachfolgekriege nach dem Tod des letzten Habsburgers, Carlos II., brachten 1713 einen französischen Zweig der Bourbonen an die Macht. Dies führte zu einem frühen Einfluss Frankreichs auf die spanische Staatsentwicklung, der sich besonders in den Modernisierungsplänen niederschlug. Die Verwaltung wurde rationalisiert und die Kontrolle über die zahlreichen dezentralen Einheiten und Akteure gestärkt. Beschnitten werden sollte damit auch der traditionell große Einfluss der Feudalherren und der Kirche (vgl. Medhurst 1973: 1). Dies war der Beginn der – allmählichen – Zentralisierung der bislang in den Königreichen liegenden politischen Macht. Die Grundstruktur dieses Zentralismus reicht bis in die Gegenwart; nur das Baskenland und Navarra konnten ihre *fueros* behaupten (vgl. CDLR 1998: 149).

Allmählich wurde eine einheitliche Staatsstruktur geschaffen. Reformiert wurden die Staatsorganisation, die lokale Verwaltung, das Steuersystem sowie die Universitäten. Die zentral ernannten Gouverneure, zuständig für das Polizei- und Justizwesen, Wirtschaft, Staatseinnahmen und die Sicherung der Versorgung der Bevölkerung mit Lebensmitteln, wurden im Laufe des 18. Jahrhunderts zur dominierenden Figur auf lokaler Ebene. Den Karolinischen Reformern gelang es jedoch zunächst nicht, die den lokalen Oligarchen konzedierte Macht zurückzuerlangen. Der Reform- und Modernisierungsimpuls endete somit vorerst in den Rathäusern. Erst im 19. Jahrhundert konnte der Zentralstaat auch auf lokaler Ebene seinen Einfluss durchsetzen (vgl. Page 1991: 113).

3.1 Staat und Politik vor der spanischen Transition

Die verfassungsgebenden *Cortes* von Cádiz formulierten 1812 im Schatten der napoleonischen Besatzung das Ziel, Kommunen und Departements nach französischem Vorbild zu schaffen, wie auch die gesamte Verfassung in systematischer, gesetzestechnischer und inhaltlicher Hinsicht deutlich von der französischen Verfassung von 1791 geprägt war (vgl. Nohlen 1970: 25). Die liberale Verfassung der *Cortes* sah neben dem nach allgemeinem Männerwahlrecht indirekt gewählten nationalen Parlament (vgl.Vallès/Nohlen 2010: 1810) auch die Wahl von Gemeindebeamten vor, ohne allerdings die zentralstaatliche Kontrolle über die Gemeinden einzuschränken. Nach der hier wirksamen staatsphilosophischen Vorstellung, die schließlich die Struktur der spanischen Gemeinden prägte, sollte jede Stadt, auch in dünn besiedelten Regionen wie Galizien, über eine eigene Gemeindeverwaltung (*ayuntamiento*) verfügen (vgl. Solé-Vilanova 1989: 208).

Die Abschaffung der liberalen Verfassung durch die absolutistische Restauration unter Fernando VII. (Regierungszeit: 1814 bis 1833) markierte den Beginn einer langen Phase von politischer Instabilität, Bürgerkriegen und Staatsstreichen (vgl. Vallès/Nohlen 2010: 1803). Mit der Einführung des französischen Verwaltungsmodells der Revolution und der Untergliederung des Staates in Provinzen, dem entscheidenden Schritt zur politischen Homogenisierung der aragonesischen Regionen, setzte sich die Zentralisierung Spaniens fort (vgl. Solé-Vilanova 1989: 207; Mangott el al. 2000: 217; Gunther et al. 2004: 45). 1833 wurden 49 Provinzen geschaffen[55], die als Hauptverwaltungseinheiten dienten und in rechtlich gleiche Kommunen unterteilt waren. Im Unterschied zu den Provinzen waren die Kommunen auch als Selbstverwaltungseinheiten konzipiert, hatten mithin eine Doppelrolle als Einheiten der zentralstaatlichen Verwaltung und als Organe mit (beschränkten) eigenen Entscheidungskompetenzen (vgl. Medhurst 1973: 181). Dem homogenen Status der Einheiten (mit Ausnahme Madrids und Barcelonas) standen sehr heterogene Voraussetzungen hinsichtlich Größe, Entwicklungsstand und Ressourcen gegenüber.[56] Besonders in Katalonien, Valencia und Aragon blieb die Akzeptanz dieser als künstlich empfundenen Verwaltungsstruktur gering (vgl. Solé-Vilanova 1989: 214). Exekutive Vollmachten waren in den Händen von Provinzgouverneuren und Bürgermeistern (*alcaldes*) konzentriert, die die meiste Zeit seit 1833 von der Zentralregierung ernannt wurden. Während die Abgeordneten der Gemeinderäte

---

[55] Die Untergliederung des Landes in die heute bestehenden 50 Provinzen wird häufig mit dem Jahr 1833 datiert, so auch bei Medhurst (1973). Tatsächlich wurde diese Zahl erst mit der Bildung der beiden kanarischen Provinzen im Jahr 1927 erreicht (vgl. Nohlen/Hildenbrand 2005: 294). Richtig bleibt freilich, dass die Grundstruktur ihren Ursprung im frühen 19. Jahrhundert hat.

[56] Diese Differenz ist besonders deutlich in der Gegenüberstellung der schwach entwickelten Kommunen Extremaduras einerseits und der katalanischen Wachstumszentren andererseits.

3 Demokratisierung und Staatsorganisationsreform in Spanien

direkt gewählt wurden, wurden die Provinzräte durch letztere gewählt. Die Aufgaben der Vertretungskörperschaften waren eingeschränkt, und ihrem Handeln wurden durch die Kontrolle der staatlichen Vertreter weitere Grenzen gesetzt. Insgesamt verloren die Gemeinden durch die neue Provinzverwaltung an Autonomie (vgl. ebd.: 208; Clegg 1987: 130f.).

Die Verfassungen von 1837 und 1869 brachten zwar Änderungen auf lokaler Ebene, insbesondere eine Wahlrechtsausweitung und die Reduzierung der Macht der Gouverneure. Im Grunde jedoch blieb der am französischen Modell orientierte Zentralismus über das gesamte 19. Jahrhundert unangetastet. Weitere Aufgaben der öffentlichen Verwaltung wurden von neuen Behörden des Staates auf der Provinzebene übernommen. Die Koordination dieser Behörden wurde durch politisch ernannte Zivilgouverneure gewährleistet, deren Aufgaben vornehmlich darin bestanden, die öffentliche Ordnung aufrecht zu erhalten, Gewerkschaften und Streiks zu unterdrücken, die Presse zu zensieren und öffentliche Mittel, Arbeit und Ämter so zu verteilen, dass Loyalität und Unterstützung gesichert waren. Während der Restauration ab 1875 sollte dieses Patronagesystem mit dem *caciquismo* seinen Höhepunkt erreichen (s. u.).

Die drei Karlistischen Kriege des 19. Jahrhunderts, deren erster von 1833 bis 1840 dauerte, waren auch eine Reaktion der klerikalen und modernisierungsfeindlichen Karlisten auf die Schaffung eines modernen, zentralistischen und liberalen Staates. Die Verteidigung der alten Institutionen des *foralismo* wurde zum Kriegsziel erhoben. Der Zentralstaat ging aus diesen Konflikten als Sieger hervor und schränkte 1839 die baskische Autonomie ein, die er 1876 praktisch ganz aufhob. Die Infragestellung der Zentralgewalt, eine feindliche Haltung gegenüber den Parteien der liberalen Monarchie und eine grundsätzliche Ablehnung der neuen politischen Ordnung waren im Baskenland langfristige Folgen der Karlistenkriege (vgl. Linz 1973a: 50; Gunther et al. 2004: 45). In den 1890er Jahren entstanden mit dem baskischen *Partido Nacionalista Vasco* (PNV; 1895) und der katalanischen *Lliga Regionalista* (1901) regionalistische Bewegungen, die die Legitimität des politischen Systems insgesamt in Frage stellten. Gleichzeitig wiesen die sich seit Ende des 19. Jahrhunderts entwickelnden Industriezentren des Baskenlandes und Kataloniens selbstbewusst darauf hin, dass sie erheblich zum nationalen Wohlstand beitrügen. Eine Sonderstellung, die den regionalen Wohlstand zu konzentrieren erlaubt hätte, war jedoch mit dem traditionell unitarischen Staatsverständnis der militärischen, bürokratischen und politischen Elite nicht vereinbar (vgl. Medhurst 1973: 10; Richardson 1975: 20).

Die anfangs von der katalanischen Mittelschicht geäußerten Forderungen nach Dezentralisierung im Rahmen der bestehenden Institutionen wurden von radikaleren Stimmen übertönt, die nach Selbstständigkeit verlangten und massenhafte Unterstützung mobilisieren konnten (vgl. Medhurst 1973: 12). Der katalanische Regionalismus wurde im soziopolitischen Kontext einer sich industrialisierenden Gesellschaft von verschiedenen Parteien getragen und hatte dabei auch eine sehr progressive Ausprägung. Der baskische PNV war hingegen die Partei der traditionalistischen Landbevölkerung, während die Finanzelite der Region, die enge Verbindungen mit Madrid pflegte, den baskischen Regionalismus nicht unterstützte. Eine nicht-traditionelle Mittelschicht war im Baskenland nicht so ausgeprägt wie in Katalonien. Unter diesen Bedingungen entwickelte sich ein eher romantisierender Nationalismus, der sich auf die historischen regionalen Sonderrechte (*fueros*) berief (vgl. ebd.). Gemeinsam war den Regionalismen eine eigene, das regionale Bewusstsein prägende Sprache und Kultur sowie die Jahrhunderte alte Abneigung gegenüber der Zentralregierung. Verstärkt wurde dies durch die traditionelle Unterrepräsentation von Basken und Katalanen in der nationalen militärischen und – dies gilt für die Katalanen – Verwaltungselite (vgl. ebd.: 13).

Anders als das Baskenland und Katalonien verfügt Galizien, die dritte der „historischen Nationalitäten" (*nacionalidades históricas*), über keine Tradition politischer Autonomie. Galizien war seit dem 11. Jahrhundert Teil des spanischen Staates (bzw. des Königreichs Kastilien-Leon). In der wirtschaftlich rückständigen Region hat sich nie eine Schicht herausgebildet, die Träger einer breiten (kulturell-) regionalistischen Bewegung hätte werden können; „*an unmobilized minifundista peasantry was dominated by caciques and poorly educated, conservative priests*" (Gunther et al. 2004: 41). Der Regionalismus, der sich hier im 19. Jahrhundert entwickelte, beschränkte sich auf einen kleinen Kreis Intellektueller (vgl. Nohlen/Hildenbrand 1992: 19f.). Neben den drei historischen Nationalitäten wiesen auch Aragon, Valencia und Andalusien gewisse regionalistische Strömungen auf, die immerhin so ausgeprägt waren, dass hier in der Zweiten Republik Autonomiestatute entworfen wurden (die jedoch nicht mehrheitsfähig waren und von der historischen Entwicklung rasch überholt wurden).

Die Jahre 1868 bis 1874, die Zeit zwischen dem Sturz der Bourbonin Isabella II. und dem Beginn der Restauration, brachten die ernsthafteste Bedrohung der bestehenden Ordnung im 19. Jahrhundert. Vor allem von katalanischer Seite wurden die Rufe nach Dezentralisierung lauter. So traten die 1869 gewählten katalanischen republikanischen Abgeordneten – unter Führung von Francisco Pi y Margall – für einen föderalen Staat und lokale Autonomie ein. „*Thus republicanism merged with literary regionalism to produce stronger movement than either was separately.*" (Herr 1971: 107) Die Entstehung der Ersten Republik (1873-1874) hatte allerdings nicht die Stärke der republikanischen Kräfte widergespiegelt, sondern die Schwäche ihrer Gegner. Die Kräfte, die die Revolution gegen Isabella II. hervorgebracht hatten, waren daher nicht in der Lage, eine stabile Alternative zu schaffen. Die Erste Republik, die *República Federal*, experimentierte mit einem linken „Föderalismus", der erstmals die zentralistische Ordnung wirklich in Frage stellte. Sie war jedoch von so kurzer Dauer, dass ihre wichtigste Folge die nachhaltige Diskreditierung der föderalistischen Idee war. Nicht zuletzt aufgrund dieser Erfahrung assoziierte die politische Elite des späten 20. Jahrhunderts Föderalismus mit Separatismus und Chaos (vgl. González Encinar 1992: 229; López Mira 2001: 275).[57] Dabei war die Staatsorganisation nur eines der Probleme des in 15 Regionen untergliederten Staates. Ein weiteres waren häufig wechselnde Regierungen.

Die Gründung der Republik hatte den katalanischen und übrigen Widerständen gegen das Zentrum Aufwind gegeben. Der Chef der Exekutive, Präsident Estanislao Figueras, konnte nur mit Mühe die katalanische Unabhängigkeitserklärung abwenden und die regionalistischen Kräfte dazu bewegen, die verfassungsgebenden *Cortes* abzuwarten. Infolge des Boykotts der Monarchisten und des Wahlsieges der Republikaner riefen die *Cortes* im Juni 1873 die föderale Republik aus, und mit Pi y Margall trat ein führender Vertreter des Föderalismus an die Stelle von Figueras. Die Regierung verlor jedoch bald die Kontrolle über die zentrifugale Entwicklung. Entgegen einem Verfassungsentwurf, der 13 iberische und vier überseeische Staaten mit je einer eigenen Verfassung und starker Autonomie sowie selbstverwaltete Gemeinden vorsah, erklärte sich im Sommer 1873 im Süden und Osten des Landes eine Stadt nach der anderen unabhängig, den Willen bekundend, sich in einer Konföderation zusammenzuschließen (vgl. Herr 1971: 108). Angesichts der nicht mehr kontrollierbaren zentrifugalen Dynamik statteten die *Cortes* nach dem Rücktritt Pis Emilio Castelar mit allen Vollmachten aus. Castelar war entschlossen, alle Maßnahmen zu ergreifen, um die Einheit der Republik zu wahren, und ließ die städtischen Autonomiebewegungen militärisch niederschlagen. 1876 wurde ohne großen Widerstand die Bourbonenmonarchie wiederhergestellt (vgl. ebd.: 110; Medhurst 1973: 3).[58]

Nach dem Ende der Ersten Republik wurde unter der bourbonischen Restaurationsmonarchie (1875-1923) eine gewisse Stabilität der zentralen Institutionen erreicht. Das unter maßgeblichem Einfluss von Antonio Cánovas del Castillo ins Werk gesetzte Regierungssystem des „*régimen parlamentario*" zielte auf eine alternierende Regierungsausübung ab. Zur Vollendung kam dieses System etwa zehn Jahre später, als noch am Todestag des Königs und in der Absicht, die Monarchie, der der Thronfolger fehlte, zu retten, die Konservativen unter Cáno-

---

[57] Dass die Verfassung von 1978 den Föderalismusbegriff nicht enthält, wird von manchen Autoren auch auf diesen Umstand zurückgeführt (vgl. Moreno 2002: 400).
[58] Für eine Darstellung der politischen Geschichte Spaniens siehe die Arbeiten von Stanley G. Payne (1973, A History of Spain and Portugal, Madison) und Richard Herr (1971).

vas und die Liberalen unter Práxedes Sagasta im November 1885 den *Pacto del Pardo* schlossen, der die weiteren Regierungswechsel in „friedlichem Zusammenspiel" besiegelte (Nohlen 1970: 215). Dieses „den Anschein parlamentarischer Regierungsweise" (Nohlen/Hildenbrand 2005: 247) weckende System sollte bis zur Ermordung seines Protagonisten Cánovas (1897) Bestand haben. Das Patronagesystem des *caciquismo* erlebte während der Zeit der alternierenden Regierungen, deren jeweilige Parlamentsmehrheiten sich massiven Wahlfälschungen verdankten, seinen Höhepunkt. Nach der Einführung des allgemeinen Männerwahlrechts (1869)[59] konnte der gewünschte Ausgang der Wahlen – die Fernhaltung vor allem von Republikanern und anderen Oppositionellen von der Macht – nur durch die Einflussnahme lokaler Notabeln (*caciques*) gewährleistet werden (vgl. Nohlen 1970: 247). Indem sie sich auf die Kontrolle der *caciques* über eine abhängige, apolitische und analphabetische Landbevölkerung stützten und vor offener Korruption und Einschüchterung nicht zurückschreckten, konnten konservative und liberale Eliten über Jahrzehnte ihre parlamentarischen Mehrheiten behaupten. Da der lokale Klientelismus des *caciquismo* die Grundlage des „friedlichen" Alternierens war, forderten die faktisch von der Macht ausgeschlossenen Parteien vehement eine Reform der Lokalverwaltung (vgl. Pitt-Rivers 1954: 159; Goldsmith 1990; Page 1991: 63f.). Zu der sich verstärkenden Ablehnung des Regimes durch die ausgeschlossenen Eliten und die sich zunehmend mobilisierende Masse kam nach dem verlorenen Spanisch-Amerikanischen Krieg von 1898 und dem Verlust der letzten Kolonien in Amerika eine politische Vertrauenskrise, von der sich das Restaurationsregime nicht mehr erholen sollte. Es sah sich in dieser Situation so nicht gekannten Modernisierungsforderungen ausgesetzt. Dies stärkte die Gegner des Regimes auf nationaler wie auf regionaler Ebene (vgl. Burton et al. 1995a: 4, 21f.).

3.1.2 Verwaltungsorganisation und Systemkonflikte vor der frankistischen Herrschaft

Die nach französischem Vorbild geschaffenen Institutionen konnten in einem völlig anderen Kontext die im Herkunftsland bewunderte Verwaltungseffizienz nicht sicherstellen (vgl. Medhurst 1973: 184). Die spezifische Entwicklung des Gouverneursamtes und dessen Bedeutung für die Lokal- und Provinzverwaltung sollten sich als Schlüssel für die Entwicklung des gesamten Systems erweisen.

---

[59] In der Restauration wurde 1878 wieder zu einem Zensuswahlrecht zurückgekehrt, wodurch sich der Wahlkörper von 3,8 Mio. Wahlberechtigten (1869) auf 952.000 Wahlberechtigte verkleinerte. Damit war er jedoch immer noch mehr als doppelt so groß wie vor der Revolution von 1868 (vgl. Nohlen 1970: Tabelle XI).

3 Demokratisierung und Staatsorganisationsreform in Spanien

Ursprünglich als über den Parteikonflikten stehende Experten eingesetzt, die die regionale Entwicklung und Verwaltung verantworteten, wurden die Gouverneure bald völlig politisiert. 1876 wurde dem Innenminister die Ernennung der zivilen Provinzgouverneure übertragen, die verantwortlich für die Entwicklung und Umsetzung von Strategien auf lokaler Ebene waren, durch welche wiederum die Wahl bestimmter Kandidaten gewährleistet wurde (vgl. Gunther et al. 2004: 24). Sie spielten eine politische Schlüsselrolle, indem sie Netzwerke um die *caciques* schufen, um die Macht auf lokaler und nationaler Ebene zu kontrollieren. Sowohl die Gouverneure selbst als auch der Stab des *Gobierno Civil* wurden mit ihren Posten für ihre Loyalität belohnt und hielten ihrerseits das staatliche Patronagesystem auf lokaler Ebene in Gang. Machtwechsel im politischen Zentrum hatten entsprechend häufig einen Austausch des *Gobierno Civil* zur Folge, was die administrative Kontinuität konterkarierte. Durch die Manipulation lokaler Wahlen sorgten die Gouverneure für eine „Anpassung" der Mehrheitsverhältnisse auf lokaler Ebene. Gegen politisch nonkonforme Gemeinden konnten Durchsetzungsbefugnisse eingesetzt werden; als letztes Mittel wurden Räte auch ganz aufgelöst. Mit der Aufrechterhaltung der öffentlichen Ordnung war die wichtigste „Verwaltungsaufgabe" der Gouverneure eine eminent politische (vgl. Medhurst 1973: 185). Der *caciquismo* erklärt die politische Dominanz der spanischen Oligarchie adeliger Landbesitzer und Finanzmagnaten über die Einführung des allgemeinen Männerwahlrechts hinaus. Gegen dieses System organisierte sich auf der lokalen und regionalen Ebene jedoch schon frühzeitig Widerstand, wie etwa in den kommunalen Aufständen von 1836, 1840 und 1868, die zu kurzen Phasen progressiverer Herrschaft führten (vgl. Clegg 1987: 131). Erst Anfang des 20. Jahrhunderts konnten die regionalistischen Parteien des Baskenlandes und Kataloniens in ihren Regionen die Vorherrschaft des *caciquismo* brechen, die dort infolge von Urbanisierung und zunehmendem politischem Bewusstsein längst zu erodieren begonnen hatte.

1925 wurde das Profil der Provinzen als eigene Ebene geschärft und die Autonomie der Gemeinden gegenüber den Provinzen gestärkt. So wurden die Gemeinden mit einer Reihe von Kompetenzen im Bereich der lokalen Angelegenheiten ausgestattet und die *Diputaciónes* ermächtigt, Initiativen in allen Bereichen des Provinz-Interesses zu ergreifen. Abgesehen von den baskischen Provinzen und Navarra, die historische Vorrechte genossen, verfügten die Provinzen über eine homogene Kompetenzstruktur und waren, zusammen mit dem Zentralstaat, für nationale Straßen, Krankenhäuser, Kultur sowie für die technische und wirtschaftliche Unterstützung der Gemeinden zuständig (vgl. Solé-Vilanova 1989: 208).

Unter der Militärdiktatur Miguel Primo de Riveras (1923-1930)[60] stand dieser verwaltungsinstitutionellen Entwicklung eine Verschärfung politischer Konflikte gegenüber, die insbesondere die regionalen Identitäten und die Rolle der Kirche betrafen. Unruhen veranlassten die Regierung im April 1931, allgemeine Kommunalwahlen abzuhalten (vgl. Vallès/Nohlen 2010: 1804). Die Niederlage der Monarchisten und der Erfolg von Sozialisten und Republikanern in den Städten ebneten den Weg für die Zweite Republik (1931-1936), die zu einer die spätere Entwicklung prägenden Episode werden sollte (vgl. Medhurst 1973: 5f.). Nachdem der König am 14. April das Land verlassen und abgedankt hatte, wurde Niceto Alcalá Zamora nach Ausrufung der Republik Vorsitzender einer provisorischen Regierung (vgl. Nohlen/Hildenbrand 2005: 248). Die Versuche der Zweiten Republik, die gesellschaftlichen Konflikte zu lösen, führten jedoch zu einer verheerenden Politisierung und zur Mobilisierung der Interessengruppen (vgl. Kraft 2003: 26). Auseinandersetzungen über die Grundfragen der Staatsorganisation und -form (zentralisiert vs. dezentralisiert, Monarchie vs. Republik) führten zur Entfremdung großer Teile der Bevölkerung (vgl. Diamandouros/Gunther 2001: 6). Die Verfassung der Zweiten Republik versuchte den Zentrum-Peripherie-Konflikt durch den *Estado integral* politisch zu akkommodieren. In dieser Struktur sollte die Einheit Spaniens mit einer gewissen Autonomie einiger Regionen – insbesondere des Baskenlands und Kataloniens – sowie einer größeren kommunalen Autonomie verbunden werden (vgl. Clegg 1987: 131). Gleichzeitig schloss die Verfassung eine allgemeine Dezentralisierung und Autonomie für alle Regionen und damit eine föderale Lösung aus. Selbstverwaltungsrechte wurden durch Autonomiestatute normiert, die die Grenze zwischen Gesetzgebung und Implementation in regionalen und nationalen Angelegenheiten festlegten und die Beziehungen zwischen den Regierungsebenen regeln sollten. Gemäß diesen Bestimmungen wurden Autonomiestatute für Katalonien und das Baskenland geschaffen. Das 1932 von den *Cortes* verabschiedete katalanische Autonomiestatut wurde begeistert aufgenommen (vgl. Edwards 1999: 667). Die Entscheidung über das Autonomiestatut Galiziens per Volksentscheid fiel positiv aus, doch trat es wegen des Endes der Zweiten Republik und des Beginns des Bürgerkriegs nicht mehr in Kraft (vgl. Gunther et al. 2004: 50f.).

Wie die Weimarer Republik gilt die Zweite Spanische Republik heute als Beispiel für ein Regime, das hinsichtlich seiner Verfassung und Praktiken demokratisch, aber überaus instabil war. Die demokratische Konsolidierung scheiterte auch an der Unfähigkeit der Eliten, einen Konsens über die Spielregeln

---

[60] Der Generalkapitän von Katalonien hatte am 13. September 1923 Truppen aufmarschieren lassen und sich zum Machthaber erklärt. Der König berief ihn daraufhin zum Regierungschef (vgl. Nohlen/Hildenbrand 2005: 247).

herzustellen. Die drei kompetitiven Wahlen waren durch eine starke Polarisierung gekennzeichnet. Anstelle eines Ausgleichs der Interessen erlebte die junge Demokratie aggressive Wahlkämpfe, politisch motivierte Straßengewalt, Auseinandersetzungen paramilitärischer Gruppen und schließlich den Bürgerkrieg. Praktisch jede Wahl brachte einen massiven politischen Umschwung; und trotz der jeweiligen Mehrheit hielten sich die Koalitionsregierungen durchschnittlich nur zwei Monate im Amt (vgl. Burton et al. 1995a: 5; Nohlen/Hildenbrand 2005: 248). Ein Hauptproblem der Verfassungsgebung von 1931 war das fast völlige Fehlen von Kompromiss. Dabei mussten sich die Eliten, indem sie eine demokratische Ordnung schufen, mit Fragen auseinandersetzen, die die spanische Gesellschaft traditionell spalteten. Die Errichtung der politischen Institutionen stellte Links gegen Rechts, Machthaber gegen Opposition, Zentrum gegen Peripherie und Monarchisten gegen Republikaner (vgl. Gunther 1995: 44). Die Republik, das gegenüber der Regierung starke Parlament und die weitreichenden Selbstverwaltungsrechte für einzelne Regionen gingen insbesondere Teilen des Militärs entschieden zu weit (vgl. Bonime-Blanc 1987: 124f.). Nach ihrer Regierungsübernahme 1933 widmete sich die Rechte sogleich der Korrektur sozialistischer und laizistischer Reforminhalte. Angesichts von Generalstreik und Aufständen erklärte die Regierung den Kriegszustand und setzte die Armee gegen Aufständische und Streikende ein. Nachdem Lluís Companys, die neue politische Führungsfigur in Barcelona, infolge des deutlichen Wahlsiegs der *Esquerra Republicana de Catalunya* im Oktober 1934 den katalanischen Staat innerhalb der spanischen Republik ausgerufen hatte, intervenierte die Regierung auch hier (vgl. Edwards 1999: 667; Nohlen/Hildenbrand 2005: 249). Nach einer vorzeitigen *Cortes*-Auflösung und Neuwahlen im Februar 1936 kam abermals eine Linksregierung an die Macht. Der Konflikt eskalierte, und im Juli putschten einige Militärs um General Francisco Franco. Der Putsch scheiterte, markierte jedoch den Beginn des Bürgerkriegs, der im März 1939 mit dem Sieg der Nationalisten endete.

3.1.3 Staat und Politik unter Franco

Seitdem Juan Linz 1964 das Regime Francos als „*authoritarian*" bezeichnet hatte, gab es zahlreiche Versuche, die Natur der frankistischen Herrschaft typologisch zu erfassen (Linz 1964; Pérez Ledesma 1994). Hinsichtlich der Charakteristika bestand Einigkeit im Wesentlichen über den beschränkten politischen Pluralismus und – nicht zuletzt aufgrund des Todes wichtiger Vordenker der Rechten im Bürgerkrieg (vgl. von Beyme 1971: 42) – das Fehlen einer umfassenden Ideologie. Mit geringem Erfolg strebten Faschisten innerhalb des Regimes eine offizielle Ideologie und Massenmobilisierung an, und zumindest bis 1945 sind „kleriko-faschistische und korporativ-faschistische Elemente" festzustellen (vgl. ebd.: 178; Medhurst 1973: 27). In Anlehnung an Linz wurden nach dem Ende der Diktatur persönliche Eigenschaften Francos und der Charakter der Macht betont und Spanien gegenüber den als totalitär charakterisierten faschistischen Diktaturen abgegrenzt. Nach Carsten Humlebœk (2003: 165f.) bestand ein Problem der Erfassung des frankistischen Spanien in seiner Dauer und Anpassungsfähigkeit an gewandelte Situationen, wodurch eine fixe Kategorisierung nicht möglich gewesen sei. Die Literatur behalf sich – wie später die Analyse des polnischen Sozialismus – mit der Unterscheidung einer ersten, totalitären, von einer zweiten, autoritären Phase (vgl. Baena de Alcázar: 240). Dabei führte auch die Zensur dazu, dass die Einzelheiten des politischen Systems durch die politikwissenschaftliche Spanienforschung lange Zeit unterbelichtet blieben (vgl. von Beyme 1971: 13f.).

Ein Großteil der politischen Konzepte des Frankismus geht auf die *Falange* zurück, die 1937 mit der monarchistischen *Comunión Tradicionalista* zur *Falange Española Tradicionalista y de los J.O.N.S.* vereinigte faschistische Partei José Antonio Primo de Riveras. Bis 1936 ohne größere Unterstützung, gewann die Bewegung im Februar jenes Jahres, von vielen nun als letzte Kraft gegen die Sozialisten betrachtet, stark an Auftrieb. Als Einheitspartei wurde die *Falange* jedoch nicht zum Zentrum der Macht; sie wurde der militärischen Führung und Francos Zielen der Herrschaftssicherung untergeordnet. Ihrer Institutionalisierung widersetzte sich der Diktator erfolgreich (vgl. von Beyme 1971; Nohlen/Hildenbrand 2005: 250). Die politisch-institutionelle Grundordnung des Frankismus wurde durch eine Reihe von zwischen 1938 und 1967 verabschiedeten Gesetzen abgesteckt.[61] Von zentraler Bedeutung war das Gesetz über die Nachfolge in der Staatsführung vom 26. Juli 1947, das per Referendum angenommen wurde, Spanien zur Monarchie erklärte und Franco ermächtigte, seinen Nachfolger zu bestimmen. Im Wege des Plebiszits versuchte Franco seine Legitimation zu erneuern, die bislang vor allem auf Waffengewalt beruht hatte (vgl. Herr 1971: 284). Die ausdrücklich intendierte „Rückkehr zu den ureigensten Elementen des spanischen Wesens" (Humlebœk 2003: 167) bedeutete in der Anfangsphase des Regimes eine bewusste Abkopplung von der Entwicklung der westlichen Gesellschaften. Nach Francos Auffassung galt es die Nation nach

---

[61] Dabei handelt es sich um: die Charta der Arbeit (9. März 1938, geändert am 10. Juni 1967), das Gesetz über die Schaffung der *Cortés* vom 17. Juli 1942 (geändert am 1946 und 1967), die Charta des spanischen Volkes vom 17. Juli 1945 (geändert am 10. Januar 1967), das Gesetz über das Referendum vom 22. Oktober 1945, das Gesetz über die Nachfolge vom 26. Juli 1947, das Gesetz über die Prinzipien des *Movimiento Nacional* vom 15. Mai 1958 sowie um das Organische Gesetz vom 10. Januar 1967 (vgl. Bonime-Blanc 1987: 19).

3 Demokratisierung und Staatsorganisationsreform in Spanien

Jahrhunderten der Verwirrung gleichsam zu erretten. Der Bürgerkrieg, den Franco nie so nannte, war für ihn ein „Kreuzzug", wobei die religiösen Konnotationen voll beabsichtigt waren. Sozialstrukturell und politisch-institutionell war an die Zeit vor 1931 anzuknüpfen, „aber in einem sehr metaphysischen Sinne war es auch das Projekt der Wiederherstellung der früheren Größe Spaniens als Reich und Zufluchtsort der katholischen Religion" (Humlebœk 2003: 167).

Franco reagierte 1945 auf den Sieg der Alliierten im Zweiten Weltkrieg mit der Verabschiedung des *Fuero de los Españoles* (Grundgesetz der Spanier), der als Erklärung der Rechte propagiert wurde, aber letztendlich die Pflichten und die autoritäre Natur des Regimes festlegte. Den Bürgern wurde das Recht zuerkannt, öffentliche Funktionen auszuüben, allerdings nicht als Individuen, sondern durch Familien, Gemeinden und Gewerkschaften[62]. Die Vertretungskörperschaften auf nationaler und subnationaler Ebene wurden entsprechend dem Gedanken der „organischen Demokratie" und auf Basis des Gesetzes über die Bildung der *Cortes* durch ein kompliziertes System korporatistischer Vertretung und Kooptierung bestellt (vgl. Medhurst 1973: 56; Linz 2009).[63] Auch mit der Wiedereinführung von Gemeinderatswahlen wurde ein Zeichen gegenüber den Demokratien gesetzt. Ein Drittel der Mitglieder wurde von den Familienoberhäuptern gewählt, ein Drittel von den Gewerkschaften und ein Drittel von beiden zusammen. Die Bürgermeister wurden jedoch weiterhin ernannt (vgl. Herr 1971: 230). Die Politik Francos war insgesamt weniger stringent, als es der Autoritarismus, die wirtschaftliche Autarkiepolitik und der Katholizismus des *Caudillo* erscheinen lassen. Ein wichtiges Motiv war Furcht (insbesondere vor den besiegten Gegnern), die zur Entwicklung des Polizeistaats, zur Zensur und zur Verhaftung Tausender führte (vgl. ebd.: 236).

Als Spanien 1945 bei der Gründung der Vereinten Nationen ausgeschlossen wurde und Frankreich seine südliche Grenze abriegelte, isolierten diese Maßnahmen das Regime international. Bereits mit Beginn des Kalten Krieges änderte sich jedoch die Lage, da dem frankistischen Spanien, das aufgrund seines Antikommunismus die Anbindung an Westeuropa nie ganz verloren hatte, nun eine

---

[62] Die Nationalisten lehnten die Vorstellung von Klassenkonflikten ab und sahen es als staatliche Aufgabe, die Interessen von Kapital und Arbeit zu harmonisieren. 1940 wurden die Angestellten und Arbeitgeber zahlreicher Berufsgruppen gesetzlich zur Organisation in den öffentlichen *sindicatos* verpflichtet. Diese waren hierarchisch organisiert von der lokalen Ebene über die Provinz auf die nationale Ebene (vgl. Medhurst 1973: 33).

[63] Die Gruppe der lokalen Körperschaften, insgesamt 115 Mitglieder, setzte sich aus je einem Vertreter der Gemeinden einer Provinz, je einem Vertreter der Gemeinden mit mehr als 100.000 Einwohnern und je einem Vertreter der Provinzräte zusammen. Die Wahl dieser Vertreter durch die lokalen Körperschaften war theoretisch ein repräsentatives Element. In der Praxis waren die meisten Vertreter jedoch die Bürgermeister größerer Städte oder die Vorsitzenden der Provinzräte, die ihre Posten der Ernennung durch die Regierung verdankten (vgl. Medhurst 1973: 210).

strategisch wichtige Position zufiel. 1950 setzte eine Reihe lateinamerikanischer Staaten zusammen mit den USA eine Aufhebung der Resolution von 1946, mit der das Franco-Regime missbilligt worden war, durch (vgl. ebd.: 232f.; Kraft 2003: 15). Mit Veränderungen der Regierungszusammensetzung sicherte Franco sich immer wieder das Wohlwollen anderer Staaten. 1955 stimmten die Vereinten Nationen schließlich dem spanischen Beitritt zu und ermöglichten dem Land damit die Teilnahme an der internationalen Kooperation (vgl. Pereira Castañares/Moreno Juste 2002: 50).

Die 1950er und 60er Jahre brachten eine wirtschaftliche Modernisierung (s. u.), die unter der autoritären Herrschaft jedoch nicht mit einer soziopolitischen einhergehen konnte. Fehlende Möglichkeiten, Forderungen zu artikulieren und politisch zu partizipieren, führten zu immer größeren sozialen und politischen Spannungen. Arbeiter- und Studentenproteste in den 1950er und 60er Jahren zeugten vom Unmut. In den Regionen erstarkten die Autonomie- und Selbständigkeitsbewegungen in einem in der spanischen Geschichte bisher nicht gekannten Ausmaß (vgl. Gunther et al. 2004: 342f.). Trotz dieser partiellen Mobilisierung war die Gesellschaft im Frankismus insgesamt durch einen hohen Grad an Demobilisierung und Entpolitisierung gekennzeichnet. Der Hauptgrund hierfür war nicht die verspätete sozioökonomische Entwicklung; der Frankismus selbst trug wesentlich zum politischen Verhalten und den Einstellungen der Bevölkerung bei. Von den Bürgern wurde passiver Gehorsam statt Handeln und Partizipation erwartet (vgl. Linz 1970). Die Ideologen des Regimes unternahmen eine intensive Kampagne gegen jede Form der Interessenorganisation und politischen Beteiligung, besonders die parteipolitische Aktivität. Insgesamt wurde nur eine Minderheit – für oder gegen das Regime – politisch mobilisiert. Allein schon dessen Dauer führte zu Stabilität. In dem Maße, wie sich die gesellschaftliche und wirtschaftliche Situation weiter Teile der Bevölkerung verbesserte, nahm der Wunsch nach politischer Veränderung ab.

Wie weiter unten (Kap. 3.2.1) auszuführen ist, hatte die in den 1950er Jahren begonnene Modernisierung von Wirtschaft und Gesellschaft auch innerhalb der Regime-Elite eine gewisse Pluralisierung zur Folge (vgl. von Beyme 1971: 30), die sich teilweise mit einer vorsichtigen Reformbereitschaft verband.[64] In der Gewissheit der Stabilität des Systems, wohl aber auch zu dessen Sicherung, machte das Regime gewisse Konzessionen. Eine *Cortes*-Reform führte 1967 die Direktwahl einiger Mitglieder ein. Aus jeder Provinz waren nun zwei Vertreter durch die Familienoberhäupter zu wählen. Als Familienoberhäupter waren auch

---

[64] In diesem Kontext traten Akteure in Erscheinung, die in und nach der Transition eine wichtige Rolle spielen sollten (darunter Manuel Fraga Iribarne und Adolfo Suárez).

Frauen wahlberechtigt (vgl. Nohlen 1969: 1263).[65] Ebenfalls 1967 wurde (unter Informationsminister Fraga Iribarne) die Vorabzensur aufgehoben (vgl. Herr 1971: 284; Medhurst 1973: 213). Allerdings folgte die Trendumkehr umgehend, als es im Kontext der starken Rezession zu Arbeiter- und Studentenprotesten kam. Während die Regierung ihren zweiten Vierjahresplan nicht rechtzeitig beginnen konnte, führten Gewaltaktionen im Baskenland zur Verhängung des Ausnahmezustands für die Provinz Guipúzcoa. Ende 1968 spitzte sich der Protest auch in Madrid zu. Die Sondergerichtsbarkeit für politische Gefangene und Berichte über Polizeifolter mobilisierten Massen. Am 24. Januar, die Ausschreitungen des Pariser Mai 1968 vor Augen, rief die Regierung einen dreimonatigen Ausnahmezustand aus. Meinungs-, Versammlungs- und Niederlassungsfreiheit und weitere im *Fuero de los Españoles* normierten Rechte wurden aufgehoben und Hunderte verhaftet. Mit diesen Maßnahmen zeigte das Regime deutlicher, als es die Opposition je vermocht hatte, dass es sich weiterhin um einen Polizeistaat handelte, der die zögerlichen Liberalisierungsversuche der vergangenen Jahre handstreichartig zunichte zu machen bereit ist (vgl. Herr 1971: 286). Nicht zufällig sah der *Caudillo* in diesem Kontext die Notwendigkeit, die Systemkontinuität über seine Amtszeit hinaus zu sichern. Am 22. Juli 1969 traf er die Entscheidung über seine Nachfolge.

Flexibler als die Institutionen des Regimes waren dessen *policies*. Nach einer Phase wirtschaftspolitischer Autarkie, in der das nach dem Zweiten Weltkrieg politisch isolierte Land die wirtschaftliche und politische Unabhängigkeit erlangen sollte, wurde die isolationistische und interventionistische Politik Ende der 1950er Jahre zu Gunsten einer wirtschaftlichen Liberalisierung und außenwirtschaftlichen Öffnung aufgegeben. In jener Dekade wuchs das spanische Pro-Kopf-Bruttosozialprodukt nicht nur langsamer als das der demokratischen Industriestaaten, sondern auch schwächer als in den Volksdemokratien (vgl. von Beyme 1971: 171). Von neuen wirtschaftlichen Entwicklungsimpulsen erhoffte sich das Regime nun auch einen Legitimierungsschub. 1957, anlässlich der Bildung der sechsten frankistischen Regierung, wurden Technokraten des Opus Dei in die Regierungsarbeit einbezogen, wo sie insbesondere in den Bereichen Handel und Finanzen die Liberalisierung vorantrieben (vgl. Boix 2001; Nohlen/Hildenbrand 2005: 22). Der Stabilisierungsplan von 1959, der vor allem währungs- und zollpolitische Maßnahmen vorsah, sollte Spaniens Integration in die Weltwirtschaft leisten, nationales Wachstum bringen und die private Wirtschaft aktivieren. Dieses Liberalisierungsprogramm beendete die nationale Autarkiepolitik und wurde als Vorbote der postsozialistischen Transformationen und als ein früher Fall von „Schocktherapie" analysiert (vgl. Sakwa 1999: 40).

---

[65] Eine wirkliche Öffnung wurde freilich dadurch verhindert, dass das *Movimiento* die Kontrolle über die Auswahl der Kandidaten behielt (vgl. Medhurst 1973: 213).

Unter günstigen weltwirtschaftlichen Bedingungen ging der wirtschaftliche Öffnungsprozess mit einer beschleunigten Industrialisierung einher und brachte den Erfolg starker wirtschaftlicher Entwicklung. Spanien erlebte einen unter den Industrienationen beispiellosen Aufholprozess. In den 1960er Jahren war es die am stärksten wachsende Volkswirtschaft Westeuropas und überholte in der Industrieproduktion Länder wie Polen, die in den 1950er Jahren noch deutlich vor Spanien gelegen hatten (vgl. von Beyme 1971: 171). Zwischen 1960 und 1973 lag das durchschnittliche jährliche Wachstum bei 6,1%. Das Bruttoinlandsprodukt wuchs in jener Zeit von 58,3% auf 76,4% des Durchschnitts der EG-12. Die durchschnittlichen Einkommen verfünffachten sich binnen anderthalb Jahrzehnten. Dabei erlebte die nationale Wirtschaft auch einen massiven Strukturwandel, der sich in den folgenden Jahren fortsetzen sollte (vgl. Roccas/Padoa-Schioppa 2001: 47).[66] Hinter diesen gesamtwirtschaftlichen Zahlen verbarg sich jedoch eine extrem ungleiche Verteilung des Wachstums: Die Konzentration von Urbanisierung und Industrialisierung auf die Zentren des Baskenlands, Kataloniens sowie die Hauptstadtregion führte zu einer Verschärfung der regionalen Disparitäten. Diese Entwicklung wurde bereits unter Franco zunehmend als wachstumshemmend betrachtet (vgl. Hildenbrand 1985: 116f.; s. u. Kap. 3.1.4).

Insbesondere mit Blick auf Spaniens Position in einem sich integrierenden Westeuropa setzte sich innerhalb der neuen technokratischen Elite die Ansicht durch, dass für die weitere wirtschaftliche Entwicklung und Modernisierung des Landes die Mitgliedschaft in der Europäischen Gemeinschaft eine unabdingbare Voraussetzung darstelle (vgl. Guillén/Álvarez 2004: 287; Nohlen/Hildenbrand 2005: 254). Wirtschaftspolitisch und ökonomisch-strukturell hätte – infolge der Entwicklung seit den 1960er Jahren – der Beitritt lediglich eine weitere Modernisierung der nationalen Wirtschaft vorausgesetzt (vgl. Gunther et al. 2004: 355), wie sie ohnehin den Vorstellungen von größer werden Teilen der frankistischen Elite entsprach. Als Anfang der 1960er Jahre ein EWG-Beitrittsgesuch gestellt wurde, stellte die Gemeinschaft jedoch klar, dass dies unter der Franco-Diktatur keine Option sei. Für die EWG war dies der Anlass, erstmals konkretere politische Beitrittskriterien aufzustellen,[67] wie sie 1962 im Birkelbach-Bericht des Europäischen Parlaments formuliert wurden. Wirtschaftspolitisch blieb die Zusammenarbeit allerdings für beide Seiten interessant, insbesondere infolge der Liberalisierung der spanischen Wirtschaft. Auch der (verbotene) *Partido Socialista Obrero Español* (PSOE) sprach sich zu dieser Zeit für den Beitritt zum Gemeinsamen Markt aus. 1964 begannen erste Gespräche, die nach einigen

---

[66] Der Anteil der im Primärsektor Beschäftigten sank von 38,7% (1960) auf 24,1% (1973). Im Dienstleistungsbereich stieg er von 31% (1960) auf 39% (1973) (vgl. Roccas/Padoa-Schioppa 2001: 47).
[67] Bis dahin hatte der Vertrag von Rom (Art. 237) lediglich allgemein gefordert, dass Beitrittsländer liberale Demokratien sein müssen.

Unterbrechungen 1970 mit einem Präferentiellen Handelsabkommen abgeschlossen wurden (vgl. Pereira Castañares/Moreno Juste 2002). Das Zusatzprotokoll zu diesem Abkommen war allerdings das letzte Dokument, das die EG und das frankistische Spanien gemeinsam unterzeichneten. Weitere Verhandlungen brach die Gemeinschaft wegen der Hinrichtung von vermeintlichen Terroristen ab.[68]

3.1.4 Autoritärer Zentralismus

Das politische System des Frankismus sollte „die Grundlage einer politischen Integration und starker Autorität bilden, wie sie dem Diktator zur Eindämmung der durch die Reformen und Veränderungen der Zweiten Republik geschaffenen Spannungen und Konflikte notwendig schien" (Bernecker 1996: 126). Nachdem der Bürgerkrieg einen Sieg des spanischen Nationalismus über die baskischen und katalanischen Regionalismen bedeutet hatte, folgte das Ende der Elemente regionaler Verwaltungs- und politischer Autonomie, mit der Ausnahme fiskalischer Privilegien der Provinzen Álava und Navarra. Hier wurden Karlistische Traditionalisten für ihre Unterstützung der Nationalisten im Bürgerkrieg belohnt. Die regionale Dimension war lediglich für die Untergliederung des Landes in zwölf militärische Regionen von Bedeutung. Diese hatten ihren Ursprung im 18. Jahrhundert und unterstanden jeweils einem von Franco ernannten *capitán general*. Dahinter stand die besondere Beziehung dieses aus einer militärischen Revolte hervorgegangenen Regimes zu seinem Militär, das eine zentrale Rolle bei der Sicherung der Herrschaft ausübte (vgl. Medhurst 1973). Staatsorganisatorisch wurde die peninsulare Ursprungskonzeption fortgesetzt, die sich am französischen Vorbild orientierte und den Staat als Einheitsstaat mit der über die Ministerien funktional organisierten Zuständigkeit für alle öffentlichen Aufgaben dachte. Bei den zentralen Ministerien lagen mithin auch solche Aufgaben (z. B. der gesamte Bildungsbereich, Gesundheit, öffentliches Wohnungswesen), die in den demokratischen Industriestaaten traditionell von der lokalen Administration ausgeübt werden (vgl. ebd.: 122). Für die landesweite Implementierung der zentralen Politiken verfügten die Ministerien – wiederum entsprechend dem französischen System – über eine *administración periférica* mit territorialen Stellen.

Noch während des Bürgerkriegs nahm der autoritäre Staat Gestalt an. Die Verwaltungsstruktur wurde im Großen und Ganzen aufrechterhalten, aber

---

[68] Neben den politischen Gründen, die seitens der EWG-Mitglieder gegen einen Beitritts Spaniens angeführt wurden, erinnert Klaus von Beyme (1971: 158) auch an die italienische Ablehnung, die nicht zuletzt einer Furcht vor Konkurrenz geschuldet war.

demokratische Elemente wie die unter der Republik eingeführten Wahlen auf Gemeindeebene wurden beseitigt. Der Zentralismus war unter Franco so konsequent, dass auch der kommunalen und Provinzebene enge Zügel angelegt wurden, obwohl hier die regionalistisch-autonomistische Dimension fast keine Rolle spielte (vgl. Richardson 1975: 24, Anm. 4). Das *régimen local* wurde 1945 per Gesetz geregelt und galt in dieser Form bis zum Ende des Franco-Regimes. Die militärische wurde allmählich durch zivile Herrschaft durch Bürgermeister und Provinzgouverneure, die den französischen Präfekten entsprachen, ersetzt. Alle Funktionsträger wurden einer genauen Prüfung unterzogen, um all diejenigen auszusondern, die der Sympathie mit der Republik verdächtig und früheren Säuberungen entgangen waren (vgl. Herr 1971: 216). Die territoriale Administration auf Provinz- und lokaler Ebene wurde von Madrid aus kontrolliert. Insbesondere die Provinzen stellten die zentrale Steuerung für jeden Teil des Landes sicher (vgl. Edwards 1999: 667).

Da die meisten Provinzen für die Verwaltungsorganisation geschaffene „künstliche" Einheiten waren, blieben die tradierten lokalen Identitäten stärker als die Identifikation mit den territorialen Entitäten (vgl. Medhurst 1973: 182). Neben den nach französischem Vorbild geschaffenen Strukturen wurden die entsprechenden Organe des *Movimiento* eingesetzt, die über eine Befehlskette vom Zentrum über die Provinz bis in die Gemeinde verbunden waren. In einer strikten Hierarchie ernannte Franco als *Jefe Nacional* der *Falange* die Provinzchefs der Bewegung, die „nach altem Brauch der Ämtermonopolisierung" (von Beyme 191: 71) gleichzeitig Zivilgouverneure waren. Die Provinzchefs ernannten wiederum die rund 9.000 lokalen Vorsitzenden, die für die Kontrolle der lokalen politischen Prozesse verantwortlich waren und zumeist – im Sinne der zitierten Ämtermonopolisierung – das Amt des Bürgermeisters innehatten (vgl. ebd.). Die politische Funktion der subnationalen Verwaltungsspitzen spiegelte sich auch in den Rekrutierungsmustern wider. Eine Minderheit von Gouverneuren hatte sich im öffentlichen Dienst verdient gemacht, meistens waren die Karrieren politisch (vgl. Medhurst 1973: 186). Da sich das Innenministerium und das Generalsekretariat des *Movimiento* auf die Gouverneure einigen mussten, waren diese häufig Kompromisskandidaten mit fragwürdiger Kompetenz.

Fehlende Kontinuität und Expertise des *Gobierno Civil* hatten Folgen für die Struktur und Qualität der gesamten *Administración Periférica*. In ihrer überwiegend politischen Funktion konnten die Gouverneure ihre historische Aufgabe, den Ablauf der Verwaltung in der Provinz zu gewährleisten, kaum erfüllen. Die Folge war eine stark fragmentierte und nur schwach koordinierte dezentrale Verwaltung, deren einzelne Zweige jeweils zentral gesteuert wurden, aber unabhängig voneinander, eher neben- und gegen- denn miteinander die staatlichen Aufgaben in der Provinz besorgten. Stark eingeschränkt wurden die lokalen Spielräume durch die Übertragung von Aufgaben in den Bereichen Wohnungswesen, Gesundheit und Wohlfahrt auf staatliche Behörden. Eine ständig wachsende Zahl dieser Einrichtungen arbeitete auf Provinzebene nach Anweisung Madrider Ministerien weitgehend „ungestört" von der Aufsicht des *Gobierno Civil* und oft ohne Kenntnis der lokalen Problemlagen (vgl. Medhurst 1973: 188; Clegg 1987: 137).

In ihrem Bestreben, ihren Einflussbereich auszuweiten, zentralisierte die staatliche Verwaltung weitere Aufgaben. Traditionelle Techniken der Verwaltungskontrolle wurden unter Franco wiederbelebt und das Handeln der lokalen Vertretungskörperschaften durch Eingriffe der territorialen staatlichen Stellen untergraben (vgl. Clegg 1987: 132). Die Außenstellen der staatlichen Verwaltung setzten für Aufgaben wie Bildung, Gesundheit, Wohlfahrt und Stadtplanung eigene konsultative, von Beamten dominierte Räte auf Provinz- und Gemeindeebene ein, in denen lokale Repräsentanten kaum eine Rolle spielten. Auf Provinzebene standen diesen *Juntas* formal die Gouverneure vor, die jedoch keine wirksame Kontrolle über die hochspezialisierten Organe ausüben konnten. Einer solchen zentralistischen Logik folgten auch die *Juntas* auf Gemeindeebene, die von denen der Provinzebene eingesetzt wurden und, unabhängig von den *Ayuntamientos*, als „*instruments of central control over local affairs*" (Medhurst 1973: 189) fungierten.

Wie die nationalen *Cortes* waren auch die dezentralen Vertretungskörperschaften in drei *tercios* untergliedert („Familie", *sindicatos* und gewerbliche Interessen). Lediglich der *tercio* der Familie wurde allgemein gewählt. Die Kandidaten bedurften allerdings der Unterstützung lokaler Offizieller, was eine regimetreue Kooptierung sicherstellte. Wettbewerb gab es allenfalls in größeren Städten zwischen Faktionen des *Movimiento*. Abgeordnete konnten durch das Innenministerium ihres Amtes enthoben und ganze Räte aufgelöst werden, wenn nur der Vorwurf der Vernachlässigung von Pflichten oder der Gefährdung der Ordnung erhoben wurde (vgl. ebd.: 201). Die Bürgermeister, die als Vertreter des Staates auf lokaler Ebene über die Legalität der Beschlüsse wachten, spielten im subnationalen Patronagesystem eine Schlüsselrolle und hatten für eine adäquate Repräsentation der Faktionen des *Movimiento* zu sorgen. Durchaus im Widerspruch zur „organischen Demokratie" wurden in manchen *Ayuntamientos* auch partikulare lokale Interessen wie die bestimmter Berufsgruppen vertreten. Trotz Wahlpflicht wird von einer Wahlbeteiligung bei den Kommunalwahlen von weniger als 50% berichtet (vgl. ebd.: 192). Die *Diputaciones Provinciales*, die zu zwei Dritteln aus lokalen Repräsentanten und zu einem Drittel aus Vertretern der *sindicatos* und Berufsgruppen bestanden, wurden gänzlich indirekt gewählt. Der Einfluss der Gouverneure wurde über die von ihnen ernannten Bürgermeister vermittelt, die das Wahlkollegium bildeten. Die Spielräume der

Diputaciones waren bereits durch die *Diputación*-Präsidenten eingeschränkt, die nicht nur die Zusammensetzung der jeweils sieben beschlussfassenden Ausschüsse bestimmten, sondern auch eine Reihe von Entscheidungen ohne Beteiligung der Versammlung treffen konnten. Dies führte dazu, dass nominell kompetenzreiche lokale Autoritäten häufig bestenfalls die grundlegenden Aufgaben (wie Wasserversorgung und Straßenbeleuchtung) erfüllen konnten. Die Regelungen bezüglich der Gemeinde- und Provinzbeamten, ursprünglich einer der wichtigsten autonomen Bereiche, waren bereits unter Primo de Rivera dem Innenministerium übertragen worden. Die zentralisierte Kontrolle über die Ernennung sollte die Praxis der Versorgung von Getreuen beenden, die auf subnationaler Ebene das Ende des *caciquismo* überlebt hatte. Trotz dieser Zentralisierung wirkte bei der Besetzung niederrangiger Positionen das Patronagesystem fort: Ein Gesetz aus dem Jahr 1947 fixierte einen bestimmten Anteil von Positionen für Unterstützer der Nationalisten im Bürgerkrieg (vgl. ebd.: 199).

Die Gesetzgebung sah die Bildung kommunaler Vereinigungen vor, die die Leistungsfähigkeit der lokalen Autoritäten erhöhen sollten. Diese scheiterten jedoch häufig am Widerstand finanzstärkerer Gemeinden, die eine Verschlechterung der eigenen Position befürchteten. Mitte der 1960er Jahre fusionierte eine Gemeindereform einige Gemeinden, die unter Bevölkerungsschwund gelitten hatten. Zum Ende des Franco-Regimes war die Zahl der Gemeinden auf weniger als 8.200 reduziert (vgl. Solé-Vilanova: 208).[69]

Wirtschaftlicher und gesellschaftlicher Wandel führte seit den 1960er Jahren zu einem Veränderungsdruck auf die territoriale Verwaltung. Mit Wachstum, Binnenmigration und Bevölkerungszunahme in den stärker industrialisierten Regionen stieg dort neben den Einkommen auch der Bedarf an öffentlichen Dienstleistungen, insbesondere in den Bereichen städtische Entwicklung und Infrastruktur. Dies hatte Auswirkungen auf die Struktur der öffentlichen Ausgaben, die nun verstärkt auf die untere Ebene entfielen, und führte teilweise zu einem Umbau der Verwaltung größerer Städte (vgl. Solé-Vilanova 1989: 205, 223). Insgesamt aber waren die zentrale Verwaltung und die fragmentierten Kommunen nicht in der Lage, den gestiegenen Erwartungen zu entsprechen,[70] was zu einem Legitimitätsverlust des Staates auf allen Ebenen führte. Die unterentwickelte Städteplanungspolitik machte sich vor allem in den aufstrebenden Metropolen Madrid, Barcelona und Bilbao bemerkbar. In den urbanen Zentren entlud sich die Unzufriedenheit Anfang der 1970er Jahre in Protesten von

---

[69] Um 1900 waren es noch fast 9.300 gewesen. In den 1960er Jahren zählten drei von vier Gemeinden weniger als 2.000 Einwohner und lediglich 523 Gemeinden (6,4%) mehr als 10.000 Einwohner (vgl. Solé-Vilanova 1989: 208).
[70] Anfang der 1970er Jahre tätigten die Gemeinden nur rund 10% der öffentlichen Ausgaben.

Studenten, Gewerkschaften und Regionalisten, die Demokratie und Dezentralisierung forderten (vgl. Clegg 1987: 132, 154). Neben den politischen Möglichkeiten waren auch die Ressourcen der Kommunen sehr beschränkt. Seit 1924 und verstärkt nach Ende des Bürgerkriegs war die Steuererhebung zentralisiert worden. In absoluten Zahlen wuchsen die Mittel der Gemeinden, relativ zu allen staatlichen Einnahmen nahmen sie jedoch ab. Insgesamt nahm dadurch die Abhängigkeit der Gemeinden von zentral gewährten Krediten zu. Größere, für die lokale Entwicklung relevante Projekte wurden unter zentraler Kontrolle von den *Comisiones Provinciales de Servicios Técnicos* durchgeführt. Häufig versuchten Gemeinden, unter Umgehung der Gouverneure über Einflusskanäle in das politische Zentrum Mittel für eigene Aktivitäten zu beschaffen. Neben der geringen Neigung Madrids, die subnationalen Autoritäten mit Ressourcen auszustatten, war auch eine mangelnde Ausschöpfung der Steuererhebungsmöglichkeiten ein Grund für die finanzielle Situation der lokalen Ebene (vgl. Medhurst 1973: 204f.).

Ungeachtet der insbesondere in Frankreich gemachten regionalplanerischen Erfahrungen waren Politik und Verwaltung unter Franco nicht bereit, ihre Entscheidungsmacht mit Repräsentanten lokaler Interessen zu teilen. Hinzu kam der enge und einseitige Begriff von regionaler Entwicklung, die als Wirtschaftswachstum gedacht wurde. Die Ministerien für Öffentliche Arbeiten und Landwirtschaft waren federführend bei den Planungsexperimenten nach dem Bürgerkrieg. Bereits 1945 wiesen offizielle Studien auf die Notwendigkeit von Maßnahmen angesichts der regional stark ungleichen Entwicklung hin. Der politische Wille und die notwendigen Ressourcen für entsprechende Politiken kamen erst in den 1950er Jahren zusammen.[71] Planung und Ausführung blieben jedoch in der Hand der Zentralverwaltung, lokale Vertreter wurden nicht maßgeblich einbezogen. Das Regime vermied es, territoriale Einheiten zu schaffen, die zum Bezugspunkt für regionalistische Bestrebungen und zur institutionellen Basis eines Dezentralisierungsdrucks hätten werden können. In diesem Sinne gehörte der extreme Zentralismus zum Modernisierungsparadigma des frankistischen Spanien (vgl. ebd.: 174ff.; Roller 2002: 71).

Trotz der skizzierten regionalplanerischen Ansätze der 1950er Jahre kam die Regionalplanung so richtig erst mit dem Ersten Entwicklungsplan (1964-1967) in Gang, in dessen Zentrum die industriellen Wachstumspole standen. Die regionale Entwicklung war ursprünglich kein ausdrückliches Ziel der Architekten des Plans, eher ein marginaler Aspekt. Aufgrund der Effizienzorientierung des Weltbankberichts von 1962 – der Entwicklungsplan basierte teilweise auf Empfehlungen der Weltbank (vgl. Medhurst 1973: 26) – wurde die territoriale

---

[71] Das Ergebnis waren die freilich in ihrer Reichweite noch sehr beschränkten Pläne für die agrarischen und wirtschaftlich abgehängten Provinzen Badajoz (Extremadura) und Jaén (Andalusien).

Dimension der sektoralen strikt untergeordnet. Infolge des politischen Drucks der *sindicatos*, die auf diesem Wege lokale Interessenrepräsentation vermitteln und ihre Beteiligung am Planungsprozess demonstrieren wollten, wurde jedoch bereits im Frühjahr 1963 die regionale Entwicklung zu einem zentralen Ziel des Plans (vgl. Richardson 1975: 16). Kenneth Medhurst (1973: 176) wertet diese Entwicklung als Beleg dafür, dass Konflikte innerhalb des Regimes Politikinnovationen hervorzubringen vermochten. Neben dem wirtschaftspolitischen Modernisierungsziel fanden insbesondere die am französischen Vorbild orientierten theoretischen Konzepte, die auf der Wachstumspoltheorie basierten und als zentrales Instrument die nationalen Entwicklungspläne anboten, Eingang in den Plan. Unter „Entwicklung" wurden allerdings weiterhin in erster Linie Wachstum und Industrialisierung verstanden (vgl. Nohlen/Schultze 1985: 33f.). Durch die *Comisaría del Plan* strikt von oben nach unten geplant, standen diese Pläne vorrangig im Dienst der nationalen Entwicklung, so dass die Regionalpolitik korrekt als „Bestandteil" (Hildenbrand 1985: 117) der Pläne zu bezeichnen ist und diese keineswegs jener Instrument waren. Verteilungsfragen wurden allein unter zentralistischen Gesichtspunkten entschieden (vgl. Borrás et al. 1998: 33). Mit dem Zweiten Entwicklungsplan (1968-1971) wurde die Regionalplanung vorsichtig administrativ dezentralisiert, indem die Provinzen und Gemeinden eine größere Rolle bei der Implementation spielen sollten (vgl. Richardson 1975: 9). Ein differenzierterer regionalpolitischer Ansatz, der die Konzentration der bisherigen Entwicklung korrigieren sollte, auf alternative Instrumente zurückgriff und verschiedene entwicklungsrelevante Politiken integrierte, lag dem Dritten Nationalen Entwicklungsplan (1972-1975) zu Grunde. Erstmals wurden mit den Gesellschaften zur Förderung industrieller Entwicklung u. a. in Andalusien und Galizien dezentrale Institutionen geschaffen, die als Tochterunternehmen des Nationalen Industrieinstituts (*Instituto Nacional de Industria*) in den Regionen operierten (vgl. Tombeil 1999: 167).

Im Zuge einer Regierungsumbildung im Sommer 1973 wurde die *Comisaría del Plan*, die dem Ministerpräsidenten unterstellt war, durch das Ministerium für Entwicklungsplanung ersetzt. Die neue Struktur war erheblich komplexer als die des sektoral organisierten Kommissariats. Die funktionale Untergliederung des *Ministerio de Planificación del Desarrollo* in Abteilungen für die Planungsbereiche Wirtschaft, Gesellschaft und Regionalplanung sollte der zunehmenden Bedeutung von regionalen und sozialen Gleichheits- und Gerechtigkeitszielen Rechnung tragen. Für die regionale Dimension der nationalen Planung wurde ferner beabsichtigt, regionale Verwaltungseinheiten und konsultative Organe zu schaffen. Umgesetzt wurde dies allerdings nicht (vgl. Richardson 1975: 187). Die *Cortes* sollten bereits in der Planungsphase in den Prozess einbezogen werden. Von dieser Verfahrensinnovation wurde eine stärkere Einbringung regionaler und lokaler Gesichtspunkte im politischen Prozess erwartet. Auch Ressorts wie das Industrieministerium und das Informations- und Tourismus-Ministerium wurden dergestalt reformiert, dass die überkommene sektorale Ausrichtung durch eine regionale Dimension ergänzt wurde (vgl. ebd.).

3.1.5 Der Zentrum-Peripherie-Konflikt unter Franco

So lange keine Aussicht auf politischen Wandel bestand, war die politische Dezentralisierung im frankistischen Spanien kein verbreitetes Thema. Eine in den 1960er Jahren durchgeführte Umfrage ergab, dass im nationalen Durchschnitt mehr als die Hälfte der Befragten keine Meinung dazu hatten. Die Übrigen zerfielen in zwei etwa gleich große Lager für und gegen Dezentralisierung. In den historischen Regionen hatte das Thema freilich eine deutlich überdurchschnittliche Relevanz (69% hatten eine hier Meinung) und war die Zustimmung zur Dezentralisierung besonders stark (Navarra: 82%, Katalonien: 75%, Baskenland: 58%). Hingegen vertraten nur 30% der Andalusier überhaupt eine Position in der Dezentralisierungsfrage, und zwei Drittel lehnten eine politische Dezentralisierung ab (vgl. Richardson 1975: 19).

Wie auch immer man die wissenschaftliche Verwertbarkeit dieser Erhebung einschätzt, macht sie doch deutlich, dass von den historischen Konflikten der spanischen Gesellschaft unter Franco jener zwischen Zentrum und Peripherie persistierte (vgl. Nohlen/Hildenbrand 2005: 301). Katalanen und Basken bekämpften die frankistische Herrschaft wie keine andere seit Isabel II., an deren Regierungszeit sich die Erste Republik angeschlossen hatte. Das Regime reagierte mit der Unterdrückung der regionalen Kulturen und Autonomiebestrebungen. Zudem kooperierte Madrid mit den Banken, um die Finanzstruktur des Landes zu vereinheitlichen und die Hauptstadt zum Finanzzentrum zu machen. Die industrielle Entwicklung in der Madrider Region und im spanischen Zentrum wurde massiv gefördert. Fünf von sieben Wachstumspolen wurden hier angesiedelt, die übrigen zwei in der galizischen Heimat des *Caudillos* (vgl. Herr 1971: 264). Francos „Neuer Staat" sollte auf Spaniens (angeblicher) Geschichte und Tradition gegründet sein. Dieser Geschichtsdiskurs war ein nationaler, der keinen Raum für regionale Besonderheiten bot. Während die politischen und kulturellsprachlichen Besonderheiten Kataloniens und des Baskenlandes radikal unterdrückt wurden, wurden andere Regionen gefördert und gleichzeitig die (behauptete) Einheit Spaniens durchzusetzen versucht. Die autoritäre Unterdrückung regionaler Interessen in einem System ohne institutionalisierte Konfliktlösung führte zu einer Zuspitzung des Konflikts und zu „'Fremdgruppen' in der eigenen

Gesellschaft, deren Interessen nicht in das politische System des Franquismus integriert werden konnten" (Bernecker 1996: 127). Allerdings zeugen regelmäßige „*conciliatory gestures*" (Gunther et al. 2004: 41) davon, dass auch der frankistische Staat die Tatsache regionaler Identitäten nicht völlig ignorieren konnte. Das Totalverbot des Katalanischen und Baskischen wurde bereits in den 1940er Jahren aufgeweicht und eine folkloristische Pflege der Sprachen geduldet. Eher symbolischer Natur, vermochten solche Maßnahmen die Autonomieforderungen freilich kaum abzuschwächen (vgl. Tombeil 1999: 67). Insgesamt blieb die „Kulturpolitik" äußerst repressiv. Neben den Formen direkter Unterdrückung waren auch Maßnahmen wie die Diskriminierung bei der Aufstellung des Haushalts gegen die aufbegehrenden Regionen gerichtet. Wiesen die baskischen Provinzen Guipúzcoa und Vizcaya in Zeiten finanzieller Autonomie noch die höchsten Pro-Kopf-Ausgaben auf, fielen sie unter Franco auf ein negatives Saldo zurück. Im Unterschied zu Álava und Navarra hatten sie die traditionellen Rechte, die *conciertos económicos*, verloren und mussten höhere Beträge aus ihren Steuereinnahmen nach Madrid abführen, als ihnen Mittel zur Verfügung gestellt wurden. Die hohen Mittelabflüsse in die weniger industrialisierten Teile des Landes hatten zur Folge, dass die Entwicklung von Infrastruktur, Gesundheits- und Erziehungswesen im Baskenland und Katalonien stagnierte. Trotz der Diskriminierung entwickelten sich diese Regionen weiterhin wirtschaftlich erfolgreich. In traditionell geprägten Provinzen, insbesondere dem baskischen Guipúzcoa, kam es ab den 1950er Jahren sogar zu einer verstärkten industriellen Entwicklung. Die öffentlichen Infrastrukturen blieben allerdings hinter dieser Entwicklung zurück. Hinzu kam eine zunehmende Unzufriedenheit mit der als ungerecht empfundenen Verteilung des erwirtschafteten Reichtums. Da diese Entwicklungen unter den Bedingungen politischer Repression abliefen, verstärkte sich die Ablehnung der Zentralgewalt und politisierte sich die baskische Gesellschaft (vgl. Bernecker 1996: 119ff.).

Infolge der durch die starke Industrialisierung ausgelösten Zuwanderung verloren die bereits durch die repressive Sprachen-Politik bedrohte baskische Sprache und Kultur weiter an Bedeutung. Die traditionelle, vom Katholizismus geprägte ländliche baskische Lebensweise sah sich insgesamt in Frage gestellt. Entsprechend lässt sich der neuere baskische Regionalismus als eine Reaktion auf die Veränderungen und politischen Bedingungen deuten, die von einem traditionellen Standpunkt aus als Bedrohung wahrgenommenen werden mussten (vgl. ebd.: 122). Katalonien erlebte eine ähnliche Entwicklung wie das Baskenland, Wirtschaft und Wohlstand wuchsen, die Region zog einen beachtlichen Teil der in- und ausländischen Investitionen auf sich, litt zugleich aber auch unter Diskriminierung und Repression. In beiden Regionen äußerte sich der Protest zunächst in ähnlicher Form, etwa durch hohe Enthaltungsraten bei

3 Demokratisierung und Staatsorganisationsreform in Spanien

Volksabstimmungen und den „Rückzug in die 'zivile Gesellschaft'" (ebd.: 123). Katalonien erlebte eine regelrechte Renaissance des Katalanismus, ein reger literarischer und Theater-Betrieb konnte sich entfalten.[72] Der Vertretung katalanischer Interessen in Madrid ist es zu verdanken, dass die Region insgesamt weniger stark benachteiligt wurde als das Baskenland (vgl. ebd.: 124).

Eine gewaltsame Form des Widerstands entwickelte sich allein im Baskenland; außerhalb dieser Region konnten sich gewaltbereite Organisationen nicht festigen (vgl. Liebert 1990: 154f.). Die letzten Jahre des Frankismus und die erste Phase der Transition waren hier durch ein hohes Maß an Massenmobilisierung geprägt. Zudem gab es infolge der Fragmentierung und Polarisierung der baskischen Elite keine Vertreter, die als legitim erachtete, für alle verbindliche Entscheidungen treffen konnten. Die baskische Politik war damit jener der Zweiten Republik ähnlicher als der Entwicklung auf nationaler Ebene, die seit der Ernennung Suárez' im Juli 1976 durch eine Mäßigung der Parteien gekennzeichnet war (vgl. Gunther 1995: 69). Zum Teil war die Entwicklung im Baskenland auch Folge der Strategie der ETA[73], durch gezielte Maßnahmen staatliche Gegengewalt zu provozieren (vgl. Gunther et al. 2004: 98; s. u. Kap. 3.2.1). Die aus einer Abspaltung des gemäßigten PNV hervorgegangene und 1960 erstmals in Erscheinung getretene Organisation begründete den militanten baskischen Widerstand. Nachdem die Aktivitäten von ETA sich anfangs auf die illegale Propagierung von Autonomieforderungen beschränkt hatten, ging sie in der zweiten Hälfte der 1960er Jahre zur Gewalt gegen Sachen und schließlich gegen Menschen über. Durch die Provokation staatlicher Reaktion, so die Strategie, sollte schließlich eine aufständische Erhebung gegen das Regime entstehen. Die politischen Ziele der ETA wurden nationalistisch (Zusammenführung und Unabhängigkeit aller baskischer Provinzen) und sozialistisch definiert. Die sozialistische Komponente war dadurch begründet, dass Basken in Kirche, Politik und Wirtschaft stark repräsentiert waren und sich der Widerstand auch ausdrücklich gegen diesen „Verrat an der baskischen Sache" (Bernecker 1996: 126) richtete. Anders als nach der Ideologie des PNV wurde das Baskische durch ETA nicht mehr rassisch, sondern sprachlich und kulturell bestimmt (vgl. Gunther et al. 2004: 98). Nach dem Beginn der Terrorkampagne der ETA für die baskische Unabhängigkeit im Jahre 1968 zeigte spätestens die Ermordung des Premierministers und Franco-Freundes Carrero Blanco, dass der baskische

---

[72] Die Gründung der *Asamblea de Catalunya* im Jahr 1971, Höhepunkt der katalanischen Autonomiebewegung unter Franco, war eine frühe Form des politischen Widerstands. Arbeiter- und Studentenvertreter, Vertreter der Kirche und der Intelligenz kamen hier mit Forderungen nach Amnestie für politische Gefangene und Exilanten, bürgerlichen Freiheiten, den Institutionen von 1932 und Demokratie zusammen (vgl. Bernecker 1996: 123; Edwards 1999: 668).

[73] *Euskadi Ta Askatasuna*, dt. Baskenland und Freiheit.

Regionalismus eine bedeutende Rolle in der Transition spielen würde. Nach Jahrzehnten der Unterdrückung brachen die aufgestauten regionalistischen Bestrebungen mit aller Gewalt auf, so dass mit der Demokratisierung auch eine Neuordnung der Staatsstruktur auf die politische Agenda rücken musste (vgl. ebd.: 76f.).

3.2 Die spanische Transition

> „Nothing in this analysis suggests that there would be any rapid moves towards multi-party democracy in Spain. For the same reasons, meaningful stepps towards either political or effective administrative decentralisation are also unlikely." (Richardson 1975: 16)

Die hier zitierte Einschätzung, die schon bald widerlegt sein sollte, soll keineswegs die mangelnde politische Weitsicht eines Ökonomen dokumentieren. Sie soll vielmehr verdeutlichen, dass die politisch-institutionelle Entwicklung Spaniens Mitte der 1970er Jahre keineswegs vorbestimmt und alternativlos war. Im 20. Jahrhundert erlebte das Land zwei Transitionen: eine letztendlich gescheiterte, 1931, und eine erfolgreiche nach dem Tod Francisco Francos. Zeitlich lagen beide Prozesse eben so weit auseinander, dass die Erinnerung an das Scheitern noch präsent war, aber die Protagonisten der ersten Transition in der zweiten keine Rolle mehr spielten (vgl. Tusell 1997).[74]

Dieter Nohlen und Andreas Hildenbrand betonen, dass es sich bei der *transición* nur insofern um die oft so bezeichnete „*ruptura pactada*", den paktierten Bruch mit der frankistischen Ordnung, handelt, als jede Transition mit der Vergangenheit bricht. Ihre Besonderheit lag hingegen darin, dass sie als ein von Vereinbarungen geleiteter Prozess verlief (vgl. Nohlen/Hildenbrand 2005: 254). Spaniens erfolgreiche Demokratisierung ist einer der am intensivsten studierten Systemwechsel des 20. Jahrhunderts, der gleichsam als Prototyp des „*consensual constitution-making*" (Bonime-Blanc 1987) und paradigmatischer Fall einer von oben gesteuerten und paktierten Transition (*transformation*; Huntington 1991a; von Beyme 1994a; Linz/Stepan 1996: 87) auch politisch-historische Wirkung entfaltet hat. Dem spanischen Vorbild eines konsensorientierten und im Rahmen der alten Institutionen verlaufenden Regimewechsels sollte eineinhalb Jahrzehnte später in Ostmitteleuropa gefolgt werden (vgl. Pridham 1994: 29; Ágh 1998a: 141). Dabei waren einige Rahmenbedingungen des spanischen Demokratisierungsprozesses äußerst ungünstig. Hierzu zählte die Weltwirtschaftskrise, die das

---

[74] Prominente Ausnahmen sind der Katalane Josep Tarradellas und der Kommunistenführer Santiago Carrillo.

wirtschaftlich bereits stark integrierte Spanien schwer traf. Interne Herausforderungen waren insbesondere der Terrorismus, die Bedrohung durch das Militär sowie die Forderungen und der Druck der Regionalisten.

3.2.1 Akteure, Institutionen und Rahmenbedingungen der transición

Einer gut bestätigten sozialwissenschaftlichen Hypothese zufolge erzeugt sozioökonomischer Wandel partizipatorische Orientierungen innerhalb der Bevölkerung. Im Zuge gesellschaftlicher Modernisierung werde die Bevölkerung zunehmend politisch aktiv und erwarte eine aktivere Rolle im politischen Prozess (vgl. Lipset 1959; Lipset 1994). Auch die unter der autoritären Herrschaft Francos ausgelöste wirtschaftliche Dynamik gilt in mehrfacher Hinsicht als eine der Ursachen gesellschaftlicher und politischer Entwicklung, die in der Demokratisierung Spaniens kulminierten. Einerseits waren die verschärften sozioökonomischen Disparitäten die Legitimationsgrundlage neuer regionalistischer Bewegungen, die (wie im Falle Andalusiens) zu den bereits bestehenden zentrifugalen Kräften im Baskenland und Katalonien traten (vgl. Nohlen 1980). Die Unterdrückung der kulturell-sprachlichen Besonderheiten sowie die Ausbeutung der finanziellen Ressourcen dieser entwickelten Regionen im Namen der Modernisierung des ganzen Landes waren Gründe für den starken Regionalismus, der sich hier schließlich mit der Forderung nach Demokratisierung verbinden sollte (vgl. Nohlen/Hildenbrand 1988: 323; s. o. Kap. 3.1.5). Andererseits ging die allgemeine wirtschaftliche Modernisierung seit den 1960er Jahren auch mit einem sozialstrukturellen Wandel, einer raschen gesellschaftlichen Modernisierung und einer Veränderung der politischen Kultur einher (vgl. Tombeil 1999: 169). Die Liberalisierung der wirtschaftlichen Außenbeziehungen nach 1959 ermöglichte die Einfuhr moderner Techniken. Arbeitsmigration und Tourismus[75] taten ihr Übriges, um den Wandel der Wertvorstellungen zu beschleunigen. Wirtschaftliche und gesellschaftliche Entwicklung haben vor allem bei der gut ausgebildeten Mittelschicht das gesellschaftliche Partizipationsbedürfnis für öffentliche Angelegenheiten erhöht. Somit hatten sich infolge der in den 1960er Jahren ausgelösten Dynamik die sozioökonomischen Entstehungs- und Bestandsbedingungen der Demokratie, Seymour M. Lipsets *requisites* (Lipset 1959), tatsächlich eingestellt. Allerdings stellt Spanien in dieser Deutlichkeit eine Ausnahme unter den Transitionsländern dar (vgl. Nohlen 2010b: 1077; Pridham 1994: 23).

Während die Modernisierung des Landes zur Verbreitung des Wunsches nach aktiver politischer Teilhabe führte, blieb die Institutionenordnung des

---

[75] Das Land war Ende der 1960er Jahre weltweit die zweitwichtigste touristische Destination (vgl. von Beyme 1971: 171).

autoritären Regimes bis zum Tod seines Begründers im Großen und Ganzen unverändert (vgl. Roccas/Padoa-Schioppa 2001: 53f.; Gunther et al. 2004: 65, 73ff.). Politisch-institutionell erwuchsen aus der skizzierten gesellschaftlichen Entwicklung auch Forderungen nach (Mit-)Entscheidungsmöglichkeiten auf subnationaler Ebene. Joaquim Solé-Vilanova (1989: 215) vermutet, dass es vor diesem Hintergrund auch ohne Transition früher oder später zu einer Dezentralisierung staatlicher Leistungen gekommen wäre. Damit relativiert Solé-Vilanova den zumeist als sehr eng angenommenen Zusammenhang zwischen Transition und Dezentralisierung. Reformtendenzen in der Endphase der frankistischen Herrschaft wie der Vorschlag, die Bürgermeister zu wählen, anstatt sie zu ernennen (vgl. Richardson 1975: 11), sind allerdings nur ein schwacher Beleg für die These. Immerhin aber zeigen sie eine innerhalb des Regimes aufkommende Reformbereitschaft.

Sozioökonomisch entwickelte sich das frankistische Spanien langsam über seine politische Verfasstheit hinaus. Klaus von Beyme (1971: 173) stellte in der letzen Phase der Franco-Ära fest, dass „gerade die rasche wirtschaftliche Entwicklung Spaniens und die 'Inflation der steigenden Erwartungen' in ihrem Gefolge das Franco-Regime unvergleichlich krisenanfällig machten." Das Regime war zwar stabil genug, das Entstehen eines ernsthaften Gegenspielers zu verhindern und der (erneuerten) Monarchie den Weg zu ebnen. Nachdem eine parteiförmige Opposition zum *Caudillo* all die Jahre unmöglich gewesen war, schufen jedoch wirtschaftliche und gesellschaftliche Entwicklung allmählich die Bedingungen und Ressourcen für oppositionelle Organisationen (vgl. Richter 1992: 53; s. u. Kap. 3.1.3). Die Organisationsbestrebungen innerhalb der Arbeiter- und Studentenschaft sowie der beruflichen Vereinigungen vermochte das Regime nicht mehr aufzuhalten. Hinzu kam, dass die frankistische Elite seit den 1960er Jahren keineswegs mehr ideologisch geeint, sondern durch einen beschränkten Pluralismus gekennzeichnet war. Privilegierte Gruppen, die das Regime Jahrzehnte lang getragen hatten, insbesondere Vertreter von Industrie, Großgrundbesitz, Militär und Kirche, sahen ihre Erwartungen hinsichtlich einer Öffnung des Systems enttäuscht und begannen individuelle Interessen zu artikulieren, ohne allerdings die Herrschaft Francos grundsätzlich in Frage zu stellen (vgl. von Beyme 1971: 187). Die Karlisten, einst zentrale Stütze des Systems, entwickelten sich zu einer „privilegierten Semi-Opposition" (ebd.: 86), die in den *Cortes* gelegentlich die Unterstützung repressiver Gesetze verweigerte. Nicht zuletzt dieser Einstellungswandel bei Teilen der Elite sollte schließlich die Vereinbarungen zwischen Regierung und Opposition möglich machen (vgl. Gunther 1995: 79; Linz 1970).

Ein konstitutives Merkmal des Frankismus blieb die Personalisierung der Macht und damit die Unersetzbarkeit des *Caudillo*, dessen Prestige größer war

3 Demokratisierung und Staatsorganisationsreform in Spanien

als das Prestige des Regimes (vgl. von Beyme 1971: 186). Da den Regime tragenden Kräften bewusst war, dass mit Francos Tod auch das System in seiner bisherigen Form zu Ende gehen würde, richtete sich der innerfrankistische Wettbewerb frühzeitig auf „den Tag danach" aus (Nohlen/Hildenbrand 2005: 251). Vor diesem Hintergrund markiert die Amtszeit Carlos Arias Navarros, des ersten zivilen von Franco ernannten Regierungschefs, die letzte Phase des alten Regimes (Januar 1974 bis Juli 1976) (vgl. Tusell 1997; Jost 1993). Als 1973 der Hardliner Carrero Blanco[76] ermordet wurde, herrschte, wie oben beschrieben, innerhalb der Elite bereits eine gewisse Reformstimmung. Arias Navarro, der auf Carrero Blanco folgte, lehnte jedoch einen Bruch mit der frankistischen Vergangenheit ab und setzte lediglich den bereits begonnenen Weg der kleinen Reformen fort (vgl. Bonime-Blanc 1987). Eine spürbare politische Öffnung stand mithin nicht in Aussicht. Zu diesem Zeitpunkt zeichnete sich allerdings ab, dass weder Regime noch Opposition homogene Blöcke bilden würden (vgl. Colomer 1991; Schmidt 2010: 445). Innerhalb der Opposition konnten die reformorientierten Kräfte die Oberhand über diejenigen gewinnen, die einen übergangslosen Bruch mit der frankistischen Ordnung anstrebten und auch den *status quo* zu akzeptieren bereit waren, solange der Sturz des Regimes nicht möglich war. Für die Vertreter des Regimes wurde ein ganzes Kontinuum von Positionen unterschieden: von Hardlinern, die sich jeder Veränderung widersetzten („*el bunker*"), über zu moderaten Veränderungen bereiten Anhängern des Regimes bis hin zu verhandlungs- und reformbereiten Kräften (Softlinern), die sich auch einem Bruch nicht mit aller Macht widersetzen wollten (vgl. ebd.).

Versuche öffnungsbereiter Eliten, mit den frankistischen Hardlinern („*continuistas*"; Colomer 1991) Reformen auszuhandeln, scheiterten an der fehlenden Durchsetzungsfähigkeit Ersterer (vgl. ebd.: 1292). Stefan Jost (1993: 172) vergleicht die letzte Phase des Frankismus mit einem „Schwebezustand, in dem sich keine Gruppierung ihren Wünschen und Interessen entsprechend verhalten konnte: die Frankisten nicht mehr, die Opposition noch nicht." Zumindest erlaubte die zögerliche Liberalisierung den oppositionellen Gruppierungen von den Christdemokraten bis hin zu Gewerkschaften und Kommunisten die politische Organisation und eine effektive Aktion gegen den auf Herrschaftssicherung orientierten Kurs Arias Navarros (vgl. Merkel 2010: 179). Dessen fehlender Reformwille führte zu einer breiten Mobilisierung mit Demonstrationen und Streiks (vgl. Colomer 1991: 1292). Juan Carlos, der entsprechend dem Gesetz über die Nachfolge nach Francos Tod zum König proklamiert worden war, erkannte die Notwendigkeit einer Systemöffnung und setzte im Juli 1976

---

[76] Nachdem er 1973 das Amt des Regierungschefs (*Presidente del Gobierno*) übernommen hatte, verschärfte Carrero Blanco die Pressezensur und die Strafen für oppositionelle Aktivitäten (vgl. Medhurst 1973: 234).

Adolfo Suárez als neuen Premierminister ein. Suárez, zuvor Minister des *Movimiento*, bestand auf einem Entwicklungsprozess im Rahmen der alten Institutionen und lehnte die von der Opposition geforderten Wahlen zu einer verfassungsgebenden Versammlung ab. Dies eröffnete den alten Eliten, die die Legitimität einer von Francos legitimem Nachfolger ernannten Regierung anerkannten, die Möglichkeit, sich am weiteren Prozess zu beteiligen. Mit der Nachfolge durch Juan Carlos erwies sich damit ein singuläres Ereignis als wichtiger Faktor eines Wandels, der nicht in einem politischen Vakuum stattfand, sondern institutionell geordnet (vgl. Gunther 1995: 52). Suárez agierte gegenüber den frankistischen Hardlinern mit einer Kombination aus Versprechungen und Druck. Einerseits stellte er die Kontinuität der Monarchie, die Wahrung der Einheit Spaniens und den Ausschluss der Kommunisten in Aussicht. Andererseits wurden die Militärs und die Mitglieder der *Cortes* unter Druck gesetzt, Reformen nicht zu blockieren (vgl. Colomer 1991: 1292f.). Die unter diesen Bedingungen möglichen Veränderungen waren zwangsläufig inkrementaler Natur. Eine vollständige Kontinuität war aufgrund des bereits in Gang gesetzten Prozesses unwahrscheinlich geworden, wenngleich ein Fortbestand der alten Ordnung in Teilen des Establishments − in der katholischen Kirche, bei rechten Falangisten, Großgrundbesitzern und Großindustriellen sowie einigen linksextremen Separatisten, die den Verlust ihrer Existenzberechtigung fürchteten −, nicht wenige Unterstützer hatte. Kommunisten, Sozialisten und katalanische wie baskische Regionalisten befürworteten hingegen die *ruptura* (vgl. Bonime-Blanc 1987: 22f.; Vallès/Nohlen 2010: 1805).

Den Beginn der institutionellen Reformen machte die Regierung, die bemüht war, den Prozess nicht aus der Hand zu geben. Die entscheidenden Interaktionen spielten sich anfangs innerhalb der Regime-Elite zwischen reformbereiten Kräften und Hardlinern ab, jedoch − abgesehen von ersten Gesprächen − ohne Einbeziehung der Opposition. Am 18. November 1976 gelang es dem Premierminister, die korporatistischen *Cortes* davon zu überzeugen, dem Gesetz zur politischen Reform (*Ley para la Reforma Política*) zuzustimmen. Mit 425 Ja- gegen 59 Nein-Stimmen beschlossen die *Cortes* ihre eigene Ersetzung durch ein allgemein und frei gewähltes Parlament und einen Senat (vgl. Nohlen/Hildenbrand 2005: 254). Als Reaktion auf die Bestrebungen der Regierung, den Reformprozess *top-down* zu steuern, rief die Opposition im anschließenden Referendum zum Reformgesetz noch zur Enthaltung auf. Angesichts der Zustimmung von rund 97% musste sie jedoch erkennen, dass ihr die Möglichkeiten zur baldigen Herbeiführung eines Bruchs mit der autoritären Ordnung fehlten. Sie änderte daraufhin ihre Strategie und ließ sich auf eine Zusammenarbeit ein (vgl. Gunther 1995: 49).

3 Demokratisierung und Staatsorganisationsreform in Spanien

Unter diesen Bedingungen begann, anders als im portugiesischen Fall, die demokratische Entwicklung Spaniens nicht mit einer Revolution, sondern im Rahmen der Institutionen des autoritären Regimes. Ebenfalls im Unterschied zu Portugal war in der *transición* das Prinzip ziviler Regierung allgemein anerkannt, das Militär nicht aktiv einbezogen. Spätestens seit dem Amtsantritt der Regierung Suárez sah sich die Generalität auf eine passive Rolle beschränkt. Mit dem Gesetz zur politischen Reform wurden Prärogativen des Militärs abgeschafft, 1977 verbot ein königliches Dekret dessen Engagement in Parteien und Gewerkschaften (vgl. Encarnación 2005: 194). Dass diese Strategie nicht ohne Risiko war, zeigte wenige Jahre später der Putschversuch vom 23. Februar 1981 (s. u. Kap. 3.3.2).[77]

Die anschließende Phase war (abgesehen vom Baskenland) von einer taktischen Demobilisierung der Massen und einer Zurückhaltung der Parteieliten gekennzeichnet. Die linken Parteien waren sich bewusst, dass sie ihre Reformforderungen mäßigen und auf die Mobilisierung ihrer Gefolgschaft verzichten mussten, um nicht das Veto der *poderes fácticos* (insbesondere des Militärs) zu provozieren. Gleichzeitig verfügte die Linke jedoch über die kohärentesten und am besten strukturierten Organisationen. Dies galt insbesondere für die Kommunistische Partei (PCE, *Partido Comunista de España*), die über die größte Mitgliedschaft, die erfahrenste lokale Führung und die breiteste geographische Abdeckung verfügte und zudem die größte Gewerkschaft (*Comisiones Obreras*) kontrollierte. Seine Stellung innerhalb der Arbeiterschaft machte den PCE in wirtschaftspolitischen Fragen zu einem wichtigen Verhandlungspartner (vgl. Encarnación 2005: 195ff.). In Funktion solcher Kräfteverhältnisse stand das gesamte Verhandlungsgeschehen der Transition. Während einerseits die linke Opposition nicht über das Mobilisierungspotential verfügte, die bestehende Ordnung gleichsam „von unten" her abzuschaffen, waren die reformorientierten Kräfte der Regierung auf die Unterstützung durch die Opposition angewiesen, um die Reformen durchzusetzen und zu legitimieren. Diese Kräfteverhältnisse förderten auf beiden Seiten die Bereitschaft zum Dialog (vgl. Kraus/Merkel 1993: 194).

Die langsame Öffnung des Systems und der relativ späte Termin für die ersten freien Wahlen, der 15. Juni 1977, hatten den verschiedenen Parteien erlaubt, organisatorische Nachteile auszugleichen (vgl. Gunther 1995: 53). Vom Wahl-

---

[77] Während der Transition führten mehrere Regierungsentscheidungen zu Reaktionen des Militärs in Form von Rücktritten, Erklärungen, Ungehorsam und verstecktem Druck auf die Regierung: die *Ley para la Reforma Política* (1976), die Legalisierung der Gewerkschaften (1976), die Legalisierung des PCE (1977) und die konstitutionelle Verankerung des Autonomiestaates (1978). Die zivile Kontrolle des Militärs konnte jedoch unter Calvo Sotelo und endgültig nach dem Wahlsieg der Sozialisten 1982 hergestellt werden (vgl. Agüero 1995: 127ff.; Morlino 1998: 74f.).

system profitierten jedoch schließlich die großen Parteien, UCD und PSOE, während die kleinen nationalen Parteien, PCE und AP (*Alianza Popular*), benachteiligten wurden (vgl. Nohlen/Hildenbrand 2005: 302; s. u. Kap. 3.2.3). Das Wahlsystem sorgte für eine Überrepräsentation der bevölkerungsarmen, ländlichen Gebiete und war somit ein Mittel *gegen* einen Wahlsieg der Linken, der die Gefahr der Involution heraufbeschworen hätte, und *für* die Wahrung der Kontrolle des Reformprozesses durch die Regierung. Die „tendenzielle Pattsituation" (Kraus/Merkel 1993: 201) nach der Wahl von 1977 sollte den parteienübergreifenden Kompromiss bei den anstehenden Verfassungsverhandlungen begünstigen. Mangels der erforderlichen Mandatsmehrheit gab Suárez das Vorhaben einer begrenzten Reform auf und schlug den Weg eines Verfassungsprozesses auf einer breiten parlamentarischen Zustimmungsbasis ein. Erst unter diesen Bedingungen begannen die eigentlichen Verhandlungen und Vereinbarungen zwischen regierenden *reformistas* und oppositionellen *rupturistas* (vgl. Colomer 1991: 1283ff.).

Suárez' persönlichen Gesprächen mit der Opposition folgten 1977 weitere für die Eliten-Interaktion wichtige vertrauensbildende Maßnahmen. Dazu zählen insbesondere die formale Aussöhnung mit dem Exil-Präsidenten der *Generalitat de Catalunya*, Josep Tarradellas, die Gewährung einer Präautonomie für Katalonien sowie die Vereinbarungen von Moncloa. Die erstgenannten Maßnahmen waren zwar symbolischer Natur, machten aber deutlich, dass der Führung an der Einbeziehung der dem politischen Zentrum entfremdeten Katalanen lag (vgl. Gunther 1995: 54). Die Strategie, wirtschaftspolitische Entscheidungen im Konsens herbeizuführen, spiegelte die Erfahrungen der Zweiten Republik wider (vgl. Encarnación 2005: 195). Nach dem Wahlerfolg der regierenden *Unión de Centro Democrático* (UCD) von 1977 ausgehandelt, waren die *Pactos de la Moncloa* ein Versuch, der Wirtschaftskrise mit kurzfristigen wirtschaftlichen und politischen Regelungen zu begegnen, die Inflation und Löhne eindämmen sollten.[78] Während die wirtschaftspolitische Wirkung dieser Maßnahmen umstritten ist und einige Autoren die einseitige Lastenverteilung kritisieren (vgl. Heywood 1995: 219), brachten die Pakte sowohl dem werdenden Regime als auch Sozialisten und Kommunisten, die ihre Politik der Verständigung konsequent fortführten, Legitimität. Politisch zurückhaltend agierten PSOE und PCE weiterhin auch angesichts der Gefahr der Involution (vgl. Kraus/Merkel 1993: 204; Encarnación 2005: 188).

Die besondere Form dieser inklusiven Eliten-Interaktion, bei der die wesentlichen Interessen repräsentiert waren, reduzierte die Unsicherheit der Situati-

---

[78] Die Maßnahmen umfassten eine Abwertung der *peseta* gegenüber dem Dollar, Preis- und Lohnkontrollen, eine Lockerung des Kündigungsschutzes, eine Steuerreform sowie eine Reform des Währungs- und Finanzsystems.

on. Praktisch das gesamte ideologische Spektrum war vertreten, von der (orthodoxen) Linken über die in der UCD versammelte heterogene Mitte bis zur neuen Rechten (die katholisch-konservative und regionalistische Kräfte vereinte).[79] Für die von Konflikt gekennzeichnete Geschichte Spaniens war diese Kooperation ein bemerkenswerter Vorgang (vgl. Schmitter 1992b: 168; Nohlen/Hildenbrand 2005: 211). Im Gegenzug für die Unterstützung bzw. Billigung der Moncloa-Pakte durch Gewerkschaften und Linksparteien löste die Regierung die frankistische vertikale Gewerkschaft rasch auf und übertrug deren Vermögen auf die unabhängigen Gewerkschaften. Bezogen auf den weiteren politischen Prozess setzte sich die regierende Mitte-Rechts-Koalition der UCD mit ihrer Sicht durch, dass die Wahlen des Jahres 1977 keine Wahlen zu einer außerordentlichen verfassungsgebenden Versammlung, sondern ordentliche Parlamentswahlen seien. Dies implizierte eine Fortsetzung ihrer Regierungsgeschäfte über die Verabschiedung der Verfassung hinaus (vgl. Caciagli 1986: 40).

Hinsichtlich des ökonomischen Kontextes der *transición* sind die langfristigen, eingangs dieses Kapitels beschriebenen Entwicklungen von der Konjunktur der 1970er Jahre zu unterscheiden. Langfristig bedeuteten die Entwicklung seit den 1960er Jahren und die Integration der spanischen Volkswirtschaft in das westliche kapitalistische Wirtschaftssystem, dass die *transición* ohne substantielle ökonomische Neuordnung verlaufen konnte (vgl. Heywood 1995: 217). In ihrer entscheidenden Phase – Ende der 1970er, Anfang der 1980er Jahre – überwogen infolge der Wirtschaftskrise jedoch die ungünstigen Bedingungen deutlich. Während im übrigen Europa die Wirtschaftskrise der 1970er Jahre dazu führte, dass die nationale Entwicklung wieder den Vorrang vor der regionalen erhielt und „Anpassungspolitiken" umgesetzt wurden, griff das frankistische Spanien zu Maßnahmen, die ihm die noch verbliebene Legitimität sichern sollten. Vor allem durch eine Stärkung der Kaufkraft wurde versucht, die Krise zu „vertuschen" (González Encinar 1992: 221). Die Ineffizienz des politisch-administrativen Systems hatte dazu beigetragen, dass sich das Wachstum noch vor den eigentlichen Auswirkungen der OPEC-Krise erschöpft hatte. Den eigenen Handlungsspielraum sah die Regierung durch die weitgehend verlorene Akzeptanz stark eingeschränkt, und „die Entscheidungsunfähigkeit der bestehenden Institutionen bewirkte weitere Legitimitätsverluste" (Nohlen/Hildenbrand 2005: 253). Zur Abwertung der Währung und zur Begrenzung der Löhne kam es erst nach dem Ende der Diktatur. Die Konsequenzen, die die Wirtschaftskrise auf Regional- und Dezentralisierungspolitiken in den anderen europäischen Staaten hatte, wurden deshalb von den Spaniern weniger deutlich wahrgenommen, was dazu führte, dass hier in der „Regionalisierung noch

---

[79] Nicht einbezogen waren die anarchosyndikalistische *Conféderación Nacional del Trabajo*, die *Alianza Popular*, die neofrankistische *Fuerza Nueva* und die militanten Nationalisten (ETA).

immer das Allheilmittel für die Lösung der regionalen Entwicklungsprobleme" (González Encinar 1992: 221) gesehen wurde.

Bereits 1973 und 1974 erlebte Spanien das Ende seines fulminanten Aufholprozesses. Die Wachstumsrate, zuvor eine der höchsten in Europa, war nun eine der niedrigsten. Auf den wirtschaftlichen Aufholprozess zwischen 1960 und 1975 (von 58,3% des BIP der EG-12 auf 79,2%) folgte ein deutlicher Rückgang (auf 71,7%) fünf Jahre später (vgl. Roccas/Padoa-Schioppa 2001: 59). Das politische und gesellschaftliche Klima schränkte das Spektrum möglicher Maßnahmen ein, mit denen auf die Folgen der Ölkrise reagiert werden konnte. Institutionelle und politische Unsicherheit belasteten die Investitionen; gleichzeitig waren Lohnforderungen und Forderungen nach Sozialleistungen nach den Jahrzehnten der Diktatur nur schwer zurückzuweisen (vgl. Roccas/Padoa-Schioppa 2001: 55). Die Ölkrise führte in den von hohen Importen abhängigen Industrien zu Zahlungsbilanzschwierigkeiten, hoher Auslandsverschuldung, Abwertung der Währung und starker Inflation. In der zweiten Hälfte der 1970er Jahre betrug die jährliche Inflationsrate 17,8% (fast 25% 1977). Zwischen 1974 und 1980 fiel die Zahl der Arbeitsplätze um vier Prozent, während die Bevölkerung, auch bedingt durch Rückwanderung, um mehr als fünf Prozent wuchs. Die Arbeitslosenquote erreichte ein Niveau von 14,6% (vgl. Vazquez Barquero/Hebbert 1985: 287; Roccas/Padoa-Schioppa 2001). Durch den Anstieg staatlicher Transferleistungen, verbunden mit einer anhaltend hohen Steuervermeidung, wuchs das öffentliche Defizit von 1,7% des BIP im Jahr 1979 auf 5,9% des BIP vier Jahre später (vgl. ebd.). Diese Bilanz, dazu der Niedergang industrieller Schlüsselsektoren, der weitere Anstieg der Arbeitslosigkeit auf rund 21% Mitte der 1980er Jahre und eine schwere Dürre waren die ökonomischen Bedingungen, unter denen die junge Demokratie 1982 die Krise der Regierungspartei UCD zu verkraften hatte (s. u. Kap. 3.2.3). Die Unterstützung der neuen Ordnung durch die Bevölkerung, die nationalen Eliten, Organisationen und Parteien blieb allerdings auch in dieser Zeit stabil (vgl. Gunther 1995: 39f.). Erst ab Mitte des Jahres 1985 verbesserte sich die Wirtschaftslage deutlich. Auch aufgrund der internationalen Konjunktur erlebte Spanien eine Phase intensiven Wachstums. Anfang 1986 begann die Arbeitslosigkeit zu sinken. Die durchschnittliche Wachstumsrate betrug in dieser Periode rund vier Prozent und führte zu einer Annäherung des spanischen Pro-Kopf-Einkommens von 70,4% (1985) auf nahezu 80% (1993) des EG-Durchschnitts (vgl. Pérez-Alcalá 1998: 226f.; Boix 2001: 168).

Zu einem wichtigen Referenzpunkt und einem breit diskutierten Thema wurde in der Transition der Beitritt zur Europäischen Gemeinschaft, der dem Land unter Franco noch verwehrt geblieben war (vgl. Roccas/Padoa-Schioppa 2001: 67; s. o. Kap. 3.1.3). Als die UCD-Regierung 1977 das Beitrittsgesuch

3 Demokratisierung und Staatsorganisationsreform in Spanien 111

einreichte[80], herrschte unter den relevanten Parteien – im Unterschied zur Frage des NATO-Beitritts – praktisch Konsens (vgl. Heywood 1995: 264). Der PSOE erwartete vom EG-Beitritt positive Auswirkungen auf die demokratische Konsolidierung. Die regionalistischen Parteien versprachen sich eine administrative, kulturelle und politische Dezentralisierung. Gleichzeitig erwarteten sie die Verringerung der ökonomischen Abhängigkeit vom übrigen Spanien und gingen davon aus, dass die Kompetenzübertragung nach Brüssel den Verlust von Kompetenzen für Madrid bedeuten würde (vgl. Magone 2002: 229; Gunther et al. 2004: 317). Nachdem er in den 1960er Jahren noch eine ablehnende Position bezogen hatte, sprach sich auch der PCE ab Mitte der 1970er Jahre für den Beitritt aus. Diese Zustimmung, die auch von der Mehrheit der Spanier geteilt wurde, gründete auf der allgemeinen Überzeugung, dass der EG-Beitritt gleichsam den Höhepunkt des nationalen Modernisierungsprozesses darstelle (vgl. Pereira Castañares/Moreno Juste 2002: 44).

Bereits Anfang der 1980er Jahre erfüllte Spanien die politischen Beitrittskriterien (vgl. Pridham 2002a: 205f.). Zwar gilt die EG-Süderweiterung als Beginn der gemeinschaftlichen Demokratieförderung, da die Kandidaten gewisse demokratische Standards erfüllen mussten (vgl. Dimitrova/Pridham 2004: 95). Im Unterschied zur Osterweiterung galt jedoch für Griechenland, Spanien und Portugal die erfolgreiche Demokratisierung weniger als Beitrittsvoraussetzung denn der Beitritt als Beitrag zur weiteren demokratischen Konsolidierung (vgl. Malovà/Haughton 2002: 103). Nicht zuletzt aufgrund des Ölschocks waren die ökonomischen Aspekte des Beitritts entscheidend. Für die Wirtschaftspolitik öffneten die Beitrittsvorbereitungen ein Reformfenster, um die Wirtschaft in bestimmten Sektoren (wie im Agrarwesen und in der Produktion) neu zu strukturieren und zu liberalisieren. Auch wurde im Zuge der Beitrittsvorbereitung zu einer langfristigen, angebotsorientierten Strategie übergegangen. Die institutionellen Aspekte des Beitritts waren aufgrund der bereits vollzogenen wirtschaftlichen und politischen Entwicklung übersichtlich. Die Einmütigkeit in Politik und Gesellschaft ist auch vor dem Hintergrund des konsensuellen Charakters des spanischen Regimewechsels zu sehen, der sich in dieser Hinsicht deutlich von den Transitionen Griechenlands und Portugals unterscheidet (vgl. Gunther et al. 2004: 108; Guillén/Álvarez 2004: 288).

---

[80] 1978 wurde Calvo Sotelo Minister für die Beziehungen zur Gemeinschaft. Im Februar 1979 begannen die Beitrittsverhandlungen mit der EWG, die (gemessen an den spanischen Erwartungen) nur langsam vorankamen. Am 12. Juni 1985 wurde der Beitrittsvertrags unterzeichnet (vgl. Tusell 1997: 111f.).

3.2.2 Der Verfassungsprozess und die Institutionalisierung der Demokratie

Differenzierungen einzuführen, den Gegenstandsbereich im Wortsinn zu analysieren, zu zerlegen, gehört zu den vornehmsten Übungen der Politikwissenschaft. Sehr gründlich war in diesem Sinne die Transitionsforschung, die, wie oben (Kap. 2.2.1) beschrieben, der begrifflichen Ordnung insgesamt mehr Aufmerksamkeit gewidmet hat als der Theoriebildung. Zweifelsohne können aber beispielsweise Phasenunterscheidungen sehr nützlich sein, wenn sie etwa die Dynamik von Determinanten und Kontextbedingungen zu erhellen helfen.

Mario Caciagli (1986: 9) unterscheidet drei scharf voneinander abgegrenzte Phasen der *transición*: (1.) vom 3. Juli 1976 (dem Amtsantritt der Regierung Suárez) bis zu den ersten freien Wahlen am 15. Juni 1977, die kürzeste Phase, welche zugleich die meisten Neuerungen umfasst; (2.) vom 15. Juni 1977 bis zum 30. Mai 1980, dem Tag des Misstrauensvotums gegen Suárez, welches das Ende der Konsenspolitik markiert; (3.) vom 30. Mai 1980 bis zum 28. Oktober 1982, dem Wahlsieg des PSOE. Dieser Machtwechsel steht nach überwiegender Meinung auch bereits für die Konsolidierung der spanischen Demokratie. Ein größeres Gewicht auf die institutionelle Dimension der Transition legen Nohlen und Hildenbrand (2005: 254), die zwei Phasen des Übergangs zur Demokratie unterscheiden: eine erste Phase, ebenfalls beginnend mit dem Amtsantritt Suárez' (mit dem Höhepunkt der Verabschiedung des Gesetzes zur politischen Reform), und eine zweite Phase, deren Beginn wiederum mit den ersten freien Wahlen angesetzt wird, die aber mit der Annahme der Verfassung am 7. Dezember 1978 endet. Die Autoren gründen die Differenzierung wie Caciagli auf die Muster der Entscheidungsfindung. So ging es in der ersten Phase um die Herstellung eines Reformkonsenses unter den frankistischen Eliten. In der zweiten Phase wurden hingegen alle bei der Wahl erfolgreichen Kräfte einbezogen.

Nach dem Ende der Diktatur verbreitete sich die Vorstellung, dass es sich beim Frankismus um eine nun geschlossene Klammer der spanischen Geschichte gehandelt habe. Damit konnte die Verfassung der Zweiten Republik aus dem Jahre 1931 – neben den parlamentarischen Systemen der westeuropäischen Staaten – als positives Modell in der Verfassungsgebung der *transición* fungieren. Sie war die Ordnung, an die 1977/78 wieder anzuknüpfen war.[81] Vor diesem Hintergrund ist es nicht überraschend, dass der Verfassungsbestimmung bezüglich der unter der Zweiten Republik im Baskenland, Katalonien und Galizien abgehaltenen Referenden kaum widersprochen wurde (s. u. Kap. 3.3.2). Der Frankismus war hingegen das „*antimodelo*" der Verfassungsväter von 1978. Als implizite Reformagenda dienten konstituierende Elemente des Franco-Regimes,

---

[81] Auch das Verfassungsgericht hat sich bei seinen Auslegungen wiederholt auf die Verfassung von 1931 bezogen (vgl. González Encinar 1988: 124).

3 Demokratisierung und Staatsorganisationsreform in Spanien

darunter die Unterdrückung des Parteienwettbewerbs und der bürgerlichen Rechte, der Konfessionalismus, der Kooperatismus sowie die extreme Zentralisierung der Entscheidungsprozesse. Dem Zentralismus des alten Regimes wurde ideell eine Dezentralisierung entgegengestellt, die von vielen mit Demokratie förmlich gleichgesetzt wurde (vgl. González Encinar 1988: 123; González Encinar 1991: 103; Gunther 1995: 44ff.).

Mit der *transición* kamen die historischen und vom Frankismus über Jahrzehnte unterdrückten Konflikte zwangsläufig wieder auf die Agenda. Dies betraf zuvorderst die Rolle der Monarchie, der Kirche und des Militärs sowie die Autonomieforderungen einiger Regionen. Auch angesichts dieser Streitfragen waren mehrere Faktoren für den Verfassungsprozess von Bedeutung. Hierzu zählen die fehlende Mehrheit einer Partei, die Verhandlungen erforderlich machte; die – verglichen mit früheren Phasen der spanischen Geschichte – klaren Präferenzstrukturen der Akteure (s. u. Kap. 3.3.1); und schließlich die grundsätzliche Bereitschaft zu Konzessionen, um im Gegenzug eigene Positionen durchzusetzen. Suárez benannte als zentrale Ziele die Verabschiedung einer Verfassung, regionale Autonomien sowie umfassende wirtschaftspolitische Maßnahmen. Baskische und katalanische Vertreter betonten die Bedeutung der regionalen Frage. Der baskische Abgeordnete (und spätere PNV-Präsident) Xabier Arzallus forderte sehr konkret die Wiedererlangung der baskischen politischen Persönlichkeit (El País, 28.07.1978; Colomer 1998: 41).

Die Parteien einigten sich auf einen Verfassungsprozess in sieben Phasen, deren erste und wichtigste die des Unterausschusses (*ponencia*) war[82] (vgl. Bonime-Blanc 1987: 36f.). Hier wurde der allgemeine Rahmen der Verfassung abgesteckt und eine Agenda der dringendsten politischen Streitthemen aufgestellt. Auch wichtige Vorentscheidungen wurden in diesem Gremium getroffen, so dass die Verfassung in weiten Teilen schließlich dem Entwurf des Unterausschusses entsprechen sollte (vgl. ebd.: 54).[83]

Die Verhandlungen in der *ponencia* waren durch eine Inklusivität gekennzeichnet, die Kompromisse erschwerte, aber die breite Anerkennung der Ergebnisse sicherstellen sollte. So waren alle Gruppen bis auf die Basken vertreten, deren Ausschluss jedoch in erster Linie Folge des schlechten Wahlergebnisses des PNV war (vgl. Bonime-Blanc 1987: 81; Gunther et al. 2004: 111). Der *ponencia* gehörten drei Vertreter der UCD und je einer von PSOE, PCE, AP und

---

[82] Andrea Bonime-Blanc (1987) unterscheidet die folgenden Phasen: *Kongress*: Unterausschuss (22.08.1977–10.04.1978); Verfassungsausschuss (05.05.1978–20.06.1978); Plenarsitzung (04.07.1978–21.07.1978); *Senat*: Verfassungsausschuss (09.08.1978–14.09.1978); Plenarsitzung (25.09.1978–05.10.1978); *Gemeinsamer Ausschuss von Kongress und Senat* (11.10.1978–25.10.1978); Abstimmung in Kongress und Senat, Referendum, Unterzeichnung (31.10.1978–27.12.1978).
[83] Zu den Positionen der Parteien während der Verfassungs- und Autonomiediskussion siehe González Casanova (1979).

Convergència Democrática de Catalunya an. Der PSOE hatte zugunsten der Katalanen auf einen seiner beiden Sitze verzichtet (vgl. Gunther 1995: 57). Die Parteien bildeten während des Verfassungsprozesses unterschiedliche Koalitionen. In moralischen Fragen fand die UCD in der AP eine Verbündete. Nicht verhandelbar waren für die UCD die Bewahrung der Monarchie und die Marktwirtschaft, während sie in anderen Fragen weniger kategorisch war. Sozialisten und Kommunisten legten das Gewicht auf bürgerliche Freiheiten und wirtschaftspolitische Themen (vgl. Colomer 1998: 41). Entscheidend aber war die „Konsens-Koalition" von UCD, PSOE und PCE, deren nichtöffentliches und zu Zugeständnissen bereites Vorgehen die erste Phase der Verfassungsgebung prägte und zu Vereinbarungen auf einer breiten Basis führte (vgl. Bonime-Blanc 1987: 49ff.). Dass die Verhandlungen geheim waren und in dieser Form konsensuell ablaufen konnten, sollte sich als Schlüssel zum Erfolg erweisen. Letztendlich waren fast alle Phasen der Verfassungsgebung durch Konsens, Zugeständnisse und Multilateralismus gekennzeichnet. Strittige Fragen, wie sie die Rolle des Königs und das Wahlsystem betrafen und den Konsens gefährdeten, wurden durch außerparlamentarische Verhandlungen geklärt, an denen auch der Premierminister persönlich teilnahm (vgl. ebd.: 59).

Die durch Konsens geprägte Phase des Verfassungsprozesses endete im November 1977, als der vorläufige Entwurf der Verfassung an die Presse gelangte und in den *Cuadernos Para El Dialogo* und *El País* (23.-25.11.1977) veröffentlicht wurde. Nach der offiziellen Veröffentlichung des vorläufigen Entwurfs machten alle Parteien Einwände geltend, die AP beispielsweise gegen den Begriff „Nationalitäten" für die historischen Regionen. Es folgten 1.133 Änderungsvorschläge. Etwa zwei Monate später berichtete *El País* (02.02.1978), dass die Konsensatmosphäre in den Unterausschuss zurückgekehrt sei, als dieser die Vorschläge prüfte (vgl. Bonime-Blanc 1987: 38, 56). Trotz der vorangegangenen Interessenmobilisierung und des zunehmenden öffentlichen Drucks konnte in den meisten Punkten Übereinstimmung erzielt werden. Grundlegende Fragen – Scheidung, Abtreibung, Todesstrafe, das Wahlgesetz und die regionale Autonomie – blieben freilich offen (vgl. ebd.; Gunther et al. 2004: 112). Am konfliktträchtigsten blieb die Frage der politischen Dezentralisierung. Im März 1978 zog sich mit Gregorio Peces Barba einer der führenden Sozialisten aus dem Unterausschuss zurück und begründete dies damit, dass die UCD eine Abmachung bezüglich der regionalen Autonomie gebrochen hätte (vgl. Bonime-Blanc 1987: 55). Als auf die *ponencia*-Phase die öffentliche Beratung im Verfassungsausschuss des Kongresses folgte, wurde der konsensuelle Stil durch Mehrheitsentscheidungen von UCD und AP ersetzt (vgl. ebd.). Allerdings wurde schnell deutlich, dass sich der Prozess unter diesen Bedingungen langwierig gestalten würde. So fand man schließlich im Mai 1978 zu den bewährten informellen Verfahren und zur Konsultation aller Parteien (mit Ausnahme der AP) zurück. Als der Verfassungstext am 31. Oktober 1978 die *Cortes* passierte, hatte jede Partei von einzelnen Forderungen Abstand nehmen müssen; dennoch wurde am Ende das Ergebnis von fast allen Akteuren gebilligt. Der PNV versagte jedoch der neuen Verfassung die Zustimmung und enthielt sich, obwohl er nach Aussage seines Delegationsführers Arzallus fast alle politischen Ziele erreicht habe (vgl. Gunther et al. 2004: 287). Mit acht Sitzen in den *Cortes* vertreten, stand der PNV unter dem Druck der eigenen Gefolgschaft und konnte sich nicht klar zur Verfassung bekennen, wollte er nicht als „*españolista*" gelten. Er reklamierte schließlich, dass die baskische Autonomie historisch und nicht durch die spanische Verfassung legitimiert sei (vgl. Liebert 1990: 150). Klar gegen den Verfassungskompromiss und besonders das achte Kapitel, jenes über die Territorialorganisation, stellten sich die Basken und Katalanen der radikaleren Parteien *Euskadiko Ezkerra* und *Esquerra Republicana de Catalunya* (ERC). Begleitet wurde die ambivalente bis ablehnende Haltung der baskischen politischen Organisationen durch eine Anschlagserie der ETA, die weiter das Ziel der vollständigen Souveränität verfolgte (vgl. Liebert 1990: 152). Das Verfassungsreferendum fand schließlich im Baskenland die Zustimmung nicht einmal jedes dritten Einwohners.[84] Elf Prozent stimmten gegen die Verfassung, fast 50% der Abstimmungsberechtigten blieben den Urnen fern. Während der PNV mit dem Aufruf zur Enthaltung seine ambivalente Haltung fortsetzte, machten sich *Herri Batasuna* (HB) und *Euskadiko Ezkerra* für die Ablehnung stark (vgl. ebd.: 153).[85] In Katalonien, wo nur die ERC zur Enthaltung aufgefordert hatte, war die Beteiligung sogar höher als im nationalen Durchschnitt (77% gegenüber 68%). Die besonders starke Enthaltung in Galizien (46% in der Provinz Galicia-Asturias) wurde hingegen weniger als Zeichen der Ablehnung denn als Ausdruck der regionalen politischen Kultur und apolitischen Einstellung gewertet (vgl. ebd.).

Der Erfolg der *transición* hing eng mit einem konsensorientierten Einstellungswandel der Führer aller relevanten Parteien zusammen, zumindest außerhalb des Baskenlandes (vgl. Agüero 1995). Analysen des spanischen Systemwechsels haben die Bedeutung der Eliten-Vereinbarungen hervorgehoben, die besonders im Verfassungskompromiss und den Autonomiestatuten des Basken-

---

[84] Landesweit lag die Zustimmung bei knapp 92% der Abstimmenden (vgl. Vallès/Nohlen 2010: 1824).

[85] Nach der Annahme der Verfassung schloss sich neben dem PNV auch *Euskadiko Ezkerra* den Befürwortern der regionalen Institutionen im Sinne der Verfassung an (s. u. Kap. 3.3.1). Mit dieser Unterstützung konnte der Prozess relativ zügig weiter verlaufen. Nach dem Ergebnis des Verfassungsreferendums und den darin zum Ausdruck gekommenen Gefahren für den Verfassungsprozess war der PNV in der Position, weitreichende Autonomieforderungen durchzusetzen, darunter die *conciertos económicos* (vgl. Liebert 1990: 156f.).

lands und Kataloniens zum Ausdruck kamen (vgl. Burton et al. 1995b: 326; s. o. Kap. 3.2.1). Die Vereinbarungen reduzierten die Unsicherheit der Transition; durch sie wurden konkrete institutionelle und prozedurale Regelungen fixiert, aber auch Kräfteverhältnisse – zwischen alten und neuen Eliten – festgeschrieben. Allerdings waren die Kräfteverhältnisse der Transition nicht statisch, sondern unterlagen dem Wandel mit fortschreitender Demokratisierung. Mitunter mussten die Pakte neu verhandelt und an eine gewandelte Gelegenheitsstruktur angepasst werden, selbst wenn sie sich in einer frühen Phase der Transition bewährt hatten.[86] Dies ist einleuchtend, wenn man Pakte in Funktion der zum Zeitpunkt ihrer Entstehung gegebenen Kontextbedingungen analysiert. Die Pakte der *transición* standen nach den Erfahrungen des Bürgerkriegs und der Frühphase der Transition im Zeichen von Unsicherheit und Angst vor dem gewaltsamen Konflikt. Nach Paloma Aguilar (2001: 94) erklärt genau dies das risikoaverse Verhalten sowohl der Eliten als auch der Massen. Mitte der 1970er Jahre schien nur ein klarer Schlussstrich unter die von der Erinnerung an den Bürgerkrieg geprägte Vergangenheit möglich (vgl. ebd.: 97; Blakeley 2005: 51).

3.2.3 Entwicklung der politischen Kräfteverhältnisse

Nach Jahrzehnten der autoritären Herrschaft konnte sich das spanische Parteiensystem erst mit der Transition entwickeln. Lediglich PSOE und PNV blickten auf eine mehr als einhundertjährige Geschichte zurück. Damit wurden die Bedingungen der 1970er Jahre strukturprägend. Die traditionellen Konfliktlinien hatten sich infolge der gesellschaftlichen Entwicklung deutlich abgeschwächt, lediglich der Zentrum-Peripherie-Konflikt blieb virulent (vgl. Nohlen/Hildenbrand 2005: 301).

Neben historischen, sozioökonomischen und institutionellen Faktoren haben Determinanten, die mit den Modalitäten der Transition zusammenhängen, die Parteiensystementwicklung bestimmt (vgl. Caciagli 1986). Die Reform „*desde arriba*" (von oben) hat die genuine Entwicklung der Parteien erschwert. Demobilisierung und Depolarisierung sollten mit den Pakten von Moncloa (1977) zu den bestimmenden Merkmalen der Transition werden und schwächten die Attraktivität politischer Beteiligung während einer wichtigen Phase der Entwicklung der Einstellungen deutlich ab (vgl. Encarnación 205: 188). Erst mit der Errichtung des frei gewählten Parlaments konnte damit begonnen werden, die Beziehungen zwischen Parteien und Staat, die Interaktionen der Parteien unter-

---

[86] Für das Konzept der „*political opportunity structure*" vgl. Sidney Tarrow (1994: *Power in Movement: Collective Action, Social Movements and Politics*. Cambridge), der die soziopolitischen Bedingungen für das Entstehen und das Ende sozialer Bewegungen untersucht hat.

einander sowie die Beziehungen zwischen Parteien und Gesellschaft zu strukturieren (vgl. Caciagli 1986; Kraus/Merkel 1993: 196). Der Anstieg der Mitgliederzahlen Anfang der 1980er Jahre zeugte schließlich von einer gewissen Institutionalisierung (vgl. Morlino 1986: 186).

Nachdem es zunächst eine Tendenz zu ideologischen Parteien gegeben hatte, kam es aufgrund unterschiedlicher Faktoren, zu denen das Wahlsystem zählt, im Mai 1977 zur Gründung des aus 13 christdemokratischen, sozialdemokratischen und liberalen Parteien bestehenden Wahlbündnisses UCD, aus dem mit der Auflösung der beteiligten Parteien im Oktober 1978 die dominierende Zentrumspartei unter dem Vorsitz Suárez' wurde. Von den gemäßigten regionalistischen Gruppierungen war an diesem Bündnis lediglich eine kleine galizische Partei beteiligt. So mangelte es der UCD nicht nur an der Einbindung aller Kräfte der Mitte, sondern fehlte ihr auch eine Basis in den nach Autonomie strebenden Regionen (vgl. Caciagli 1986). Nachdem das Reformprogramm der ersten Regierung unter Suárez bereits vor der Gründung der Wahlkoalition festgelegt worden war, war die UCD programmatisch zunächst vor allem Regierungspartei. Zugleich war sie die „Partei der Transition" (Nohlen/Hildenbrand 2005: 307), die nach der Verabschiedung des Gesetzes zur politischen Reform die reformbereiten alten und neuen Eliten zusammenführte. Die ideologische Heterogenität der UCD und ihr Gründungsverständnis – die Politik Suárez' zu unterstützen – bedingten einen Minimalkonsens: „Verteidigung der parlamentarischen Demokratie, konstitutionelle Monarchie, Wahrung der Einheit Spaniens bei Gewährung von Autonomiestatuten für die Regionen, freie und sozial fortschrittliche Wirtschaft" (Jost 1993: 176).

Die ideologische und programmatische Mäßigung der Parteien dauerte in den 1980er Jahren im Prinzip zwar fort. Nichtsdestoweniger bedeutete das Ende der Konsenspolitik nach der Verabschiedung der Verfassung und der Autonomiestatuten für das Baskenland und Katalonien im Jahr 1979 für die UCD-Regierung den Verlust parteiübergreifender Zustimmung in zentralen Fragen wie der Autonomie (vgl. ebd.; Gunther et al. 2004: 208). Nach der Errichtung der demokratischen Institutionen gewannen in den Augen der Bevölkerung konkrete Politiken wie die wirtschaftliche und gesellschaftliche Entwicklung, Terrorismus und die Regelung der Autonomie an Bedeutung (vgl. Jost 1993: 182). Mit dieser politischen Entwicklung hielt die UCD nicht Schritt. Eine mit dem Ende des Konsenses notwendig gewordene ideologische Profilierung scheiterte an ihrer Heterogenität und den Versuchen der innerparteilichen Gruppierungen (*familias*), sich ihrerseits zu profilieren. In ihrer programmatischen Entwicklung blieb die Partei, die nur über ein vergleichsweise schwaches organisatorisches

Eigengewicht verfügte,[87] der Terminologie von Transition und Konsensphase verhaftet (vgl. ebd.: 178f.).

Dass infolge des Verbots der Opposition Anfang 1976 nur die Kommunisten über einen effizienten Parteiapparat und eine gut entwickelte Organisation verfügten,[88] war einer der Gründe, weshalb die Opposition in die vom Regime angebotene Zusammenarbeit einwilligte und von einer offenen Auseinandersetzung absah. Indem sie den Bedingungen des gerade beginnenden Prozesses zustimmten, konnten die oppositionellen Kräfte ihrerseits einige Konzessionen erreichen, insbesondere die Amnestie für politische Straftaten, die Legalisierung der Parteien und die Anerkennung der Gewerkschaften. Als die Parteien im Februar 1977 legalisiert wurden, waren einige bereits seit geraumer Zeit aktiv.[89] Im März 1976 hatte sich die *Coordinación Democrática* als Zusammenschluss von in den Vorjahren entstandenen Bündnissen der Kommunisten einerseits und des PSOE andererseits gegründet, um ein einheitliches Vorgehen in der Transition sicherzustellen (vgl. Jost 1993: 172). Vor dem Hintergrund der Erfahrung des Bürgerkriegs und der Öffnung des politischen Systems für die Linke durch Suárez rückte der Kommunistenführer Santiago Carrillo von der Auffassung ab, dass das frankistische Regime nicht durch Reform, sondern nur durch Sturz zu einem Ende zu bringen sei. 1977 akzeptierte der PCE, dessen Legalisierung mit besonderen Spannungen zwischen den reformbereiten Kräften um Suárez einerseits und den Hardlinern und dem Militär andererseits verbunden war (vgl. Vallès/Nohlen 2010: 1806), die Monarchie und beteiligte sich an der Verfassungsgebung sowie an der Aushandlung der *Pactos de la Moncloa* (s. o. Kap. 3.2.1). Kurzfristig konnte der PCE aus seiner moderaten eurokommunistischen Ausrichtung Kapital schlagen, bei den Parlamentswahlen 1979 drei Sitze gewinnen und, in einer Wahlallianz mit dem PSOE, in landesweit Hunderten von Gemeinden in Ämter gelangen (vgl. Gunther et al. 2004: 239).

Nicht weniger bemerkenswert als die Positionierung des PCE war die Entwicklung des PSOE. Nannte die Partei sich 1976, als sie aus der Verborgenheit hervorkam, noch „marxistisch", entwickelte sie sich, gemessen an ihrer Wirtschafts- und Finanzpolitik, zur wohl konservativsten „sozialistischen" Partei

---

[87] Bis zu ihrer Regierungsübernahme 1977 wies die UCD kaum eine nennenswerte Organisation auf. Fünf Jahre später konnte sie sich auf eine beachtliche Mitgliederbasis stützen. Ähnlich erlebte der PSOE erst nach 1982 einen starken Zulauf (vgl. Morlino 1998: 177).
[88] Zum Zeitpunkt seiner Legalisierung (1977) verfügte der PCE schätzungsweise über 200.000 Mitglieder (vgl. Kraus/Merkel 1993: 198). Der Organisationsgrad nahm erst ab 1980 stark ab.
[89] Die Legalisierung des PCE, die zu erheblichen Spannungen zwischen der Regierung einerseits und der Armee und konservativen politischen Kräften andererseits führte, war jedoch erst kurz vor den *Cortes*-Wahlen möglich (vgl. Vallès/Nohlen 2010: 1804). Während der Beratung über das Gesetz zur politischen Reform hatte Suárez sogar noch eine ablehnende Position vertreten, um die Verhandlungen nicht zu gefährden.

3 Demokratisierung und Staatsorganisationsreform in Spanien 119

Europas. Forderungen, die dieser Selbstbezeichnung entsprachen, schlossen die Verstaatlichung privater Unternehmen und die Abschaffung des religiösen Bereichs in der Bildung ein. Aber auch die Anerkennung des Rechts auf Selbstbestimmung der Regionen gehörte zum Forderungskatalog der Partei (vgl. Gunther 1995: 41). Ende der 1970er Jahre legte der PSOE unter der Führung Felipe Gonzalez' die programmatischen Akzente auf nicht-kontroverse Fragen wie die Notwendigkeit einer neuen Verfassung, Vorschläge zur Anhebung des Lebensstandards und den EWG-Beitritt.

Von den ersten demokratischen Wahlen an war das Parteiensystem einem fortwährenden Wandel unterworfen (vgl. Richter 1992: 46).[90] Dabei waren die Wahlen von 1977 und 1979 durch ein stabiles Wahlverhalten gekennzeichnet. Die Stimmen konzentrierten sich stark auf die beiden großen Parteien UCD und PSOE, gefolgt von PCE und AP. Allerdings überstieg die Proliferation der Parteien 1977 (mehr als 200 Parteien wurden gezählt, darunter mehrere Töchter der landesweit agierenden Parteien) das erwartete Maß. Neben der Dynamik, die durch den Niedergang des autoritären Regimes ausgelöst wurde, trugen u.a. auch der Regionalismus und die internationale politische Entwicklung zwischen Ost und West zur Entstehung eines stark fragmentierten Parteiensystems bei. Auch fehlten Anziehungspole, die eine größere Gefolgschaft hinter sich hätten scharen können (vgl. Caciagli 1986: 46).

Unter diesen Bedingungen waren die mehr als 6,3 Mio. Stimmen, 165 Abgeordneten und 106 Senatoren für die UCD 1977 ein beachtlicher Erfolg, auch wenn Suárez das Ziel der absoluten Mehrheit nicht erreichte. Die UCD konnte als einzige Kraft in allen Provinzen Mandate gewinnen.[91] Die Wettbewerbsstruktur gereichte ihr allerdings zum Nachteil, da sie mit PNV, CiU und AP teilweise um das gleiche Wählerpotential konkurrierte. Die Konfliktlinien Links-Rechts und Regionalismus-Zentralismus überkreuzten sich, was ein strukturelles Problem der politischen Mitte darstellte. Gute regionale Ergebnisse konnte die UCD vor allem dort erzielen, wo sie nicht mit einer regionalen Partei im Wettbewerb um die gleiche Klientel stand (etwa auf den Kanaren und den Balearen sowie in Kastilien-Léon) (vgl. Jost 1993: 180). Hinter dem Bündnis UCD ging der PSOE als stärkste Partei aus den Wahlen hervor, mit mehr als 5,3 Mio. Stimmen, 103 Abgeordneten und 35 Senatoren. Der PSOE war vor allem in den industriell geprägten Ballungsräumen und Städten erfolgreich (vgl. Caciagli 1986: 58ff.; Vallès/Nohlen 2010: 1826ff.).[92] Die zahlreichen autonomistischen Parteien hatten 1977 hingegen nicht den erwarteten Erfolg. So verliehen die elf Sitze des *Pacte*

---

[90] Zu den Faktoren der Parteiensystementwicklung in der Transition s. a. Arias-Salgado (1988).
[91] Abgesehen vom baskischen Guipúzcoa, wo sie nicht angetreten ist.
[92] Die Ergebnisse sind hier entsprechend den Zahlen von Josep Vallès und Dieter Nohlen (*dies.* 2010) wiedergegeben.

Democratic per Catalunya den katalanischen Autonomiebestrebungen nicht den erhofften Nachdruck. Der PNV gewann etwas mehr als 300.000 Stimmen und acht Sitze (vgl. Caciagli 1986: 63f.). Im agrarisch geprägten Galizien, wo die politischen Beziehungen weiterhin vom *caciquismo* gekennzeichnet waren, galt der Sieg der machthabenden Partei als systembedingt.

Das Wahlverhalten erweist sich als wichtiger Faktor für die Konfiguration des parlamentarischen Parteiensystems von 1977. Extreme linke und rechte Parteien blieben trotz frankistischer und revolutionärer Agitation erfolglos, die Wähler zeigten einen starken Hang zur Mäßigung (vgl. ebd.: 17). Sie zogen die Parteien *de estructura estatal* vor, welche wiederum Vertreter und Organisationen regionalistischer Strömungen integrierten.[93] Mit dem guten Ergebnis für UCD und PSOE und einer relativ starken Strukturierung und Selektion der Parteienlandschaft erfüllten die Wahlen von 1977 „*una función de integración de los españoles en el régimen democrático*" (ebd.: 20), eine politische Integrationsfunktion zugunsten der jungen Demokratie. Dabei waren der Wahlkampf, die Wählerentscheidung und das Wahlsystem, Verhältniswahl in überwiegend kleinen Wahlkreisen, die entscheidenden Faktoren. Das Wahlsystem begünstigte eine große gemäßigte Allianz, bestrafte die gespaltene (bzw. als gespalten wahrgenommene) Linke und sorgte mittels seiner mechanischen und psychologischen Effekte für eine Konzentration der Stimmen auf die beiden größten Parteien.[94] Zudem ebnete es auch den regionalen Parteien, die nicht vom Konzentrationsprozess der Stimmen betroffen waren – den baskischen, katalanischen und kanarischen Regionalisten –, den Zugang zum Parlament (vgl. Nohlen/Hildenbrand 2005: 265). Durch die Begünstigung der größeren Parteien förderte das Wahlsystem die parlamentarische Mehrheitsbildung, entweder auf der Basis der absoluten Mehrheit einer Partei (wie 1982 und 1986) oder einer Vereinbarung zwischen der Mehrheitspartei und den Regionalisten ohne deren direkte Regierungsbeteiligung (vgl. Vallès/Nohlen 2010: 1810). In Kombination mit einem konstruktiven Misstrauensvotum, das einer Minderheitsregierung das Überleben erleichtert, wurden damit günstige Voraussetzungen für stabile Regierungen geschaffen. Betrachtet man die Zahl der Kabinette – ungefähr eines alle drei Jahre, wenn man die Transitionskabinette ausnimmt –, sind die Jahre nach Francos Tod tatsächlich durch eine bemerkenswerte Stabilität gekennzeichnet (vgl. Morlino 1998: 57).

---

[93] So verbündete sich der PSOE in Katalonien mit dem *Partit dels Socialistes de Catalunya* (PSC) und für den Senat mit dem PNV im Baskenland (vgl. Caciagli 1986: 74).

[94] Die folgenden Stimmenanteile entfielen in der Summe auf die beiden stärksten Parteien: 1979: 65,5%; 1982: 74,3%; 1986: 70,1%; 1989: 65,4%; 1993: 73,6%; 1996: 76,4%; 2000: 78,7%; 2004: 80,3% (vgl. Nohlen/Hildenbrand 2005: 265).

3 Demokratisierung und Staatsorganisationsreform in Spanien 121

Tabelle 2: Kabinette während und nach der spanischen Transition 1975–1996

Legislatur-periode	Premier-minister	Zeitraum	Dauer (Monate)	Parteiliche Basis
Übergang	Arias Navarro	4.12.1975–1.7.1976	7	Technokraten
Übergang	Suárez I	7.7.1976–4.7.1977	12	Technokraten
Verfassungsgebung	Suárez II	4.7.1977–30.3.1979	21	UCD (Minderheitsregierung)
I	Suárez III	30.3.1979–25.2.1981	23	UCD (Minderheitsregierung)
I	Calvo-Sotelo	25.2.1981–30.11.1982	21	UCD (Minderheitsregierung)
II	Gonzalez I	1.12.1982–21.6.1986	43	PSOE
III	Gonzalez II	23.7.1986–28.10.1989	39	PSOE
IV	Gonzalez III	5.12.1989–5.6.1993	42	PSOE
V	Gonzalez IV	9.7.1993–2.3.1996	32	PSOE (CiU, PNV)

Quelle: Morlino 1998: 60.

Die durch das Wahlsystem begünstigte Integration setzte sich mit den Wahlen von 1979 fort. Suaréz' Entscheidung für vorgezogene Neuwahlen im Jahr 1979 entsprach taktischem Kalkül und kam dem Druck einer sich neu organisierenden Rechten zuvor. Der Erfolg, den einige regionale Parteien 1979 erzielten, wurde mit der Verzögerung des Autonomieprozesses in Zusammenhang gebracht. Um ein ephemeres Phänomen handelte es sich dabei freilich nicht. So beschreibt die Rede von den *Españas electorales* (Vallès 1991; Vallès 1992) die unterschiedlichen Muster des Parteienwettbewerbs: ein allgemeines Muster in der Mehrzahl der Autonomen Gemeinschaften und ein besonderes im Baskenland, Katalonien, Navarra und Galizien. Nationalitäten- und ideologische Konflikte bestimmen hier den Parteienwettbewerb. Regionale Parteien schneiden bei Autonomiewahlen regelmäßig und bisweilen deutlich stärker ab als bei nationalen Wahlen. Umgekehrt ergeht es den nationalen Parteien.[95] Die Natur der Wahlkämpfe und

---

[95] Kastilien-La Mancha, Madrid, Murcia und Kastilien-Leon weichen von diesem Muster ab. Regionale Parteien erhielten bei den nationalen Wahlen 1977 6,2%, 1979 11,1%, 1982 7,4%, 1986 9,5%, 1989 10,8%, 1993 10,9% und 1996 10,4% der Stimmen (vgl. Morlino 1998: 94ff.).

die Bildung autonomer Regierungen wurden hier komplexer. Innerhalb dieser Autonomen Gemeinschaften konnten regionalistische Parteien eine Schlüsselrolle bei der Regierungsbildung erlangen. Diese Entwicklung der subnationalen Parteiensysteme ließ besonders Politiker des Zentrums eine Regierbarkeitskrise befürchten (vgl. Liebert 1990: 148). Konkret lassen sich drei Wellen der Entwicklung regionaler Parteien unterscheiden (vgl. Gunther et al. 2004: 314): 1.) Das (Wieder-) Auftreten mehr oder weniger traditioneller regionaler Parteien im Vorfeld der Wahl von 1977 (PNV, *Esquerra Republicana de Catalunya*) sowie der gemäßigten katalanisch-regionalistischen Parteien (Jordi Pujols *Convergència Democrática de Catalunya* und der *Unión Democrática de Catalunya*, aus denen 1979 die CiU hervorging). 2.) Das Aufkommen vor allem regionalistischer bzw. nationalistischer Parteien (HB, *Bloque Nacional-Popular Galego*, *Partido Socialista de Andalucía* und kanarische Regionalisten), aber auch von Mitte-Rechts-Parteien zwischen 1977 und 1979, verbunden mit einem Anstieg des Stimmenanteils der regionalen Linksparteien von 1,3% auf 4,6%. 3.) Ab 1982 die Entstehung zahlreicher regionaler Rechtsparteien, die oftmals von ehemaligen UCD-Politikern gegründet wurden. Letztgenannte Entwicklung führte zu einer Fragmentierung des rechten politischen Spektrums, die es für die Nachfolgepartei der AP, den *Partido Popular*, schwieriger machen sollte, eine Mehrheit zu erlangen.

Nach den Parlamentswahlen von 1979 erodierte die Wählerbasis der UCD. Paradoxerweise begann die Krise des Bündnisses damit erst nach der kritischen Phase und nachdem die Wähler ein deutliches Votum für die UCD abgegeben hatten. Die Regierung war jedoch aufgrund der internen Konflikte praktisch entscheidungs- und regierungsunfähig. Einer der Gründe für diese Entwicklung war, dass Suárez bei der Bildung seiner dritten Regierung die Chefs der *familias* (*barones*) unberücksichtigt gelassen hatte, um die Regierungsmannschaft kompakter zu gestalten. Im Zuge der Gesetzesformulierung zu konfliktbehafteten Fragen wie der Scheidung und der Rolle der Kirche in der Bildung traten die parteiinternen Konfliktlinien schließlich offen zutage (vgl. Caciagli 1986: 259). Die Dramatik der Krise der UCD sowie die unverminderte Virulenz des Zentrum-Peripherie-Konflikts wurden anlässlich der ersten katalanischen und baskischen Autonomiewahlen im März 1980, die der UCD herbe Niederlagen und die Regionalisten von CiU und PNV an die jeweilige Regierung brachten, deutlich (s. u. Kap. 3.3.2).[96] Die UCD wurde für ihre Haltung in der Frage der Autonomie regelrecht abgestraft. Damit begann für die junge Demokratie eine schwierige Phase, die bis zu den Wahlen des Jahres 1982 dauerte. Die Krise der UCD wurde

---

[96] Nach der zweiten Runde regionaler Wahlen konnten auch in Aragon, Galizien, den Kanarischen Inseln und den Balearen Parteien mit regionaler Reichweite Regierungsbeteiligung erreichen (vgl. Liebert 1990: 160f.).

3 Demokratisierung und Staatsorganisationsreform in Spanien 123

von der Öffentlichkeit als Staats- bzw. Systemkrise wahrgenommen, aus der der PSOE mit einem Misstrauensvotum politisches Kapital schlug. Suárez gewann die Abstimmung, verlor sie aber politisch, da er den Angriffen vonseiten der Sozialisten, aber auch anderer UCD-Eliten nichts entgegenzusetzen hatte (vgl. Jost 1993: 174ff.; Diamandouros/Gunther 2001: 145; Nohlen/Hildenbrand 2005: 307). Ende Januar 1981 trat er zunächst als Regierungschef und kurz darauf auch als Parteichef zurück.[97]

Der beispiellose „*cataclismo electoral*" (Caciagli 1986: 148) von 1982, der mit dem Machtwechsel zugunsten des PSOE das Ende der politischen Transition markierte, brachte ein Parteiensystem mit einer hegemonialen Partei hervor. Mehr als 40% der Wähler gaben 1982 einer anderen Partei ihre Stimme als 1979. Die UCD, die infolge der *Pactos de la Moncloa* mit der Unternehmerschaft einen wichtigen Teil ihrer Basis verloren hatte, stürzte von 47,1% der Sitze (1977) auf 3,4% (1982) ab (vgl. Encarnación 2005: 192; Vallès/Nohlen 2010: 1832). Während den traditionell gespaltenen Sozialisten in der Transition die Einigung gelungen war, erlebte neben der UCD mit den Kommunisten eine der treibenden Kräfte des Paktgeschehens infolge interner Konflikte ihren Niedergang (vgl. Kraus/Merkel 1993: 197). Für die junge Demokratie bedeutete diese Wahl das Ende des (post-) frankistischen Regimes. Die vorübergehende starke Dekonsolidierung des Parteiensystems führte zu einem Machtwechsel, der wiederum als Zeichen der demokratischen Konsolidierung gewertet wurde. Tatsächlich sollten die neuen Strukturen eine bemerkenswerte Stabilität aufweisen (vgl. Puhle 1997: 151).

1982 und (bei den Kommunal- und Regionalwahlen) 1983 übernahmen die Sozialisten die Regierungs- und Verwaltungsgeschäfte im Zentrum, fast allen Regionalregierungen (durch elf der 13 Wahlen) sowie den großen Städten. Der sozialistischen Machtübernahme waren fünf Jahre der Parteikonsolidierung vorausgegangen. Anfänglich schwach organisiert (mit kaum mehr als 5.000 Mitgliedern 1976), konnte der PSOE seine Mitgliederstärke nach den nationalen und regionalen Wahlerfolgen Anfang der 1980er Jahre deutlich erhöhen. Nach dem Zusammenschluss des PSOE mit anderen sozialistischen Parteien gelang es Felipe González 1979, sich mit der ideologischen Neuausrichtung durchsetzen. Es wurden Regelungen getroffen, die, wie das Verbot der Faktionen, die Partei intern disziplinierten und die Organisation erheblich stärkten. Die Partei vollzog eine Wandlung von einer fragmentierten radikalen Linkspartei zu einer professionellen, kohäsiven und intern disziplinierten Wählerpartei (vgl. Morlino 1998: 186f., 207). Der PSOE bot mit seiner föderalen Organisation einer Reihe junger

---
[97] Der daraufhin durch Suárez gegründete *Centro Democrático y Social* konnte bei den Wahlen von 1982 lediglich 2,9% der Stimmen auf sich vereinigen und blieb deshalb bei dieser Wahl ohne Mandat (vgl. Vallès/Nohlen 2010).

Erneuerer die Möglichkeit der politischen Integration und schließlich der Bildung einer Regierungsalternative. Durch die Erneuerung der politischen Führung durch zahlreiche Politiker aus der Peripherie hatte die institutionelle Entwicklung einen spürbaren Einfluss auf die traditionelle Überrepräsentation kastilischer Eliten an der Spitze des Staates (vgl. Genieys 1997; Baena del Alcázar 2004: 241).

Mit dem Ende der UCD und infolge der galizischen Regionalwahlen von 1981 wurde die *Alianza Popular* (AP) Manuel Fragas zur stärksten Oppositionspartei. 1976 als Bündnis konservativer bis rechtsextremer Parteien gegründet, war es in der Transition die vorrangige Funktion der AP, die rechtskonservativen Überreste des *Movimiento* einzubinden (vgl. Jost 1993: 173). Einige AP-Führer hatten ihre politische Karriere unter Franco begonnen, und viele ihrer Anhänger standen dem alten Regime positiv gegenüber. Infolge der Verabschiedung der Verfassung und einer Abspaltung radikaler Kräfte gab die Partei schließlich ihre systemfeindliche Haltung auf (vgl. Gunther et al. 2004: 210).[98] Die Integration dieser Kräfte in das politische System der jungen Demokratie, die Abwesenheit systemdestabilisierender Einflüsse vonseiten der Ränder des politischen Spektrums sowie das Schweigen potentieller Vetoakteure ließen eine Rückkehr zur Autokratie sehr unwahrscheinlich erscheinen. Die Konsolidierung des Parteiensystems war ein wichtiges Element der Konsolidierung der spanischen Demokratie (vgl. Merkel 2010: 191).

---

[98] Die AP schloss ihre Transformation Ende der 1980er Jahre mit einer starken personellen Erneuerung und einer programmatischen Angleichung an die europäischen Volksparteien ab (vgl. Morlino 1998: 152). Auch kehrte sie von der bisherigen Strategie der – konfliktreichen und instabilen – Wahl-Allianzen mit „*small clusters of conservative élites*" ab und vollzog 1989 den Wandel zu einer kohäsiven Partei, dem *Partido Popular* (vgl. ebd.: 189).

3.3 Transition und Staatsorganisationsreform in Spanien

Der als einzige der traditionellen Konfliktlinien scharf gebliebene Zentrum-Peripherie-Gegensatz war eine besondere Herausforderung für die staatliche Integration und einen kontrollierten Regimewechsel (vgl. Nohlen/Hildenbrand 1988: 325). Angesichts des baskischen Terrorismus sowie der zentralistischen Einstellungen der Militärs wurde die regionale Frage zum vorrangigen Spannungsfeld in der *transición* (vgl. Pridham 1994: 27). Im Grundsatz herrschte Einigkeit darüber, dass das Dezentralisierungsproblem trotz divergierender Interessen rasch geklärt werden musste, um die Legitimität der neuen Institutionen sicherzustellen (vgl. González Encinar 1992).

Die Besonderheit und Schwierigkeit der spanischen Staatsorganisationsreformen war, dass sie nicht im Kontext einer konsolidierten Demokratie, sondern in der Transition ihren Anfang nahmen und deren Bedingungen unterworfen waren (vgl. Nohlen/Hildenbrand 2005: 273). Zugleich stand die Demokratisierung nicht nur unter dem Druck der Wirtschaftskrise, sondern auch in enger Wechselbeziehung mit den Autonomieforderungen, wie sie insbesondere aus dem Baskenland und Katalonien kamen. Transition, demokratische Konsolidierung und Dezentralisierung hingen also eng miteinander zusammen (vgl. Linz 1985). Programmatisch wurde der Zusammenhang zwischen Demokratisierung und Dezentralisierung – im Sinne einer vertikalen Gewaltenteilung – zunächst von der Linken hergestellt (vgl. Bernecker 1996: 128f.). Die sich in der Folge verbreitende Gleichsetzung beider Prozesse bedeutete, dass es um mehr ging als um die vertikale Organisation der jungen Demokratie (vgl. González Encinar 1992: 218; Moreno 2002). Dabei gab es weder ein allgemein anerkanntes historisches Modell noch ein Vorbild im Ausland, das ähnliche soziopolitische und kulturelle Bedingungen aufwies (vgl. Gunther et al. 2004: 331).

Die besondere Bedeutung des ethno-territorialen Konflikts für die *transición* und die Entstehung des Staates der Autonomen Gemeinschaften haben andere Aspekte in den Hintergrund treten lassen, die für eine vollständige Analyse der Wechselwirkungen zwischen Demokratisierung und Dezentralisierung relevant sind. In der Tat fand die spanische Demokratisierung in einem multinationalen Kontext statt und verband sich dabei auch mit einer gewaltsamen Auseinandersetzung zwischen einer baskischen Minderheit in ihrem Kampf um nationale Selbstbestimmung und einem Gesamtstaat, der um seine territoriale Integrität kämpfte. Wenn es aber heißt, dass „*[t]he pressures they* [d. h. die baskischen und katalanischen Regionalisten; P.S.] *have exerted on governments in Madrid since the death of Franco have culminated in a substantial decentralization of the political system*" (Gunther et al. 2004: 176), ist zu hinterfragen, was der Druck der Peripherie genau bewirkt hat. Denn die Beendigung des Zentralismus ist auch im Lichte der Reformziele *Demokratisierung* und *Modernisierung des Staates* zu sehen – nicht allein als Konzession an regionalistische Minderheiten. Die Reform der Staatsstruktur und der subnationalen Administration sind wesentliche Elemente der allgemeinen Modernisierung des spanischen Staates (vgl. Gunther et al. 2004: 281; Nohlen und Hildenbrand 2005: 334).

3.3.1 Die erste Phase des Autonomieprozesses

Die komplexen *Cleavages* der spanischen Gesellschaft und das traditionelle Spannungsverhältnis zwischen einer dominanten kastilischen Kultur und politischen Zentralgewalt einerseits und der Peripherie mit regionalen Identitäten und Traditionen andererseits sind die Ursachen dafür, dass die Dezentralisierung auf die regionale Ebene immer ein konfliktbehaftetes Thema gewesen ist. Das Erbe des Bürgerkriegs und die daraus resultierenden gesellschaftlichen Spaltungen haben die Brisanz verschärft. Diese Kombination von Faktoren wurde bereits in den 1970er Jahren als Hindernis für eine effektive politische Dezentralisierung gesehen (vgl. Linz 1973b: 240; Richardson 1975: 18).

Nichtsdestoweniger bestand in der Transition bezüglich einer Dezentralisierung im Grundsatz nahezu Einmütigkeit; beträchtliche Differenzen bestanden – sowohl zwischen als auch innerhalb der Lager – hinsichtlich ihrer Natur (administrativ oder politisch) und ihres Grades. Neben der regionalistischen Triebkraft stand die von den meisten geteilte Überzeugung, dass die Konzepte Demokratie und Selbstverwaltung eng miteinander zusammenhängen. Der Zentralismus, der während des Franco-Regimes besonders erdrückend war, im Prinzip aber seit dem frühen 19. Jahrhundert die Staatsstruktur kennzeichnete (s. o. Kap. 3.1.1), führte in der Transition zu der Überzeugung, dass die Macht vertikal zu (ver-)teilen und Unitarismus und Zentralismus durch eine neue Staatsorganisation zu ersetzen seien. Sprach sich Mitte der 1970er Jahre mit Ausnahme der Bevölkerungen des Baskenlands, Kataloniens, Galiziens, der Kanarischen Inseln und Valencias noch eine Mehrheit der Spanier für Zentralismus aus, fand 1977 die regionale Autonomie bereits ebenso viele Unterstützer wie der Zentralismus. Dabei war die Zustimmung zur Dezentralisierung im linken politischen Spektrum signifikant stärker als im rechten. Insgesamt aber maß die spanische Bevölkerung zu jener Zeit dem Thema noch keine große Bedeutung bei. Nur fünf Prozent nannten es 1976 als wichtig, im Unterschied zu den Parteieliten, die die regionale Frage mehrheitlich als eine der zentralen Fragen der Transition ansahen (vgl. Nohlen/Hildenbrand 1992: 21f.).[99]

Die konkreten Standpunkte der einzelnen Parteien blieben allerdings sehr unterschiedlich, was die Kompromissfindung stark erschwerte (vgl. Bonime-Blanc 1987: 81; Morales/Molés 2001: 179). Die Forderung nach regionaler Autonomie wurde neben den regionalen Akteuren auch von den gesamtspanischen Parteien PSOE und PCE erhoben, die sich „bereits in der Endphase des Franco-Regimes die Vertretung regionaler Interessen als Baustein ihrer Oppositionsstrategie zu eigen gemacht" hatten (Hildenbrand 1993: 104) und sich in Erklärungen der Jahre 1974 bis 1976 klar für die Autonomie der Regionen aussprachen. Hier verband sich eine politische Überzeugung mit dem strategischen Interesse, die Einheit der Opposition zu bewahren (vgl. Nohlen/Hildenbrand 1992: 24). Sozialisten und Kommunisten machten allerdings neben ihrer Forderung nach dem Recht auf *autodeterminación* (Selbstbestimmung) nur vage Vorschläge hinsichtlich der territorialen und kompetentiellen Ausgestaltung der künftigen Staatsorganisation. Der PSOE ging über seine in der Zweiten Republik – aus taktischen Gründen (vgl. Richter 1992) – erhobenen Forderungen nach katalanischer und baskischer Autonomie hinaus.[100] Auf diese Weise positionierte sich die Partei im Kontext des virulenten Konflikts zwischen Zentrum und Peripherie und folgte mit ihrem Anti-Zentralismus zugleich der Transitionsagenda, die programmatisch auf den extremen Zentralismus unter Franco reagierte (vgl. Gunther et al. 2004: 281). In Resolutionen der Jahre 1974, 1976 und 1979 sprach sich der PSOE für das Selbstbestimmungsrecht der Nationalitäten und Regionen aus, das er mit einer Emanzipation der Arbeiter verknüpfte. 1976 wurde (im Unterschied zu 1974) präzisiert, dass es um eine föderale Organisation gehe und die Herauslösung einzelner Regionen – gemeint war die baskische – aus dem Gesamtstaat keine Option darstelle. Die Resolution von 1979 sprach bereits von unterschiedlichen Autonomieniveaus infolge der regionalen historisch-kulturellen und sozialen Gegebenheiten und zeugte damit von einer gesamtstaatlichen Perspektive (vgl. Richter 1992: 55).

Im Frankismus verhaftet, vertrat die AP einen strikten Zentralismus. Fraga Iribarne war zur Anerkennung bestimmter Regionen durchaus bereit, lehnte den Begriff „Nationalitäten" jedoch strikt ab. Der Zentralismus der UCD war nicht zuletzt durch deren dominierende Position in einer zentralistischen Verwaltung

---

[99] Siehe den hier zitierten Beitrag von Dieter Nohlen und Andreas Hildenbrand auch zum regionalen Bewusstsein und dessen Differenziertheit.
[100] Lange Jahre verfolgte die Partei einen zentralistischen Kurs. Bis 1915 wurde das höchste Parteigremium nur von der Madrider Sektion ernannt. Erst in den 1920er Jahren öffnete sich die Partei nach der anfänglichen Konzentration auf die Industriezentren für die Landarbeiterschaft (vgl. Richter 1992: 48).

bestimmt (vgl. Gunther et al. 2004: 281). Während AP und UCD eine rein administrative Dezentralisierung befürworteten, war die Position der UCD nicht unverhandelbar, abgesehen von der Bewahrung der 50 Provinzen, auf der sie beharrte – jener Gebietskörperschaften also, über die das Zentrum traditionell die Kontrolle über das gesamte Territorium institutionalisiert hat (vgl. Colomer 1998: 42). Auf ihrem ersten Kongress (Oktober 1978) bezog die UCD Position für das Selbstbestimmungsrecht der Völker Spaniens und bekannte sich klar zu den Verfassungsbestimmungen zur Dezentralisierung. Eine zentralistische und konservative Grundhaltung sollte erst Anfang 1980 wieder zutage treten (vgl. Jost 1993: 185). Im Verfassungsprozess wie im frühen Autonomieprozess zeigte sich Suárez insbesondere gegenüber den Katalanen zur Verständigung bereit. Nach dem guten Wahlergebnis der Sozialisten in Katalonien bei den *Cortes*-Wahlen von 1977 arbeitete die Regierung auf die Wiedererrichtung der *Generalitat* hin. Unterstützt wurden die katalanischen Autonomieforderungen durch Massendemonstrationen, allen voran im September 1977 in Barcelona mit rund einer Million Teilnehmern (vgl. Nohlen/Hildenbrand 2005: 273). Im baskischen Fall stand einer Verständigungsbereitschaft der Grad der Konfliktivität noch entgegen. Die Polarisierung des Parteienwettbewerbs erschwerte hier die weiteren Schritte des Autonomieprozesses (vgl. Gunther et al. 2004: 285). Die Forderung der baskischen und katalanischen Regionalisten war die völlige regionale Selbstbestimmung. Allerdings unterlag die baskische Politik anderen Dynamiken als die katalanische, die durch die Dominanz der CiU geprägt war. Die baskische Parteienlandschaft war im Vergleich instabil, fragmentiert und polarisiert. Der PNV war eine konservative, tief in der Region (mit Ausnahme der Provinz Guipúzcoa) verwurzelte Partei. Dezentral organisiert, sprach er sich deutlich für die Autonomie der Provinzen und Gemeinden *innerhalb der Region* aus. *Eusko Alkartasuna* hingegen, programmatisch eher sozialdemokratisch, trat für eine stärkere Position der regionalen Regierung gegenüber den unteren Ebenen ein, forderte aber auch eine stärkere Interessenvertretung gegenüber Madrid (vgl. Morlino 1998: 193).

Nachdem die Notwendigkeit einer weitreichenden Dezentralisierung zum Konsens geworden war, drehte sich die institutionenpolitische Entscheidungsfindung um die Frage, ob die Lösung homogen auf das ganze Land oder nur auf solche Regionen anzuwenden sei, in denen bereits ein klares Mandat für Selbstverwaltung bestand. So forderte etwa die *Convergència Democràtica de Catalunya* weitgehende Autonomie für die historischen Nationalitäten, aber lediglich Dekonzentration für die übrigen Regionen (vgl. Bonime-Blanc 1987: 71f.; Nohlen/Hildenbrand 1988: 326). Angesichts der divergierenden Haltungen musste die Territorialorganisation eine der kontroversesten Fragen in der Verfassungsdiskussion bleiben.

3 Demokratisierung und Staatsorganisationsreform in Spanien 129

Bereits im Juli 1976 stellte der reformwillige Suárez eine gewisse Autonomisierung in Aussicht (vgl. Edwards 1999: 667). Die seit Beginn der Transition als eng betrachtete Verbindung zwischen Demokratie und politischer Dezentralisierung ließ die konservative Regierung das Thema grundsätzlich akzeptieren. Trotz der Mehrheiten, über die UCD und AP in Parlament (181 von 350 Sitzen; vgl. Vallès/Nohlen 2010: 1832) und Verfassungsausschuss verfügten, führte Suárez intensive Verhandlungen zur künftigen Organisation des Staates (vgl. Colomer 1998: 42). Während die AP an ihrer Forderung nach ungebrochenem Unitarismus festhielt, zeigte sich der PNV in dem durch Konsens geprägten Verfassungsprozess kompromissbereit. Im Verlauf des Prozesses stellten UCD und PNV jedoch immer wieder neue Forderungen, die getroffene Vereinbarungen in Frage stellten. Die UCD verfolgte teilweise einen regelrechten Zickzackkurs zwischen den Abmachungen der Konsenskoalition und ihrer ursprünglichen, unitaristischen Position. So kündigte sie am 13. September 1977 im Senatsausschuss an, die Regelungen hinsichtlich der Zustimmung zu den Autonomiestatuten und der Rolle des Zentralstaates in Kultur- und Bildungsfragen unilateral ändern zu wollen. Die Zustimmung des PNV zur Verfassung rückte damit in weite Ferne. Am folgenden Tag gelang es den linken und regionalistischen Parteien jedoch mit Hilfe einiger Senatoren, eine Initiative zugunsten der baskischen *fueros* durchzusetzen. Repräsentanten des PNV, die die Verfassungsverhandlungen gegenüber ihrer Wählerschaft verurteilten, zeigten sich davon überrascht. Nur wenige Tage später verschärften sich die Spannungen zwischen PSOE und baskischen Regionalisten wieder. Der gemeinsame Ausschuss von Kongress und Senat hatte sich für den Kongress-Entwurf entschieden, der die Wiederherstellung der *fueros* nicht vorsah. Was die Opposition des PNV zur Koalition und zum Verfassungsentwurf verschärfte, stärkte den Konsens zwischen PSOE und UCD (vgl. Bonime-Blanc 1987: 61, 83).

Der erste Verfassungsentwurf (Januar 1978) sah ein föderales Modell vor. Als Vertreter des einzigen im eigentlichen Sinne föderalen EG-Mitglieds waren auch deutsche Experten eingeladen worden, um sich zur Option der Föderalisierung zu äußern, die auch empfohlen wurde (vgl. von Beyme 2005: 433). Während das Modell des deutschen Föderalismus aufgrund der Integrationsleistung im Grunde attraktiv war, verband sich für die spanischen Eliten mit dem Föderalismusbegriff aufgrund dessen historischer Belastung sehr viel mehr Negatives als für die ausländischen Beobachter (vgl. Gunther et al.: 400, Anm. 1). Nicht nur, aber auch wegen seines Dezentralisierungsmodells erfuhr der Verfassungsentwurf massive öffentliche Kritik und zahlreiche Änderungen. Im Mai 1978 wurde eine Einigung für den Status Kataloniens, des Baskenlandes und Galiziens erzielt. Fragen wie die Errichtung anderer Autonomer Gemeinschaften und deren territorialer Zuschnitt – und damit im Grunde die gesamte Staatsstruktur –

blieben jedoch zunächst offen. Diese Offenheit war die von der UCD vertretene pragmatische Lösung, die von maßgeblichen Teilen der Linken mitgetragen wurde und auch für die wichtigsten regionalistischen Parteien (CiU und PNV) akzeptabel war. Das Problem anhaltender separatistischer Bestrebungen versperrte sich jedoch einer Lösung auf diesem Wege (vgl. Gunther 1995: 60; Morales/Molés 2001: 180).

Der Einfluss der regionalistischen Kräfte auf die Dynamik und institutionelle Ausgestaltung des Regionalisierungsprozesses war sehr unterschiedlich. Im konservativen Galizien sah sich ein schwacher außerparlamentarischer und separatistischer linker Regionalismus (*Bloque Nacional-Popular Galego*) einer dominierenden nationalen Regierungspartei mit absoluter Mehrheit gegenüber;[101] in Katalonien war der Prozess durch den Konsens von Regionalisten und gesamtspanischen Parteien geprägt; im Baskenland hatte der PNV die Vorherrschaft, stand aber unter dem Druck radikaler Gruppierungen; in Andalusien lag die Führung bei den Sozialisten, die ebenfalls unter regionalistischem Druck standen (vgl. Liebert 1990: 156). Es waren die Basken und Katalanen, die die bilateralen Verhandlungsstrukturen prägten, welche bald auch von anderen regionalen Akteuren genutzt wurden. Baskische und katalanische Forderungen und die tatsächliche Ungleichbehandlung bestärkten Autonomieforderungen in anderen Regionen, die eine Benachteiligung fürchteten. Auffällig war die Entwicklung des Autonomiewunsches in Madrid und Andalusien, die über keine entsprechende Tradition verfügten (vgl. González Encinar 1992: 221; Gunther et al. 2004: 282). Auffällig war aber auch – abgesehen vom Baskenland und Navarra – die vernachlässigbare Bedeutung des Separatismus. Es entstand hingegen eine Vielfalt regionalistischer Kräfte historisch-politischer, sprachlich-kultureller und sozioökonomischer Natur. Praktisch im ganzen Land spielten Regionalismen eine Rolle bei der Begründung von Selbstbestimmungsforderungen (vgl. Hildenbrand 1993: 105; Nohlen/Hildenbrand 2005: 272). Dass auch andere Regionen dem Beispiel der historischen Nationalitäten[102] folgen und ebenfalls nach Autonomie streben würden, wurde noch vor der Verabschiedung der Verfassung deutlich. Zu diesem Zeitpunkt war jedoch noch nicht absehbar, dass schließlich 17 unterschiedliche regionale Entitäten Autonomie fordern würden (vgl. Solé-Vilanova 1994: 381).

---

[101] Der *Bloque Nacional-Popular Galego* rief beim Autonomiereferendum im Dezember 1980 zur Enthaltung auf, was die traditionell geringe politische Teilnahme zusätzlich gedrückt haben dürfte (vgl. Liebert 1990: 156).
[102] In ihren Autonomiestatuten beschreiben sich neben dem Baskenland, Katalonien und Galizien auch Andalusien und – seit 1996 – Aragon und die Kanarischen Inseln als „Nationalitäten" (vgl. Gunther et al. 2004: 296).

3.3.2 Die Konstituierung der Autonomen Gemeinschaften

„La Constitución se fundamenta en la indisoluble unidad de la Nación española, patria común e indivisible de todos los españoles, y reconoce y garantiza el derecho a la autonomía de las nacionalidades y regiones que la integran y la solidaridad entre todas ellas." (Art. 2 der Verfassung von 1978).[103]

Der hier zitierte zweite Artikel der spanischen Verfassung benennt die drei sich ergänzenden Prinzipien, auf denen die Verfassung beruht: regionale Autonomie, interregionale Solidarität und nationale Einheit (vgl. Vazquez Barquero/Hebbert 1985: 292). Die Gründung regionaler Gebietskörperschaften, der Autonomen Gemeinschaften, ermöglichte die Verfassung durch den Verzicht auf die Vorgabe einer spezifischen Territorial- bzw. Kompetenzstruktur, das „dispositive Prinzip" (vgl. González Encinar 1992; Barrios 2000: 309f.). Konstituieren konnten sich die Regionen auf eigene Initiative bzw. auf Initiative der Provinzen. Dieses Prinzip sowie die von der Verfassung unterschiedenen Autonomieniveaus, die eine politische, aber auch eine rein administrative Dezentralisierung erlaubten (vgl. Nohlen/Hildenbrand 1988: 323; s. u.), waren die normativen Voraussetzungen der „asymmetrischen Dezentralisierung" (Gonzáles Encinar 1992) des spanischen Einheitsstaates. Die Offenheit der zukünftigen Kompetenzordnung war der Preis für den Konsens zwischen den Regionalisten im Baskenland und Katalonien und den − in der Frage der Autonomie gespaltenen − nationalen Kräfte (s. o. Kap. 3.3.1). Erst in den Jahren 1979 bis 1983, der „konstituierenden Phase" des Dezentralisierungsprozesses (Bernecker 1996: 128f.), konnten „endgültige" Lösungen geschaffen werden, die freilich auch nur einen Zwischenschritt der subnationalen Institutionenbildung darstellten. Insgesamt verlief der Dezentralisierungsprozess in dieser Phase rasch, schwierig und konfliktiv zugleich (vgl. Hildenbrand 1993: 104; Nohlen/Hildenbrand 1988: 328).

Die Offenheit des Verfassungskompromisses kommt auch darin zum Ausdruck, dass im Kontext der Formulierung „Nationalitäten und Regionen" nur sehr vage spezifiziert wird, um welche konkreten Entitäten es sich jeweils handelt, welche die Kriterien für ihre Identifikation sind und mit welchen Zuständigkeiten sie ausgestattet sein sollen. Entsprechend ist nicht die regionale Untergliederung des Landes, sondern lediglich der Prozess der Konstituierung autonomer Regionen determiniert, der auf parlamentarischer oder lokaler Initia-

---

[103] „Die Verfassung gründet auf der unauflösbaren Einheit der spanischen Nation, gemeinsames und unteilbares Vaterland aller Spanier, und sie anerkennt und garantiert das Recht auf Autonomie der Nationalitäten und Regionen, aus denen sie sich zusammensetzt, und die Solidarität unter ihnen." (eigene Übersetzung)

tive beruhen muss (vgl. ebd.: 285). Hinsichtlich der Entitäten, die für die Bildung von Regionen in Frage kommen, führt Artikel 143 (Abs. 1) aus, dass es sich dabei um aneinander grenzende Provinzen mit gemeinsamen historischen, kulturellen und wirtschaftlichen „*características*" oder um Inseln und Provinzen „*con entidad regional histórica*", die also historisch eine Einheit bilden, handeln muss. Mindestens zwei Drittel der Gemeinden, welche wiederum mindestens die Hälfte der registrierten Wähler der Provinz repräsentierten, mussten die Initiative der entsprechenden Provinz-Vertretungskörperschaften unterstützen. Die Frage, ob die gesamte Region oder nur einige Territorien eingeschlossen werden sollen, wurde somit von den individuellen lokalen Entscheidungen im betreffenden Gebiet abhängig gemacht (vgl. Morales/Molés 2001: 182).

Artikel 148 der Verfassung, der die *möglichen* Zuständigkeiten der Autonomen Gemeinschaften auflistet („... *podrán asumir* ..."), war die Grundlage sowohl für eine rein administrative Dezentralisierung, beschränkt auf verwaltungsmäßige Befugnisse, als auch für eine politische Dezentralisierung mit der Übertragung legislativer Befugnisse. Die politische Autonomie wurde damit als ein *Recht* konstituiert, das Regionen in Anspruch nehmen *konnten*. Während des Verfassungsprozesses musste jedoch bereits davon ausgegangen werden, dass auch die Regionen des Landes ohne eine besondere historisch-kulturelle Identität bzw. institutionelle Vorerfahrungen darauf bedacht sein würden, im Dezentralisierungsprozess den Anschluss nicht zu verlieren. Die Konstruktion war damit in hohem Maße anfällig dafür, dass die Entwicklung des Autonomiestaates von der Entwicklung der politischen Kräfteverhältnisse abhängen würde (vgl. González Encinar 1992: 217ff.; Richter 1992: 28).

Einen „schnellen Weg" zu politischer Autonomie, der durch die Einrichtung regionaler Parlamente und Regierungen gekennzeichnet war, behielt die Verfassung zunächst dem Baskenland, Katalonien und Galizien vor, da diese ihren Willen zur Autonomisierung bereits in der Zweiten Republik bekundet hatten. Dabei wurde Galizien weniger aufgrund der aus der Region kommenden Forderungen mit berücksichtigt; wichtiger war, dass man sich des historischen Arguments bedient hatte, um die bevorzugte Behandlung für Basken und Katalanen zu legitimieren. Kohärent war diese Strategie nur, wenn die historischen Gründe auch für Galizien galten. Die meisten übrigen Regionen waren Gebilde, die sich erst im Dezentralisierungsprozess konstituierten (vgl. González Encinar 1992: 220; Gunther et al. 2004: 286ff.).

Bereits während des Verfassungsprozesses (September 1977 bis Oktober 1978) nahm die Regierung mit der Errichtung von 13 Präautonomien den regionalistischen Bestrebungen und den Befürwortern einer Dezentralisierung,

3 Demokratisierung und Staatsorganisationsreform in Spanien 133

insbesondere den Linksparteien PSOE und PCE, die Initiative ab.[104] Mit der Schaffung der Präautonomien ging die Übertragung administrativer Kompetenzen auf die regionale Ebene einher (vgl. Nohlen/Hildenbrand 1988: 325). Im Falle der historischen Nationalitäten kam dabei dem historischen Präzedenzfall besondere Bedeutung zu. So war das institutionelle Modell von 1932 Grundlage und Vorbild für die katalanische Autonomiekampagne der Transition. Nach der Abschaffung des katalanischen Statuts im Jahr 1939 durch Franco war klar, dass diese institutionelle Erfahrung eine wichtige Rolle bei der Entwicklung eines neuen Autonomiestatuts spielen würde. Die katalanischen Forderungen nach autonomen Institutionen und Demokratie hatten sich bereits Ende 1975 im *Consejo de Fuerzas Políticas de Cataluña* (Rat der politischen Kräfte Kataloniens), in dem elf Parteien zusammenkamen, die die Wiederherstellung der *Generalitat* forderten, zu formieren begonnen. Der Prozess kulminierte symbolisch in der offiziellen Rückkehr und Wiedereinsetzung Josep Tarradellas' im Jahr 1977. Die Regierung hatte bereits in einer frühen Phase des Verfassungsprozesses Kontakt zu katalanischen Exil-Politikern aufgenommen. Nach ersten Verhandlungen übernahm Tarradellas den Vorsitz eines von den katalanischen Parteien-Vertretern gebildeten Organs, das allerdings nur über ihm von den Provinzen übertragene Kompetenzen verfügte. Diese provisorische *Generalitat* war damit von den katalanischen Erwartungen noch weit entfernt. Für die Regierung Suárez, die zu dem Zeitpunkt noch nicht mehr als eine administrative Dezentralisierung beabsichtigte, war dies eine pragmatische Lösung, die jedoch den Autonomieforderungen eine institutionelle Grundlage gab. Für die Regierung war die Personalie Tarradellas auch deshalb von Bedeutung, weil die Sozialisten bei den nationalen Wahlen des Jahres 1977 in Katalonien stärkste Partei geworden waren und der Exil-Präsident kein Sozialist war (vgl. Gunther et al. 2004: 284).

Im Baskenland wurde nur wenige Monate später mit dem *Consejo General del País Vasco* eine ähnliche regionale Institution geschaffen. Hier übernahmen die Sozialisten unter Ramón Rubial mit Hilfe der UCD die präautonome Exekutive, während die Regionalisten außen vor blieben. Dies sowie die Position Rubials, der wenig regionalistisch war und dafür von den regionalistischen Parteien angegriffen wurde, trugen zur anti-zentralistischen Radikalisierung im Baskenland bei. Entsprechend wurde die Präautonomie schon bald als Hindernis

---

[104] *Generalitat de Catalunya*, 29. September 1977; *Consejo General del País Vasco*, 4. Januar 1978; *Junta de Galicia*, 16. März 1978; *Diputación General de Aragón*, 17. März 1978; *Consejo del País Valenciano*, 17. März 1978; *Junta preautonómica de Canarias*, 17. März 1978; *Junta de Andalucía*, 27. April 1978; *Consejo General Interinsular de Baleares*, 13. Juni 1978; *Junta Regional de Extremadura*, 13. Juni 1978; *Consejo General Castilla y León*, 13. Juni 1978; *Consejo Regional de Asturias*, 27. September 1978; *Consejo Regional de Murcia*, 27. September 1978; *Junta de Comunidades de la Región Castellano-Manchega* (vgl. Nohlen/Hildenbrand 1992: 26).

auf dem Weg zur vollen Autonomie gesehen (vgl. Liebert 1990: 154; Gunther et al. 2004: 285).

Innerhalb weniger Monate wurden elf weitere Präautonomien geschaffen. Diese Institutionen und die mit ihrer Schaffung verbundenen Verfahren banden Kräfte und verschafften der Regierung damit Luft für die Erarbeitung der Verfassung. Der gesamte Prozess der postautoritären Institutionenbildung wurde somit an einem kritischen Punkt strukturiert; die Gleichzeitigkeit wurde zugunsten einer Sequenz aufgehoben. Dank des Provisoriums der Präautonomien konnte sich die Regierung vorübergehend der Verfassung widmen und sich in einem nächsten Schritt wieder der Frage der baskischen und katalanischen Autonomie zuwenden. Aber auch jenseits der Prozess-Strategie sollten die Präautonomien Bedeutung als Vorstufe zu den Autonomen Gemeinschaften erlangen. Sie übernahmen in einem schwierigen politischen und wirtschaftlichen Kontext übergemeindliche und überprovinziale öffentliche Aufgaben und bildeten die Plattform für die Entwicklung einer neuen regionalen Elite, die politische Konzepte teils konform mit, teils in Widerspruch zu den Linien der nationalen Parteien entwickelte und auch in den politischen Prozessen auf nationaler Ebene eine wichtige Rolle spielen sollte (vgl. ebd.).

Der nächste Schritt der Entwicklung des Autonomiestaates bestand in der Erarbeitung der Autonomiestatute für das Baskenland und Katalonien. Das katalanische Autonomiestatut, das *Estatuto de Sau*, wurde ab Sommer 1978 von einer gemischten Kommission katalanischer und spanischer Abgeordneter erarbeitet.[105] Ähnlich wie die Verfassung machte das Statut in nicht-öffentlichen Verhandlungen im Moncloa-Palast die entscheidenden Fortschritte. Während die meisten katalanischen Parteien das Statut begrüßten, hielt *Esquerra Republicana* (Republikanische Linke) es für ungenügend (vgl. Edwards 1999: 667ff.). Ablehnung kam auch vonseiten der andalusischen Sozialisten, die die Rechte der andalusischen Immigranten in Katalonien nicht ausreichend berücksichtigt sahen. Gemeinhin wurde das Autonomiestatut von 1979 als Verbesserung gegenüber 1932 gesehen, auch wenn es hinter dem Entwurf der katalanischen Abgeordneten zurück blieb. Laut diesem Entwurf wäre die Autonomie Folge der katalanischen Selbstbestimmung gewesen und keine Konzession des Staates. Die Argumentation der katalanischen Regionalisten entsprach dabei jener der Basken, die der Verfassung ihre Zustimmung verweigerten, da nicht die Verfassung die baskische Autonomie legitimiere, sondern diese historisch legitimiert sei. Die Streichung der entsprechenden Formulierung aus dem katalanischen Statut-Entwurf bedeutete nichts anderes als die Negation der katalanischen Souveränität; nur mit Zustimmung des spanischen Staates kann es sich als autonome

---

[105] Die Kommission hatte 21 Mitglieder. Nach der ersten Vorlage des Entwurfs in den *Cortés* dauerte es sieben Monate, bis eine Einigung erzielt werden konnte (vgl. Edwards 1999: 671).

Region konstituieren. Der Zusatz vom unveräußerlichen Recht Kataloniens auf Selbstverwaltung wurde jedoch als Stärkung des Autonomieanspruchs gewertet (vgl. ebd.: 672). Das Statut wurde am Tag nach Inkrafttreten der Verfassung verabschiedet.

Bereits einen Tag vor den Katalanen hatte eine entsprechende Versammlung in Guernica das baskische Statut verabschiedet und nach Madrid übersandt. Analog zu den Verfassungsverhandlungen und dem katalanischen Statut-Prozess kamen die öffentlichen Verhandlungen über das baskische Statut kaum voran. Weit auseinander lagen die Positionen der UCD, die nicht alle Bestimmungen des Entwurfes zu akzeptieren bereit war, und der Regionalisten, die die vollständige Umsetzung forderten (vgl. Gunther et al. 2004: 288f.). Wesentlich erfolgreicher verliefen hinter verschlossenen Türen die zweiwöchigen Verhandlungen zwischen Suárez und dem PNV-Vorsitzenden Carlos Garaicoetxa, die am 18. Juli 1979 übereinkamen. Lediglich die Extremisten von Herri Batasuna und ETA lehnten das so entstandene Statut u. a. mit dem Argument ab, dass es die Wiedervereinigung der baskischen Regionen – einschließlich der französischen – verhindere (vgl. Behrens et al. 2003: 59). Navarra war ein Sonderfall unter den historischen Regionen. Weil die Region hinsichtlich der Frage der Zugehörigkeit zum Baskenland gespalten war, wurde eine besondere Behandlung im Autonomieprozess für notwendig erachtet. Die Befürworter der baskischen Lösung waren in der Minderheit. Schließlich wurde anstelle eines Autonomiestatuts eine *Ley Orgánica de Reintegración y Amejoramiento del Régimen Foral* (Organgesetz über die Wiedereinsetzung und Verbesserung des Foralsystems) geschaffen, die sich auf Gesetze von 1839 und 1841 bezog (vgl. Gunther et al. 2004: 286).

Auch in der parlamentarischen Phase der Verhandlungen über die Entwürfe im Sommer des Jahres 1979 wurden die strittigen Fragen weniger in den öffentlichen Sitzungen des Verfassungsausschusses als vielmehr in informellen Gesprächen zwischen Vertretern der Regierung einerseits und Vertretern der regionalistischen Parteien andererseits geklärt. Abgesehen von der Ablehnung durch einzelne regionalistische Parteien erfuhren die Ergebnisse der Autonomie-Verhandlungen im Baskenland und Katalonien schließlich breite Zustimmung. Für die Autonomiestatute stimmten Ende Oktober 1979 88% der teilnehmenden Wähler in Katalonien (bei einer Beteiligung von knapp 60%) und 90% der Abstimmenden im Baskenland. Die trotz der Mobilisierungskampagne unerwartet schwache Beteiligung in Katalonien wurde auch auf den vergleichsweise langwierigen Prozess zurückgeführt. Während der katalanische Autonomieprozess der Zweiten Republik von der Ausrufung der Republik bis zur Verabschiedung des Autonomiestatuts 20 Monate in Anspruch genommen hatte, dauerte es von der Ankündigung des Reformgesetzes im Juli 1976 zur ersten satzungsmäßigen regionalen Regierung im April 1980 nicht weniger als 45 Monate (vgl.

Edwards 1999: 670). Fünf Monate nach der Billigung der Autonomiestatute, am 9. und 20. März 1980, wurden die regionalen Parlamente des Baskenlands und Kataloniens gewählt. Mit Ausnahme der AP hatten die gesamtspanischen Parteien starke Stimmenverluste gegenüber den nationalen Wahlen hinzunehmen. Im Baskenland stürzte der PSOE von 26,2% (1977) auf 14,3% ab, in Katalonien von 28,4% auf 22,3% Dem stand der Erfolg der regionalistischen Parteien PNV (38,1%) und HB bzw. CiU (27,7%) gegenüber (vgl. Caciagli 1986: 202).

Weitere Regionen, die bei der Konstituierung der regionalen Institutionen dem katalanischen und baskischen Beispiel folgen wollten, stießen auf den Widerstand der regierenden UCD. Deren Sorge galt insbesondere Andalusien und Valencia, wo eine regionale Festigung der traditionell starken Sozialisten befürchtet wurde (vgl. Barrios 2000: 329). Als die UCD im Januar 1980 den Entschluss fasste, den gesamten weiteren Autonomieprozess nach Art. 143[106] durchzuführen, ging es vordergründig darum, die staatliche Desintegration zu verhindern (vgl. Richter 1992: 65; Gunther et al. 2004: 290). Nachdem mit den Lösungen für das Baskenland und Katalonien noch das Ziel der demokratischen Stabilisierung verfolgt worden war, waren nun machtpolitische Motive in den Vordergrund gerückt. Genährt wurden die Erwägungen der UCD im Laufe des Jahres 1980 durch regionale Wahlergebnisse, die die Partei befürchten ließen, dass die Linke im Verein mit den regionalistischen Kräften die Regierungsübernahme vorbereiten könnte. Mit der „Rationalisierung der Autonomie" stieß die UCD schließlich jedoch auf den Widerstand des PSOE, der die Wahl des Verfahrens zur Autonomie den Regionen überlassen wollte (vgl. Richter 1992: 65).

Die Rationalisierung des Autonomieprozesses sollte bereits für die galizische Autonomie gelten. Zunächst gelang es der UCD auch, eine geheime Vereinbarung mit dem PSOE zu treffen, in deren Folge der Entwurf des galizischen Statuts dahingehend geändert wurde, dass nationale Gesetze Vorrang vor regionalen erhalten sollten. Nachdem jedoch der galizische Zweig des PSOE die Autonomie auf dem schnellen Wege gefordert hatte, änderte die nationale Parteiführung ihre Position und versuchte sich gegenüber der von ihr als zentralistisch angeprangerten UCD zu profilieren. Das schließlich im Dezember 1980 per Referendum angenommene Statut enthielt die fragliche Klausel nicht mehr. In der Folge wurde auch die Frage der andalusischen Autonomie zu einem parteipolitischen Konflikt, bei dem sich die UCD Sozialisten, Kommunisten und regionalistischen Parteien gegenüber sah. Anfangs konform mit der UCD, die sich klar für einen Prozess nach Artikel 143 aussprach, sprangen die Sozialisten auf einen Zug der öffentlichen Meinung auf, der sich in einer unerwarteten Vielzahl von Beschlüssen andalusischer Stadtversammlungen zugunsten des

---

[106] Artikel 143 normiert die Konstituierung der Autonomen Gemeinschaften durch die Initiative der Provinzen.

Artikels 151[107] und des Autonomiereferendums manifestiert hatte. In der Kampagne sah sich die UCD – freilich ungerechtfertigten – Vorwürfen ausgesetzt, sie würde den zentralistischen frankistischen Staat aufrechterhalten wollen (vgl. Gunther et al. 2004: 290f.; Nohlen/Hildenbrand 2005: 281).

Die Konstellation wurde in Andalusien dadurch verkompliziert, dass die in der Autonomiefrage unklare Haltung des sozialistischen Präsidenten der präautonomen *Junta de Andalucia*, Fernandez Viagas, zur regionalistischen Mobilisierung und damit zur Stärkung des *Partido Socialista de Andalucia* (PSA) beitrug. Der PSA war die erste größere regionalistische Partei in einer Region ohne regionalistische Tradition. 1974 gegründet und 1977 noch ohne nennenswerten Erfolg, konnte der PSA bei den *Cortes*-Wahlen von 1979 – zu Lasten des PSOE – elf Prozent der Stimmen in der Region auf sich vereinen. Nach diesem Wahlerfolg wurde Viagas durch Rafael Escuredo ersetzt, der einen stärker regionalistischen Flügel der Sozialistischen Partei vertrat. Im weiteren Autonomieprozess mobilisierte der PSA die Autonomieforderungen in der Region gegen den Willen der UCD-Minderheitsregierung, die einen Präzedenzfall verhindern wollte. Anders als CiU und PNV übte der PSA seinen Einfluss nicht in Verhandlungen mit der Regierung aus, was die antizentralistische Basis auch kaum akzeptiert hätte, sondern durch Massenmobilisierung und Druck auf die andalusischen Zweige der linken Parteien (vgl. Liebert 1990: 154, 157). Für das Autonomiereferendum, das im Februar 1980 stattfand, empfahl die UCD-Regierung Enthaltung. Doch auch das formale Scheitern des Referendums aufgrund der fehlenden absoluten Mehrheit in der Provinz Almería konnte den weiteren Prozess nicht stoppen. Angesichts der enormen Mobilisierung zu Gunsten des Vorhabens änderte die Regierung das Referendumsgesetz rückwirkend. Mit organischem Gesetz vom 30. Dezember 1981 wurde schließlich das andalusische Autonomiestatut geschaffen (vgl. Genieyes 1997: 169).

Die Kurswechsel der Regierung in Bezug auf die Autonomie einzelner Regionen zeugten letztendlich davon, dass sie die Kontrolle über den Autonomieprozess verloren hatte. Dass sie für die Regionen neben den historischen Nationalitäten über kein Konzept verfügte (vgl. Bernecker 1996: 130), wurde ihr in dem Moment zum Verhängnis, als dort ernsthafte Autonomieforderungen artikuliert wurden. Während die Regierungsstabilität relativ hoch war, war eine fehlende regierungsinterne Kontinuität einer der Gründe für diese Konzeptlosigkeit. So waren zwischen 1977 und 1981 nicht weniger als vier verschiedene

---

[107] Dieser Artikel beinhaltet die Ausnahmeregelung, nach der unter Erfüllung einer Reihe von Voraussetzungen der Autonomiewille im Wege eines Referendums zum Ausdruck gebracht werden kann. Aufgrund des erforderlichen hohen Konsenses handelte es sich um einen hindernisreichen Weg zur Autonomie (vgl. Nohlen/Hildenbrand 2005: 328). Entsprechend blieb der andalusische Fall auch der einzige Anwendungsfall dieser Regelung.

Minister mit der regionalen Frage betraut. Dies erklärt das Handeln der UCD und die Ablehnung der andalusischen Autonomieforderungen jedoch nur zum Teil. Hinzu kam ein parteipolitisches Kalkül, das auf der Erwartung einer starken sozialistischen Regionalregierung in der PSOE-Hochburg Andalusien beruhte. Der Niederlage der UCD im andalusischen Autonomieprozess folgten die oben bereits genannten Rückschläge in den regionalen Wahlen im Baskenland und Andalusien, wo regionalistische Parteien von der Darstellung der UCD als autonomiefeindliche Partei profitierten (vgl. Caciagli 1986: 157; Gunther et al. 2004: 288, 292).

Für eine von einer breiten Mehrheit getragene Lösung und zur Kontrolle des Autonomieprozesses durch dessen Rationalisierung wurde eine Einigung mit dem PSOE angestrebt, die jedoch am Dissens der beiden großen Parteien über die legislativen Befugnisse der *asambleas*, der regionalen Parlamente, scheiterte. Anders als der PSOE lehnte die UCD legislative Befugnisse ab. Keine der nationalen Parteien konnte sich durchsetzen, was eine bis zum Putschversuch des Frühjahrs 1981 anhaltende Blockade zur Folge hatte. Innerhalb des PSOE entwickelte sich in dieser Phase ein Konflikt zwischen der Parteispitze, die einem weiteren Prozess über Artikel 143 zuzustimmen bereit war, und den regionalen Sektionen, denen das nicht genügte (vgl. Richter 1992: 66). Valencia, die spätere *Comunitat Valenciana*, musste trotz des hier zunehmend bekundeten Autonomiewillens bis zur Überwindung des politischen Stillstands in der Dezentralisierungsfrage warten, bevor es im Rahmen der *Acuerdos Autonómicos* (s. u.) in den Genuss einer Sonderregelung für die beschleunigte Übernahme des hohen Kompetenzniveaus kam (vgl. Barrios 2000: 310).

Ein Beobachter des zweiten Kongresses der UCD (Januar 1981) schrieb der innerparteilichen Strömung der „*azules*", die für ihre zentralistischen Vorstellungen bekannt waren, die Strategie der dilatorischen Kompromisse zu. Der neue Kurs, die *rectificación autonómica*, die Verlangsamung des weiteren Prozesses sowie die Empfehlung an die andalusischen Wähler, sich bei der Abstimmung zu enthalten, wurde allerdings von der Parteiführung und allen Gremien unterstützt. Angesichts geringer Beteiligungsraten bei einigen regionalen Referenden und der regierungsinternen Krise anlässlich des andalusischen Autonomieprozesses ging die UCD-Regierung zu einer Politik der Vernachlässigung über, indem sie die Dezentralisierung nicht aktiv blockierte, aber durch administrative Untätigkeit und Mittelkürzung verschleppte. Die Verabschiedung des Organgesetzes für die Autonomen Gemeinschaften wurde aufgeschoben, und auch das Gesetz über die universitäre Autonomie und die Reform des staatlichen Fernsehens verzögerten sich. Für eine demokratische Reform der öffentlichen Verwaltung oder der Regelungen bezüglich der lokalen Gebietskörperschaften waren dies äußerst ungünstige Voraussetzungen (vgl. Caciagli 1986: 259f.). Die Ambiguität in der

Frage der Autonomie beeinflusste schließlich die Entscheidung vieler Wähler. Am Niedergang der UCD konnten auch eine parteiinterne Umstrukturierung und die Schaffung eines *Comité Permanente* zur stärkeren Einbeziehungen der *barones* sowie die Zusammensetzung der vierten Suárez-Regierung nichts mehr ändern (vgl. ebd.; Vazquez Barquero/Hebbert 1985: 293). Der Abwärtstrend der UCD wird bereits vor den *Cortes*-Wahlen von 1982 auf regionaler Ebene deutlich:

Tabelle 3: Stimmenentwicklung der UCD ab 1979

Autonome Gemeinschaft	Kongresswahlen 1979	Regionale Wahlen	Termin	Differenz
Baskenland	16,9	8,5	März 1980	- 8,4
Katalonien	19,4	10,7	März 1980	- 8,7
Galizien	48,5	27,8	Okt. 1981	- 20,7
Andalusien	31,5	14,5	Mai 1982	- 17,0

Quelle: Caciagli 1986: 246.

Entscheidend änderte sich das Verhalten der zentralen Akteure erst durch den Putschversuch im Februar 1981. Als sämtliche Parteiführer im Kongress versammelt waren, um Leopoldo Calvo-Sotelo zu Suárez' Nachfolger zu wählen, drang eine Gruppe bewaffneter paramilitärischer Rebellen ein. Nach anfänglichem Zögern verurteilte Juan Carlos den Putsch und bekannte sich in seiner im Fernsehen ausgestrahlten Erklärung zur Demokratie, was das endgültige Scheitern des Putschversuchs bedeutete. In dieser Situation zeigte sich ein überparteilicher Konsens in Sachen Demokratie. Keine der Parteien unterstützte den Putsch, auch nicht die Rechten unter Manuel Fraga Iribarne, dem AP-Vorsitzenden (vgl. Gunther 1995: 75). Zur Rechtfertigung des Putsches gehörte neben den terroristischen Aktivitäten im Baskenland nicht zuletzt der Hinweis auf den teilweise unkontrolliert erscheinenden Dezentralisierungsprozess. Die Wirkung des Putschversuchs, der den Akteuren die Möglichkeit eines Scheiterns des Demokratisierungsprozesses vor Augen führte, war jedoch ein Impuls für die entschlossenere Entwicklung des Autonomiestaates (vgl. Gunther et al. 2004: 293). Neben der Umsetzung des Rationalisierungsprinzips kam es zu einer ernsthaften Neuausrichtung des Prozesses. Calvo-Sotelo setzte nach seiner Amtsübernahme im Februar 1981 die „Hinterzimmerpolitik" für die Lösung heikler Fragen unter Einbeziehung der maßgeblichen Personen nicht fort, sondern schuf mit der Unterstützung Gonzalez' einen Ausschuss mit dem Ziel, den Autonomieprozess neu auszurichten und eine „technisch ideale" Lösung für die Autonomiefrage zu entwickeln. Im Unterschied zu den konsensuellen Verfassungsverhandlungen waren hier nicht alle relevanten Akteure beteiligt. Die Rolle der Parlamentarier sollte sich auf die Diskussion und Verabschiedung der Vorlage beschränken. Nicht überraschend war deshalb die Opposition der regionalistischen Parteien, die den Ergebnissen des Ausschusses die Legitimität absprachen (vgl. ebd.).

UCD und PSOE einigten sich 1981 im Rahmen der ersten Autonomievereinbarungen (*Acuerdos Autonómicos*) darauf, allen Regionen die Erlangung der politischen Autonomie über Artikel 143 zu ermöglichen. Ausnahmen waren für Valencia, die Kanarischen Inseln und Navarra vorgesehen, die direkt zu Andalusien aufschließen durften (vgl. Nohlen/Hildenbrand 1988: 329f.). Nachdem die Politik des inklusiven und prozeduralen Konsenses zu keiner klaren Lösung für die Staatsstruktur geführt hatte, war es nun das Ziel, den Autonomieprozess zu ordnen und die kompetentielle Heterogenität auf regionaler Ebene zu reduzieren (vgl. González Encinar 1992: 222). Damit sollte die Dezentralisierung des zentralstaatlichen Apparates im Einklang mit dem Aufbau einer neuen Regierungsebene durchgeführt werden. Eine wichtige Implikation der Autonomievereinbarungen war, dass damit eine in der Verfassung offen gelassene Frage beantwortet wurde: dass die regionale Autonomie sich auf das ganze Land erstrecken würde (und nicht nur auf einzelne Teile) (vgl. Gunther et al. 2004: 294). Die Autonomievereinbarungen fanden Mitte 1982 ihren Niederschlag im Organgesetz zur Harmonisierung des Autonomieprozesses (*Ley Orgánica para la Armonización del Proceso Autonómico*; LOAPA), mit dem sich der weitere Dezentralisierungsprozess deutlich verändern sollte. Die Presse kolportierte, dass militärischer Druck hinter der LOAPA stehe. Calvo-Sotelo bestritt dies und wies darauf hin, dass er bereits in seiner vor dem Putschversuch verfassten Antrittsrede die Modifikation der Autonomiepolitik befürwortet hatte (vgl. Gunther et al. 2004: 425).

Wie zu erwarten war, verweigerten Basken und Katalanen der LOAPA die Anerkennung. Diese legte fest, dass die nationale Regierung grundlegende Gesetze auch in den im autonomen Zuständigkeitsbereich liegenden Materien verabschieden kann. Im Falle der Unvereinbarkeit von nationalem und autonomem Recht sollte das nationale Recht Vorrang haben, wodurch die legislative Gewalt der Autonomen Gemeinschaften eingeschränkt wurde. Auch sollten die regionalen Wahlen in den historischen Regionen fortan zeitgleich mit den Wahlen in den übrigen Autonomen Gemeinschaften stattfinden. Mit dem Gesetz sollten Inkonsistenzen zwischen den neuen Autonomiestatuten aufgehoben und von der Verfassung ungeklärte Fragen gelöst werden. So galt der Widerstand auch weniger den Inhalten als dem nun einer mehrheitsdemokratischen Logik folgenden Prozess (vgl. ebd.: 294; Colomer 1998: 47). Entschärft wurde der Konflikt durch das Verfassungsgericht, das wichtige Teile der LOAPA außer Kraft setzte und während der 1980er Jahre zahlreiche Fragen klärte, die sich

3 Demokratisierung und Staatsorganisationsreform in Spanien 141

beim Aufbau des Autonomiestaates fast zwangsläufig ergeben hatten. Das Gericht urteilte, dass der Gesetzgeber den Titel VIII der Verfassung nicht per Gesetz ändern oder interpretieren dürfe. Es stellte klar, dass die Rahmengesetzgebungskompetenz des Staates (Art. 149 Abs. 1) keine konkurrierende (und damit vorrangige), sondern eine geteilte Kompetenz darstelle und damit die autonome Gesetzgebung in bestimmten Bereichen Vorrang habe (vgl. Nohlen/Hildenbrand 1988: 330). Durch diese auf der Basis der Verfassung getroffenen Entscheidungen stellte das Gericht jenen prozeduralen Konsens, mit dem der Verfassungsprozess gelungen war, zumindest teilweise wieder her (vgl. ebd.: 331; s. o. Kap. 3.2.2). Gleichzeitig wurde durch die LOAPA-Entscheidung aber auch die inhomogene Kompetenzverteilung vorerst „eingefroren" (vgl. Morlino 1998: 69f.).

Zwischen April 1981 und Februar 1983 wurden die übrigen Autonomiestatute verabschiedet – ein Prozess, auf den auch der Regierungswechsel in Madrid keinen negativen Einfluss hatte. Im Gegenteil schufen die deutlichen Siege des PSOE, erst in den *Cortes*-Wahlen und dann, im Mai 1983, auf kommunaler und regionaler Ebene, günstige Bedingungen für eine effektive Planung, Koordinierung und Homogenisierung des Dezentralisierungsprozesses. Nachdem die UCD-Regierung politisch zu schwach gewesen war, die Harmonisierungspläne umzusetzen, verfügte die PSOE-Regierung über eine große Mehrheit; zudem reduzierten sich aufgrund der überwiegend homogenen Mehrheiten auch die vertikalen Konflikte zwischen den Ebenen. Diese Entwicklung der Autonomiepolitik vertiefte jedoch die Gräben zwischen dem PSOE und den regionalistischen Parteien, insbesondere Basken und Katalanen, die einen Verlust bislang erstrittener Kompetenzen und Ressourcen infolge der Angleichung an ein niedrigeres Kompetenzniveau fürchteten (vgl. Gunther et al. 2004: 295).

Die sieben Autonomen Gemeinschaften des hohen Kompetenzniveaus (Katalonien, Baskenland, Galizien, Andalusien, Navarra, Kanarische Inseln und Valencia) übten von Anfang an neben den 22 Bereiche umfassenden Kompetenzen des Artikels 148 Abs. 1 auch all diejenigen der insgesamt 32 staatlichen Kompetenzen des Artikels 149 Abs. 1 aus, die nicht vom Zentralstaat beansprucht wurden. In Bereichen, in denen die gesamte Gesetzgebungsbefugnis beim Zentralstaat lag, blieben den Autonomen Gemeinschaften die administrativen Befugnisse. Zu den wichtigsten und finanzwirksamsten Bereichen des hohen Kompetenzniveaus gehörten von Beginn an das Erziehungs- und das Gesundheitswesen. Hier wurden frühzeitig die Ausführungsgesetzgebungs- und Verwaltungskompetenzen übernommen (vgl. Morata/Muñoz 1996: 198; Hildenbrand 1998: 117). 1981 wurde mit der Übertragung von Aufgaben des Gesundheitswesens auf Katalonien begonnen. Auch Andalusien, das Baskenland, die Kanarischen Inseln, Valencia, Galizien und Navarra erhielten bald entsprechende Zuständigkeiten.

Der „langsame Weg" zur Autonomie nach Artikel 143 wurde schließlich nur von zehn Regionen beschritten. Nach diesem Verfahren konnten die Regionen Kompetenzen des Artikels 148 übernehmen und es bei administrativen Kompetenzen belassen. Wie zu erwarten war, entschieden sich alle Regionen für die politische Autonomie. 1983 waren die heute bestehenden 17 Autonomen Gemeinschaften konstituiert. Als deren zentrale Institutionen wurden die – alle vier Jahre nach Verhältniswahl (d'Hondt) – allgemein zu wählenden Parlamente und die regionalen Exekutiven, bestehend aus einem parlamentarisch gewählten Präsidenten und zehn von diesem ernannten Mitgliedern, geschaffen. Während das Baskenland, Katalonien, Galizien und Andalusien von Beginn an zu je eigenen Terminen wählen konnten,[108] wurde für die übrigen 13 Autonomen Gemeinschaften ein einheitlicher Wahltermin zusammen mit den Kommunalwahlen, alle vier Jahre im Mai, festgelegt. Die ersten Wahlen fanden am 8. Mai 1983 statt. Ein weiterer institutioneller Unterschied wurde mit der Regelung etabliert, dass nur die Präsidenten jener 13 Autonomen Gemeinschaften nicht die Befugnis erhielten, die Parlamente aufzulösen (vgl. Nohlen/Hildenbrand 1988: 326, 330; Colomer 1998: 45).[109]

---

[108] Diese Regelung, die mit der LOAPA aufgehoben werden sollte, wurde durch das Verfassungsgericht bestätigt.
[109] Seit der zwischen 1996 und 1999 erfolgten Reform der Statute der zehn nach Art. 143 gebildeten Autonomen Gemeinschaften besitzen nunmehr die Präsidenten aller Autonomen Gemeinschaften das Recht, das jeweilige Parlament vorzeitig aufzulösen und Neuwahlen auszuschreiben (Nohlen/Hildenbrand 2005: 284).

3 Demokratisierung und Staatsorganisationsreform in Spanien

Tabelle 4: Die Autonomen Gemeinschaften Spaniens

Autonome Gemeinschaft	Autonomie-statut[1]	Fläche (in km^2)	Einwohner[2] (Zensus 1991)	Provinzen/ Gemeinden[3]
Andalucía	1981 (h)	87.300	6.940.522	8/764
Aragón	1982 (n)	47.700	1.188.817	3/727
Asturias	1981 (n)	10.600	1.093.937	1/78
Baleares	1983 (n)	5.000	709.138	1/66
Canarias	1982 (h)	7.300	1.493.784	2/87
Cantabria	1981 (n)	5.300	527.326	1/102
Castilla-La M.	1982 (n)	79.200	1.658.446	5/916
Castilla-León	1983 (n)	94.100	2.545.926	9/2.248
Cataluña	1979 (h)	31.900	6.059.494	4/940
Extremadura	1983 (n)	41.600	1.061.852	2/380
Galicia	1981 (h)	29.400	2.731.669	4/312
Madrid	1983 (n)	8.000	4.947.555	1/178
Murcia	1982 (n)	11.300	1.045.601	1/45
Navarra	1982 (h)	10.400	519.277	1/265
País Vasco	1979 (h)	7.300	2.104.041	3/236
La Rioja	1982 (n)	5.000	263.434	1/174
Valencia	1982 (h)	23.300	3.857.234	3/536
Spanien	–	504.800	38.872.268	50/8.056

[1] Jahr der Verabschiedung des Statuts; in Klammern das anfängliche Autonomieniveau (h=hoch, n=niedrig); [2] Censusdaten 1991, die Gesamtbevölkerungszahl beinhaltet zudem Ceuta und Melilla (124.215); [3] Anzahl der Provinzen / Anzahl der Gemeinden (1986).
Quellen: Instituto Nacional de Estadística; Solé-Vilanova 1994.

Auch die Finanzierung der Autonomen Gemeinschaften wurde asymmetrisch geregelt. Das Baskenland und Navarra nahmen von Beginn an historische Sonderrechte in Anspruch und erheben die allgemeinen Steuern direkt. Alle fünf Jahre werden der Wert der in der Region erbrachten staatlichen Leistungen und der Anteil der nach Madrid abzuführenden Steuern verhandelt (vgl. Gunther et al. 2004: 299). Nachdem die Verfassungsbestimmungen zur Finanzierung rudimentär geblieben waren, wurde das Finanzierungssystem für die übrigen Autonomen Gemeinschaften 1980 mit dem Organgesetz über die Finanzierung der Autonomen Gemeinschaften (*Ley Orgánica de Financiación de las Comunidades Autónomas*; LOFCA) geregelt. Das LOFCA-System, das 1996 und 2001 überarbeitet wurde, verknüpfte die Finanzierung der Autonomen Gemeinschaften eng mit den übertragenen Aufgaben und sieht unterschiedliche Einnahmesäulen vor: (1.) staatliche Zuweisungen, die *participación en los ingresos estatales* (Anteile am staatlichen Einkommens-, Körperschafts- und Mehrwertsteueraufkommen, auf der Grundlage sozio-ökonomischer Variablen berechnet; die Berechnungsformel begünstigt bevölkerungsreiche Regionen), (2.) Zuweisungen aus dem *Fondo de Compensación Interterritorial* (FCI[110]), (3.) EG-Strukturfonds, (4.) eigene Steuern und Abgaben, Einnahmen durch regionalen Besitz und auf den Kapitalmärkten geliehenes Geld. Steueranteile und abgetretene Steuern, die gesetzlich vom Staat geregelt werden, deren Erträge aber den Autonomen Gemeinschaften zustehen, können die Autonomen Gemeinschaften frei verwenden. Gelder aus dem FCI sind hingegen zweckgebunden, ebenso wie Subventionen im Bereich des Gesundheitswesens (INSALUD) (vgl. Nohlen/Hildenbrand 1992: 39; *dies.* 2005: 289). Die Zuweisungen an die Autonomen Gemeinschaften haben sich von anfänglich rund 10% innerhalb von 20 Jahren etwa verdoppelt. Die zehn am schwächsten entwickelten Regionen erhalten zur Finanzierung von Investitionsprojekten in den Bereichen Verkehr, Wohnungsbau, Erziehung, Wasserbau, Städtebau und Agrarentwicklung Mittel aus dem FCI (2004 mit etwas mehr als einer Mrd. Euro ca. 0,9% der Staatsausgaben) (vgl. ebd.: 90). Die Steuererhebungskompetenz wurde dem Zentralstaat zugeschrieben, der fiskalische Kompetenzen dezentralisieren kann, die wichtigsten Steuern aber behalten hat (vgl. Solé-Vilanova 1989: 217). Zwar kommen gemäß dem Grundsatz der Selbstfinanzierung die Autonomen Gemeinschaften für die Finanzierung ihrer Aufgaben auf. In der Praxis erhielten sie jedoch nur einen sehr begrenzten Spielraum zur Beschaffung eigener Mittel. Obwohl die Bedeutung der regionalen Ausgaben stark zunahm, wurden den Autonomen Gemeinschaften lediglich weniger flexible Instrumente übertragen. Auch die „eigenen" Steuern der Autonomen Gemeinschaften, die lediglich eine Art Aufschlag erheben können, regelt der Zentralstaat.

Exkurs zur Errichtung und Rolle des Senats

Besondere Beachtung lohnt im vorliegenden Zusammenhang der Senat, dessen Entstehungskontext in hohem Maße durch Kompromiss bzw. strategisches Verhalten geprägt war (vgl. Roller 2002: 71). Er illustriert deshalb die Interessen- und Kräftekonstellationen sowie die Strategien der Akteure besonders gut. Mit dem *Senado* wurde im Unterschied zu den Einkammersystemen von 1812 und 1931 eine zweite Kammer der *Cortes Generales* geschaffen, die die Verfassung als „Kammer der territorialen Repräsentation" (Art. 69) bezeichnet. Zur Verfassungswirklichkeit ist diese Funktion allerdings nicht geworden (vgl. Nohlen/Hildenbrand 2005: 262). Sie steht vielmehr in Frage, seit

---

[110] Beim FCI handelt es sich um ein System des rein vertikalen Finanzausgleichs, dessen Einnahmen aus dem Staatshaushalt kommen (s. u. Kap. 3.3.6).

im Verfassungsprozess über die *Cámara Alta*, das Oberhaus, debattiert wurde. Der Senat wurde nicht instand gesetzt, die subnationale Beteiligung an der Autonomiepolitik (etwa zur Kompetenzverteilung oder zum Finanzierungssystem) zu gewährleisten. Auch die Funktion einer *Ex-ante*-Clearingstelle für politische Konflikte zwischen Regionen und Zentralstaat konnte er in der Folge nicht erfüllen (vgl. Nohlen/Hildenbrand 2005).

Anfangs war der *Senado* ein Produkt der *Ley para la Reforma Política*, errichtet als Kammer für die Erarbeitung der Verfassung.[111] Die Motivation, einen Senat zu schaffen, lag ferner darin, die Polarisierung des Einkammer-Systems der Zweiten Republik zu vermeiden. Was jedoch später als die zentralen institutionellen Schwächen des Senats – von dem klarer ist, welche Aufgaben und Funktionen er *nicht* ausübt – benannt wurde, war bereits bei seiner Schaffung Gegenstand kontroverser Diskussionen: seine Zusammensetzung bzw. der Modus seiner Bestellung sowie seine Rolle im Gesetzgebungsprozess (vgl. Roller 2002: 75). Bezeichnenderweise ist eine institutionalisierte Beteiligung der Regionen am nationalen politischen Prozess keiner der Gründe, die für die Schaffung des Senats regelmäßig genannt werden.

Im Unterschied zu einer verbreiteten Ansicht betont Mario Caciagli (1986: 119), dass der Verfassungskompromiss in wichtigen Teilen kein Kompromiss gewesen sei. Die UCD habe ihre institutionenpolitischen Vorstellungen bezüglich des Kongress-Wahlsystems ebenso wie bezüglich der Bestellung des Senats praktisch vollständig umsetzen und von den Lösungen am meisten profitieren können. Die eigentliche Repräsentationsbasis sind die Provinzen. Die von den Autonomen Gemeinschaften gewählten Senatoren stellen sich in dieser Analyse als bloße Konzession an die Linke dar. Dass im Verfassungsprozess nicht erwartet worden sei, dass die regionale Ebene sich landesweit etablieren würde (vgl. Solé-Vilanovas 1989: 228, Anm. 13), vermag jedenfalls als Erklärung für diese Repräsentationsbasis nicht zu überzeugen.

Linke und Autonomisten forderten frühzeitig eine Institution der territorialen Repräsentation mit von den Autonomen Gemeinschaften ernannten Mitgliedern. Die Rechte hatte hingegen eine beschränktere Rolle direkt gewählter Senatoren im Auge. Die Differenzen zwischen den einzelnen Positionen und die Art der Verhandlungen führten dazu, dass der Verfassungstext zum Senat in den verschiedenen Stadien starke Änderungen erfuhr.[112] Der Entwurf der *ponencia* vom August 1977 widmete dem Senat einen Absatz: *„El Senado se compone de*

---

[111] Den Vertretern des alten Regimes Mandate und damit eine Repräsentation im entstehenden Institutionensystem zu verschaffen (vgl. Colomer 1998: 49), war sicherlich nicht der alleinige Zweck der Institution.
[112] Zu Einzelheiten der Diskussion in den Verfassungsgremien über den Wahlmodus siehe Caciagli (1986: 105ff.). Auf dieser Arbeit (insb. S. 84-119) beruhen auch die folgenden Ausführungen.

representantes de las nacionalidades y de las regiones que constituyen España."[113] Nur der AP-Vertreter, der sich besonders am Begriff „Nationalitäten" störte, stimmte diesem Entwurf nicht zu. Der Vorentwurf vom 5. Januar 1978 beruhte ebenfalls auf einem Regionalvertretungskonzept, wenngleich er andere Begriffe verwendete (Zusammensetzung des Senats aus Vertretern der *Territorios Autónomas*). Zum Wahlmodus führte das *anteproyecto* aus, dass die Parlamente der Territorien aus ihren Reihen die Senatoren wählen: nach Verhältniswahl und dergestalt, dass die verschiedenen Gebiete des Territoriums repräsentiert sind. Berührt wurde hier die heikle Frage der territorialen Repräsentation. Eine Überrepräsentation der ländlichen Gebiete war konsensfähig, wenngleich die Linke nach gleicher Repräsentation strebte. Nachdem UCD und AP den Entwurf mit Änderungsanträgen regelrecht unter Beschuss genommen hatten, ließ die *ponencia* in ihrem Entwurf vom April 1978 die durch ein organisches Gesetz zu regelnde Frage offen, hielt jedoch am Prinzip fest, dass der Senat *„se compone de los representantes de las diferentes entitades territoriales que constituyen España"*[114] (Caciagli 1986: 107). Die Klärung des Wahlmodus wurde auf die Klärung der gesamten Autonomie-Frage vertagt.

Aufgrund der Erfahrungen in der *ponencia* befasste sich der Kongress-Ausschuss für Verfassungsangelegenheiten erst in seiner abschließenden Sitzung mit der Zusammensetzung des Senats. Dabei kam es zu einer erneuten fundamentalen, die Rolle und Eigenschaften des Senats völlig neu definierenden Änderung, mit der wieder auf die Provinzen als Repräsentationsbasis zurückgekommen und die Funktion der Repräsentation der Autonomen Gemeinschaften gestrichen wurde. Dass der erste Absatz von Artikel 69 den Senat als Kammer der territorialen Repräsentation bezeichnet, eine spätere Ergänzung im Verfassungsprozess, ist hingegen eine formale Konzession an die Minderheiten. Der territoriale Bezug von Artikel 69 ist die Provinz, die territoriale Repräsentation ist eine von geographischen oder administrativen Entitäten. Entsprechend dem Gesetz zur politischen Reform sollte jede Provinz vier Senatoren entsenden; die Regionen sollten je zwei Senatoren vorschlagen dürfen, die allerdings vom König zu ernennen waren. Gerechtfertigt wurde diese Fassung des Senatsartikels damit, dass mit dem Wahlmodus eine große Lücke in der Verfassung geschlossen werde (nachdem zuvor die Notwendigkeit dazu verneint worden war) und die spezielle Lösung das nötige Gegengewicht gegenüber der Vertretung der großen Provinzen schaffe. Die Behauptung der UCD, dass mit dem Vorschlagsrecht der Autonomen Gemeinschaften deren wichtiger Rolle in der territorialen

---

[113] Sinngemäß: Der Senat setzt sich aus den Vertretern der Nationalitäten und Regionen Spaniens zusammen.

[114] Sinngemäß: ... setzt sich aus den Vertretern der verschiedenen territorialen Einheiten Spaniens zusammen.

3 Demokratisierung und Staatsorganisationsreform in Spanien 147

Organisation des Staates Rechnung getragen würde, provozierte den Widerspruch linker Vertreter, die die konservative Natur einer derartigen zweiten Kammer, die gleichsam als Revisionsinstanz gegenüber dem Unterhaus fungieren würde und kaum einen Unterschied zum Senat des Reformgesetzes aufwies, sahen. Baskische und katalanische Vertreter brachten ihre Forderung nach einer wirksamen Vertretung der Nationalitäten bzw. Regionen zum Ausdruck und begründeten dies teilweise auch – ähnlich wie zuvor die Vertreter der Provinzen-Lösung – mit der Funktion des regionalen Ausgleichs der ökonomischen Ungleichgewichte. Die Sozialisten, die den Antrag der UCD unterstützten, hielten sich in dieser Debatte zurück. Der Entwurf der UCD fand schließlich die deutliche Zustimmung von 30 Stimmen bei vier Gegenstimmen. Änderungsanträge der Basken und der Kommunisten, die die Regionen zur Repräsentationsbasis erklären bzw. die Zahl der von den Autonomen Gemeinschaften entsandten Senatoren erhöhen wollten, wurden abgelehnt.

Das konservative Moment der Zusammensetzung, bedingt durch das ländliche Übergewicht, wurde auch in der Folge immer wieder kritisiert. Dabei wies der Kommunist Jordi Solé Tura auch auf die Funktionen einer Zweiten Kammer in einem politischen System wie dem mit dem Staat der Autonomen Gemeinschaften gerade im Entstehen begriffenen hin, in dem eben nicht mehr die Provinzen die zentrale territoriale Einheit des Staates bilden. Auch andere Abgeordnete stellten einen Zusammenhang zwischen der Rolle der zu schaffenden Autonomen Gemeinschaften und einer Zweiten Kammer her. Eine schweigende Mehrheit im Parlament, darunter die Sozialisten[115], wollte offenbar ohne weiteres Aufhebens die Vorlagen zur Abstimmung bringen. Neben den unausgesprochenen Erwägungen, die die Haltung der Konservativen in dieser Frage bestimmten, wurde in der Debatte zumindest ein gewichtiges Argument zur Sprache gebracht: „*los diversos niveles de madurez y de conciencia de autoidentidad regional de los diversos pueblos de España*"[116] (Caciagli 1986: 112), die unter den falschen konstitutionellen Voraussetzungen ungewünschte Folgen haben könnten. Im Senat selbst waren ebenfalls die verschiedenen Positionen vertreten, aber die Verfechter einer regionalen Vertretung erkannten bald, dass der Konsens zwischen UCD und PSOE grundlegende Änderungsversuche aussichtslos machte. Sie beschieden sich schließlich mit Entwürfen, die auf eine territorial proportionalere Repräsentation zielten.

---

[115] Deren Haltung war insgesamt ambivalent. Während sie die konservativen Entwürfe mittrugen, enthielten sie sich bei der Abstimmung über die Änderungsanträge der Kommunisten und Basken und blieben in den Debatten praktisch stumm (vgl. Caciagli 1986: 112).
[116] Sinngemäß: die verschiedenen Entwicklungsstände und unterschiedlich ausgeprägten regionalen Identitäten der verschiedenen Völker Spaniens.

Die Änderungen, die der Verfassungsausschuss des Senats erarbeitete, waren eher redaktioneller denn substantieller Art. Anpassungen betrafen die Repräsentation der Inseln und der nordafrikanischen Exklaven. Eine Änderung betraf auch die Senatoren der Autonomen Gemeinschaften. Diese – genauer: ein Senator für jede Autonome Gemeinschaft und ein weiterer für jede Million Einwohner – sollten nach dem Entwurf des Senats nicht vom König ernannt, sondern von den regionalen Parlamenten gewählt werden. Auch im Senatsplenum wurde der Modus der Bestellung der Senatoren von Kommunisten und Regionalisten als zentralistisch kritisiert. Mit der Mehrheit von UCD und PSOE wurde dieser Entwurf im Senat und daraufhin – unwesentlich überarbeitet – auch von der Gemeinsamen Kommission verabschiedet.

Rund vier Fünftel der Senatoren (2008 insgesamt: 264) werden auf der Ebene der Provinzen gewählt, die unabhängig von ihrer Bevölkerungsgröße jeweils vier Senatoren entsenden. Die übrigen Senatoren werden von den Regionalparlamenten ernannt.[117] Die Vertretung ist aufgrund dieses Modus sehr ungleich: Auf die Autonome Gemeinschaft Kastilien-Léon entfallen mehr Senatoren als auf das fast dreimal so viele Einwohner zählende Andalusien (im Jahr 2000: 36 versus 32; vgl. Roller 2002: 77). Zusätzliche politische Brisanz erhielt diese ungleiche Repräsentation dadurch, dass die Provinzen von vielen Regionalisten weiterhin als illegitime Hinterlassenschaft des bourbonischen Zentralismus betrachtet wurden. Die Wahl der Provinz als Repräsentationsbasis erweist sich mithin als eine konservative Maßnahme, die sich einerseits durch die Furcht (vor allem der Linken) vor der Involution erklärt; andererseits handelt es sich um die von den gemäßigten Kräften durchgesetzte Lösung. Es spricht einiges dafür, dass die ermüdenden, hindernisreichen Verhandlungen, der harte Dialog sowie der Druck der Öffentlichkeit die Wahl „einfacher" Lösungen begünstigt haben (vgl. Caciagli 1986: 119).

In der Gesetzgebung wurde der Senat mit einem Initiativrecht und einem suspensiven Veto ausgestattet. Für den Fall einer Uneinigkeit zwischen den Kammern in bestimmten Fragen[118] wurde ein Vermittlungsausschuss vorgesehen. In jedem Fall behält jedoch die (absolute) Mehrheit des Abgeordnetenhauses das letzte Wort. Daher rührt die Charakterisierung des Senats als „*mere talking-shop limited in function to second parliamentary readings*" (Roller 2002: 84). Die Position des Senats ist nur dann nicht unerheblich, wenn die Regierung im Unterhaus über keine Mehrheit verfügt (vgl. ebd.: 78). Der politische Wett-

---

[117] Ein Senator für jede Autonome Gemeinschaft, ein weiterer für jede Bevölkerungsmillion. Aufgrund der Abhängigkeit von der Einwohnerzahl variiert die Gesamtzahl der Senatoren (vgl. Vallès/Nohlen 2010: 1813).
[118] Diese betreffen in erster Linie den FCI, Internationale Abkommen und Abkommen zwischen den Autonomen Gemeinschaften.

bewerb im Senat ist parteilich und nicht territorial organisiert. Ausdrücklich regionale Interessen werden hier, wie auch im Abgeordnetenhaus, von den regionalistischen Parteien vertreten. Entsprechend wurde der Senat auch als „*non-spezialized chamber where national party interests dominate*" (Morata/Muñoz 1996: 200) bezeichnet. Hinzu kommt, dass das mehrheitsfördernde Wahlsystem parteipolitische Zusammensetzungen des Senats begünstigt, die denen der Abgeordnetenkammer entsprechen und nicht die Mehrheitsverhältnisse in den Regionen widerspiegeln (vgl. Barrios 2000: 314).

Wenngleich der Senat zunehmend als reformbedürftig wahrgenommen wurde, ging dies nicht mit einem inhaltlichen Konsens einher. Die Präsidenten der Autonomen Gemeinschaften schlugen vor, durch den Senat die Beteiligung der Regionen an der nationalen Gesetzgebung sicherzustellen und die Verbindung der Regionen zur EU herzustellen. Ferner sollte die Institution der Repräsentation der finanziellen Interessen der Autonomen Gemeinschaften sowie der Beilegung von intergouvernementalen Konflikten (anstelle des Verfassungsgerichts) dienen. Auch diese Vorschläge gingen in der Kontroverse unter (vgl. Roller 2002: 80).

Im Sinne einer institutionellen Pfadabhängigkeit wurde geschlossen, dass nach der Schaffung des Senats die Akteure zögerten, ein Gesetz zu ändern, das das politisch-institutionelle Erbe des Frankismus abzubauen und den Übergang zur Demokratie zu bewältigen helfen sollte (vgl. ebd.). Entscheidende Reformansätze verliefen im Rhythmus der Wahlen im Sande. Auch Reformen der internen Organisation seit 1994, durch die der Einfluss der Regionen erhöht werden sollte, haben an der Stellung der Kammer im politischen System nichts geändert (vgl. von Beyme 2005: 439; Roller 2002: 69; Nohlen/Hildenbrand 2005: 263). Während die Zentralregierung befürchtete, dass die Reform des Senats von den historischen Nationalitäten als Zeichen für eine weitere Autonomisierung gewertet werden könnte, befürchteten das Baskenland und Katalonien unter den Bedingungen einer echten territorialen Repräsentation ihre Sonderstellung zu verlieren (vgl. Bache/Jones 2000: 4).

3.3.3 Lokale Demokratie und Verwaltung im Staat der Autonomen Gemeinschaften

Eine klar artikulierte politische Absicht – wie sie anderthalb Jahrzehnte später in Polen bestand (s. u. Kap. 4.3.1) –, durch Verwaltungsreform und Kommunalwahlen die lokalen Machtpole des alten Regimes aufzubrechen, hatte die spanische Regimeopposition anfangs nicht. Auch im weiteren Transitions- und Konsolidierungsprozess fand die Reformintensität für die regionale Ebene keine

Entsprechung in den Gemeinden (vgl. Morlino 1998: 160). Diese drohten somit auf Dauer „*the 'poor relation' in the 'State of the Autonomies'*" zu bleiben (Clegg 1987: 155). Aufgrund des Legitimitätsverlustes aller staatlichen Ebenen im Frankismus war jedoch ein Reformbedarf auch für die Gemeinden und Provinzen weitgehend unstrittig. So begann die UCD-Regierung bereits 1978 damit, die zentralen Kontrollmechanismen über die lokale Ebene abzubauen. Dies galt insbesondere für die Befugnis, Entscheidungen der Gemeinderäte aus politischen Gründen aufzuheben (vgl. ebd.: 142).

Wenngleich sie keine umfassenden Reformkonzepte entwickelte, widmete sich auch die Opposition der lokalen Ebene. In der Erwartung des eigenen Wahlerfolgs machte sich der PSOE in der Transition frühzeitig für die ersten freien Kommunalwahlen seit 1933 stark. Die Kontrolle über die lokale Administration war aus Sicht der organisatorisch eher schwachen Opposition von strategischer Bedeutung. Hinzu kam die historisch-symbolische Dimension aufgrund der Erfahrung des Jahres 1931, als im April Republikaner und Sozialisten erfolgreich aus den Kommunalwahlen hervorgegangen waren, bevor die Zweite Republik ausgerufen wurde. Auch die regierende UCD erwartete im Ausgang des Frankismus einen Erfolg der Linken (vgl. Caciagli 1986: 128, 142). Als es im Frühjahr 1979 um den Termin für die vorgezogenen *Cortes*-Neuwahlen ging, sorgte sie deshalb dafür, dass die zweiten Parlamentswahlen vor den schließlich für den 3. April vorgesehenen Kommunalwahlen stattfanden.

Erwartungsgemäß konnten die linken Oppositionsparteien die Kommunalwahlen von 1979 in den meisten größeren Städten gewinnen. Etwa jede sechste Stimme entfiel auf einen unabhängigen Kandidaten. Koalitionen von Sozialisten, Kommunisten und kleineren Parteien übernahmen die Amtsgeschäfte in 1.800 von 8.000 Rathäusern und für etwa 70% der Landesbevölkerung. Somit konnte die UCD ihren Erfolg, gemessen an den landesweit abgegebenen Stimmen die stärkste Partei zu sein, nicht in politisches Kapital ummünzen. Zudem verlor sie gegenüber den nationalen Wahlen etwa vier Prozentpunkte (vgl. Vallès/Nohlen 2010: 1826), was ein Vorgeschmack auf die noch zu beklagenden Einbußen sein sollte.

3 Demokratisierung und Staatsorganisationsreform in Spanien

Tabelle 5: Spanische Kommunalwahlen 1979 bis 1987

Parteien	1979	1983	1987
UCD	31,3	–	–
PSOE	28,2	43,0	37,2
AP/Coalición Popular/PP	6,0	26,4	20,3
Centro Democrático y Social	–	1,8	9,8
PCE-Izquierda Unida	10,8	8,2	7,0
CiU	2,7	4,2	5,1
PNV/PNV-Eusko Alkartasuna	1,5	2,2	1,3
HB-EH	1,0	0,9	1,3
PSA- Partido Andalucista	–	0,6	1,2
Unión Valenciana	–	–	–
Eusko Alkartasuna	–	–	1,1
Euskadiko Ezquerra	0,5	0,4	0,6

Quellen: Nohlen/Hildenbrand 2005: 328; Delgado Sotillos/ Lopez Nieto 1992: 195.

Materiell waren die Ausgangsbedingungen für die lokale Politik ungünstig. Infolge einer vierjährigen Übergangsperiode nach Francos Tod, in der die noch von ihm ernannten Räte die Geschäfte weitergeführt hatten (s. o. Kap. 3.1.4), waren einige der größeren Kommunen hoch verschuldet und chaotisch organisiert. Vielen Gemeinden blieb nichts anderes übrig, als einen drastischen Sparkurs einzuschlagen und die Verwaltung zu rationalisieren, während die Bevölkerung bessere staatliche Dienstleistungen und verstärkte Investitionen erwartete (vgl. Clegg 1987: 133). Die angespannte Finanzsituation verschärfte sich in einem Kontext von starker Inflation und schwacher Einkommensentwicklung weiter. Die 1979 gewählten Räte setzten sich vor diesem Hintergrund – sowohl einzeln als auch organisiert[119] – für finanzielle Transfers zur Entspannung ihrer Haushaltslage ein (vgl. ebd.: 144).

Adäquate Reformen, insbesondere des Finanzierungssystems, scheiterten an der Uneinigkeit von UCD-Minderheitsregierung, Sozialisten und Regionalisten. Mit Hilfe von Dekreten beseitigte die Regierung einige der krassesten Handlungsbeschränkungen der Gemeinden und erschloss den besonders bedürftigen Kommunen neue Finanzierungsquellen. Wenngleich die finanzielle Ausstattung das Hauptproblem der lokalen Ebene bleiben sollte (vgl. Nohlen/Hildenbrand 2005: 337), brachte deren Demokratisierung ein allmähliches Wachstum der

---

[119] Die Organisation der Gemeinden war die *Federación Española de Municipios y Provincias* (FEMP). 1981 von den Bürgermeistern der größten Städte gegründet, wurde die FEMP von den Sozialisten dominiert, allerdings von Basken und Katalanen, die eigene Vertretungsorganisationen gründeten, boykottiert (vgl. Clegg 1987: 149).

lokalen Ressourcen und eine erhebliche Ausweitung der öffentlichen Dienstleistungen in Städten und Dörfern (vgl. Gunther et al. 2004: 140).

Jenseits der funktionalen und politischen Probleme der lokalen Politik sollte der dezentrale Machtgewinn des PSOE Folgen für die nationale Politik haben. Die Sozialisten begannen sich durch pragmatische Amtsführung gleichsam politisch zu empfehlen. Zudem bedeuteten die Wahlerfolge Zugang zu finanziellen und informationellen Ressourcen, die für den Wettbewerb auf nationaler Ebene von großer Bedeutung waren (vgl. Caciagli 1986: 207). 1982 trat der PSOE unter anderem mit dem Versprechen an, den Gemeinden größere finanzielle Autonomie sowie einen größeren Anteil am nationalen Steueraufkommen zu gewähren. Nach ihrer Wahl verpflichtete sich die PSOE-Regierung darauf, die lokale gesetzliche und finanzielle Autonomie durch Strukturreformen zu sichern, wobei sie für eine erfolgreiche Umsetzung mit den Oppositionsparteien, darunter den Regionalisten, übereinkommen musste. Doch nicht zuletzt die sich aus der Krise ergebenden Sparzwänge und die Kosten der regionalen Dezentralisierung setzten den Reformmöglichkeiten enge Grenzen (vgl. Clegg 1987: 145).

Die Umsetzung der Reform der lokalen Institutionen gelang nur langsam. Wenngleich die Konfliktintensität hier geringer war als in der Diskussion um die regionale Autonomie, waren auch die Stellung der Gemeinden im Staat der Autonomen Gemeinschaften, ihre Aufgaben und Ressourcen Gegenstand komplizierter Verhandlungen. Ein Streit drehte sich etwa um die Frage, ob die subregionalen Ebenen klar von Zentrum und Regionen zu trennen oder administrativ in die Autonomen Gemeinschaften einzugliedern seien (vgl. González Encinar 1992: 230). Bis weit in die 1980er Jahre hinein blieben zentrale Fragen wie die Regelung des Finanzierungssystems ungeklärt. Erst im März 1985 wurde mit der *Ley Reguladora de las Bases del Régimen Local* das Rahmengesetz verabschiedet (s. u. Kap. 3.3.3). Die bestehenden, aus der Zeit Francos stammenden fiskalischen Regelungen, welche sich u. a. durch zahlreiche Steuern und Gebühren mit hohen Verwaltungskosten und geringen Einnahmen auszeichneten, waren im Hinblick auf die Anforderungen an eine moderne kommunale Selbstverwaltung geradezu anachronistisch. So hatten die Gemeinden nicht einmal die Kompetenz, die Steuern entsprechend den haushaltspolitischen Bedürfnissen anzupassen (vgl. Clegg 1987: 143). Lediglich vier der 22 Verfassungsartikel zur Territorialen Organisation des Staates (Kapitel VIII) wurden der lokalen Ebene gewidmet. Die Verfassung garantiert die Autonomie der Kommunen und Provinzen, legt deren repräsentativ-demokratische institutionelle Struktur fest, erlaubt interkommunale Vereinigungen und gibt einen groben Rahmen für die Finanzierung vor. Bemerkenswert ist der besondere konstitutionelle Schutz der Provinzen, die aufgrund ihrer Geschichte kaum in den jungen Staat der Autonomen Gemeinschaften zu passen schienen. Bereits die Veränderung ihres Zuschnitts bedarf einer absoluten Mehrheit des Abgeordnetenhauses (vgl. Nohlen/Hildenbrand 2005: 292, 296).

Die Entwicklung der Stellung der Gebietskörperschaften hing zwangsläufig eng mit der regionalen Institutionenbildung zusammen. Ungeachtet des konstitutionellen und gesetzlichen Schutzes der lokalen Autonomie wurden Hebel für eine regionale Zentralisierung geschaffen (vgl. Clegg 1987: 154). Die Stärke der Autonomen Gemeinschaften – bzw. die Intensität der regionalen Dezentralisierungsbestrebungen – war wiederum nicht zuletzt eine Folge des Legitimitätsverlustes der frankistischen Gebietskörperschaften. Dieser Legitimitätsverlust war einerseits systembedingt, da die Gemeinden als Institutionen des frankistischen Systems den allgemein veränderten Einstellungen unterlagen; andererseits hatte die Bevölkerung, deren Ansprüche sich im Zuge der gesellschaftlichen Entwicklung gewandelt hatten, die kommunale Leistungserbringung zunehmend kritisch gesehen (s. o. Kap. 3.1.4). In einigen Regionen waren es allerdings die Räte auf kommunaler und Provinzebene selbst, die eine entscheidende Rolle bei der Ingangsetzung der regionalen Dezentralisierung spielten.[120] Die Dezentralisierungsforderungen für die lokale Ebene, die mit der Transition verstärkt aufkamen, folgten einer Demokratisierungs- und einer Modernisierungslogik. Die Diktatur auf allen staatlichen Ebenen zu beenden und die Politik „näher an die Bevölkerung" zu bringen, waren zentrale Motive. In den meisten Autonomen Gemeinschaften gestalteten sich die Beziehungen zwischen Region und Gemeinden weitgehend harmonisch. Konflikte entzündeten sich vor allem an Fragen der fiskalischen Dezentralisierung. Im Baskenland, wo zudem Spannungen im Bereich der Sprachenpolitik auftraten, waren die Auseinandersetzungen besonders konfliktiv. So wurde gegen den Willen des Präsidenten der baskischen Regierung, Garaikoetxea, ein Gesetz verabschiedet (*Ley de Territorios Históricos*), das die drei Provinzen gegenüber der Regionalregierung stärkte (vgl. ebd: 152).

Ungeachtet der Erwartungen und der begonnenen Veränderungen auf der lokalen Ebene wurde deutlich, was auch ein Merkmal der gesamten Transition war: Die frankistische Bürokratie hatte die Transition beinahe schadlos überstanden und stellte neben dem Militär einen der letzten nicht erneuerten Machtblöcke dar. Durch die Verzögerung der kompetitiven Kommunalwahlen behielten die unter Franco Ernannten auch die Kontrolle über die lokale Politik. Dies ist im Lichte des konsensuellen Systemwechsels zu sehen, der über das Ende der Diktatur hinaus die Rekrutierung aus den frankistischen, dem Zentralismus verhafteten Kadern erlaubte. Was für die Kontinuität staatlicher Aufgabenerfüllung von Vorteil war, erwies sich für die politische Dezentralisierung als Hindernis (vgl. Vazquez Barquero/Hebbert 1985: 295; Caciagli 1986: 27; Alba 2001: 105).

---

[120] Dies gilt besonders für Andalusien (s. o. Kap. 3.3.2).

Angesichts der Kontinuität der politischen und bürokratischen Strukturen betont Geoffrey Pridham (1994: 26) den Wechsel des Regimes gegenüber der staatlichen Transformation.[121] Allerdings war die Verwaltung in den letzten Jahren der Franco-Herrschaft stärker nach technokratischen Gesichtspunkten als über die Mitgliedschaft im *Movimiento* rekrutiert und auf Effizienz ausgerichtet worden. Folglich war sie im Grunde unpolitisch und stellte sich dem politischen Systemwechsel nicht in den Weg. Die Arbeit der Verwaltung konnte mithin während Transition und Konsolidierung fortgesetzt werden. Für die Gebietskörperschaften bedeutete dieser Fortbestand allerdings, dass die Transition ihnen keine Gelegenheit bot, ihre Administration grundlegend – personell und organisatorisch – zu erneuern (vgl. Agüero 1995; Gunther et al. 2004: 109). Somit blieb die Reorganisation und demokratische Kontrolle der Verwaltung neben der Reform des Militärs mit der Herstellung ziviler Kontrolle sowie der Modernisierung der Wirtschaft und der sozialen Sicherungssysteme eine der Ebenen, auf der nach dem Machtwechsel von 1982 die PSOE-Regierung noch einen wichtigen Beitrag zur Konsolidierung zu leisten hatte (vgl. Kraus/Merkel 1993: 208). Ein erstes Dekret der PSOE-Regierung (Dezember 1982) enthielt eine Erklärung zur Trennung zwischen Politikern und Beamten (vgl. Alba 2001: 98). Infolge der Transition traten das „Erbe" der Rechtsdiktatur und teilweise auch der langen Verwaltungstradition – insbesondere Willkür, Klientelismus und Korruption – offen zutage; hinzu kamen durch den Systemwechsel bedingte neue Entwicklungen wie die Rolle der Parteien, die Netzwerke innerhalb der Verwaltung aufzubauen versuchten. Die größte Herausforderung stellte in diesem Zusammenhang die Schaffung der regionalen Ebene dar. Hier ging es um die Frage des Personaltransfers bzw. der möglichen Verdopplung der Verwaltung (vgl. Alba 2001: 98).

Im Hinblick auf die Institutionalisierung der Regionen vertrat der PSOE sowohl in der Opposition als auch zu Beginn seiner Regierungszeit die Ansicht, dass die Regionalisierung zwecks administrativer Effizienz und aus ökonomischen Gründen mit einer Reduzierung des zentralstaatlichen Personals einhergehen müsse. Die adäquate Strategie bestand für die Partei in einem „physischen Transfer" der Bürokratie vom Zentrum in die Regionen, d. h. in der blockweisen und gleichzeitigen Übertragung von Kompetenzen auf alle Autonomen Gemeinschaften. Die vollständige Umsetzung dieser Prinzipien scheiterte an den Spannungen zwischen den Regierungsebenen und dem Widerstand der Zentraladministration (vgl. Vazquez Barquero/Hebbert 1985: 298f.). Auch hielt der PSOE schon bald nicht mehr an seiner ursprünglichen Auffassung fest.

Zur Organisation des Transfers wurden sektorale Übertragungskommissionen geschaffen, die jedoch von den mächtigen Autonomen Gemeinschaften

---

[121] Zu dieser Unterscheidung siehe auch Fishman (1990), Merkel (2010: 433) und das Kapitel 2.4.2 der vorliegenden Arbeit.

aufgrund der Dominanz der Regionen mit geringer exekutiver Kapazität boykottiert wurden (vgl. ebd.: 295). Aufgrund ihrer umfassenden Zuständigkeiten errichteten die Autonomen Gemeinschaften umfangreiche Verwaltungen mit einem zunehmenden Anteil an den öffentlich Beschäftigten des Landes. Zwischen 1982 und 1994 wuchs der Anteil der Beschäftigten auf regionaler Ebene an der gesamten öffentlichen Beschäftigung von 3,9% auf 39,1% an. Ohne entsprechenden Kompetenztransfer weist auch der Personalbestand der kommunalen Ebene ein deutliches Wachstum auf (von 14,7% 1982 auf 22,2% 1994) (vgl. CDLR 1998: 156).

Das 1984 verabschiedete Gesetz zur *Reforma de la Función Pública* war Ende der 1980er Jahre erst teilweise umgesetzt. Für bestimmte Politikbereiche in einigen Autonomen Gemeinschaften lediglich für die Rahmengesetzgebung verantwortlich, blieb der Zentralstaat in anderen Autonomen Gemeinschaften auch für den kompletten Vollzug zuständig. Um eine kontinuierliche Leistungserbringung sicherzustellen, war der Staat zur Aufrechterhaltung eines eigenen Verwaltungsapparates in den Regionen gehalten, was eine Verdopplung der Verwaltung und der Programme bedeutete (vgl. Held/Sánchez Velasco 1996: 255). Beide Staatsebenen nutzte der PSOE für Patronagezwecke (vgl. Kraus/Merkel 1993: 209; Gunther et al. 2004: 308). Tausende Beamte wurden in öffentlichen Unternehmen sowie der nationalen und subnationalen Verwaltung ernannt (vgl. Puhle 1997: 157; Morlino 1998: 226). Die Regierungsübernahme durch den PSOE hatte eine beispiellose Ämterpatronage zur Folge. Von den ab 1982 ins Amt gekommenen Stelleninhabern hatten 90% nie zuvor eine ähnliche Position inne gehabt. Die Besetzungspolitik löste eine Abwanderung qualifizierter Beamter in die Wirtschaft und eine Welle der Versetzung in die zweite Reihe aus (vgl. Alba 2001: 98ff.). Im Laufe der Regierungszeit des PSOE wurde die Parteizugehörigkeit fast unerlässlich für eine politische Karriere in regionalen oder kommunalen Einrichtungen. Tausende Parteimitglieder besetzten Ämter in der Administration und Mandate auf nationaler, regionaler und lokaler Ebene. Diese starke institutionelle Präsenz, die zunehmend kritisiert wurde, war eine willkommene Basis für die organisatorische Stabilisierung der Partei angesichts einer bislang schwachen gesellschaftlichen Verankerung (vgl. Gunther et al. 2004: 245, 263).

3.3.4 Die Institutionen der Gemeinden und Provinzen

Die Verfassung von 1978 sah die Bewahrung des Zwei-Ebenen-Systems von 50 bzw. 43 Provinzen[122] und mehr als 8.000 Gemeinden vor. Diese Untergliederung und das Recht auf Selbstverwaltung durch demokratische Institutionen im Bereich der lokalen Interessen sind in den Artikeln 137 und 140 der Verfassung geregelt, die keine spezifischen Regelungen für eine Reform der bestehenden Institutionen enthält. Die bloße Schaffung der Autonomen Gemeinschaften, die Einfluss auf das vertikale Kompetenzgefüge im Staat hatte, bedingte jedoch eine Reihe von Änderungen. Auch machten der Zentralstaat und die Regionen von ihren gesetzgeberischen Möglichkeiten Gebrauch. Die Regelung der lokalen politischen Institutionen (einschließlich des Wahlsystems), der Aufgaben von Provinzen und Gemeinden und des Budgets sowie vor allem die Steuerhoheit liegen beim zentralen Gesetzgeber.[123]

Entsprechend der geteilten Gesetzgebung (Art. 148 Abs. 1) haben die Autonomen Gemeinschaften innerhalb des gesetzlichen und konstitutionellen Rahmens das Recht, die lokalen Einheiten neu zu organisieren und zu gliedern, Aufgaben zu verteilen und neue Ebenen (z. B. Kreise) zu schaffen. Nachdem sie jahrzehntelang gesunken war, begann die Zahl der Gemeinden um 1980 leicht anzusteigen. Einige Autonome Gemeinschaften gaben dem Druck lokaler Einheiten nach, die sich aus ihrer Gemeinde ausgliedern und eine eigene Gemeinde gründen wollten. 34 Gemeinden entstanden auf diese Weise zwischen 1981 und 1986 (vgl. Solé-Vilanova 1989: 214). Einer Tendenz der Autonomen Gemeinschaften, die Kontrolle über die Gemeinden, insbesondere über deren Ausgaben, zu verschärfen, hat das Verfassungsgericht jedoch Einhalt geboten (vgl. CDLR 1998: 40).

Erst das 1985 verabschiedete Gesetz über die Grundlagen der lokalen Verwaltung (*Ley Reguladora de las Bases del Régimen Local*; LBRL) regelte wichtige Fragen bezüglich der Gestalt der Kommunalverwaltung, wie sie bereits seit dem Beginn der Transition auf der Agenda gestanden hatten (Territorium, interne Organisation und Aufgaben der Gemeindeverwaltung, kommunale Steuererhebung und das Wirtschaften mit dem eigenen Besitzstand). Einzelhei-

---

[122] Durch die Schaffung von Ein-Provinz-Regionen, die die Funktionen der Provinzen mit übernahmen, sank deren Zahl um sieben.
[123] In den 1980er Jahren hat Madrid von seinen Gestaltungsmöglichkeiten Gebrauch gemacht und Steuerfragen zumeist direkt mit den lokalen Autoritäten geregelt. Ressourcen wie die jährliche nicht zweckgebundene Zuweisung hat Madrid nicht den Autonomen Gemeinschaften zur Verteilung überlassen, sondern direkt an Provinzen und Gemeinden geleitet. Auch hat die Zentralregierung immer wieder durch ihre „Appelle an die juristische Klausel der Allgemeinheit (*interés general*)" die Kompetenzen der Autonomen Regierungen im Bereich der territorialen Organisation eingeschränkt (López Mira 2001: 276).

3 Demokratisierung und Staatsorganisationsreform in Spanien

ten wurden durch nationale und regionale Gesetze sowie durch die Verwaltungspraxis geklärt (vgl. Clegg 1987: 136). Mit der LBRL wurde jedoch die Gelegenheit versäumt, die vertikale Kompetenzverteilung abschließend zu regeln (vgl. Solé-Vilanova 1989: 216). Im Unterschied zu den Autonomen Gemeinschaften sind die Kompetenzen der lokalen Autoritäten nicht in der Verfassung aufgelistet, sondern im Rahmengesetz. Einige Zuständigkeiten liegen gleichzeitig bei Regionen und Provinzen; auch üben einige große Gemeinden Aufgaben aus, die üblicherweise bei höheren Ebenen liegen. Das Gesetz enthält eine Formel für eine flexible Aufgabenverteilung. So besteht ein Minimum an kommunalen Aufgaben, die alle Gemeinden bis zu einer Größe von 5.000 Einwohnern in Übereinstimmung mit staatlicher und regionaler Gesetzgebung ausüben.[124] Der kommunale Aufgabenbereich, der grundsätzlich alle Belange der Gemeinden betrifft, die von diesen selbstständig erledigt werden können, ist im Prinzip wandelbar und kann durch Gesetz eingeschränkt, aber nicht abgeschafft werden (vgl. Sosa Wagner 1988: 122). Damit bestätigte das Gesetz die traditionelle Befugnis der lokalen Ebene, alle Bereiche des „lokalen Interesses" zu regeln, wenngleich es die Reduzierung lokaler Kompetenzen durch die Provinzen und Regionen vorsah (vgl. Page 1991: 23). Ferner unterscheidet das Gesetz zwischen eigenen Aufgaben und von der Zentralregierung oder jeweiligen autonomen Regierung delegierten Auftragsangelegenheiten (insbesondere in den Bereichen Bildung, Gesundheit und Kultur) (vgl. Clegg 1987: 140; Page 1991: 25). Im Bereich der eigenen Aufgaben unterliegen die Gemeinden allein der Rechtmäßigkeitskontrolle. Auftragsangelegenheiten, für die auch die Zweckmäßigkeitskontrolle gilt, sind weniger zahlreich.

Die Zivilgouverneure, die seit dem 19. Jahrhundert die Zentralgewalt in der Provinz repräsentierten und erst 1997 abgeschafft wurden[125], übten eine *a-priori*-Kontrolle über die Gemeinden aus. Die Aufgabe der Budget-Kontrolle fiel infolge der Demokratisierung und der Schaffung der Regionen auf die regionalen Büros des Finanzministeriums. Die Aufsicht über die Gemeinden ist zwar regional verortet, ist jedoch keine Aufgabe der autonomen Ebene (vgl. Page 1991: 39). Der regionale Präfekt (*Delegado del Gobierno*) kann subnationale Entscheidungen aufheben, die im Konflikt mit überlokalen/-regionalen Interessen stehen. Dies bedeutet, dass sich mit dem Regimewechsel zwar die Verfahren der Verwaltungsaufsicht geändert haben, die faktischen staatlichen Einflussnah-

---

[124] Diese Liste umfasst insbesondere die Bereiche öffentliche Sicherheit, den öffentlichen Nahverkehr, Gesundheit und Verbraucherschutz, Wohnungswesen und Stadtplanung, Freizeit und Kultur und soziale Dienstleistungen.
[125] An die Stelle des *Gobernador Civil* trat der *Subdelegado de Gobierno*, der Unterdelegierte der Regierung, der im Wesentlichen Koordinationsaufgaben ausübt. Weitere Änderungen des Gesetzes von 1997 betrafen die Stärkung des die Zentralregierung auf autonomer Ebene repräsentierenden Regierungsdelegierten (*Delegado del Gobierno*) (vgl. Nohlen/Hildenbrand 2005: 297).

me-Möglichkeiten (durch die Präfekten und Beamte der lokalen ministeriellen Zweige) jedoch strukturell fortbestehen. Diese für den südeuropäischen Typ der Staatsorganisation charakteristische zentralstaatliche Beteiligung in wichtigen lokalen Angelegenheiten bezeichnet Edward Page (1991: 40) als *legal centralism*. Sie steht in scharfem Kontrast zu „*broad grants of power over wide areas of public policy leading to a remote control approach to local government*" (ebd.: 41), wie sie die britische Staatsstruktur traditionell kennzeichneten.

Das Rahmengesetz entzog die institutionelle Struktur auf lokaler Ebene den Autonomen Gemeinschaften und verlangte strukturelle Homogenität (vgl. Sosa Wagner 1988: 123): auf vier Jahre allgemein, nach Verhältniswahl (d'Hondt) mit starren Listen in einem Wahlkreis und einer 5%-Sperrklausel gewählte Gemeinderäte (*ayuntamientos*) und diesen gegenüber verantwortliche Bürgermeister (*alcaldes*), die in Gemeinden mit mehr als 100.000 Einwohnern von den Gemeinderäten (*consejales*) und in kleineren Gemeinden direkt gewählt werden.[126] Wenn die Wahl durch die Versammlung keine absolute Mehrheit zum Ergebnis hat, wird der *consejero* an der Spitze der stimmenstärksten Liste zum Bürgermeister ernannt (vgl. Nohlen/Hildenbrand 2005: 293). Die LBRL stärkte den Bürgermeister, dessen Zuständigkeiten sie ausdehnte, gegenüber dem Rat (vgl. Sosa Wagner 1988: 124). Die Bürgermeister größerer Gemeinden ernennen zu ihrer Unterstützung eine *comisión de gobierno* (Regierungskommission), deren Mitglieder jedoch keine besonderen gesetzlichen Befugnisse haben. Erstmalig erhielten die Bürgermeister die Möglichkeit, ein Gremium zu ernennen, das sich ausschließlich aus Mitgliedern der Ratsmehrheit zusammensetzt – eine Möglichkeit, von der reger Gebrauch gemacht wurde. Bis dahin hatte ein „ständiger Ausschuss" mit proportionaler Vertretung der Fraktionen die Praxis dargestellt (Clegg 1987: 135). Das wichtigste Kontrollinstrument des Rates ist das Misstrauensvotum, durch welches der Rat den Bürgermeister durch einen anderen Kandidaten ersetzen kann.

Die Fragmentierung der lokalen Ebene wurde hinsichtlich der Verwaltungseffizienz und der Leistungsfähigkeit als problematisch bewertet. Die Tatsache, dass etwa 7.000 Gemeinden weniger als 5.000 Einwohner zählten,[127] war

---

[126] Die Zahl der zu wählenden *consejales* hängt von der Einwohnerzahl der Gemeinde ab: bis 250 Einwohner: 5; bis 1.000 Einwohner: 7; bis 2.000 Einwohner: 9; bis 5.000 Einwohner: 11; bis 10.000 Einwohner: 13; bis 20.000 Einwohner: 17; bis 50.000 Einwohner: 21; bis 100.000 Einwohner: 25; ab 100.000 Einwohner ein weiterer *consejal* pro weitere 100.000 Einwohner.

[127] Seinerzeit zählten 6.978 Gemeinden weniger als 5.000 Einwohner (insgesamt 5,25 Mio. Einwohner); 830 Gemeinden zählten zwischen 5.000 und 20.000 Einwohner (7,64 Mio. Einwohner); 176 Gemeinden zwischen 20.000 und 50.000 Einwohner (5,01 Mio. Einwohner); 55 Gemeinden zwischen 50.000 und 100.000 Einwohner (3,60 Mio. Einwohner); und 55 Gemeinden zählten mehr als 100.000 Einwohner (16,37 Mio. Einwohner) (Ministerio de Administración Pública; CDLR 1998: 155).

schließlich einer der Gründe, die gegen eine allgemeine Erhöhung der fiskalischen Autonomie der Gemeinden sprachen (vgl. Solé-Vilanova 1989: 222). Amalgamierungen, eine heterogene Aufgabenverteilung (und damit einhergehend ein differenziertes Finanzierungssystem) oder auch die Bildung übergemeindlicher Einheiten (wie die Einführung der Kreise in Katalonien) wurden als mögliche Lösungen diskutiert. Die Zusammenlegung von Gemeinden wurde allerdings durch die starke Identifikation mit der lokalen Gemeinschaft erschwert. Zu einer umfassenden Gebietsreform, wie sie in anderen großen Industriestaaten, etwa in Deutschland und Großbritannien, durchgeführt wurde und die eine deutliche Verringerung der Zahl der Gemeinden und eine Reform des Provinz-Zuschnitts von 1833 bedeutet hätte, ist es auch aus diesem Grund nicht gekommen (vgl. ebd.: 225; Nohlen/Hildenbrand 2005: 337).

Tabelle 6: Die subregionale Struktur Spaniens in der Transition

Vor 1978	**Nach 1978**
50 Provinzen	43 Provinzen + 7 Ein-Provinz-Regionen
8.022 Gemeinden	8.022 Gemeinden
124 Mancomunidades	467 Mancomunidades
3.486 Kirchspiele und andere lokale Einheiten	3.818 Kirchspiele und andere lokale Einheiten

Quelle: Solé-Vilanova 1994: 378.

Ohne dass es zu einschneidenden funktionalen Reformen kam, wurde die vertikale Verteilung von Aufgaben nach 1975 deutlich komplexer. Die Einheiten einer Ebene sind sehr heterogen, Gemeinden, Provinzen und Autonome Gemeinschaften unterscheiden sich hinsichtlich ihrer Bevölkerung, Geographie und Entwicklung stark. Die Gesamtheit der dezentralen Körperschaften zerfällt weiter in etwa 4.000 kleinere lokale Einheiten (wie die Kirchspiele) und autonome Verwaltungskörperschaften. Oberhalb der Gemeinden wurden Körperschaften wie die *Comarcas* in Katalonien und Asturien sowie die Gemeindeverbände (*Mancomunidades de Municipios*) in Aragon geschaffen. Die Rechtsaufsicht über diese nicht von der Verfassung geschützten Körperschaften üben die Autonomen Gemeinschaften gemeinsam mit Madrid aus. 1975 bestanden 124 *Mancomunidades*, den deutschen kommunalen Zweckverbänden ähnliche Zusammenschlüsse. Diese geringe Zahl ist symptomatisch für die in Spanien traditionell schwache interkommunale Kooperation. 25 Jahre später war die Zahl dieser Zusammenschlüsse mit Aufgaben in den Bereichen Tourismus, Stadtplanung, Umweltschutz etc. auf mehr als 800 gestiegen. Einheiten unterhalb der Gemeinden bestehen traditionell in dünn besiedelten Regionen wie Galizien,

Asturien oder Kantabrien (vgl. Solé-Vilanova 1989: 209; Nohlen/Hildenbrand 2005: 293, 298).[128]

Die Städte Madrid und Barcelona hatten bereits unter Franco eine Sonderstellung. In den 1960er Jahren erhielten sie fiskalische Kompetenzen und weitere Aufgaben. 1974 wurde im Großraum Barcelona eine Mehrzweck-Vereinigung von 27 Gemeinden geschaffen, die u. a. für Stadtplanung, Wasser und Transport verantwortlich war. Die Regionalregierung von Katalonien ersetzte die Vereinigung durch zwei Bezirke, 18 bzw. 32 Gemeinden umfassend, mit jeweils einer Zuständigkeit: Transport und Wasser sowie Abfallbeseitigung. Einige Jahre später sollten die Vorzüge der *Áreas Metropolitanas* jedoch wiederentdeckt werden (vgl. Nohlen/Hildenbrand 2005: 298).[129] In Madrid wurde eine andere Strategie verfolgt. Die Stadt absorbierte 13 benachbarte Gemeinden, und eine dem Straßenbau-Ministerium unterstehende Behörde übernahm Planungs- und Entwicklungsaufgaben. Diese gingen 1983 auf die Autonome Gemeinschaft über.

Die lokale Zuständigkeit wächst mit der Gemeindegröße, ein Umstand, dem auch höhere Pro-Kopf-Zuweisungen und eine größere Steuerautonomie Rechnung tragen. Die Finanzierung soll laut Verfassung weitgehend durch eigene Abgaben und den kommunalen Anteil an den gesamtstaatlichen Steuereinnahmen sichergestellt werden (vgl. Sosa Wagner 1988: 132). Nicht umgesetzt wurde die bereits in der Verfassung vorgesehene Beteiligung der Gemeinden an den Steuereinnahmen der Autonomen Gemeinschaften (Nohlen/Hildenbrand 2005: 294). Erst die *Ley Reguladora de las Haciendas Locales* (Gesetz über die lokalen Finanzen) vom 28. Dezember 1988 sah fünf Arten von Steuern vor und stärkte die bis dato verschwindend geringe fiskalische Autonomie ein wenig. Mit fünfjähriger Verspätung wurde damit die bereits 1983 als dringlich erkannte Neuregelung des Finanzierungssystems umgesetzt.[130] Die Zuweisungen aus Madrid beinhalten neben diversen zweckgebundenen Subventionen auch nicht zweckgebundene Mittel, die aus den indirekten Steuern in den bereits 1977

---

[128] Die LBRL unterscheidet *Entitades locales territoriales*, lokale Gebietskörperschaften, und lokale Körperschaften, *Entitades locales*. Erstere umfassen Provinzen, Kommunen und Inseln. Die zweite Gruppe wird gebildet von (1.) Körperschaften mit einem untergemeindlichen Geltungsbereich; (2.) *Comarcas* und anderen, verschiedene Gemeinden gruppierenden Körperschaften; (3.) Stadt- und Umlandverbänden in Ballungsräumen (*Areas Metropolitanas*) und (4.) kommunalen Zweckverbänden (*Mancomunidades de Municipios*) (vgl. Nohlen/Hildenbrand 2005: 292).

[129] „Zweck der *Áreas Metropolitanas* ist es, für die sozioökonomischen und ökologischen Probleme eines durch Verwaltungsgrenzen zerschnittenen Ballungsraums eine einheitliche und mit umfassenden Kompetenzen ausgestattete Verwaltungs- und Planungseinheit zu schaffen. Es handelt sich also um Großstadt-Umland-Verwaltungen, wie sie in Deutschland [...] und anderen Ländern (u. a. *Greater London Authority* [...]), existieren." (Nohlen/Hildenbrand 2005: 298).

[130] Die *Ley 24 de Medidas Urgentes de Saneamiento y Regulación de las Haciendas Locales* vom Dezember 1983 hatte bereits erste Maßnahmen eingeleitet, um die lokale Finanzkrise einzudämmen (vgl. Nohlen/Hildenbrand 2005: 293).

geschaffenen Nationalen Fonds für kommunale Zusammenarbeit (*Fondo Nacional de Cooperación Municipal*) fließen. Besonders in ländlichen Gemeinden mit geringer Bevölkerungsstärke spielen zweckgebundene Zuweisungen der Provinzen eine wichtige Rolle. Der im Vergleich zu den anderen Ebenen große Anteil eigener Mittel bedingt erhebliche Unterschiede bei den finanziellen Ressourcen, die sich direkt auf den Umfang der lokalen Dienstleistungen auswirken (vgl. ebd.: 293f.; Solé-Vilanova 1989: 223).

Den Provinzen fiel neben den Gemeinden die Initiativfunktion zur Bildung der Autonomen Gemeinschaften zu. Im Autonomiestaat haben sie laut Verfassung die Funktionen (1.) lokaler Gebietskörperschaften, (2.) räumlicher Einheiten zur Erfüllung staatlicher Aufgaben und (3.) von Wahlkreisen für die *Cortes*- und die Senatswahl (vgl. Nohlen/Hildenbrand 2005: 294).[131] Das Baskenland, Katalonien, die Kanarischen Inseln und die Balearen haben ihrer besonderen Sicht auf die Provinzen dadurch Ausdruck verliehen, dass sie jeweils andere Entitäten als territoriale Basiseinheiten nennen, namentlich die katalanischen *Comarcas*, die baskischen *Territorios Históricos* und die *Islas* der Kanaren und Balearen, während sie die Provinzen lediglich erwähnen. Die anderen Autonomen Gemeinschaften erkennen hingegen die Untergliederung in Provinzen sowie deren konstitutionelle Funktionen ausdrücklich an (vgl. ebd.: 295). Besonders die Provinzräte waren in der Vorbereitung des Gesetzes Gegenstand von Kontroversen. Die LBRL hat die Rolle der Provinzen deshalb nur vage definiert und den Autonomen Gemeinschaften einigen Spielraum belassen, mit der Folge, dass die konkrete Ausgestaltung regional variiert[132] (vgl. Clegg 1987: 140). Allerdings besitzen die Autonomen Gemeinschaften gegenüber den Provinzen lediglich Koordinierungsbefugnisse, während die *Cortes* die Provinzen neu gestalten können (vgl. Sosa Wagner 1988: 130).

Die baskische Regionalregierung stärkte die historischen Provinzen Álava, Guipúzcoa und Viscaya, teilweise sogar auf Kosten der Autonomen Gemeinschaft (vgl. ebd.: 134f.). Hingegen entsprachen die Bestimmungen zur territorialen Organisation nicht den Vorstellungen der katalanischen Autonomisten. Diese betrachteten die vier Provinzen als künstliche Einheiten, die nur dem Zweck dienten, die Region zu teilen und zu schwächen. 1980 versuchte die Regionalregierung, mit 36 den deutschen Kreisen und englischen *counties* ähnlichen *comarques* die traditionelle – symbolträchtige und Identität stiftende – katalani-

---

[131] Neben den Provinzen bestehen die Exklaven Ceuta und Melilla als autonome Städte. 18 Gemeinden und 13 Kirchspiele gehören administrativ nicht zu der Provinz, in der sie territorial liegen (vgl. Nohlen/Hildenbrand 2005: 294).
[132] In den nur aus einer Provinz bestehenden Autonomen Gemeinschaften hat die regionale Ebene die Aufgaben, das Personal und die Ressourcen der Provinz übernommen.

sche Verwaltungseinheit als einzige subregionale Ebene durchzusetzen.[133] Das Verfassungsgericht verhinderte diese Reform jedoch aufgrund des Schutzes der Provinzen durch die Verfassung. Somit blieb das Verwaltungssystem mit Zivilgouverneuren und Provinzräten bestehen, ebenso wie der Gesandte der Zentralregierung (vgl. Sosa Wagner 1988: 130; Edwards 1999: 674). Die *Generalitat* neigte in der Folge dazu, den Provinzen ein nur geringes Maß an Kompetenzen zu gewähren. Die unvollständige lokalpolitische Kompetenz führte zu einer institutionenpolitischen Sackgasse, als 1987 41 *comarcas* zusätzlich zu den Provinzen geschaffen wurden. Die *comarcas* erhielten die Zuständigkeit für überkommunale öffentliche Dienstleistungen, Planungsaufgaben und Wirtschaftsförderung, während die Provinzen Aufgaben im Bereich der öffentlichen Infrastruktur übernahmen (vgl. Solé-Vilanova 1989: 215; Brugué et al. 2001: 102).[134] Zwar fallen die Errichtung einer überkommunalen Ebene und die Festlegung entsprechender Aufgaben in die regionale Zuständigkeit. Die Konsolidierung dieser Ebene war jedoch problematisch, da die regionale Administration keine Möglichkeit hatte, die subregionale Ressourcenverteilung eigenständig neu zu gestalten (vgl. Solé-Vilanova 1994: 391).

Die Provinzen haben im Autonomieprozess Kompetenzen an die neuen regionalen Institutionen verloren. Zuständig für übergemeindliche Aufgaben, haben sie laut *Ley Reguladora* (Art. 31) die Funktion, „Solidarität" und eine zwischengemeindliche Balance in der Wirtschafts- und Sozialpolitik zu gewährleisten. Die konkreten Kompetenzen umfassen deshalb die Koordination von kommunalen Diensten, die Ausübung überkommunaler Aufgaben, rechtliche, technische und wirtschaftliche Unterstützung insbesondere kleinerer Gemeinden, Wirtschaftsförderung und das Management der Interessen der Provinz. Im Bereich der Errichtung und Aufrechterhaltung der öffentlichen Infrastruktur kommt den Provinzen die Aufgabe zu, zusammen mit den Gemeinden jährliche Provinzpläne zu erarbeiten. An deren Finanzierung beteiligen sich die Provinzen, die Gemeinden, die Autonomen Gemeinschaften und der Zentralstaat (vgl. Nohlen/Hildenbrand 2005: 296). Darüber hinaus können Provinzen auch Aufgaben im Auftrag der Autonomen Gemeinschaften und des Zentralstaates übernehmen. Die Autonomen Gemeinschaften haben von der Möglichkeit der Aufgabendelegation jedoch nur wenig Gebrauch gemacht. Die Organe der Provinzen

---

[133] Ein Konzept für die Untergliederung in 38 *comarcas* hatte bereits die autonome Regierung während der Zweiten Republik erarbeit (vgl. Nohlen/Hildenbrand 2005: 299), was die symbolische Bedeutung dieses Plans unterstreicht.

[134] Die *comarcas* sind in geographischer, sozioökonomischer, historischer und kultureller Hinsicht relativ homogen. Neben Katalonien bestehen sie in Aragón (30 *comarcás*), Kastilien-León (eine) und im Baskenland (sieben, unter der Bezeichnung „*cuadrillas*"). Nur Katalonien und Aragón haben per Gesetz ihr gesamtes jeweiliges Territorium in *comarcás* untergliedert (vgl. Nohlen/Hildenbrand 2005: 298).

3 Demokratisierung und Staatsorganisationsreform in Spanien

sind der Provinztag (*diputación*), der aus dessen Mitte gewählte Präsident und der Verwaltungsausschuss. Der Provinztag (je nach Größe der Provinz mit 25 bis 51 Mitgliedern) wird für vier Jahre indirekt gewählt[135] (vgl. Sosa Wagner 1988: 130; Nohlen/Hildenbrand 2005: 296). Das Finanzierungssystem für die Provinzen basiert auf ähnlichen Einnahmesäulen wie jenes der Gemeinden.

Die Autonomen Gemeinschaften haben in den 1990er Jahren wenig unternommen, die kommunalen Probleme – hinsichtlich der Finanzen, Kompetenzen und der Territorialgliederung – zu lösen. Insbesondere waren die Regionen wenig geneigt, Kompetenzen abzutreten, nachdem sie Aufgaben der Kommunen und Provinzen übernommen hatten. In der Folge haben die Autonomen Gemeinschaften die subregionalen Kompetenzen durch die eigene Gesetzgebung weiter eingeschränkt, weshalb ihnen ein „Zentralismus auf autonomer Ebene" vorgeworfen wurde (vgl. Nohlen/Hildenbrand 2005: 337). In einigen Fällen haben sie auch Behörden auf der Ebene der Provinzen geschaffen, anstatt – wie vorgesehen – die Provinzialräte entsprechend einzubinden (vgl. ebd.).

Seit 1990 erhalten die Gemeinden eine zweckgebundene Zuweisung, die sich an denselben Parametern bemisst wie der regionale Steueranteil: der Bevölkerungsgröße (70%), dem kommunalen Steueraufkommen (25%) und der Zahl öffentlicher Schulen (5%). Dieses System führt zu einer inhomogenen Verteilung (vgl. Solé-Vilanova 1989: 222). In den 1990er Jahren blieben die lokalen Ressourcen Gegenstand heftiger Auseinandersetzungen zwischen Regionen und Zentralstaat einerseits und den in der *Federación Española de Municipios y Provincias* (FEMP) organisierten Kommunen und Provinzen andererseits. Die FEMP umfasste Anfang der 1990er Jahre zwar nur rund 4.000 der 8.000 Gebietskörperschaften, ein bescheidener Organisationsgrad im Vergleich zu den diversen britischen Pendants (der *District Councils, Metropolitan Authorities* etc.), die einen maximalen Organisationsgrad aufwiesen (vgl. Page 1991: 46). Ihr Vorteil war jedoch, dass sie mit nahezu geschlossenen Reihen agieren konnte. Begünstigt wurde dies dadurch, dass sie wie eine kommunale Lobbyorganisation innerhalb des PSOE agierte. Als besondere Erfolge gelten die interne Organisation und die Kompetenzen der lokalen Autoritäten, wie sie 1985 gesetzlich geregelt wurden (vgl. Clegg 1987: 149; Page 1991: 53).

---

[135] Nach einem Bevölkerungsschlüssel entfällt auf jeden Gerichtsbezirk (*Partido Judicial*) innerhalb einer Provinz eine bestimmte Zahl von *diputados*, mindestens jedoch einer. Die auf die Gerichtsbezirke einer Provinz hochgerechneten Stimmenergebnisse der Parteien bei den entsprechenden Kommunalwahlen ergeben die Relation, nach der die Parteien die *diputados* eines Gerichtsbezirks stellen dürfen.

3.3.5 Die zweite Phase des Autonomieprozesses – Neudefinition der Positionen und institutionelle Entwicklung nach der Transition

Einerseits fachte der PSOE-Wahlsieg von 1982 die Dezentralisierungsdebatte wieder an, da die Partei ein klares Bekenntnis zur regionalen Autonomie abgelegt hatte (s. o. Kap. 3.3.1). Andererseits bremste die absolute Mehrheit der sozialistischen Regierung(en) den Dezentralisierungsprozess (vgl. CDLR 1998: 150). Das Konfliktpotential der Autonomiefrage in der frühen Phase der Transition hatte nicht nur die oben (Kap. 3.3.2) beschriebene strukturelle Asymmetrie der Staatstruktur bedingt, sondern war auch ein beschleunigendes Moment für die gesamte institutionelle Entwicklung gewesen. Im weiteren Autonomieprozess wurde jedoch die Ungleichbehandlung der nicht-historischen Regionen zunehmend als Problem betrachtet; es wurde daher betont, dass es sich um einen vorübergehenden Zustand handle (vgl. González Encinar 1992). Fünf Jahre nach Inkrafttreten des Autonomiestatuts hatten die Regionen des „langsamen Weges" zwei Möglichkeiten, das hohe Kompetenzniveau zu erreichen: nach Artikel 148 Abs. 2 durch die Reform des Statuts aufgrund der Initiative des autonomen Parlaments und eines Organgesetz-Beschlusses der *Cortes* oder nach Artikel 150 Abs. 2 durch die Übertragung von Kompetenzen von Madrid zur kompetentiellen Vereinheitlichung (vgl. ebd.: 223f.). Aufgrund politischer Umstände, insbesondere des Zentralismus des regierenden PSOE, verzögerte sich die Angleichung (vgl. Barrios 2000: 328). Wesentliche Schritte bei der Kompetenzübertragung folgten erst Jahre später.

Mit zunehmender Etablierung des PSOE veränderten sich die Akzente der Partei-Programmatik weg vom Bruch mit dem Zentralismus hin zur Verteidigung der jungen Verfassung (29. Kongress von 1981) (vgl. Richter 1992).[136] Die Partei, die sich wenige Jahre zuvor noch als zentraler Akteur der Regionalismusbewegung hervorgetan hatte, betonte fortan die technischen und administrativen Gesichtspunkte der Dezentralisierung. Die Entwicklung der sozialistischen Programmatik von der Ebene der staatspolitischen Perspektiven auf die Ebene des Pragmatismus – die nicht zuletzt mit dem Weg in die Regierung und der damit verbundenen neuen Rolle zusammenhing – hat die Institutionen und das gute Funktionieren innerhalb der nun hergestellten Verfassungsordnung in den Mittelpunkt gerückt.

In einer Resolution aus dem Jahr 1981 begründete der PSOE die Dezentralisierung historisch und wies darauf hin, dass der „Kampf um Demokratie immer mit der Transformation der sozialistischen Staatsstruktur verbunden" gewesen sei (Richter 1992: 56). Gleichzeitig wurde funktional argumentiert, dass der Zentra-

---

[136] Die folgenden Ausführungen zur Programmatik des PSOE basieren im Wesentlichen auf dem Beitrag von Michael Richter (1992: 56ff.).

lismus in Westeuropa in der Krise stecke. Vor allem aber wurde ab 1981 die Betonung auf die innerspanische *Solidarität* gelegt. Damit wurden nationale politische, d. h. sozialdemokratische Ziele gegenüber den autonomen Zielen aufgewertet. Die Partei bekannte sich fortan zu einem kooperativen, modernen Föderalismus und zu einer Weiterentwicklung der autonomen Kompetenzen. Im Grunde zeigen bereits die Autonomievereinbarungen, die vor dem Parteitag von 1981 unterzeichnet wurden (s. o. Kap. 3.3.2), den neuen autonomiepolitischen Kurs des PSOE.

Die Gründe für die Entwicklung der sozialistischen Autonomieprogrammatik liegen außerhalb wie innerhalb der Partei. Ein höherer Pragmatismus ist einerseits Ausdruck der gesamten Ausrichtung, die die Partei im September 1979 infolge der Wiederwahl González' erfuhr. Andererseits zeigte das schwache Abschneiden bei den Autonomiewahlen von 1980 (nach den nationalen Erfolgen 1977 und 1979), dass eine gesamtstaatliche Ausrichtung politisch vielversprechender sein würde als eine Orientierung auf die Regionen. Schließlich unterstrich der Putschversuch von 1981 die Möglichkeit des Scheiterns des gesamten Demokratisierungsprozesses, eine Erkenntnis, die den PSOE den Ausgleich suchen ließ. Diese programmatische Entwicklung nahm die Partei, bevor sie schließlich einem weiteren Autonomieprozess nach Artikel 143 sowie der LOAPA zustimmen sollte (s. o. Kap. 3.3.2).

Mit dem 30. Partei-Kongress (1984) wurde endgültig der Primat der gesamtstaatlichen Entwicklung fixiert. Die regionalen Einheiten der Partei wurden auf die nationalen Interessen verpflichtet. Hinsichtlich der Staatsorganisation zeigte sich der PSOE in der Regierung ab Mitte der 1980er Jahre, als die Übertragung der Kompetenzen weitgehend abgeschlossen war, stark *status-quo*-orientiert. Die Sicherung der eigenen Macht stellte dabei ein wichtiges Motiv dar. Trotz der Gestaltungsmöglichkeiten, die die Mehrheit in den *Cortes* sowie in den meisten Regionen der Regierung bot, wurden in zentralen Bereichen wie dem vertikalen Finanzierungssystem und der Institutionalisierung der Beziehungen zwischen Madrid und den Gebietskörperschaften keine Fortschritte erzielt (s. o. Kap. 3.3.4). Die Strategie des PSOE bestand zu dieser Zeit darin, „auf der einen Seite Katalonien und das Baskenland als Problemfälle zu isolieren und andererseits auf die Solidarität der sozialistisch geführten Autonomen Gemeinschaften zu vertrauen" (Richter 1992: 70). 1987 kündigte der PSOE an, dass die Autonomen Gemeinschaften des langsamen Weges erst ab 1990 mit einer kompetentiellen Angleichung an die übrigen Autonomen Gemeinschaften rechnen könnten (vgl. Nohlen/Hildenbrand 2005: 332).

Auch die Position der Rechten wandelte sich in den 1980er Jahren, in diesem Fall von einer klar zentralistischen Haltung hin zu einer eher pragmatischen Position. Nach 1983 konnte die AP in einigen Regionen Regierungsverantwortung übernehmen. Die Partei sammelte hier Regierungs- und Verwaltungserfahrung und änderte ihre Position gegenüber dem Autonomiestaat, seinem Nutzen und seiner Legitimität. Manuel Fraga wurde als Präsident der galizischen *Xunta* sogar zu einem Verfechter höherer Autonomie. Viele UCD-Politiker fanden nach dem Niedergang ihrer Partei eine politische Heimat in den Autonomen Gemeinschaften. Die regionalen Administrationen boten ehemaligen *Cortes*-Abgeordneten neue Karriereperspektiven. Diese Kooptierung konservativer Politiker in regionale Ämter trug stark zur Legitimierung der autonomen Institutionen unter konservativen, eher zentralistisch orientierten Teilen der Bevölkerung bei. In regionale Regierungsämter gelangt, forderten konservative Politiker etwa in Kastilien-León, Aragon und auf den Kanarischen Inseln weitere Kompetenzen für die Autonomen Gemeinschaften (vgl. ebd.; Gunther et al. 2004: 321, 333). Durch diese neue „Erwärmung" für den Autonomiestaat einerseits und die oben beschriebenen zentralistischen Tendenzen der PSOE-Regierung andererseits wurde die überkommene, übersichtliche Konfliktstruktur – in der Konservatismus eng mit Zentralismus verbunden war – komplexer.

Obwohl die vertikale Grundstruktur des spanischen Staates Mitte der 1980er Jahre gefunden war, konnte der Dezentralisierungsprozess auch in dieser Dekade nicht abgeschlossen werden. Erst einige Jahre nach der Transition lässt sich von einer institutionellen Konsolidierung in diesem Bereich sprechen (vgl. Morlino 1998: 69f., 83). Als weitere Meilensteine des Autonomieprozesses gelten die Vereinbarungen von 1992, die Statutreformen von 1994 und die Übertragung der gesundheits- und bildungspolitischen Zuständigkeiten. Der letztgenannte Bereich stellt die von der Dezentralisierung von Ressourcen und Kompetenzen am stärksten betroffene *policy* dar (vgl. Gunther et al. 2004: 311, 359).

Im Frühjahr 1991 veranlasste die sich verstetigende Heterogenität hinsichtlich der Kompetenzen und Ressourcen den PSOE zu einer Initiative, mit der das Autonomieniveau durch Kompetenzübertragung auf die Autonomen Gemeinschaften des langsamen Weges homogenisiert werden sollte.[137] Ermöglicht wurde dies durch Artikel 150 der Verfassung, der die Übertragung auch solcher Zuständigkeiten auf die Autonomen Gemeinschaften erlaubt, die dem Zentralstaat vorbehalten sind. Die Opposition in Gestalt des AP-Nachfolgers *Partido Popular* und der Regionalisten forderte hingegen eine Reform der Autonomiestatute, nach der die Initiative von den Regionen ausgehen sollte. Es meldeten sich auch Staatsrechtler zu Wort, die die beschriebene Anwendung des Artikels

---

[137] 1988 hatte der PSOE in seinem „Programm 2000" bereits Vorschläge entwickelt, die auf eine politische Homogenisierung und eine stärkere Dezentralisierung der Staatstätigkeit (50% der Ausgaben beim Zentralstaat und jeweils 25% auf regionaler und subregionaler Ebene) abzielten (vgl. Nohlen/Hildenbrand 1992: 42).

150 durch die Regierung mit dem Hinweis kritisierten, dass der von der Verfassung vorgegebene Weg jener der Statutreform sei (vgl. Nohlen/Hildenbrand 1992: 38). Materiell drehte sich der Streit um die Bereiche Gesundheit und Bildung. In der besonders konfliktreichen Finanzierungsdebatte forderten die Katalanen eine Besserstellung gegenüber den anderen Autonomen Gemeinschaften (vgl. Bernecker 1996: 133). Im Februar 1992 gelangten die Regierung González und der in einigen Autonomen Gemeinschaften regierende *Partido Popular* zu einer Vereinbarung, nach der die zehn Autonomen Gemeinschaften des niedrigen Kompetenzniveaus schrittweise mehr Befugnisse erhalten sollten. Auf diesem Wege sollte mittelfristig eine gewisse Homogenisierung der Autonomieniveaus herbeigeführt werden. Die Regierungen des Baskenlands und Kataloniens lehnten die Maßnahmen wiederum ab und beharrten auf einer Sonderstellung (vgl. Gunther et al. 2004: 308). Im Baskenland kam es zum Bruch der Regierungskoalition, nachdem zwei der Regierungsparteien (EA und PNV) unverhohlen Unabhängigkeitsforderungen geäußert hatten. Der PNV-Chef reklamierte für das Baskenland das gleiche Recht, das kurz zuvor Kroatien für sich in Anspruch genommen hatte. Im Herbst 1991 verabschiedeten einige baskische Gemeinden Erklärungen, in denen sie das Recht auf Unabhängigkeit geltend machten (vgl. ebd.: 133ff.).

Ungeachtet der Widerstände aus dem regionalistischen Lager ermöglichten die Autonomievereinbarungen von 1992 die Rationalisierung der Institutionen und Kompetenzen *innerhalb* des Systems: Zuständigkeiten wurden umstrukturiert, durch die Übertragung von 32 Kompetenzen wurde eine gewisse Homogenisierung erreicht, administrative Prozesse der peripheren Staatsverwaltung wurden auf die Autonomen Gemeinschaften übertragen, und die autonomen Institutionen wurden voll entwickelt. Vor allem konnte eine neue Phase der interregionalen Beziehungen sowie der Beziehungen zwischen Zentralstaat und Gebietskörperschaften beginnen. In ihrer vertikalen Dimension (Autonome Gemeinschaften–Zentralstaat) haben sich diese Beziehungen seit 1990 bemerkenswert entwickelt, während Beziehungen zwischen den Regionen kaum entstanden (vgl. Morales/Molés 2001: 187; s. u. Kap. 3.3.6). Hinsichtlich der Homogenisierung der Kompetenzen bestanden Ausnahmen in den Bereichen Gesundheit (bis 1994 erhielten Andalusien, Katalonien, die Kanarischen Inseln, Galizien, Navarra, das Baskenland und Valencia die entsprechenden Kompetenzen), Bildung (die Regionen mit eigenen Sprachen) und Polizei (das Baskenland und Katalonien).[138] Während die für die Bildungspolitik zuständigen Autonomen

---

[138] Die strukturelle Inhomogenität machen auch die folgenden Parameter deutlich: Mitte der 1990er Jahre hatte Andalusien 176.413 regionale Beamte und 40.000 zentrale Beamte. Der Haushalt betrug 385 Mrd. Pesetan. Aragon verfügte über 7.315 eigene und 34.032 zentrale Beamte sowie über einen Haushalt in Höhe von 13 Mrd. Pesenten (vgl. Held/Sánchez Velasco 1996: 255).

Gemeinschaften hier ihre eigenen Institutionen schaffen konnten, blieb die Kontrolle bei der Zentralregierung (vgl. Edwards 1999: 673).[139]

1994 nahmen einige Autonome Gemeinschaften Änderungen ihrer Autonomiestatute vor und näherten sich weiter den historischen Nationalitäten an. Gleichzeitig erfolgten Kompetenzverteilung und Mittelzuweisung weiterhin bilateral, wodurch eine Vereinheitlichung erschwert wurde. Zudem hielten Katalonien und das Baskenland an ihren Forderungen nach Sonderrechten gegenüber dem Zentralstaat – indem sie etwa eigene Außenbeziehungen aufnahmen – wie auch gegenüber den anderen Regionen fest. Ebenfalls 1994 klärte das Verfassungsgericht, dass die Autonomen Gemeinschaften im Rahmen ihrer Kompetenzen (insbesondere Wirtschaftsförderung im Bereich der Exporte, Tourismuswerbung und Kultur) auch auswärtig tätig werden dürfen (vgl. Nohlen/Hildenbrand 2005: 369).

Die verzögerte institutionelle Konsolidierung des Autonomiestaates kommt auch in der Austragung von Zuständigkeitskonflikten vor dem *Tribunal Constitucional* zum Ausdruck (vgl. Morlino 1998: 69f.). Auch wenn nach Überschreiten des Höhepunktes im Jahr 1985, als 131 Fälle vor das Gericht kamen, die Zahl bereits rückläufig war, wurden ab 1989 vertikale Vereinbarungen getroffen und vorgerichtliche Konfliktlösungsmechanismen geschaffen. Nach 815 gerichtlichen Streitfällen in den 1980er Jahren waren es in den 1990er Jahren „nur" noch 223 (vgl. Gunther et al. 2004: 301). Zu Kompetenzstreitigkeiten kam es insbesondere in Bereichen wie Kultur und Forschung, für die beide Ebenen volle Zuständigkeit beanspruchen (vgl. Morata 1995: 117ff.). Insgesamt hat das Gericht eine wichtige Rolle bei der Entwicklung der Kompetenzabgrenzung zwischen Staat und Regionen gespielt. Dass diese Auseinandersetzungen um die Zuständigkeiten nicht allein durch eine unzureichend klare vertikale Kompetenzverteilung bedingt waren, wird daran deutlich, dass an den meisten Fällen die katalanische oder baskische Regionalregierung beteiligt war. Deshalb ist es auch nicht überraschend, dass sich infolge der Einbindung der Regionalisten in die nationale Politik die Zahl der Konflikte drastisch reduziert hat (vgl. Hildenbrand 1998: 118).

Auch unter dem folgenden Gesichtspunkt lassen sich deutliche Unterschiede zwischen der frühen Phase des Autonomieprozesses und dessen weiterem Verlauf feststellen. Waren die 1970er und frühen 80er Jahre noch von der Autonomie als Grundsatzfrage dominiert worden, gewann im Laufe der 1980er

---

[139] In der Gesundheitspolitik gelang es erst der PP-Regierung, die lange Zeit festgefahrene Dezentralisierung Ende 2001 landesweit abzuschließen (vgl. Gunther et al. 2004: 347). 2002 wurden mit den Politikfeldern Gesundheit und Bildung erhebliche Kompetenz- und Ressourcentransfers vorgenommen, in deren Folge die Autonomie zwar nicht völlig homogenisiert, aber weitaus weniger heterogen war als zu Beginn des Autonomieprozesses (vgl. ebd.: 295).

3 Demokratisierung und Staatsorganisationsreform in Spanien

Jahre die Outputlegitimation regionaler Politik im gesamten Land an Bedeutung. *„Even in more traditional regions the public has increasingly come to demand improved government performance in exchange for its support."* (Gunther et al. 2004: 321) Die Zahl von zehn Gesetzen, die in den Jahren von 1980 bis 2000 durchschnittlich pro Jahr und Autonomer Gemeinschaft zu Buche stehen, sagt wenig aus über die Stellung der regionalen Ebene im Autonomiestaat. Interessanter ist die Tatsache, dass mehr als 30% dieser Gesetze aus dem Baskenland, Katalonien und Navarra kommen und 45% aus den zehn am wenigsten „produktiven" Autonomen Gemeinschaften. Dieser Befund scheint nicht zu passen zu der oben getroffenen Feststellung, dass die Outputlegitimation an Bedeutung gewonnen habe. Denn dies würde – jedenfalls theoretisch – eine besondere legislative Aktivität jener Regionen erwarten lassen, die sich nicht auf eine Selbstverwaltungstradition beziehen können und ihre Existenz gewissermaßen durch staatliche Leistungsfähigkeit legitimieren müssen. Bei der ungleichen Gesetzesproduktion sind jedoch die unterschiedlichen Zuständigkeiten zu berücksichtigen, ebenso wie die Ressourcen, die, wie im Folgenden deutlich wird, ungleiche Voraussetzungen darstellen (vgl. ebd.).

Gemessen an den nach Regierungsebenen differenzierten Staatsausgaben hat sich Spanien innerhalb weniger Jahre von einem der am stärksten zentralisierten Staaten unter den westlichen Industrienationen auf eine mittlere Position bewegt (vgl. Diamandouros/Gunther 2001: 34). Der für föderale Staaten charakteristische regionale Anteil an den gesamten Staatsausgaben von rund einem Viertel wurde, ausgehend von 0% im Jahre 1980, bereits Mitte der 1990er Jahre erreicht. Um das Jahr 2000 lag er bei etwa einem Drittel. Besonders die Übertragung weiterer Kompetenzen im Gesundheitswesen hat diesen Anteil weiter steigen lassen. Der Großteil der autonomen Budgets wird für Ausgaben in den Bereichen öffentliche Bauvorhaben, Gesundheit, soziale Dienstleistungen und Erziehung aufgewendet (vgl. Hildenbrand 1998: 124; Moreno 2002: 404).

Gemäß dem Grundsatz der Selbstfinanzierung kommen die Autonomen Gemeinschaften für die Finanzierung ihrer Aufgaben auf. In der Praxis haben sie jedoch nur einen sehr begrenzten Spielraum zur Beschaffung eigener Mittel. Die Kompetenzordnung verbietet den Autonomen Gemeinschaften die Steuererhebung in Bereichen, in denen der Staat sein Steuerfindungsrechts bereits ausgeübt hat (vgl. Barrios 2000: 312). Besonders das asymmetrische Finanzierungssystem hat die interregionale Solidarität auf die Probe gestellt (s. u. Kap. 3.3.6). Während das Baskenland in die Lage versetzt wurde, aufgrund seiner größeren finanziellen Autonomie deutlich überdurchschnittliche Pro-Kopf-Ausgaben zu realisieren, wurde insbesondere von Katalonien beklagt, dass die staatlichen Pro-Kopf-Investitionen in den ärmeren Autonomen Gemeinschaften höher seien und die eigene Region aufgrund des auf dem Territorium erhobenen Steueraufkommens Netto-Zahler sei (vgl. Moreno 2002: 401). Mitte der 1980er Jahre wurde mit der Schaffung von Kooperations- und Aushandlungsmechanismen begonnen, um die Höhe der Transfers, in der ein hohes Konfliktpotential liegt, festzulegen. Seitdem werden die Zahlungen in bilateralen Verhandlungen zwischen Zentralregierung und regionalen Regierungen festgelegt, was der heterogenen regionalen Zuständigkeit Rechnung trägt (vgl. Gunther et al. 2004: 333). Auch nach Verabschiedung des Gesetzes zur Finanzierung der Autonomen Gemeinschaften im Jahr 1985 blieben die Regionen aufgrund des geringen eigenen Steueraufkommens von Madrid finanziell abhängig.[140] Strukturell bedingt war diese Abhängigkeit nicht zuletzt „*by the network of specific grants, set by central government* [bis Ende der 1980er Jahre, P.S.]" (Solé-Vilanova 1989: 217).

3.3.6 Interregionale Solidarität im Staat der Autonomen Gemeinschaften

Das aus dem Prinzip der Einheit des Staates (Art. 2 der Verfassung) folgende Prinzip der Einheit der Wirtschaftsordnung ist die Grundlage der exklusiven zentralstaatlichen Kompetenz, die Basis der allgemeinen Wirtschaftspolitik zu bestimmen. Gleichzeitig obliegt es den Autonomen Gemeinschaften, ihre wirtschaftliche Entwicklung zu unterstützen (Art. 148 Abs. 1). Für die hier angesprochenen Funktionen spielen die Ressourcen der jeweiligen Ebene eine zentrale Rolle. Diesbezüglich wurde bereits die zurückhaltende fiskalische Dezentralisierung konstatiert, für die es verschiedene Gründe gab. Die Neigung der Autonomen Gemeinschaften, die „angenehme Aufgabe" des Geldausgebens zu übernehmen und die weniger populäre Steuererhebung dem Zentralstaat zu überlassen (vgl. Barrios 2000: 312f.; Morlino 1998: 157f.), mag dabei zwar eine Rolle gespielt haben. Dies wurde übrigens auch für die Gemeinden festgestellt, die es stattdessen vorzogen, die Steuererhebungseffizienz zu erhöhen, was in der zweiten Hälfte der 1980er Jahre tatsächlich zu Mehreinnahmen führte (vgl. CDLR 1998: 169). Jene Neigung erklärt jedoch weniger die zentral getroffenen Strukturentscheidungen als den relativ geringen Widerspruch der regionalen Ebene. Ein weiterer Grund wurde in den Vorbereitungen Spaniens auf den EU-Beitritt gesehen. Vor dem Hintergrund der Öffnung des Landes für den europäischen Markt und aufgrund der in Ansätzen betriebenen EU-weiten steuerrechtlichen Harmonisierung verringerten sich die Möglichkeiten einer regionalen fiskalischen Dezentralisierung (vgl. Solé-Vilanova 1989: 223).

Eine größere Rolle als die hier genannten Aspekte spielten in der politischen Diskussion jedoch die interregionalen Entwicklungsunterschiede. Im

---

[140] Noch Mitte der 1990er Jahre konnten die Autonomen Gemeinschaften nur etwa 10% ihres Finanzbedarfs aus selbst erschlossenen Ressourcen finanzieren.

3 Demokratisierung und Staatsorganisationsreform in Spanien 171

Kontext der postautoritären wirtschaftlichen Entwicklung wurde das Thema der interregionalen Solidarität virulent. Die ärmeren Regionen argumentierten, dass sie innerhalb der abgeschotteten Wirtschaft mit ihren Arbeitskräften, ihrem Kapital und ihren Ressourcen zum Wohlstand beigetragen hätten, und forderten Mechanismen des Ausgleichs, wie sie nur durch zentrale Regelungen möglich sind. Basken und Katalanen wiesen die Forderungen nach Ausgleich auch mit dem Hinweis auf die eigenen wirtschaftlichen Schwierigkeiten zurück. Dabei verwiesen sie sowohl auf das frankistische Erbe, welches die defizitären öffentlichen Einrichtungen und Infrastruktur betraf, als auch auf die Abhängigkeit der nationalen Wirtschaft von der Entwicklung ihrer „führenden" Regionen (vgl. Vazquez Barquero/Hebbert 1985: 306).

Die Wahrnehmung territorialer Ungleichheiten war eine der Triebkräfte der regionalistischen Forderungen während und nach der Transition. Auch deshalb wurden die Entwicklungsdisparitäten, wie sie insbesondere in Andalusien thematisiert wurden, in Madrid frühzeitig als Risiken für die staatliche Integration erkannt. So enthält die Verfassung des Autonomiestaates wie kaum eine andere europäische Verfassung neben dem Solidaritätsprinzip, dessen Garantie dem Zentralstaat obliegt, zahlreiche Bestimmungen zu den regionalen Entwicklungsdisparitäten[141] (vgl. Nohlen/ Hildenbrand 1992: 13). Im Rahmen der Kompetenzverteilung wurden die Autonomen Gemeinschaften mit einer Reihe von Aufgaben betraut, die eine eigene Politik der regionalen Entwicklung ermöglichen. Das in Artikel 2 normierte Solidaritätsprinzip war hingegen die Basis für Transferregelungen zugunsten der weniger entwickelten Regionen und wirkte dabei teilweise auch zentralisierend (vgl. Gunther et al. 2004: 283; Pérez González 1992: 183). „Das Erfordernis der ausgeglichenen Entwicklung der sozialen und ökonomischen Lebensbedingungen zwischen den Regionen bildet aber eine Hauptbegründung für die Einrichtung des Autonomiestaates in Spanien." (Nohlen/Hildenbrand 1992: 13f.)

Die fiskalische und Ausgaben-Dezentralisierung ging mit Mechanismen zur Umsetzung des Solidaritätsprinzips einher, die über die in föderalen Staaten üblichen Korrektive (die landesweit ein Minimum staatlicher Aufgabenerfüllung sicherstellen) hinausgehen. Artikel 138 Abs. 1 der Verfassung verpflichtet den Staat darauf, ein „gerechtes wirtschaftliches Gleichgewicht" zwischen den Regionen sicherzustellen. Das wichtigste Instrument der interregionalen Ausgleichspolitik ist der oben (Kap. 3.3.2) bereits erwähnte *Fondo de Compensación Interterritorial*. Pate für dieses Instrument stand das System der Finanzhilfen der Bundesrepublik Deutschland, durch das den wirtschaftlich schwächeren Ländern zusätzliche Mittel zufließen (vgl. Nohlen/Hildenbrand 2005: 77). Mit einem

---

[141] Beispiele sind Art. 130 (Wirtschaftsplanung mit dem Ziel gleichgewichtiger Entwicklung), Art. 131 Abs. 1 und Art. 138 Abs. 1 (ausgeglichene Entwicklung der Regionen).

Mittelumfang in Höhe von 30% des zentralstaatlichen Investitionsbudgets sollte der FCI der Reduzierung interregionaler Disparitäten und damit der Verwirklichung des verfassungsmäßigen Solidaritätsprinzips dienen. Auf Basis der bestehenden Konfliktlinien musste ein solcher Mechanismus unweigerlich den Regionalismus verschärfen, wenngleich es zu der noch Anfang der 1980er Jahre befürchteten politischen Fragmentierung nicht gekommen ist. Bis zu seiner Reform im Jahr 1990 gewährleistete der Verteilungsmechanismus allerdings keine Konzentration der Mittel auf die relativ weniger entwickelten Regionen, da der Fonds Gelder zur Finanzierung öffentlicher Investitionen in allen Regionen bereitstellte (vgl. Morata/Muñoz 1996: 201). Durch die Reform wurde der FCI an die Förderziele der EG-Strukturfonds angepasst, deren Kriterien zur Festlegung von Fördergebieten im Wesentlichen übernommen wurden.[142] Diese verwaltungstechnischen Maßnahmen geschahen vor dem Hintergrund des erheblichen Umfangs der aus den Strukturfonds zu erwartenden Mittel (vgl. Borrás/Font/Gómez 1998: 42). Auswirkungen auf die Kompetenzen der Ebenen hatten sie jedoch nicht. Regionalpolitische Zuständigkeiten wurden teilweise zwischen Zentralregierung und Regionalregierungen geteilt, teilweise wurden und werden sie zu Gunsten der regionalen und lokalen Verwaltungen dezentralisiert, während Aufsicht und Interventionsmöglichkeiten bei der Zentralregierung verbleiben. Die Autonomen Gemeinschaften besitzen Kompetenzen in den Bereichen Raumordnung, Stadtplanung, Wohnungsbau, Tourismus sowie in den Bereichen Agrarwirtschaft und regionale Wirtschaftspolitik, wobei in diesen beiden Bereichen die nationalen Vorgaben durch die Autonomen Gemeinschaften zu berücksichtigen sind (vgl. Hildenbrand 1985: 121).

Einem speziellen Gremium innerhalb des Wirtschaftsministeriums (*Consejo Rector*), zusammengesetzt aus Vertretern der staatlichen Ministerien, wurden die Aufgaben der Planung, Koordinierung und Überwachung staatlicher Intervention übertragen. Da die Autonomen Gemeinschaften nur indirekt, nämlich durch die Arbeitsgruppen, beteiligt sind, war diese Regelung mit einer Zentralisierung des Beihilfesystems verbunden (vgl. Morata/Muñoz 1996: 201). Daran lässt sich das Grundmuster der Politik regionaler Entwicklung im spanischen Autonomiestaat erkennen. Auch wenn diese Politik auf den Abbau der interregionalen Disparitäten zielt und, im Gegensatz zur regionalen Wirtschaftspolitik des Frankismus, die endogene Entwicklung anzustoßen versucht, ist sie ein konstitutiver Teil der

---

[142] Gemäß der EU-Nomenklatur sind die 17 Autonomen Gemeinschaften NUTS-II- und die Provinzen NUTS-III-Regionen. Entsprechend wurden solche Regionen förderfähig, deren BIP unter 75% des spanischen Durchschnitts liegt. Die regionalen Anteile am FCI berechnen sich nach den Parametern Bevölkerung, Fläche, Arbeitslosigkeit und Einkommen. Durch eine Gewichtung der Variablen wurden die Mittel des FCI stärker auf die am wenigsten entwickelten Regionen (Andalusien, Galizien, Extremadura und Kastilien-La Mancha) konzentriert, als es beim Europäischen Fonds für regionale Entwicklung im Rahmen der EG-Regionalpolitik der Fall ist (vgl. Hildenbrand 1998: 123f.).

nationalen Wirtschaftspolitik. Politik regionaler Entwicklung findet im Rahmen des nationalen Fördersystems statt oder wird, im Bereich der autonomen Kompetenzen, durch die dezentrale Ebene ausgeführt. In jedem Fall aber hat sie sich an der grundlegenden Ausrichtung, Planung und Koordination der wirtschaftlichen Aktivität des Staates zu orientieren, die der nationalen Ebene obliegen (vgl. Tombeil 1999: 323).

Mit dem gesamtwirtschaftlichen Wachstum verschärften sich in den 1980er Jahren die interregionalen Entwicklungsdisparitäten. Das Entwicklungsgefälle bestand (und besteht) insbesondere zwischen den Mittelmeer-Regionen, Aragon, La Rioja, Navarra und Madrid einerseits und Galizien, Extremadura, Kastilien-La Mancha und Andalusien andererseits. In den 1980er Jahren stieg das BIP besonders in den reicheren Regionen Madrid, Balearen und Katalonien und näherte sich bis 1994 auf bis zu sechs Prozentpunkte (Madrid: von 81 auf 94%) dem Durchschnitt der EG-12 an, während ärmere Regionen stagnierten (Andalusien) oder weiter zurückfielen (Galizien: -2 Prozentpunkte). Der regionale Durchschnitt stieg in diesem Zeitraum von 71% auf 75% an (vgl. Tondl 1998: 98).

Auch aufgrund der Wirtschaftskrise begannen die neu konstituierten Regionen, im Rahmen ihrer finanziellen Autonomie – und gebunden an die Prinzipien der Koordinierung mit dem Finanzministerium und der Solidarität zwischen allen Spaniern – ihre umfassenden wirtschaftspolitischen Möglichkeiten weitgehend auszuschöpfen (vgl. Hudson/Lewis 1984: 300; Vazquez Barquero/Hebbert 1985: 300). Die traditionellen Industrieregionen erlebten den stärksten Anstieg der Arbeitslosigkeit. In diesen Teilen des Landes machten sich mit der schlechten Infrastrukturentwicklung auch die negativen Folgen der Investitionspolitik unter Franco bemerkbar, die nicht-produktive Infrastrukturen vernachlässigt hatte. Entsprechend wurde die wirtschaftliche Entwicklung zum zentralen Thema der regionalen Politik und band die Wirtschaftsplanung einen großen Teil der regionalen exekutiven Ressourcen. Vor diesem Hintergrund befürchteten Beobachter, dass einzelne Autonome Gemeinschaften den von der Verfassung gewährten Rahmen zur Implementierung protektionistischer Maßnahmen ausnutzen könnten, die die Einheit des spanischen Wirtschaftsraumes in Frage stellen würden. Ungeachtet des rhetorischen wirtschaftspolitischen Regionalismus – der Katalanen und Basken allen voran – gingen die regionalen Politiken nicht über das für territoriale Interessengruppen innerhalb eines staatlichen Rahmens erwartbare Maß hinaus. Im Bereich der Umstrukturierung von Industriesektoren, die besonders stark von der Krise betroffen waren, verlief die Zusammenarbeit zwischen nationaler und regionaler Ebene ohne größere Probleme – und dies, obwohl es im Baskenland und Katalonien eigene Industrieministerien mit jeweils eigenen Programmen und beachtlichen Budgets gab. Die Zentralregierung initiierte sektorale Pläne, an deren Erarbeitung und Implementation sich die Regionen beteiligten. Diese Kooperation geschah Jahre vor dem EG-Beitritt, dem retrospektiv oft zugeschrieben wird, die Interaktionen zwischen Zentralstaat und Regionen grundlegend beeinflusst zu haben. In anderen Bereichen war die Aufgabenteilung nicht so eindeutig. In der Folge wurde häufig das Verfassungsgericht angerufen, das zwischen dem autonomen Recht auf wirtschaftspolitische Initiative und der Einheit des spanischen Marktes abwägen musste (vgl. ebd.: 301ff.).

3.3.7 Die Beziehungen zwischen Zentralstaat und Regionen

Wenn die Kooperation zwischen den staatlichen Ebenen ein Kennzeichen des modernen Staates ist (Hesse/Benz 1990), scheint der Blick auf die 1978 fixierte Kompetenzordnung den Schluss nahe zu legen, dass die postfrankistische Staatsentwicklung im Grunde keine wirkliche Modernisierung darstellt; in einer Spielart des dualen Föderalismus wurden die Aufgaben der staatlichen Ebenen getrennt und damit gleichsam einer überholten Organisationsform der Vorzug gegeben (vgl. González Encinar 1992: 224). Der institutionelle Weg in Richtung eines kooperativen „Föderalismus" wurde erst in der folgenden Dekade beschritten, dann allerdings in der Annahme, „ein Allheilmittel für fast alle Probleme des spanischen Systems der Dezentralisierung gefunden zu haben" (ebd.: 225). Ende der 1990er Jahre wurde schließlich die Abkehr der Autonomen Gemeinschaften von einer *„institutional culture of competitive regionalism"* (Börzel 1999) und die Adaption eines eher kooperativen Stils konstatiert.

Aufgrund der großen Bedeutung geteilter Kompetenzen[143] war es ein zentrales Problem des spanischen Dezentralisierungsmodells, dass parallel zum Autonomieprozess keine geeigneten Mechanismen der Kommunikation, Information, Koordination und Kooperation geschaffen wurden (vgl. hierzu auch den *Exkurs zur Errichtung des Senats*, S. 144ff.). Dies führte dazu, dass die Autonomen Gemeinschaften von Beginn an nicht in geregelter Form am nationalen politischen Prozess und der Schaffung grundlegender Gesetze beteiligt waren. Ab 1982 bzw. 1983 war es die Mehrheit des PSOE auf nationaler und regionaler Ebene, die eine Kommunikation über Parteikanäle ermöglichte (vgl. Morales/Molés 2001: 186; Nohlen/Hildenbrand 2005: 334). Im Endeffekt verzögerte jedoch der konfliktorische Politikstil des PSOE nicht nur die Kompetenzübertragungen auf die Autonomen Gemeinschaften des niedrigen Kompetenzniveaus,

---

[143] Span. *competencias compartidas*. Hier liegt entweder die gesetzgebende Kompetenz beim Zentralstaat und die Ausführung bei den Regionen, oder es liegt die Rahmengesetzgebung beim Staat, während die Regionen die Ausführungsgesetzgebung verantworten (vgl. Nohlen/Hildenbrand 2005: 333).

3 Demokratisierung und Staatsorganisationsreform in Spanien

sondern er behinderte auch die Schaffung von institutionellen Koordinations- und Kooperationsmechanismen zwischen Zentralregierung und autonomen Regierungen (vgl. Nohlen/Hildenbrand 1988: 331ff.; Bache/Jones 2000: 3). Allerdings büßten die Sozialisten – zunächst auf subnationaler Ebene – ihre Dominanz allmählich wieder ein. Infolge der *Cortes*-Wahl von 1993 waren sie trotz des vierten Wahlsiegs in Folge auf die Unterstützung durch die katalanischen Regionalisten angewiesen. Diese Bedingungen führten zu komplexen und allgemein kooperativeren Beziehungen zwischen den staatlichen Ebenen (vgl. Morata 1995: 119; CDLR 1998: 150).

Konkret entwickelten sich die Kräfteverhältnisse auf regionaler Ebene wie folgt: Nach seiner Regierungsübernahme in Madrid 1982 konnte der PSOE in den 1980er Jahren bei neun Autonomiewahlen eine absolute und (bis 1991) bei 24 Autonomiewahlen eine relative Mehrheit erreichen. Bei neun weiteren Wahlen divergierten die Mehrheitsverhältnisse. In den historischen Regionen schnitten regionale Parteien regelmäßig am erfolgreichsten ab (s. o. Kap. 3.2.3). Manche Regionen haben sich seit der Einführung der Autonomiewahlen gewissermaßen zu Bastionen einer der Parteien entwickelt[144] (vgl. Grau i Creus 2000: 71). Wie in Madrid herrschten in den 1980er Jahren Ein-Partei-Regierungen vor, während die fragmentierten Parteiensysteme des Baskenlands, Navarras und der Kanarischen Inseln zu regionalen Koalitionsregierungen führten. Mit dem Abstieg des PSOE und der zunehmenden Fragmentierung auch in anderen Regionen kam es vermehrt zu Minderheitsregierungen.[145]

---

[144] Kastilien-León und Galizien für den PP und Andalusien, Extremadura und Kastilien-La Mancha für den PSOE.
[145] Es kam jedoch in der Folge auch zu Regierungskoalitionen einer der nationalen Parteien mit einem regionalen Juniorpartner (2003 entsprach fast jede dritte regionale Regierung diesem Typ) (vgl. Gunther et al. 2004: 329).

Tabelle 7: Regierungsparteien auf nationaler und regionaler Ebene nach der Transition

	1983-1987	1987-1991	1991-1996	1996-1999	1999-2003
Nat. Regierungspartei	PSOE	PSOE	PSOE	PP	PP
Autonome Regierung wie Zentralregierung	12	9	9	10	8
Autonome Regierung wie nat. Opposition	3	4	4	3	4
Regionalistische Regionalregierung(sbeteiligung)	2	3	4	4	5
Andere	0	1	0	0	0

Quelle: Grau i Creus 2000: 72.

Die endgültige Wende zugunsten der Konservativen erfolgte mit dem Mehrheitsverlust des PSOE 1994 in Andalusien. Im Mai 1995 gelang dem PP, bis dahin an fünf regionalen Regierungen beteiligt, der Einzug in sechs weitere (vgl. Nohlen/Hildenbrand 2005: 320f.).[146]

Der Wettbewerb zwischen Links und Rechts wurde durch den Zentrum-Peripherie-Cleavage ergänzt. Im Ergebnis dieser Entwicklung hat sich die vertikale Kompetenzverteilung im Autonomiestaat weiter verschoben: Aufgrund ihres „Erpressungspotentials" können die regionalistischen Parteien auf die nationale Politik ebenso Einfluss nehmen wie auf die Ausgestaltung der Autonomie (vgl. Gunther et al. 2004: 305). In der Folge wurden die „Aushandlungsbedingungen im Streit um eine weitere Verlagerungen von Kompetenzen auf die Autonomen Gemeinschaften [...] in hohem Maße durch die Machtverteilung im Zentralstaat und in den Autonomen Gemeinschaften entlang von Parteilinien bestimmt." (Barrios 2000: 315). Insbesondere die katalanische CiU (und neben dieser der PNV und die *Coalición Canaria*) erschloss sich unter diesen Bedingungen einen Zugang zu nationalen politischen Prozessen (vgl. Keating/Hooghe 1996: 221). Sie unterstützte bereits die UCD-Minderheitsregierung gegen Konzessionen in den Bereichen Bildung, Wirtschaft und internationale Angelegenheiten. Auch enthielten sich die CiU-Abgeordneten bei der Investitur ebenso wie beim Misstrauensvotum des PSOE (Mai 1980), während sie bei der Vertrauensfrage für Suárez stimmten (vgl. Liebert 1990: 158). Im Unterschied zu den Praktiken der UCD, die legislative Koalitionen von Vorhaben zu Vorhaben schmiedete, baute der PSOE auf jeweils für ein ganzes Jahr mit den katalani-

---

[146] Die regionalen Wahlergebnisse sind ausführlich dokumentiert in: Nohlen/Hildenbrand (2005: 323ff.).

schen Regionalisten unter Jordi Pujol verabredete Bündnisse. Die Katalanen gewannen dadurch Einfluss auf eine Reihe politischer Fragen und setzten sich nicht zuletzt für eine größere finanzielle Unabhängigkeit der Regionen ein (vgl. Gunther et al. 2004: 385). Als der PSOE 1993 mit den Katalanen der CiU über die Revision des Finanzierungssystems verhandelte, formierte sich eine regionale Opposition in PP-regierten Autonomen Gemeinschaften, die die Angelegenheit auch vor das Verfassungsgericht brachten.[147] Auf Druck der CiU wurde noch 1993 eine Vereinbarung getroffen, nach der die Autonomen Gemeinschaften 15% des im jeweiligen Territorium erhobenen Einkommensteuer-Aufkommens erhielten, was für die Katalanen tatsächlich eine größere finanzielle Autonomie bedeutete.[148] Deutlich wird an diesem Beispiel, wie sehr institutionelle Veränderungen von den Mehrheitsverhältnissen in Madrid abhängen. In der Regel positionieren sich die Autonomen Gemeinschaften entsprechend parteipolitischer Logik (vgl. Grau i Creus 2000: 70). Die Strategie der regionalistischen Parteien, keine Regierungsbeteiligung anzustreben bzw. diese abzulehnen, gab ihnen viel Handlungsspielraum. So übernahmen sie keine Verantwortung für die Politik der Regierung und waren in der autonomen Politikformulierung frei. Gleichzeitig sollte ihr Beitrag zur Regierungsbildung von ihrem Maß und ihrer nationalen Verantwortung zeugen, während sie nicht aufhörten, immer wieder auch Unabhängigkeit zu fordern (vgl. Gunther et al. 2004: 320). Insofern stellt sich die Integration der regionalen Eliten in die nationalen Institutionen als ambivalent dar.

Die spanische Politik wurde trotz aller Autonomisierung und der Bilateralität ihrer intergouvernementalen Beziehungen durch die nationalen Parteien und das Parteiensystem integriert. Insgesamt wurde der Dezentralisierungsprozess dadurch erleichtert, dass die meiste Zeit auf subnationaler Ebene überwiegend Regierungen derselben *couleur* im Amt waren wie in Madrid. Dies hat „intergouvernementale" Konflikte reduziert (vgl. Gunther et al. 2004: 332).[149] Gleichzeitig haben die Interventionen des Zentrums bzw. der nationalen Parteien in die regionalen Regierungsgeschäfte seit Beginn des Autonomiepro-

---

[147] Diese Klagen wurden allerdings – eine Folge starker Parteidisziplin – zurückgezogen, als 1996 eine konservative Zentralregierung die Verhandlungen mit den Katalanen fortsetzte und es zu einer Ausweitung des autonomen Steuererhebungsrechts kam. Stattdessen formierte sich Widerstand in den sozialistischen Autonomen Gemeinschaften.
[148] Dieser Anteil ist in den folgenden Jahren weiter gestiegen.
[149] Bedingungslos war die Parteidisziplin allerdings nicht: Als infolge der oben erwähnten Neuregelung der Verteilung der Einkommensteuer der regionale Anteil als Anzahlung auf die Zuweisungen behandelt wurde und die Höhe der Zuweisung an die regionale Wirtschaftskraft gekoppelt wurde – so dass Regionen mit höherem Mittelbedarf weniger erhielten –, positionierten sich die Autonomen Gemeinschaften unabhängig von der politischen Mehrheit: Die weniger entwickelten waren dagegen, die wohlhabenderen dafür (vgl. Gunther et al. 2004: 307).

zesses zugenommen. Dies gilt − ungeachtet seiner programmatischen föderalen Gesinnung (vgl. Nohlen/Hildenbrand 1988: 331) − besonders für den PSOE, der während seiner Regierungszeit eine starke Integration aufrechterhalten konnte. Teilweise war jedoch die Position der autonomen Präsidenten in dem durch Personalisierung geprägten System so stark, dass sie sich gegenüber der nationalen Parteiführung behaupten konnten (vgl. Grau i Creus 2000: 73; Gunther et al. 2004: 330).

Sowohl überzeugte Anhänger des Zentralismus innerhalb der Verwaltung und der Parteien (*„Jacobin centralists"*; Moreno 2002: 400) als auch Vertreter des baskischen und katalanischen Regionalismus zogen bilaterale, schwach institutionalisierte Beziehungen vor, die durch die unterschiedlichen Kompetenzniveaus zusätzlich begünstigt wurden. Die Schaffung multilateraler Konsensbildungsmechanismen wurde dadurch erschwert, dass sich die in Katalonien und dem Baskenland maßgeblichen regionalistischen Kräfte stark für ihre Sonderrolle einsetzten und angesichts einer Aufwertung kompetenzärmerer Regionen weitere Kompetenzen für sich forderten. Dies war beispielsweise 1993 nach der Vereinbarung zwischen regierenden Sozialisten und konservativer Opposition der Fall, als die beiden großen Parteien sich auf den Transfer von Funktionen, Personal und Geldern auf die Autonomen Gemeinschaften des niedrigeren Kompetenzniveaus einigten (vgl. ebd.; Morata/Muñoz 1996: 200).[150]

Für die Politikfelder, in denen beide Regierungsebenen über Kompetenzen verfügen, wurden ab 1982 mit den Sektorkonferenzen (*Conferencias sectoriales*) Kooperationsgremien geschaffen, in denen hohe Beamte und Mandatsträger des Staates und der Autonomen Gemeinschaften zur Abstimmung zusammenkommen. Nach der Anfechtung des entsprechenden Gesetzes (*Ley Armonizadora del Proceso Autonómico*) durch die Autonomen Gemeinschaften, die eine Einmischung des Staates in autonome Angelegenheiten auf diesem Wege fürchteten, stellte das Verfassungsgericht klar, dass Entscheidungen der Konferenzen in keinem Fall Entscheidungen der Autonomen Gemeinschaften innerhalb ihres Zuständigkeitsbereiches ersetzen dürfen (vgl. Grau i Creus 2000: 60). Die Regierung beabsichtigte durch diese multilateralen Foren eine einheitliche Ausführung ihrer Politik durch die 17 regionalen Administrationen zu erreichen. Seit der Errichtung der ersten und wichtigsten Sektorkonferenz im Jahr 1982, des *Consejo de Política Fiscal y Financiera de las Comunidades Autónomas*[151], wurden in einem Rhythmus von zwei Konferenzen pro Jahr bis 1989 17 Sektorkonferenzen gegründet. Aus der bloßen Zahl der Konferenzen, die in der

---

[150] Das Baskenland, Katalonien, Galizien, Andalusien, Valencia, Navarra und die Kanarischen Inseln hatten zu diesem Zeitpunkt bereits das hohe Kompetenzniveau erreicht (vgl. Morata/Muñoz 1996: 198).
[151] Im Rat für Steuer- und Finanzpolitik wurden während der 1980er und 90er Jahre wichtige Vereinbarungen bezüglich des Finanzierungssystems getroffen (vgl. Nohlen/Hildenbrand 2005: 290).

Folge weiter stieg, kann allerdings nicht auf einen grundsätzlichen Wandel der intergouvernementalen Beziehungen geschlossen werden, da die Aktivitäten der Konferenzen unregelmäßig geblieben sind. Ihre wichtigste Funktion ist der Informationsaustausch, nicht aber die Entscheidungsfindung. Die Befürchtung einiger Autonomer Gemeinschaften, der Staat würde auf diesem Wege in autonome Kompetenzen eingreifen, erwies sich damit als gegenstandslos. Auch blieben die meisten Sektorenkonferenzen schwach institutionalisiert, so dass die Ergebnisse stark vom individuellen Verhalten der Beteiligten und der allgemeinen politischen „Stimmung" abhängen. Im Rahmen der Autonomievereinbarung von 1992 verpflichteten sich PSOE und PP zu kooperativem Verhalten zwischen den von ihnen kontrollierten Institutionen und stärkten damit die Rolle der Konferenzen als Schaltstellen für die Kooperation. Vor allem aber wurden und werden sie von der Zentralregierung dafür genutzt, die Regionen über ihre politischen Pläne zu informieren (vgl. Grau i Creus 2000: 60f.; Moreno 2002: 405).

Die Beziehungen zwischen den Regierungsebenen wurden im postfrankistischen Spanien zunehmend als ein wichtiges Element einer modernen Verwaltung betrachtet. Mit diesem Thema befasste sich deshalb auch das nach der Wiederwahl des PSOE geschaffene Ministerium für die Öffentliche Verwaltung, das die Verwaltungsmodernisierung voranbringen sollte und in dessen Zuständigkeit die Koordination zwischen zentraler und regionaler Verwaltung fiel. 1990 legte das Ministerium einen Bericht vor,[152] der öffentlich diskutiert wurde und als Leitfaden für das weitere Vorgehen dienen sollte (vgl. Alba 2001: 99). Der Bericht sah die zentralen Herausforderungen in der Anpassung an die Normen der EU, den „intergouvernementalen" Beziehungen sowie der Qualität und Effizienz der Verwaltung. Effizienz und Effektivität waren die erklärten Leitmotive der Reformen. Organisationsreformen sollten die Verwaltung an die sich wandelnde Staatsstruktur einer „*three-tier quasi-federal*" (ebd.: 100) Verwaltung anpassen. Dass das Ministerium ausdrücklich auch die europapolitischen Anforderungen hervorhob, hängt nicht zuletzt mit dem Fortschritt des Integrationsprozesses zusammen. Spanien hatte bereits unmittelbar nach seinem EG-Beitritt an der gemeinschaftlichen Strukturpolitik teilhaben dürfen, die seinerzeit zentralistisch umgesetzt und von den nationalen Regierungen zur Entlastung der Haushalte genutzt wurde (vgl. Bache 1998; Guillén/Álvarez 2004: 287).

Auch die Einführung des Partnerschaftsprinzips nach 1988 führte nicht zu einer maßgeblichen Beteiligung der Autonomen Gemeinschaften in den verschiedenen Phasen des politischen Prozesses (s. o. Kap. 2.3.3.3). Das

---

[152] Reflexiones sobre la modernización de la Administración pública, MAP, Madrid, 1990.

nationale Wirtschafts- und Finanzministerium konnte die Beteiligung nichtstaatlicher Akteure weitgehend verhindern (vgl. Borrás et al. 1998: 36). Im Rahmen der multiregionalen Programme wurde die Partnerschaft von der Zentralregierung weniger als Partnerschaft in der Politikformulierung denn als eine finanzielle Partnerschaft interpretiert, in deren Rahmen sich Regionen und EG an der Finanzierung überwiegend staatlicher Infrastrukturvorhaben beteiligen (vgl. Morata/Muñoz 1996: 210). Während die Entscheidung über die sektorale und territoriale Verteilung eines Großteils der Fördermittel in Madrid liegt, wurde die Beteiligung regionaler politischer und administrativer Akteure auf die Vorbereitung der regionalen Gemeinschaftlichen Förderkonzepte sowie die Implementation sektoraler und regionaler Programme beschränkt. Die Auswirkungen auf die Staatsorganisation sind mithin gering. Auf institutioneller Ebene gab es keine wesentliche Veränderung der Beziehung zwischen Zentralregierung und Autonomen Gemeinschaften. Die regionale Beteiligung an der europäischen Regionalpolitik beschränkt sich auf die Bereiche, in denen auch im Rahmen nationaler Politik Kooperation üblich ist. Daraus wurde gefolgert, dass die Partnerschaft in Spanien eher ein Mittel zur Legitimierung zentralstaatlicher Planung sei (vgl. Schaub 2000: 158). Anders als die subnationale Autonomie nahm allerdings im Zuge der Integration in einigen Politikfeldern die Komplexität deutlich zu. Mit der Dezentralisierung des Prozesses, der Einbeziehung mittlerer und lokaler Ebenen, wurden Ressourcen und teilweise auch Entscheidungskompetenzen auf eine Vielzahl von Akteuren verteilt. Von dem Muster, dass die Europapolitik der Mitgliedstaaten prinzipiell durch die Exekutive dominiert wird, weicht jedoch auch Spanien nicht ab (vgl. Benz/Eberlein 1999: 344).[153]

Vor dem Hintergrund der Anforderungen der europäischen Politik war zu beobachten, dass die Qualität des Dialogs und der Kooperation zugenommen hat. Neue konsultative und partizipatorische Muster haben sich im Politikprozess herausgebildet. Dem *bottom-up*-Ansatz der europäischen Ebene folgend, wurden ab 1994 auf nationaler und regionaler Ebene konsultative Organe geschaffen, in denen Umweltgruppen, Industrie, die Sozialpartner und Verbraucherorganisationen vertreten sind. Insofern besteht ein deutlicher Zusammenhang zwischen der Institutionalisierung von kooperativen Beziehungen zwischen Staat und Regionen und dem europäischen Integrationsprozess. Die dieser Entwicklung zugrunde liegende Pluralisierung ist allerdings weder ein spanisches noch ein europäisches Spezifikum – auch wenn der europäische Einfluss hier naheliegend ist –, sondern typisch für die Entwicklung postindustrieller Wirtschafts- und Gesellschaftssysteme (vgl. Borrás et al. 1998: 32f.; Börzel 1999).

---

[153] Die internationalen Beziehungen fallen nach Art. 149 Abs.1 der Verfassung in die ausschließliche Kompetenz des Zentralstaats.

3.4 Systemwechsel und Staatsorganisationsreform in Spanien: Fazit

Modernisierungsbestrebungen sind, nicht anders als in anderen Industrienationen, auch in der spanischen Verfassungsgeschichte ein wiederkehrendes Moment. Gewandelt haben sich vor allem die damit verbundenen Inhalte, auch bezogen auf die Organisation des Staates. Seit dem 18. Jahrhundert verband sich mit Modernisierung die Zentralisierung der politischen Macht, die in einigen Regionen auf starke Ablehnung stieß. Die institutionelle Heterogenität der Landesteile, die trotz der gemeinsamen Monarchie fortbestanden hatte, wurde zugunsten eines (kastilischen) Zentralstaats aufgehoben, der lediglich einzelne regionale Sonderrechte akzeptierte. Auch die Einführung des französischen Verwaltungsmodells auf Basis der Provinzen stand unter einem Modernisierungsparadigma und bedeutete die Konzentration von Befugnissen zu Lasten der Kommunen. Für die territoriale Verwaltung und Entwicklung verantwortlich, wurden die Gouverneure im 19. Jahrhundert zu politischen Schlüsselfiguren, die zur Sicherung der Macht Netzwerke um die einflussreichen – und modernisierungsfeindlichen – lokalen Eliten schufen. Neben den Gouverneuren wurden auch die Bürgermeister traditionell ernannt, was die – erst im 19. Jahrhundert gewonnene – zentrale Kontrolle über die lokalen Aktivitäten sicherstellen sollte (vgl. Medhurst 1973). Die sich im 19. Jahrhundert herausbildende Verwaltung war durch Politisierung, Fragmentierung und eine sektorale Organisation gekennzeichnet. Modernisierungsforderungen am Ende des Restaurationsregimes zielten auf ein Ende des lokalen Klientelismus. Im ausgehenden 19. Jahrhundert formierten sich zudem in den wirtschaftlich fortgeschrittenen Regionen, dem Baskenland und Katalonien, regionalistische Bewegungen. Die Dezentralisierungskampagne der föderalen (und zentrifugalen) Ersten Republik und die Autonomiestatuten der Zweiten Republik sollten jedoch zunächst Episoden bleiben, wenngleich Letztere rund 40 Jahre später eine wichtige Bezugsgröße darstellten.

Die bewusste Abkopplung der politischen Entwicklung des Landes von den übrigen westlichen Gesellschaften war Teil des frühen Programms des Frankismus. Politisch-institutionell sollte an die Zeit vor 1931 angeknüpft werden, staatsorganisatorisch an die traditionelle, am französischen Vorbild orientierte Konzeption. Demokratische Elemente wie die unter der Republik eingeführten Wahlen auf Gemeindeebene wurden beseitigt. Stattdessen sorgten ein System korporatistischer Vertretung und die Ämtermonopolisierung durch die Falange für eine Funktionserfüllung entsprechend zentral getroffener Entscheidungen. Die massive Kontrolle der kommunalen und Provinzebene ist insofern bemerkenswert, als von hier keine ernsthafte Bedrohung der zentralen Institutionen ausging. Unterdrückt wurden die regionalen kulturell-sprachlichen

Besonderheiten, was besonders im Baskenland zu einer Politisierung und Radikalisierung führte.

Die fragmentierte staatliche Verwaltung war für eine effiziente Aufgabenerfüllung kaum geeignet und hielt vor allem in den Agglomerationen und urbanen Zentren mit der soziopolitischen Entwicklung nicht Schritt. Den Kommunen fehlten beispielsweise die für eine Infrastrukturentwicklung erforderlichen Ressourcen. Bei den zentralen Ministerien lagen auch Zuständigkeiten, die in Industriestaaten gewöhnlich von der lokalen Administration ausgeübt werden. Die Entwicklungsplanung machte deutlich, dass der extreme Zentralismus zum Modernisierungsparadigma des frankistischen Spanien gehörte (vgl. Medhurst 1973). Hinsichtlich der zentralen und territorialen Stellen differenzierte sich das politische System zwar zunehmend aus und bewies insoweit seine Anpassungsfähigkeit. So wurde in den letzten Jahren der Franco-Herrschaft u. a. versucht, die territoriale Dimension der Politik gegenüber der sektoralen stärker zu berücksichtigen. Die Schwelle von der Dekonzentration zur Dezentralisierung wurde allerdings nicht überschritten.

Das Regime war mit seiner Dauer von fast 40 Jahren von erheblicher Stabilität gekennzeichnet. Lange bevor politisch-institutionelle Veränderungen möglich wurden, war jedoch infolge der wirtschaftlichen Liberalisierung ab Ende der 1950er Jahre ein wirtschaftlicher und gesellschaftlicher Modernisierungsprozess in Gang gesetzt worden. Insbesondere in der Mittelschicht veränderten sich die Wertvorstellungen und gewannen partizipatorische Orientierungen an Bedeutung. Auch in der frankistischen Elite wurden ab den 1960er Jahren Pluralisierungstendenzen und eine Orientierung auf die „westlichen" Institutionen, insbesondere die EG, erkennbar. Die Reaktionen des Regimes auf politischen Protest zeigten allerdings die Grenzen der Liberalisierungsbereitschaft. Erst Francos Tod machte schließlich den Weg zur Demokratie frei.

Die Öffnung des Regimes geschah – nicht zufällig – im Kontext einer wirtschaftlichen Krise, der die Regierung auch aufgrund ihres Legitimitätsverlustes nicht mehr wirksam zu begegnen vermochte. Politische und administrative Ineffizienz hatten zur Verschärfung der Krise beigetragen (vgl. González Encinar 1992; Nohlen/Hildenbrand 2005: 253). Die Regierung, in der reformbereite Kräfte allmählich an Gewicht gewannen, sah sich zur Umsetzung ihrer Reformen auf die Unterstützung durch die Opposition angewiesen. Ministerpräsident Suárez konnte innerhalb der Regime-Elite einen weitreichenden Konsens herstellen, bevor ein breites Spektrum politischer Kräfte in die Zusammenarbeit einbezogen wurde. In der Opposition setzten sich ebenfalls die verhandlungsbereiten Akteure durch, die die Mobilisierung der Massen vermieden und auch in die wirtschaftspolitische Kooperation einwilligten.

3 Demokratisierung und Staatsorganisationsreform in Spanien

Das Ende der Diktatur bedeutete keinen Zusammenbruch der staatlichen Strukturen. Eine hohe institutionelle Kontinuität reduzierte neben dem Gestaltungsspielraum auch die Unsicherheit des Systemwechsels. Die Errichtung der demokratischen Institutionen verlief trotz der Stärke der beharrenden und zentrifugalen Kräfte zügig und geordnet. Während das Trauma der Ersten Republik die Kooperations- und Kompromissbereitschaft stärkte, fand die neue Ordnung eine deutliche Zustimmung. Als unter Suárez der parlamentarische Weg eingeschlagen war, vertiefte das Fehlen einer klaren Mehrheit die Kooperation. Von noch größerer Kontinuität als die zentralen Institutionen war der Staatsapparat. Der konsensuelle Systemwechsel hatte über das Ende der Diktatur hinaus die Rekrutierung aus den frankistischen Kadern erlaubt. Durch die Verzögerung der kompetitiven Kommunalwahlen behielten die unter Franco Ernannten auch die Kontrolle über die lokale Politik. Was als autoritäres Erbe kritisiert wurde und eine effektive Dezentralisierung sowie eine Demokratisierung auf allen staatlichen Ebenen verzögerte, war jedoch auch eine Ressource der jungen Demokratie, deren Legitimität nicht zuletzt von funktionierenden staatlichen Leistungen abhing.

Der Zentralismus des Franco-Regimes und die repressive Negation der kulturellen Besonderheiten hatten den historischen Zentrum-Peripherie-Konflikt weiter verschärft. Die Konsenspolitik der Transition begünstigte allerdings nicht nur die demokratische Entwicklung, sondern auch – zumindest am Anfang – die Reform der Staatsorganisation, traditionell eine der politisch und gesellschaftlich spaltenden Fragen. Parteieliten, die die Prozesse steuerten, waren ernsthaft um Lösungen für strittige Fragen bemüht. Auch die „demokratische Staatenumwelt" und die Orientierung auf die internationalen Organisationen begrenzten die ideologischen Auseinandersetzungen. Nach der Einleitung des Reformprozesses „von oben" verstärkte sich der Einfluss der Opposition, die den Verlauf schon bald maßgeblich mitbestimmte. Hinsichtlich der vertikalen Organisation der spanischen Demokratie macht das breite Spektrum der Positionen, von Sezessionsbestrebungen bis zum Zentralismus, multiple Entwicklungsszenarien vorstellbar. Dennoch bestand grundsätzliche Einigkeit darüber, dass insbesondere im Hinblick auf die Legitimierung der neuen Institutionen eine gewisse Dezentralisierung erforderlich sei. Die Autonomie-forderungen einzelner Regionen waren in diesem Zusammenhang ein verstärkendes Moment, in dem sich die Dezentralisierungspolitik aber keineswegs erschöpfte. Mehrheitlich bestand die Auffassung, dass Demokratie und eine vertikale Teilung der Aufgaben und Kompetenzen eng miteinander zusammenhängen. Im Mitte-Rechts-Lager stand hinter solchen Überlegungen die Erfahrung staatlicher Ineffizienz im Frankismus, die im Kontext der Wirtschaftskrise destabilisierend gewirkt hatte. Die diversen Positionen der Opposition verbanden in der Regel Demokratie, vertikale Gewaltenteilung und subnationale Selbstbestimmung. Während es keinen Präzedenzfall eines regionalen Dezentralisierungsprozesses unter ähnlichen kulturellen und soziopolitischen Voraussetzungen gab, erhöhte ein internationaler Trend zur regionalen Dezentralisierung von Flächenstaaten die Zustimmung zum Autonomieprozess (vgl. Gunther et al. 2004: 281).

Die Institutionalisierung regionaler Autonomie stellte in der Transition auch eine Antwort auf die zentrifugalen Tendenzen dar, die die Integrität Spaniens gefährdeten. Die Regierung ging besonders auf die Katalanen zu, deren Autonomieforderungen zwar ähnlich radikal waren wie die baskischen, aber in einem weniger polarisierten regionalen Subsystem formuliert und zudem nicht von Gewalt begleitet wurden. Der regionale Dezentralisierungsprozess löste auch in anderen Teilen des Landes eine Dynamik aus. Besonders sozioökonomische Disparitäten begründeten neue regionalistische Bewegungen, etwa in Andalusien. Tatsächlich verschärften sich die Entwicklungsunterschiede im Kontext der Wirtschaftskrise und wurden im Zusammenspiel mit der Politisierung derartiger Problemlagen als Bedrohung für die staatliche Integrität wahrgenommen. Dies erklärt die zahlreichen Bestimmungen der Verfassung zu den regionalen Entwicklungsdisparitäten (vgl. Nohlen/Hildenbrand 1992: 13). Während die Regierung(en) schließlich durch die Ausdehnung des Autonomieprozesses auf das ganze Land auch versuchte(n), einen exklusiven Status des Baskenlandes und Kataloniens zu verhindern, strebten diese Regionen danach, ihre Eigenständigkeit zu vergrößern.

Trotz des insgesamt erfolgreichen Verfassungsprozesses waren die Bedingungen der Staatsorganisationsreformen ungünstig. Die bestehenden Institutionen konnten in einem Kontext von politischem Systemwechsel und Wirtschaftskrise nur bedingt für Stabilität sorgen. Zudem wurde die Dezentralisierung von einer Regierung begonnen, die über keine eigene Mehrheit verfügte und aufgrund ihrer dominierenden Position in der vom Frankismus übernommenen Verwaltung eine äußerst ambivalente Haltung vertrat (vgl. Gunther et al. 2004: 281). Die regionalistischen Wahlerfolge bewegten sich im Rahmen des Erwartbaren, führten insgesamt aber, im Verein mit anhaltenden Autonomieforderungen, zu einer erheblichen Aktivität für die regionale Ebene. Die ab September 1977 geschaffenen Präautonomien gewährleisteten in einem krisenhaften Kontext die staatliche Aufgabenerfüllung auf einer intermediären Ebene. Zudem erlaubte dieser Schritt der Regierung, sich vorübergehend der Verfassung und den zentralen Institutionen zu widmen.

Die Entwicklung der Staatsorganisation wurde in dieser frühen Phase „programmatisch eingeleitet" (Kraus 1996: 273) und erhielt durch die Präautonomien eine regionale institutionelle Basis. Durch die Festlegung von Verfahren, die theoretisch sehr unterschiedliche Entwicklungen, einschließlich einer rein administrativen Dezentralisierung, zuließen, wurde angesichts des Spektrums der Positionen das Ausmaß des Konflikts reduziert. Für die historischen Nationalitäten waren freilich frühzeitig Signale erforderlich, in welcher Weise den Autonomieforderungen entsprochen würde. Ablehnung erfuhr diese Strategie lediglich durch radikale Regionalisten. Im Baskenland wurde die Konsensfindung durch die Intensität des Konflikts erschwert. Allerdings wirkten sich auch „nationale" politische Dynamiken in der Folge auf den weiteren Prozess aus. Als die UCD im galizischen und andalusischen Fall versuchte, den Dezentralisierungsprozess zu bremsen, agierte sie entsprechend dem Kalkül, sozialistische Machtpole in starken Regionen zu verhindern. Teilweise war das Regierungshandeln jedoch auch von Konzeptlosigkeit gekennzeichnet. Die Krise der UCD, die von der postautoritären politischen Entwicklung gleichsam überholt wurde, und der Putschversuch vom Februar 1981 führten schließlich die Notwendigkeit klarer Entscheidungen vor Augen. Der Putsch gilt als Auslöser für die Neuordnung des Prozesses. Die großen Parteien einigten sich auf eine Ausdehnung der Autonomie auf ganz Spanien auf der Basis des Artikels 143. Durch Ausnahmen für einzelne Regionen wurden schließlich sieben Autonome Gemeinschaften mit einem hohen Kompetenzniveau konstituiert, zehn weitere folgten auf dem „langsamen Weg". Mit dem differenzierten Autonomiemodell wurde Forderungen der historischen Nationalitäten, die sich nie zuvor in der spanischen Geschichte in der Staatsorganisation niederschlagen konnten, in hohem Maße entsprochen (vgl. Morales/Molés 2001: 191). Damit hat der Dezentralisierungsprozess den Zentrum-Peripherie-Konflikt in die Institutionen integriert, wo er seit Anfang der 1980er Jahre weitgehend geregelt ausgetragen wird. Für die demokratische Entwicklung erfüllten die regionalen Subsysteme die Funktion, zentrifugale Kräfte zu binden und somit ein Gleichgewicht aufrecht zu erhalten, das durch die regionalistische Konfliktlinie bedroht war (Caciagli 1986: 22).

Die lokale Ebene Spaniens hat im westeuropäischen Vergleich aufgrund der zentralen Unterordnung und des relativ geringen Funktionsumfangs traditionell eine weniger bedeutende Rolle gespielt. Im 19. Jahrhundert hatte sich, anders als auf Provinz-Ebene, ein Dualismus von zentralen Verwaltungs- und Selbstverwaltungsfunktionen herausgebildet. Unterordnung und Marginalisierung der Kommunen wurden im Frankismus erheblich verstärkt. In der Transition musste die Kommunalreform trotz der offensichtlichen Probleme hinsichtlich der Legitimität und der Leistungsfähigkeit hinter eine Reihe anderer Fragen zurücktreten. Die Dezentralisierungsforderungen, die mit dem Systemwechsel verstärkt auch für die lokale Ebene aufkamen, folgten einer Demokratisierungs- und einer Modernisierungslogik. Die Diktatur auf allen staatlichen Ebenen zu beenden und die Politik „näher an die Bevölkerung" zu bringen, waren zentrale Motive. Problematisch wurde die geringe Größe vieler Gemeinden gesehen, die auch gegen eine stärkere fiskalische Dezentralisierung sprach. Allerdings fand sich im Ausgang des Autoritarismus keine Mehrheit für die Fusion von Gemeinden, mit denen viele Spanier sich traditionell stark identifizierten (vgl. Medhurst 1973: 182). Deutlich wurde die historisch-symbolische Bedeutung der lokalen Ebene, als die Regierung die ersten demokratischen Kommunalwahlen hinauszögerte. Ab 1979 haben der Schutz durch die Verfassung, der Abbau von Kontrollmechanismen und erste Neuerungen des Finanzierungssystems die Eigenständigkeit der lokalen Gebietskörperschaften konstituiert (vgl. Clegg 1987). Erstmalig erhielten die Bürgermeister die Möglichkeit, ein Gremium zu ernennen, das sich ausschließlich aus Mitgliedern der Ratsmehrheit zusammensetzt. Eher rückwärts gerichtet scheinen hingegen die Provinzen, deren Fortbestand sich der Kräftekonstellation der Transition und einem Beharren der zentristischen und rechten Kräfte verdankte. Nur ihrem Schutz durch die Verfassung ist es zu verdanken, dass sie im Zuge der weiteren Entwicklung in einigen Regionen, etwa in Katalonien, nicht abgeschafft wurden. Die Funktion der Provinzen als Repräsentationsbasis für den Senat war und ist umstritten. Seit ihrer Schaffung unter französischem Einfluss standen diese Institutionen für die zentrale Kontrolle über das Territorium und die Einschränkung der lokalen Autonomie. Letztendlich behielt sich die junge spanische Demokratie bemerkenswerte Möglichkeiten der zentralstaatlichen Einflussnahme auf die lokale Politik vor.

Auch die weitere Entwicklung der Staatsorganisation wurde von politischen Kräfteverhältnissen und Parteidynamiken im Zentrum und in den Regionen bestimmt. Das Wahlsystem mit kleinen Wahlkreisen begünstigte nicht nur die größeren Parteien, sondern ließ auch die regionalen Kräfte auf nationaler Ebene erstarken. Deren anhaltende Forderungen nach Dezentralisierung sollten auch während der 1980er Jahre einen wichtigen Faktor der politisch-institutionellen Entwicklung darstellen. Abgesehen vom Baskenland und Katalonien erfuhr der Autonomiestaat jedoch auch eine politische Integration über die nationalen Parteien. Dabei spielte der PSOE, der bereits als Oppositionspartei an der Aushandlung der Verfassung und der Autonomieabkommen beteiligt war und die UCD als dominierende Partei ablöste, eine zentrale Rolle (vgl. Richter 1992: 47). Der „Einstellungswandel" dieser Partei hatte Folgen für den gesamten Prozess. Zu Beginn der Transition hatten sich die Linksparteien in der Dezentralisierungsfrage noch in der strategischen Absicht positioniert, die Einheit der Opposition zu bewahren (vgl. Nohlen/Hildenbrand 1992: 24). Diesem spezifischen Interesse der frühen Dezentralisierungsforderungen entspricht auch das Fehlen einer detaillierten Reformkonzeption. Auf dem Weg in die Regierung verschrieb sich insbesondere der PSOE einem systembewahrenden Pragmatismus. Anfang der 1980er Jahre lösten funktionale und administrative Gesichtspunkte der Staatsor-

3 Demokratisierung und Staatsorganisationsreform in Spanien

ganisation das Thema Selbstbestimmung ab. Gegenüber der regionalistischen und autonomistischen Bewegung nahm die Partei eine zunehmend defensive Rolle ein. Unterdessen erlaubten die Wahlerfolge auf allen staatlichen Ebenen der gesellschaftlich nur schwach verankerten Partei, sich organisatorisch zu stabilisieren (vgl. Gunther et al. 2004: 245). Gleichzeitig trug die neue Haltung der Rechten, die die Ressourcen dezentralisierter Einheiten zu schätzen begann, zur Legitimierung des Autonomiemodells bei.

Nachdem die UCD-Regierung politisch zu schwach gewesen war, die Harmonisierungspläne umzusetzen, schufen die Wahlsiege des PSOE in Madrid und den meisten Regionen günstige Bedingungen für eine effektive Planung, Koordinierung und Homogenisierung des weiteren Dezentralisierungsprozesses. Homogene Mehrheiten reduzierten die „intergouvernementalen" Konflikte (vgl. ebd.: 332). Institutionelle Mechanismen für die Kooperation und Koordination zwischen Zentralstaat und erstarkenden Regionen wurden jedoch nicht entwickelt. Deutlich wird hier, dass die anfängliche Einbindung der Regionalisten vornehmlich in Funktion der Transition gestanden hatte. Die nationalen Akteure gingen hinsichtlich der zukünftigen Staatsorganisation mehrheitlich von einer zentralstaatlichen Vorrangstellung aus. Symbolisiert wird dies durch den Senat, dessen Zusammensetzung durch ein konservatives Moment gekennzeichnet ist und mit dem die damalige Mitte-Rechts-Mehrheit keine territoriale Interessenvertretung intendierte. Auch für die Politik regionaler Entwicklung, die in der spanischen Demokratie Teil der nationalen Wirtschaftspolitik ist (vgl. Tombeil 1999), konnte die „gesamtstaatliche" politische Rationalität gezeigt werden. Selbst die spezifischen Anforderungen der gemeinschaftlichen Regionalpolitik führten (ab Ende der 1980er Jahre) lediglich zu verfahrenstechnischen Anpassung, nicht aber zu einer Infragestellung der Madrider Prärogative.

Ungeachtet der Regelungen der Verfassung für den Transfer von Aufgaben verlief der Prozess in der Folge über weite Strecken konfliktiv und bilateral, zwischen der Madrider Regierung und den einzelnen Regionen, insbesondere Basken und Katalanen (vgl. González Encinar 1992). Während diese eine Angleichung der Kompetenzen zu verhindern suchten, wurden durch die Autonomievereinbarungen von 1992 Zuständigkeiten neu geordnet und die Autonomieniveaus weiter homogenisiert. Die zu Beginn des regionalen Dezentralisierungsprozesses konzedierten Unterschiede sollten sich jedoch als beständig erweisen. Eine der größten Asymmetrien betrifft die Finanzverfassung mit ihren verschiedenen Finanzierungssystemen (und einer für die meisten Regionen sehr zurückhaltenden fiskalischen Dezentralisierung), die Gegenstand zahlreicher Debatten sind.

Aus einer historischen und systembezogenen Perspektive stellt sich die Schaffung des Staates der Autonomen Gemeinschaften als Element eines gesellschaftlichen und politischen Modernisierungsprozesses dar, dessen Ziele die Erhöhung der Verwaltungseffizienz und die Stärkung der Partizipation waren. Erklärungskraft für die postautoritäre Entwicklung der spanischen Staatsorganisation haben indes die unterschiedlichen Interessen und Strategien sowie die Kräftekonstellationen der Akteure. Darüber hinaus offenbart die akteurs- und prozessbezogene Analyse die spezifischen Wirkungen des Transitionskontextes. Die Pluralisierung der politischen Kräfte und Positionen, anfängliche Unsicherheiten und die damit verbundenen Konfliktlösungs- und -vermeidungsmechanismen, der Verfassungsprozess sowie die transitionsspezifischen Strategien von ehemaliger Regime-Opposition und Regime-Elite schlugen sich in den Rollen und institutionenpolitischen Positionen der Akteure nieder. Auch deren weitere Entwicklung, die durch eine Prioritäten-Verschiebung zugunsten leistungsfähiger staatlicher Strukturen gekennzeichnet ist, steht in einem deutlichen Zusammenhang mit der Entwicklung der politischen Rahmenbedingungen.

4 Demokratisierung und Staatsorganisationsreform in Polen

Polen ist mit Abstand das bevölkerungsreichste und größte der ostmitteleuropäischen Länder, die im Mai 2004 der Europäischen Union beigetreten sind.[154] Neben anderen Faktoren sind dies Strukturbedingungen, die die Bedeutung der Dezentralisierungsthematik in Polen erklären, das in dieser Hinsicht zu dem am intensivsten studierten Fall der Region avancierte.[155] Der Umbau der Territorialstruktur wurde mit dem Ende des Sozialismus von zahlreichen Akteuren als zentrale Aufgabe im Rahmen der Reform der politischen und administrativen Institutionen gesehen. Die Forderung nach subnationaler Demokratie war eines der wichtigsten Reformanliegen und wurde von der überwiegenden Zahl der Parteien vertreten – und das in einem sozioökonomischen Kontext von Inflation, steigender Arbeitslosigkeit und autoritärer Erblasten (vgl. Baldersheim/Illner 1996b: 225; Illner 1998).

Die besondere Aufmerksamkeit für die polnischen Staatsorganisationsreformen ist neben den besonderen Bedingungen, unter denen die ersten entsprechenden Maßnahmen am Runden Tisch verhandelt wurden, auch der Strategie, die die Opposition damit verband, sowie der großen Zahl in- und ausländischer Beobachter des gesamten polnischen Transformationsgeschehens zuzuschreiben (vgl. Illner 1998: 32). Für den Umbau der Staatsorganisation gilt dabei, was Jochen Franzke (2002: 293) für die gesamte polnische Transformation feststellt: „Der politische Strukturwandel [...] weist einige Brüche und paradoxe Verläufe auf, verläuft aber überwiegend evolutionär, inkrementalistisch und mit friedlichen Mitteln." Nachdem politische Konflikte zu einer ersten, wenig konsistenten

---

[154] Mit einer Fläche von 312.000 km² entspricht die Größe des polnischen Territoriums etwa 60% des spanischen (ca. 505.000 km²) und 140% des britischen (nur die Hauptinsel: ca. 220.000 km²).
[155] Gleichzeitig ist jedoch festzustellen, dass die homogene Bevölkerungsverteilung und Urbanisierung es nicht zwingend geboten erscheinen ließen, im Wege der Territorialgliederung etwa einen Ausgleich für die Dominanz des Zentrums zu schaffen (vgl. Gorzelak 1996: 59; Illner 2002: 5). Auch ethnisch ist die polnische Bevölkerung infolge der tragischen Ereignisse des 20. Jahrhunderts heute nahezu homogen. Die ethnischen Minderheiten sind auf polnischem Territorium nicht so groß und geographisch nicht so konzentriert, dass die Frage ihrer Autonomie politisch relevant würde. Auch gab es keine Autonomieforderungen vonseiten der (wenig zahlreichen) Deutschen im Westen oder der Ukrainer im Südosten (vgl. Illner 2002: 6).

und sich lange hinziehenden Reformperiode geführt hatten, wurden die Reformen 1996 wieder verstärkt aufgenommen. Zu einer Reform der intermediären Ebene sollte es aber erst unter erneut veränderten Mehrheitsverhältnissen kommen. Die europäische Beitrittsperspektive wurde in diesem Kontext als externer Anker für die jungen Demokratien analysiert, der dabei helfen sollte, die Schwierigkeiten der politischen, wirtschaftlichen und gesellschaftlichen Transformation zu überwinden, gleichzeitig aber auch – tatsächliche und perzipierte – Bedingungen konstituierte (Elster et al. 1998; Stark/Bruszt 1998). Ihre konkrete Bedeutung wird von der Forschung freilich sehr unterschiedlich eingeschätzt.

Den Weg zu den Staatsorganisationsreformen der 1990er Jahre zeichnet dieses Kapitel in mehreren historisch-prozessualen und thematischen Betrachtungen nach. Konkret gliedert sich die Analyse wie folgt: Nach einer kurzen Darstellung der strukturprägenden Entwicklungen vor dem 20. Jahrhundert werden die politischen Rahmenbedingungen und die staatliche Organisation der sozialistischen Volksrepublik unter den hier relevanten Gesichtspunkten analysiert. Besonders berücksichtigt werden dabei die Reformen, die eine Struktur konstituierten, die sich auch in der Transition als beständig erweisen sollte. Die Transition als Kontext der folgenden Entwicklung wird weitgehend analog zum spanischen Fall dargestellt. Es folgt sodann die Analyse der lokalen Strukturen, da diese, was die Staatsorganisation betrifft – und anders als in Spanien –, zunächst im Zentrum der Aufmerksamkeit standen. Es schließt sich daran die Betrachtung der überlokalen Ebene an. Diesbezüglich können, wie im spanischen Fall, zwei Phasen deutlich voneinander unterschieden werden, die durch unterschiedliche Kontextbedingungen gekennzeichnet waren. Die Forschung hat sich skeptisch gezeigt hinsichtlich der Konsolidierung von wichtigen Teilsystemen des politischen Systems (insbesondere des Parteiensystems), woraus sich, wie die Analyse zeigt, Folgen für die Entwicklung der Staatsorganisation ergeben.

4.1 Staat und Politik vor der polnischen Transition

4.1.1 Historische Entwicklung bis zum Sozialismus

Polens Erfahrung mit lokaler Selbstverwaltung reicht bis ins Mittelalter zurück, als Städte nach deutschem Stadtrecht mit einer gewissen Autonomie gegründet wurden. Sie ist damit Teil einer langen Tradition moderner politischer und gesellschaftlicher Entwicklung (vgl. Wollmann 1995: 572; Staar 1998; Nowacki 2002: 14). Historisch war das lokale Polen durch die jeweils dominierenden gesellschaftlichen Eliten bestimmt. Im Zuge der Entwicklung des Konstitutionalismus wurden in der ersten Hälfte des 15. Jahrhunderts protodemokratische

4 Demokratisierung und Staatsorganisationsreform in Polen

Strukturen durch und für den Adel geschaffen. Erstmals nahmen regionale Vertretungskörperschaften Einfluss auf die nationale Politik, wodurch der niedere Adel verstärkt in die Machtdomäne des wohlhabenden hohen Adels vordringen konnte (vgl. Taras 1995: 25). Grundbesitzer, denen die staatliche Verwaltung auf lokaler Ebene außerhalb der Stadtbezirke oblag, bestimmten die politische Szenerie seit dem 15. Jahrhundert. Ihre praktisch bis 1945 andauernde Vorherrschaft war regional unterschiedlich ausgeprägt (vgl. Norton 1994: 5; Kukliński 1990b: 218). Insgesamt schwächte ihr Gewicht gegenüber der Monarchie die internen Strukturen des Staates, der bis ins 17. Jahrhundert zu den großen europäischen Mächten gehörte. Zur Fragmentierung der Macht kam die geographische Lage zwischen den europäischen Großmächten. In dem Bemühen, den eigenen Staat gegenüber der preußischen, russischen und österreichischen Bedrohung zu bewahren, gab sich Polen am 3. Mai 1791 die erste geschriebene Verfassung Europas (vgl. Wyrzykowski 2001: 96).

Die „Wiege" des polnischen Staates umfasst den mittleren Teil des Warthe-Beckens und politisch die vier Provinzen Posen, Leszno, Kalisz und Konin. Die Teilung des Landes durch Österreich, Preußen und Russland behinderte im 19. Jahrhundert die landesweite Entwicklung einer Staats- und Verwaltungsorganisation, wie sie sich seinerzeit in anderen europäischen Staaten vollzog. Während der Teilungen (1772 und 1793) gehörte Wielkopolska (Großpolen, heute in Westmittelpolen gelegen) vollständig zu Preußen; zwischen 1807 und 1815 war es Teil des von Napoleon gegründeten und durch den sächsischen König kontrollierten Herzogtums Warschau. Diese Episode, die durch einen zentralistischen Verwaltungsaufbau nach französischem Vorbild gekennzeichnet war, ist die erste Erfahrung des Landes mit moderner staatlicher Verwaltung. Als Erfahrungsbestand und historisches Modell sollte sie ein Jahrhundert später, nach der Wiederherstellung der Souveränität, eine Rolle spielen (vgl. Czechowski 1988: 135). Infolge des Wiener Kongresses fielen 1815 der nordwestliche Teil (Westpreußen und Pommern) an Preußen und der östliche Teil an Russland. Das im Süden gelegene Galizien gehörte zur Österreich-Ungarischen Monarchie. In der zweiten Hälfte des 19. Jahrhunderts führten Preußen und Österreich-Ungarn in den von ihnen kontrollierten Landesteilen Elemente moderner Territorialverwaltung ein. Dabei wurden die Kreisebene gestärkt und Ansätze des Dualismus von Selbstverwaltung und Zentralverwaltung etabliert (vgl. Wollmann 1995: 572). Für Regionen wie Wielkopolska und Galizien wird deshalb auch von einer gewissen Selbstverwaltungstradition gesprochen (vgl. Czechowski 1988: 136), die korrekter als Erfahrung zu bezeichnen ist. Mit der Verfassung des habsburgischen Staates von 1867 erhielt die galizische Provinz einen Autonomiestatus, der regionale Selbstverwaltung und Institutionen wie eine Vertretungskörperschaft beinhaltete. Neben einer auf Wien gerichteten nationalen Dimension entwickelte sich eine regionale Dimension der Politik, die ihren Ort in der Provinzvertretung hatte. Auch Parteien entstanden auf regionaler Ebene. Elemente dieser Verwaltung wurden somit Teil der heterogenen institutionellen Erfahrung (vgl. Swianiewicz 1990: 292f.; Illner 2002: 10; Nowacki 2002: 14).

Nach dem Ersten Weltkrieg erlangte Polen die eigene Staatlichkeit wieder, zunächst als Königreich, dann als Republik. Infolge der Teilung und des Krieges mussten zunächst die staatlichen Institutionen errichtet werden. Eine verfassungsgebende Versammlung schuf ein parlamentarisches Regierungssystem mit eingeschränkten präsidentiellen Befugnissen, woraufhin der erste Staatschef der Zweiten Republik, Józef Piłsudski, sein Amt aufgab. Im Mai 1926, fünf Jahre nach Verabschiedung der Verfassung, die politisch durch Konflikte zwischen und innerhalb der Parteien sowie unklare Mehrheitsverhältnisse gekennzeichnet waren (Materska-Sosnowska 2010: 1472), übernahm Piłsudski mit Unterstützung der Armee in einem Staatsstreich die Macht und begründete eine über seinen Tod im Jahr 1935 hinaus andauernde autoritäre Herrschaft. Kurz vor seinem Tod billigte Piłsudski die neue Verfassung, die die Konzentration einer einheitlichen und absoluten Staatsgewalt in der Person des Präsidenten festschrieb. Alle anderen Organe waren fortan dem Präsidenten auch formal untergeordnet (vgl. ebd.: 1473).

In der Zwischenkriegszeit bestand der polnische Staat aus Posen, Westpreußen, Teilen von Pommern (den zuvor von Deutschland besetzten Gebieten) und Galizien sowie aus Teilen des Russischen Reiches und Oberschlesien. Nach 1918 entwickelte sich im Einheitsstaat ein Parallelsystem von staatlicher Administration und Selbstverwaltung. Während die Selbstverwaltung formal für die Vertretung der Interessen der Einwohner, die Organisation der kommunalen Tätigkeit sowie für die Verwaltung des kommunalen Vermögens verantwortlich war und der staatlichen Verwaltung die Legalitätskontrolle oblag, führten staatliche Organe häufig Selbstverwaltungsaufgaben und kommunale Organe Aufgaben des Zentralstaates aus. Erst in den 1930er Jahren wurden die Strukturen, die bis dahin die Züge der alten Teilung trugen, homogenisiert. Bis 1925 entstanden 16 Wojewodschaften (Provinzen), die die dritte Ebene im zentralistischen Verwaltungsaufbau bildeten und – mit den von der Regierung ernannten Wojewoden – deutlich an das französische Modell der Präfekten angelehnt waren.[156] Unterhalb der Wojewodschaften bestanden die Kreise (*powiaty*), in denen jeweils ein *Starost* (etwa: Landrat) die Regierung vertrat und der Verwaltung vorsaß. Unterhalb der Kreise lagen die Gemeinden mit eigenen und delegierten Aufgaben (vgl. Wollmann 1995: 572; Nowacki 2002: 14f.).

---

[156] Selbstverwaltung auf Wojewodschaftsebene bestand lediglich in Posen und Pommern. Schlesien verfügte ab 1920 über eine beschränkte Autonomie.

Nach dem Zweiten Weltkrieg erlebte Polen eine territoriale Westverschiebung, bei der das östliche Drittel an die Sowjetunion (bzw. Belarus und die Ukraine) fiel und das Staatsgebiet im Gegenzug nach Westen bis an die Oder-Neiße-Grenze ausgedehnt wurde. Diese historisch-politische Entwicklung von Teilungen und Grenzziehungen hatte eine regionale Differenziertheit des heutigen Polen hinsichtlich der Demographie, Agrarstruktur und Infrastruktur zur Folge (vgl. Surazska 1996). Zudem hat die sozialistische Industrialisierung, insbesondere die Errichtung industrieller Zentren in rohstoffreichen Gegenden, neue Differenzierungen geschaffen, zum Teil aber auch bestehende Unterschiede verschärft.[157] Polen wies damit Ende des 20. Jahrhunderts nicht nur eine heterogene Selbstverwaltungserfahrung, sondern auch eine uneinheitliche sozioökonomische Verfassung auf.

4.1.2 Die politische Entwicklung der Volksrepublik

Nicht nur die Verfassungswirklichkeit sozialistischer Staaten wie der Dritten Polnischen Republik war durch die besondere Rolle der kommunistischen Partei geprägt, auch die Verfassungstexte sahen die „führende Rolle der Partei" vor, die die Avantgarde beim Aufbau des Sozialismus im Interesse der Arbeiter zu sein beanspruchte. *De facto* wachten die hierarchisch organisierten Instanzen der Partei über die Ausübung staatlicher Autorität, die institutionellen Arrangements, politische Interaktionen und Entscheidungsprozesse. Konsequenterweise hatte die Arbeiterpartei das letzte Wort bei Konflikten zwischen verschiedenen Stellen des Staates bei der Ausführung der von ihr definierten Politik (vgl. Hesse 1993b: 220). Die Einheit der Staatsgewalt war das leitende Prinzip, das eine – horizontale wie auch vertikale – Gewaltenteilung ausschloss. Theoretisch waren die Parlamente die obersten Staatsorgane, tatsächlich akklamierten sie die Entscheidungen der Partei. Diese übte gleichzeitig Überwachungs-, Koordinations- und

---

[157] Im Übergang zur Demokratie lässt sich Polen in vier Großregionen aufteilen (vgl. Swianiewicz 1990; Gorzelak 1990: 249f.): eine zentrale und östliche, die unter russischer Herrschaft stand und schwach entwickelt ist, wenig Industrie und eine ineffiziente Landwirtschaft aufweist und kaum urbane Zentren und Erfahrungen mit Selbstverwaltung besitzt; eine südöstliche Region (Galizien), die im 19. Jh. unter österreichischer Herrschaft stand, mit einem höheren Entwicklungsniveau, einem gut entwickelten Siedlungssystem, einer diversifizierten Industrie, einer überbevölkerten Landwirtschaft und ausgeprägter Erfahrung mit Selbstverwaltung; der mittlere Westen („Großpolen"), seit dem 17. Jh. das Herz des Landes, mit einer produktiven Landwirtschaft und diversifizierten Industrie, dem am besten entwickelten Siedlungssystem, der reichsten Infrastruktur, der größten organisatorischen Erfahrung und der längsten Erfahrung mit Selbstverwaltung; die nördlichen und westlichen Gebiete, die nach dem Zweiten Weltkrieg von Deutschland zurückgewonnen wurden, mit relativ gut entwickelter Infrastruktur und Urbanisierung, einem mittleren Industrialisierungsgrad, aber ohne bedeutende Erfahrungen mit Selbstverwaltung.

Führungsfunktionen aus; entsprechend waren ihre Strukturen in einem Maße mit denen des Staates verschränkt und verwoben, dass die sozialistischen Staaten zutreffend als (Ein-)Partei-Staaten charakterisiert wurden (vgl. Batt/Wolczuk 1998: 87).

Der „demokratische Zentralismus" beruhte als zentrales Organisationsprinzip der sozialistischen Systeme auf der Einheit der Staatsverwaltung mit einer einheitlichen Verwaltung über alle Ebenen und einer strengen Hierarchie. Die Verwaltung verfügte über keine eigenständige Identität, für die Besetzung öffentlicher Ämter war die Nomenklatur entscheidend. Während eine Dekonzentration möglich und auch üblich war, schloss das System subnationale Selbstverwaltung aus und ordnete die territorialen Einheiten der Administration als staatliche Organe den Zentralorganen unter. Die staatliche Verwaltung war auf allen Ebenen das Instrument zur Umsetzung der Entscheidungen der Partei bzw. des Politbüros. Bei der Verflechtung von Partei- und Staatsapparat stand der Wille der Partei über allen positiven Rechtsnormen (vgl. Goetz 1995: 541; Goetz 2001: 1033, 1039).

In der Frage des Regimetyps wird in der Politikwissenschaft mehrheitlich die Auffassung vertreten, dass es sich beim polnischen Sozialismus um einen Autoritarismus gehandelt habe (vgl. Sanford 1997: 172). Unter Berücksichtigung der Regimeentwicklung wird mit Blick auf die stalinistische Phase (1948-1956) jedoch auch ein totalitärer Charakter festgestellt.[158] Es lassen sich mindestens drei Phasen der sozialistischen Herrschaft in Polen unterscheiden: (1.) eine erste Phase beginnend mit der Machtübernahme der Kommunisten, an die sich direkt (2.) die stalinistische Phase anschloss, bevor es (3.) unter Eduard Gierek zu einer Öffnung nach Westen kam. Wiederholte Regierungswechsel waren Ausdruck interner Systemkrisen (vgl. Merkel 2010: 63). Eine stärkere Differenzierung erlaubt die Unterscheidung politischer und wirtschaftlicher Situationen und Entwicklungslinien: der relative Wohlstand unter Gierek in den 1970er Jahren; der Vorabend der Sommerkrise von 1980/81 (Geburtsstunde der *Solidarność*[159]); die Zeit nach dem Kriegsrecht; und schließlich die mit dem Runden Tisch und den Vorgründungswahlen beginnende demokratische Transition (vgl. Wiatr 2003. 374). Die folgende Darstellung der politischen Entwicklung, nach der Zeit vor und nach 1970 untergliedert, greift die hier genannten Aspekte auf.

---

[158] Für die Geschichtswissenschaft stellt Krzysztof Ruchniewicz (2003) fest, dass die Mehrheit der Wissenschaftler die Auffassung nicht teile, dass die klassische Definition von Totalitarismus allenfalls auf jene frühe Regimephase anzuwenden sei. Es wurden der despotische Charakter und die Machtkonzentration der Einpartei-Diktatur betont und Polen als um den Massenterror reduzierte Variante des Stalinismus charakterisiert (vgl. Paczkowski 1993: 91; Ruchniewicz 2003: 47). Erst für die 1980er Jahre wird eine Abschwächung der Despotie festgestellt.
[159] Im Folgenden wird die übliche Kurzform „S" verwendet.

4.1.2.1 Die Ären Bierut und Gomułka (1948-1970)

Bis zur kommunistischen Machtübernahme, die mit sowjetischer Unterstützung gelang und vor allem moskautreue Kommunisten in Führungspositionen brachte, rangen zahlreiche Gruppierungen um die politische Vorherrschaft im Nachkriegspolen. Innerhalb des kommunistischen Lagers verlief eine Trennlinie zwischen den in Moskau ausgebildeten „Moskoviten" und den von Stalin mit Misstrauen bedachten heimischen Kommunisten, aus denen der erste Vorsitzende der Arbeiterpartei nach dem Krieg, Wladyslaw Gomułka, hervorgegangen war. 1948 konnte sich die moskautreue Fraktion endgültig durchsetzen, und Gomułka wurde durch Bolesław Bierut ersetzt. Die Heimatarmee, die auf der Seite der Londoner Exilregierung stand und ihre Aktivitäten auch unter sowjetischer Kontrolle des Landes fortsetzte, sowie die Strukturen des „Untergrund-Staates" waren infolge des Krieges, der sich anschließenden Demobilisierung und schließlich des Vorgehens von Sowjetarmee und Geheimpolizei zerrieben worden. Die großen Parteien der Bauern und Sozialisten wurden faktisch ausgeschaltet durch ihre Vereinigung in der kommunistischen Vereinigten Bauernpartei bzw. der Polnischen Vereinigten Arbeiterpartei (PZPR[160]) (vgl. Materska-Sosnowska 2010: 1475). Damit war der Weg frei für die stalinistische Transformation von Staat und Gesellschaft. Ihrer Natur nach vormodern (der Führer als vom Willen des Volkes unabhängiger Ort der Autorität), beanspruchte diese stalinistische Variante des Marxismus-Leninismus im Namen einer „echten Volkssouveränität" die demokratische Überlegenheit gegenüber der als formal abqualifizierten „bürgerlichen" Demokratie (vgl. Bernhard 1993: 31ff.). Mit der Verfassung der Volksrepublik vom 22. Juli 1952 wurde die Schaffung sowjetischer Institutionen abgeschlossen (vgl. Materska-Sosnowska 2010: 1476). Im Gefolge der bolschewistischen Revolution der Sowjetunion beriefen sich die polnischen Kommunisten auf eine direktdemokratische Tradition „und auf die zentralistischen aktivistischen revolutionären Bestrebungen, die von der Jakobinischen Phase der Französischen Revolution übernommen worden waren" (Hobsbawm 1995: 481). Im Unterschied zu den sozialistischen Parteien und Gewerkschaften des späten 19. Jahrhunderts, die sich auf eine parlamentarisch-demokratische Tradition beriefen und Bürgerrechte hoch hielten, wurde im Sowjetsystem praktisch mit dem Demokratieprinzip gebrochen und die Diktatur eines Einzelnen, eine „Kommandowirtschaft"[161] und eine „Kommandopolitik" errichtet (ebd.). Wenn auch bei weitem nicht in dem in der Sowjetunion herr-

---

[160] *Polska Zjednoczona Partia Robotnicza.*
[161] Die Kommandowirtschaft stand in Funktion einer massiven Industrialisierung, d. h. der Konzentration der Investitionen auf die Errichtung großer Industrieeinrichtungen. Instrumente waren Fünfjahrespläne, Jahrespläne und „disaggregierte" Pläne auf Unternehmensebene (vgl. Welfe 1999).

schenden Ausmaß, gehörten Terror und Zwang zu den Instrumenten, die die gesellschaftliche Transformation der stalinistischen Ära Polens voranbringen sollten. Teile der Gesellschaft, insbesondere Arbeiter und Bauern, folgten, weil die Politik eine rasche und weitreichende gesellschaftliche Mobilität schuf. Die Zustimmung zahlreicher Intellektueller gewann das Regime vor dem Hintergrund der historischen Erfahrungen einer Zwischenkriegszeit, in der gravierende soziale Probleme nicht gelöst worden waren, der Unfähigkeit des Staates, sich gegen den deutschen Angriff zu verteidigen, sowie der Notwendigkeit sozialer Reformen. Es gelang dem Regime, ein ausreichendes Maß an Gehorsam zu erzeugen, um die erforderliche Stabilität sicherzustellen (vgl. Bernhard 1993: 34; Sanford 1997: 172).

Auf den Tod Stalins (1953) folgte eine Phase der Entspannung. Teile der Elite und der Gesellschaft begannen, Kritik am System zu üben. Arbeiter begannen, ihrer Unzufriedenheit mit einem anhaltend niedrigen Lebensstandard,[162] ihrer Abscheu für den Terror und der allgemeinen Enttäuschung über das offensichtliche Versagen des Regimes, die ethischen Ziele des Sozialismus zu verwirklichen, Ausdruck zu verleihen.[163] Sowohl Intellektuelle als auch wesentliche Teile der Partei schlossen sich einer breiten Reformbewegung an. Dies erlaubte Gomułka, der während der stalinistischen Phase einige Zeit im Gefängnis verbracht hatte, das politische *comeback* als Parteichef im Oktober 1956. Dieser regimeinterne Machtwechsel im „polnischen Oktober" markiert das Ende der stalinistischen Phase (vgl. Ekiert 1998: 21f.; Borzutzky/Kranidis 2005: 621). Was sowohl Gomułka und seine Gefolgsleute als auch weite Teile der Gesellschaft anstrebten, war eine Form des Sozialismus, der „polnischer" sein sollte als das nach dem Krieg oktroyierte System. Gomułkas Position war innenpolitisch dadurch gestärkt, dass er als Opfer des Stalinismus angesehen wurde. Außenpolitisch gelang es ihm, anders als Imre Nagy in Ungarn nur einen Monat später, in einem *„face-to-face showdown"* (Bernhard 1993: 35) mit Chruschtschow eine sowjetische Invasion abzuwenden.

Die Gesamtschau dieser poststalinistischen Periode lässt Widersprüche in der Politik erkennen, die sich jedoch als weniger paradox erweisen, wenn der jeweilige Kontext der Entscheidungen und längerfristige Entwicklungen mit berücksichtigt werden. So sollte es das Verdienst des neuen Generalsekretärs

---

[162] Die Ziele des Plans für die Jahre 1950 bis 1955 (Steigerung des BIP, Erhöhung der realen Einkommen und der Argrarproduktivität) wurden weit verfehlt; die Löhne fielen in den Jahren 1950 bis 1953 real jährlich um 3,7% (vgl. Bernhard 1993: 35).

[163] Besonders dramatisch äußerte sich dies in den Demonstrationen und Straßenschlachten in Posen im Juni 1956 und im Oktober desselben Jahres, als Bauern auf das agrarpolitische Programm des Regimes mit der spontanen Auflösung der kollektiven Höfe reagierten. Die Zahl der Kollektive fiel von mehr als 10.000 im September auf etwas mehr als 1.500 nur drei Monate später (vgl. Bernhard 1993: 34).

4 Demokratisierung und Staatsorganisationsreform in Polen

sein, ein Regime zu stabilisieren, dessen Überleben nach dem Ende seiner stalinistischen Überformung in Frage gestanden hatte. An den Grundfesten des Systems zu rütteln, lag der Führung jedoch fern, so dass die Enttäuschung der Erwartungen, einen demokratischeren, an den Bedürfnissen der Menschen orientierten und von der Sowjetunion unabhängigen Sozialismus zu errichten, nur eine Frage der Zeit war. Mit dem Ende des Stalinismus und der Rettung von Macht und Privilegien der Parteieliten erfüllte Gomułkas das Mandat, das ihm die PZPR verliehen hatte. Hoffnungen auf Demokratie oder eine spürbare Verbesserung der Lebensverhältnisse blieben hingegen unerfüllt (vgl. ebd.: 36).

Die anfänglichen Erwartungen an den neuen Parteichef wurden seit Ende 1956 durch eine Reihe von Maßnahmen genährt, die die Kontrolle von Gesellschaft und Wirtschaft ein wenig lockerten. So erkannte Gomułka – auch angesichts der enttäuschenden Ergebnisse der Kollektivierung (vgl. Borzutzky/Kranidis 2005: 625) – die Entkollektivierung der Landwirtschaft an und gestattete den Arbeiterräten die Fortsetzung ihrer Arbeit.[164] Die Entkollektivierung sowie Gomułkas stillschweigende Anerkennung der „politische[n] Macht der aus dem Sturm in die Schwerindustrie gestärkt hervorgegangenen Arbeiterklasse" (Hobsbawm 1995: 496) sind als wirtschaftspolitische Konzession zu sehen, die die sozialistischen Regierungen der Bevölkerung vor dem Hintergrund geringer Zustimmung zum System machten (vgl. ebd.).

Die operative und administrative Abhängigkeit vieler Betriebe vom Zentrum wurde verringert, indem weniger Güter zentral verteilt wurden; regionale Akteure erhielten eine größere Autonomie. Die Versprechen der Regierung waren in ihrer Breite und Reichweite beachtlich: Wirtschaftsreformen, wirtschaftliche Dezentralisierung und Arbeiter-Selbstverwaltung, Freiheit der Künste und der Wissenschaften, freier Empfang von ausländischem Rundfunk und Bestandsschutz für einzelne Landwirte und kleine private Unternehmen. Mit der Kirche hatte Gomułka einen *modus vivendi* gefunden, der ihre Autonomie schützte, sie aber auch nicht zum Arm des Systems machte (vgl. Bernhard 1993: 37f.; Ekiert 1998: 23). Die Zahl der landwirtschaftlichen Kooperativen wurde reduziert und Rahmenbedingungen für eine private Landwirtschaft wurden geschaffen. Privater Landbesitz nahm Ende der 1950er Jahre stark zu, 1968 bestanden bereits vier Millionen private landwirtschaftliche Betriebe. Das offizielle Ziel der Kollektivierung blieb bestehen, trat in der politischen Praxis jedoch hinter das Ziel der Verbesserung der Produktivität zurück (vgl. Borzutzky/Kranidis 2005: 625).

Als die Herrschaft 1957 gefestigt schien, kippte der anfängliche Reformeifer in einen Konservatismus um. Gomułka erklärte die „Revisionisten" zu

---

[164] Ihre Entmachtung per Gesetz folgte jedoch bereits 1958 (vgl. Ekiert 1998: 23).

Hauptfeinden[165] und ließ unabhängige gesellschaftliche Initiativen unterdrücken. Hardliner der 1950er Jahre kehrten zurück. Während sich Ende der 1950er Jahre das Wachstum des Wohlstands stark verlangsamte und das Regime sich innenpolitisch wieder rückwärts wandte, positionierte Gomułka sich außenpolitisch als treuer Verbündeter Chruschtschows und Breschnevs (vgl. Bernhard 1993: 38f.). Angesichts dieser Entwicklung formierte sich eine Protestbewegung. Die Studentenproteste des Jahres 1968 konnte das Regime noch mit Härte unterdrücken. Folgenschwerer waren die Streiks an der baltischen Küste, die eine Reaktion auf die gescheiterte Wirtschaftspolitik und die Preiserhöhungen des Jahres 1970 darstellten und in blutigen Zusammenstößen zwischen Polizei und Militär einerseits und Demonstranten andererseits kulminierten. Das Politbüro ersetzte daraufhin Gomułka und seine Getreuen durch Edward Gierek und eine Reihe neuer Funktionsträger (vgl. Borzutzky/Kranidis 2005: 623).

4.1.2.2 Von Gierek bis zum Vorabend der Demokratisierung (1970-Mitte der 1980er Jahre)

Wenngleich der polnische Staat hochgradig zentralisiert, hierarchisch und repressiv war, „taumelte" er seit dem Zweiten Weltkrieg von Krise zu Krise. Im Unterschied zu den Regierungen Ungarns und der Tschechoslowakei, die nach den schweren Krisen der Jahre 1956 und 1968 die Ordnung wiederherzustellen vermochten, gelang dies den polnischen Autoritäten jeweils nur für kurze Zeit (vgl. Bernhard 1996: 24). Nach Eric Hobsbawm (1995) ermöglichte das Zusammenspiel dreier Faktoren die Formierung einer durchaus wirkungsvollen Opposition: einer in antirussischer Abneigung und Nationalismus geeinten öffentlichen Meinung; einer weitgehend autonomen kirchlichen Organisationsstruktur; und schließlich einer streikfähigen und zum Streik entschlossenen Arbeiterschaft. Diese Kombination machte Polen zur „empfindlichsten Stelle" der osteuropäischen „Achillesverse des sowjetischen Systems" (ebd.).

Wie auch in Ungarn wurden in Polen Ende der 1960er und Anfang der 1970er Jahre nach einer politischen Krise wirtschaftspolitische Reformen durchgeführt, die das System stabilisieren und die Staatspartei als Garant für Wohlstand darstellen sollten. Die Regierung Gierek ersann zwei Strategien, die die Gesellschaft befrieden sollten. Einerseits sollten der Lebensstandard von strategisch wichtigen Gruppen der Gesellschaft, insbesondere der Industriearbeiter, erhöht und die Konsumbedürfnisse befriedigt werden, was durch eine technokratische Wirtschaftspolitik und eine durch ausländische Investitionen gestützte

---

[165] 200.000 Parteimitglieder wurden ausgeschlossen (vgl. Bernhard 1993: 39).

4 Demokratisierung und Staatsorganisationsreform in Polen

Modernisierung der Industrie erreicht werden sollte. Das zentralistische System der Wirtschaftsverwaltung zu reformieren, wurde als Kernelement der Strategie gesehen. Ein zweites Element stellten Konsultationen hochrangiger Parteivertreter mit Arbeitern dar, die darauf zielten, die Unterstützung durch die Arbeiterschaft zu sichern und eine politische Isolation der Partei wie unter Gomułka zu verhindern. Was für die Organisation der Ökonomie nun möglich wurde, war in der politischen Arena jedoch nicht denkbar: Partizipationsrechte, Interessenvertretung und, in gewissem Rahmen, Interessenwettbewerb und individuelle Freiheit wurden gewährt, indem die zentrale Kontrolle über wirtschaftliche Aktivitäten gelockert wurde. Ein stark regulierter Markt trat an die Stelle der Kommandowirtschaft. Die zentrale Planung sollte durch ihre Konzentration auf Makrotendenzen verbessert werden (vgl. Batt 1991: 5; Welfe 1999: 79). Nachdem jedoch die für 1976 vorgesehenen Lohn- und Preisänderung nicht durch die in Aussicht gestellten Konsultationen vorbereitet worden waren, brach der politisch-gesellschaftliche Austausch zusammen. Es kam zu heftigen Protesten und Demonstrationen, die die Regierung mit Repression beantwortete (vgl. Bernhard 1993: 42f.). In der Agrarpolitik führten die Proteste zu einer Neuausrichtung und höheren Investitionen. Ziele waren, die weitere Fragmentierung des Farmlandes zu verhindern und den Anteil der privaten, aber staatlich vereinbarten landwirtschaftlichen Produktion zu erhöhen. Preis- und rentenpolitische Maßnahmen, die die Situation der privaten Landwirte verbessern sollten, zielten auf die Eindämmung der Landflucht ab (vgl. Borzutzky/Kranidis 2005: 625). Wichtiger als diese Korrekturen war jedoch die erstmalige Formierung einer handlungsfähigen Oppositionsbewegung, die auch von der katholischen Kirche unterstützt wurde. Intellektuelle und Arbeiter schlossen sich im „Komitee zur Verteidigung der Arbeiter" (KOR) zusammen, um die von der Repression bedrohten Arbeiter juristisch zu verteidigen und finanziell und medizinisch zu unterstützen. Auf dieser Plattform sollte in den folgenden Jahren ein Programm für eine unabhängige Gewerkschaft ausgearbeitet werden (vgl. Klokočka/Ziemer 1989: 312).

Als Konsum und Wachstum sich abschwächten, Auslandsverschuldung und Inflation stiegen und weitere Preiserhöhungen angekündigt wurden, mobilisierten im Sommer 1980 die unzufriedenen Arbeiter auf der Grundlage der begonnenen Selbstorganisation an der Ostseeküste die größte Streikbewegung der polnischen Geschichte. Die landesweite Organisation und Koordinierung von Sympathiestreiks und die Solidaritätserklärungen machten deutlich, dass sich der (vor allem) Danziger Protest nicht als lokales Ereignis niederschlagen ließ. Die Arbeiterpartei reagierte auf die Krise im Herbst 1980 mit Lohnerhöhungen und der Ersetzung Giereks durch Stanisław Kania. Wenn auch nur vorübergehend, d. h. bis zur Ausrufung des Kriegsrechts im Jahr 1981, markieren die infolge der

Streiks des Sommers 1980 getroffenen „Danziger Vereinbarungen" so etwas wie die (Wieder-)Entstehung der polnischen Zivilgesellschaft und stellen eine wichtige, gleichsam konstitutionelle Erfahrung dar. Die zwischen Partei- und Regierungsvertretern einerseits und dem von Lech Wałęsa geführten Streikkomitee andererseits geschlossenen Vereinbarungen erlaubten die Gründung unabhängiger und selbstverwalteter Gewerkschaften und lockerten die Zensur (vgl. Bernhard 1993: 12; Grotz 2000: 93).[166]

Schon bald nach ihrer offiziellen Gründung im September 1980 ließ ein starker Zulauf die Mitgliederzahl der „S" auf etwa zehn Millionen steigen. Die Strategie der Opposition war es, ein Netz autonomer gesellschaftlicher Organisationen zu errichten, ohne dabei die Prärogativen des Regimes direkt in Frage zu stellen (vgl. Grabowski 1996: 218). Die „S", deren Aufstieg mit der Desintegration der Kommunistischen Partei einherging, gewann vor allem in den größeren Städten an Bedeutung. Im „lokalen Polen" außerhalb der größeren Städte war es die mit der Gewerkschaft verbündete Katholische Kirche, die ein gewisses Gegengewicht zu Partei und Staat bildete (vgl. Kukliński 1990b: 214). Der Konflikt zwischen Massenbewegung und Regime machte allerdings auch dessen Fähigkeit deutlich, sich an neue Herausforderungen anzupassen. Zu diesem Pragmatismus der Machthaber gesellte sich eine regelrechte Selbstbeschränkung der Gewerkschaft. Der polnische Historiker Andrzej Walicki (1984: 5) unterstreicht, wie bemerkenswert es ist, dass die mächtig gewordene „S" Anfang der 1980er Jahre so wenig forderte.

Unter dem Druck der wirtschaftlichen und politischen Entwicklung wurde im September 1981 ein neuer Wirtschaftsplan verabschiedet. Der Staats- und Parteiführung unter dem neuen Generalsekretär Wojciech Jaruzelski war bewusst, dass die von ihr verabschiedeten Reformen zu weiteren Preiserhöhungen und Lohnsenkungen führen würden. In einem unsicheren internationalen Umfeld – die Reaktion der Sowjetunion auf die oppositionellen Aktivitäten war unklar – reagierte die Staatsführung mit der Verhängung des Kriegsrechts. Mitglieder der Opposition wurden in großer Zahl inhaftiert, und Streiks, zuvor noch ein wirksames Instrument der Opposition, wurden militärisch unterbunden (vgl. Batt 1991: 8f.; Materska-Sosnowska 2010: 1476). Trotz einiger Konzessionen im agrarpolitischen Bereich verschärfte sich die Krise unter dem ineffizienten zentralistischen Planungssystem im Laufe der 1980er Jahre weiter (vgl. Batt 1991: 43; Borzutzky/Kranidis 2005: 626). Während Jaruzelski die Macht der Partei, des Staates und des Militärs in seinen Händen konzentrierte, diskutierte die „S" auf ihrem ersten Kongress (September/Oktober 1981) noch über ihre

---

[166] Diesem Typus von Verhandlungen sollten schließlich auch die Verhandlungen von 1989 entsprechen, die freilich unter ganz anderen Bedingungen stattfanden (vgl. Wyrzykowski 2001: 97ff.; s. u. Kap. 4.2.2).

Organisation und politischen Inhalte. Sie wählte ein nationales Komitee mit Lech Wałęsa an der Spitze und verabschiedete ein utopisches Programm. Selbstverwaltung in allen Bereichen einer – gegenüber dem Staat autonomen – demokratischen Gesellschaft, die zu einer selbstverwalteten Republik führen sollte, war ein zentraler Punkt dieses Programms. Durchsetzen wollte sie ihre Forderungen mit Hilfe von Referenden. Intern war die „S" allerdings gespalten über den Kurs angesichts der nun härteren Gangart der PZPR (vgl. Sanford 1997: 174; Staar 1998: 30ff.).

Die Organisationsstruktur der Gewerkschaft, die sich im Konflikt mit dem Regime als eine ihrer Stärken erwies, spiegelte ihre Programmatik wider. Sie war demokratisch, auf der Basis territorialer Einheiten aufgebaut und stand damit in scharfem Kontrast zu dem einer zentralistischen Rationalität folgenden Parteistaat (vgl. Taras 1995: 103). Regionale Funktionäre hatten innerhalb der Koordinierungskommission erheblichen Einfluss, und regionale Schwesterorganisationen besaßen eine weitreichende Autonomie. Somit bestand eine Art föderaler Struktur, *„that was designed to highlight the coalition of social forces making up the movement"* (ebd.). Während jedoch das Kriegsrecht und das Verbot der „S" zu einem regelrechten Auseinanderfallen der Gewerkschaft und einer Dezentralisierung ihrer klandestinen Aktivitäten führten (vgl. Ost 1990) konnte die Regierung keine Kontrolle über die oppositionellen Aktivitäten gewinnen. Im Untergrund wurden rege und kritische Publikationstätigkeiten entfaltet, die stark von der kirchlichen Protektion profitierten. Unterdessen bemühte sich das Regime, Legitimation herzustellen, und schuf gewisse Wettbewerbselemente, die freilich nicht an den Grundfesten der Vorherrschaft der Arbeiterpartei rüttelten. So konnten Wähler bei Wahlen unter mehreren Bewerbern auswählen. Eine gewisse „Pluralisierung" zeigte sich auch, als Mitte der 1980er Jahre die Kritik der Regierung aus dem Sejm zunahm (vgl. von Beyme 1994a: 145; Grotz 2000: 94f.). Von den Konzessionen des Regimes unbeeindruckt, machte sich eine vitale Gegenöffentlichkeit bemerkbar, als 1985 mindestens ein Fünftel der Wähler dem Wahlaufruf der Regierung nicht folgten. Beobachter hielten jedoch aufgrund der Heterogenität dieser Opposition eine gemeinsame, das Regime bedrohende Aktion für unwahrscheinlich (vgl. Klokočka/Ziemer 1989: 313).

Die Programmatik der Wirtschaftsreformen, mit denen die Regierung die desolate Lage zu verbessern suchte, war durchaus beachtenswert. Der neue Plan ergänzte die zentrale Planung um marktwirtschaftliche Prinzipien wie unternehmerische Selbstverwaltung, autonome Unternehmensführung und Eigenfinanzierung (wie sie teilweise bereits von Gomułka in Aussicht gestellt worden waren). Durch diese Stärkung der Autonomie wirtschaftlicher Akteure sollten die ökonomische Effizienz erhöht, das Marktgleichgewicht wiederhergestellt und die negativen Folgen zentralistischer Planung vermieden werden. Dies war gleichbedeutend mit dem Ende der zentralistischen Kommandowirtschaft. Die direkte Abhängigkeit der staatlichen Unternehmen von der Zentralverwaltung sollte beendet werden, und ein System von Vereinbarungen zwischen Unternehmen und Staat wurde geschaffen (vgl. Welfe 1999: 87). Aus machtpolitischen Gründen scheute die Regierung vor radikaleren Maßnahmen zurück und beschied sich 1986 mit einem hybriden Ansatz, mit dem an der Planwirtschaft festgehalten wurde (vgl. Borzutzky/Kranidis 2005: 627). Ihr machten nicht zuletzt die wirtschaftlichen Folgen des Kriegsrechts zu schaffen, die ihre Ressourcen deutlich minderten. Schwinden sah sie sowohl ihre Möglichkeiten, sich die Loyalität der Kader zu sichern, als auch die Kontrolle über den Staatsapparat. Als Mitte der 1980er Jahre eine sowjetische Invasion unwahrscheinlich wurde, stiegen damit auch die Chancen auf politischen Wandel (vgl. von Beyme 1994a: 166; Hobsbawm 1995: 590; Franzke 2002: 277).

4.1.3 Die sozialistische Staatsorganisation. Parteienstaat und Volksrätesystem ab 1950

Während in den sozialistischen Staaten Veränderungen der zentralen Einflussnahme von ähnlichen wirtschaftlichen und politischen Zielen abhingen, war die konkrete Form der Staatsorganisation national sehr unterschiedlich und von individuellen historischen Entwicklungslinien geprägt. Die Reform von Staat und Verwaltung geschah nach der kommunistischen Machtüber-nahme in mehreren Schritten.

Als Polen mit dem Ende des Zweiten Weltkriegs unter sowjetischen Einfluss geriet und ein sozialistisches Regime etabliert wurde, waren Herrschaftssicherung und die Kontrolle der dezentralen Autoritäten vorrangige Ziele. Formal wurde die vorsowjetische Staatsstruktur aufrechterhalten, *de facto* das Ende der Selbstverwaltung besiegelt. Der volkspolnische Staat gliederte sich vorerst weiter in 17 Provinzen, 314 Kreise und etwa 4.300 Kommunen (Städte, Siedlungen, Dörfer; poln. *gromadas*). Institutionell wurden die Ebenen dem sowjetischen Rätemodell angepasst, das auf jeder staatlichen Ebene aus einer gewählten Versammlung, von der Versammlung gewählten Präsidien als vollziehender Gewalt, Ausschüssen und einem Verwaltungsapparat bestand. Die Volksräte, die die Beschlussfassung von den bisherigen Vertretungskörperschaften übernahmen, kontrollierten die Exekutiven der Selbstverwaltung, die vorerst bestehen blieb (vgl. Czechowski 1988: 138). Ein Ziel sozialistischer Politik war die Vereinheitlichung der lokalen Ebene durch zentralistische Politiken wie die Agrar-Reform in den 1940er Jahren, die die Grundherren und die Grundherren-

Kultur als ein die Individualität des lokalen Polens seit dem 15. Jahrhundert kennzeichnendes Element eliminierte (s. o. Kap. 4.1.1). Im März 1950 wurden die Selbstverwaltung und das Recht der Gemeinden auf Eigentum abgeschafft. Land, Gebäude und Infrastruktur wurden zu allgemeinem Staatseigentum und von den Kommunen nur verwaltet (vgl. Swianiewicz 1990: 277). Die lokalen Budgets wurden zu einem Titel des staatlichen. Auch die Provinzen wurden zu Verwaltungseinheiten des Zentralstaates. Dieser ermächtigte sich, lokale Gesetze aufzuheben und lokale und regionale Räte aufzulösen. Die Volksräte wurden „zu Organen der einheitlichen Staatsmacht" (vgl. ebd.). Die Exekutive lag beim Präsidium, dessen Vorsitzender zugleich Organ der staatlichen Verwaltung war. Formal waren die Präsidien sowohl gegenüber ihren Vertretungskörperschaften als auch gegenüber den übergeordneten Präsidien sowie der Zentralregierung verantwortlich, entsprechend dem Prinzip der (auch gesetzlich festgelegten) „doppelten Unterstellung" (vgl. Illner 1998: 10). Während die formale Verantwortlichkeit gegenüber der Volksvertretung dem System seinen demokratischen Anstrich gab, war die dem vertikalen Sektorprinzip entsprechende Verantwortlichkeit gegenüber der Zentraladministration die machtpolitisch maßgebliche.

Die generelle Aufsicht über die Volksräte lag beim Staatsrat, der Richtlinien für die Volksräte erlassen und deren Beschlüsse aus Gründen der Legalität, aber auch wegen des Verstoßes gegen die Politik des Staates aufheben konnte (vgl. Czechowski 1988: 145f.). Nach dem Gesetz von 1950 über „Die lokalen und regionalen Organe der einheitlichen staatlichen Autorität", das die Selbstverwaltung beendete, war die lokale Staatsgewalt nur Vertreterin der Zentralregierung. In kaum einem anderen Bereich war die Sowjetisierung Polens so stark (vgl. Kukliński 1990b: 212f.; Swianiewicz 1990: 277; Illner 2002: 9). Die regelmäßig stattfindenden allgemeinen Wahlen zu den territorialen Vertretungskörperschaften waren frei von Wettbewerb. *De facto* wurden die Vertreter von den Parteigremien ernannt. Nach einem bestimmten Schlüssel wurden die Sitze auf Arbeiterpartei, Bauernpartei, Demokratische Partei und Unabhängige verteilt. Auch war quotiert, wie viele Mandate auf Arbeiter, Bauern, Vertreter der freien Berufe und Frauen entfallen sollen (vgl. Jałowiecki 1990a: 310). Darüber hinaus unterlagen sämtliche wichtigen Ämter aller Regierungsebenen der Nomenklatur der Kommunistischen Partei.

Vor dem Hintergrund des innenpolitischen Wandels (s. o. Kap. 4.1.2) versprach das „poststalinistische" Regime unter Gomułka 1957 Dezentralisierung und Arbeiter-Selbstbestimmung. Diese Reformen wurden jedoch nie implementiert (vgl. Staar 1998: 23). Der Versuch, „einige demokratische Elemente mit den Direktiven des Regierungszentrums und den Grundsätzen zentraler sozialistischer Planung" (Nowacki 2002: 15) zu verbinden, galt bald als gescheitert, so dass es 1958 zu einer gesetzlichen Neuregelung kam. Die subnationale Ebene erhielt mehr Kompetenzen und einen größeren Spielraum gegenüber der zentralen Administration. Betriebe, Genossenschaften und selbstverwaltete Körperschaften wurden den Räten unterstellt, das Haushaltsrecht zu Gunsten eines größeren lokalen Spielraums verändert und einige staatliche Organe den Räten unterstellt (vgl. ebd.). Hinsichtlich der Ressourcensituation war die subnationale Ebene freilich weniger homogen, als es die Einheitslehre der kommunistischen Partei propagierte. Entscheidende Faktoren waren die Urbanität bzw. Ruralität und die Zugehörigkeit zu einer der historischen Regionen Polens.[167] Große und mittlere Städte – insbesondere solche mit Tourismus – waren deutlich besser gestellt als kleine ländliche Gemeinden. Ein politischer Faktor waren die unterschiedlichen Möglichkeiten der Gemeinden, sich Zuwendungen zu sichern, die wiederum von informellen Kontakten oder dem „Rang" einer Gebietskörperschaft abhingen (vgl. Swianiewicz 1990: 284). Formal wurden Eingaben gemacht, um die Wojewodschaften zu Investitionen in der jeweiligen Gemeinde zu bringen. Informelle Strategien umfassten persönliche Beziehungen zwischen kommunalen Vertretern und der Wojewodschaftsebene. Privilegien genossen solche Gemeinden, aus denen Mitglieder des Zentralkomitees stammten (vgl. Jałowiecki 1990a: 316f.; Baldersheim/Illner 1996a: 3). Für delegierte Aufgaben erhielten die Gemeinden zweckgebundene Zuschüsse. Da die eigenen Einnahmen aus Steuern und Gebühren nur etwa 60% der lokalen Ausgaben abdeckten, dienten weitere zentrale Zuschüsse dem Ausgleich der lokalen Haushalte. Vergeben wurden die Mittel durch die regionale Verwaltung nicht auf Basis einer Bedarfsbemessung, was Spielraum für eine „politische" Handhabung schuf (vgl. Czechowski 1988: 142f.; Swianiewicz 1990: 281).

Dem Prinzip der einheitlichen staatlichen Autorität zufolge konnte es keine widerstreitenden Interessen staatlicher Instanzen unterschiedlicher Ebenen geben, da der Staat in seiner Gesamtheit die von der kommunistischen Partei definierten Interessen der Arbeiterklasse repräsentierte. Jedes staatliche Handeln war gemäß der Ideologie auf den Willen der Arbeiterklasse zurückzuführen, was die Interessenhomogenität von Zentralgewalt und lokaler Ebene implizierte. Entsprechend bestanden keine Strukturen und Mechanismen für die Vermittlung von Konflikten zwischen nationalen und lokalen Interessen und flossen (gesamt-)staatliche Verwaltung und Selbstverwaltung institutionell in den Sowjets zusammen (vgl. Illner 1998: 12). Die Organisation der Partei spiegelte dabei die Staatsorganisation wider. Diese Strukturen sicherten das Herrschafts- und Steuerungsmonopol der Staatspartei. Entsprechend erfolgte die Koordination auf subnationaler Staatsebene mit den lokalen Parteigremien (vgl. Gieorgica 2001; Mync 2001: 236).

---

[167] Vgl. Fußnote 157.

Wie oben beschrieben, war die gemäß der Ideologie eigentlich nicht bestehende Vertretung partikularer subnationaler Interessen ein wesentliches Merkmal der Beziehungen zwischen den staatlichen Ebenen. Persönliche Netzwerke innerhalb der Nomenklatur zwischen Vertretern derselben Faktionen bestimmten die Verteilung von Mitteln in hohem Maße mit. Aufgrund des Vorrangs staatlicher Interessen waren die lokalen Repräsentanten in der schwierigen Position, den Willen der nationalen Partei exekutieren zu müssen, während sie gleichzeitig dem Druck der verschiedenen, mehr oder weniger organisierten Interessen auf lokaler Ebene ausgesetzt waren (vgl. Gorzelak 1990: 241; Jałowiecki 1990a: 312; Illner 1998: 13). Die Bürokratie kontrollierte die dezentralen Aktivitäten, Beamte der Zentraladministration entschieden darüber, was „im Interesse der Gesellschaft" ist (Swianiewicz 1990: 277). Diese Form des Zentralismus konnte jedoch keine vollständige Kontrolle lokaler Aktivitäten gewährleisten, da die lokalen Gemeinschaften und Autoritäten auf alternative, „kreative" Handlungsformen auswichen.[168]

Die Fähigkeit des Systems, horizontale Integration innerhalb der und zwischen den administrativen Einheiten zu leisten, war nur schwach ausgeprägt. Dies lag vor allem an den vorherrschenden vertikalen Beziehungen in Politik und Wirtschaft, wo eine sektorale Perspektive bestimmend war. Eine territoriale Einheit wurde eher als Ansammlung lokaler und regionaler Außenposten einzelner ökonomischer und administrativer Organe verwaltet denn als ein komplexes sozioökonomisches System. Wie einige Autoren hervorheben, bestand im Sozialismus eine Diskrepanz zwischen dem offiziellen Modell der Territorialverwaltung und seiner tatsächlichen Gestalt (Illner 1993; Coulson 1995). Wichtig ist in diesem Zusammenhang die Schwäche der Territorialverwaltung gegenüber wirtschaftlichen Organisationen. Trotz ihrer formalen Zuständigkeit für die Entwicklung innerhalb ihres Territoriums waren die subnationalen politischen Einheiten arm an Einfluss gegenüber den vertikal organisierten und zentral kontrollierten Wirtschaftsstrukturen. Die Basis der gesellschaftlichen Organisation war die Arbeitsstelle, nicht der Wohnsitz. Staatliche Unternehmen verfügten oftmals über größere Ressourcen als die territorialen Einheiten und erfüllten – in Bereichen wie Gesundheit, Wohnungswesen, Kinderbetreuung, Berufsschulen, Freizeit etc. – für ihre Mitarbeiter Funktionen, die üblicherweise im Bereich der lokalen Administration oder spezieller Institutionen (etwa Versicherungen) liegen. Zudem konnten sie Privilegien wie Autos und Wohnungen verteilen.

---

[168] Diese Aktivitäten wurden von Jerzy Wiatr empirisch untersucht (Wiatr 1983; Wiatr 1987), der vier Strategien unterscheidet: 1.) Ausgaben außerhalb des Plans, für die die lokalen Autoritäten nachträgliche Zuschüsse zu erhalten hofften; 2.) informelle Kontakte zur regionalen oder zentralen Autorität; 3.) Werben für zentrale Investitionen, die Folgeinvestitionen mit sich bringen; 4.) Organisation fiktiver „kollektiver Aktionen", die zusätzliche Mittel einbrachten.

Mancherorts waren Unternehmen die wichtigsten Förderer der lokalen Entwicklung. Auch die kleinsten Organisationseinheiten der Partei lagen auf betrieblicher Ebene. So bestand eine enge Verbindung zwischen den verschiedenen Bereichen des Lebens und der Arbeitsstätte (vgl. Regulski/Kocan 1994: 58). Die politische und ökonomische Bedeutung der Territorialadministration wurde mithin nicht nur vom Zentralismus, sondern auch von der zunehmenden Stärke und Patronage durch Wirtschaftsorganisationen untergraben (vgl. Illner 1992; Nunberg/Barbone 1999: 10).

4.1.4 Reformen der 1970er und 80er Jahre

Zwischen 1985 und 1990 wurde am Warschauer Institut für Raumwirtschaft ein umfangreiches, von internationalen Symposien begleitetes Forschungsprogramm unter dem Titel „Regionale Entwicklung. Lokale Entwicklung. Territoriale Autonomie" unter Beteiligung von etwa 200 Wissenschaftern durchgeführt. Die Ergebnisse wurden auch in englischer und französischer Sprache veröffentlicht. Trotz der Schwächen, die diese Studien aufweisen[169], sind sie eine wertvolle Quelle und werden teilweise für die folgenden Ausführungen herangezogen (Kukliński/Jałowiecki 1990). Auch umfassende Monographien (Jałowiecki 1990c) sind zu jener Zeit entstanden und stellen auch 20 Jahre später noch eine wichtige Referenz dar.

Die Institutionen der sozialistischen Staaten waren weniger starr, als sie retrospektiv oft dargestellt werden. Die Staats- und Verwaltungsorganisation erfuhr kleinere und größere Veränderungen (vgl. Taras 1993: 13). Die Strukturen wurden mit den politischen und wirtschaftlichen Konjunkturen mal ein wenig dezentralisiert, mal zentralisiert. So erforderte die wirtschaftliche Entwicklung in den 1960er Jahren Systemreformen, nachdem sich die Wachstumsschübe infolge der massenhaften Industrialisierung der 1950er Jahre stark abgeschwächt hatten. Während die kapitalistischen Volkswirtschaften rasch wuchsen, drohten die zentralistisch und planwirtschaftlich organisierten Ökonomien abgehängt zu werden. Allerdings brachte auch die mancherorts versuchte Flexibilisierung des Systems durch Dekonzentration und wirtschaftliche Dezentralisierung keinen entscheidenden Erfolg (vgl. Hobsbawm 1995: 498f.).

Die polnische Verwaltungsgliederung, die im Wesentlichen bis 1998 Bestand hatte, wurde Mitte der 1970er Jahre eingeführt. Mit ihr wurde eine Kommunal- und Regionalverwaltung geschaffen, die strukturell als extrem zentralistisch, jedoch im Hinblick auf die Aufgabenverteilung auch als dezentralisierend

---

[169] Vor allem leiden die Beiträge unter einer mäßigen englischen Übersetzung und fehlender begrifflicher Klarheit.

eingestuft wurde (vgl. Kukliński 1990b: 213ff.; Brunner 1989: 526). Ein Zweiebenensystem trat an die Stelle des traditionellen Dreiebenensystems. 2.375 Kommunen bildeten 1975 die Basiseinheit, die 1954 geschaffenen *gromady* (dt. Haufen), aus mehreren Dörfern bestehende Verwaltungseinheiten, wurden durch etwa doppelt so große Einheiten ersetzt.[170] Wie bereits zu Beginn des 20. Jahrhunderts wirkte das französische Vorbild, als die 17 alten Provinzen aufgelöst und 49 neue Provinzen nach dem Muster der *départements* als Mesoebene eingerichtet wurden. Die 395 Kreise, mehr als 300 Jahre lang die traditionelle territoriale Ebene des Staates, wurden ebenso wie die entsprechenden Volksvertretungen abgeschafft und ihre Kompetenzen zum großen Teil auf die Kommunen übertragen (vgl. Baldersheim et al. 1996b: 27). Infrastrukturen und Identitäten hatten sich auf der Basis dieser Gliederungseinheit entwickelt; in einigen Kreisen hatte die lokale Elite stärker nach einer gewissen Eigenständigkeit zu streben begonnen, als die zentrale Parteiführung zu akzeptieren bereit war. Ein beabsichtigter systemischer Effekt der Reform war deshalb die Stärkung der Provinzorganisationen des Parteiapparates. Die Provinzen erhielten solche Aufgaben der Kreise, für deren Erledigung die jeweiligen Gemeinden zu klein waren (vgl. Yoder 2003: 270). Gleichzeitig wurde die Verwaltungsgliederung weiter ausdifferenziert. Formal abgeschafft, blieben die Kreise für die interne zentralstaatliche Verwaltungsgliederung eine relevante Größe. Die lokalen Autoritäten erhielten größere Freiheit bei der Gestaltung ihrer Strukturen, was es ihnen u. a. erlaubte, interkommunale Verwaltungseinheiten zu bilden (vgl. Taras 1993: 23).

Ein Ziel der Reform war die Schaffung von ökonomisch unabhängigen und homogenen, jeweils rund 50 Gemeinden umfassenden Mikroregionen. Die Planungs-, Koordinations- und Kontrollfunktionen der Wojewodschaften wurden entsprechend gestärkt (vgl. Marcou/Verebelyi 1993b; Nowacki 2002: 16; Wollmann/Lankina 2003: 101). Nach der Einschätzung Georg Brunners reicht die in diesem Zuge durchgeführte Dekonzentration der Verwaltungsaufgaben an „die Grenzen der Dezentralisierung" (Brunner 1989: 526) heran. Dabei misst Brunner der Unterstellung innerhalb der vertikalen Hierarchie, die dem Prinzip nach keine Selbstverwaltungssphäre herauszubilden erlaubte, offensichtlich keine besondere Bedeutung bei. Unstrittig dürfte jedoch sein, dass sich aufgrund des Umfangs der Aufgaben auch Spielräume für eine den lokalen Bedürfnissen entsprechende und von zentralen Vorgaben abweichende Aufgabenerfüllung ergaben. Wojewoden und Gemeindevorsteher wurden zu Exekutivorganen der

---

[170] 1958 waren es 8.769 lokale Einheiten, Anfang der 1970er Jahre noch mehr als 4.000 (vgl. Nowacki 2002: 16).

jeweiligen Volksräte.[171] Die Kompetenzen von Volksräten und (monokratischen) Verwaltungsorganen wurden getrennt: Erstere waren für die Beschlussfassung in lokalen Angelegenheiten zuständig und hatten strategische Entwicklungsaufgaben (Planung, Haushalt), während letztere für „Angelegenheiten der Leistungs-, Reglementierungs- und Ordnungsverwaltung" (Czechowski 1988: 140) zuständig waren. Die Gemeinde sollte in ihrer repräsentativen und exekutiven Funktion gestärkt werden. Konkret erhielt der (dem Bürgermeister ähnliche) Gemeindevorsteher Koordinierungsbefugnisse gegenüber den staatseigenen Betrieben, was besonders für die technische Infrastrukturentwicklung relevant war. Der „demokratische Zentralismus" blieb freilich unangetastet.

Infolge dieser Reform der Staatsorganisation wurde die öffentliche Gewalt von allgemeinen und spezialisierten Stellen der zentralen und territorialen Regierungsverwaltung ausgeübt. Die Stellen der allgemeinen Verwaltung arbeiteten auf der Ebene der Wojewodschaften und Kommunen, während die Einrichtungen der spezialisierten Verwaltung ihre jeweils festgelegte territoriale Reichweite hatten (vgl. Mync 2001: 240). Ein proklamiertes Ziel der Reformen unter Gierek, die auch die Organisation der Partei betrafen, war die Reduzierung der Bürokratie durch eine klarere Trennung der Zuständigkeitsbereiche von Partei und Verwaltung. Das primäre politische Reformziel war jedoch, die Kontrolle des politischen Zentrums über die territorialen Einheiten, deren Unabhängigkeit und Stärke freilich überschätzt wurde, zu verschärfen. Als Dezentralisierung angekündigt, war die Wirkung dieser Reform eine politische Zentralisierung.

Da ein im politischen Zentrum beginnender Systemwechsel nicht in Aussicht stand, hofften oppositionelle Gruppierungen auf eine Demokratisierung auf lokaler Ebene (vgl. Illner 2002: 7). Selbstverwaltung gehörte deshalb zu den wichtigsten Forderungen, die die erstarkende Oppositionsbewegung, aber auch Volksräteaktivisten und Wissenschaftler nach dem August 1980 erhoben. Lokale Autonomie mit demokratischen Institutionen, Selbstverwaltung und die Überordnung der Politik gegenüber der Administration waren auch zentrale Forderungen der „S" (vgl. Nowacki 2002: 17). Auf oppositioneller Seite herrschte in den nun intensiv geführten Debatten ein „gesellschaftlich-kultureller" Ansatz vor, dem es um die Schaffung einer Sphäre der Selbstbestimmung, der Selbstbehauptung gegenüber dem Staat und weniger um die politische Herausforderung der Herrschaft und ihrer Strukturen ging (vgl. Wollmann 1995: 573). In Reaktion auf den Anfang der 1980er Jahre durch die „S" organisierten Protest (s. o. Kap. 4.1.2) wurde tatsächlich eine Stärkung der lokalen Institutionen in Aussicht

---

[171] Diese Struktur hob die „doppelte Unterstellung" (s. o. Kap. 4.1.3) auf, indem sie Beschlussorgane und Verwaltungsorgane unterschiedlicher Hierarchien zuwies (vgl. Brunner 1989: 527). Das politische Monopol der Staatsparteien integrierte die Bereiche jedoch wieder, eine Autonomie konnte sich auf dieser Grundlage nicht entwickeln.

4 Demokratisierung und Staatsorganisationsreform in Polen

gestellt. Auch innerhalb von Partei und Verwaltung führte der wirtschaftliche Kontext zu einer neuen Bewertung der bestehenden Strukturen. Da der Zentralismus sich als ungeeignet erwies, auf die Krise zu reagieren, wurde die Dezentralisierung von Planungs-, Management- und Kontrollaufgaben erwogen. Nach offiziellen Verlautbarungen war die Dezentralisierung auf die kommunale Ebene ein zentrales Reformziel. 1981 wurde mit der Formulierung eines neuen Gesetzes über die Volksräte und die lokale Selbstverwaltung begonnen, das am 20. Juli 1983 die stalinistischen Gesetze über die Lokalverwaltung aus den frühen 1950er Jahren (nach denen die Volksräte gleichzeitig staatliche und Selbstverwaltungseinheit waren) außer Kraft setzte.

Das neue Gesetz reduzierte den Umfang der Aufsichtsbefugnisse gegenüber den Gemeinden etwas (vgl. Czechowski 1988: 145f.). Es bezeichnete die Volksräte als „Vertretungsorgane der Staatsgewalt, als Grundordnung der sozialen Selbstverwaltung und zugleich als 'Organe der territorialen Selbstverwaltung der Bevölkerung in Gemeinden, Städten, Stadtbezirken und Woiwodschaften'" (Nowacki 2002: 17) und unterschied zwischen eigenen und Auftragsangelegenheiten. Für die eigenen Aufgaben galt erstmals eine generelle Zuständigkeitsvermutung für lokale Angelegenheiten. Diese Regelung zielte auf die Forderungen nach Dezentralisierung; eine Zentralisierung wie in der Vergangenheit sollte durch die Notwendigkeit eines Gesetzes zumindest formal erschwert werden. Die politische Vorrangstellung des Staatsrates und die fehlenden lokalen Ressourcen setzten der Autonomie der Volksräte jedoch sehr enge Grenzen (vgl. ebd.; Czechowski 1988: 141f.). Gemäß dem Gesetz leiteten die allgemein gewählten[172] Volksräte die Gesamtheit der sozial-wirtschaftlichen und kulturellen Entwicklung in ihren Bereichen. Die dezentralen Zuständigkeiten lagen überwiegend bei den Gemeinden, so dass die Institutionen der Wojewodschaften vor allem Aufsichtsfunktionen sowie Aufgaben, die jenseits der Möglichkeiten einzelner Gemeinden lagen, ausübten (ebd.). Wenngleich die lokalen Räte die allgemeine Zuständigkeit für örtliche Angelegenheiten erhielten, wurden die Grundlagen des alten Systems – einheitliche staatliche Autorität, demokratischer Zentralismus und die Vorherrschaft der Arbeiterpartei – nicht in Frage gestellt (vgl. Baldersheim et al. 1996b: 23f.; Wollmann/Lankina 2003: 101).

Die Kommunen beschäftigten in der zweiten Hälfte der 1970er Jahre rund 100.000 Personen. 1981 kam es zu einem deutlichen Personalabbau auf etwa 89.000 Beschäftigte. Gleichzeitig vergrößerte sich der zentrale Verwaltungsapparat von 35.000 auf 43.000 Mitarbeiter, Ausdruck einer Zentralisierung der Verwaltung, die mit der Verhängung des Kriegsrechts im Dezember 1981

---

[172] Eine Sammelwahlliste wurde von der Patriotischen Bewegung der Nationalen Wiedergeburt vorgelegt, die 1982 die Nachfolge der Front der Nationalen Einheit antrat und alle sich auf sozialistische Prinzipien berufenden Parteien und Organisationen umfasste (vgl. Czechowski 1988: 141).

einherging. Seit der Reform von 1983 stieg die Beschäftigung auf der lokalen Ebene bis 1986 wieder stetig auf ein Niveau von 128.000 Beschäftigten. Ende der 1980er Jahre nahm der Anteil der Parteifunktionäre in der öffentlichen Verwaltung zu. Er erreichte 50% im öffentlichen Dienst der Wojewodschaften, in den Kommunen war er mit 15% vergleichsweise niedrig (vgl. Jałowiecki 1990a: 307). Mit der Wichtigkeit der Funktionen stieg auch hier die Parteizugehörigkeit. In den Wojewodschaften waren mehr als 90% der Abteilungsleiter Mitglieder der Arbeiterpartei. Unter den Inhabern von Wahlämtern war der Anteil noch höher: Fast alle Stadtvorsitzenden und Vorsteher der Stadtteile größerer Städte waren Parteimitglieder (vgl. ebd.).

In den 1980er Jahren setzte sich die Auffassung durch, dass die Effektivität einer Verwaltung von ihren finanziellen Ressourcen abhängt (vgl. Czechowski 1988: 138). Schrittweise wurde die finanzielle Abhängigkeit der Provinzen vom Zentralstaat durch Reformen des Finanzierungssystems und (1985) des Haushaltsrechts reduziert, von mehr als 80% des Provinz-Budgets als staatliche Zuweisung auf etwas mehr als ein Drittel. 1982 wurde eine Besteuerung von Einkommen eingeführt, die regionale Einnahmen bei gleichzeitiger Reduzierung der staatlichen Zuweisungen sicherstellen sollte. Die zentrale Kontrolle der dezentralen Finanzen blieb freilich bestehen (vgl. ebd.: 142ff.). In einer Entschließung des Sejm wurde Ende 1986 festgehalten, dass die Einnahmen der lokalen Ebene zu stabilisieren und die finanzielle Selbständigkeit zu stärken seien. Zu diesem Zweck sollten die Steuereinnahmen nach einem neuen Schlüssel verteilt werden. Gleichzeitig wurden die Wojewodschafts-Volksräte aufgefordert, Kompetenzen an die untere Ebene abzugeben (vgl. ebd.: 147).

Wie oben (Kap. 4.1.2) ausgeführt, wuchs in den 1980er Jahren die Bereitschaft zu Reformen. Die wirtschaftliche Autonomie der Provinzen wurde erhöht, kommunales Eigentum eingeführt (mit Wirkung ab dem 1. Januar 1989) und die Aufgaben der Kommunen ausgeweitet. Die staatlichen Unternehmen unterstanden fortan der Kontrolle der Provinzen, während die lokale Verwaltung Hilfs- und Ausführungsfunktionen übernahm. Die Reformen machen deutlich, dass die Verwaltungsreform Teil einer umfassenderen Wirtschaftsreform war, durch die die Effizienz der lokalen Administration vermittels der Stärkung ihrer wirtschaftlichen und finanziellen Autonomie erreicht werden sollte (vgl. Ciechocinska 1989: 139ff.). Die Stärkung der Provinzen bedeutete für die Kommunen freilich zugleich eine erneute Zentralisierung, da die Provinzen die finanziellen Ressourcen erhielten und unter Anwendung eigener Kriterien auf die Kommunen weiterverteilen konnten (vgl. Regulski/Kocan 1994: 46).

Die folgende Tabelle resümiert die Entwicklung der polnischen Territorialgliederung bis zum 1989 begonnenen Systemwechsel. Die in den vorstehenden

Ausführungen skizzierte Reformdynamik erweist sich auch im *intra-area-*Vergleich als relativ hoch.

Tabelle 8: Staatsorganisation in Ostmitteleuropa vor 1989

		Regionen	Provinzen	Kreise	Kommunen
Vorsozia-listische Struktur	Tschecho-slowakei	3	–	269	14.200
	Ungarn	–	27	113	3.169
	Polen	–	16	264	14.609
1950-1960	Tschecho-slowakei		10	108	11.000
	Ungarn		19	128	3.100
	Polen		17	391	5.245
1970-1980	Tschecho-slowakei		10	112	10.257
	Ungarn		19	107	3.026
	Polen		49	–	2.417

Quelle: Horváth 1996: 23.

4.2 Die polnische Transition

Die Existenz einer gut organisierten Oppositionsbewegung bedeutete keineswegs, dass dem alten Regime schlagartig ein Ende bereitet wurde (vgl. Grotz 2000: 91). Sie erweist sich vielmehr als eine strukturelle Bedingung für die graduelle, ausgehandelte Transition. Polen ist der klassische Fall eines *transplacement* (Huntington 1991a; Nohlen/Kasapovic 1996: 117), eines ausgehandelten Systemwechsels aufgrund des Drucks von unten (von Beyme 1994a: 167). Hinsichtlich des ausgeprägten Verhandlungscharakters ist der polnische Fall der spanischen *transición pactada* nicht unähnlich (vgl. Hobsbawm 1995). Die Beteiligung der bisherigen Opposition, ihre Integration in das politische System, stand im Zentrum der Vereinbarungen, nachdem die kommunistischen Parteien Polens und Ungarns als erste der Region die Notwendigkeit einer neuen Legitimation ihrer Regime erkannt hatten. Mit der Einbindung oppositioneller Gruppierungen wurde freilich nicht beabsichtigt, die Macht dauerhaft zu teilen. Primär ging es um eine Teilung der Verantwortung für die anstehenden Wirtschaftsreformen und die zu erwartenden wirtschaftlichen und gesellschaftlichen Folgen. Das Ergebnis der Verhandlungen war jedoch ein originelles institutionelles Setting, von dem sich die Arbeiterpartei den Machterhalt versprach. Das Provisorium bot allerdings für die sich rasch verändernden Kräfteverhältnisse kein funktionierendes Regelwerk. Der Verfassungsprozess lässt sich, anders als im spanischen Fall, allein aufgrund seiner Länge nicht klar abgrenzen und wird deshalb in seinen verschiedenen Etappen im Rahmen der beiden folgenden Kapitel behandelt.

4.2.1 Akteure, Institutionen und Rahmenbedingungen des Systemwechsels

Unter den Ländern Ostmitteleuropas hat Polen den schnellsten und (auch deshalb) vielleicht schwierigsten Weg zu liberaler Demokratie und Kapitalismus beschritten. In mehreren Hinsichten wurde das Land beispielgebend für die wirtschaftliche, politische und gesellschaftliche Transformation in Ostmitteleuropa (vgl. Gorzelak 1996: 1). Auch wenn Spanien als Archetyp für durch dilatorische Kompromisse gekennzeichnete Reformprozesse gilt, ist das Moment des Aufschubs für den Verlauf der polnischen Transition nicht weniger charakteristisch. Grundlegende Verfassungsfragen konnten in der Transition nicht geklärt werden, was die institutionelle Entwicklung behinderte. Auch die Interaktion zwischen alten und neuen politischen Akteuren – bei sich wiederholt verändernden Kräfteverhältnissen – bedingte einen schrittweisen Umbau anstelle eines radikalen Bruchs (vgl. Lippert et al. 2001: 988).

Der ausgehandelten Transition ging in den 1980er Jahren eine Entwicklung voraus, für die neben den nationalen Ereignissen und Prozessen auch externe Faktoren eine Rolle spielten. So hatte Polen aufgrund der hohen Auslandsverschuldung, die es nicht mehr begleichen konnte, den Zugang zu westlichen Technologien verloren (vgl. Zaborowski 2005: 19). Zudem waren Teile der ungarischen und polnischen Elite – im Unterschied zur Elite Ostdeutschlands und Tschechiens – bereits Ende der 1980er Jahre von der Orthodoxie abgekommen. Diese Kader sorgten für eine „Sozialdemokratisierung" ihrer Parteien und begrüßten die in der Sowjetunion durch Gorbatschow angestoßenen Reformen. Offiziell gab es diesen exogenen Einfluss freilich nicht (vgl. ebd.: 20). Die Entwicklung innerhalb der Sowjetunion ab 1985 war in dieser frühen Phase der wichtigste externe Faktor. Ohne den Umbau (*Perestroika*) und ohne das Ende der Breschnew-Doktrin, welche die militärische Intervention im Falle einer Gefahr für den Sozialismus in einem der Bruderländer legitimiert hatte, wäre eine sowjetische Intervention wahrscheinlicher gewesen als ein erfolgreicher Systemwechsel (vgl. Hobsbawm 1995: 589f.). Die kommunistischen Führungen konnten nicht mehr (wie noch 1956 und 1968) mit Moskaus militärischer Unterstützung rechnen. Es war jedoch unklar, wie die sowjetische Staats- und Parteiführung auf die Ereignisse des Jahres 1989 reagieren würde. Als im Spätherbst die Regime Ungarns, der DDR und der Tschechoslowakei zusammenbrachen,

4 Demokratisierung und Staatsorganisationsreform in Polen

schwanden die Möglichkeiten der UdSSR, die Prozesse zu kontrollieren (vgl. Franzke 2002: 278). Das Ende der Sowjetunion änderte die Voraussetzungen der politischen Entwicklung in den (ehemaligen) „Satellitenstaaten" schließlich grundlegend.

Die „dreifache Transformation", die neben dem politischen und gesellschaftlichen Systemwechsel auch den Übergang vom Sozialismus zur Marktwirtschaft umfasst, gilt als Spezifikum der osteuropäischen Demokratisierungsprozesse. Die vermeintliche Exzeptionalität wurde an anderer Stelle bereits diskutiert (s. o. Kap. 2.4.2). Unstrittig ist, dass die ökonomischen Entwicklungen von großer Bedeutung für die Entwicklung der Kräfteverhältnisse wie auch – als Kontext – für die institutionenpolitischen Prozesse waren.

Die von der sozialistischen Regierung umgesetzten wirtschaftspolitischen Maßnahmen (s. o. Kap. 4.1.4) führten zu keiner entscheidenden wirtschaftlichen Erholung. Mit zunehmender Auslandsverschuldung verschärfte sich die Krise in der zweiten Hälfte der 1980er Jahre. Westliche Geldgeber und Gläubiger erhöhten den politischen Druck auf Jaruzelski. 1987 setzte sich die Überzeugung durch, dass radikalere Maßnahmen notwendig sein würden, um kurzfristig finanzpolitischen Spielraum zurückzugewinnen. So legte die Regierung die zweite Phase der Wirtschaftsreformen 1987 in einem Referendum zur Abstimmung vor. Die Begeisterung der Polen für drastische Preiserhöhungen hielt sich freilich in Grenzen, der Plan fiel durch (vgl. Batt 1991: 8ff.). Zwei Streikwellen im April und August 1988 trugen schließlich dazu bei, dass die politische Führung direkten Kontakt mit der Opposition und der verbotenen „S" aufnahm (vgl. Bernhard 1993: 25; Nohlen/Kasapovic 1996: 117). Ziel war es, angesichts der zu erwartenden sozialen Kosten der geplanten Reformen die Verantwortung zu (ver-)teilen und die Unterstützung der Maßnahmen durch die Opposition sicherzustellen. Zu jenem Zeitpunkt betrachtete die PZPR ihren Machterhalt noch als nicht verhandelbar. Interne Entwicklungen in der „S" sowie der PZPR, die hier die Ablösung älterer Kader durch Reformer und dort die Abspaltung des radikalen Flügels als *Solidarność 80* zur Folge hatten, machten (zunächst geheime) Verhandlungen zwischen Regierung und Opposition möglich. Im Januar 1989 entschied die PZPR, politischen und Gewerkschaftspluralismus (und damit die „S") zuzulassen, die eigene Organisation zu demokratisieren und auf Vorbedingungen zu verzichten (vgl. Sanford 1997: 177; Glenn 2003: 106). So wurde Polen bereits am 6. Februar 1989 zum ersten sozialistischen Staat, in dem das Verhandlungsgremium des Runden Tisches gebildet wurde. Wenngleich beide Seiten – das Regierungslager[173] einerseits und die „S" andererseits – jeweils einen sehr breiten Vertretungsanspruch erhoben, wurden weitere gesellschaftli-

---

[173] Dieses bestand aus der PZPR, Blockparteien, christlichen Gruppierungen und der Staatsgewerkschaft OPZZ (vgl. Grotz 2000: 100).

che Gruppen nicht einbezogen. Während die Regierung beabsichtigte, die anstehenden wirtschaftspolitischen Entscheidungen, deren Auswirkungen auf die Realeinkommen absehbar waren, durch die Integration der Opposition zu legitimieren, zielte die „S" auf die eigene Legalisierung ab. Dieser Priorität ordnete sie andere Ziele unter (vgl. Ziemer 1999: 332f.; Grotz 2000: 97ff.).

Am Ende dieser Verhandlungen standen entgegen der eigentlichen Zielsetzung keine wirtschafts- und sozialpolitischen Entscheidungen, für die innerhalb des Regierungslagers die erforderliche Mehrheit fehlte, sondern politisch-institutionelle Reformen. So einigte man sich im April 1989 auf weitreichende Reformen der alten Verfassung, darunter die Legalisierung der Opposition und des Gewerkschaftspluralismus, ein Wahlsystem für semikompetitive Wahlen sowie die Einführung des Präsidentenamtes und des (1947 abgeschafften) Senats (vgl. Nohlen/Kasapovic 1996: 117; Grotz 2000: 101).[174]

Da zu diesem Zeitpunkt noch keine Klarheit über die Reaktion Moskaus herrschte, bezahlte Polen für seine Vorreiterrolle in der Region mit einer den Kompromiss bestimmenden Unsicherheit. Regime und Opposition gingen von einem fortdauernden sowjetischen Hegemonialanspruch über Mittel- und Osteuropa aus. Dies war eine der Ursachen dafür, dass Polen als erstes Land die Transition begann, aber vorläufig „auf halber Strecke" stehen blieb (vgl. Ágh 1998b). Neben einer Fehleinschätzung der Reaktion der Sowjetunion führte auch eine beiderseitige falsche Chanceneinschätzung zu einer Reihe von Kompromissen (vgl. Nohlen/Kasapovic 1996: 118; Franzke 2002: 277). Während das Regime seine Macht und seine Möglichkeiten, einen kontrollierten und begrenzten Regimewandel nach eigenen Vorstellungen durchzuführen, überschätzte, unterschätzte die „S" ihre eigene Stärke, d. h. den Rückhalt, den sie in der Bevölkerung hatte und der die Basis eines großen Wählerpotentials war. Mit der Reservierung von 65% der Sejm-Sitze für die Kommunisten und ihre Bündnispartner sowie die Wahl Jaruzelskis zum Präsidenten akzeptierte sie ein suboptimales Verhandlungsergebnis (vgl. Merkel 1996: 86).[175] Überzeugt davon, sich auch unter veränderten Spielregeln an der Macht behaupten zu können, stimmten die Kommunisten jedoch der Regelung zu, die 100 Sitze des Senats in einem freien Wettbewerb in Zweierwahlkreisen auf Basis der 49 Wojewodschaften[176] zu vergeben, unter Bedingungen, die „voll und ganz westlichen Kategorien von Rechtsstaatlichkeit" entsprachen (Ziemer 2003: 157).

---

[174] Die Verfassungsänderung, mit der das Postulat der führenden Rolle der Kommunistischen Partei aufgehoben wurde, erfolgte erst im Dezember 1989 (vgl. Nunberg/Barbone 1999: 11).
[175] Gewählt wurde nach einem System der absoluten Mehrheitswahl mit Stichwahl.
[176] Auf die beiden bevölkerungsreichsten Wojewodschaften, Warschau und Kattowitz, entfielen je drei Senatoren (vgl. Nohlen/Kasapovic 1996: 118).

Das am Runden Tisch geschaffene institutionelle Arrangement sollte die demokratische Gründungsphase prägen. Trotz ihres stark provisorischen Charakters schufen die getroffenen Regelungen die Strukturen für die politische Entwicklung der folgenden Jahre. Insbesondere das semi-präsidentielle Regierungssystem trug Zeichen eines dilatorischen Kompromisses. Als eine Art Gegengewicht zum „konsensual" strukturierten Parlament (Grotz 2000: 101) wurde das für Jaruzelski reservierte Präsidentenamt konzipiert. Mittels eines starken und mit einem weitreichenden Vetorecht ausgestatteten Präsidenten versuchten die Kommunisten ihren Machterhalt zu sichern. Der Opposition ging es hingegen um ein starkes Parlament, dem gegenüber die Regierung verantwortlich sein sollte. Diese Regierungsstruktur ermöglichte die sich schon bald realisierende Cohabitation von Präsident Jaruzelski und Premierminister Mazowiecki. Die innerhalb dieses Systems naheliegende Direktwahl des Präsidenten wurde aufgrund der Chancenlosigkeit Jaruzelskis bei allgemeinen Wahlen durch die noch amtierende politische Führung zunächst verworfen (vgl. Ziemer 2003: 160). Bemerkenswert ist in diesem Kontext auch der Fall des Senats. Da im homogenen Einheitsstaat kein dringender Bedarf an regionaler Repräsentation bestand, ist es nachvollziehbar, dass der Senat nicht als Kammer der subnationalen Repräsentation geschaffen wurde. Bedeutung erlangte die Institution dadurch, dass sie im Rahmen der Vereinbarungen des Runden Tisches geschaffen wurde und eine wichtige Rolle im Verfassungsprozess spielte, da sie neben dem Sejm der neuen Verfassung zustimmen musste. Dass der Senat sich schließlich nicht selbst abgeschafft hat, kann nicht überraschen (vgl. Batt/Wolczuk 1998: 91f.).[177]

Die kurze Zeit bis zu den Vorgründungswahlen vom 4. Juni 1989 sowie die Benachteiligung durch wahlorganisatorische Bestimmungen (insbesondere hinsichtlich der Nominierung) führten dazu, dass die „S", deren Kandidaten sich in Bürgerkomitees (*Komitet Obywatelski*) organisierten, den Nominierungsprozess stark zentralisierte und einen personenzentrierten Wahlkampf um die Person Lech Wałęsa führte (vgl. Grotz 2000: 103; s. u. Kap. 4.3.2). Die Wahlen endeten mit einem überragenden Sieg der Opposition, die sämtliche kompetitiv vergebenen Sejmmandate und 99 der 100 Senatssitze gewinnen konnte (vgl. Grotz 2000: 106). Die am Runden Tisch begonnene Zusammenarbeit alter und neuer Kräfte wurde trotz dieses eindeutigen politischen Signals zunächst fortgesetzt; entsprechend wurde Jaruzelski auch mit Stimmen der „S" zum Präsidenten gewählt. Die knappe Wahl und das schlechte Abschneiden der PZPR veranlassten Jaruzelski in der Folge jedoch zu einer zurückhaltenden Ausübung seiner Kompetenzen

---

[177] Wie sein tschechisches Pendant (und ähnlich auch wie der spanische Senat) hat der polnische Senat in der Folge seine eigentliche Rolle erfolglos gesucht, weshalb er regelmäßig in Frage gestellt wurde (vgl. Brusis 2002: 538).

(vgl. Ziemer 1999: 334). Für die Regierungsbildung hatte das Wahlergebnis ungeachtet der institutionell abgesicherten Mehrheit der Blockparteien gravierende Auswirkungen: Als es um die Ersetzung des zurückgetretenen Ministerpräsidenten Rakowski durch General Kiszczak ging, wurde seitens der Blockparteien ZSL und SD[178] die Option der Regierungsbeteiligung des „Parlamentarischen Bürgerklub" (*Obywatelski Klub Parlamentarny*; OKP), der Fraktion der Abgeordneten des „S"-Lagers, ins Spiel gebracht. Während die Opposition in dieser Frage uneinig war, nutzte Wałęsa die Situation und vereinbarte ohne Absprache mit der Fraktion eine Koalition mit den Blockparteien unter Führung des OKP (vgl. Grotz 2000: 108f.; Nohlen/Kasapovic 1996: 119). Die Bereitschaft Ersterer zu einer solchen Zusammenarbeit war eine Folge ihres schlechten Wahlergebnisses, das sie neue politische Optionen suchen ließ. So kam es „zur Anwendung der Regeln parlamentarischer Koalitionsbildung nach westlichem Muster" (Ziemer 1999: 333).

Am 24. August 1989 wurde Tadeusz Mazowiecki zum ersten Chef einer nichtkommunistischen Regierung des zusammenfallenden Ostblocks gewählt. Die parlamentarische Basis der neuen Regierung, an der auch die PZPR mit vier Ministern beteiligt war, war einerseits groß genug für die Durchsetzung des „Stabilisierungsprogramms" und der radikalen Wirtschaftsreformen (vgl. Batt 1991: 33, 83f.). Andererseits entzogen das Ergebnis der halbfreien Wahlen und das Ende des kommunistischen Machtmonopols dem ausgehandelten Kompromiss die Grundlage. Die Auflösung der Arbeiterpartei begann noch im selben Jahr und endete mit ihrer Selbstabschaffung im Januar 1990. Wałęsa trieb unterdessen seine Idee von einer Beschleunigung der politischen Entwicklung voran. Dazu gehörte, die kommunistische Präsenz in den Institutionen zu beenden. Noch im September 1989 einigten sich Wałęsa, Mazowiecki, Jaruzelski und die Parlamentskammer-Vorsitzenden auf die Direktwahl des Präsidenten und auf ein Wahlgesetz für die ersten kompetitiven Wahlen (vgl. Grotz 2000: 116). Die mit der Auflösung der Staatspartei und der Fragmentierung des OKP einhergehende Proliferation von Fraktionen und Parteien hatten zur Einsicht geführt, dass vorzeitige Wahlen notwendig sind, um die für eine stabile Regierung erforderlichen Mehrheitsverhältnisse herzustellen (vgl. Nohlen/Kasapovic 1996: 119; Grotz 2000: 116).

Nachdem durch die Verhandlungen am Runden Tisch die Strukturen für die institutionelle Entwicklung geschaffen worden waren, ging es ab 1990 im Parlament nicht mehr um den Übergang vom Autoritarismus zur Demokratie, sondern um deren institutionelle Ausgestaltung. Durch ihren nur durch die Einschränkung des Wettbewerbs verhinderten Wahlsieg und die Überzeugung,

---

[178] ZSL: *Zjednoczone Stronnictwo Ludowe* (Vereinigte Bauernpartei); SD: *Stronnictwo Demokratyczne* (Demokratische Partei).

die einzige zum Handeln „im Namen des Volkes" legitimierte Kraft zu sein, kam die Opposition in die Lage, die weitere konstitutionelle Entwicklung zu gestalten. Zahlreiche Anträge zu kleineren Änderungen der stalinistischen Verfassung wurden eingebracht, die den Weg zu einer neuen Ordnung ebnen sollten (vgl. Krohn 2003: 308). 1990 wurde ein Verfassungsausschuss eingesetzt, der einen beiden Kammern und dem Volk zur Abstimmung vorzulegenden Entwurf ausarbeiten sollte. Dazu ist es allerdings nicht gekommen. Bis Alexander Kwaśniewski, der dem Ausschuss seit 1993 vorgesessen hatte, 1995 zum Präsidenten gewählt wurde, machte die Verfassungsgebung keine weiteren Fortschritte. Die konstitutionelle Basis blieb eine „*patchwork collection of remnants of the heavily amended 1952 Stalinist constitution*" (Stanger 2004: 6).

Die ersten vollständig freien Parlamentswahlen im Herbst 1991, die eigentlichen Gründungswahlen[179], schlossen die erste Phase der Ablösung des alten Regimes durch eine demokratische Ordnung ab (vgl. Franzke 2002: 278). Allerdings hatten die durch den Verhandlungscharakter der Transition bedingten dilatorischen Kompromisse, das Aufschieben grundlegender Verfassungsfragen auf die Zeit nach den Gründungswahlen, weitreichende Konsequenzen für die legislativ-exekutiven Beziehungen. Eine politisch-institutionelle Folge war die Schwäche der Regierungen nach den Wahlen von 1991, die 29 Parteien den Einzug in das Parlament bescherten. Aber auch die Staatsorganisation bzw. die Frage einer politischen Dezentralisierung war eines der nicht gelösten Probleme (vgl. Wollmann/Lankina 2003: 101).

Die ersten drei Jahre nach dem Ende des alten Regimes brachten fünf verschiedene Ministerpräsidenten und zahlreiche Wechsel an der Spitze wichtiger Ressorts. Immer wieder verweigerte sich die parlamentarische Mehrheit den formulierten Politiken. So war Anfang der 1990er Jahre zwar das Ende der alten Ordnung, nicht aber die Konsolidierung der neuen festzustellen. Der Verfassungsprozess geriet zu einer mühsamen politischen Auseinandersetzung, als der anfängliche Geist einer gemeinsamen Opposition gegen das alte Regime verflogen war (vgl. Hesse 1993b: 248). Die „Kleine Verfassung" vom 17. Oktober 1992[180], provisorisch wie sie war, entschärfte vorerst die politischen Konflikte um die Beziehungen zwischen Parlament, Regierung und Präsident, die den Reformprozess insgesamt gelähmt hatten.[181] Dabei präzisierte sie die präsidentiellen Befugnisse und schwächte die Position des Präsidenten, dessen Veto

---

[179] Als „Gründungswahlen" werden in der Transitionsforschung die ersten kompetitiven Wahlen nach dem Ende des alten Regimes bezeichnet.
[180] Diese „Verfassung" war tatsächlich ein Verfassungsgesetz zur Regelung der Zuständigkeiten und der Beziehungen zwischen den Staatsorganen und basierte auf der Verfassung von 1952.
[181] Auch in Reaktion auf die bisherigen Erfahrungen beschnitt die Kleine Verfassung die Befugnisse des Senats und des Präsidenten und stärkte den Ministerrat (vgl. Nunberg/Barbone 1999: 11). Die semi-präsidentielle Grundstruktur blieb jedoch bestehen.

fortan von einer Zweidrittelmehrheit überstimmt werden konnte. Die parlamentarische Verantwortlichkeit der Regierung wurde festgeschrieben. Wie sich in den folgenden Jahren zeigen sollten, schwächte jedoch das Misstrauensvotum[182] unter den Bedingungen einer starken Parteiensystem-Dynamik die Regierung. Eine der in der Verfassungsdiskussion besonders intensiv diskutierten institutionellen Fragen betraf die Zahl staatlicher Ebenen (vgl. Kowalczyk 2000: 220).

Ein wichtiger Faktor der postsozialistischen Entwicklung waren neben den politischen Institutionen die wirtschaftlichen Rahmenbedingungen. 1992 erreichte Polen lediglich 27,4% des durchschnittlichen Pro-Kopf-BIP der EG-Länder und damit nicht einmal den ostmitteleuropäischen Durchschnitt (vgl. Gorzelak et al. 1994). Die Länder der Region wiesen ähnliche Strukturprobleme auf: Die Produktivität im dominierenden öffentlichen Sektor nahm stark ab, Arbeitslosigkeit und Inflation stiegen rasch an, der Handel innerhalb des von den sozialistischen Staaten als Gegengewicht zu Marshallplan und OECD (damals: OEEC) gegründeten Rates für gegenseitige Wirtschaftshilfe (COMECON) brach zusammen, was wiederum die Exporte nach Osteuropa zusammenschmelzen ließ.[183] In der Transformation implementierten die Länder unterschiedliche Entwicklungsstrategien. Polen begann im Januar 1990 unter Wirtschaftsminister Leszek Balcerowicz eine „Schocktherapie", ein Reformprogramm, in dessen Rahmen sich der Staat weitgehend auf die Regulierung mittels Finanzpolitik beschränkte. Eine gewisse Stabilisierung durch die internationalen Finanzinstitutionen und die Assoziierung mit der EG sollten die Auswirkungen des Reformprozesses mildern. Ausgangsbedingungen und Stoßrichtung dieser im regionalen Vergleich radikalen Maßnahmen waren die Hyperinflation und makroökonomische Ungleichgewichte. Die Sequenz war Gegenstand heftiger Diskussionen. Balcerowicz verteidigte seine Sicht, dass eine vollständige und rasche Systemtransformation die einzige Option bei der Überwindung des Kommunismus sei. Dass die Marktreformen in einer Phase starker politischer Mobilisierung durchzuführen waren, spielte als politischer Faktor für diese Überlegungen eine wichtige Rolle (vgl. Sakwa 1999: 41f.).

Die sozialen Kosten der Strategie, gleichzeitig zu privatisieren und die Subventionierung von Gütern des täglichen Lebens einzuschränken, erwiesen sich als ausgesprochen hoch. Die Realeinkommen sanken drastisch, Industrieproduktion und Bruttoinlandsprodukt gingen stark zurück, ganze Wirtschaftszweige

---

[182] Die Kleine Verfassung ermöglichte sowohl ein einfaches als auch ein konstruktives Misstrauensvotum. Im Falle eines einfachen Misstrauensvotums oblag es dem Präsidenten, die Regierung zu entlassen oder den Sejm aufzulösen.
[183] Bereits 1991 wurde die EG zum wichtigsten Partner mit 55,6% der polnischen Exporte (COMECON: 16,8%). 1989 waren noch die europäischen Länder des COMECON Hauptempfänger (34,8% der gesamten Exporte; 32,1% gingen in die damalige EG-12) (vgl. Gorzelak 1996: 15).

brachen zusammen. Armut und Arbeitslosigkeiten stiegen rasant, und der Lebensstandard der Polen sank rapide (vgl. Franzke 2002: 286). Zwischen 1990 und 1993 gingen mehr als 2,5 Mio. Arbeitsplätze im staatlichen Sektor verloren, während im privaten lediglich 600.000 geschaffen wurden (vgl. Gorzelak 1996: 28). Außerhalb der Landwirtschaft waren 1994 25% der erwerbsfähigen Bevölkerung ohne Beschäftigung, insgesamt lag die Quote bei 16%. Während die polnische Wirtschaftspolitik international für ihre Erfolge bei der Währungsstabilisierung und der Inflationsbegrenzung gefeiert wurde, sprach sich bereits im Herbst 1991 von den Parteien nur noch der Liberaldemokratische Kongress klar für die Fortsetzung der Reformen aus (s. u. Kap. 4.2.2). Die sozialen Folgen des wirtschaftlichen Systemwechsels führten zu einem massiven Vertrauensverlust bei den Bürgern. Bereits vor der Präsidentschaftswahl im November 1990 hatten sich die Einstellungen der Polen merklich gewandelt, Regierung, Sejm und Senat begannen stark an Zustimmung zu verlieren. Die Unzufriedenheit mit den Lebensbedingungen stieg an. In diesem Kontext wurden auch Forderungen nach einer förmlichen Zerlegung des Staates in selbstverwaltete wirtschaftliche und gesellschaftliche Einheiten laut (vgl. Firlit Fesnak 1993: 102; Taras 1998: 51).

Makroökonomisch zeitigte die Strategie etwa ab Mitte 1992 Wirkungen, als die polnische Wirtschaft, im Unterschied zu den benachbarten Nationalökonomien, Zeichen der Erholung zeigte: Die allgemeine ökonomische Produktivität sank erstmals nicht weiter, und das Brutto-Inlandsprodukt stieg um 2,2% (1993: 4,5%, 1994: 5%). Auch die Hyperinflation war zum Stillstand gekommen (vgl. Gorzelak 1996: 6f.). Andere Kennzahlen, etwa die industrielle Produktion, bestätigten den Erholungstrend. Die Wirtschaftsreformen, darunter die Privatisierung von Großbetrieben, wurden ab 1993 in einem verlangsamten Tempo von den Postsozialisten fortgesetzt (vgl. Franzke 2002: 287).

4.2.2 Entwicklung der Kräfteverhältnisse und Institutionalisierung der Demokratie in den 1990er Jahren

Zwar wurde erst mit der Verfassung von 1997 das konstitutionelle Provisorium von 1992 ersetzt. Die Vereinbarungen vom Runden Tisch hatten jedoch die Grundlage für einen breiten und anhaltenden Eliten-Konsens geschaffen, der in strategischen Fragen (Demokratie, Marktwirtschaft, Annäherung an die EU) die Interessen weitgehend zu integrieren vermochte. Dennoch wurden die Konsolidierungschancen der jungen polnischen Demokratie skeptisch eingeschätzt. Das Land galt vielen als „problematischer Reformkandidat" (Franzke 2002: 274). Probleme und Konsolidierungsbedarf bestanden insbesondere auf der Ebene der kooperativen und kompetitiven Beziehungen „unterhalb" jenes Eliten-Konsenses (vgl. Wasilewski 1998: 170).

Während die demokratischen Institutionen nach relativ kurzer Zeit bestanden und weder von einzelnen noch von kollektiven Akteuren in Frage gestellt wurden, hat eine diskontinuierliche politische Entwicklung die demokratische Konsolidierung erheblich erschwert. Die neun Jahre von den semi-kompetitiven Parlamentswahlen bis zur Territorialreform von 1998 erlebten nicht weniger als zehn Ministerpräsidenten (vgl. Tabelle 9). Das am Runden Tisch ausgehandelte „Vertragsparlament" hatte 28 Monate Bestand, der folgende, extrem fragmentierte Sejm währte lediglich 18 Monate. Erst die 1993 gewählte linke Mehrheit sollte eine ganze Legislaturperiode überdauern.

Tabelle 9: Polnische Kabinette 1991 bis 1999

Anfang	Ende	Premierminister	Partei des Premierministers
24/08/89	30/12/89	T. Mazowiecki	OKP
12/01/91	30/12/91	J. K. Bielecki	KLD
23/12/91	05/06/92	J. Olszewski	Zentrumsallianz
05/07/92	10/07/92	W. Pawlak	PSL
11/07/92	27/04/93	H. Suchocka	Demokratische Union
28/04/93	25/10/93	H. Suchocka	Demokratische Union
26/10/93	05/03/95	W. Pawlak	PSL
06/03/95	06/02/96	J. Oleksy	Demokratische Linksallianz
07/02/96	30/10/97	W. Cimoszewicz	Demokratische Linksallianz
31/10/97	06/06/00	J. Buzek	AWS

Quellen: Müller-Rommel et al. 2004: 887; Materska-Sosnowska 2010.

Auch mit dem spanischen Beispiel vor Augen wurde 1990 noch erwartet, dass sich innerhalb weniger Jahre vier bis sieben moderne Parteien etablieren würden (vgl. Kukliński 1990a: 34). Zu Beginn dominierte die „S" die politische Landschaft der jungen Demokratie. Neben ihr bestanden einige Parteien mit Wurzeln in der Volksrepublik und, nach dem Inkrafttreten des ersten Parteiengesetzes (Juli 1990), nicht weniger als 200 politische Vereinigungen unterschiedlicher Art. Allerdings führten die Organisation der Opposition um die Gewerkschaft und die Einschränkung der Kompetitivität bis zu den Wahlen von 1991 zu einer Verzögerung der postsozialistischen Parteibildung und der Konsolidierung der Parteienlandschaft, die infolge der Transformation der alten System-Parteien und des Auseinanderfallens der „S"-Bewegung unter schwierigen Bedingungen

4 Demokratisierung und Staatsorganisationsreform in Polen

begann (vgl. Kischelt 1995: 498). Entgegen den genannten Erwartungen sollte das Parteiensystem, trotz zwischenzeitlicher Konsolidierungstendenzen (s. u.), auch 2009 „von einer stabilen Konsolidierung weit entfernt" sein (Merkel 2010: 403).[184]
Während mit dem Ende des Sozialismus ganze Teile der Gesellschaft demobilisiert wurden, konnten manche Akteure im Transitionsprozess auf bereits entwickelte Organisationsstrukturen, mindestens aber auf Erfahrungen politischer Aktion und Organisation zurückgreifen. Auch für die Bildung von Netzwerken waren die Startbedingungen sehr heterogen. Die große Mehrzahl der Parteien war durch ihre organisatorische Schwäche gekennzeichnet. Auf nationaler Ebene bestanden die notwendigsten Strukturen, doch nahmen diese mit jeder Stufe der Staatsorganisation nach unten hin ab und waren auf lokaler Ebene, wo es an den notwendigen Ressourcen mangelte, nur noch sporadisch präsent. Ausnahmen sind die Nachfolgeorganisationen der sozialistischen Staatsparteien, SLD und PSL.[185] Die SLD ging 1990 als Zusammenschluss von 29 Parteien und Gewerkschaften aus der PZPR-Nachfolgepartei SdRP[186] hervor. Zwar war die Programmatik der Partei nicht sozialistisch, sondern sozialdemokratisch. Als Vertreterin der alten Ordnung wurde sie jedoch von der Koalitionsbildung der vormals oppositionellen Kräfte ausgeschlossen. Parlamentarisch agierte sie allerdings auch in dieser Zeit erfolgreich und unterstützte die Mitte-Rechts-Regierungen Olszewski und Suchocka. In zahlreichen Fragen vertrat sie die gleiche Position wie die Parteien des Mitte-Rechts-Lagers, beispielsweise hinsichtlich der kommunalen Selbstverwaltung, zu der sie sich bekannte.[187] Ihre Stärke in traditionellen Industriezentren wie Lodz oder den schlesischen Bergbau-Regionen war die Basis für ihre elektorale Konstanz. Zudem war sie die Partei mit der stärksten Kohäsion (vgl. Taras 1995: 184; Hughes et al. 2002: 344). Die Bauernpartei PSL hatte Anfang der 1990er Jahre mit ca. 400.000 Mitgliedern die größte Mitgliederbasis und konnte sich während dieser Dekade als die am besten organisierte Partei behaupten. Bei einem Anteil der Landbevölkerung von mehr als einem Drittel an der polnischen Gesamtbevölkerung verfügte die Partei über ein großes Wählerpotential.

---

[184] Nach ersten Anzeichen bei den Präsidentschaftswahlen im Jahr 2000 zeigten spätestens die Parlamentswahlen des Jahres 2005, dass der bipolare Wettbewerb zwischen postsozialistischem und post-„S"-Lager neuen populistischen und nationalistischen Parteien weichen musste (vgl. Materska-Sosnowska 2010: 1479)
[185] SLD: *Sojusz Lewicy Demokratycznej*, Demokratische Linksallianz; PSL: *Polskie Stronnictwo Ludowe*, Bauernpartei.
[186] *Socjaldemokracja Rzeczypospolitej Polskiej*, Sozialdemokratie der Republik Polen.
[187] Beschluss des 2. Kongresses des Bündnisses der Demokratischen Linken (SLD) über einen leistungsfähigen, wirksamen und sicheren bürgerfreundlichen Staat (Warschau, 29.–30. Juni 2003) (http://www.polonia21.de/A2004EU/partie/sld/SLD_6_bezpieczenstwo_tl-werbc.pdf; 4.3.2007)

Die sich seit Anfang der 1980er Jahre formierende massenhafte Unterstützung der „S" war weniger Ausdruck einer politischen Vision der politischen Rechten hinsichtlich der politisch-systemischen Neugestaltung als vielmehr Zeichen der allgemeinen Ablehnung des bestehenden Systems (vgl. Mync 2001: 237). Neben ihrer Verwurzelung in der Industriearbeiterschaft konnte die „S" auf Strukturen der katholischen Kirche aufbauen, indem sie die Netzwerke katholischer Gemeinden in Bürgerkomitees umwandelte (vgl. Glenn 2003; s. u. Kap. 4.3.2).[188] Mit dem Beginn des Verhandlungsgeschehens der Transition trat die „S" jedoch nicht mehr als gesellschaftliche Massenbewegung auf. Fortan war es ein kleiner Führungskreis, der mit den reformorientierten Vertretern des Regimes in Interaktion trat. Eine Massenerscheinung war die Opposition nur insofern, als sie auf eine breite und gut organisierte Unterstützerbasis vertrauen konnte. In diesem Sinne war die polnische Transition ähnlich wie die spanische *transición* im Wesentlichen ein von den Eliten gesteuerter Prozess (vgl. Wasilewski 1998: 163).

Aufgrund der gemeinsamen Loyalität gegenüber Wałęsa zeigten sich die im OKP zusammengeschlossenen Abgeordneten des „S"-Lagers anfangs in der Lage, in wichtigen Fragen Kompromisse zu erzielen. Schon bald kam es jedoch zu Auflösungserscheinungen; der Wettbewerb um die Präsidentschaft, der „Kampf an der Spitze" zwischen Wałęsa und Mazowiecki sowie persönliche Gegnerschaften verschärften die Konflikte innerhalb dieses Lagers. Die von Wałęsa forcierte Aufspaltung der „S" in zahllose Parteien wurde auch dadurch befördert, dass mit der Selbstauflösung der PZPR der überkommene Gegensatz zwischen altem Regime („*oni*"; dt. die) und Gesellschaft („*my*"; dt. wir) hinfällig geworden war und neue Konfliktlinien entstanden.[189] Da auch neue Parteien wie die Zentrumsallianz und die Demokratische Union (s. u.) nicht in der Lage waren, die christdemokratischen bzw. sozialdemokratischen Strömungen aufzunehmen, zersplitterte die Parteienlandschaft regelrecht (vgl. Grabowski 1996: 241; Taras 1998: 53). Die Themen, die die Programme der Parteien Anfang der 1990er Jahre prägten und die neuen Konfliktlinien zum Ausdruck brachten, waren die Schocktherapie, die Rolle der Kirche und der Religion im öffentlichen Leben und der Umgang mit Vertretern des alten Regimes bzw. der kommunistischen Vergangenheit (vgl. Grabowski 1996: 224; Ziemer 1999: 341; Ziemer 2003: 162).

---

[188] Trotz der Annäherung der Partei an die Bischöfe „war die Kirche die wichtigste Stütze für die Oppositionsbewegung" (Ziemer 1999: 351).
[189] 1991 und 1993 trat die Gewerkschaft bei den Wahlen mit einer eigenen Liste an; die Trennung von Gewerkschaft und Partei wurde erst 2001 gesetzlich vorgeschrieben und veranlasste die Gewerkschaft zum Austritt aus der AWS.

4 Demokratisierung und Staatsorganisationsreform in Polen

Das bei der Wahl vom 26. Oktober 1991 angewandte Verhältniswahlsystem in mittleren und großen Wahlkreisen übersetzte die fragmentierte Parteien- und Kandidatenlandschaft[190] in ein stark zersplittertes parlamentarisches Parteiensystem. Bezeichnenderweise hatte der Sejm 1990 einen Gesetzentwurf für ein Mehrheitswahlsystem zurückgewiesen (vgl. Nohlen/Kasapovic 1996: 122; Grotz 2000: 123, 130). Bewusst entschied man sich dafür, den politischen Wettbewerb innerhalb der Institutionen stattfinden zu lassen. 29 Gruppierungen zogen schließlich in das Parlament ein, elf davon mit einem Sitz, während die zehn stärksten Parteien 417 der 460 Sitze auf sich vereinten (Taras 1998: 53; Ziemer 2003: 164f.). Stärkste Fraktion war mit 13,5% der Mandate (bei rund 12% der Stimmen; vgl. Materska-Sosnowska 2010: 1503, 1511) die aus der „S"-Bewegung hervorgegangene und vom ehemaligen Premierminister Tadeusz Mazowiecki geführte Demokratische Union (UD[191]). Diese programmatisch stark zersplitterte Partei war ein Zusammenschluss diverser Gruppierungen, die 1990 Mazowieckis Präsidentschaftskandidatur unterstützt hatten. Ihr Wahlerfolg entbehrte nicht einer gewissen Ironie, da ihre Unterstützer und Mitglieder sich für die Wahrung des Bewegungscharakters und gegen die Parteibildung stark gemacht hatten. Ohne ideologische oder programmatische Ansprüche war die Plattform dieser pro-europäischen Partei in sozialen Fragen liberal und wirtschaftspolitisch monetaristisch. Hinsichtlich der Staatsorganisation wurde eine Dezentralisierung klar befürwortet (vgl. Taras 1998: 64). Als stärkste Fraktion hatte die UD mit 62 Sitzen nur zwei Sitze mehr als das Wahlbündnis der Postsozialisten, die Demokratische Linksallianz. Die Zersplitterung des Parlaments führte zu mehr als einem Jahr Stillstand. Die Wirtschaftsreformen wurden in Frage gestellt, und die konstitutionelle Entwicklung war offener denn je.

Auf der Prozess-Ebene wurden die Fragmentierung und Polarisierung des parlamentarischen Parteiensystems durch *ad-hoc*-Mehrheiten gemäßigt, die die Gruppierungen angesichts eines offensiv agierenden Präsidenten, der seine Vollmachten zunehmend ausschöpfte, bildeten. Diesem Strukturierungsprozess verdankte sich nach zwei glücklosen Minderheitsregierungen die ab Juli 1992 amtierende „S"-geführte Regierung unter Hanna Suchocka, eine Koalitionsregierung aus sieben Parteien (vgl. Grotz 2000: 137ff.). Obwohl der unter der Regierung Suchocka verabschiedeten „Kleinen Verfassung" im Grundsatz bescheinigt wird, durch die Präzisierung der Regierungsstrukturen und des Verhältnisses zwischen den zentralen Institutionen für eine größere Regierungsstabilität gesorgt zu haben, stürzte die Koalition bereits im Oktober 1993 über ein Miss-

---

[190] Nicht weniger als 111 Wahlkreis-Listen erfüllten die (geringen) gesetzlichen Anforderungen an die Kandidatur und traten 1991 an (vgl. Nohlen/Kasapovic 1996: 121; Grotz 2000: 129).
[191] *Unia Demokratyczna*.

trauensvotum (vgl. Ziemer 1999: 335). Anstatt eine neue Regierung zu bilden, löste Wałęsa das Parlament auf.

Im Vorfeld der Wahlen von 1993 war das Wahlgesetz geändert worden, um das Parteiensystem zu stabilisieren (vgl. Grotz 2000: 148ff.). Die Suche nach der verlorenen Einheit führte paradoxerweise zu einer erhöhten Fragmentierung. Anstatt auf der Basis gemeinsamer Interessen zu kooperieren, stritten die aus der „S" hervorgegangenen Parteien heftigst um die Nachfolge (vgl. Grabowski 1996: 251). Die immer noch extrem fragmentierten Kandidaturen bedingten schließlich in Verbindung mit der landesweit geltenden 5%-Klausel (für Parteibündnisse 8%), dass etwa ein Drittel der Stimmen unberücksichtigt blieb. Das Verhältnis zwischen Stimmen und Mandaten war in hohem Maße disproportional und begünstigte die postsozialistischen Parteien SLD und PSL[192], die mit einer deutlichen Mehrheit von 303 (von 460) Sitzen eine Regierungskoalition unter dem jungen Vorsitzenden der Bauernpartei, Waldemar Pawlak, bilden konnten (vgl. Nohlen/Kasapovic 1996: 124).

Für die zahlreichen unter den sozialen Kosten der Reformen leidenden Wähler war die Wahl 1993 die Gelegenheit, ihrem Unmut über die postsozialistische Entwicklung Luft zu machen. Auch dies erklärt den Erfolg der Postkommunisten, die am wenigsten mit der Entwicklung seit 1989 in Verbindung gebracht wurden. Um eine reine Protestwahl handelte es sich freilich nicht, da die Postkommunisten von den Wählern nun als demokratische Alternative zu den bisherigen Regierungsparteien wahrgenommen wurden (vgl. Grotz 2000: 156: 93). Verstärkt wurde dieser Trend durch einen Überdruss der Wähler angesichts der Rivalitäten innerhalb des Post-„S"-Lagers (vgl. Kitschelt 1995: 499; Taras 1995: 193). Die neue Regierung setzte allerdings den Kurs politischer und ökonomischer Reformen im Wesentlichen fort: Marktwirtschaft, Privatisierung, Demokratie, Integration Polens in EU und NATO. In Fragen der Wirtschaftspolitik, des politischen Systems und der internationalen Stellung Polens lassen sich kaum Unterschiede zwischen den Nachfolgern der Regimeparteien und den Parteien, die aus der „S" hervorgegangen sind, feststellen (vgl. Kukliński et al. 1997: 168). Die PSL erwies sich allerdings in einzelnen Fragen, darunter der Reform der Staatsorganisation, als zunehmend reformkritisch (s. u. Kap. 4.3).

In der durch den Erfolg der Postkommunisten entstandenen Cohabitation zeigte sich die neu formierte „linke" Elite dem Präsidenten, der anfangs von der Zersplitterung der „S"-Führung und der politischen Unerfahrenheit vieler Akteure profitiert hatte, zunehmend gewachsen. Auch schwand die Popularität des „rechten" Wałęsa aufgrund seiner Persönlichkeit und einzelner Entscheidungen mit fortschreitender Amtsdauer (vgl. Taras 1998: 66). Die provisorische Verfas-

---

[192] SLD: 20,4% der Stimmen, 37,2% der Sitze; PSL: 15,5% / 28,7% (vgl. Materska-Sosnowska 2010).

sungslage begünstigte Kompetenzstreitigkeiten zwischen Präsident und Regierung. Kernpunkt des Verfassungsstreits blieb die Frage, ob Polen – wie von Wałęsa gewünscht – dem Modell eines Präsidial- oder dem eines parlamentarischen Systems folgen sollte. So machte Wałęsa von seiner Prärogative Gebrauch, die Minister für Inneres, Verteidigung und Äußeres zu ernennen, wodurch sensible Politikbereiche von Politikern besorgt wurden, die der Regierungsmehrheit nicht angehörten (vgl. Ziemer 1999: 336). Im Vorfeld der Präsidentschaftswahlen vom Herbst 1995 gingen Wałęsa und Kwaśniewski unterschiedliche Wege, was die Formierung ihrer Unterstützerbasis betraf. Während Wałęsa im Konflikt mit der „S" an Unterstützung verlor, konnte Kwaśniewski auf die bis nach seiner Wahl von ihm geführte SdRP bauen. In der Stichwahl vom 19. November setzte sich Kwaśniewski knapp mit 51,7% gegen den zuletzt von allen konservativen Kräften gestützten Wałęsa durch (vgl. Taras 1998: 56f.).

Vor dem Hintergrund der Erfahrungen der 1993 verlorenen Parlamentswahl und des Sieges des Postsozialisten Kwaśniewski zog der Vorsitzende der „S", Marian Krzaklewski, im Juni 1996 die Konsequenz aus der Zersplitterung des Mitte-Rechts-Lagers und führte mehr als 30 programmatisch heterogene Organisationen mit der Gewerkschaft zur „Wahlaktion *Solidarność*" (*Akcja Wyborcza Solidarność*; AWS) zusammen (vgl. ebd.: 60). Der Wahlsieg der AWS 1997 war unerwartet deutlich und schien das Ende der Krise des Lagers zu signalisieren. Dessen Neuformierung wurde als Basis für die Neuauflage des bipolaren Wettbewerbs gesehen, wie er im Ausgang des sozialistischen Polens geherrscht hatte (vgl. Grotz 2000: 167ff.). Unter Premierminister Jerzy Buzek bildete die AWS mit der bisher größten Oppositionspartei, der Freiheitsunion[193], eine Regierungskoalition.

Der Prozess, der schließlich zur Verabschiedung der Verfassung im Jahre 1997 führte, war im Sommer 1996 von der Mitte-Links-Regierung unter Premierminister Włodzimierz Cimoszewicz begonnen worden. Präsident Kwaśniewski hatte nach seiner Wahl die Einberufung einer verfassungsgebenden Versammlung angekündigt, falls dem Sejm bis zu den Wahlen 1997 nicht die Verabschiedung einer endgültigen Verfassung gelingen sollte. Kurz vor Ende der Legislaturperiode gelang es nach jahrelangem politischem Tauziehen, Übereinstimmung in zentralen Fragen herzustellen und Kompromisse zu finden. Obwohl die Ratifizierung phasenweise „zu einem Vorwahlkampf zu Parlamentswahlen degradiert wurde" (Ziemer 1999: 337), wurde die neue Verfassung am 2. April 1997 von der Nationalversammlung (Sejm und Senat) gebilligt und am 25. Mai

---

[193] Die Freiheitsunion (*Unia Wolnosci*; UW) war 1994 aus einer Fusion des Liberaldemokratischen Kongresses (*Kongres Liberalno-Demokratyczny*; KLD) und der UD entstanden.

in einem Referendum bestätigt (53,5% Zustimmung bei einer Beteiligung von 43% der Wahlberechtigten; vgl. Materska-Sosnowska 2010: 1499). Mit der Verfassung wurden die parlamentarischen Elemente des Regierungssystems weiter gestärkt. Deutlich sind die Konsequenzen, die aus Wałęsas konfliktiver Amtsführung und Kompetenznutzung und dem „konstitutionellen Dauerkonflikt" (Merkel 2010: 396) zwischen Präsident, Parlament und Ministerpräsident, der die politisch-institutionelle Entwicklung stark belastet hat, gezogen wurden. So wurden das Mitspracherecht des Präsidenten bei der Besetzung von Ministerposten gestrichen, das Quorum zur Überstimmung des präsidentiellen Vetos von zwei Drittel auf drei Fünftel gesenkt und das Veto im Budget-Prozess ganz gestrichen. Die Regierung wurde ferner durch die Abschaffung des einfachen Misstrauensvotums gestärkt (vgl. Grotz 2000: 97).

Die Jahre ab 1996 brachten Hinweise auf eine Konsolidierung des Parteiensystems, darunter insbesondere die Gründung und den Wahlerfolg der AWS und die Stabilität der ersten Regierung Buzek (Oktober 1997 bis Mai 2000). Die Konfiguration des Parteiensystems schien nach den Wahlen von 1997 mit vier Parteien und zwei Konfliktlinien stabilisiert (vgl. Grotz 2000). AWS und SLD lagen auf der Hauptachse rechts–links, wobei es in erster Linie um die Bewertung der kommunistischen Vergangenheit und die Rolle der Kirche im öffentlichen Leben ging (vgl. Szczerbiak 2003: 729). Freiheitsunion und PSL standen sich in sozioökonomischen Fragen gegenüber, wobei die Wählerschaft der PSL in der ländlichen Bevölkerung lag und die der Freiheitsunion überwiegend den urbanen, gebildeten „Transitionsgewinnern" zuzurechnen war (vgl. ebd.; zu Stimmen und Mandaten siehe Materska-Sosnowska 2010). Als 2001 beide Koalitionspartner an der Sperrklausel scheiterten, wurde jedoch deutlich, dass das Parteiensystem nach wie vor „alles andere als konsolidiert" war (Ziemer 2003: 173). Stattdessen kam es zu einer erneuten starken Umstrukturierung, zur Desintegration der AWS und zur Konsolidierung der Linken. Was die Entwicklung des Parteiensystems betrifft, ist folglich – während die 1990er Jahre insgesamt mehr durch Fluss als durch Beständigkeit gekennzeichnet waren – für die zweite Phase der Staatsorganisationsreformen (s. u. Kap. 4.3.4) eine *vorübergehende* Stabilisierung der Kräfteverhältnisse festzustellen.

4.3 Transition und Staatsorganisationsreform in Polen

Die in Kapitel 4.1.4 beschriebenen Staatsorganisations- und Verwaltungsreformen der 1980er Jahre wurden von Beobachtern bestenfalls als langfristige Prozesse von beschränkter politischer Öffnung und wirtschaftlicher Liberalisierung gewertet, kaum jedoch als Vorzeichen eines baldigen Zusammenbruchs der politischen Ordnung (vgl. Marcou/Verebelyi 1993a: 9). Dies schmälert freilich nicht den wissenschaftlichen Wert zeitgenössischer Analysen, die für die vorliegende Studie herangezogen werden können, zumal die Politikwissenschaft insgesamt die 1989 einsetzende Entwicklung nicht vorherzusagen vermochte.

Der Verlauf der polnischen Transition, die mit einer kompromissorientierten Eliten-Interaktion begann und sich nach den semikompetitiven Wahlen deutlich beschleunigte, hatte unmittelbar Auswirkungen auf die Entwicklung der Staatsorganisation. Dies betrifft die Kompromisshaftigkeit der ersten Reformschritte ebenso wie die Fortsetzung des Prozesses im Kontext einer beschleunigten politischen Dynamik unter gleichsam anachronistischen institutionellen Bedingungen. Weder die individuellen Interessen noch die sich häufig verändernden Kräftekonstellationen begünstigten die Umsetzung einer Gesamtstrategie für die vertikale Organisation der jungen Demokratie. Der Prozess sollte sich über Jahre hinziehen und damit für eine Reihe von Einflüssen offen sein.

4.3.1 Die Institutionalisierung der lokalen Demokratie

In der Absicht, das kommunistische Regime gleichsam von unten her zu erodieren, hatte die „S" die lokale Autonomie (das hieß zunächst: der Arbeiter in staatseigenen Betrieben) und die Errichtung eines Staates auf der Basis autonomer Einheiten bereits in den 1980er Jahren zu ihren Zielen erklärt. Die lokale Selbstverwaltung sollte die zentralistische Verwaltung überwinden helfen und darüber hinaus als „Hebel und Garant für den Demokratisierungsprozeß im Lande insgesamt" dienen (Wollmann 1995: 554). 1989 machte die „S" die politische und wirtschaftliche Autonomie der Gemeinden und die Demokratisierung der lokalen Ebene durch kompetitive Wahlen zu Schlüsselthemen der Verhandlungen am Runden Tisch. Einige Autoren werten deshalb die umfassende Reform der Lokalverwaltung als einen zentralen Erfolg der „S" (vgl. Baldersheim/Illner 1996a: 8). Jerzy Regulski, ein renommierter Kommunalwissenschaftler und Wortführer der „S" in Fragen der Selbstverwaltung (vgl. Wollmann 1995: 574), forderte eigene Budgets und Steuern für die Kommunen, das Recht, Personal einzustellen und zu entlassen, Unabhängigkeit von der staatlichen Verwaltung und freie Wahlen.[194] Dieser detaillierten Reformkonzeption

---

[194] Das von der „S" geforderte System umfasste acht Prinzipien: Abschaffung der einheitlichen staatlichen Autorität; ein demokratisches Wahlrecht; Wiederherstellung von Rechtspersönlichkeit und Eigentumsrecht der Gemeinden; ein Finanzierungssystem; eine Beschränkung der staatlichen Kontrolle auf die Gesetzmäßigkeit kommunalen Handelns; Transfer zentralstaatlicher Verwaltungsaufgaben auf die kommunale Ebene; kommunale Vereinigungsfreiheit; Garantie von Rechtsmitteln gegen Entscheidungen der staatlichen Verwaltung (vgl. Regulski/Kocan 1994: 49).

waren innerhalb der Opposition einige Jahre Beschäftigung mit dem Thema vorausgegangen.[195] Die Forderungen bedeuteten zwar einen klaren Bruch mit den bestehenden Strukturen. Während jedoch das Hauptaugenmerk von Regierung und Staatsparteien der nationalen Ebene galt, wurde die Bedeutung der Selbstverwaltung als geringer eingeschätzt. Dabei ging es der „S" freilich nicht nur um eine Reform der Staatsorganisation. Vielmehr betrachtete sie die lokale Ebene als ihre natürliche Machtbasis, von der aus sie das zentralistische System – ohne offene Konfrontation und entsprechend der bereits Anfang der 1980er Jahre formulierten Strategie – herauszufordern beabsichtigte. Die kommunistische Partei suchte hingegen die zentralistische Struktur zu bewahren. So war die Regierung in den Fragen der einheitlichen staatlichen Autorität, der Dezentralisierung der Verwaltung, des Finanzierungssystems und der interkommunalen Vereinigungen nicht kompromissbereit (vgl. Gorzelak/Mularczyk 1990: 255; Wollmann/Lankina 2003: 101). Aufgrund der klaren Interessengegensätze und der Einschränkungen, denen sich die Opposition während der Verhandlungen am Runden Tisch gegenüber sah, kamen die Verhandlungen in der Dezentralisierungsfrage hier zum Stillstand. Erst das Ergebnis der halbfreien Parlamentswahlen und die damit zu Tage getretenen Kräfteverhältnisse brachten Bewegung in den Reformprozess. In seiner ersten Arbeitssitzung (29. Juli 1989) verabschiedete der neu errichtete und von den Vertretern der Bürgerkomitees beherrschte Senat eine Resolution über die Wiedereinführung der kommunalen Selbstverwaltung. Inhaltlich basierte die Resolution auf den oben genannten Forderungen der „S" (vgl. Regulski/Kocan 1994: 50).

Das Tempo war ein wesentliches Merkmal der zunächst auf einfachgesetzlichem Wege realisierten Dezentralisierungsreformen. Jede Verzögerung wurde als Gefahr für die anderen Elemente des Transitionsprozesses betrachtet. Für die Verwaltung bedeutete dies die siebte große Reform seit dem Zweiten Weltkrieg (vgl. Letowski 1993: 7). Dass die meisten der sich neu formierenden Parteien eine Dezentralisierung der Staatsorganisation forderten, entsprach einem verbreiteten partizipatorischen Bedürfnis und den Forderungen nach unmittelbarer, nicht über Zentralinstanzen vermittelter Demokratie in überschaubaren politischen Einheiten, *„perhaps in response to global economic changes, perhaps in reaction against the big government and statist paradigms of the 1950s, 1960s, and 1970s"* (Bennett 1994: 28). Ein *grassroots*-Konzept von Demokratie und dessen Implikationen für die staatliche Organisationsstruktur waren nicht nur in der polnischen Transition, sondern in der gesamten Region von großer Bedeutung (vgl. Goetz 1995: 544; Yoder 2003).

---

[195] Empirische Untersuchungen, auch internationale Vergleiche, wurden teilweise auch im Rahmen staatlich geförderter Forschungsprogramme durchgeführt (vgl. Illner 1998: 17f.; Illner 2002: 7).

Die erste postsozialistische Regierung unter Tadeusz Mazowiecki verschrieb sich der Umsetzung der kommunalpolitischen Forderungen. Jerzy Regulski wurde als Minister für kommunale Selbstverwaltung verantwortlich für die Reform der lokalen Autoritäten (vgl. Regulski/Kocan 1994: 50). Eine Staatsorganisationsreform im Zusammenspiel mit baldigen Kommunalwahlen wurde immer deutlicher als *das* politische Mittel gesehen, die Kontrolle der kommunistischen Netzwerke über die dezentralen Institutionen zu brechen (vgl. Grabowski 1996: 227).

Die Weichenstellungen vom Runden Tisch bedingten, dass die institutionelle Transition zur lokalen Autonomie zunächst nur durch einfache Gesetzgebung und Verfassungsänderungen möglich war (vgl. Regulska 1998: 116).[196] Im Rahmen der bestehenden Staatsorganisation wurden Aufgaben von staatlichen Behörden auf die Kommunen übertragen. Innerhalb von nur acht Monaten wurden acht entsprechende Gesetze verabschiedet, darunter am 8. März 1990 das Gesetz über die territoriale Selbstverwaltung. Gleichzeitig wurde die Verfassung von 1952 um eine Bestimmung ergänzt, die die territoriale Selbstverwaltung zur grundlegenden Organisationsform des lokalen öffentlichen Lebens erklärte. Das Paket der Basisgesetze, das im März 1990 vom Kontrakt-Sejm auf der Grundlage des ausgehandelten Kompromisses verabschiedet wurde, umfasste ein Gesetz über Struktur und Organisation der kommunalen Selbstverwaltung, ein Wahlgesetz, ein Gesetz zur Änderung der Verfassung[197], ein Gesetz über die Rolle und Funktion der kommunalen Beschäftigten, einige Regelungen für den Übergang vom alten System der Nationalen Räte zur kommunalen Selbstverwaltung, ein Gesetz über die Befugnisse und Verantwortung der territorialen Einheiten der staatlichen Verwaltung und ein Gesetz über die Teilung von Kompetenzen zwischen staatlicher Verwaltung und kommunaler Ebene (vgl. Regulski/ Kocan 1994: 58).

Aufgrund des hohen Reformtempos, der fehlenden allgemeinen legislativen Expertise sowie der fehlenden Erfahrung mit kommunaler Selbstverwaltung enthielten die Gesetze einige handwerkliche Mängel. Dies betraf insbesondere begriffliche Ungenauigkeiten (unterschiedliche Bezeichnung für dasselbe), aber auch Inkonsistenzen und geteilte Zuständigkeiten für Aufgaben, die in der Regel bei den lokalen Gebietskörperschaften liegen (Stadtplanung, Wasser, öffentlicher Nahverkehr, Gesundheit etc.). Zwar wurden solche Aufgaben nach und nach auf die Gemeinden übertragen. Der Großteil blieb jedoch in der Zuständigkeit zentral-

---

[196] Zentral sind das Ende der führenden Rolle der Arbeiterpartei mit der Verfassungsänderung vom Dezember 1989 und die Schaffung eigentumsrechtlicher Grundlagen.
[197] Aus der Verfassung wurde der Begriff „Nationale Räte" entfernt, und der des „Gemeinderats" wurde eingeführt. Neu geregelt wurde auch die Rolle des Wojewoden als Regierungsvertreter auf dem Territorium der Wojewodschaft.

staatlicher Einrichtungen. Gleichzeitig schränkte ein hoher Detaillierungsgrad der Gesetze die Spielräume der Kommunen ein. Beschränkt wurde die kommunale Handlungsfreiheit nicht zuletzt durch die (*de facto*) fehlende allgemeine Zuständigkeit für Angelegenheit im lokalen Bereich (vgl. Taras 1998: 19ff.; Regulska 1998: 117; s. u.).

Für den Großteil der lokalen Akteure Polens stellte sich die Reform der lokalen Verwaltung 1989/1990 als zentral verfügte Einsetzung (teilweise) neuer Institutionen dar. Die politische Auseinandersetzung über deren konkrete Gestalt fand auf nationaler Ebene statt. Die dort erzielten Ergebnisse hatte die subnationale Ebene binnen kurzer Zeit umzusetzen. Auf die Gesetzgebung im Frühjahr 1990 folgten im Mai die ersten demokratischen Kommunalwahlen. Die Umsetzung der Reformen lag somit bei politisch und administrativ unerfahrenen Akteuren. Verkompliziert wurde die institutionelle Konsolidierung dadurch, dass zentrale Fragen, insbesondere die Regelung des Finanzierungssystems, zunächst offen blieben. Die kommunalen Budgets blieben vorerst Positionen des zentralen Haushalts (vgl. Baldersheim 2003: 242). Die Einstellung der Bevölkerung gegenüber den lokalen Institutionen war unterdessen ambivalent. Im Sozialismus war die polnische Gesellschaft auf der Basis der Arbeit und nicht des Wohnsitzes organisiert (s. o. Kap. 4.1.3), folglich war der Betrieb der Ort, an dem die Opposition sich in der Vergangenheit formiert hatte. Die Bürgerkomitees, in denen sich die Opposition im Ausgang des Sozialismus organisierte, hatten hingegen einen örtlichen Bezug, der sich auch aus dem Kontext erklärt: Die Bedeutung des Staates als wirtschaftlicher Akteur nahm in dem Maße ab, wie die private Wirtschaft an Bedeutung gewann. Außerdem wuchs mit der Entwicklung der Selbstverwaltung ein Gemeinschaftsgefühl mit räumlichem Bezug (vgl. Regulski/Kocan 1994: 59).

Mit der Gemeindeverwaltung wurde eine dualistische, der polnischen Tradition entsprechende Verwaltungsstruktur geschaffen, die Selbstverwaltung und lokale Regierungsverwaltung auf Gemeindeebene nebeneinander stellte. Die kommunale Ebene wurde dabei als einzige Ebene der territorialen Selbstverwaltung etabliert.[198] Die 49 Provinzen (Wojewodschaften), die regionalen Einheiten des Zentralstaates, wurden neben der staatlichen Verwaltungskoordinierung mit der Aufsicht über die Tätigkeiten der Gemeinden betraut. Als Vertreter des Zentralstaates übernahmen die Wojewoden die legislativen Kompetenzen der alten Volksräte der Provinzebene (vgl. Gorzelak/Mularczyk 1990: 256; Taras 1993; Nowacki 2002: 26).

---

[198] Als administrative Hilfseinheit unterhalb der Wojewodschaften wurden 1990 267 Verwaltungsbezirke (*rejony*) geschaffen, die geographisch mit den alten Kreisen übereinstimmten und zentralstaatliche Aufgaben in Bereichen wie Bildung und Gesundheit wahrnahmen (vgl. Kowalczyk 2000: 220).

4 Demokratisierung und Staatsorganisationsreform in Polen

Die geographischen Grenzen der Kommunen wurden vom Ministerrat festgelegt. 1988 zählte Polen 2.383 Gemeinden mit einer durchschnittlichen Größe von 15.000 Einwohnern bzw. 129 km^2. Damit handelte es sich mit Abstand um die größten Gemeinden in Ostmitteleuropa. Bis Anfang 1992 stieg die Zahl der Gemeinden nur geringfügig auf 2.419 (vgl. Baldersheim et al. 1996b: 25). Im deutlich kleineren Ungarn standen dem mehr als 2.900 ländliche Gemeinden gegenüber, von denen ein Drittel nicht einmal 500 Einwohner umfasste, ganz zu schweigen von den etwa 5.000 (von insgesamt 6.237) tschechischen Gemeinden mit weniger als 1.000 Einwohnern. In Ungarn und Tschechien war intensiver Gebrauch gemacht worden von der Möglichkeit, Gemeinden zu teilen, um unter der kommunistischen Herrschaft hergestellte Fusionen wieder aufzulösen. Organisatorische und ökonomische Kriterien haben bei der Neugliederung nach 1989 nur eine untergeordnete Rolle gespielt. Schon bald wurde deutlich, dass diese Einheiten mit ihrer geringen Größe politisch, wirtschaftlich und administrativ kaum handlungsfähig sein würden. Für die Realisierung eigener Politiken oder die adäquate Erbringung kommunaler Dienstleistungen fehlt es ihnen an den notwendigen Ressourcen (vgl. Illner 2002: 18).

Für die hier zu beobachtende Fragmentierung finden sich in der Literatur mehrere *transitionsspezifische* Gründe. So zeuge die Fragmentierung, als Element des Zerfalls der autoritären Strukturen, von der Schwäche des politischen Zentrums; andererseits spiegle sie das verbreitete Bedürfnis nach Sicherheit angesichts der Entfremdung in einer *top-down* errichteten neuen Ordnung wider. Ferner lässt sich die Fragmentierung der lokalen Ebene als Ausdruck des fehlenden gegenseitigen Vertrauens von Politikern der verschiedenen Ebenen sehen. Misstrauen in die nationalen Politiker habe Städte und Dörfer dazu gebracht, sich die größtmögliche Autonomie zu sichern. Die nationalen Reformer hätten dies mit der Übertragung begrenzter Aufgaben und Ressourcen beantwortet. Das Ausbleiben einer solchen Fragmentierung in Polen, wo nichts für ein größeres „intergouvernementales" Vertrauen spricht, deutet freilich darauf hin, dass weitere Faktoren eine Rolle spielen (vgl. Baldersheim/Illner 1996a: 4, 9; *dies.* 1996b: 237).

Die nun mit Rechtspersönlichkeit ausgestatteten Kommunen der jungen Demokratie waren für ihre personellen Angelegenheiten und die interne Ressourcenverwendung verantwortlich. Hinsichtlich der internen Organisation erhielten sie u. a. die Zuständigkeit für die eigene Geschäftsordnung, die Wahl eines geschäftsführenden Gremiums und für die Aufstellung des Haushalts. Wenngleich das Finanzierungssystem sich in dieser Phase noch einer umfassenden Regelung entzog, wurden erste Quellen für die eigenen Einnahmen der Kommunen bestimmt und ein System von finanziellen Unterstützungen und Beihilfen geschaffen (vgl. Mync 2001: 240f.). Die Kommunen erhielten die

Möglichkeit, kommunale Steuern und Gebühren festzulegen, Entscheidungen über den Kauf, Verkauf und die Pacht von Land und Eigentum zu treffen und Obergrenzen für Ausgaben durch das geschäftsführende Gremium ohne vorherige Zustimmung durch den Rat festzulegen. Das Aufgabenspektrum der Gemeinden wurde gegenüber den sozialistischen Autoritäten der lokalen Ebene nicht wesentlich verändert. Manche Aufgaben wurden von den aufgelösten Wojewodschaftsräten auf die lokale Ebene verlagert. Aufgaben wie die Erstellung von Flächennutzungsplänen oder die Kooperation mit anderen Kommunen fielen nun in den lokalen Autonomiebereich. Andere Aufgaben, die mit dem Systemwechsel an Bedeutung gewonnen hatten (wie die Registrierung von Eigentum), gingen von der lokalen Ebene auf die dekonzentrierte staatliche Verwaltung über (vgl. Hesse 1993b: 236). Die Räte erhielten die Entscheidungsbefugnis im Rahmen ihrer gesetzlichen Zuständigkeiten. Ergänzt wurden die eigenen Zuständigkeiten der Gemeinden durch delegierte Aufgaben. Die Gemeinden erhielten die Möglichkeit, zur Aufgabenerfüllung Behörden oder GmbHs zu schaffen, Vereinbarungen mit anderen Organisationen zu treffen oder Leistungen zu privatisieren (vgl. Gorzelak/Mularczyk 1990: 257; Baldersheim et al. 1996b: 30). Für die eigenen, in der Sphäre der Selbstverwaltung liegenden Aufgaben wurde eine Legalitätskontrolle vorgesehen, für übertragene Aufgaben auch eine Zweckmäßigkeitsprüfung.[199] Die Wojewoden übernahmen die Rechtsaufsicht über die Gemeinden. Was die frühen Reformen nicht beinhalteten, war, neben der Stärkung der einzelnen Gemeinden, die Schaffung von Koordinationsmechanismen. Es wurde den Kommunen lediglich erlaubt, freiwillige Vereinigungen zu bilden (vgl. Gorzelak/Mularczyk 1990: 261; Hesse 1993b: 239).[200]

In der frühen Phase der Staatsorganisationsreform fanden sowohl eine Beschäftigung mit den polnischen Vorkriegsstrukturen als auch eine intensive Rezeption nationaler Rechtsordnungen, insbesondere der deutschen und französischen, wie auch der Charta der Kommunalen Selbstverwaltung statt. Letztere war insbesondere in der Frage der Verfassungsgarantie ein zentraler Orientierungspunkt. Im Ergebnis entspricht das postsozialistische Polen am ehesten dem

---

[199] Zu den eigenen Aufgaben der Gemeinden gehören: Raumordnungsplanung und Umweltschutz; Erhaltung der kommunalen Infrastruktur; Erziehungs- und Bildungswesen; Kultur; Pflege und Erhaltung von Fürsorgeanstalten; Grünanlagen, Baumbestände und kommunale Kirchhöfe; öffentliche Sicherheit und Ordnung sowie Feuerschutz; Erhaltung von gemeindlichen Verwaltungsgebäuden; Marktplätze und Markthallen (vgl. Nowacki 2002: 20; Wollmann/Lankina 2003: 107). Übertragene Aufgaben umfassen u. a. Registrierungsaufgaben und Tierseuchenbekämpfung.

[200] Die einflussreichste dieser Vereinigungen ist die Nationale Versammlung der kommunalen Selbstverwaltung von 1990, in der aus jeder Wojewodschaft zwei Gemeindevertreter vertreten sind. Dieses Organ hat insbesondere die fiskalischen Interessen der Gemeinden vertreten. Einer ihrer Erfolge war die Verpflichtung der Regierung, die Versammlung im Budgetprozess zu konsultieren (vgl. Regulska 1998: 126).

nordeuropäischen Typ von *local government* (vgl. Filipek 1995: 90; Lipowicz 1995: 85; Baldersheim 1996b: 40). Zentrale Institution wurde der allgemein gewählte Gemeinderat, Exekutivorgan der Vorstand, bestehend aus dem vom Rat geheim gewählten Bürgermeister (bzw. Präsidenten in Städten mit mehr als 100.000 Einwohnern), seinem Stellvertreter und maximal fünf weiteren, vom Rat gewählten Mitgliedern. Bis auf den Bürgermeister mussten die Mitglieder des Vorstands dem Rat angehören. Kein Vorstandsmitglied durfte gleichzeitig in der staatlichen Verwaltung beschäftigt sein. Als Verwaltungschef erhielt der Bürgermeister die Aufgaben, die Arbeit des Vorstands zu organisieren, die Verwaltungsgeschäfte zu führen und die Gemeinde nach außen zu repräsentieren (vgl. Gorzelak/Mularczyk 1990: 260; Nowacki 2002: 19).

Mit der Gesetzgebung zum Finanzierungssystem (Dezember 1990 und Januar 1991) wurden die kommunalen Budgets aus dem staatlichen Haushalt ausgegliedert und außerbudgetaire Arrangements abgeschafft. 1991 wurde ein (vorläufiges) neues Finanzierungssystem eingeführt, das die Abhängigkeit der Gemeinden von zentralen Zuweisungen deutlich reduzierte. In jenem Jahr beliefen sich diese Zuschüsse auf nur noch 19%. Im Jahr darauf wurde ein neues Finanzierungsgesetz verabschiedet, durch das sich die eigenen Einnahmen der Gemeinden 1993 auf nahezu 50% erhöhten (vgl. Wollmann/Lankina 2003: 110f.). Die finanzielle Autonomie der Gemeinden blieb jedoch durch zentral bestimmte Obergrenzen für lokale Steuern und Gebühren eingeschränkt (vgl. IBRD 1992: 35).[201] Obwohl das Finanzierungssystem im Laufe der 1990er Jahre an Profil gewann, konnten die fiskalischen Kompetenzen der lokalen Ebene auch bis zur Reform von 1998 nicht völlig geklärt werden (vgl. Regulska 1998: 118). Als finanzielle Ressourcen erhalten die Kommunen Zuschüsse vom Zentralstaat, lokale Steuern, Gebühreneinnahmen, Mieteinnahmen, Budgetüberschüsse, Einnahmen aus Lotterien und anderen Veranstaltungen sowie Einnahmen aus Krediten. Staatliche Zuschüsse werden durch eigene Gesetzgebung festgelegt und direkt vom Finanzministerium an die Kommunen überwiesen (vgl. Gorzelak/Mularczyk 1990: 260). Die Abhängigkeit von zentralstaatlichen Zuschüssen und die fehlenden „Regelungen, die die Freiheit der territorialen Selbstverwaltungskörperschaften zur Realisierung einer eigenen Politik schüt-

---

[201] 1991 machten die eigenen Einnahmen 39,4% der kommunalen Budgets aus (davon Steuern: 27%, Gebühren: 5,8%, zweckgebundene Mittel: 5,6%). 41,8% entstammten dem nationalen Steueraufkommen und 18,8% waren nationale Blockzuweisungen (vgl. IBRD 1992: 37). Die lokalen Ausgaben verteilten sich 1991 folgendermaßen: Verwaltung: 10%; Kindergärten und -krippen: 20%; Erhaltung von Straßen, Straßenbeleuchtung: 9%; Parks, Kultur, Sport, Soziales: 6%; andere direkte Ausgaben: 8%; Zuschüsse für kommunale Einrichtungen/Unternehmen im Bereich Transport: 13%, im Bereich Wohnungswesen: 10%, im Bereich Abfall: 4%; Investitionen: 20%. Bei diesen Angaben handelt es sich allerdings nur um Größenordnungen, da die Zahlen auf einer sehr kleinen Zahl von Gemeinden basieren (vgl. IBRD 1992: 18).

zen" (Filipek 1995: 90), wurden besonders kritisch gesehen – dies nicht zuletzt, weil ein transparentes und von willkürlichen Eingriffen des Staates schützendes System lokaler Einnahmen und eigener Steuern eine von acht Hauptforderungen der „S" gewesen war. Dass dies eine deutliche Abweichung von den Bestimmungen der Charta der kommunalen Selbstverwaltung darstellt, ist auch deshalb von Bedeutung, weil sich die polnischen Reformer in der ersten Hälfte der 1990er Jahre besonders an diesen Regelungen orientierten (vgl. Lipowicz 1995: 85).

Mit der Übertragung weiterer Zuständigkeiten wuchs der Finanzbedarf der Gemeinden. Der mit der Aufgabenerfüllung verbundene Mittelbedarf ist jedoch einer der Gründe, weshalb Regierungen sozialistischer Staaten bereits in den 1980er Jahren, besonders aber nach Beginn der Transitionen, Zuständigkeiten auf untere Ebenen übertragen haben. Damit haben die politischen Zentren als Antwort auf die Ressourcen minimierende Wirtschaftskrise die finanzielle Belastung der Transition zumindest teilweise dezentralisiert. In der Folge konnten auch die polnischen Gemeinden in der wirtschaftlichen Umbruchsituation einige ihrer Aufgaben nicht mehr erfüllen. Mancherorts kam es zu *ad-hoc*-Maßnahmen wie der Reduzierung von Lehrer-Gehältern. Viele Gemeinden machten in dieser Situation auch von der Möglichkeit Gebrauch, eigene gewinnorientierte Unternehmen zu gründen (vgl. Taras 1993: 25).

Gleichzeitig versuchte die Regierung die finanzpolitische Verantwortung nicht zuletzt aufgrund des großen Budgetdefizits auch auf lokaler Ebene zu behalten (vgl. Yoder 2003: 271). Internationale Akteure wie die Internationale Bank für Wiederaufbau und Entwicklung (IBRD 1992: 12) empfahlen, die wirtschaftliche Umstrukturierung prioritär zu behandeln und in Fragen der Dezentralisierung von Dienstleistungen im Zweifel zugunsten des Zentrums zu entscheiden, also Uneindeutigkeiten nicht durch Dezentralisierung aufzulösen. Die lokale Ebene sollte vor allem im Wege der Ausführungsdelegation einbezogen werden, während die Regierung die Kontrolle über Standards und Kosten behält. So wurde beispielsweise bis 1994 mit den Grundschulen verfahren. Deutlich wird, dass die Ausgabenkontrolle im Zentrum der Erwägungen stand.

In der ersten Phase der Dezentralisierungsreformen haben die Ambitionen der „S" und der Suchocka-Regierung (September 1992 bis Mai 1993), eine stärkere kommunale Ebene zu installieren, teilweise zu inkonsistenten Ergebnissen geführt. So wurde etwa die Gliederung als dysfunktional kritisiert (vgl. Wollmann/Lankina 2003: 101, 103). Das Gesetz vom 8. März 1990, das im Prinzip die allgemeine lokale Zuständigkeit für Angelegenheiten örtlicher Bedeutung, die nicht aufgrund des Gesetzes in der Zuständigkeit anderer Stellen liegen, normiert, verliert aufgrund anderer Bestimmungen seine Wirkung. Denn bereits am 22. März wurden den Wojewodschaften per Gesetz alle bisherigen Zuständigkeiten zugeschrieben, sofern diese nicht per Gesetz anderen Stellen übertragen worden waren (vgl. Wollmann 1995: 575). Dies ist als eklatanter Ausdruck des dilatorischen Kompromisses in der Frage der subnationalen Selbstverwaltung zu sehen. Ein weiterer Punkt ist die Einrichtung des Selbstverwaltungsparlaments auf Wojewodschaftsebene, das nicht nur die Gemeinden auf dieser Ebene repräsentieren sollte, sondern auch eine Reihe von Befugnissen gegenüber den Gemeinden erhielt. Hierzu zählen die Beurteilung der Tätigkeit der Gemeinden und kommunalen Einrichtungen, die Anordnung außerordentlicher Sitzungen von Gemeinderäten und, in bestimmten Fällen, auch die Auflösung eines Gemeindevorstands (vgl. Filipek 1995: 88; s. u. Kap. 4.3.3).

4.3.2 Die Transformation der lokalen Politik

Der durch den Systemwechsel initiierte bzw. legalisierte politische Wettbewerb hatte Auswirkungen auf allen politischen Ebenen. Im April 1989 schloss sich zunächst ein nur zwei Monate dauernder Wahlkampf unmittelbar an die Verhandlungen des Runden Tisches an. Vor dem Hintergrund dieser kurzen Zeitspanne und der fehlenden Organisationsstruktur entschloss sich die eigentlich heterogene Opposition, als ein „*united team*" (Grabowski 1996: 220) anzutreten. Infolge eines Aufrufs des Nationalen Bürgerkomitees bildete sich auf der Basis des Netzwerks katholischer Gemeinden und der Klubs der katholischen Intelligenz ein System lokaler Bürgerkomitees. Initiiert wurden diese in vielen Fällen von älteren „S"-Veteranen und erfahrenen Untergrund-Aktivisten. Die lokalen Bürgerkomitees schlugen als *ad-hoc*-Ausschüsse von „S"-Unterstützern die Kandidaten vor und betrieben den Wahlkampf. Bürgerkomitees entstanden auch auf der Ebene der 49 Provinzen.[202] Eine der Grundlagen dieser Formierung war die Kongruenz der kompromissorientierten Strategie der „S" einerseits und der Identität der katholischen Kirche als Bewahrerin der nationalen Tradition andererseits (vgl. Glenn 2003: 109). Innerhalb eines Monats bildeten die Komitees ein Netzwerk über die meisten polnischen Städte. Schätzungsweise 100.000 Aktive unterstützten in dieser Phase deren Arbeit. Selbst bis in kleine Gemeinden drangen die Aktivitäten vor; die demokratische Bewegung, zuvor fest in der Arbeitswelt verankert (s. o. Kap. 4.3.1), erhielt nun eine territoriale Basis.

Die Strukturen der Bewegung waren aufgrund des kurzen Wahlkampfs straff zentralistisch und von innerer Demokratie weit entfernt. Die lokalen Komitees berichteten den von ihnen nicht gewählten Provinz-Komitees, diese wiederum dem von Wałęsa ernannten Nationalen Bürgerkomitee. Die Komitees der Provinzebene waren formal den regionalen Gewerkschaftsbüros untergeord-

---

[202] Die folgenden Ausführungen zur Rolle der Bürgerkomitees basieren auf der historisch sehr detaillierten Arbeit von Tomek Grabowski (1996: 220ff.).

net, die die Komitees sogar auflösen konnten. An diese Unterordnung waren die finanzielle Unterstützung und die Erlaubnis, das Gewerkschaftslogo zu benutzen, gebunden. Die Kandidatennominierung war von oben nach unten organisiert, da das Kampagnenbüro des Nationalen Komitees Listen erstellte und seine Kandidaten auch gegen den Widerstand der lokalen Bürgerkomitees durchsetzte. Die Bewegung der Bürgerkomitees hatte insofern Partei-Charakter, als sie sich deutlich von anderen oppositionellen Kräften abgrenzte. Gewerkschaftsmitglieder, die sich nicht klar zu Wałęsa und dessen Gefolge bekannten, wurden ausgeschlossen. Trotz dieser Exklusivität beanspruchte die Bewegung, alle patriotischen Kräfte zu vereinen und die Gesellschaft in ihrer ganzen Breite zu repräsentieren – ein fundamentaler Unterschied zur ersten, noch im sozialistischen Polen agierenden „S"-Bewegung, die inneren Pluralismus zugelassen hatte und durch einen demokratischen Wettbewerb um die Führung gekennzeichnet war.

Trotz ihrer organisatorischen Überlegenheit und der Kontrolle über die Medien vermochten die Staatsparteien nur einen farblosen Wahlkampf zu führen. Paradoxerweise war eine ihrer Schwächen, dass sie die Nominierung der Kandidaten und die Gestaltung der Kampagne den lokalen Einheiten überließen. Das gab ihnen einen demokratischen Anstrich, führte jedoch dazu, dass es keine klare Alternative zur einheitlichen Botschaft der „S" gab (vgl. Glenn 2003: 110). Die Regierungsparteien[203] setzten auf Patriotismus und suchten die politische und wirtschaftliche Situation als eine äußere Gefahr für die Nation darzustellen, die eine nationale Einheit erfordere. Dabei gingen sie davon aus, bei der Öffnung des Systems die Kontrolle über die Entwicklung zu behalten und eine sozialistische Ordnung aufrechterhalten zu können (vgl. ebd.).

Die Wahl verlief für die Bürgerkomitees außerordentlich erfolgreich (s. o. Kap. 4.2). Schon bald fanden sie sich allerdings auf einem Kollisionskurs mit den Strukturen der Gewerkschaft wieder. Ihre Einbindung in die politische Macht, vor allem ihre Unterstützung der Marktreformen, bedeutete für die Gewerkschaft eine Zerreißprobe. Die Mitgliederzahl, Anfang der 1980er Jahre noch bei 10 Millionen gelegen, stagnierte bei 2,2 Millionen, junge Arbeiter betrachteten sie nicht mehr als Vertreterin ihrer Interessen. Verschärft wurde das Misstrauen durch die Wirtschaftskrise in dieser frühen Transitionsphase unter der letzten kommunistischen Regierung sowie durch die Auswirkungen der Preisliberalisierung, die die Bevölkerung direkt zu spüren bekam.

Angesichts der zunehmenden Ablehnung stellte sich für die „S" die grundsätzliche Frage ihrer Rolle. Sollte sie sich auf die Rolle einer Gewerkschaft beschränken oder weiterhin im Kern politischer Akteur sein? In dieser Situation fiel der Blick auf die Bürgerkomitees. Einige Gewerkschaftsführer sahen hier

---

[203] Die sich als „Regierungskoalition" darstellten, um nicht als die Staatsparteien identifiziert zu werden, deren führende Rolle noch durch die Verfassung geschützt war (vgl. Glenn 2003: 109).

nicht die Basis für die weitere Entwicklung der demokratischen Bewegung, sondern eine Herausforderung der Autorität der Gewerkschaft. Auch fürchteten sie eine Abwanderung führender Aktivisten aus der Gewerkschaft in die Komitees. Noch im Juni des Jahres 1989 beschloss die Nationale Exekutivkommission der „S" die Auflösung der Komitees auf Provinzebene. Die lokalen Bürgerkomitees sollten fortbestehen dürfen, allerdings ohne finanzielle Unterstützung und ohne Erlaubnis, das Gewerkschaftslogo zu verwenden. Vertreter der Provinzkomitees argumentierten dagegen, dass die Bürgerkomitees als Ort lokaler Initiativen, als Unterstützungsbasis der Abgeordneten und schließlich als Kern der kommunalen Selbstverwaltung eine zentrale Rolle spielen würden. Im September 1989 wurde die Entscheidung revidiert. Es war offensichtlich, dass man außerhalb der industriellen Zentren den noch stark verwurzelten kommunistischen Eliten nur durch die Organisation der Bürgerkomitees Paroli bieten konnte. Hinzu kam die veränderte politische Situation nach der Wahl Mazowieckis zum ersten nicht-kommunistischen Ministerpräsidenten am 24. August, die den Zusammenhalt zwischen „S"-Politikern im Parlament und der Gewerkschaftsführung wiederherstellte. Im Rahmen einer politisch-strategischen Gesamtkonzeption kam man überein, dass eine Verwaltungsreform auf lokaler Ebene und Kommunalwahlen zum frühestmöglichen Zeitpunkt geboten seien. Die Bürgerkomitees wurden damit zur treibenden Kraft hinter den weitreichenden Veränderungen auf der lokalen Ebene, einschließlich des Vereinslebens, der Zerschlagung kommunistischer Netzwerke und des Hinwirkens auf eine kommunale Verwaltungsreform. Diese politisch-strategische Sicht auf die kommunalen Angelegenheiten hing eng mit der an der Spitze der Gewerkschaft verfolgten Reformstrategie zusammen, die nun klar auf die Beendigung sozialistischer Präsenz in staatlichen Stellen – auf allen Ebenen – zielte. Derart wiedererstarkt, entwickelten die Bürgerkomitees nun auch eine eigene Identität und entzogen sich zunehmend der Kontrolle durch die Gewerkschaftsstrukturen. Die Zahl lokaler Komitees nahm zwischen Dezember 1989 und März 1990 von 900 auf 1.600 zu.

Auf der nationalen Ebene war die Ablösung des alten Regimes mit einem Austausch des politischen Personals verbunden, d. h. der sozialistischen Eliten durch die vor allem in der „S" organisierte vormalige Regimeopposition. Während Ende 1989 auf nationaler Ebene längst der Demokratisierungsprozess in Gang gesetzt war, führten auf der lokalen Ebene noch die 1988 gewählten und ernannten Repräsentanten die Geschäfte weiter (vgl. Wiatr 2003: 374). Die Behauptung der Positionen wurde durch die lokale Verwurzelung der Eliten sowie die Auflösung der Kommunistischen Partei Anfang 1990 sogar leichter. Hinzu kam, dass auf der lokalen Ebene vornehmlich der Verwaltungscharakter der Aufgaben wahrgenommen wurde und die lokalen Ämter deshalb im Demokratisierungsprozess tendenziell weniger zur Disposition standen. Während sich die gegen Wojewoden und Bürgermeister gerichteten Angriffe oftmals an Problemen wie dem Preisniveau festmachten, fand die „S"-Opposition nicht zu konsensfähigen politischen Forderungen. Teilweise wurde ein radikaler Bruch in der lokalen und regionalen Politik gefordert, teilweise die unverzichtbare Kompetenz der alten Amtsträger betont. Die Lösung dieses Konfliktes wurde von den ersten freien Kommunalwahlen erwartet (vgl. Jałowiecki 1990a: 318; Kukliński 1990b).

Im Vorfeld der Kommunalwahlen vom Mai 1990 stellte sich der Handlungskontext der Bürgerkomitees folgendermaßen dar: Die kommunistischen Herrschaftsstrukturen lösten sich bei anhaltendem Einfluss der alten Elite über informelle Netzwerke auf; die lokale Bevölkerung war und blieb politisch überwiegend passiv; bedingt durch den Systemwechsel herrschte eine große Unsicherheit über die – gleichsam im Fluss befindlichen – „Spielregeln". Indem sie in eine politische, gesellschaftliche und institutionelle Lücke stießen, übernahmen die Bürgerkomitees verschiedene Rollen auf einmal. Einerseits engagierten sie sich als Keimzellen zivilgesellschaftlicher Aktivität,[204] andererseits traten sie als Träger lokaler Autorität auf und organisierten Kampagnen gegen kommunistische Amtsinhaber, deren Absetzung sie als integralen Bestandteil der Demokratisierung betrachteten. Die tatsächliche Macht der Bürgerkomitees gründete auch darauf, dass sie als verlängerter Arm der Warschauer Regierung gesehen wurden. Ohne eigene demokratische Legitimation konnten sie aus dieser Position noch vor den ersten freien Kommunalwahlen Druck auf die lokalen Mandatsträger ausüben, die wiederum bestrebt waren, den neuen politischen Verhältnissen in Warschau Rechnung zu tragen. Im Winter 1990 berichteten die Verbindungsleute des Organisationsbüros des Nationalen Bürgerkomitees von einer umfassenden Verlagerung der Macht von den sich auflösenden Zellen der Parteien und den Bürgermeisterämtern auf die Bürgerkomitees. In manchen Gemeinden erlangten die Bürgerkomitees die vollständige Kontrolle über die Besetzung von Verwaltungspositionen. Im Grunde entsprach diese Rolle als formal nicht legitimierte „Überregierung" dem Selbstverständnis der Bürgerkomitee-Aktivisten als wahre Vertreter der Gemeinschaft. Der Anspruch auf diese genuine Repräsentation der polnischen Gesellschaft und auf die faktische Herrschaftsausübung wurde explizit aus der eigenen Geschichte des Widerstands gegen das sozialistische Regime abgleitet. Bohdan Jałowiecki (1990b: 330) weist auf die Art und Weise hin, in der die Bürgerkomitees die Funktion der alten

---

[204] Hier wirkten sie u. a. mit bei der Gründung von Zeitungen, kommunaler Banken und Wohltätigkeitsaktionen und überwachten die Aktivitäten der Kommunalverwaltung. Manche Bürgerkomitees bildeten Kader für die zu errichtende Selbstverwaltung aus und erarbeiteten kommunale Entwicklungspläne.

Parteikomitees übernahmen. Sie etablierten ein System der Kooptation, eine neue Nomenklatur, deren Zustimmung für die Besetzung einzelner Posten unumgänglich war, und unterdrückten Initiativen außerhalb der Komitees. Konsequenterweise traten die meisten Bürgerkomitee-Mitglieder bei den Kommunalwahlen schließlich selbst an (vgl. Grabowski 1996: 229).

Bis zum Sommer 1990 entstanden in fast allen Gemeinden Bürgerkomitees. Die intern straff und bisweilen autoritär organisierten Einheiten waren entschlossen, ihre Autonomie zu verteidigen und widersetzten sich allen Versuchen, eine Provinzebene durch Wahlen zu legitimieren. Die auf überlokaler Ebene entstandenen Organisationen blieben organisatorisch und kompetentiell schwach. Auf nationaler Ebene stellte sich die Verfassung der Bewegung freilich noch chaotischer und ineffektiver dar. Die prominenten „S"-Führer wurden von den lokalen Aktivisten durchaus als solche anerkannt, doch war dies mit keinerlei Autorität verbunden. Zu den oben genannten Gründen, die eine vertikale Integration verhinderten, kam die Haltung vieler Aktivisten, die Arbeit im eigenen Komitee mit der Bewegung gleichzusetzen und deshalb die Bildung von Strukturen jenseits der durch sie konkret bearbeiteten Probleme, geschweige denn die Bildung von zentralisierten Entscheidungsgremien, abzulehnen.

Als nicht auflösbar erwies sich der Grundwiderspruch, dass es sich um eine Antiparteien-Partei handelte. Einerseits wurden Pluralismus und freie Wahlen, die Elemente liberaler Demokratie, begrüßt, andererseits wurde nicht akzeptiert, dass innerhalb der polnischen Gesellschaft konfligierende Interessen bestehen, zu deren Repräsentation es politischer Parteien bedarf. Die „S" bzw. die Bürgerkomitees beanspruchten, die gesamte Gesellschaft zu repräsentieren. Ideologisch blieben die Bürgerkomitees der Gewerkschaft eng verwandt. Ihr normatives Bild der Gesellschaft war organizistisch, nicht pluralistisch. „Gut" waren die Menschen, „böse" das alte Regime und seine Vertreter. Mit dieser Strategie konnten sich die Bürgerkomitees in der ersten Phase der Transition gegenüber dem klar definierten kommunistischen Gegner behaupten; unter den Bedingungen der auf Parteienwettbewerb beruhenden Demokratie musste sich dies ändern.

Die nationalen politischen Akteure verfolgten eigene Strategien gegenüber den Bürgerkomitees (siehe hierzu Jałowiecki 1990b: 330). Angesichts der erwartbaren Auswirkungen der Liberalisierungspolitik auf breite Teile der Bevölkerung sahen die Wirtschaftsreformer der Regierung Mazowiecki einen besonderen Nutzen der Bürgerkomitees darin, dass es sich um lokal verwurzelte Organisationen handelte, die sich für kommunale Angelegenheiten und die Sache der kommunalen Selbstverwaltung im Allgemeinen stark machen, während sie die Konzepte der Regierung als alternativlos darstellen, deren Politik unterstützen und für das Zentrum Wahlen gewinnen würden. Die ideologische Klammer sollte das Ethos der „S" liefern, was mit dem Selbstverständnis der

Bürgerkomitees gut vereinbar war; die Stärkung der nationalen Ebene der Bewegung, also der Versuch, zentrale Gremien zu errichten, wurde jedoch als undemokratisch kritisiert, und der Konflikt an der Spitze der Gewerkschaft ließ weitere Versuche dieser Zentralisierung scheitern.

Wie zuvor schon die nationalen Wahlen sollten auch die Kommunalwahlen vom 27. Mai 1990 einen Sieg des noch geeinten und in den Bürgerkomitees organisierten Lagers der „S" bringen. Im Unterschied zu den halbfreien nationalen Wahlen des Vorjahres wurden alle Mandate im freien Wettbewerb vergeben. Unabhängige Kandidaten benötigten lediglich 15 Unterstützungsunterschriften für ihre Kandidatur, Parteien und andere Organisationen (wie die „S") mussten für die Zulassung ihrer Liste mindestens 150 Unterschriften vorlegen. Wahlkreise in Gemeinden mit weniger als 40.000 Einwohnern waren Einerwahlkreise, deren Kandidaten mit einfacher Mehrheit gewählt wurden. In größeren Kommunen wurde nach Verhältniswahl mit lose gebundenen Listen in Wahlkreisen mittlerer Größe (fünf bis zehn Sitze) gewählt, wobei die Zahl der Mandate von der Größe der Wahlbevölkerung abhing[205] (vgl. Batt 1991: 120f.). Die Anwendung unterschiedlicher Wahlsysteme spiegelt neben der unterschiedlichen Größe der Gemeinden auch die ungleichzeitige politische Entwicklung wider. So entwickelten sich die Parteien in ländlichen Gemeinden deutlich langsamer als in den Städten. Ein Argument für die Einerwahlkreise in kleinen Gemeinden war, dass die Wahlen lokal und nicht parteilich sein sollten; im Umkehrschluss wurde in Gemeinden mit mehr als 40.000 Einwohnern gleichsam der Anonymität der Politiker durch die Verhältniswahl mit Listen Rechnung getragen (vgl. ebd.: 34). Insgesamt wurden 1990 etwas mehr als 52.000 Vertreter in 2.400 Räte gewählt (die bei einem Spektrum von 15 bis 100 Mitgliedern eine durchschnittliche Größe von 22 Mitgliedern hatten). Für diese Mandate bewarben sich mehr als 146.000 Kandidaten. Neben 284 Parteien traten 240 Gruppierungen an (44% Unabhängige, 32% „S"-Koalitionen, 8% ländliche Parteien und 16% kleinere Parteien und lokale Gruppierungen), die eine bunte Vielfalt an Koalitionen bildeten (vgl. Regulski/Kocan 1994: 51).

Die Bürgerkomitees betrieben einen aufwändigen und modernen Wahlkampf, während viele ihrer Gegner die Wahl schon verloren glaubten. Wie die Parlamentswahlen des Vorjahres waren auch die Kommunalwahlen von 1990 noch durch eine binäre Entscheidungssituation gekennzeichnet. Trotz der sich anbahnenden Spaltung zwischen Wałęsa und Mazowiecki – schon die Präsidentschaftswahlen im Winter 1990 fanden in einem komplexeren, „*multi-*

---

[205] Bis 4.000 Wähler: 12-16 Sitze; 4.001-7.000: 16-20; 7.001-15.000: 18-24; 15.001-20.000: 20-26; 25.001-40.000: 22-28; mehr als 40.000: 26-32: Kommunen mit mehr als 100.000 Einwohnern hatten mindestens 34 Repräsentanten und je weitere fünf für 100.000 Einwohner bis zu einer Obergrenze von 100 Sitzen (vgl. Gorzelak/Mularczyk 1990: 258).

choice political setting" (ebd.: 113) statt – gewannen die Bürgerkomitees 38,5% der Stimmen in den Mehrheitswahl-Wahlkreisen und 74% in den Verhältniswahl-Wahlkreisen (vgl. Grabowski 1996: 235).

Tabelle 10: Kommunalwahl 1990, prozentuale Stimmenverteilung

Beteiligung	Liste	%	Liste	%
42,3%	Bürgerkomitees	41,4	Solidarność	1,7
	Unabhängige	37,9	Demokratische Partei	1,7
	PSL	6,5	Nationale Minderheiten	0,6
	Wiejska Solidarność	4,3	Andere	5,7

Quelle: Vinton: Political Parties and Coalitions in the Local Government Elections, Radio Free Europe Report on Eastern Europe, 1/26, 29 June 1990; Sabbat-Swidlicka, The Polish Local Election Results, ibid; zit. nach: Batt 1991: 121.

Beinahe die Hälfte der Sitze ging an die Bürgerkomitees, die somit die meisten Gemeinderäte kontrollieren konnten, während die übrigen Mandate überwiegend auf Unabhängige entfielen und nur zum kleinen Teil auf die Parteien (vgl. Wiatr 2003: 376). Die nationalen Parteien waren auf der lokalen Szene praktisch nicht existent. Am stärksten war die PSL, die als einzige der Parteien mehr als ein Prozent der Sitze gewinnen konnte, in Anbetracht ihrer starken Organisation jedoch deutlich unter ihren Möglichkeiten blieb. In manchen kleineren Gemeinden konnten sich alte Nomenklatur-Eliten mit ihrer Expertise und Erfahrung behaupten. Noch erfolgreicher waren die alten, im lokalen Milieu verwurzelten „Einfluseliten", die weiterhin ihren Einfluss auf den politischen Prozess ausüben konnten. Sie traten vor allem als Unabhängige an, da sie eine abschreckende Wirkung ihrer Parteizugehörigkeit befürchteten (vgl. Jałowiecki 1990b: 335ff.; vgl. Taras 1995: 189). Während die Bürgerkomitees inhaltlich die Heterogenität der „S" widerspiegelten, beschränkte sich die Agenda der agrarischen Parteien auf die Belange der Bauern (vgl. Gorzelak 1990: 244f.). Mit konkreten Versprechen hielten sich die Kandidaten im Wahlkampf zurück, da sie die entscheidenden Rechtsakte zur lokalen Autonomie, die erst wenige Tage vor der Wahl verabschiedet worden waren, nicht kannten. Auch dies war ein Grund für die Allgemeinheit des politischen Angebots – „Demokratie", „Freiheit" –, das nur eine Minderheit der Wahlberechtigten (42%) zur Wahl motivierte. Gleichzeitig bestand unter den zentralen Akteuren praktisch Konsens über die Notwendigkeit von wirtschaftlicher Umstrukturierung und Privatisierung und von politischem Pluralismus. Die sozialen Kosten der Transformation wollte indes nur eine Minderheit akzeptieren (vgl. Jałowiecki 1990b: 328ff.).

Der Start in die lokale Demokratie wurde durch die wirtschaftliche und finanzielle Situation erschwert. Die neuen Gemeinderäte mussten ihre Arbeit ohne geregeltes Finanzierungssystem und mit praktisch leeren Kassen aufnehmen. Oft fehlten die Mittel für die dringendsten Aufgaben (s. o. Kap. 4.3.1). Dem standen enorme gesellschaftliche Erwartungen an eine Erhöhung des Lebensstandards und zunehmende Forderungen seitens der (immer noch zahlreichen) Bauern und verschiedener Gruppen von Arbeitnehmern gegenüber (vgl. Jałowiecki 1990b: 340). Offen war, ob die Bürgerkomitees auch gegen ihre kurzfristigen Interessen handeln und unpopuläre Entscheidungen einer Regierung mit tragen würden, nachdem sie bisher in der Gegnerschaft zum (alten) Regime stark gewesen waren. Gerade bei den Bürgerkomitee-Mitgliedern bestand die Neigung, der alten Verwaltung und deren Vertretern die Schuld an der Misere der öffentlichen Einrichtungen zuzuschreiben. Eine der Hauptursachen war jedoch die seit einem Jahrzehnt schlechte wirtschaftliche Lage. Die öffentlichen – vor allem die dezentralen – Haushalte sind infolge dieser Krise weiter geschrumpft, ein Prozess, der sich parallel zur demokratischen Transition fortsetzte (vgl. ebd.: 321).

Spätestens mit ihrem Erfolg bei den Kommunalwahlen von 1990 konnten die Bürgerkomitees als stärkste politische Kraft Polens gelten, eine Bewegung mit Zweigen in nahezu allen Städten und etwa 100.000 aktiven Mitgliedern. Die Bürgerkomitees waren im Begriff, sich endgültig von ihrer Mutterorganisation, der „S", zu emanzipieren, und nicht wenige erwarteten die Entstehung einer neuen hegemonialen Partei. Doch schon im folgenden Jahr war ihr Ende besiegelt, an die Stelle des erwarteten Hegemons traten unzählige kleine Parteien mit knappen Ressourcen, praktisch ohne Mitgliederbasis und ohne lokale Strukturen (vgl. Ekiert 1992; Grabowski 1996: 215). In diesem Zustand sollte die politische Arena auch während der folgenden Jahre bleiben (s. o. Kap. 4.2.3).

Dass bei den Kommunalwahlen Parteien eine so geringe und dafür Unabhängige und lokale Organisationen eine so große Rolle spielten, hatte zunächst einen positiven Effekt auf die Sachorientierung der mithin weniger von parteipolitischen Auseinandersetzungen dominierten Politik. Die fehlende Strukturierung hatte jedoch häufig wechselnde Mehrheiten, eine Lähmung des politischen Prozesses und – durch „Abwahlkoalitionen" – eine hohe Fluktuation bei den Führungspositionen zur Folge (vgl. Kowalczyk 2000: 228). Weil sie organisatorisch und ideologisch an die Oppositionsbewegung während des Sozialismus anknüpften, waren die Bürgerkomitees keine geeigneten Grundsteine für Großorganisationen der Interessenvertretung. Zum einen hatten sie eine tief verwurzelte Abneigung gegen Hierarchien, zum anderen wurden sie geschaffen, um die Gesellschaft zu einen, nicht um sie zu „spalten" (so zumindest eine verbreitete Sicht auf die Wirkung der Parteien). Ausschlaggebend war jedoch das – freilich kontingente – Zusammenspiel mit dem Elitehandeln in einer entscheidenden Phase der Transition, das Polen auf den „*party-less path*" gebracht hat, auf dem es noch lange bleiben sollte (vgl. Grabowski 1996: 254). Profitiert haben von

4 Demokratisierung und Staatsorganisationsreform in Polen

dieser Unfähigkeit der Bewegung, Parteien zu institutionalisieren, die alten Regimeparteien, denen es gelungen war, ihre Organisation auf allen staatlichen Ebenen zu konsolidieren (vgl. ebd.: 251).

Insgesamt sind die Hinterlassenschaften der Bürgerkomitees also ambivalent. Unstrittig ist, dass die Graswurzelbewegung maßgeblich zur Wiederbelebung der lokalen Selbstverwaltung beigetragen hat, indem die Aktivisten mit ihrer Organisationserfahrung die neu geschaffenen Institutionen in Gang brachten. Die Macht der alten Nomenklatur-Netzwerke konnte zwar auch durch den demokratischen Wettbewerb nicht völlig gebrochen werden. Die lokale politische Szene hat sich jedoch pluralisiert. In der niedrigen Wahlbeteiligung – 1994 lag sie bei 34% – scheint eine gewisse anhaltende Entfremdung zum Ausdruck zu kommen, wobei die Wahlbeteiligung in Polen auf allen Ebenen chronisch gering ist (vgl. ebd.; Grotz 2000: 135). Die Kommunalwahl von 1994 brachte in vielen Gemeinden Vertreter der Linksparteien SLD und PSL als Sieger hervor, die auch die Sejm-Wahlen des Vorjahres gewonnen hatten. Etwa 20% der Stimmen gingen an Unabhängige. Damit bedeutete diese Wahl eine weitere Etappe der (vorläufigen) Parteiensystem-Konsolidierung.[206] Während Wałęsa die Wahlen zu verzögern versuchte, damit sie unter einem neuen Wahlgesetz abgehalten würden, sorgte Ministerpräsident Pawlak durch eine frühere Ansetzung dafür, dass das Wahlgesetz von 1990 Anwendung fand (vgl. Taras 1995: 199).

Die Einstellungen gegenüber der lokalen Demokratie haben sich wenige Jahre nach Beginn der Transition gewandelt. Die große Zustimmung zu lokaler Autonomie und Dezentralisierung, wie sie 1990/1991 für die Region typisch war, ist bald einer zurückhaltenderen Einschätzung, teilweise sogar expliziten Bedenken seitens der konservativeren politischen Führungen gewichen. Pragmatische Überlegungen spielten hier ebenso eine Rolle wie ideologische Argumente. Erstere galten insbesondere der befürchteten gesellschaftlichen Zersplitterung und dem Kontrollverlust des Staates in einer sich in der Transformation befindenden Gesellschaft. Ideologisch ging es um den Sinn von zwischen Bürgern und Staat stehenden Institutionen. *„Local democracy is no more considered an indisputable value and its strengthening may become a matter of political struggle."* (Baldersheim/Illner 1996b: 239)

---

[206] Da die Ergebnisse offiziell nicht nach Parteien veröffentlich wurden, gibt es nur Schätzungen zu deren Abschneiden. Es gilt aber als gesichert, dass die SLD in Warschau und in 30 von 49 Provinz-Hauptstädten die (relative) Mehrheit erringen konnte. In ländlichen Gemeinden gewann die PSL bis zu 40% der Stimmen und mancherorts noch größere Sitzanteile. Von der UW geführte Koalitionen waren in den übrigen größeren Städten erfolgreich. Die Parteien der katholischen Rechten schnitten besonders in den östlichen Provinzen gut ab (vgl. Taras 1995: 199).

Exkurs zum Ende der Bürgerkomitees

Tomek Grabowski (1996) hat das Phänomen des großen anfänglichen Erfolgs und raschen Zerfalls der Bürgerkomitees untersucht. Die in der Transitionsliteratur bis dato wenig beachteten Organisationen versinnbildlichen die Graswurzelmobilisierung in der unmittelbaren postsozialistischen Ära, die in der Tradition der noch größeren Mobilisierung der Jahre 1980-1981 stand. Nach ihrem anfänglichen Erfolg widersetzten sich die Bürgerkomitees weiterer Institutionalisierung und besiegelten damit unter den Bedingungen der Demokratie ihr baldiges Ende.

Als Gründe für die gescheiterte Institutionalisierung dieser Organisationen werden vornehmlich sozialistische Hinterlassenschaften identifiziert: die von der Gewerkschaft *Solidarność* übernommene Ideologie der nationalen Einheit mit überparteilichem Vertretungsanspruch und die Organisationsstruktur mit einer inhärenten Tendenz zur Dezentralisierung, also einer starken territorialen Fragmentierung ohne funktionierende hierarchische Organisation oberhalb der lokalen Ebene, die die politische Führung des Zentrums mit den lokalen Führungen, Kadern, Aktiven und Mitgliedern hätten verbinden können. In ideologischer Hinsicht traten die Bürgerkomitees wie eine Partei auf, da sie politisch exklusiv waren, eine bestimmte Ideologie vertraten, auf Wahlen orientiert waren und gut entwickelte Basisstrukturen aufwiesen. Gleichzeitig beanspruchten sie jedoch Überparteilichkeit, zielten auf keine bestimmte Wählerschaft und besaßen kein konkretes Programm (vgl. Grabowski 1996: 216f., 236).

Das Ende der Komitees wurde mit der Politisierung und Faktionalisierung auf der Eliteebene eingeleitet, mit der Aufgabe des Konsenses innerhalb der „S"-Führung und dem zunehmend konfliktiven Stil sowie dem Bestreben der Faktionen, aus der Graswurzel-Organisation eine Partei zu machen. Interessant sind Grabowskis Schlüsse auf die langfristigen Folgen der Aktivitäten und des Niedergangs der Bürgerkomitees. Was kurzfristig zu beobachten war, dass die Graswurzelbewegung der Jahre 1989 bis 1991 „*contributed to the genuine revival of local self-government*", indem das Auftauchen der neuen Aktivisten zu einer politischen Pluralisierung führte (vgl. ebd.), sollte sich zu einem Problem für die Parteiensystementwicklung auswachsen. Denn gleichzeitig tat sich ein regelrechter Graben zwischen lokaler und nationaler Politik auf: Erstere wurde für den Einfluss nationaler Parteien förmlich undurchdringlich (vgl. ebd.: 217).

Im Mai 1990 war die „S"-interne Auseinandersetzung noch nicht beendet und lediglich klar, dass die politisch gewichtige Bewegung der Bürgerkomitees nicht dem politischen Gegner in die Hände fallen dürfte. Keine vier Wochen nach den Kommunalwahlen sollte endlich eine Entscheidung herbeigeführt werden; Mazowiecki appellierte an nach Warschau geladene Vertreter der

4 Demokratisierung und Staatsorganisationsreform in Polen 245

Bürgerkomitees, dass die Regierung ihre Unterstützung brauche, um die Reformpolitik fortzuführen. Die geplante Schaffung von Strukturen, die die fragmentierten Einheiten in einer Föderation zusammengeführt hätten, scheiterte daran, dass die Bürgerkomitee-Vertreter Konsultationen mit der Basis für nötig hielten – zumal die Aussicht auf weitere Konflikte an der Spitze sie verunsicherte und sie Wałęsa als legitimen Anführer der Bewegung ansahen. Der sich anschließende Willensbildungsprozess, in dem Positionen und Delegierte zu bestimmen waren, stellte den Wendepunkt in der Entwicklung der Bürgerkomitees dar. Die Auswertung der Diskussionsergebnisse aus 29 der 49 Provinzen offenbarte die Ablehnung der Entwicklung der Bürgerkomitees zu einer Partei, was dem oben beschriebenen Selbstverständnis entspricht. Die Bildung einer nationalen Föderation fand große Zustimmung, doch zeigten sich die Provinzen gespalten, was die Unterstützung der Regierung einerseits und des Wałęsa-Lagers andererseits betraf (vgl. ebd.: 244f.; Batt 1991: 58f.).

Durch ein geschicktes Manöver gelang es Wałęsa, den Versuch, die Bewegung organisatorisch zu konsolidieren und Strukturen oberhalb der lokalen Ebene zu schaffen, zu torpedieren. Er warnte die eigens (einen Tag vor dem geplanten Treffen zur Entscheidung über die Föderation) nach Warschau geladenen Bürgerkomitee-Vertreter vor einem neuen politischen, diesmal durch die „S" kontrollierten Monopol. Eine lose Form der Koordination ohne permanente Gremien wurde zur Abstimmung gestellt und mit großer Mehrheit verabschiedet (vgl. ebd.: 245f.).

Dass die Bürgerkomitees auf diesen Konflikt mit einer Nicht-Entscheidung reagieren würden – zurückfallen würden auf die „old formula of autonomous, ideologically unitarian, yet organizationally fragmented movement, whose main frame of reference and activity was, by implication, local" (ebd.: 246) –, entsprach freilich nicht dem Kalkül der gegnerischen Lager. In ihrem tiefen Misstrauen gegenüber politischer Manipulation durch das Zentrum und Parteipolitik legten sich die Bürgerkomitees endgültig auf die Abgrenzung von den Parteien fest; konsequenterweise entschlossen sie sich gegen die Partnerschaft mit Parteien wie der Zentrumsallianz und für die Aufstellung eigener Kandidaten. Dieses Rezept – organisatorische Fragmentierung, ideologischer Allvertretungsanspruch ohne klare Programmatik – war allerdings kaum geeignet, in einem Parteienwettbewerb zu bestehen. Zudem lag ein großer Widerspruch darin, Parteien mit dem Hinweis auf die Einheit der Gewerkschaftsbewegung abzulehnen, nachdem jene Einheit längst durch die Konflikte historisch überholt war. Mit der Verkennung des gewandelten Kontextes und der Weigerung, sich zu institutionalisieren, besiegelten die Bürgerkomitees ihr Ende (vgl. ebd.: 246f.). Bis zur Parlamentswahl 1991 waren sie auf lokaler Ebene praktisch verschwunden, ausgerechnet nur der „Überbau" der einstigen Basisbewegung, die nationale Konferenz, fand sich bis zur Wahl zusammen. Es war freilich nicht mehr als ein kläglicher Überrest, der schließlich eine Wahlallianz mit der Zentrumsallianz und einer Handvoll eigener Kandidaten bildete und mit 8,7% der Stimmen noch hinter den alten Regimeparteien landete.

Es gab Gemeinden, in denen die Bürgerkomitees die Kommunalwahlen noch überragend gewonnen hatten, deren Mitglieder daraufhin aber nicht mehr zusammenkamen. Für die Vertretungskörperschaften hatte das in vielen Fällen die Konsequenz, dass die politischen Gräben zwar weiterhin zwischen Vertretern des alten Regimes und der alten Opposition verliefen. Beide Seiten bestanden formal jedoch aus Unabhängigen. Die einzige institutionell in der Gemeinde verankerte Partei war die PSL (vgl. ebd.: 248). In anderen Gemeinden führte die fehlende Fraktionsdisziplin der Komiteemitglieder dazu, dass die Kommunisten die Exekutivposten besetzen konnten und sich um die anliegenden Fragen stets neue Mehrheiten bildeten. Im Falle solcher „Politisierung" kam es auch zu Brüchen zwischen den Anhängern des Mazowiecki-Lagers einerseits und des Wałęsa-Lagers andererseits, wodurch die Gruppen sich weiter marginalisierten (vgl. ebd.).

Besonders bemerkenswert ist die Vollständigkeit der Auflösung der Bürgerkomitees. Die meisten ihrer ehemals 100.000 Mitglieder zogen sich entweder ganz aus der Politik zurück oder arbeiteten als Unabhängige in Parlamenten oder der Verwaltung weiter. Höchstens jeder fünfte schloss sich den aus der „S"-Bewegung hervorgegangenen Parteien an. Die aus den Bürgerkomitees rekrutierte neue lokale Elite lehnte Parteien als politische Karrierevehikel überwiegend ab (vgl. ebd.: 249).

4.3.3 Die Territorialgliederung in der frühen Phase der Transition

Im Kontext der polnischen Transition wurde ein neues System der Territorialverwaltung von der bisherigen Opposition als politisches Ziel betrachtet, das nicht aufgeschoben werden sollte, da von einer Verzögerung ein negativer Einfluss auf die wirtschaftliche und politische Entwicklung erwartet wurde (vgl. Illner 1998: 17). Wie in den westlichen Demokratien umfassten auch in den Transitionskontexten die Ziele der Dezentralisierungsreformen eine systemische Dimension – welche vornehmlich die Partizipation betraf – sowie die Dimension der Effektivität staatlicher Leistungserbringung. Deregulierung und die Verlagerung von Aufgaben auf dezentrale Stellen waren wesentliche Komponenten des Liberalisierungsprogramms. Die Transformation der politischen, gesellschaftlichen und Wirtschaftsordnung wurde als eine Aufgabe betrachtet, die von der zentralen Elite allein nicht bewältigt werden konnte (vgl. Dieringer 2001: 41f.). Zudem ging es darum, Korrekturen an einer als „ungerecht" oder ungeeignet wahrgenommenen administrativen Gliederung vorzunehmen.

In allen Staaten Ostmitteleuropas begann die erste Phase der Dezentralisierungsreformen 1990 mit der Schaffung der verfassungsmäßigen und gesetzlichen Grundlagen der Territorialgliederung und der kommunalen Selbstverwaltung (vgl. Illner 2002: 1). In Polen beruhte allerdings neben dem Regimewechsel auch die Entwicklung der subnationalen Institutionen auf dilatorischen Kompromissen. So setzte sich die „S" zwar mit ihrer Forderung nach kommunaler Selbstverwaltung durch. Der Zentralstaat kontrollierte jedoch weiterhin die Verwaltung auf Provinzebene. Nach dem Gründungsjahr 1990 machte die institutionelle Transformation kaum Fortschritte, was als Hypothek für die politische und wirtschaftliche Entwicklung gewertet wurde (vgl. Wollmann 1995: 590). Somit lässt sich eine erste Phase der Staatsorganisationsreformen von einer erst sieben Jahre später beginnenden zweiten Phase unterscheiden, in der die Reformbemühungen der intermediären Ebene galten.

Das staatsorganisatorische Element von 49 kleinen Provinzen wurde bereits 1990 als dysfunktional und reformbedürftig wahrgenommen. Bereits früh kristallisierte sich die Unterstützung für Selbstverwaltung auf allen Ebenen des Staates anstelle des bisherigen rein exekutiven Charakters heraus. Neben der Frage der Autonomie ging es auch um das Verhältnis von Ressourcenausstattung und Aufgaben. Es wurde immer deutlicher, dass die eigenen Einnahmen der Gebietskörperschaften für die hinzugewonnenen Aufgaben zu gering waren. Die anhaltende Abhängigkeit von zentralen Zuweisungen stärkte die Position des Finanzministeriums wie auch von Ressorts wie Arbeit und Soziales, die durch direkte Maßnahmen in den Regionen zu wichtigen Akteuren der regionalen Entwicklung wurden (vgl. Ferry 2003: 1101).

Besonders diskutiert wurde die Zahl der Provinzen, für die zwischen sechs und mehr als 40 vorgeschlagen wurden. Im Februar 1991 gab Premierminister Bielecki bekannt, dass eine Kommission eine Territorialreform erarbeite, mit der die Zahl der Provinzen auf zehn bis zwölf reduziert werden sollte. Neben offiziellen Kommissionen erarbeiteten Anfang der 1990er Jahre auch Verwaltungsexperten Reformvorschläge. Die meisten Entwürfe sahen ein System mit drei subnationalen Ebenen vor. In die Diskussion wurden neben der wirtschaftlichen Lebensfähigkeit, der Industrie- und Infrastruktur, der Kultur und der vorhandenen Bildungseinrichtungen früh auch Überlegungen hinsichtlich eines EU-Beitritts eingebracht. Zum einen wurde erwogen, dass große Gebietskörperschaften Partner der westeuropäischen Regionen, etwa der deutschen Bundesländer, werden könnten. Zum anderen wurde – nur teilweise korrekt – eine Regionalreform[207] als Voraussetzung für den Zugang zu EU-Mitteln dargestellt (vgl. Baldersheim/Swianiewicz 2003: 126; O'Dwyer 2006: 245; s. u. Kap. 4.3.4). Die Überlegungen des von der post-„S"-Regierung Bielecki eingesetzten Ausschusses für die Reform der öffentlichen Verwaltung machte sich auch Bieleckis Nachfolger Jan Olszewski (Ministerpräsident von 1991 bis 1992) zu Eigen. Hierzu gehörte die Annahme, dass es für eine erfolgreiche Staatsorganisationsreform einer zentralen, kontrollierenden und koordinierenden Instanz bedürfe (vgl. Kulesza 1993: 34).

Im Kontext der Diskussion um die Reform der Provinzen wurde auch die Wiedereinführung der Kreise zu einem wichtigen Thema. Die Überzeugung, dass die Vergrößerung der Provinzen mit der Wiedereinführung einer Ebene zwischen Gemeinden und Provinzen einhergehen müsse, war weit verbreitet. Keine Einigkeit bestand jedoch hinsichtlich des geeigneten Zeitpunkts. So wurde zu bedenken gegeben, dass der durch die Provinz-Reform bedingte Umbruch bei gleichzeitiger Einführung der Kreise die Verwaltung ins Chaos stürzen würde. Auch die finanzielle Dimension eines solchen Reformvorhabens wurde vorgebracht. Nicht minder wichtig war schließlich die Überlegung, dass eine vom Zentrum geschaffene weitere Ebene leicht zu einer zentralstaatlichen Verwaltungsebene mit residualen Selbstverwaltungsaufgaben geraten könnte. Eine genuine Selbstverwaltungsebene müsse gleichsam „von unten", d. h. von den Gemeinden errichtet werden, etwa indem von den Gemeinden geschaffene Vereinigungen zu einer eigenständigen staatlichen Ebene weiterentwickelt würden (vgl. Hesse 1993b: 232). Es wurde allerdings auch erwartet, dass die mit der Schaffung der Kreise einhergehende Übertragung weiterer Aufgaben vom Zentralstaat einen (in Zeiten budgetärer Defizite willkommenen) Transfer von Aufgaben (und damit auch Pflichten) bedeuten würde (vgl. Gorzelak 1996: 142).

Eine politische Einigung über die intermediäre Ebene, geschweige denn eine klare Definition ihrer Rolle, blieb aus. Pläne, von der einheitsstaatlichen Tradition Polens abzuweichen (vgl. Hesse 1993b: 230) und politisch gewichtige Regionen zu schaffen, waren zu diesem Zeitpunkt nicht durchsetzbar. Bedingt war dies insbesondere durch die Rolle der Provinzen während des Sozialismus. Diese Ebene galt zudem machtpolitisch als relevanter, weshalb hier Einigkeit sehr viel schwieriger herzustellen war als bezüglich der Gemeinden. Auch entsprach es, wie bereits erwähnt, dem Leitgedanken der Staatsorganisationsreformen, eine dezentrale Selbstverwaltung *„bottom up"* aufzubauen. Geschlossen wurde häufig auch auf eine Verzichtbarkeit von Institutionen, die, neben den politischen Parteien, zwischen Bürgern und Staat stehen. Mit diesen Konzepten war eine regionale Selbstverwaltungsebene schwer vereinbar. Mit dem Zerfall der Tschechoslowakei Anfang 1993 waren alle Staaten Ostmitteleuropas unitarisch organisiert. Selbst-

---

[207] Im Folgenden wird gleichbedeutend von Regionen und Provinzen gesprochen, da die infolge der Reform von 1998 geschaffenen 16 Provinzen territorial eher den spanischen Regionen entsprechen.

verwaltung blieb vorerst auf die kommunale Ebene beschränkt (vgl. Wollmann/Lankina 2003: 117).

Zu berücksichtigen ist darüber hinaus auch die Position der Zentralregierung und der zentralen Bürokratie, die den Verlust von Kompetenzen und Gestaltungsmöglichkeiten zu befürchten hatten und deshalb eine regionale Dezentralisierung kritisch sahen. Angesprochen ist damit nicht allein die Tendenz zur Machtkonzentration. In den „fluiden", durch Volatilität geprägten und ergebnisoffenen Transformationsprozessen war es für die reformierenden Regierungen von Bedeutung, die Kontrolle über die politische und wirtschaftliche Entwicklung und schließlich – in den transformationsbedingten Krisenzeiten – auch über die verknappten Ressourcen zu behalten. Nicht zuletzt ging es darum, institutionelle Steuerungsmöglichkeiten im Hinblick auf interregionale Ungleichheiten zu sichern und die Marginalisierung einzelner Regionen und die gesellschaftliche und politische Desintegration zu verhindern. Mit politisch starken Regionen wurde im Kontext der politischen, wirtschaftlichen und gesellschaftlichen Transformation die Gefahr zentrifugaler Dynamiken verbunden (vgl. Illner 1998: 26; Illner/Wollmann 2003: 328). Die „Schwäche" des Staates war in diesem Diskussionszusammenhang ein häufig gebrauchtes Argument. Der Zentralstaat sei nicht stark genug, sich gegenüber von Regionen formulierten und mit gesamtstaatlichen Zielen konfligierenden Strategien durchzusetzen (vgl. Mc Dermott 2004: 208). Weitere Argumente gegen die frühe Einführung einer intermediären Ebene betrafen die drohende Konfusion, solange die lokalen Strukturen nicht konsolidiert waren,[208] und die Priorität der finanz- und preispolitischen Ziele des Transformationsprogramms (vgl. IBRD 1992: 14). Die regionale Dezentralisierung war schließlich auch konzeptionell, technisch und legislativ eine schwierigere Aufgabe als die Errichtung der kommunalen Selbstverwaltung, die in höherem Maße auf den bestehenden Strukturen aufbauen konnte (vgl. Illner 1998: 25; Illner 2002: 23).

Mit der Leitung der staatlichen Verwaltung in der Provinz wurden die von der Zentralregierung ernannten Wojewoden betraut. Die von den kommunalen Vertretungskörperschaften einer Provinz bestellten Wojewodschaftsversammlungen[209] hatten keine Entscheidungs- oder Ausführungsbefugnisse, sondern lediglich die Aufgabe, Stellungnahmen abzugeben, genauer: das Handeln der Zentraladministration in den Wojewodschaften zu evaluieren, die Meinung zu den wichtigen die Wojewodschaft betreffenden Fragen abzugeben und Anträge auf

---

[208] Die mangelnde Konsolidierung der kommunalen Strukturen war ein Problem, das innerhalb der Region Tschechien und Ungarn stärker betraf als Polen (s. o. Kap. 4.3.1).
[209] Die Wojewodschaftsversammlung (*sejmik wojewódzki*) wurde formal als Vertretung der Gemeinden gegenüber der staatlichen Verwaltung konstituiert, indem die kommunalen Vertretungskörperschaften einer Provinz aus ihren Reihen Vertreter wählten.

Aufhebung von Entscheidungen des Provinzgouverneurs zu formulieren, wenn diese den lokalen Interessen zuwider liefen. Die Versammlungen wurden zu Foren des Austauschs über die Erfahrungen mit der Selbstverwaltung. Sie überwachten die Leistung der Kommunen, verbreiteten Informationen über die kommunalen Tätigkeiten, vermittelten bei Auseinandersetzungen zwischen Bürgern und Gemeinden, beaufsichtigten die staatliche Verwaltung in der Wojewodschaft und erfüllten Aufgaben entsprechend der kommunalen oder staatlichen Delegation (vgl. Marcou/Verebelyi 1993b: 66; Kolwalczyk 2000: 220; Mync 2001: 241). Auch ohne formales Veto konnten die in dieser Form organisierten Gemeinden Ressourcen blockieren und sich gegenüber der Regierung für gemeinsame Interessen einsetzen. Zudem etablierte sich die Praxis, dass die Regierung die Wojewodschaftsversammlung konsultierte, wenn es um die Ernennung von Gouverneuren ging (vgl. Mc Dermott 2004: 208).

1992/93 nahm die Mitte-Rechts-Regierung Suchocka die Reform der intermediären Ebene in Angriff. Einzelne Parteien der Koalition sprachen sich klar für die Schaffung von Regionen und eine grundsätzliche Verwaltungsdezentralisierung aus (vgl. Taras 1995: 183). Die Einsetzung eines Bevollmächtigten für die Verwaltungsreform (ernannt wurde Michał Kulesza, einer der Autoren des Gesetzes von 1990) erfolgte aufgrund der oben zitierten Erkenntnis, dass eine umfassende Verwaltungsreform organisatorisch einer Zentrale bedürfe, die die Umsetzung der Reformen überwacht. Sie war aber auch ein symbolischer Akt, der die Bedeutung organisatorischer und administrativer Reformen unterstrich. Allerdings ging trotz dieser neuen Institution die Reformpolitik auch weiterhin von höheren Ebenen des Ministerrates aus (vgl. Nunberg/Barbone 1999: 15; Wollmann/Lankina 2003: 102, FN 19).

Zentrale Reformthemen im Bereich der territorialen Organisation blieben die Reduzierung der Zahl der Provinzen und die Wiedereinführung der Kreise. Besonders die Kommunen zeigten sich sehr kritisch gegenüber der Institutionalisierung einer regionalen und subregionalen Ebene, da sie dahinter die Absicht der Zentralregierung befürchteten, die Kontrolle über die aus der kommunistischen Ära übernommenen zentralisierten Staatsstrukturen zu bewahren (vgl. Wollmann/Lankina 2003: 102). Auch befürchteten sie – was sich später nicht bewahrheiten sollte (s. u. Kap. 4.3.4) – den Verlust eigener Kompetenzen und Finanzmittel. Aufgrund der politischen Brisanz der Regionalreform und der weit auseinander liegenden Positionen widmeten sich die Reformbefürworter zunächst den Kreisen, die als Selbstverwaltungseinheiten wieder eingeführt werden und den nächsten großen Dezentralisierungsschritt darstellen sollten (vgl. Baldersheim/Swianiewicz 2003: 126). 1993 wurden ein Entwurf für die Schaffung von 338 Kreisen (darunter 45 städtischen) und alternative Pläne für zwölf, 17 und 25 Wojewodschaften ausgearbeitet, die jedoch aus politischen Gründen

4 Demokratisierung und Staatsorganisationsreform in Polen

vor den Wahlen nicht publik gemacht wurden. Infolge des Widerstands einiger Gemeinden gegen die Einführung der Kreise wurde ein neues Modell erarbeitet, das 368 Kreise (darunter 48 städtische) vorsah (vgl. Kowalczyk 2000: 221). Das deutsche Modell, in dem die Kreise eine dezentrale Ebene oberhalb der Gemeinden darstellen, spielte im Reformprozess eine wichtige Rolle. Im Juli 1993 beschloss der Sejm ein Pilotprogramm für die 46 größten Städte des Landes. Diese sollten 1994 die Funktionen der Kreise übernehmen, bevor im folgenden Jahr die Reform auf das ganze Land ausgedehnt werden sollte (vgl. Baldersheim/Swianiewicz 2003: 126). Zudem wurde in dieser Phase ein neues Gesetz über den öffentlichen Dienst verabschiedet und die Struktur Warschaus reformiert.[210]

Durch die Regierungsübernahme der postkommunistischen Parteien SLD und PSL im Herbst 1993 kam der Reformprozess zum Stillstand. Bis 1997 wurde keine wesentliche Entscheidung zur Staatsorganisationsreform mehr getroffen. Zwar wurden 1994/95 einige Aufgaben der Gouverneure an die größeren Städte übertragen. Diese Maßnahme war jedoch nicht mit den Plänen der Suchocka-Regierung vergleichbar. Außerdem kam es innerhalb der Koalition zu Unstimmigkeiten. Die SLD favorisierte die Errichtung von zwölf bis 14 Großregionen und die Wiedererrichtung der Kreise. Diesen Plänen widersetzte sich die PSL, die die Kreise ablehnte und für 49 Regionen plädierte, die über eine gewählte Vertretungskörperschaft verfügen und an deren Spitze ein staatlich ernannter Gouverneur stehen sollte. Es wurde argumentiert, dass Kreise die kommunalen Ressourcen und Kompetenzen einschränken würden (vgl. Kowalczyk 2000: 221; Wollmann 1995: 577). Tatsächlich aber fürchtete die PSL mit ihrer überwiegend in ländlichen Gebieten beheimateten Wählerschaft infolge einer entsprechenden Staatsorganisationsreform die Verabschiedung eines Wahlgesetzes, welches die in größeren Gemeinden und Städten verwurzelten Parteien begünstigt (vgl. Illner 2002: 22). Zudem besetzte sie zu jener Zeit einige Gouverneursposten mit Getreuen, die die „auf Pfründe bedachte PSL-Führung" (Ziemer 1999: 338) auch angesichts einer ungewissen politischen Zukunft auf nationaler Ebene nicht aufzugeben bereit war (vgl. Wollmann/Lankina 2003: 103f.). Die SLD war nicht bereit, eine Territorialreform gegen den Widerstand

---

[210] 1994 wurde die bisherige Organisation der Stadt (sieben Bezirke) durch eine neue auf der Basis von elf Gemeinden ersetzt, von denen eine, Warschau Zentrum, wiederum in sieben Bezirke untergliedert wurde. Zuständigkeiten und Verantwortung wurden dadurch sehr unübersichtlich, denn direkt gewählt wurden: die Räte der einzelnen Gemeinden, der Rat des Kommunalverbandes, die Räte des Kreises Warschau und des von den Gemeinden westlich der Stadt gebildeten Kreises sowie (innerhalb von Warschau Zentrum) die Bezirksräte. Infolge der Strukturreform von 1998 überlappten sich die Zuständigkeiten des kommunalen Rates und des Kreisrates fast vollständig (vgl. Kowalczyk 2000). 2002 wurde die Gemeinde wieder vereinheitlicht.

des Koalitionspartners durchzusetzen.[211] Zur Rechtfertigung des Reformstillstands verwies die Pawlak-Regierung allerdings auf die besonderen, administrative Ordnung erfordernden Bedingungen der Transition (vgl. Yoder 2003: 271).

Die Reformdiskussion wurde unterdessen fortgesetzt. Die Hauptstreitfragen betrafen: (1.) den Verfassungsstatus der Regionen, für den sämtliche Varianten zwischen voller Autonomie (Föderalisierung) und völliger Unterordnung in die Diskussion gebracht wurden (s. u.); (2.) die Kompetenzverteilung zwischen Kommunen und Kreisen; (3.) die gleichzeitige Reform der Kreise und Provinzen. Eine strategische Frage war in diesem Kontext, ob derart weitreichende Reformen vor der Lösung der gravierenden wirtschaftlichen, gesellschaftlichen und politischen Probleme überhaupt sinnvoll seien (vgl. Gorzelak 1996: 141). Von wissenschaftlicher Seite wurde überdies eine asymmetrische Dezentralisierung in die Diskussion eingebracht, bei der einige Kompetenzen zunächst nur an solche Provinzen gehen sollten, die darauf am besten vorbereitet waren (vgl. Gorzelak 1996: 142).

Wie die bisherigen Ausführungen zeigen, wurde trotz radikaler anfänglicher Reformabsichten der Bruch mit den Strukturen der Volksrepublik nur teilweise vollzogen. Obwohl die Transformation und die Überwindung eines delegitimierten Systems einen umfassenden Reformansatz nahe legten, verlief der Reformprozess während der ersten Jahre inkrementalistisch (vgl. Nunberg 1999b: 247f.). Bereits 1992 erfuhr die postsozialistische Institutionenentwicklung eine neue Ausrichtung. War es zu Beginn der Transition noch um den Umbau der öffentlichen Verwaltung, die Emanzipation der lokalen Ebene, die Überwindung des sozialistischen Erbes und große Reformentwürfe gegangen, wandte man sich nun stärker funktionalen und Umsetzungsgesichtspunkten sowie einer graduellen Entwicklung der Verwaltung zu. Deren Modernisierung wurde zum Leitmotiv. Hierbei spielte die Einsicht eine Rolle, dass eine erfolgreiche Staatsorganisationsreform detaillierter Konzeptionen bedarf. Folglich richteten sich die weiteren Reformanstrengungen verstärkt auf administrative Leistungsdefizite, auf die Implementation der Reformen sowie auf deren Konsolidierung (vgl. Hesse 1993b: 219ff.; Hughes et al. 2004: 130). Zur effizienten Umsetzung nationaler Politik wurde eine stärkere Kohäsion angestrebt. Insbesondere Frankreich wurde als Vorbild für ein angemessenes Maß an lokaler Autonomie diskutiert (vgl. Marcou/Verebelyi 1993b: 99).

Die Reform der Staatsorganisation war in Polen seit Beginn der Transition ein wichtiges und konfliktbehaftetes Thema. Für viele Akteure stellte sie ein zentrales Element des Systemwechsels und der Modernisierung des Landes dar.

---

[211] Es ist in der Rückschau nicht mehr nachvollziehbar, ob die Haltung der PSL eine willkommene Begründung des Reformstillstands darstellte, oder ob die PSL mögliche Reformbemühungen der SLD verhindert hat (vgl. Baldersheim/Swianiewicz 2003).

4 Demokratisierung und Staatsorganisationsreform in Polen

Institutionelle Modelle anderer europäischer Staaten spielten dabei eine Rolle, wie sie es auch bei früheren Reformen getan hatten. Der Übergang zu Demokratie und Kapitalismus, die Suche der politischen Eliten nach neuen Strukturen und die grundsätzliche Westorientierung ließen die polnischen Akteure insbesondere auf die institutionellen Modelle innerhalb der Europäischen Gemeinschaft schauen (vgl. Lipowicz 1995: 80; Grabbe 2001: 1014). Für einen engen Zusammenhang zwischen der postsozialistischen institutionellen Entwicklung und der Orientierung Polens auf die gemeinschaftlichen Strukturen spricht auch, dass zu einem sehr frühen Zeitpunkt formelle Beziehungen aufgenommen wurden. Gleichzeitig wurden Akteure, die den Kurs der Annäherung ablehnten, insbesondere Angehörige der alten Elite, frühzeitig marginalisiert (vgl. Öniş 2004: 499). Im September 1989 wurde ein Abkommen über Handel und wirtschaftliche Zusammenarbeit abgeschlossen. Bereits im Juli war der Grundstein für das PHARE-Programm (*Poland and Hungary Assistance for Restructuring of the Economy*) gelegt worden, als die G-7 die Europäische Kommission damit beauftragten, die wirtschaftliche Hilfe der 24 westlichen Industriestaaten für Polen und Ungarn – und später auch die weiteren Staaten Osteuropas – zu koordinieren[212] (vgl. ebd.: 488). Im Mai 1990 folgte das polnische Gesuch um ein Assoziierungsabkommen, 1991 begannen die Verhandlungen. Im Dezember 1991 unterzeichneten die Gemeinschaft und Polen das Abkommen, das im Februar 1994 in Kraft trat.[213] Damit war die rechtliche Grundlage für eine multilaterale Zusammenarbeit geschaffen, die einen wichtigen Impuls für den nationalen Reformprozess bedeutete.[214] Mit dem Assoziierungsvertrag verpflichtete sich Polen zu einer allmählichen rechtlichen Harmonisierung. Sowohl die konkrete institutionelle Ausgestaltung als auch das Tempo des Prozesses blieben allerdings Sache der polnischen Regierung. Unmittelbare Anpassungsmaßnahmen folgten aus dem Abkommen nicht; auch eine – wenn nicht vollständige, so doch weitgehende – Kontinuität der subnationalen Verwaltung, wie sie sich am Ende der Volksrepublik darstellte, war mit dem Assoziierungsvertrag und auch mit der Charta der Kommunalen Selbstverwal-

---

[212] PHARE war das zentrale Instrument zur Unterstützung des Transitions- und Beitrittsprozesses der Kandidatenländer. Es zielte auf die Verwaltungsorganisation, die wirtschaftlichen Strukturen und die Vorbereitung auf die Übernahme des *acquis communautaire*. Mehr als 2,5 Mrd. Euro wurden zwischen 1990 und 2000 im Rahmen von PHARE eingesetzt (vgl. Borzutzky/Kranidis 2005).
[213] Ein solches Abkommen wurde zuerst mit Polen, der Tschechoslowakei und Ungarn und dann auch mit den zehn anderen Kandidatenländern geschlossen. Inhalte waren eine Freihandelszone, ein institutionalisierter politischer Dialog und die Beitrittsperspektive. Gemeinsame Institutionen der EU und der Kandidaten (darunter der Assoziierungsrat) wurden geschaffen, um die Abkommen zu implementieren und zu begleiten (vgl. Lippert et al. 2001: 985ff.).
[214] Nach der positiven Stellungnahme der Kommission zu den Gesuchen (Juli 1997) wurden am 31. März 1998 die Beitrittsverhandlungen aufgenommen.

tung vereinbar. Anzupassen waren hingegen die Rechte und Aufgaben der lokalen Ebene (vgl. Lipowicz 1995: 80f.).

4.3.4 Der zweite Anlauf zur Staatsorganisationsreform

Dass es zunächst nicht zu einer regionalen Dezentralisierung kam, hatte mehrere Konsequenzen. So hatte einerseits die Selbstverwaltung „von unten", die wachsende Eigenständigkeit kleiner Einheiten, ein desintegratives Potential. Andererseits blieb die dekonzentrierte staatliche Verwaltung aufgrund ihrer sektoralen Fragmentierung und schwachen Koordinierungsfähigkeiten ineffizient und erwies sich deshalb als ungeeignet für die Erfüllung von regionalpolitischen Aufgaben. Zudem waren die Beziehungen zwischen den staatlichen Ebenen von einer unklaren Aufgabenverteilung geprägt. Dies hat die Tendenz zur Zentralisierung, die von der zentralen Bürokratie ausging, gestärkt. Nicht zuletzt vor dem Hintergrund einer gegenläufigen Entwicklung in Westeuropa kritisierten regionale politische Eliten die Verwaltungsstrukturen. Erste kritische Kommentare kamen auch vonseiten der Europäischen Kommission, die den Gesichtspunkt einer interregionalen Kooperation über ähnlich strukturierte regionale Einheiten hervorzuheben begann (vgl. Horváth 1996: 24; Illner 2002: 24).

Als 1995 und 1996 die neue Verfassung verhandelt wurde, wurde deutlich, dass auch die Gliederungsfrage einer Antwort bedurfte (vgl. Illner 1998: 24). Für das Zwei-Ebenen-Modell von Kommunen und Provinzen wurde nun ins Feld geführt, dass ein solches für eine ausgewogene sozioökonomische Entwicklung des Landes günstiger sei, da die Verwaltungsstruktur auf dem relativ gleichförmigen Netz mittlerer und großer Städte basiere, „*thus fulfilling the role of multifunctional centers providing higher-order service*" (Mync 2001: 246). 1996 beauftragte das Innenministerium eine Gruppe von Experten und Vertretern der Kommunen und der staatlichen Verwaltung, Vorschläge zur Kreis- und Provinzebene auszuarbeiten. Der Bericht, dessen Empfehlungen in einigen Teilen den Gesetzesentwürfen von 1992-93 sehr ähnlich waren, enthielt auch Kostenschätzungen für eine solche Reform sowie Bestimmungen zur Verteilung der Staatseinnahmen auf die verschiedenen Ebenen (vgl. Kowalczyk 2000: 221). Auch auf oppositioneller Seite wurde weiter an Konzepten zur Staatsorganisationsreform gearbeitet. Der Entwurf des Instituts für öffentliche Angelegenheiten, eines der ersten „S"-Regierung nahe stehenden Forschungsinstituts, wurde nur wenige Monate vor dem Amtsantritt der AWS-Regierung 1997 veröffentlicht und wird in der Literatur häufig als Grundlage der Gesetze von 1998 genannt (vgl. Ferry 2003: 1101).

4 Demokratisierung und Staatsorganisationsreform in Polen

Die Positionen der aufeinander folgenden Regierungen zur Reform der Staatsorganisation lagen weit auseinander. Uneinigkeit bestand vor allem hinsichtlich der intermediären Ebene. Die Regierungen des ehemaligen „S"-Lagers (1989-1993; 1997-2001) wollten auf dieser Ebene relativ starke Gebietskörperschaften schaffen, während die Postkommunisten (1993-1997), die einen erheblichen Teil der Stellen in der staatlichen Verwaltung besetzten, eine beschränkte Dekonzentration staatlicher Aufgaben vorzogen. Ähnlich schwierig – und nur in kleineren Schritten möglich – war die Reform der öffentlichen Verwaltung, die die ehemalige Opposition grundlegend erneuern wollte, während die Postkommunisten auf Bewahrung setzten (vgl. Nunberg/Barbone 1999: 8). In der anhaltenden Diskussion wurde deutlich, dass sich im postsozialistischen Polen zwei grundverschiedene Positionen gegenüberstanden: Die eine betonte die politische Dynamik und ökonomische Unsicherheit der jungen Demokratie, in der ein zentralistisch organisierter Staat die nationale Identität und Souveränität zu behaupten und die Kontrolle über die knappen Ressourcen auszuüben habe. Nach dieser Konzeption ist es Aufgabe des Zentrums, interregionale Ungleichgewichte zu kontrollieren. Diese Position war insbesondere im postsozialistischen Lager sowie bei nationalistischen Gruppen (zu denen auch Teile der „S"-Bewegung gehörten) beheimatet, die die nationale Einheit durch starke und autonom handelnde Regionen gefährdet sahen (vgl. Ferry 2003: 1107). Dem stand ein partizipationsorientierter Ansatz gegenüber, der die politische Dezentralisierung als integralen Bestandteil von Transition und wirtschaftlicher Liberalisierung begriff. Diese Position vertraten die meisten Parteien aus dem „S"-Lager (darunter auch AWS und UW, die Koalitionspartner ab 1997). Die Befürwortung subnationaler Autonomie ging nicht zufällig häufig mit neoliberalen (und auch EU-integrationsfreundlichen) Ansätzen einher. Besonders deutlich war dies im Fall der Programmatik der UD/UW (vgl. ebd.: 1106). Von autonom agierenden regionalen und lokalen Akteuren wurde hier eine bedürfnis- und ressourcengerechte Entwicklungsstrategie erwartet. Einzelne Gruppierungen forderten die Schaffung einer föderalen Struktur auf Basis autonomer Einheiten, die den historischen Regionen entsprechen sollten. Die Mehrheit der Parteien wies dies jedoch zurück. Dabei spielte auch die Befürchtung eine Rolle, dass eine regionale Autonomie regionalistische, zentrifugale Dynamiken auslösen könnte (vgl. Brusis 2002: 550). Die SLD bekannte sich in der Theorie zur Dezentralisierung. Praktisch bezog sie jedoch insbesondere aus taktischen Gründen die Gegenposition zur „S". Ein gewisser Zentralismus ist aber auch vor dem Hintergrund ihrer sozialdemokratischen, redistributiven Programmatik zu sehen, die einem starken Zentralstaat im Transformationskontext eine ausgleichende Funktion zwischen „Gewinnern" und „Verlierern" des Systemwechsels zuschrieb. Unterstützung fand die SLD in Vertretern der zentralen und regionalen Bürokratien, die ihre Positionen durch eine umfassende Staatsorganisationsreform gefährdet sahen (vgl. Ferry 2003: 1107) und die häufig den Nachfolgeorganisationen der sozialistischen Staatsparteien nahe standen.

Unter den zahlreichen Konzepten zur Dezentralisierung standen in dieser Phase als Alternative zur reinen Dekonzentration zwei grundlegende Modelle im Zentrum der Debatte. Das eine sah vor, mit den Kreisen eine zusätzliche Ebene einzuführen, die Zahl der Provinzen zu verringern und diese mit Selbstverwaltungsbefugnissen auszustatten. Das andere bestand in einer Ausweitung der bestehenden Strukturen territorialer Selbstverwaltung auf den Ebenen der Kommunen und 25 bis 30 Provinzen. Die Provinzen hätten in diesem Modell eine duale Natur als Regierungs- und autonome Einheiten gehabt, während die Kommunen weitere Kompetenzen erhalten hätten (verbunden mit der Möglichkeit, Verbände zu bilden, wenn ihnen die Mittel zur Bewältigung ihrer Aufgaben fehlten). Wie oben (Kap. 4.1.1) gezeigt, gehört eine duale Verwaltungsstruktur dieses Typs, das Nebeneinander von territorialer Selbstverwaltung und Zentralvertretung, zum polnischen „Traditionsrepertoire", dessen sich die Regierungen der jungen Demokratie durchaus bewusst waren (vgl. Mync 2001: 251; Ferry 2003: 1104).

Für beide Modelle wurden ähnliche Argumente ins Feld geführt: die Verwaltungseffizienz würde durch eine klarere Kompetenzverteilung verbessert; die Struktur des Einheitsstaats, ein Ausdruck der polnischen Staatsraison, würde gestärkt; die öffentlichen Aufgaben würden dezentralisiert; der regionalen Ebene würde in einigen Bereichen Autonomie gewährt, und sie würde mit Kompetenzen und Ressourcen für eine eigene Regionalpolitik ausgestattet; die Staats- und Verwaltungsorganisation würde an die Standards der Verträge und Vereinbarungen mit der EU angepasst; und schließlich würde die wirtschaftliche Effizienz in der Organisation der Verwaltung gesichert (vgl. Mync 2001: 244f.). Für das Drei-Ebenen-Modell sprach aus Sicht seiner Befürworter, dass es erlaube, die verstreuten Aufgaben der spezialisierten Verwaltung in die allgemeine Verwaltung einzugliedern und im Wege einer klaren Kompetenz- und Verantwortungsverteilung für eine effektive Verwaltung zu sorgen. Als problematisch wurde die große Zahl der Kreise gesehen, die zum Teil ihre Aufgaben nicht aus den eigenen Mitteln würden finanzieren können. Gerade durch den Verzicht auf das institutionelle Bindeglied zwischen Kommunen und Provinzen sahen Befürworter des Zwei-Ebenen-Modells das Funktionieren der Verwaltung gesichert. Eine weitere Ebene würde lediglich zu Kompetenz- und Ressourcen-Konflikten führen, insbesondere mit den Kommunen. Schließlich sei das Land nicht so groß, dass es eine weitere Ebene benötige. Die Gegner dieses Modells gaben wiederum zu bedenken, dass die Möglichkeit freiwilliger Kommunalverbände die Struktur wieder verkompliziere. Beide Modelle beruhten auf der Errichtung

4 Demokratisierung und Staatsorganisationsreform in Polen 257

neuer Selbstverwaltungsebenen; beide beruhten aber auch auf den Prinzipien des Einheitsstaates, obwohl die Verfechter des Zwei-Ebenen-Modells überzeugt waren, dass nur ihr Modell den Einheitsstaat garantiere. Die Schaffung großer Regionen mit bedeutenden Spielräumen stellte aus ihrer Sicht eine Gefahr für die Kohäsion der Staatsstruktur dar (vgl. ebd.: 245f.; Nunberg 1999b: 244ff.). Während des Verfassungsprozesses versuchte die oppositionelle Freiheitsunion eine Klausel durchzusetzen, nach der die Kreise die zweite staatliche Ebene darstellen sollten. Dies verhinderte jedoch die PSL aus den oben (s. o. Kap. 4.3.3) beschriebenen Gründen, während sie im Gegenzug die Konstitutionalisierung der Provinz als Ebene der staatlichen Verwaltung ins Spiel brachte. Schließlich wirkte die PSL darauf hin, dass allein die Gemeinde Verfassungsrang erhielt. Dem folgte die SLD nicht zuletzt deshalb, weil der Widerstand gegen die Verfassung so stark war, dass sie auf die Unterstützung der PSL nicht verzichten konnte. Der Verfassungsprozess hatte zu diesem Zeitpunkt bereits die entscheidende Phase vor den Wahlen des Herbstes 1997 erreicht (vgl. Kowalczyk 2000: 223).

Die Schaffung von Kreisen, die in ländlichen Gegenden die *rejony* als intermediäre Ebene ersetzt hätten, während städtische Gemeinden mit weiteren Kompetenzen ausgestattet worden wären, hätte eine erhebliche Dezentralisierung von Ausgaben- und Verwaltungskompetenzen bedeutet. Die (kleine) Reform von 1996 ging hingegen in die von den postkommunistischen Regierungen favorisierte Richtung und stärkte die dekonzentrierte Wojewodschaftsebene (vgl. Nunberg/Barbone 1999: 13). Den Wojewoden wurde die Aufsicht über staatliche, bisher von Warschau kontrollierte Behörden (darunter die Schulaufsicht) sowie die staatlichen Betriebe[215] übertragen. Manche Beobachter sahen in dieser Reform vor allem eine strategische Maßnahme zentralstaatlicher Einflusssicherung im Hinblick auf die Schaffung einer provinzialen Selbstverwaltungsebene, die immer wahrscheinlicher wurde (vgl. ebd.: 14f.). Die Reform erweist sich allerdings auch im Lichte der regionalen Entwicklungsprogramme der EU als sinnvoll, da sie die institutionellen Voraussetzungen für die Verwaltung der Gelder schuf.[216] Es mag dabei zwar der Schluss Barbara Nunbergs zutreffen, dass die Reform von 1996 auch der Einsicht geschuldet war, dass eine Verwaltungsmodernisierung der Schlüssel zum EU-Beitritt ist (vgl. Nunberg 1999b: 246). So weitreichend, wie von der Autorin eingeschätzt, war diese Reform jedoch nicht. Dies zeigen auch die weiterhin kritische Sicht der Europäischen

---

[215] Die meisten staatlichen Betriebe wurden auf die Provinzebene übertragen, mit Ausnahme von ca. 200 „strategischen" Unternehmen unter der Kontrolle des Finanzministeriums (vgl. Nunberg/Barbone 1999: 16).
[216] Für die Orientierung auf den EU-Beitritt spricht auch, dass ebenfalls im Jahre 1996 eine ministerielle Behörde mit Zuständigkeit für die europäische Integration geschaffen wurde.

Kommission auf die polnische Staatsorganisation sowie die Fortsetzung des Reformprozesses (s. u.).

Ungeachtet dieser Einschränkung ist festzustellen, dass die an Kontur gewinnende Beitrittsperspektive zu einer gewissen Öffnung des politischen Systems für exogene Einflüsse führte und dazu beitrug, dass unter den politischen Bedingungen der zweiten Hälfte der 1990er Jahre – einer Mitte-Links-Koalition und einer diese beerbenden Mitte-Rechts-Koalition – überhaupt eine größere Staatsorganisationreform möglich war. Der EU-Beitritt war das erklärte Ziel fast aller Parteien. Die verschiedenen Regierungen bemühten sich im Rahmen der von der EU in Bezug auf Osteuropa verfolgten differenzierten Strategie verschiedener Beitrittsrunden um einen Beitritt mit der ersten Runde. Diese Kombination innenpolitischen Interesses und externer Anreize war es, die die Erwägungen der Akteure beispielsweise in der Frage des Zuschnitts der neu zu gestaltenden Wojewodschaften beeinflusste. Es war deutlich geworden, dass die 49 Wojewodschaften als regionale Einheiten zu klein waren für eine moderne Regionalpolitik – und auch zu klein, um auf der Karte der gemeinschaftlichen Regionalpolitik sichtbar zu sein (vgl. Gorzelak 1996: 140). Folglich sollten die Wojewodschaften eine ähnliche territoriale Größe wie die Regionen der anderen europäischen Staaten aufweisen und für die Implementation der gemeinschaftlichen Regionalpolitik geeignet sein (vgl. Nowacki 2002: 30).

Mitte der 1990er Jahre übernahm die Europäische Kommission die Verantwortung für den Beitrittsprozess, die Prüfung der Gesetze und Institutionen der Kandidatenländer sowie die Verhandlungen mit den Regierungen (vgl. O'Dwyer 2006: 224). Nachdem die Kandidaten nach klaren Vorgaben für die Beitrittsvorbereitung verlangt hatten, wurde nun der zu übernehmende gemeinschaftliche Besitzstand festgelegt. Deutlich wurde dadurch auch die Bedeutung der Verwaltungsmodernisierung für den Beitritt, weshalb – wie oben beschrieben – die Anläufe zur polnischen Staatsorganisations- und Verwaltungsreform von 1996 bereits in diesem Kontext gesehen wurden (vgl. Nunberg 1999b: 246). Allerdings zeugt das Weißbuch der Kommission zur Integration der östlichen Nachbarn in den gemeinsamen Markt (Juni 1995), das Hinweise auf eine Verwaltungsmodernisierung, nicht aber auf die intermediäre Ebene enthielt, auch davon, dass zu jener Zeit die subnationale Staatsstruktur von der EU noch kaum beachtet wurde. Tatsächlich war der Ansatz der Kommission bis Mitte der 1990er Jahre noch klar zentralistisch. Gefördert werden sollten im Rahmen der Strukturförderung insbesondere die stärker entwickelten Regionen, von denen besondere Wachstumsimpulse erwartet wurden.

Die Forschung hat für die Osterweiterung der EU die asymmetrische Verhandlungssituation und die schwache Position der Kandidaten gegenüber der Gemeinschaft betont (vgl. Traut 2001: 364; Moravcsik/Vachudova 2003).

Früheren Beitrittsrunden sei hingegen ein relativ ausgeglichener und vorhersehbarer Verhandlungsprozess vorausgegangen. Tiefe und Umfang der Kontrolle durch die EU waren dabei nicht allein der Skepsis gegenüber den Kandidaten, sondern auch der Entwicklung des gemeinschaftlichen Besitzstands seit den 1980er Jahren geschuldet. Für die jungen Demokratien Ostmitteleuropas bedeutete die Integration in die gemeinschaftlichen Strukturen die Schaffung eines modernen regulierenden Staates, der in der Lage ist, das komplexer gewordene Gemeinschaftsrecht zu implementieren (vgl. Kolarska-Bobinska 2003). Dabei waren die Länder gezwungen, demokratische, Verwaltungs- und Regulierungsstandards zu übernehmen, die die EU-Altmitglieder im Laufe mehrerer Jahrzehnte entwickelt hatten. In Fragen der politischen Konditionalität ging die EU über prozedurale Aspekte (Rechtsstaat, Gewaltenteilung, freie Wahlen, Meinungsfreiheit) hinaus und forderte die Einhaltung substanzieller Standards, etwa hinsichtlich der Rolle politischer Parteien und politischer Partizipation, der Unabhängigkeit der Medien, einer aktiven Zivilgesellschaft sowie der Wahrung von Menschen- und Minderheitenrechten (Pridham 2002a: 203). Auch auf die Bedeutung der kommunalen Selbstverwaltung wurde hier verwiesen.

1997 übernahm in Warschau eine Mitte-Rechts-Koalition aus AWS und Freiheitsunion (*Unia Wolnosci*; UW) unter Premierminister Buzek die Regierungsgeschäfte und erhob neben der Reform des Gesundheitswesens und der Rentenversicherung die regionale Dezentralisierung zu einer ihrer Prioritäten. Das Thema Staatsorganisation hatte im Wahlkampf eine zentrale Rolle gespielt (vgl. EECR 1998). Tatsächlich bestimmten die Reformbemühungen um Gemeinden, Kreise und Provinzen das erste Jahr der neuen Koalition. Die UW stand in dieser Koalition programmatisch für die Modernisierung des Landes auf den unterschiedlichen Ebenen (vgl. Ziemer 1999: 346). Mit der Reform der Staatsorganisation wurde in diesem Kontext ausdrücklich auch die Integration Polens in die europäischen Strukturen verbunden, da große und starke Regionen am stärksten von den Strukturfonds profitieren würden (vgl. Yoder 2003: 274). Was die Europäische Kommission als eine Stärkung der regionalen Verwaltungen forderte, wurde in Polen zutreffend als Ausweitung der regionalen Zuständigkeiten für Bereiche wie Wirtschaftsförderung, öffentliche Dienstleistungen, Umweltschutz und Infrastruktur-Entwicklung aufgefasst (vgl. Hughes et al. 2004: 137). Aus diesem „europapolitischen" Diskurs lässt sich freilich nicht auf den tatsächlichen Einfluss der europäischen Integration bzw. des Beitrittsprozesses schließen. Da jedoch gewissermaßen die Zeichen auf Beitritt standen, waren solche Hinweise eine gewichtiges Argument auch für innenpolitisch motivierte Reformbestrebungen (vgl. Hughes et al. 2004).

Die Europäische Kommission stellte 1997 zwar fest, dass Polen über ausreichend administrative Kapazität verfüge, die gemeinschaftliche Strukturpolitik zu implementieren. Gleichzeitig wies sie jedoch auf die Einschränkungen der kommunalen und regionalen Ebene hin und drang auf die Ausweitung der dezentralen Kompetenzen und größere Finanzautonomie. Etwas konkreter ließ die Kommission ab 1998 in ihren Fortschrittsberichten eine Präferenz für allgemein gewählte und mit gewisser finanzieller und legislativer Autonomie ausgestattete subnationale Vertretungskörperschaften in territorialen Einheiten, die der gemeinschaftlichen Nomenklatur entsprechen, erkennen. Dabei ging es insbesondere um die Handlungsfähigkeit der regionalen Partner der Strukturpolitik (vgl. Brusis 2002: 542ff.). Von der Dekonzentration versprach sich die Kommission eine Stärkung der administrativen Fähigkeiten der Kandidatenländer, Mittel aus den Fonds zu empfangen und zu verwalten. Sie enthielt sich dabei allerdings einer klaren Maßgabe hinsichtlich einer über die Verwaltungsdimension hinausgehenden politischen Dezentralisierung (Rupp 1999; zum funktionalen Regionalisierungsbedarf der EU vgl. Benz/Eberlein 1999).[217]

4.3.5 Die Staatsorganisationsreform von 1998: Positionen, Verlauf und Ergebnisse

Da es innerhalb der heterogenen AWS – konkret: seitens rechter Parteien innerhalb des Bündnisses – Vorbehalte gegenüber einer regionalen Dezentralisierung gab, da mit dieser eine Bedrohung für die territoriale Integrität verbunden wurde, kam die ernsthafte Vorbereitung von Provinz- und Kreisreform nach dem Regierungswechsel von 1997 für viele überraschend. Die Konfiguration der Koalition machte freilich Lösungen erforderlich, die auch eine Stärkung der staatlichen Aufsichtsfunktion auf regionaler Ebene vorsahen (vgl. Baldersheim/Swianiewicz 2003: 127; Hughes et al. 2004: 132). Deutlich wird hier der Einfluss des Modells der französischen Staatsorganisationsreform von 1982, in dem das System der von der Zentralregierung ernannten Präfekten durch Vertretungskörperschaften mit einer Präsidentschaft ergänzt wurde, die an der Spitze der regionalen Selbstverwaltung steht (vgl. DTLR 1998: 26).

Im Gesetzgebungsprozess machte sich die AWS-UW-Koalition die Anforderungen des *acquis communautaire* bezüglich der territorialen (Verwaltungs-)

---

[217] Die Kommission beschränkte sich hinsichtlich der Institutionalisierung der NUTS-2-Einheiten auf Vorschläge, inoffizielle Stellungnahmen und Empfehlungen. Auch lobte sie Maßnahmen, mit denen Kandidaten ihre Territorialstruktur entsprechend der gemeinschaftlichen Nomenklatur strukturierten (vgl. Hughes et al. 2003: 73). Wo sich aus dem *acquis* konkrete Anforderungen ergaben (wie hinsichtlich der finanziellen Unabhängigkeit der subnationalen Ebenen), wo das internationale Recht (z. B. die Charta des Europarates) als Referenzpunkt dienen konnte oder wo es als wissenschaftlich gesichert geltende Erkenntnisse gab (etwa bezüglich der Trennung von Politik und Verwaltung), wurde sie bei der Formulierung von Beitrittsbedingungen konkreter (vgl. Brusis 2002: 544).

4 Demokratisierung und Staatsorganisationsreform in Polen

Einheiten für das Management der Strukturfonds argumentativ zu Eigen und legte nur wenige Wochen nach ihrem Antritt einen ersten Entwurf mit zwölf Provinzen ähnlicher Größe vor, deren Zuschnitt an urbanen Zentren orientiert sein sollte. Diese Einheiten sollten ökonomisch stark genug sein, um eigene Politiken regionaler Entwicklung formulieren und implementieren und ihre Ausgaben aus eigenen Einnahmen finanzieren zu können (vgl. Ferry 2003: 1107). Eine wichtige Rolle spielte in der Diskussion auch die Effizienz der Verwaltung, die die Regierung durch Dezentralisierung zu steigern hoffte. Das Oderhochwasser des Sommers 1997 hatte die Schwächen der staatlichen Territorialverwaltung vor Augen geführt und die Debatte um die Organisation des polnischen Staates weiter angeheizt (vgl. EECR 1997; Ziemer 1999: 338).

Nach heftigen Diskussionen zwischen und innerhalb der politischen Lager sowie mit Vertretern der Provinzverwaltung war beschlossen worden, dass die Wojewodschaften den NUTS-2-Einheiten[218] der EU-Nomenklatur entsprechen sollten. Besonders die subnationalen Akteure hatten betont, dass bei einer Inkongruenz von NUTS-2-Einheiten und Gebietskörperschaften die Rolle der dezentralen Administration bei der Umsetzung der EU-kofinanzierten Regionalpolitik zwangsläufig geschwächt würde (Baldersheim/Swianiewicz 2003: 130).[219] Die Gesetzesvorlage war in einigen Punkten den Entwürfen der Vorgängerregierung sehr ähnlich. Die Zahl von zwölf Provinzen entsprach sowohl der Expertenmeinung, die sich schon früh in den 1990er Jahren herausgebildet hatte, sowie der Mehrheitsposition innerhalb der heterogenen Koalition. Populärer war freilich eine höhere Zahl. In dieser Debatte positionierten sich neben den nationalistischen auch integrationsskeptische Kräfte wie die konservativeren und religiösen Parteien aus dem „S"-Lager, die den (angeblichen) Brüsseler Einfluss die nationale Integrität untergraben sahen. Nach der Gesetzesvorlage der Regierung drehten sich die bisweilen heftigen Debatten in erster Linie um die Zahl der Territorialeinheiten. Der Plan der Regierung sah unterhalb der Wojewodschaften etwa 300 Kreise vor. Auch die Neuorganisation der Kreisebene war sehr umstritten, hatte jedoch geringere politische Sprengkraft (vgl. Nowacki 2002: 30).

Unter der Führung des Bevollmächtigten für die Reform der öffentlichen Verwaltung, Michał Kulesza, versuchte die Regierung eine möglichst breite Unterstützung zu mobilisieren. Kulesza war sich bewusst, dass die Reform, die ab Februar 1998 im Sejm diskutiert wurde, ohne Zugeständnisse und gewisse Anreize – auch innerhalb der heterogenen Koalition – nicht durchzusetzen war.

---

[218] *Nomenclature des unités territoriales statistiques.* Die Systematik der Gebietseinheiten für die Statistik wird vom Statistischen Amt der Europäischen Union (Eurostat) aufgestellt.
[219] Mit Abstand die größten regionalen Einheiten in Ostmitteleuropa, entsprechen die Wojewodschaften als einzige osteuropäische Regionen den NUTS-II-Einheiten (also jener Ebene, die hauptsächlich die Strukturfonds-Mittel empfängt) (vgl. Wollmann/Lankina 2003: 105f.; Yoder 2003: 268).

Eines dieser Zugeständnisse bestand darin, dass den Beschäftigten der alten Regionalverwaltung die Weiterbeschäftigung garantiert wurde (vgl. O'Dwyer 2006: 245). Der AWS-Vorsitzende Krzaklewski signalisierte im Sommer seine Bereitschaft, auch eine Zahl von mehr als zwölf Wojewodschaften zu akzeptieren, während die Freiheitsunion zunächst an dem Modell der zwölf Provinzen festhielt. Es waren auch persönliche Erfahrungshintergründe, die bei einigen Akteuren die Bereitschaft zu Kompromissen mit den Oppositionsparteien SLD und PSL förderten. So waren die Dezentralisierungspläne, die Kulesza und andere schon zur Zeit der „S"-Regierung 1991-1993 hatten, infolge der frühen Regierungsübernahme durch die Postsozialisten im Sande verlaufen.

Die Kreise wurden erst im parlamentarischen Prozess zu einem zentralen Reformthema. Ein früher Vorschlag des Finanzministeriums hatte noch 150 Kreise vorgesehen, die jeweils mindestens fünf Gemeinden, 10.000 Einwohner in der Hauptstadt und 50.000 Einwohner insgesamt aufweisen sollten. Mit seinen technokratischen Vorstellungen konnte sich das Ministerium allerdings nicht durchsetzen, von den 373 am Ende zu Buche stehenden Kreisen erfüllten nur 71 die genannten Mindestanforderungen (vgl. ebd.: 246). In der parlamentarischen Phase der Reform hatten die Kreise für die Regierung auch die Funktion, die Zustimmung zu sichern, was die Zahl der Gebietskörperschaften zusätzlich erhöhte. Durch die Schaffung von Kreisen in ihrer jeweiligen Region wurden Abgeordnete, die sich skeptisch gegenüber dem Reformvorhaben gezeigt hatten, regelrecht zur Zustimmung bewogen. Dabei halfen die mobilisierten lokalen Interessen, die in der Erwartung zusätzlicher Posten und finanzieller Ressourcen Druck auf „ihre" Abgeordneten ausübten. In Wirklichkeit ging die Dezentralisierung von Aufgaben freilich nicht mit einer entsprechenden Dezentralisierung der Finanzen einher. Der Regierung wurde deshalb vorgeworfen, durch die Dezentralisierung die schlechte nationale Finanzlage auf Kosten der subnationalen Ebenen verbessern zu wollen (vgl. ebd.: 246f.).

Gegner einer umfassenden Reform machten (wie schon zu Beginn der 1990er Jahre) den großen finanziellen und legislativen Aufwand geltend. Ablehnung kam dabei auch von Abgeordneten des Regierungslagers, insbesondere solchen aus Provinzen, denen die Abschaffung bzw. Fusion drohte (vgl. Kowalczyk 2000: 222). Die oppositionelle SLD verlangte die Wiederherstellung des 1975 ersetzten Systems von 17 Wojewodschaften. Mit einer höheren Zahl von Provinzen verbanden PSL – die weiterhin auf dem System der 49 Provinzen bestand – und SLD die Hoffnung, ihren organisatorischen Vorteil, der auf der bestehenden Struktur beruhte, zu behaupten (vgl. O'Dwyers 2006: 245). Das Konzept der SLD erhielt die Unterstützung von Präsident Kwaśniewski, dem ehemaligen SdRP-Vorsitzenden. Dessen Position konnte die Regierungskoalition nicht ignorieren, da sie nicht über die Drei-Fünftel-Mehrheit verfügte, die zur

Überstimmung eines präsidentiellen Vetos erforderlich gewesen wäre. Von dieser Seite drohte damit zumindest die Gefahr einer Blockade des weiteren Reformprozesses (vgl. EECR 1998). Bereits im April unterstrich Kwaśniewski seine Position, indem er für das Vorhaben der Regierung, die Gemeinderatswahlen bis zum Abschluss der Reformen zu verschieben, sein Veto in Aussicht stellte. Nachdem AWS und UW erklärt hatten, die Oppositionsparteien und das Präsidialamt am weiteren legislativen Prozess zu beteiligen, machte der Präsident, ungeachtet der ablehnenden Stimmen der Opposition, den Weg zur Verschiebung der Wahlen bis zum Oktober frei (vgl. ebd.).

Die neue Entschlossenheit der AWS-UW-Koalition, die subnationalen Ebenen auch gegen den Widerstand der Opposition zu stärken, sind auch im Kontext der sich stabilisierenden bipolaren Parteiensystem-Konfiguration zu sehen. Umfragen ließen die Regierung auf ein gutes Abschneiden bei Wahlen zu lokalen, Kreis- und Provinz-Vertretungen hoffen. Sie konnte mithin davon ausgehen, die dezentralen und durch die Reform gestärkten Positionen mit eigenen Leuten besetzen zu können. Gleichzeitig verloren durch die Reform Stellen der zentralen Verwaltung an Einfluss, die häufig – teils noch aus sozialistischer Zeit, teils aufgrund der Ernennungen unter der postsozialistischen Regierungskoalition – von Angehörigen oder Unterstützern von SLD und PSL besetzt waren. Die Verwaltungsreform war damit auch eine Strategie, den Einfluss der Regierungsparteien in der staatlichen Verwaltung zu erhöhen (vgl. EECR 1998; Grotz 2000: 181). Diese Gesichtspunkte dürften auch ein Grund dafür gewesen sein, dass die SLD, die unter funktionalen Gesichtspunkten keine substantiellen Einwände gegen die Reformpläne hatte, den Gesetzgebungsprozess durch ein Referendum zu blockieren versuchte.[220] Der Zeitplan für die umfangreiche Gesetzgebung – zu regeln waren sämtliche Fragen von den Institutionen über die Zuständigkeiten bis zu den Ressourcen – und für die ersten Wahlen zu den dezentralen Vertretungskörperschaften, die die Regierung für September/Oktober 1998 vorsah, geriet dadurch in Gefahr. Mit der Regierungsmehrheit konnten AWS und UW das Referendum schließlich verhindern (vgl. EECR 1998).

Uneinigkeit bestand auch hinsichtlich der Kompetenzverteilung zwischen staatlichen und dezentralen Stellen. Das duale Modell des Regierungsentwurfs, das zentralstaatliche und dezentrale Verwaltung nebeneinander vorsah, lässt sich als Antwort auf die Befürchtungen hinsichtlich der nationalen Integrität verstehen. Im Reformprozess erhielt der von der Regierung ernannte Gouverneur

---

[220] Bei diesem Referendum sollten zwei Modelle zur Abstimmung stehen: eines auf der Basis kompetentiell und finanziell gestärkter Gemeinden und Provinzen in der alten Struktur und ein zweites auf der Basis von zwölf neuen, erheblich gestärkten Provinzen und einer zusätzlichen Kreis-Ebene (vgl. EECR 1998).

weiteres Gewicht. Weiteres Konfliktpotential lag in den Plänen zur Wiedereinführung der Kreise. Deren Hauptgegnerin war wieder die PSL, die fürchtete, dass die Einführung der Kreis- und Provinz-Selbstverwaltung ihre ländlichen Bastionen unterminieren würde. Als einige AWS-Abgeordnete der Regierung in der wichtigen Abstimmung über die Zahl neuer Provinzen die Unterstützung verweigerten, kam es zu Fraktionsübertritten und Ausschlüssen aus der AWS-Fraktion. Die Autoren der Reform, die eine umfangreiche Dezentralisierung staatlicher Aufgaben intendierten, stießen auch auf den Widerstand der Verwaltung, die als Reformgegnerin mit organisationspolitischem Eigeninteresse mit der Notwendigkeit einheitlicher Leistungserbringung argumentierte und ihren Einflussverlust zu reduzieren suchte. Bis in die parlamentarischen Abstimmungen hinein wurden Detailfragen kontrovers diskutiert. In einigen Punkten waren die Verteidiger des *status quo* erfolgreich. So opponierten die Arbeitsämter gegen die Übernahme der Beschäftigungsregister und der Arbeitsförderung durch die Kreise und konnten diese Dezentralisierungsmaßnahme um ein Jahr verzögern. Auch behielt das nationale Kulturministerium die Aufsicht über eine Reihe kultureller Institutionen (vgl. Baldersheim/Swianiewicz 2003: 128).

In einigen Städten kam es zu heftigen Protesten gegen die Reform. Um die politischen Spannungen zu mildern, erhielten Provinzversammlungen und andere Institutionen der Provinzen ihren Sitz in den früheren Zentren. Die Kompromiss-Lösung für die Zahl der Kreise überstieg schließlich die von den meisten für sinnvoll erachtete Zahl von 250. Um einen Kompromiss, nämlich einen arithmetischen, handelte es sich auch bei der Festlegung der Zahl der Provinzen auf 16. Die SLD hatte auf 17 Provinzen bestanden, zwei mehr als die Regierung (vgl. Ziemer 1999: 338 FN 4; Yoder 2003: 272). Im Ergebnis gilt die Lösung als Erfolg der SLD. Befürworter des ursprünglichen Regierungsentwurfs kritisierten, dass die sozioökonomische Struktur Polens nicht berücksichtigt würde und die Inkongruenz von Verwaltungsgliederung und sozioökonomischer Struktur wirksame Entwicklungsstrategien behindere, die Verwaltung der Strukturfonds erschwere und die Entwicklungsunterschiede womöglich verschärfe (vgl. Ferry 2003: 1108). Dass die Provinzen auch nicht mit historisch-kulturellen Einheiten übereinstimmten, war ein weiterer Aspekt, dem insgesamt jedoch weniger Beachtung geschenkt wurde. Die Unterstützung der Gemeinden sicherte sich die Regierung, indem sie darauf verzichtete, den neu geschaffenen Kreisen bisher kommunale Ressourcen und Aufgaben zu übertragen. Für das breite kommunale Aufgabenspektrum war jedoch auch die Erwägung von Bedeutung, dass die Größe der polnischen Gemeinden die Größe der Kommunen anderer europäischer Staaten deutlich übersteigt (vgl. Swianiewicz 2001). Insgesamt konnte die Regierung wesentliche Teile ihrer Reformpläne durchsetzen, die im Sommer

4 Demokratisierung und Staatsorganisationsreform in Polen

1998 beschlossen wurden (vgl. Kowalczyk 2000: 222; Baldersheim/Swianiewicz 2003: 127; Wollmann/Lankina 2003: 105).

Ähnlich wie die Reform von 1990 war auch der Prozess acht Jahre später durch eine hohe Geschwindigkeit gekennzeichnet. Gerade einmal zehn Monate lagen zwischen der Festlegung der Grundrichtung der Reform im Januar 1998 und den ersten Wahlen zu den neuen Vertretungskörperschaften. Einige Bestimmungen wurden erst in letzter Minute verabschiedet, zentrale Fragen der Kompetenzverteilung und das Gesetz über die Einnahmen der territorialen Selbstverwaltung sogar erst nach den Oktober-Wahlen. Eine gewisse Vorsicht des Gesetzgebers kam darin zum Ausdruck, dass beide Parlamentskammern und die Regierung verpflichtet wurden, die neuen Regelungen spätestens zwei Jahre nach Inkrafttreten der Reform zu prüfen. Das Finanzierungssystem blieb allerdings trotz dieser Revisionsverpflichtung – und trotz aller Kritik – vier Jahre bestehen (vgl. Nowacki 2002: 30; Baldersheim/Swianiewicz 2003: 128f). Es wurde als unzureichend kritisiert, da mehr als zwei Drittel der lokalen Einnahmen aus zentral verwalteten Quellen stammen und somit nicht im lokalen Einflussbereich liegen. Anders als von Beobachtern erwartet, wurde die Dezentralisierung von Zuständigkeiten nicht von einer substantiellen Dezentralisierung der Ressourcen begleitet (vgl. EECR 1998; Hughes et al. 2003: 82).

1997 beschäftigte der Zentralstaat ca. 157.500 Beamte, davon knapp drei Viertel (72,2%) in der zentralen Verwaltung und etwa 10% auf der Ebene der Provinzen. Die kommunale Selbstverwaltung beschäftigte zur gleichen Zeit etwa 112.800 Beamte (und damit 41,7% aller Beamten) (vgl. Kowalczyk 2000: 246). Die Staatsorganisationsreform hatte weitreichende Konsequenzen für den Status und die Zugehörigkeit vieler Beschäftigter (vgl. Swianiewicz 2001). Mit den mehr als 300 neuen territorialen Einheiten wurden knapp 12.500 neue Positionen geschaffen, die Summe neu geschaffener und neu zugeordneter Stellen belief sich auf etwa 50.000 (vgl. O'Dwyer 2006: 242). Mit der Verlagerung von Zuständigkeiten wechselten die Beschäftigten ihre Zugehörigkeit zu den verschiedenen Stellen der Verwaltung: Mehrere Zehntausend Mitarbeiter wechselten von der dekonzentrierten staatlichen Verwaltung in die (staatlichen) Wojewodschaftsbehörden, in die Selbstverwaltungsbehörden oder in die neuen Kreisverwaltungen. Von insgesamt rund 280.000 Beschäftigten des öffentlichen Dienstes waren 1999 annähernd 50% auf subnationaler Ebene beschäftigt, der Großteil davon (40% in Bezug auf die Gesamtzahl) in den Kommunen, etwa 6,5% in den Kreisen und nur 1,6% auf Provinzebene. Damit lag der Anteil der auf subnationaler Ebene Beschäftigten deutlich höher als im stark dezentralisierten Deutschland (hier: 37% auf subnationaler Ebene) (vgl. Wollmann/Lankina 2003: 109). Die Beschäftigung in der zentralen und dezentralen Verwaltung entwickelte sich wie in der folgenden Tabelle dargestellt:

Tabelle 11: Beschäftigung in zentraler und dezentraler Verwaltung

	1997	1999
Regierungsverwaltung insgesamt	157.498	142.963
- Zentrale Verwaltung	113.674	117.550
Territoriale Verwaltung	44.516	25.413
- Provinzen	15.578	9.433
- Verwaltungsbezirke	9.932	-
- andere Einheiten	18.313	15.980
Selbstverwaltung insgesamt		142.369
- Gemeinden	112.816	117.471
- Kreise	-	19.820
- Provinzen	-	4.498
- andere	-	580

Jeweils Jahresdurchschnitt; nur Verwaltungspersonal.
Quellen: Kowalczyk 2000; Swianiewicz 2001.

Die Verwaltung vergrößerte sich im Zuge dieser Staatsorganisationsreform erheblich. Für die Parteien bedeuteten die zahlreichen neuen Stellen auch beträchtliche Ressourcen, an denen es allen Parteien (mit Ausnahme von SLD und PSL) mangelte (vgl. O'Dwyer 2006: 241f.). Im Zuge der Umstrukturierung der Provinzen hatte die Regierung große Freiheit bei der Besetzung der Positionen. Allerdings hält eine monokausale Erklärung der Reform, die sich auf diesen Aspekt, d. h. die Stärkung der Parteiorganisationen, beschränkt (O'Dwyers 2006), einer Gesamtbetrachtung nicht stand. Zum einen hatte die jüngste kommunalpolitische Erfahrung gezeigt, dass sich die Parteien auf subnationaler Ebene nur mit Mühe etablieren. Zum anderen ist eine Reihe von Faktoren deutlich geworden, die Geschwindigkeit und Inhalt der Reformen bestimmt haben. An dieser Stelle sei nur an den Modernisierungsimpuls, an die institutionellen Modelle anderer Staaten, an die machtpolitischen Auseinandersetzungen sowie an die Erwartungen der EU erinnert.

Die Europäische Kommission, die seit März 1998 die Übernahme des *acquis communautaire* kapitelweise mit Polen verhandelte, begrüßte die Reform zunächst.[221] Tatsächlich entsprach sie im Grunde den Forderungen, die die Kommission im Hinblick auf die Umsetzung der EU-Regionalpolitik geäußert hatte. Kapitel 21 der Beitrittsverhandlungen betraf die Regionalpolitik und die entsprechenden Institutionen und machte eine Reihe von verwaltungsprozeduralen und rechtlichen Anpassungen notwendig. Dabei definierte dieses Kapitel

---

[221] Allerdings lehnte die Kommission noch im Mai 1998 unter Hinweis auf administrative Unklarheiten und Auseinandersetzungen um die Verteilung der Mittel polnische Anträge im Rahmen von PHARE mit einem Volumen von mehr als 34 Mio. € ab (vgl. Ferry 2003: 1101).

4 Demokratisierung und Staatsorganisationsreform in Polen

allerdings weniger die institutionellen Voraussetzungen, sondern verlangte vor allem „*administrative capacity*" (vgl. Hughes et al. 2004: 73). Solche Anpassungen betrafen etwa die Schaffung von Mechanismen für interministerielle Kommunikation, die Fähigkeit zu mehrjähriger Programmplanung, zu Monitoring und Implementation, die Erstellung nationaler Entwicklungspläne und die Schaffung von NUTS-Einheiten. In Verbindung mit den Prinzipien Partnerschaft und Subsidiarität ergab sich ein Ansatz einer „regionalisierten Regionalpolitik", die Regionen als eigenständige Akteure anerkennt. Vor diesem Hintergrund hatte die Kommission immer wieder eine Präferenz für demokratisch legitimierte regionale Institutionen mit finanzieller und rechtlicher Autonomie erkennen lassen. Strukturell ließ jenes 21. Verhandlungskapitel den Beitrittskandidaten allerdings viel Spielraum. Die Kommission erklärte öffentlich, dass die konkreten Institutionen im Belieben der nationalen Regierungen stünden (vgl. O'Dwyer 2006: 226f.).

In der 1999 verabschiedeten „Agenda 2000" konstatierte die Kommission, dass die politischen Institutionen Polens stabil, Rechtstaatlichkeit, Menschen- und Minderheitenrechte gesichert seien und eine funktionierende Marktwirtschaft bestehe.[222] Es wurde jedoch auch bekräftigt, dass dem Beitritt die Übernahme des gemeinschaftlichen Besitzstandes vorauszugehen habe, was für die Verwaltung der Strukturfonds administrative Kapazitäten auf regionaler Ebene notwendig machte (vgl. Illner 2003b: 84f.; Öniş 2004: 504f.). Damit wurden die administrative Struktur und die „*administrative capacity*" der Kandidaten endgültig zu Themen des Beitrittsprozesses, nachdem der Fokus zuvor noch auf Fragen der regionalen Entwicklung gelegen hatte (vgl. Hughes et al. 2002: 337). Vonseiten der Kommission bestanden nun jedoch Zweifel daran, dass die unerfahrenen politischen und administrativen Akteure in den jungen Institutionen in der Lage sein würden, die gemeinschaftlichen Regionalentwicklungsprogramme ordentlich zu verwalten. Die Kommission bemängelte die unzureichende regionalpolitische Infrastruktur mit einer mangelhaften Verwaltung, zu kleinen Budgets und kaum entwickelten Instrumenten. Eine effiziente öffentliche Verwaltung auf nationaler, regionaler und lokaler Ebene wurde sowohl für die Implementation des gemeinschaftlichen Besitzstands als auch für eine effiziente Verwaltung der Strukturfonds als unabdingbar gesehen (vgl. Illner 2002; Illner 2003b: 84f.).

Damit kommunizierte die Kommission – nach einer die Wahrnehmung der Beitrittskandidaten prägenden Betonung von Subsidiarität und Verwaltungsdezentralisierung während der 1990er Jahre – mit sich näherndem Beitritt einen eher zentralistischen Ansatz für die Verwaltung der Strukturfonds und eine Zurückhaltung gegenüber einer starken subnationalen Autonomie (vgl. Hughes

---

[222] Am 19. Februar 2003 gab sie ein positives Votum zum Beitrittsgesuch ab.

et al. 2003: 88). Sie begann stattdessen stärker Gewicht auf zentralstaatliche Koordinierungsfähigkeiten sowie das Vermögen der Zentralverwaltung, die Strukturfonds-Mittel aufzunehmen und zu verwalten, zu legen (vgl. Ferry 2003: 1109). Dies erklärt etwa, warum Tschechien nicht gedrängt wurde, seine Regionalisierung voranzutreiben. Für die polnische Regionalisierung wurde nun eine Verzögerung vorgeschlagen. Im Fortschrittsbericht des Jahres 2001 zeigte sich die Kommission kritisch gegenüber den Regionalreformen und der Aussicht, dass die Regionen zukünftig in der Lage sein würden, die Strukturfonds zu verwalten (vgl. Hughes et al. 2003: 83). Nachdem die Reformen wenige Jahre zuvor noch als wichtiger Schritt für die Regionalpolitik gelobt worden waren, kritisierte die Kommission 2002 die polnische Regierung schließlich für eine zu schwache zentrale Kontrolle (vgl. Hughes et al. 2004: 82, 95). Nach Martin Ferry (2003: 1108ff.) hatten diese widersprüchlichen Signale schließlich auch Auswirkungen auf die relativ schwache Ressourcenausstattung der Provinzen.

4.3.6 Die Staatsorganisation nach 1998

Am 17. Oktober 1997 trat die neue Verfassung in Kraft. Damit wurde nicht nur das Verfassungsprovisorium von 1992 ersetzt, sondern sollte auch die konstitutionelle Grundlage für eine konsistente Staatsstruktur geschaffen werden. Die Dezentralisierung der öffentlichen Gewalt wurde durch Artikel 15 der Verfassung normiert, der die Autonomie der Kommunen schützt und die Möglichkeit eröffnete, weitere Selbstverwaltungseinheiten zu schaffen. Mit einiger Verspätung wurden in Polen konsequentere Dezentralisierungsreformen für die intermediäre Ebene ins Werk gesetzt als in Ungarn und Tschechien (vgl. Illner 2002: 28). Als Einheitsstaat mit einer dezentralen Ordnung stützt sich die polnische Republik auf die territoriale Selbstverwaltung, der das Kapitel VII der Verfassung gewidmet ist. Die Garantie der Dezentralisierung der öffentlichen Gewalt war jedoch eine nur vage Bestimmung, und auch der Verfassungsrang der Kommunen als Basiseinheiten der territorialen Selbstverwaltung spezifizierte die vertikale Gewaltenteilung nur ungenügend, zumal die Einrichtung weiterer territorialer Einheiten dem Gesetzgeber überlassen wurde (vgl. Wollmann/Lankina 2003: 104).

Weder die Struktur noch die Autonomie der lokalen Ebene wurden von der am 1. Januar 1999 in Kraft getretenen Reform wesentlich berührt. Lokale Autoritäten bestehen in ländlichen, halb-ländlichen, halb-urbanen und urbanen Gemeinden, in städtischen Bezirken sowie der Hauptstadt. Diese in Statistiken angewandte Differenzierung hat allerdings keine Bedeutung für die homogene Struktur und Kompetenzverteilung. Die kommunale Ebene Polens ist mit insgesamt 2.478 Gemeinden nicht stark fragmentiert (Stand: 2010). Keine Gemeinde zählt weniger als 1.000 Einwohner, die durchschnittliche Einwohnerzahl liegt bei etwa 15.000.[223]

Die Gemeinden verfügen über eine Vertretungskörperschaft als Beschluss- und Kontrollorgan, das alle vier Jahre gewählt wird, einen vom Gemeinderat gewählten und diesem gegenüber verantwortlichen Gemeindevorstand als Exekutivorgan sowie einen Bürgermeister, der bis 2002 vom Gemeinderat gewählt wurde und dem Vorstand vorsitzt (in ländlichen Gemeinden als Vogt, in mittelgroßen Städten als Bürgermeister und in großen Städten als Präsident). Dieses Gremium konnte vom Rat abgewählt werden. 2002 wurde das Gesetz über die Direktwahl des Bürgermeisters verabschiedet, mit dem ein duales System auf kommunaler Ebene eingeführt wurde: Ein Rat entscheidet über die Ziele und Finanzen der kommunalen Verwaltung, und ein direkt gewählter Verwaltungschef, der vom Rat nicht abberufen werden kann, besitzt die exekutive Gewalt (vgl. Kowalczyk 2000: 230; Nowacki 2002: 23). Die Gemeinderäte bilden für einen Teil ihrer Zuständigkeiten Ausschüsse. Aufgrund einer Reform, die nach den Sejm-Wahlen des Jahres 1997 von den großen Parteien betrieben worden war, werden nur noch die Mitglieder der Gemeinderäte in Gemeinden mit bis zu 20.000 (und nicht mehr bis zu 40.000) Einwohnern nach einfacher Mehrheitswahl gewählt. Dies sollte die Chancen unabhängiger Bewerber verringern. In größeren Gemeinden wird nach Verhältniswahl (d'Hondt) in mittelgroßen Wahlkreisen gewählt (s. u.).

Gemessen am Umfang der zur Verfügung stehenden Mittel wurden die Kommunen mit einer größeren finanziellen Unabhängigkeit bedacht als Kreise und Provinzen (vgl. Wollmann/Lankina 2003: 111). Die Gemeinden besitzen (ungeachtet der gesetzlichen Einschränkungen ihres Budgetrechts und des strengen Rechnungswesens) relativ weitreichende Steuererhebungskompetenzen und können ihre Steuern bis zu einer staatlich festgelegten Höchstgrenze variieren. Der kommunale Anteil am Einkommensteuer-Aufkommen stellt einen wichtigen Teil (abhängig von der ökonomischen Lage der einzelnen Gemeinden zwischen 23 und 28%) der kommunalen Einnahmen dar, zu denen die Körperschaftssteuer 5% beiträgt. 1997 machten die eigenen Einnahmen der Gemeinden 35,3% aus. Sie waren damit seit Anfang der 1990er Jahre (1991: 45,5%) deutlich gesunken (vgl. Kowalczyk 2000: 236f.). Mit dem Ziel, die Ökonomien zu stabilisieren, wurde in den Transitionsländern eine Strategie der Ausgabenreduzierung implementiert, die sich auch bei den kommunalen Finanzen bemerkbar machte (s. o. Kap. 4.3.1). Dennoch ist in der Folge der Anteil der

---

[223] In der Bundesrepublik Deutschland liegt die durchschnittliche Einwohnerzahl der Gemeinden bei rund 6.700 (vgl. Statistisches Bundesamt Deutschland: Gemeinden nach Bundesländern und Einwohnergrößenklassen, 31.12.2008, Wiesbaden).

lokalen Ebene an den gesamten Staatsausgaben merklich gestiegen (1994: 19%, 1998: 34%; vgl. Wollmann/Lankina 2003: 113). Ausgabenschwerpunkte der Kommunen sind Bildung, öffentliche Versorgungseinrichtungen, lokale Verwaltung, Sozialfürsorge und Gesundheit.

Die 379 Kreise zählen durchschnittlich etwas mehr als 100.000 Einwohner (Stand: 2010). 65 Kreise ähneln den deutschen kreisfreien Städten und erfüllen sowohl Aufgaben der Kreise als auch der Gemeinden. Die Kreise sind für überkommunale Aufgaben in den Bereichen Bildung, Wohlfahrt und Gesundheit verantwortlich. Aufgaben des Umweltschutzes, Straßenbaus, der Überwachung der Regional- und Raumplanung sowie der allgemeinen Verwaltung und der Kultur, der Freizeit und des Sports üben sie gemeinsam mit den Kommunen aus. Die Kreise haben die meisten der Zuständigkeiten der aufgelösten Verwaltungsbezirke (*rejony*) übernommen. Sie sind den Kommunen nicht übergeordnet und dürfen deren Selbstverwaltungsrechte nicht verletzen. Premierminister und Provinzgouverneur überwachen die Gesetzeskonformität der Aktivität der Kreise (vgl. Kowalczyk 2000: 248; Wollmann/Lankina 2003: 106ff.).

Die beschlussfassende Körperschaft des Kreises ist eine auf vier Jahre nach Verhältniswahl (d'Hondt; 5%-Sperrklausel auf Kreis- und nicht Wahlkreisebene) gewählte Versammlung.[224] 2006 wurden insgesamt knapp 6.300 Mitglieder der Kreisräte gewählt, dazu noch einmal rund 2.100 Mitglieder der Räte kreisfreier Städte. Die Exekutive liegt beim Vorstand, der zwischen vier und sechs Mitglieder zählt und dessen Vorsitzender (*starost*) aus der Mitte der Versammlung gewählt wird. Mitglieder des Vorstands dürfen keine andere subnationale Exekutivfunktion, kein Mandat im Sejm und keine Tätigkeit in der staatlichen Verwaltung ausüben (vgl. Kowalczyk 2000: 231).

Die Einnahmen der Kreise setzen sich zusammen aus einem Anteil am Steueraufkommen, Zuwendungen aus dem staatlichen Budget zur Erfüllung der lokalen Dienstleistungen, zweckgebundenen Zuweisungen zur Erledigung von Aufgaben im Auftrag der Zentralverwaltung und weiteren Einnahmen. Die einzigen eigenen Einnahmen der Kreise kommen aus dem Verkauf oder der Vermietung von Eigentum und den Gebühren für Leistungen der Kreisverwaltung. Dieses Finanzierungssystem, das den Kreisen mit ihrer Fülle von – allerdings vergleichsweise wenig kostenintensiven – Aufgaben keine Steuererhebungskompetenz zusprach, gilt als eines der zentralen Probleme der Reform (vgl. ebd.: 237; Swianiewicz 2001).

Bei der geographischen Gliederung der Provinzen machte das Fehlen soziokulturell zusammenhängender Räume andere Kriterien notwendig. Dies hat zur

---

[224] Die Größe der Kreistage wurde im Jahr 2002 reduziert: bis zu 40.000 Einwohner: 15 Mitglieder (vorher: 20); jede weitere 20.000 Einwohner drei weitere Mitglieder (vorher: fünf) bis zu einer Obergrenze von 39 (vorher: 60).

4 Demokratisierung und Staatsorganisationsreform in Polen

Folge, dass die Gliederung immer wieder in Frage gestellt wird, etwa von „abtrünnigen" Gemeinden, die eine andere Provinz-Zugehörigkeit anstreben (vgl. Illner 2002: 32). Hinsichtlich ihrer territorialen Größe sind die 16 Provinzen den Regionen anderer europäischer Staaten ähnlich. Die Versammlung verabschiedet Gesetze und Verordnungen im Rahmen ihrer Kompetenzen und in ihrem jeweiligen Geltungsbereich (darunter ihren Haushalt). Den Provinzen wurden Kompetenzen der nationalen Ebene übertragen. Die wirtschaftspolitischen Zuständigkeiten betreffen die Pflege und Ausweitung der technischen Infrastruktur, die Gewinnung und Nutzung öffentlicher und privater finanzieller Mittel, die Unterstützung des Bildungsangebots, die Regulierung der Nutzung natürlicher Ressourcen, die Unterstützung der Entwicklung der Wissenschaft und die Förderung der wirtschaftlichen Entwicklungsmöglichkeiten der Provinz. In der direkten Leistungserbringung spielen die Provinzen keine große Rolle (Ausnahmen: höhere Bildung, Hauptstraßen), sie konzentrieren sich auf strategische Planung und regionale Entwicklungsprogramme.[225] Zur Erfüllung ihrer Aufgaben können und sollen die Wojewodschaften mit anderen öffentlichen oder privaten Akteuren kooperieren, darunter auch mit internationalen Organisationen oder regionalen Körperschaften anderer Staaten. Derartige grenzüberschreitende Aktivitäten sind ein besonderer Aktionsbereich der Provinzen, der für Gemeinden und Kreise nicht in der Form statutarisch geregelt ist. So ist die Wojewodschaftsvertretung verantwortlich für die Festlegung der Ziele der internationalen Zusammenarbeit, der geographischen Schwerpunkte der Kooperation sowie der Pläne zum Beitritt in internationale regionale Vereinigungen (vgl. Kowalczyk 2000: 227f.).

Die Wojewodschaften finanzieren sich durch einen Anteil am Steueraufkommen, durch Einnahmen aus eigenem Besitz, durch Hinterlassenschaften, Spenden und andere Einnahmen (vgl. Kowalczyk 2000: 237). Wieder einmal stellte sich die Regelung des Finanzierungssystems als besonders problematischer Bereich heraus. Vertreter der Provinzen kritisierten die Diskrepanz zwischen den dezentralisierten Kompetenzen einerseits und den dezentralisierten Ressourcen andererseits (vgl. Hughes et al. 2003: 82).

---

[225] Die Ausgaben der Kommunen sind etwa viermal höher als die der Provinzen.

Tabelle 12: Die Wojewodschaften nach 2001

Provinz	polnischer Name[1]	Fläche (in km^2)	Bevölkerung (in Tsd.)
Ermland-Masuren	W. Warmińsko-mazurskie	24.203	1.466
Großpolen	W. Wielkopolskie	29.826	3.355
Heiligkreuz	W. Świętokrzyskie	11.672	1.323
Karpatenvorland	W. Podkarpackie	17.926	2.126
Kleinpolen	W. Małopolskie	15.144	3.223
Kujawien-Pommern	W. Kujawsko-pomorskie	17.970	2.101
Lebus	W. Lubuskie	13.984	1.024
Łódź	W. Łódzkie	18.219	2.653
Lublin	W. Lubelskie	25.114	2.235
Masowien	W. Mazowieckie	35.598	5.070
Niederschlesien	W. Dolnośląskie	19.948	2.978
Oppeln	W. Opolskie	9.412	1.088
Podlachien	W. Podlaskie	20.180	1.223
Pommern	W. Pomorskie	18.293	2.192
Schlesien	W. Śląskie	12.294	4.866
Westpommern	W. Zachodnio-pomorskie	22.902	1.733
Polen		**312.683**	**38.656**

[1] W. = Województwo, dt. Provinz.
Quellen: Główny Urząd Statystyczny 2000.

Die Provinzversammlung wird für vier Jahre nach Verhältniswahl (d'Hondt) mit einer 5%-Sperrklausel auf regionaler Ebene gewählt. In Wojewodschaften mit weniger als 2 Mio. Einwohnern umfasst die Versammlung 30 Mitglieder. Für jede weitere halbe Million Einwohner kommen drei Sitze hinzu. 2006 wurden insgesamt 561 Mitglieder der Provinzversammlungen gewählt.[226] Die ausführende Gewalt obliegt dem fünfköpfigen Wojewodschaftsvorstand, dem ein aus der Mitte der Versammlung gewählter Marschall (*marszalek*) vorsitzt. Mitglieder dieses Gremiums dürfen keiner subregionalen Exekutive oder dem Sejm angehören, nicht in der staatlichen Verwaltung beschäftigt sein und auch kein Mandat in der Versammlung ausüben (vgl. Kowalczyk 2000: 231). An der Spitze der Wojewodschaft steht der Provinzgouverneur (Wojewode) als Repräsentant des

---

[226] Bis 2002 waren die Versammlungen größer: bis zu 2 Mio. Einwohner: 45 Mitglieder; für jeweils 500.000 weitere Einwohner fünf Sitze zusätzlich.

Staates auf der Provinzebene und als Chef der dekonzentrierten staatlichen Verwaltung. Die Gouverneure werden vom Ministerpräsidenten auf Vorschlag des Innenministers ernannt und überwachen zusammen mit dem Ministerpräsidenten die Aktivität der Provinzregierungen hinsichtlich ihrer Gesetzeskonformität und ihrer Übereinstimmung mit der zentralen Politik. Das Gesetz über die Selbstverwaltung in der Wojewodschaft vom 5. Juni 1998 regelt, dass der Zuständigkeitsbereich der Provinzen die Selbstverwaltung der Kreise und Gemeinden nicht berührt, diese also der Provinzverwaltung nicht unterstehen. Diese Regelung war angesichts der potentiellen Widerstände gegen die Reform von 1998 notwendig (vgl. ebd.: 226f.).

Aufgrund der dualen Struktur der Provinz – als staatliche und Selbstverwaltungsebene – wurde im Juni 1998 gesetzlich festlegt, dass die staatliche Verwaltung in der Provinz dem Gouverneur untersteht und von verschiedenen (teilweise auch den nationalen Ministerien für Verteidigung, Inneres und Finanzen unterstehenden) Stellen der staatlichen Verwaltung sowie, auf der Basis von Vereinbarungen oder Gesetzen, von Organen der Selbstverwaltung sowie von Stellen der staatlichen Verwaltung auf Kreisebene und anderen Organen der lokalen Selbstverwaltung ausgeübt wird. Als Vertreter der Zentralregierung ist der Gouverneur für die Implementation „nationaler" Politik in der Region zuständig. In den meisten Bereichen untersteht ihm die regionale Verwaltung. Er kann den Organen der Selbstverwaltung Aufgaben übertragen und Gesetze und Verordnungen für die Region erlassen. Falls der Gouverneur eine Entscheidung der subnationalen Einheiten wegen Illegalität aufhebt, kann das Verwaltungsgericht angerufen werden. Diese Form der Kontrolle ist aus Frankreich als *tutelle* des Präfekten bekannt (vgl. Wollmann/Lankina 2003: 115). Die Haushalte werden von regionalen Rechnungshöfen überwacht. Die Zentralregierung hat somit in erster Linie Aufsichtsfunktion, während eine Reihe von ehemals bei den lokalen oder zentralen Stellen der Zentralregierung gelegenen Aufgaben auf die Selbstverwaltungsorgane übergegangen ist. Eingeschränkt werden die regionalen Handlungsspielräume wie auch die intergouvernementalen Beziehungen durch die große Zahl dekonzentrierter Stellen, die auch nach der Institutionalisierung der regionalen Ebene kaum verringert worden ist.

Bereits im Oktober 1998, also noch vor dem eigentlichen Inkrafttreten der Staatsorganisationsreform am 1. Januar 1999, wurden die Vertretungskörperschaften der drei subnationalen Ebenen für jeweils vier Jahre gewählt. Die AWS ging mit 16,6% aller Sitze als stärkste Partei aus den Wahlen hervor, während lokale Gruppierungen und Unabhängige 59,9% der Sitze auf sich vereinigen konnten – ein Ergebnis, das an die erste freie Kommunalwahl erinnert (s. o. Kap. 4.3.2). In acht von 16 Provinzen war die in Warschau regierende Mitte-Rechts-Koalition erfolgreich, wenngleich die Freiheitsunion lediglich 1,8% der Mandate gewann. SLD, mit 13,9% der subnationalen Mandate, und PSL gewannen in den übrigen acht Provinzen. Die Tatsache, dass in allen Wojewodschaften eine der beiden Regierungsparteien als stärkste Fraktion aus den Wahlen hervorging, wurde als Zeichen für die Konsolidierung des Parteiensystems gewertet. Dort, wo es keine absolute Mehrheit gab, wurden Koalitionen „*innerhalb* der historisch-politischen Lager" gebildet (Grotz 2000: 183; Hervorhebung im Original). Ähnlich waren die Kräfteverhältnisse auf Kreisebene, während auf Gemeindeebene weiterhin Unabhängige und lokale politische Gruppierungen eine größere Rolle spielten (vgl. Wiatr 2003: 377). Nach starken Einbußen bei den vorangegangenen Parlamentswahlen (7,3% der Stimmen und 27 anstatt der bislang 132 Sitze) konnte sich die PSL bei diesen Kommunalwahlen als drittstärkste Kraft behaupten. Sie trat an der Spitze der Volksallianz (*Przymierze Spoleczne*) an, die 7,2% der subnationalen Mandate gewann. Mit geschätzten 120.000 bis 150.000 Mitgliedern konnte sich die PSL auch Ende der 1990er Jahre als die am besten organisierte Partei mit dem höchsten Grad gesellschaftlicher Verwurzelung behaupten (vgl. Kowalczyk 2000: 229; Szczerbiak 2001: 113).

Am 27. Oktober und, für die zweite Runde, am 10. November 2002 fanden die ersten Kommunal- und Regionalwahlen *nach* der großen Staatsorganisationsreform statt. Auf Provinzebene, wo die Vertretungskörperschaften entlang den Parteilinien gewählt wurden (vgl. Wiatr 2003: 381), ging die SLD als Siegerin hervor und gewann 189 von insgesamt 561 Provinzratssitzen. Die nationalen Oppositionsparteien errangen 94 Mandate, der Juniorpartner der Regierungskoalition, die PSL, 58. Erfolgreich waren schließlich noch die antieuropäischen Parteien *Samoobrona* und LPR[227] (101 bzw. 92 Mandate). Auf Kreisebene war wiederum die SLD die stärkste Partei, mehr als 50% aller Mandate gingen jedoch an Unabhängige. Auf kommunaler Ebene waren, trotz der oben erwähnten Wahlrechtsänderung, unabhängige Kandidaten mit deutlichem Abstand siegreicher als die Parteien. Neben den 2.478 Gemeinderäten (mit insgesamt etwa 38.000 Sitzen) wurden erstmals ebenso viele Bürgermeister direkt gewählt. Entgegen der Erwartung hatte die Direktwahl der Bürgermeister (nach absoluter Mehrheitswahl) keine Erhöhung der seit 1989 konstant niedrigen Wahlbeteiligung zur Folge (2002: 44,3% im ersten Wahlgang, 35% bei der Stichwahl) (vgl. ebd.: 381f.).[228] Diese vertikalen Kräfteverhältnisse, die in der Staatsorganisation „nach unten" stark abnehmende Bedeutung der Parteien, erwiesen sich als eine Konstante der jungen polnischen Demokratie.

---

[227] *Samoobrona*, dt. Selbstverteidigung; LPR, *Liga Polskich Rodzin*, dt. Liga der polnischen Familien.
[228] Aus der Wählerzurückhaltung – die freilich im internationalen Trend liegt – wurde der Schluss gezogen, dass die Gemeindeverwaltungsreform nicht auf die Zustimmung der Bürgerinnen und Bürger traf. Erhärtet wurde diese Vermutung dadurch, dass viele mit der örtlichen Verwaltung identifizierte Kandidaten und Parteien unterlagen (vgl. Wiatr 2003: 381f.).

4.4 Systemwechsel und Staatsorganisationsreform in Polen: Fazit

Ähnlich wie im spanischen Fall macht die historische Betrachtung der polnischen Staatsorganisation die Kontinuität bestimmter Strukturen (im Prinzip seit dem Feudalismus) über verschiedene Epochen hinweg deutlich. Die Fremdherrschaft setzte neue institutionelle Impulse, die Teil des staatsorganisatorischen Erfahrungsbestands wurden. Die Zugehörigkeit von Teilen des Landes zu Preußen und später zum napoleonischen Einflussgebiet brachten konkrete Erfahrungen mit moderner Territorialverwaltung, insbesondere mit Ansätzen eines Dualismus von Selbstverwaltung und Zentralverwaltung. Die landesweite Entwicklung einer Verwaltungsorganisation, wie sie sich in anderen europäischen Staaten vollzog, wurde jedoch durch die Teilung behindert. Im Zuge der Homogenisierung der Strukturen im ersten Drittel des 20. Jahrhunderts wurde besonders der französische Einfluss deutlich, als nach dem Vorbild der Präfekten ernannte Wojewoden die staatliche Verwaltung im Territorium führten.

Der Regierungsübernahme durch moskautreue Kommunisten nach dem Zweiten Weltkrieg folgten die Schaffung sowjetischer Institutionen auf allen staatlichen Ebenen und das Ende der Selbstverwaltung. Die Verwaltung wurde auf allen staatlichen Ebenen zum Umsetzungsinstrument für die Beschlüsse von Regierung und Arbeiterpartei. Institutionell haben wirtschaftspolitische Überlegungen und ein Kontrollbedürfnis immer wieder zu Anpassungen der Staatsorganisation geführt. Als beständig erwies sich die Mitte der 1970er Jahre eingeführte Verwaltungsgliederung (die im Grunde erst 1998 ersetzt wurde). Mit der Abschaffung der Kreise wurde ein zentralistisches Zweiebenensystem geschaffen, in dem sich mit den 49 Provinzen abermals ein französischer Einfluss, das Vorbild der *départements*, niederschlug. Während im sozialistischen Polen die zentrale Kontrolle im Bereich der Ökonomie wiederholt gelockert wurde, blieben die politischen Entscheidungsstrukturen zentralistisch. In den 1980er Jahren profitierte die lokale Ebene von einem in der Krise geborenen Reformansatz, der sich von einer größeren Autonomie und entsprechenden finanziellen Ressourcen der dezentralen Einheiten Effizienzgewinne versprach (vgl. Ciechocinska 1989: 139ff.).

Politisch machten die seit dem Ende der stalinistischen Phase wiederkehrenden Protestwellen und die offensichtliche Krisenanfälligkeit des Systems deutlich, dass eine begrenzte Liberalisierung das System nicht dauerhaft stabilisieren würde (vgl. Ziemer 1999: 332). Die Opposition verfolgte die Strategie, ein Netz autonomer gesellschaftlicher Organisationen zu errichten, ohne dabei die Prärogativen des Regimes direkt in Frage zu stellen (vgl. Grabowski 1996: 218). Die Existenz einer Gegenelite mit einer breiten Unterstützerbasis, die das Regime wirksam herausforderte, ist eine polnische Besonderheit in der Region. Als die Wirtschaftskrise der 1980er Jahre ihr die Chance bot, ließ sich die Opposition auf eine Zusammenarbeit mit der Regierung ein. Dieser Entwicklung waren – als wesentliche Voraussetzungen – eine ideologische Öffnung der sozialistischen Kader und der Wegfall des sowjetischen Vetos vorausgegangen.

Unerwartet geriet dieser Ansatz für wirtschaftliche Reformen zu einem Verfassungsprozess, mithin zum politischen Systemwechsel. Mangels eines klaren Bruchs mit der alten Ordnung galten für diesen Prozess zunächst die bestehenden Regeln sowie die von Regime- und Oppositionsvertretern getroffenen Vereinbarungen. Beide Seiten schätzten allerdings ihre Durchsetzungschancen falsch ein. Erheblich beschleunigt wurde der weitere Prozess durch das Ergebnis der semikompetitiven Parlamentswahlen von 1989 (vgl. Nohlen/Kasapovic 1996). Zwar wurde die Zusammenarbeit fortgesetzt; die Rahmenbedingungen veränderten sich jedoch mit der Auflösung von „S"-Bewegung und Arbeiterpartei und erforderten andere institutionelle Lösungen, deren Entwicklung durch die neue Wettbewerbssituation erheblich erschwert wurde. Die Institutionalisierung der jungen Demokratie wurde durch die Vereinbarungen des Runden Tisches verzögert, grundlegende Verfassungsfragen und weitere Entscheidungen das politische System betreffend (darunter die Staatsorganisation) wurden vertagt.

Die Reform der Staatsorganisation war seit Beginn der Transition ein wichtiges und konfliktbehaftetes Thema. Für viele Akteure stellte sie ein zentrales Element des Systemwechsels und der Modernisierung des Landes dar. Institutionelle Modelle anderer europäischer Staaten spielten dabei eine Rolle, wie sie es auch bei früheren Reformen getan hatten. In der Frage der Dezentralisierung verlief die Konfliktlinie zunächst deutlich zwischen den Vertretern des alten Systems, die auf einer zentralen Kontrolle der dezentralen Aktivitäten bestanden, und der ehemaligen Opposition, die sich klar für eine politische Dezentralisierung und die Reduzierung dekonzentrierter staatlicher Stellen aussprach (vgl. Brusis 2002: 549). Auch für die Entwicklung der Staatsorganisation ergaben sich aus dem beschleunigten Prozess neue Bedingungen. Der rasche Machterwerb der bisherigen Opposition eröffnete früher als erwartet Handlungsspielräume. Die Staatsorganisationsreformen zielten in dieser ersten Phase darauf ab, das Sowjet-System durch eine demokratische kommunale Ebene zu ersetzen. Aus Sicht der Opposition sollte hier nicht nur die demokratische Dimension gegenüber der administrativen gestärkt werden; eine Kommunalreform sollte zudem im Zusammenspiel mit baldigen Kommunalwahlen die Kontrolle der kommunistischen Netzwerke über die lokalen Institutionen beenden helfen (vgl. Grabowski 1996: 227).

Der Entscheidungskorridor im Ausgang des Sozialismus war relativ schmal. Die Kräftekonstellation, der Transitionsmodus der Verhandlung und die daraus resultierende Machtteilung verzögerten die regionale Dezentralisierung. Der rasche Fortschritt im Bereich der lokalen Institutionen hatte seinen Preis auch darin, dass die „S" die Wojewodschaften als Zentralverwaltungsebene zunächst gewissermaßen dem Regime überließ. Unter demokratietheoretischen Gesichtspunkten wurde dieser dilatorische Kompromiss kritisiert, doch war er hinsichtlich der administrativen Effizienz nicht zum Nachteil der jungen Demokratie. Die „S" konzentrierte ihre Forderungen zudem aufgrund ihres seit Anfang der 1980er Jahre diskutierten anti-etatistischen Ansatzes auf die kommunale Ebene. Auch entsprach es dem Leitgedanken der Staatsorganisationsreformen, eine dezentrale Selbstverwaltung „*bottom up*" aufzubauen.

Hinsichtlich der Entstehungsbedingungen der Selbstverwaltung ist bemerkenswert, dass das Parlament nur teilweise demokratisch legitimiert war und in den lokalen Vertretungskörperschaften noch die Vertreter der alten Ordnung saßen. Die zentral beschlossenen Reformen mussten durch den bestehenden, auf diese Aufgaben nicht vorbereiteten und relativ kleinen Verwaltungsapparat durchgeführt werden. Auch bestand keine uneingeschränkte Zustimmung zu den in Gang gesetzten Prozessen. Trotz der teilweise deutlichen Orientierung an der Charta der kommunalen Selbstverwaltung konnte die Reform „von oben" somit nur die Grundzüge des neuen Systems enthalten, dessen vollständige Entwicklung wesentlich durch die Gemeinden selbst zu leisten war (vgl. Regulski/Kocan 1994: 58; Baldersheim et al. 1996: 198).

Der Start in die lokale Demokratie wurde durch die bis 1992 krisenhafte wirtschaftliche Situation und die lauter werdenden Forderungen gesellschaftlicher Gruppen zusätzlich erschwert. Die Diskrepanz zwischen den Erwartungen an die Erhöhung des Lebensstandards und der prekären finanziellen Lage der Gemeinden, die sich anfangs auf kein geregeltes Finanzierungssystem stützen konnten, wurde immer größer. Die finanzielle Autonomie wurde erhöht, blieb aber in den folgenden Jahren ein Problem. So schien zwar mit der Stärkung der Selbstverwaltung den Forderungen der Opposition entsprochen zu werden. Gleichzeitig verband sich mit dem Prozess aber auch eine umfangreiche Verlagerung von sozialpolitischen Problemen. Nichtsdestoweniger hat die lokale Ebene durch die Aufrechterhaltung der staatlichen Leistungen, einen administrativen Pragmatismus und eine relativ hohe Effektivität einen wichtigen Beitrag zur Stabilisierung der gesamten Politik in der Transition geleistet. Mit den Bürgerkomitees gelang es schließlich, die sozialistische Präsenz auch an der Basis zu beenden. Während die anfänglichen Aktivitäten der Bürgerkomitees die überkommenen Strukturen nachhaltig in Bewegung setzten, war das Selbstverständnis der neuen Akteure, die Parteien ablehnten, kaum geeignet, die Institutionen der liberal-pluralistischen Demokratie mit Leben zu füllen. Die Modernisierung drohte sich auf Strukturen zu beschränken, während die Prozesse durch einen Konservatismus beherrscht wurden und ein neues politisches Monopol drohte (vgl. Jałowiecki 1990b). So war das baldige Ende der Bürgerkomitees zwar ein Moment der Dekonsolidierung inmitten der Transition. Die effektive Demokratisierung der lokalen Politik wurde dadurch jedoch begünstigt.

Wenngleich konkrete Reformen auf überkommunaler Ebene zunächst nicht möglich waren, wurde eine intensive Diskussion über Kreise und Provinzen (bzw. Regionen) geführt. Die ernsthaft diskutierten Modelle für die Regionen sahen zwar Selbstverwaltungsebenen vor, betonten jedoch die zu bewahrende Einheitsstaatlichkeit Polens, was nach fast einhelliger Meinung starke regionale Gebietskörperschaften, mit denen eine zentrifugale Dynamik verbunden wurde, ausschloss. Auch wurden die Provinzen als Relikte der kommunistischen Territorialverwaltung und damit als Kontrollinstrumente gesehen, auf deren Basis sich autoritäre Bastionen halten könnten. Hinzu kamen Reformwiderstände aus der zentralen Verwaltung wie auch aus den Reihen der neuen lokalen Elite, die nicht gewillt war, Kompetenzen und Ressourcen an eine höhere Ebene abzutreten (vgl. Wollmann/Lankina 2003: 102). Neben der Zuspitzung der (partei-) politischen Auseinandersetzung um die vertikale Organisation des Staates ist eine weitere Entwicklungslinie zu erkennen. So rückten, nachdem es anfangs noch um die Überwindung des überkommenen Zentralismus gegangen war, etwa ab 1992 funktionale und technische Gesichtspunkte der Staatsorganisation in den Mittelpunkt, bei denen es vornehmlich um eine wirksame und effiziente Umsetzung der Politik ging. In diese Phase der politischen Entwicklung fielen wichtige Konsolidierungsschritte der jungen Demokratie wie die Verabschiedung der Kleinen Verfassung sowie konkretere Entwürfe für die Staatsorganisation. Der sich konsolidierende Kontext ließ neue politische Erwartungen und Funktionsanforderungen hervortreten. Die Modernisierung der Verwaltung wurde zum Leitmotiv. Zudem waren die regierenden Parteien jeweils stärker auf die Kontrolle der Prozesse in der Transition bedacht und entwickelten eine Skepsis gegenüber autonomen Einheiten. Folglich richteten sich die weiteren Reformanstrengungen verstärkt auf administrative Leistungsdefizite, auf die Implementation der Reformen sowie deren Konsolidierung (vgl. Hesse 1993b: 219ff.; Hughes et al. 2004: 130). Allerdings zeigte sich ab 1993 auch die fehlende Reformbereitschaft der Postkommunisten, die aus strategischen Gründen am *status quo* der vertikalen Strukturen festhalten wollten. Somit hatten auch Wahlzyklen und politische Mehrheiten Auswirkungen auf die Entwicklung der Staatsorganisation.

Für eine effizienzorientierte und kohärente Reform der Institutionen stellte das vor allem zwischen 1990 und 1993 stark fragmentierte Parteiensystem mit ideologischer Polarisierung, schwachen und heterogenen Regierungskoalitionen und häufigen Regierungswechseln ein Hindernis dar. Die starke Wählerfluktuation ist zwar innerhalb der dritten Demokratisierungswelle ein typisches Muster

4 Demokratisierung und Staatsorganisationsreform in Polen

(vgl. Merkel 2010: 120f.). In Polen waren die Auswirkungen jedoch aufgrund des Verfassungsprovisoriums besonders gravierend und schlugen sich in der Entwicklung wichtiger Teilsysteme – des Parteiensystems, des Regierungssystems, aber auch der Staatsorganisation – nieder. Erst die Konsolidierung der legislativ-exekutiven Beziehungen konnte den Kurs der weiteren institutionellen Entwicklung einigermaßen stabilisieren.

Mitte der 1990er Jahre, zu Beginn der zweiten Phase der Reformen, setzte sich die Ansicht durch, dass eine intermediäre Ebene notwendig sei. Die seit den 1970er Jahren bestehende Struktur mit zahlreichen kleinen, zentral verwalteten Einheiten erwies sich als ineffizient und unterlag mit der teilweise unklaren Aufgabenverteilung einer Zentralisierungstendenz. Der *status quo*, die nationale Verwaltungstradition und die politischen Mehrheitsverhältnisse verengten den Entscheidungsspielraum dabei auf solche Konzepte, die für die Provinzebene ein Nebeneinander von territorialer Selbstverwaltung und Zentralvertretung vorsahen. Die 1996 unter der postkommunistischen Regierung durchgeführte Reform beschränkte sich noch auf eine Stärkung der dekonzentrierten Wojewodschaftsebene. Zwar waren die Signale der Europäischen Kommission widersprüchlich, doch wurden die Maßnahmen auch im Hinblick auf eine Umsetzung der gemeinschaftlichen Strukturpolitik für sinnvoll erachtet.

In der Programmatik von AWS und Freiheitsunion (bzw. der jeweiligen Vorgängerorganisationen) hat seit Beginn der Transition die Selbstverwaltung eine wichtige Rolle gespielt (vgl. EECR 1998). Hierbei ging es nicht zuletzt auch darum, den eigenen Einfluss in der staatlichen Verwaltung zu erhöhen (vgl. EECR 1998; Grotz 2000: 181). Gegen den Widerstand der Opposition und zum Preis einiger Kompromisse konnte die Reform schließlich durchgesetzt werden. Die 1998 getroffenen Entscheidungen umfassten Lösungen, über die bereits seit Anfang des Jahrzehnts diskutiert worden war. Die seit Mitte der 1990er Jahre von der EU-Kommission ausgehenden Signale hinsichtlich der Stärkung der administrativen Ressourcen der regionalen Einheiten lieferten zusätzliche Argumente und beeinflussten das Timing (vgl. Ferry 2003).

Die politischen Debatten im Vorfeld der Reform von 1998 waren von den Machtkalkülen der „großen" Parteien geprägt, die teilweise die Kontrolle über die Gebietskörperschaften zu bewahren suchten, teilweise ihre Präsenz auf den subnationalen Ebenen ausweiten wollten. Unter den Bedingungen der hohen Volatilität, der relativen Schwäche der Regierung gegenüber einer starken Opposition sowie der internen Heterogenität der Regierung versuchte eine Reihe von Parteien einen Vorteil aus der Reform zu ziehen (vgl. O'Dwyer 2006). Dies spiegelt sich insofern im Reformergebnis wider, als die Gebietskörperschaften einschließlich der wiedereingeführten Kreise eher nach politischen als nach Effizienzgesichtspunkten zugeschnitten wurden. Schließlich wurden regionale

Institutionen mit einer dualen Struktur von dekonzentrierter und Selbstverwaltung, begrenztem Aufgabenumfang und geringem politischen Gewicht geschaffen. Befürchtungen, dass die traditionelle Einheitsstaatlichkeit gefährdet würde, wurden folglich kaum bestätigt.

Systemwechsel und anschließender Konsolidierungsprozess bedeuteten die Ingangsetzung bzw. Beschleunigung einer staatsorganisatorischen Modernisierung, wie sie unter dem Sozialismus nicht möglich gewesen war. In diesem Prozess haben Leitbilder aus der polnischen Verfassungsgeschichte und dem Ausland eine Rolle gespielt (vgl. Lipowicz 1995: 79). Die verschiedenen Verwaltungs- und Staatsorganisationsreformen der 1990er Jahre stellen Anpassungen an demokratische und effektive Verwaltungsstandards dar. Einige der Reformmaßnahmen spiegeln internationale Trends wider. Dies gilt beispielsweise für die Direktwahl der lokalen Exekutive, durch die deren Sichtbarkeit erhöht werden sollte. Die Reform der intermediären Ebene geschah im Zuge einer Reform der öffentlichen Verwaltung, deren Ziel es war, ein Bindeglied zu schaffen zwischen kommunaler Selbstverwaltung und zentraler Regierung und Administration (vgl. Brusis 2002: 552). Dabei war eine Reihe von Faktoren wirksam, institutionelle Erfahrungsbestände ebenso wie aktuelle Anreize und (parteipolitische) Interessen. Im Ergebnis bedeutete das auch eine „Anpassung" an „westliche" und gemeinschaftliche Strukturen.

5 Staatsorganisationsreform in Großbritannien

Trotz der unbestrittenen Tatsache, dass das Handeln der lokalen Ebene Großbritanniens traditionell durch den Zentralstaat bestimmt wird, hebt die Forschung die lange englische Selbstverwaltungstradition und die relativ große Freiheit der lokalen Ebene bei der Erfüllung ihrer Aufgaben hervor (vgl. Page 1991: 10; CDLR 1998: 217). Das *local government* galt vielen als Teil der ungeschriebenen Verfassung des Vereinigten Königreichs. Die umfassenden Reformen der konservativen Regierungen ab 1979, die auf eine „funktionale Entstaatlichung" (Hesse/Benz 1990: 16) durch strukturelle Veränderungen des Verhältnisses zwischen den gebietskörperschaftlichen Ebenen sowie massive Eingriffe in die öffentlichen Ausgaben und Aufgabenstrukturen zielten, zeigten jedoch, dass jene ungeschriebene Verfassung dem *local government* keinen wirksamen Schutz bot. Die Souveränität des zentralen Parlaments, das oberste Verfassungsprinzip, machte weitreichende Reformen möglich (vgl. Norton 1994: 18).

Innerhalb dieses Spannungsfeldes von dezentraler Autonomie und, für einen Staat dieser Größe, ungewöhnlich starker Zentralisierung (vgl. ebd.: 350) hat die vertikale Struktur des unitarischen Staates erhebliche Veränderungen erfahren. Das Fehlen konstitutioneller Selbstverwaltungsgarantien und institutioneller Vetospieler war und ist hier eine wichtige Voraussetzung dieser Entwicklungen. Nimmt man die Produktion von staatsrechtlichen und politikwissenschaftlichen Aufsätzen, Sammelbänden und Monographien als Indikator für die Dynamik staatlicher Entwicklung, erlebte das Vereinigte Königreich in den letzten Jahren einen besonders tiefgreifenden Wandel, der in struktureller Hinsicht das Ausmaß der früheren Reformen sogar übertrifft.[229] Nachdem die Literatur über die britische „Verfassungsreform" bereits Ende der 1980er Jahre stark anzuwachsen begonnen hatte, kam es ein Jahrzehnt später unter (*New*) *Labour* zu einer Reformintensität, die erst allmählich wissenschaftlich nachbereitet wird (vgl. Kaiser 2002: 38).

Die Bezeichnung „*devolution*" oder Devolution für den hier interessierenden Teil dieser Verfassungsreform wird in der Forschungsliteratur häufig im Sinne eines Oberbegriffs für die Prozesse von regionaler Dezentralisierung und Dekonzentration im Vereinigten Königreich bzw. Großbritannien verwendet. Zum spezifischen Begriffsgehalt gehört, dass „die Letztentscheidung über die

---

[229] Beispielhaft seien genannt: Jowell/Oliver (2004); Rawlings (2003); Arter (2004).

Kompetenzordnung des Staates [...] beim Zentrum bleibt" (Sturm 2009: 55) und die Gebietskörperschaften nur die ihnen ausdrücklich übertragenen Zuständigkeiten besitzen.[230] Diesem Begriffsverständnis, das sich insbesondere dem Beitrag Vernon Bogdanors (1979) verdankt, wird auch hier gefolgt. Bei der Analyse der *devolution* wird Nordirland zumeist als Sonderthema behandelt. James Mitchell und Jonathan Bradbury (2004: 339) beschreiben die nordirische Devolution plakativ als *„politics without policies"*. Als wesentlicher Faktor der Differenz zum übrigen *United Kingdom* gilt gemeinhin der gewaltsame Konflikt, der immer wieder Bürgerkriegscharakter annahm. Roland Sturm weist darauf hin, dass der nordirischen Situation ein – gleichsam „religiös markierter" – Loyalitätskonflikt zugrunde liegt, bei dem es um die Loyalität gegenüber der irischen Republik bzw. gegenüber dem Königreich geht (vgl. Sturm 2009: 88ff.). Eine Sonderstellung Nordirlands kommt auf der Ebene politischer Prozesse auch darin zum Ausdruck, dass die Ablehnung schottischer und walisischer Devolution in der konservativen Thatcher-Ära nicht mit einer Ablehnung der nordirischen Devolution einherging. Es bestand vielmehr – und bezeichnenderweise – weitgehende Einigkeit über die *„desirability of offloading responsibility for that 'troubled' region to its inhabitants"* (Wilford/Wilson 2003: 79). Nicht zuletzt in den Konsequenzen – die Konflikte zwischen den nordirischen Parteien führten zu einer Zwangsverwaltung durch London – unterscheidet sich der nordirische Fall strukturell auch deutlich vom Baskenland und Katalonien. Aus den genannten Gründen, die eine für den hier anzustellenden Vergleich übermäßige Differenz bedingen, wird Nordirland im Folgenden nicht berücksichtigt.

Zunächst werden die Entwicklung des *local government* und das Verhältnis zwischen Zentralstaat und Gemeinden[231] (4.1.1.) sowie zwischen Zentrum und Regionen bzw. Nationen (4.1.2.) vor der oft als Zäsur beschriebenen konservativen Regierungsübernahme des Jahres 1979 dargestellt. Eine relativ detaillierte Betrachtung ist geboten, um die teilweise inkrementellen Entwicklungen von Strukturen zu dokumentieren, die in der Literatur häufig im Zuge einer Epochen- und Umbruch-Diskussion förmlich verwischt werden (vgl. Sturm 2009: 10). Sodann werden der Verlauf und die Ergebnisse der Reformen der 1980er Jahre analysiert. Diese führten zum *status quo* der Staatsorganisation vor der Devolution unter *Labour*, die Gegenstand von Kapitel 5.3 ist. Wenngleich die Staatsorganisationsreformen des Vereinigten Königreichs mit der Devolution eine

---

[230] Tatsächlich wurde im Rahmen der britischen Devolution Ende der 1990er Jahre von dieser Systematik abgerückt, da im schottischen Fall die in London verbleibenden Kompetenzen gesetzlich fixiert wurden (vgl. Sturm 1999: 219).
[231] Gemeinden im Sinne des „kontinentaleuropäischen" Begriffs existieren in Großbritannien nicht. Lokale Gebietskörperschaften sind *counties* und *districts* (vgl. Wehling 1992: 183). Im Folgenden wird der Gemeindebegriff, bezogen auf die lokalen Autoritäten, als funktionales Äquivalent für die untere Ebene des Staates verwendet.

ausgeprägte regionale Dimension entwickelt haben, sind in historischer Perspektive die *subregionalen* Gebietskörperschaften von besonderer Bedeutung. Sie finden deshalb im Folgenden eine besondere Berücksichtigung.

5.1 Historische Entwicklung des local government

5.1.1 Die historische dezentrale Administration

Großbritannien kennt mit Zentrum und lokaler Ebene zwei historische Regierungs- bzw. Verwaltungsebenen.[232] Insgesamt ist die Entwicklung des britischen Staates durch eine Kontinuität gekennzeichnet, die das Ausbleiben jeder gewaltsamen Revolution seit beinahe 400 Jahren dem Land beschert hat. „*The ancient elements of the constitution have changed by pragmatic adjustment and an accumulation of precedents and conventions.*" (Norton 1994: 351) Während des Mittelalters erhielten englische und walisische Städte durch eine *royal charter* Autonomie. Kirchliche Bezirke waren die Basis für die Verwaltungsgliederung nach *parishes*, die ihre eigenen Angelegenheiten verwalteten. Verantwortung in dem für die Staatsentwicklung wichtigen Bereich der Sozialfürsorge wurde ihnen 1601 übertragen.[233] Die Einnahmequelle der Kirchspiele war eine vermögensbasierte Abgabe (*rate*), die erst gegen Ende des 20. Jahrhunderts von der Thatcher-Regierung abgeschafft wurde. Abgesehen von der symbolischen Dimension unterscheidet sich die moderne Gemeindeverwaltung vom mittelalterlichen Modell jedoch deutlich. Im Zuge der Monopolisierung des Machtanspruchs durch den Monarchen und das Parlament seit dem 16. Jahrhundert wurden die subnationalen politischen Spielräume erheblich eingeschränkt. Seit der *Glorious Revolution* der Jahre 1688/89, in der sich das Parlament zum Träger der Souveränität erhoben und William III. die Krone zu den vom Parlament ausgearbeiteten Bedingungen akzeptiert hatte, waren die Prinzipien der britischen Verfassung fixiert (vgl. Sturm 2009: 37f.). Für die vertikale Organisation des Staates kommt der *ultra-vires*-Doktrin, die sich aus der Parlamentssouveränität ableitet, zentrale Bedeutung zu. Sämtliche politischen Kompetenzen liegen grundsätzlich beim Zentralstaat und können auf niedrigere Ebenen übertragen werden. So besitzen die lokalen Einheiten traditionell keine eigenen Rechte, sondern verdanken ihre Existenz in Westminster verabschiedeten Gesetzen, wie auch ihre Zuständigkeiten auf gesetzlicher Übertragung beruhen (vgl. Norton 1994: 356). Eine kommunale Selbstverwaltung im Sinne einer verfassungsrechtlich garantierten „Allzuständigkeit" (Hesse/Benz 1990: 80) besteht

---

[232] Für die Einheiten der lokalen Ebene sind allerdings mehrere Typen zu unterscheiden (s. u.).
[233] Mit diesem Jahr wird häufig der Beginn des Wohlfahrtsstaates datiert (vgl. Norton 1994: 351).

folglich nicht. Konstituiert wurde damit ein Unterschied zur Lokalverwaltung nach französischem Vorbild, wie sie auch in Spanien besteht (vgl. Page 1991: 133). Auch mit föderalen Strukturen im „kontinentaleuropäischen" Sinne ist das Verfassungsprinzip der Parlamentssouveränität nicht vereinbar. Dekonzentration und auch politische Dezentralisierung sind freilich nicht ausgeschlossen. Im Grundsatz gilt jedoch, dass London für die Organisation und Finanzierung der subnationalen Ebene verantwortlich ist und deren Institutionen durch ein entsprechendes Gesetz auch wieder abschaffen kann. Dem steht – zumindest theoretisch – auch eine vorangegangene Direktwahl der subnationalen Vertretungskörperschaften nicht im Wege, da nicht die Souveränität des Volkes gilt, sondern die des Parlaments (vgl. Sturm 1999: 212ff.; Sturm 2009: 44).

Mit Ausnahme einiger Anfänge eines bürokratischen Absolutismus während der Tudor-Periode (16. Jh.) konnte die britische Monarchie auf der Basis eines spezifisch englischen Institutionenarrangements ihre Macht in hohem Maße zentralisieren. Das Rückgrat dieses Verwaltungssystems waren ab dem 14. Jahrhundert die lokalen Friedensrichter. Formal Beauftragte des Königs, waren diese Beamte führende Mitglieder des niederen Landadels, der zwischen dem 17. und 19. Jahrhundert weitere administrative Aufgaben zusätzlich zur ursprünglichen judikativen Funktion übernahm.[234] Eine solche Honoratiorenverwaltung durch lokale Würdenträger konnte allerdings nur dort bestehen, wo die Aufgaben relativ einfach waren. Mit der Ausweitung administrativer Aktivitäten stieß sie schnell an ihre Grenzen (vgl. Page 1993: 22f.).

Mehrere Jahrhunderte verwalteten Friedensrichter und Honoratioren des niederen Adels die englischen *counties* (Grafschaften). Die Friedensrichter erreichten unter den Tudors einen höheren Grad an Zentralisierung, als er in Frankreich und Deutschland bestand. Seit dem 17. Jahrhundert nahm jedoch die Kontrolle dieser Beamten durch die Monarchie ab. Die Zeit zwischen der Thronfolge des Hauses Hannover und dem Ende der Napoleonischen Kriege (1689–1835) sollte schließlich als die Periode in die englische Geschichte eingehen, in der die Verwaltungen der *counties*, im 19. Jahrhunderts die territoriale Haupteinheit Englands, die größte Freiheit gegenüber der Zentralregierung genossen (vgl. Webb/Webb 1924: 279; Page 1991: 115).

Unter den entwickelten Demokratien ist Großbritannien das deutlichste Beispiel dafür, wie der Zentralstaat sich seit der Industrialisierung und der damit verbundenen Ausbreitung des politischen und ökonomischen Liberalismus auf

---

[234] Diese „Kategorie war ein spezifisch englisches Gebilde, ein den Kleinadel und das städtische Rentnertum umfassendes Patriziat, 'gentry' genannt: eine Schicht, die ursprünglich der Fürst gegen die Barone heranzog und in den Besitz der Ämter des „selfgovernment" setzte, um später zunehmend von ihr abhängig zu werden. Sie hielt sich im Besitz der sämtlichen Ämter der lokalen Verwaltung, indem sie dieselben gratis übernahm im Interesse ihrer eigenen sozialen Macht." (Weber 1972: 828)

5 Staatsorganisationsreform in Großbritannien

Ordnungsfunktionen wie Eigentumssicherung beschränkt hat, während die lokalen Verwaltungen Aufgaben in den Bereichen Infrastruktur und Sozialpolitik übernahmen (vgl. Hesse/Benz 1990: 22). Mit der Organisation des Staates wurde gewissermaßen die Arbeit geteilt zwischen dem Zentralstaat, der den rechtlichen Rahmen setzt, und den die materiellen Entwicklungsvoraussetzungen schaffenden dezentralen Institutionen. Während sich die Zentralregierung bis Mitte des 19. Jahrhunderts vor allem mit auswärtigen Angelegenheiten befasste, waren *counties*, *boroughs* und *parishes* weitgehend autonom in der Erledigung ihrer Angelegenheiten. Damit war der britische Staat entsprechend der Unterscheidung „*high politics*" (nationale Belange) und „*low politics*" (alltägliche Probleme) organisiert (vgl. ebd.). Die Friedensrichter übten in diesem Rahmen neben eigenen Verwaltungsaufgaben auch die Aufsicht über die lokale Politik aus, standen aber die meiste Zeit nicht unter zentralstaatlicher Kontrolle. Die Unabhängigkeit, die die lokale Ebene lange Zeit genoss, war dabei auch Folge eines geringen Interesses von Krone und Parlament. Dies änderte sich, als gegen Ende des 19. Jahrhunderts im Zuge von Urbanisierung und Industrialisierung der Bedarf an nationaler Infrastruktur-, Gesundheits- und Bildungspolitik stieg und der lokalen Ebene eine Schlüsselrolle bei deren Durchführung zukam (vgl. Norton 1994: 368). Industrialisierung und Urbanisierung einerseits und die „Entstehung des modernen Systems der kommunalen Selbstverwaltung" (Johnson 1988: 21) hingen also eng miteinander zusammen.

Die Reform der englischen Lokalverwaltung in den Jahren 1834 und 1835 folgte der Ausweitung des Wahlrechts von 1832 und schuf, in Reaktion auf die mit der sozioökonomischen Entwicklung aufkommenden Herausforderungen, lokale Mehrzweck-Einheiten. 1835 wurde mit der Wahl von Vertretungskörperschaften in Städten und inkorporierten Gemeinden eine „politisch-repräsentative Form" (Wollmann 1999a: 51) der lokalen Verwaltung geschaffen, die der frühliberalen Konzeption von kommunaler Autonomie, wie sie in der Demokratisierung und Parlamentarisierung Deutschlands eine wichtige Rolle spielte, als Vorbild diente. Entsprechend gilt die Verabschiedung des *Municipal Corporations Act* auch als Geburtsstunde des modernen *local sef-government* (vgl. Wollmann 1999b: 189). Die lokalen Autoritäten wurden zu unabhängigen und rechtsfähigen Körperschaften, deren Befugnisse ausgeweitet wurden. 1888 wurde das Prinzip der gewählten Exekutive auch auf Grafschaftsebene eingeführt. Mit dem *Local Government Act* wurden 62 Grafschaftsräte eingerichtet, sechs Jahre später urbane und ländliche *districts* und damit ein System, das an die Stelle der *parishes* trat. Dieses Verwaltungssystem blieb im Grunde bis zur territorialen Neuordnung von 1974 bestehen (vgl. Norton 1994: 352). Ländliche Städte und Gemeinden behielten kaum nennenswerte Aufgaben. „In der – im zeitgenössischen Europa beispiellosen – Radikalität, mit der 1894 die dezentral-lokale

Institutionenwelt umgemodelt worden war, wurde das in der Verfassungsdoktrin von der Parlamentssouveränität steckende Eingriffspotential sichtbar und kündigte sich zudem jener eigentümliche institutionenpolitische Pragmatismus an, mit der [sic] die Zentralregierung auch bei späteren Gelegenheiten mit den dezentral-lokalen Ebenen umging." (Wollmann 1999b: 189) Gleichzeitig ergab sich aus der nur schwachen Einmischung des Zentrums in die lokale Aufgabenerfüllung sowie aus der Finanzierung der lokalen Ausgaben aus der *local rate* eine bemerkenswerte Autonomie auf der unteren staatlichen Ebene (vgl. ebd.: 190). Diese agierte noch weitgehend unabhängig von den nationalen Parteien, auf die sie teilweise ihrerseits Einfluss nahm. Entsprechend hoch war die faktische lokale Autonomie. So erscheinen das späte 19. und frühe 20. Jahrhundert manchem im Rückblick als „Goldenes Zeitalter" des *local government*. Erst danach begann dessen Status als „*all-purpose local provider*" zu bröckeln (vgl. Johnson 1988: 36; Norton 1994: 352).

Insgesamt wandelten sich die Funktionen der lokalen Verwaltung stärker als ihre Strukturen. Besonders am Anfang des 20. Jahrhunderts nahmen die Aufgaben der unteren staatlichen Ebene zu; infolgedessen vervierfachten sich ihre Ausgaben zwischen 1900 und 1938 (vgl. CDLR 1998: 218f.). Ein wesentlicher Unterschied gegenüber den kontinentaleuropäischen Verwaltungssystemen war das Fehlen einer den Gemeinden entsprechenden Grundeinheit unterhalb der *county boroughs*, Grafschaften (deren Zahl sich auf etwa 80 erhöhte) und *districts*.[235] Eine formale Hierarchie der subnationalen Einheiten bestand traditionell nicht (vgl. Norton 1994: 366). Eigene Einnahmen bezogen die lokalen Autoritäten weiterhin aus der Grundsteuer, deren Höhe sie selbst festlegten. Allerdings entwickelte sich bereits im 19. Jahrhundert die Praxis staatlicher Zweckzuweisungen, die in der Folge stark an Bedeutung gewannen. Damit nahm auch der Einfluss des Zentralstaates auf die lokale Aufgabenwahrnehmung zu.

Angesichts wachsender sozialer Probleme und der damit verbundenen Gefahr der Desintegration wurden die sozialstaatlichen Leistungen Anfang des 20. Jahrhunderts deutlich ausgebaut. Mit den neuen Aufgaben erweiterte und differenzierte sich auch die Verwaltung des zentralen Staates.[236] Für die Gebietskörperschaften bedeutete die beschleunigte wirtschaftliche Entwicklung ein Wachstum der Aufgaben in den Bereichen Infrastrukturentwicklung und Daseinsvorsorge. Viele subnationale Autoritäten waren jedoch bereits infolge der Industrialisierung mit den ihnen gestellten Aufgaben überfordert, sei es aufgrund der Dimension der Probleme oder mangels Ressourcen. Die seit den 1830er Jahren für spezielle Aufgaben eingerichteten Zweckbehörden hatten eher zu institutioneller Fragmentierung und größerer Komplexität beigetragen als zur Problem-

---

[235] Die teilweise fortbestehenden *parishes* hatten für die Verwaltung keine Bedeutung mehr.
[236] Die folgenden Ausführungen basieren im Wesentlichen auf Hesse/Benz (1990: 26ff.).

bewältigung. Die Staatsorganisation an sich blieb unberührt. Daran änderten auch die in Reaktion auf die veränderten gesellschaftlichen und politischen Verhältnisse geschaffenen Vertretungskörperschaften und Professionalisierungstendenzen innerhalb der Verwaltung nichts. Die Problematik verschärfte sich Anfang des 20. Jahrhunderts mit den hinzu gekommenen Zuständigkeiten im Bereich sozialer Dienstleistungen und der zunehmenden finanziellen Abhängigkeit der lokalen Ebene. An die Stelle der Trennung von lokaler und zentraler Sphäre trat eine stärkere Kontrolle durch die Zentralverwaltung. Die Sozialstaatsentwicklung des 20. Jahrhunderts konsolidierte diese duale Struktur. Eine territoriale Dimension hatte die Politik insofern, als sozialpolitische Maßnahmen nicht nur eine Reaktion auf die Politisierung der Arbeiterschaft waren, sondern auch auf die regionalistischen Bewegungen in Schottland und Wales zielten (s. u. Kap. 5.1.2). Dabei waren die dezentralen Einheiten derart fragmentiert und schwach, dass London auf eine direkte Kontrolle verzichten konnte.

5.1.2 Funktionswandel und institutionelle Entwicklung im 20. Jahrhundert

Das Verfassungsmodell, in dem Gesetzgebung und Regierung auf nationaler Ebene liegen, während die Verwaltungsaufgaben auf Grafschaften und Städte übertragen werden – von James Bulpitt (1983) als „*dual polity*" bezeichnet – stellt neben der ungeschriebenen Verfassung und *ultra vires* eine der strukturellen Rahmenbedingungen der lokalen Administration Großbritanniens dar (vgl. Wollmann 1999b: 187f.). Während die *dual polity* „faktisch für ein ungewöhnliches Ausmaß lokaler Autonomie sorgte" (ebd.), gab es keinen Schutz vor gesetzgeberischen Eingriffen seitens Westminsters. Als strukturelle Merkmale, die die britische Institutionenpolitik bestimmen, sind ferner das Fehlen qualifizierter Mehrheitsquoren sowie das sich nach dem Ersten Weltkrieg festigende Zweiparteiensystem zu nennen. Unter diesen Voraussetzungen hat die Mehrheit im Unterhaus auch bei institutionellen Entscheidungen einen großen Spielraum (vgl. Grotz 2007: 271).[237] Nach dem Zweiten Weltkrieg wuchs die Abhängigkeit der lokalen Autoritäten von der Zentralregierung, während die zentralen Ministerien verstärkt in die dezentralen Aktivitäten intervenierten. Durch die Schaffung des *National Health Service* (ab 1948) und die Verstaatlichung von Gas- und Stromleistungen verringerte sich das wirtschaftspolitische Gewicht der lokalen Autoritäten. Direkte Interventionen der Londoner Ministerien nach Zweckmäßigkeitserwägungen schränkten die lokale Autonomie weiter ein. In Ermangelung intermediärer Regierungsstellen lag die Aufsicht in der Regel in London. Völlig

---

[237] Nachdem das *House of Lords* Anfang des 20. Jahrhunderts sein absolutes Vetorecht verloren hat, ist auch diese potentielle Hürde einer Institutionenreform weggefallen.

aufgehoben wurden die lokalen Spielräume dadurch jedoch nicht, „eine Folge der Abneigung der zentralen Ministerien gegen Aufsichtsmethoden, die ihre eigene exekutive Verantwortung hervorheben würden" (Johnson 1988: 30). Ein Beispiel hierfür ist die im internationalen Vergleich große lokale Gestaltungsfreiheit im Schulwesen. Der Zentralstaat hat politische Einflussmöglichkeiten häufig seinen direkten Interventionsrechten vorgezogen. Gleichzeitig war die Zentralregierung gegenüber den lokalen Partnern auch kompromissbereit, da diese für die Bereitstellung sozialer Dienstleistungen unverzichtbar waren. So bestand grundsätzlich ein „vertikaler" Konsens hinsichtlich der als notwendig empfundenen Zusammenarbeit beim Ausbau des Wohlfahrtsstaates.

Auf die Abschwächung des Wachstums in den 1960er Jahren reagierte die Regierung mit einer Politik der Wirtschaftsmodernisierung, in deren Zuge die zentralstaatlichen Aufgaben stark ausgeweitet und die Institutionen differenziert wurden. Eine Reihe staatlicher Aufgaben wurde auf neu geschaffene Organisationen übertragen, wodurch die Eigenständigkeit der dezentralen Autoritäten nur formal nicht berührt wurde. Während regionale Selbstverwaltungseinheiten dem britischen System fremd waren und vorerst auch blieben, wurden zu administrativen Zwecken und zur Ausübung bestimmter Funktionen etwa 100 regionale Institutionen mit unterschiedlichem Status geschaffen (vgl. CDLR 1998: 220). *Regional Economic Planning Boards* waren in den Mitte der 1960er Jahre unter *Labour* eingeführten acht englischen Planungsregionen sowie in Schottland und Wales für die regionale Wirtschaftsplanung im Rahmen der Raum- und Wirtschaftsplanung zuständig (vgl. Hesse/Benz 1990: 80). Entsprechend ihrer Bezeichnung waren diese Institutionen allerdings „eher auf Rationalisierung und Effektivitätssteigerung der zentralstaatlichen Politik als auf den Einbezug territorialer Interessen gerichtet" (ebd.: 34).

Gleichwohl wurde auch der Reform der Staatsorganisation und Ansätzen zu einer Dezentralisierung Großbritanniens in den 1960er Jahren verstärkt Aufmerksamkeit zuteil. Die seit dem späten 19. Jahrhundert nur geringfügig modifizierte Territorialstruktur entsprach schon lange nicht mehr den sozialstaatlichen Bedürfnissen, die für stärker territorial orientierte Politiken sprachen. Zudem zeigten die Wahlergebnisse der regionalistischen Parteien die politische Virulenz der Nationalismen in Schottland und Wales. Ernsthaft diskutiert wurden vorerst allerdings nur die bestehenden *subregionalen* Institutionen. Unter dem Leitbegriff „Modernisierung" war es bereits Mitte der 1960er Jahre in London zu ersten Reformen gekommen,[238] die die traditionellen Widerstände brachen und den Weg für weitere Reformen ebneten. Geprägt waren die Reformdebatten von Begriffen wie „Struktur", „Effizienz" und „Planung" (vgl. de Vries 2000: 218).

---

[238] Der *Greater London Council* wurde vergrößert und 32 den *districts* äquivalenten *boroughs* geschaffen.

5 Staatsorganisationsreform in Großbritannien

1966 wurde schließlich die von Lord Redcliffe-Maud geleitete *Royal Commission* beauftragt, Empfehlungen für die Reorganisation der Staatsstruktur zu erarbeiten. Die drei Jahre später vorgelegten Vorschläge zielten auf die Stärkung der demokratischen Legitimität, die Bürgerbeteiligung auf lokaler Ebene sowie das Vertrauen in das Regierungssystem (vgl. de Vries 2000: 207f.; Kaiser 2002: 190).

Von *Labour* angestoßen, wurde die Gebietsreform von den Konservativen unterstützt und umgesetzt. Mit der zwischen 1972 und 1974 vollzogenen Territorialreform, die das Ende der kleineren Gebietskörperschaften bedeutete, trat in England – und ähnlich in Schottland und Wales – an die Stelle der scharfen Stadt-Land-Trennung ein zweistufiges System mit *counties* und *districts* als Verwaltungsebenen, die ihre Aufgaben formal unabhängig voneinander, faktisch aber in enger Abstimmung erfüllen sollten (vgl. Johnson 1988: 22f.; Hesse/Benz 1990: 80). Vorrangiges Ziel der Reform war die administrative Rationalisierung. Um eine „Stärkung der politischen Willensbildungs- und Leitungsorgane" (ebd.: 35) ging es der konservativen Regierung unter Edward Heath nicht. Die Zahl der lokalen Gebietskörperschaften, die 1950 bei 1.347 – einem im europäischen Vergleich sehr geringen Wert – gelegen hatte, stieg auf 1.857, bevor die Gebietsreformen der 1970er Jahre durch drastische Zusammenschlüsse auch gegen den Willen der Bevölkerung die Zahl auf 521 lokale Einheiten im gesamten Vereinigten Königreich reduzierten. Kern der Reformüberlegungen war, die Größe der lokalen Einheiten und deren Aufgaben – wie sie sich entwickelt hatten und voraussichtlich entwickeln würden – in Einklang zu bringen. Die Reform zielte auf die internen Abläufe wie auch auf den Zuschnitt der Gebietskörperschaften. Verbreitet war die Ansicht, dass bereits die Amalgamierung – und mit ihr die Konzentration der Finanzkontrolle und -planung – die Effizienz erhöhen würde (vgl. Johnson 1988: 26). Nach der Reform zählte England außerhalb Londons 39 Grafschaften und 296 *districts*. Diese auch im internationalen Vergleich enorme Verschmelzung bedeutete eine Reduzierung der Zahl der lokalen Einheiten von 1.200 auf 410. In Schottland wurde 1972 und 1973 ein Zwei-Ebenen-System mit neun Regionen, drei Inseln (also zwölf etwa den *counties* entsprechenden Einheiten) sowie 53 *districts* und in Wales ein Zwei-Ebenen-System mit acht *counties* und 37 *districts* geschaffen (vgl. ebd.: 23; Marcou/Verebelyi 1993: 41). Allerdings blieb die „historisch gewachsene Unterschiedlichkeit der englischen und der schottischen Kommunalverwaltung […] auch nach den Reformgesetzen, wenn auch in abgewandelter Form, erhalten" (Sturm 1981: 77) und wurde die schottische Autonomie in Angelegenheiten der lokalen Verwaltung nicht grundsätzlich in Frage gestellt.

Neben den Rationalisierungsüberlegungen spielten bei der Zuständigkeitsverteilung auch institutionelle Traditionen und politisches Kalkül der Regierung eine Rolle (vgl. Johnson 1988: 23). Grundsätzlich galt, dass Aufgaben, die von größeren Einheiten effizienter erledigt werden konnten, bei den *counties* liegen sollten.[239] Eine formale Hierarchie zwischen den Ebenen wurde allerdings nicht etabliert (vgl. ebd.: 25). Traditionell verfügte die britische lokale Ebene über relativ große Autonomie in den Bereichen Transport, strategische Planung und Wohnungswesen (vgl. Eser/Konstadakopoulos 2000: 794).[240]

Als vollziehenden Instanzen einer Politik, die auch darauf gerichtet war, die Lebensverhältnisse überregional anzugleichen, wurden den lokalen Autoritäten insbesondere in den 1960er und frühen 70er Jahren personal- und finanzintensive Aufgaben zugeschrieben. Infolgedessen stiegen die lokalen Ausgaben in dieser Zeit stark an, während die lokale Autonomie in der Aufgabenerfüllung abnahm (vgl. Johnson 1988: 30). Bereits 1958 war dazu übergegangen worden, die lokalen Autoritäten über allgemeine Zuweisungen zu finanzieren. Eine jährliche Ausgabenschätzung lieferte die Bemessungsgrundlage für die Mittel. Neben dem Bedarf wurde eine Finanzausgleichskomponente berücksichtigt, durch die Steuervergünstigungen für Wohnungseigentümer ausgeglichen wurden. Diese Ausgleichskomponente gewann im Laufe der 1970er Jahre an Gewicht[241] und begünstigte überwiegend größere, von *Labour* kontrollierte lokale Autoritäten. Besonders dies stieß auf die Kritik der konservativen Opposition (vgl. Hesse/Benz 1990: 85).

Bei den alle vier Jahre stattfindenden Wahlen zu den lokalen Vertretungskörperschaften ist traditionell die relative Mehrheitswahl in Einerwahlkreisen zur Anwendung gekommen.[242] Eine „sichtbare", dem Rat gegenüberstehende Exekutive gab es bis Ende des 20. Jahrhunderts nicht; vielmehr waren Exekutive und Legislative stark ineinander verzahnt. Die ausführende Gewalt lag beim gesamten Rat und seinen Ausschüssen (vgl. Marcou/Lysenko 1993: 127f.). Als Steuerungsorgan fungierte der Hauptausschuss („*central committee*"). Das lokale politische Zentrum lag in der Regel beim Führer der Mehrheitspartei, den Ausschussvorsitzenden und dem leitenden Beamten. Die Ratsvorsitzenden mit dem Titel *Mayor* oder – in den größten Städten – *Lord Mayor* bekleideten das formal höchste kommunale Amt, übten dabei jedoch überwiegend repräsentative Aufgaben aus (vgl. Norton 1994: 389; Vetter 2002: 152).

---

[239] Die *ultra-vires*-Doktrin, die die Unterscheidung zwischen eigenen und delegierten Aufgaben eigentlich erübrigt, wurde 1972 dadurch durchbrochen, dass die lokalen Autoritäten zu (freilich stark begrenzten) nicht gesetzlich spezifizierten Ausgaben für lokale Zwecke ermächtigt wurden (vgl. Verebelyi 1993: 23f.).

[240] Die Zuständigkeit für Bildung, Feuerwehr, Polizei, soziale Dienstleistungen und Straßen lag in der Regel bei den größeren Grafschaften, während die Distrikte für das Wohnungswesen, öffentliche Gesundheit und Entsorgung verantwortlich waren (vgl. Page 1993: 68).

[241] Von ca. 14% auf 30% 1979, während der Bedarfsanteil in dieser Zeit von 80% auf 60% sank.

[242] *Metropolitan district councils* und einige *non-metropolitan districts councils* wurden in drei aufeinander folgenden Jahren jeweils zu einem Drittel erneuert (vgl. Norton 1994: 384).

Aufgrund der Empfehlungen des *Bains Report* von 1972 zur Reform der lokalen Politik wurden in den meisten Räten vom Mehrheitsführer geleitete *Policy and Resources Committees* eingerichtet. Mit einer den Mehrheitsverhältnissen im *council* entsprechenden Zusammensetzung übernahmen diese Ausschüsse die Aufgabe, den jeweiligen *council* hinsichtlich Planungen und politischer Zielsetzungen, Ressourcenkontrolle sowie Koordination und Implementation der lokalen Programme zu beraten. Die Entwicklung einer Art Kabinettstruktur im Ausschusswesen, d. h. die Besetzung eines Ausschusses mit Mitgliedern einer einzigen Partei, wurde 1989 gesetzlich unterbunden (vgl. Norton 1994: 387f.).

Ein politischer Effekt der Gebietsreformen der 1970er Jahre war die Parteipolitisierung der lokalen Politik. Hatten vor 1974 Unabhängige und Honoratioren eine große Rolle auf der lokalen Ebene gespielt, verloren sie danach stark an Bedeutung. Die Vergrößerung der Gebietskörperschaften schwächte die lokal verwurzelten Eliten und stärkte die Parteien. Wo in der Vergangenheit eine starke Konsensorientierung geherrscht hatte, verschärften sich die Gegensätze. Der institutionelle Rahmen, die fortbestehende Ratsverfassung, die durch das Fehlen einer sichtbaren politischen Führung gekennzeichnet war, wurde diesen Dynamiken kaum gerecht. Wann immer parteiliche Mehrheiten Führung reklamierten und durchsetzten, wurde der Grundsatz, dass der Gemeinderat die alleinige Entscheidungsgewalt innehat, in Frage gestellt (vgl. Johnson 1988: 29). Dieses Führungsproblem sollte erst mehr als 20 Jahre später von der Regierung Blair in Angriff genommen werden.

5.1.3 Nationen und Regionen im Vereinigten Königreich

Eine territoriale Dimension ist Teil der staatlichen Tradition des Vereinigten Königreichs als Bund von vier Nationen: England, Wales (1536 von England annektiert), Schottland (durch gemeinsame Ratifikation des *Act of Union* seit 1707 Teil des Königreichs Großbritannien) und Irland (nach Eroberung durch den *Act of Union* von 1800 Teil des Vereinigten Königreichs) bzw. Nordirland (nach der Teilung Irlands in die Republik und Nordirland 1921). Die staatliche Entstehungsgeschichte bedingte damit schon lange vor der *devolution* so manches „föderative Element" (Hesse/Benz 1990: 79) im Rahmen der britischen Einheitsstaatlichkeit. Darüber hinaus ist auch eine gewisse Asymmetrie zwischen den Landesteilen Teil der institutionellen Geschichte, etwa in Form bereichsspezifischer Sonderrechte wie der Autonomie des schottischen Justiz- und Erziehungswesens sowie der Kommunalverwaltung (vgl. Sturm 1981: 70ff.). Entscheidend für das britische Staatsverständnis war und ist jedoch der Primat Westminsters (vgl. Grotz 2007: 270). Was die regionale politische Dezentralisierung betrifft, stellt Nordirland bis zur Devolution unter *Labour* den einzigen Anwendungsfall im Vereinigten Königreich dar (vgl. Bradbury 2003: 545).[243] Nichtsdestoweniger begann Ende des 19. bzw. Anfang des 20. Jahrhunderts ein langsamer – und regional unterschiedlich ausgeprägter – Dekonzentrationsprozess.

Die Geschichte Schottlands als eigenständiges Königreich und der Modus der selbstbestimmten Vereinigung mit England sollten hier die Grundlage für eine stärker ausgeprägte nationale Identität und auch ein höheres Maß an politischer und administrativer Eigenständigkeit bilden. Das *local government* wurde durch den *Act of Union* zu einem Bereich der schottischen Autonomie erklärt. Zur Wahrung der schottischen Identität trugen auch ein eigenes Bildungs- und Rechtswesen sowie die presbyterianische *Church of Scotland* und die vielfältige schottische Medienlandschaft bei (vgl. O'Neill 2000: 70; Sturm 2007: 58). In den vergangenen Jahrzehnten hat in Umfragen regelmäßig eine Mehrheit der Schotten eine starke schottische Identität bekundet (vgl. Sturm 2009: 194). Auch sprachen und sprechen sich drei von vier Schotten für *home rule* aus. Dass sich Ende des 19. Jahrhunderts eine schottische *home-rule*-Bewegung mobilisierte, verdankte sich jedoch dem Vorbild der irischen *Home Rule League* und deren bereits seit den 1860er Jahren verstärkt artikulierten Autonomieforderungen (vgl. Sturm 2007: 59). Dennoch konnte die einzige auf überlokaler Ebene relevante nationalistische Partei Schottlands, die *Scottish National Party* (SNP), stets nur eine Minderheit hinter sich vereinen. 1934 als Zusammenschluss zweier nationalistischer Parteien entstanden, hat sich die SNP einem politischen Kampf für ein unabhängiges Schottland verschrieben (vgl. Trench 2001b: 2; Sorens 2004: 746), später jedoch auch einigen Pragmatismus bewiesen (s. u. Kap. 5.3.3).

In London wurde der Widerhall, den die irischen Autonomiebestrebungen in Schottland fanden, ernst genommen. So gilt die Schaffung des *Scottish Office* im Jahr 1885, nach Münter (2006: 65f.) der „eigentliche Ausgangspunkt der – in diesem Fall administrativen – Dezentralisierung", auch als Antwort des Zentrums auf die neuen zentrifugalen Tendenzen. Dabei war das neue Amt allerdings weniger eine institutionelle Innovation denn eine „Rückbesinnung auf das nach den Jakobitenrebellionen der ersten Hälfte des 18. Jahrhunderts 1746 abgeschaffte Amt des Schottlandministers" (Sturm 2007: 60).[244] 1892 wurde der neu

---

[243] Als 1921 das Stormont-Parlament eingerichtet wurde, wurde für Schottland und Wales noch eine rein administrative Dezentralisierung für ausreichend befunden (vgl. Sturm 2009: 55). 1972 übernahm London die Verwaltung. Entsprechend dem *Northern Ireland Act* von 1974 bestätigte Westminster alle Nordirland betreffenden Gesetze, während die (relevanten) Aufgaben dem *Secretary of State for Northern Ireland* unterstanden (vgl. Norton 1994: 350). Infolge des *Belfast Agreement* (Karfreitagsabkommen) von 1998 wurde wieder eine *Northern Ireland Assembly* geschaffen.

[244] Ein *Secretary of State for Scotland* hatte infolge der *Union of Parliaments* bis zu den Jakobitenaufständen innerhalb der britischen Regierung bestanden (vgl. Gibson 1985: 3ff.).

geschaffene Schottlandminister in das britische Kabinett eingegliedert, 1926 erhielt er offiziell Kabinettsrang. Der *Secretary of State for Scotland* hatte die Doppelfunktion, sowohl schottische Interessen im Kabinett zu repräsentieren als auch den Entscheidungen des Kabinetts in Schottland zur Durchsetzung zu verhelfen (vgl. Sturm 1981: 78). Anfang des 20. Jahrhunderts wurde eine Reihe weiterer Aufgaben auf das dem Schottlandminister unterstehende *Scottish Office* übertragen (s. u.). Von großer symbolischer Bedeutung war die Verlegung des Hauptsitzes des *Scottish Office* nach Edinburgh im Jahr 1939 in das neu errichtete St Andrew's House. Auch auf legislativer Ebene wurde der Eigenständigkeit Schottlands Rechnung getragen, indem 1907 ein Unterhaus-Ausschuss geschaffen wurde, der seitdem über Schottland betreffende Vorlagen berät (vgl. Harrison 1996: 112).

Seit der Vereinigung unter dem *Act of Union* im 16. Jahrhundert, der auch die walisische Repräsentation durch 27 Abgeordnete festlegte, weisen England und Wales das gleiche Rechtssystem und sehr ähnliche *local-government*-Strukturen auf. Entsprechende Autonomiebereiche, wie sie in Schottland existieren, gibt es in Wales nicht. Seit der zweiten Hälfte des 19. Jahrhunderts wurden Regelungen für Wales erlassen, die sich von denen für England unterschieden.[245] Wie in Schottland entstand auch in Wales 1886 im Gefolge der irischen Autonomiebestrebungen eine *Home-Rule*-Bewegung (*Cymru Fydd*; Junges Wales), die sich allerdings nicht etablierte (vgl. Sturm 2007: 59).

Zu konkreteren Ansätzen einer Territorialisierung der Politik, von der auch Wales profitieren sollte, kam es erst Anfang des 20. Jahrhunderts. Am deutlichsten positionierten sich in dieser frühen Phase die *Liberal Democrats* (bzw. deren Vorgänger-Organisationen *Alliance* und *Liberal Party*), die für eine Föderalisierung eintraten (vgl. Pogorelis et al. 2005: 996). Noch vor dem Ersten Weltkrieg wurden unter einer liberalen Regierung walisische Abteilungen in den Ministerien für Bildung, Landwirtschaft und Gesundheit geschaffen. In der Zwischenkriegszeit nutzten *Labour* und Gewerkschaften die Dekonzentrationspolitik als ein Politikfeld, das in der Krise von den wirtschaftpolitischen Problemen ablenken sollte. In diese Zeit (1925) fiel auch die Gründung der walisisch-nationalistischen Partei *Plaid Cymru* (Partei für Wales), die sich für Autonomie und die Bewahrung der walisischen Kultur und Sprache einsetzte (vgl. Richard Commission 2004: 6; Sturm 2007: 65f.). *Plaid Cymru* ist allerdings, von vereinzelten Wahlerfolgen abgesehen, randständig geblieben.[246]

---

[245] Darunter der *Welsh Sunday Closing Act* zur Alkoholabstinenz von 1881 und die Gründung einer *University of Wales* im Jahre 1893 (vgl. Sturm 2007: 60).
[246] Erst Ende der 1960er Jahre konnte die Partei in Teilen von Wales (wenige) Hochburgen aufbauen (vgl. Sturm 2009: 60).

Strukturelle und historische Faktoren standen einer breiteren walisischen Autonomiebewegung im Wege. Mehr als 30 Prozent der walisischen Bevölkerung sind Engländer, ein Großteil fühlt sich traditionell mehr mit Großbritannien verbunden als mit Wales. Dies gilt nicht zuletzt als Folge der Zwangsvereinigung mit England, der Anwendung des englischen Rechts und des Fehlens genuin walisischer Institutionen (vgl. O'Neill 2000: 71). Diejenigen, die sich ausdrücklich als Waliser betrachten, sind gespalten in Walisisch- und Englisch-Sprecher. Erst die spätere Sprachgesetzgebung – der „*Welsh Language Act*" von 1993 wertete das Walisische zu einer dem Englischen gleichwertigen Amtssprache auf – entpolitisierte das Thema und entschärfte den kulturellen Konflikt (vgl. Bradbury 2003: 555f.). Jüngere Umfragen lassen eine Tendenz zu einer stärkeren walisischen Identität erkennen (vgl. Sturm 2009: 195).

Ungeachtet der unterschiedlichen Voraussetzungen zeichnete sich in der zweiten Hälfte des 20. Jahrhunderts ab, dass Wales der institutionellen Entwicklung Schottlands langsam folgen würde. Ein *Minister of Welsh Affairs*, ein Posten, den der *Minister for Housing and Local Government* mit übernahm, koordinierte die Aufgaben, die in den 1950er und 60er Jahren auf Einrichtungen der regionalen Ebene transferiert worden waren. 1957 wurde ein Staatsminister mit Sitz in Cardiff ernannt, und im Mai 1960 nahm im Unterhaus ein nach schottischem Vorbild geschaffenes *Welsh Grand Committee* von in walisischen Wahlkreisen gewählten Abgeordneten seine Arbeit auf. 1964 wurde schließlich das Amt des *Secretary of State for Wales* eingerichtet. Dessen Zuständigkeit für die Koordination der verschiedenen Ressort-Politiken in Wales stieß jedoch auf den Widerstand anderer Ministerien. Im Jahr darauf wurde das *Welsh Office* im Bereich des *Ministry of Housing and Local Government* in Wales geschaffen.[247] Ähnlich wie im Falle der schottischen Institutionen wurde auch in Wales ein zunehmender Dezentralisierungsdruck als Triebkraft für die allmähliche Stärkung des *Welsh Office* gewertet (vgl. Sharpe 2001: 160ff.). Maßnahmen wie die Schaffung spezialisierter Körperschaften mit regionalem Bezug wurden freilich nicht als Vorstufe zu einer walisischen Autonomie gesehen, sondern als Strategie, die politische Union zu bewahren und gleichzeitig regionalen Besonderheiten Rechnung zu tragen (vgl. Richard Commission 2004: 6). Mit dem Argument, die weitere Dezentralisierung würde die Verwaltung duplizieren und die Kosten über die Maßen erhöhen, verschloss sich die *Labour*-Regierung dem Transfer weiterer exekutiver Aufgaben. Es war anhaltender politischer Druck, der ab Ende der 1960er Jahre zur Übertragung von Zuständigkeiten in den Bereichen Gesundheit, Tourismus, Landwirtschaft und Schulwesen führte (vgl. Laffin 2004: 216).

---

[247] Zuständig war das *Welsh Office* u. a. für das Wohnungswesen, Lokalverwaltung, Planung, Wasser, Wälder, Museen, die walisische Sprache, regionale Wirtschaftsplanung und Autobahnen.

In den *offices* für Nordirland, Schottland und Wales waren zahlreiche Zuständigkeiten zusammengeführt, die in England bei unterschiedlichen Behörden lagen. Die *secretaries of state*, denen die *offices* unterstanden, waren die einzigen Kabinettsmitglieder mit territorialem statt funktionalem Bezug. Zwar verfügten die *offices* als dekonzentrierte Stellen der staatlichen Verwaltung über keine Autonomie und nur geringe Ermessensspielräume. Die Territorien genossen durch sie jedoch eine privilegierte Vertretung in Unterhaus und Regierung. Aus zentraler Perspektive war eine derartige intermediäre Ebene eine Alternative zu einer funktionalen Regionalisierung nach französischem Vorbild. Ungeachtet der stärker ausgeprägten institutionellen Tradition Schottlands und des deutlich längeren Bestehens des schottischen *office* unterschieden sich die Zuständigkeiten des *Welsh Office* und des *Scottish Office* mit Ausnahme polizeilicher und justizieller Aufgaben kaum (vgl. Richard Commission 2004: 12). Auf zentraler Ebene hatten sie vor allem die Funktion, die Interessen des jeweiligen Territoriums gegenüber der Zentralregierung zu repräsentieren und finanzielle Ressourcen in größtmöglichem Umfang zu akquirieren.[248] Diese Doppelrolle, einerseits die Repräsentation der territorialen Interessen gegenüber dem Zentrum, andererseits die Kontrolle im Auftrag des Zentrums, ähnelt jener der Präfekten (vgl. Sharpe 2001: 164). Die Kontakte zwischen den lokalen Autoritäten und dem *Secretary of State* für Wales waren stets enger und besser als die Beziehungen zwischen den lokalen Einheiten Englands und der Londoner Administration; mit wirklichem Einfluss waren sie aber nicht verbunden. Politische Initiativen konnte lediglich das *Scottish Office* durchsetzen, das über die besten Kontakte sowohl zur lokalen als auch zur nationalen Ebene verfügte (vgl. Osmond 2001: 30).

Schottland und Wales genießen traditionell finanzielle Privilegien innerhalb des Vereinigten Königreichs. Das *Scottish Office* konnte bereits Ende des 19. Jahrhunderts eine relativ starke Position in den Verhandlungen mit dem Finanzministerium entwickeln, da London großes Gewicht auf den Erhalt und die Pflege der *Union* legte. Unter Hinweis auf regionale Spezifika (geringe Besiedlung, Inseln, Armut in manchen Teilen der Region) konnte es im Unterschied zu den englischen Regionen immer wieder eine besondere Behandlung im Rahmen fiskalisch relevanter Politiken erwirken. Infolgedessen lag in der zweiten Hälfte des 20. Jahrhunderts das Niveau der öffentlichen Ausgaben in Schottland 20% über dem englischen (vgl. Keating 1994: 226; MacKay/Williams 2005).

Wenngleich die walisische Politikgestaltung stets stärker als die schottische durch nationales Recht eingeschränkt blieb, wurde auch das *Welsh Office* durch die Anfang des 20. Jahrhundert begonnene allmähliche Dekonzentration mit dem Transfer exekutiver und haushaltsrechtlicher Befugnisse in die Lage versetzt,

---

[248] Diese Vertretungsfunktion wurde traditionell dadurch begünstigt, dass die Mehrheit der Mitarbeiter in den *offices* Schotten bzw. Waliser waren.

Politiken abweichend von den Londoner Inhalten zu entwickeln.[249] Neben den *policies* beeinflusste das *Welsh Office* auch die Entwicklung der politischen Landschaft – von Parteien, gesellschaftlichen Organisationen und der Medien –, die verstärkt „walisische" Züge annahm. Im Ergebnis stabilisierte diese Entwicklung die Einheitsstaatlichkeit des Vereinigten Königreichs, da nationalistische Tendenzen akkommodiert wurden (vgl. Richard Commission 2004: 9).

Wie oben (Kap. 5.1.1) beschrieben, fand in den 1960er Jahren auch eine begrenzte Dekonzentration für England statt. Zur Implementierung unitarischer Politiken wurden mehrere regionale Einheiten abgegrenzt. Wenngleich die Schaffung regionaler Gebietskörperschaften hier nicht ausdrücklich gefordert wurde (vgl. Grotz 2007: 276), hegte mancher die Hoffnung, dass sich aus den Planungsinstitutionen repräsentative, vielleicht sogar gesetzgebende Institutionen entwickeln würden. Spätestens die Abschaffung jener Institutionen durch die erste Thatcher-Regierung hat diese Hoffnung zunichte gemacht (vgl. Keating 1994: 226). Anders als in Schottland, Wales und Nordirland spielt die nationale Identität in England, wo traditionell eine stärkere Bindung an die Ortschaft und das *county* besteht, keine Rolle bzw. diffundierte in einer englisch-britischen Identität – eine Folge der englischen Dominanz im Vereinigten Königreich (vgl. Morgan 2002: 798) sowie der kulturellen, gesellschaftlichen und wirtschaftlichen Heterogenität Englands. Unterhalb der „nationalen" Ebene Englands, etwa auf der Ebene der „*standard regions*"[250], fehlt es an regionalen kulturell-historischen Identitäten, die stark genug sind, um die Basis für die Schaffung regionaler Institutionen darstellen zu können. Auch besteht keine eindeutige geographische Abgrenzung regionaler Einheiten (vgl. O'Neill 2000: 90).

Angesichts der hier bereits differenzierten, d.h. „asymmetrischen" institutionellen Entwicklung und einer insbesondere für Schottland substantiellen Verwaltungsdezentralisierung ist daran zu erinnern, dass – abgesehen von eher kurzlebigen Bewegungen – Autonomie- bzw. Partizipationsbestrebungen bis in die 1960er Jahre kaum messbares Gewicht hatten. Dieses gewannen die nationalistischen Parteien in Schottland und Wales erst im Zuge eines allgemeinen politisch-gesellschaftlichen Klima- und Wertewandels am Ende der konservativen Nachkriegsära (vgl. Sturm 2009: 58). Die unmittelbaren Folgen des Erstarkens der nationalistischen Parteien bekam allerdings *Labour* zu spüren. 1966 und 1967 fielen bei Nachwahlen sicher geglaubte *Labour*-Mandate an

---

[249] Innerhalb von drei Jahrzehnten verdreifachte sich die Mitarbeiterzahl des *Welsh Office* von anfänglich 200.

[250] Die traditionell unterschiedenen Regionen sind North East, North West, Yorkshire and the Humber, East Midlands, West Midlands, East of England, South East und South West. London wird häufig als neunte regionale Einheit genannt.

Nationalisten.²⁵¹ Für stabile Unterhaus-Mehrheiten auf die traditionell guten Ergebnisse in Schottland und Wales angewiesen, sah *Labour* sich durch diese Entwicklung direkt herausgefordert (vgl. Münter 2006: 66). 1969 beauftragte die Regierung eine *Royal Commission on the Constitution* unter dem Vorsitz Lord Kilbrandons mit der Aufgabe, die Struktur des britischen Staates und die Institutionen in den Nationen zu prüfen. Anstatt sich inhaltlich festzulegen und Entscheidungen zu treffen, definierte Labour auf diese Weise einen potentiell langwierigen Prozess, der der Partei den Ausgang der nächsten Wahlen – und damit die Entwicklung der nationalistischen Unterstützung – abzuwarten erlaubte. Ein Ende des nationalistischen Auftriebs hätte nach Einschätzung Roland Sturms (1981: 230) auch das vorzeitige Ende des Dezentralisierungsprogramms bedeutet. Zwar gab es auch innerhalb der Partei Befürworter einer schottischen und walisischen Devolution. Insgesamt beruhte dieser Kurs jedoch auf taktischen Erwägungen (vgl. ebd.).

Die Konservativen, die in Schottland und Wales politisch nicht Fuß zu fassen vermochten, suchten aus der politischen Entwicklung Kapital zu schlagen und bezogen in ihren Wahlprogrammen der Jahre 1970 und 1974 Stellung zugunsten eines schottischen Parlaments. Nach einem auf den Zentralismus verpflichteten Wahlprogramm im Jahr 1970 schien es vor dem Hintergrund des elektoralen Durchbruchs der nationalistischen Parteien in Schottland und Wales im Jahr 1974 auch für *Labour* unumgänglich, sich der *devolution* zu verschreiben (vgl. Sorens 2004: 744).²⁵² Im Vorjahr war der Bericht der *Royal Commission* vorgestellt worden, dem jedoch nach einem schwachen Abschneiden der Nationalisten bei der Wahl 1970 kaum Beachtung geschenkt wurde. Dies änderte sich, als Anfang 1974 neun und im Oktober sogar 14 nationalistische Abgeordnete in das Unterhaus einzogen (vgl. Sturm 1981: 231).²⁵³ Der Bericht empfahl die Einführung direkt gewählter Vertretungskörperschaften für Schottland und Wales. Die Mehrheit der Kommissions-Mitglieder sprach sich für gewählte Versammlungen mit eigenen legislativen Kompetenzen in beiden Regionen aus (vgl. CDLR 1998: 235; Richard Commission 2004: 10).

Deutlich wurden die sich verschiebenden Kräfteverhältnisse nach der Unterhauswahl vom Oktober 1974, als die *Labour*-Regierung unter Harold Wilson nur über eine knappe Mehrheit verfügte, die sie im Laufe der folgenden Monate durch Übertritte und Nachwahl-Niederlagen ganz verlor. In Kombination mit

---

²⁵¹ Der Nachwahl-Sieg war insbesondere für *Plaid Cymru* von Bedeutung, da dieses erste gewonnene Unterhaus-Mandat dokumentierte, dass Stimmen für die Partei nicht zwangsläufig verloren gingen (vgl. Sturm 2007: 65).
²⁵² Konkret versprach *Labours* Wahlprogramm von 1974 besondere arbeitsmarkt- und industriepolitische Anreize für Schottland (vgl. Sorens 2004: 744).
²⁵³ Die SNP konnte 1974 30% der in Schottland abgegebenen Stimmen und elf von 71 schottischen Mandaten gewinnen. Der Erfolg von *Plaid Cymru* konzentrierte sich auf die Walisisch sprechenden Stammlande und brachte drei von 36 Mandaten und 11% der Stimmen (vgl. Keating 1994: 227).

dem parlamentarischen Gewicht von 14 Nationalisten wurde ein Schritt in Richtung regionaler Dezentralisierung als unausweichlich betrachtet (vgl. Münter 2006: 66f.). Das *White Paper* der Regierung zur Devolution, das keine genuinen legislativen Kompetenzen für das schottische Parlament, dafür aber ein Veto für Whitehall vorsah, wurde jedoch von vielen Dezentralisierungsbefürwortern mit Enttäuschung aufgenommen. Hinzu kam in den 1970er Jahren eine schottische Distanzierung von dem krisengebeutelten England. Ölfunde in der Nordsee hatten der keltischen Nation eine eigene ökonomische Perspektive gegeben, was das Selbstbewusstsein steigen ließ (vgl. Sturm 1981: 207; Sturm 2009: 62). Gehemmt wurde der Auftrieb der SNP allerdings dadurch, dass wirtschaftspolitische Themen, die besonders nach den gescheiterten Referenden von 1979 an Bedeutung gewannen (s. u. Kap. 5.2), nicht als Kernkompetenz der Partei angesehen wurden. Im Kontext der in Schottland unpopulären Politik der Thatcher-Regierung traten *Labour* und SNP zunehmend in Konkurrenz. Während Labour sich hinsichtlich der regionalen Autonomie flexibel zeigte, adaptierte die SNP eine linke Programmatik, die die Schotten in ihrer mehrheitlichen Ablehnung der Wirtschaftspolitik Thatchers zunehmend guthießen (vgl. Sorens 2004: 744f.; Sturm 2009: 62). Die reaktive programmatische Anpassung der nationalen Parteien konnte freilich nur eine begrenzte Dezentralisierungsdynamik entfalten. *Labour* und *Conservatives* bewahrten ihre unitarische Grundeinstellung, wie sie auch organisatorisch in hohem Maße auf London orientiert blieben. Ihre regionalen Zweige in Schottland und Wales blieben ohne „autonomes Profil" (Grotz 2007: 276).

5.2 Brüche und Kontinuitäten in den 1980er Jahren

„So great has been the reduction in local discretion and accountability that local government has become, in many important respects, little more than a branch office of Whitehall." (Hambleton/Sweeting 2004: 483)

Dass sich der Beginn der konservativen Regierungsära eng mit einer Diskussion um die Staatsorganisation und deren regionale Dimension verband, ist zwar historisch-politisch kontingent, dabei aber nicht ohne symbolischen Wert. Die *Labour*-Regierung James Callaghans (1976-1979) war als Minderheitsregierung zunächst auf die Unterstützung der *Liberal Party*, später der schottischen Nationalisten angewiesen. Am 1. März 1979 ließ die Regierung (auf der Basis des *Scotland Act* von 1978, der ein post-legislatives Referendum erforderte) Devolutionsreferenden zur Schaffung regionaler Vertretungskörperschaften für Schottland und Wales durchführen. Für Schottland war die Dezentralisierung exekutiver und legislativer Kompetenzen vorgesehen, für Wales lediglich die Dezentralisierung ausführender Funktionen. Die Referenden scheiterten, da Gegner des Vorhabens aus den eigenen Reihen ein Zustimmungsquorum von 40% der Wahlberechtigten hatten durchsetzen können (vgl. Kaiser 2002: 149). Schließlich stimmte im schottischen Fall eine Mehrheit der Abstimmenden, aber nicht einmal ein Drittel der Abstimmungsberechtigten dem Vorhaben zu. In Wales waren es lediglich rund 20% der Abstimmenden, die sich für das Projekt einer exekutiven Dezentralisierung aussprachen (vgl. Sturm 2009: 60). Als die Regierung sich deshalb anschickte, das Vorhaben zurückzunehmen, versagte ihr die SNP jede weitere Unterstützung. Das infolge dieser Entwicklung anberaumte Misstrauensvotum der Konservativen hatte Erfolg und machte den Weg für Neuwahlen frei. Unter der von Margaret Thatcher geführten neuen Regierung wurde der Plan, regionale Vertretungskörperschaften zu errichten, im Juli 1979 endgültig zurückgenommen.

Innerhalb der *local-government*-Forschung ist eine normative Tradition stark ausgeprägt, die man als Gegenprogramm zu den politischen – vor allem konservativen – Reformdiskursen verstehen kann (vgl. Orr 2005: 373). Die Reformen der 1980er Jahre werden von den meisten Autoren als politisch-institutioneller Bruch und Krise der lokalen Ebene dargestellt (vgl. Hay 1999). Die konservativen Regierungen stellten die lokale Verwaltung als zu groß, schwerfällig und unresponsiv gegenüber den Bürgern dar und erklärten deren massive Verschlankung zum Ziel (vgl. Elcock 1996: 110). Innerhalb kurzer Zeit brachte eine regelrechte Flut von etwa 100 Gesetzen die Privatisierung von Leistungen, die Einführung privatwirtschaftlicher Managementmethoden, Strukturreformen und die Zentralisierung der Finanzierung (vgl. Stewart 1993; Wollmann 1999: 192). Die nationale Politik erhob in zuvor nicht dagewesener Deutlichkeit den Anspruch, die politischen Zielsetzungen zu definieren, nach denen die lokalen Autoritäten Dienstleistungen zu erbringen hatten. Der Reformdiskurs betonte anstelle der Qualität das Effizienzziel für Verwaltung und öffentliche Dienstleistungen, die soweit wie möglich privatisiert werden sollten. Anstatt von einer versorgenden Funktion der lokalen Ebene war die Rede nun verstärkt von „Wettbewerb" und „Kunden" sowie von einer ermöglichenden bzw. aktivierenden (*enabling*) Funktion der lokalen Administration (vgl. Johnson 1988: 36; Orr 2005: 375).

Eine theoretische Fundierung der konservativen Kritik an staatlicher Leistungserbringung und lokaler Verwaltungspraxis lieferten Arbeiten zum *Public Choice*, die Effizienzgewinne durch die Ausweitung des Angebotsprinzips auf öffentliche Güter versprachen.[254] Auch das Verwaltungsmanagementkonzept des

---

[254] Hervorzuheben ist William Niskanens Schrift *Bureaucracy and Representative Government* (1971).

New Public Management „beflügelte" (Wollmann 1999b: 191) die konservative Regierung und begründete die Überlegenheit wettbewerblicher, kundenorientierter Leistungserbringung gegenüber einer angeblich nicht responsiven Verwaltung. So sollten mit Kapitalismus, Unternehmertum und Liberalismus neoliberale Prinzipien im Bereich des *local government* zur Anwendung kommen (vgl. Orr 2005: 375f.). Die Gebietskörperschaften wurden schon deshalb zum wichtigen Adressaten der konservativen Staatsreformen, weil sie im Jahr der Regierungsübernahme Thatchers etwa 25% der öffentlichen Ausgaben besorgten und mehr als 2,5 Mio. Angestellte beschäftigten. Als zentrale Akteure des Wohlfahrtsstaates und mit Zuständigkeiten in den Bereichen Wohnungswesen, Bildung, Transport und Verkehr, Stadt- und Landplanung, soziale Dienstleistungen, Entsorgung, Umwelt, Kultur- und Freizeit sowie der lokalen Wirtschaft hatten es die Kommunen während der Wirtschaftskrise der 1970er Jahre auf ein Ausgabenniveau gebracht, das Einschnitte leicht rechtfertigen ließ (vgl. Leaman 1999: 112f.; Norton 1994: 379f.).

Der ideologische und sozioökonomische Kontext sowie der Problemdruck der britischen Reformen waren nicht völlig anders als in anderen Industriegesellschaften, in denen ebenfalls Massenarbeitslosigkeit und Ressourcenverknappung Raum griffen und eine Steuerungskrise perzipiert wurde. In der Frage der Austerität herrschte praktisch Konsens, Restriktionen für die Haushalte auf allen staatlichen Ebenen wurden in den 1970er Jahren zur Regel. Was jedoch die Maßnahmen im Bereich der subnationalen Ausgabenbegrenzung betrifft, ist der britische Unterschied auch institutionell bedingt. Die kontinentalen Verfassungen enthielten Schutzklauseln, die grundlegende Strukturreformen erschwerten; entsprechende Mechanismen gab es in Großbritannien nicht (vgl. Leaman 1999: 111). Nach ihrer Amtsübernahme profitierte die konservative Regierung zudem davon, dass das Ansehen der Lokalverwaltung Ende der 1970er Jahre im Parlament wie auch in der Öffentlichkeit äußerst gering war (vgl. Hesse/Benz 1990: 124). Zu den günstigen Startbedingungen der neuen Regierung zählte ferner die Schwächung des schottischen und walisischen Regionalismus, nachdem die Devolutionspolitik im Referendum von 1979 gescheitert war und nationalistische Parteien erhebliche Stimmenverluste hinzunehmen hatten. Die *Local Government Associations*, gewöhnlich parteipolitisch und nach Interessen gespalten, bildeten zeitweilig eine geeinte Opposition, konnten die Durchsetzung der Reformziele jedoch nicht verhindern. Während die Gewerkschaften sich in einer Krise befanden und *Labour* durch Flügelkämpfe geschwächt war, konnten die Konservativen mit ihren Staatsorganisationsreformen auch eine „Politik gegen die politische Opposition und gegen den wirtschaftlich schwachen Norden des Landes" betreiben (ebd.: 125f.), wo auf lokaler Ebene die *Labour Party* dominierte. Der Konflikt zwischen Whitehall und lokaler Ebene hatte somit eine starke parteipolitische Ausprägung. Die Thatcher-Regierung legte ihr Hauptaugenmerk zunächst auf die materielle Dimension der Politik. Dabei ging es in erster Linie um das Niveau der Leistungen und weniger um deren Inhalt. Ein Konzept zur Reform der Staatsorganisation gab es nicht (vgl. ebd.: 71ff.). Die Beziehungen zwischen den staatlichen Ebenen wurden strukturell im Bereich der Finanzen reformiert, wodurch London freilich auch qualitative Ziele durchsetzen konnte. Infolge der Entwicklung des Finanzierungssystems sowie der lokalen Aufgaben- und Ausgabenentwicklung seit den 1960er Jahren deckten die eigenen Einnahmen der lokalen Administration nicht einmal mehr ein Drittel der Ausgaben ab. Etwa 60% der Mittel waren zentralstaatliche Zuweisungen, deren Bemessung die konservative Regierung schließlich neu gestaltete. Hatten die lokalen Autoritäten im Rahmen des zugewiesenen Pauschalbetrages traditionell relativ frei über ihre Ausgabenprioritäten entscheiden können, führten die finanzpolitischen Reformen zu einer erheblichen finanziellen Kontrolle der lokalen Ebene, die sowohl auf der Einnahmen- als auch auf der Ausgabenseite die Spielräume stark reduzierte (vgl. Johnson 1988: 33; Leaman 1999: 116). Auf Basis des *Local Government Planning and Finance Act* von 1980 sowie des *Local Government Finance Act* von 1981 konnte London die Finanzzuweisungen individuell kürzen, wenn die Lokalverwaltungen die Ausgabenziele überschritten, die die Regierung vorab festgesetzt hatte. Solche Einschnitte konnten die Gemeinden ab 1982 auch nicht mehr durch Ergänzungsabgaben auf lokale Steuern kompensieren. Zwei Jahre darauf wurden die zuständigen Minister durch den *Rates Act* ermächtigt, Steuererhöhungen für solche Gemeinden zu begrenzen, die mit ihren Ausgaben den ihnen zugewiesenen Rahmen verließen („*rate-capping*"). Diese Maßnahme richtete sich gegen *Labour*-geführte Lokalverwaltungen, die angesichts hoher Arbeitslosigkeit durch Steuererhöhungen die Leistungen aufrechtzuerhalten versuchten, und kam 1985 in 18 Lokalverwaltungen zur Anwendung (vgl. ebd.: 126, 137). Unter diesen Bedingungen gab es für die Gemeinden kaum haushaltspolitische Alternativen zu Ausgabenkürzungen, zur Verschiebung von Investitionsvorhaben und zu Entlassungen.[255] Die rigorose Zentralisierung stieß auch in konservativen *councils* auf Kritik. Der Höhepunkt wurde 1987/88 erreicht, als 40 lokale Autoritäten (davon 14 in London) eine entsprechende Kürzung erfuhren. Die Auswirkungen auf das kommunale Leistungsvolumen und die kommunale Beschäftigung hielten sich allerdings in Grenzen, da viele Autoritäten durch „kreative" Maßnahmen und die Aktivierung privater Finanzierung die Einschränkungen kompensieren konnten (vgl. Norton 1994: 382; s. u.).

---

[255] Zwischen 1979 und 1995 sank die Zahl der Vollzeitbeschäftigten in den lokalen Autoritäten von 1.626.000 auf etwa 1.092.000 (vgl. Leaman 1999: 124).

In den folgenden Jahren nahmen die zweckgebundenen Zuweisungen zu (von 16% der Gemeindeeinnahmen 1979 auf 28% 1994), was die lokale Gestaltungsfreiheit weiter direkt berührte. Mit spürbaren Folgen für die lokalen Finanzen trat im Bereich der Bildungsausgaben, der einen erheblichen Teil der lokalen Ausgaben ausmachte, mit dem *Salary Review Board* eine vom Bildungsministerium kontrollierte Quango an die Stelle der Tarifautonomie der Lehrergewerkschaften und kommunalen Arbeitgeberverbände. Da die entsprechenden Zweckzuweisungen nicht an die Empfehlungen des *Board* gekoppelt waren, ergaben sich hier politisch gewollte zusätzliche Sparzwänge (vgl. Leaman 1999: 118). Die einzige – wenngleich geringe – Entspannung brachten 1986 die Aufgabe der seit 1982 geltenden Festlegung der Ausgabenziele nach der Haushaltsentwicklung des Vorjahres und die Beschränkung auf die Ausgabenbedarfsschätzung (vgl. ebd.: 137).

Auch wenn das Leitmotiv der konservativen Finanzreformen die Zentralisierung der Haushaltskontrolle war, gab es Spielraum für (partei-)politisch motivierte Maßnahmen wie die nach der Parlamentswahl von 1987 eingeführte *poll tax*. Die Höhe dieser Kopfsteuer war von der jeweiligen Gemeinde festzulegen und von allen Volljährigen zu erheben. Ihre politische Rationalität bestand aus der Sicht Westminsters darin, dass Kommunen mit einem höheren Finanzbedarf genötigt waren, eine höhere Steuer zu erheben. Unabhängig vom Einkommen und für fast alle Bürger gleich, ließ sich diese Steuer gut zwischen den Gemeinden vergleichen, was die Sensibilität der Steuerzahler für die (vermeintlich) überzogenen Gemeindeausgaben erhöhen sollte. Aus diesem Grund sprach die Regierung, im Gegensatz zu den Kritikern der Reform, von einer Stärkung der lokalen Demokratie (vgl. Johnson 1988: 35). Gerichtet war diese „radikalste Umwandlung in den Finanzverhältnissen der britischen Gemeinden" (ebd.) gegen die nationalen Oppositionsparteien, die die Gemeinden zu der Zeit mehrheitlich kontrollierten. Die *poll tax* war jedoch mit einem enormen Finanz- und Verwaltungsaufwand verbunden und wurde bereits 1992 durch eine gestaffelte Gemeindesteuer (*Council Tax*) ersetzt, die sich am Wert des Wohneigentums sowie der Zahl der Bewohner bemisst (vgl. Leaman 1999: 118ff.). Der politische Schaden, das erzeugte Misstrauen, war jedoch hoch, besonders in Schottland, wo die *poll tax* ein Jahr früher als in England und Wales eingeführt worden war (vgl. Norton 1994: 355).

Die Reformen des Finanzierungssystems führten, wie bereits angedeutet, nur zu einer geringfügigen Senkung der Staatsausgaben. Nicht nachhaltige Budgetplanung war der Effekt in den lokalen Verwaltungen, sondern erhöhte Kreativität bei der Sicherung der Mittel (vgl. Hesse/Benz 1990: 137). Zweckmäßigkeitsüberlegungen traten dabei häufig in den Hintergrund. Während die Investitionsausgaben stark sanken („*by nearly 60 per cent*" zwischen 1979 und

1989; Norton 1994: 379), stiegen die laufenden Ausgaben um acht Prozent, nachdem sie in den letzten fünf Jahren unter *Labour* noch real um zehn Prozent gesunken waren (vgl. ebd.). Abgeschwächt wurden die Wirkungen der finanzpolitischen Reformen auch dadurch, dass die Budgetrestriktionen allmählich so entschärft wurden, dass die *Tory*-geführten Lokalverwaltungen keine Sanktionen mehr zu befürchten hatten (vgl. Hesse/Benz 1990: 138).

Zu unterscheiden waren seinerzeit drei Typen lokaler Einheiten: Räte auf Grafschaftsebene, *Borough Councils* auf Stadt(teil)ebene und – bis 1986 – sieben *metropolitan councils* auf der Ebene der Großstädte (mit den Zuständigkeiten der *county* und *borough councils*). Die Abschaffung des *Greater London Council* und der *metropolitan county councils* im Jahr 1986 stellt den wohl größten Eingriff in die dezentralen Strukturen und materiellen Zuständigkeiten dar (Hesse/Benz 1990: 126). Diese für Raumplanung und Infrastruktur zuständigen, einflussreichen und traditionell von *Labour* kontrollierten Institutionen galten der Regierung als bürokratische, unproduktive „Bastionen eines Municipal-Sozialismus" (Leaman 1999: 114). Auch wenn die Kostensenkung eine Rolle gespielt hat, ist die macht- und parteipolitische Dimension der Abschaffung des *Greater London Council* offensichtlich (vgl. Johnson 1988: 37). Die Aufgaben der *councils* gingen auf die *metropolitan districts*, die *London boroughs* sowie auf neu geschaffene und zentral ernannte Zweckbehörden über. Seit der Abschaffung des *Greater London Council* und der *metropolitan county councils* bestanden auf der Ebene der *larger metropolitan areas* keine gewählten Exekutiven mehr, die Verwaltungsstruktur in den Ballungsgebieten wurde einstufig (vgl. ebd.: 23; Norton 1994: 44; 391). 1992 wurde eine Kommission beauftragt, eine territoriale und funktionale Umstrukturierung der Gemeindeebene zu erörtern. Im Ergebnis wurden einige der Mitte der 1970er Jahre abgeschafften Grafschaftsgrenzen wiederhergestellt. Die *Borough Councils* innerhalb der Grafschaften erhielten die Möglichkeit, sich für einen autonomen Status zu entscheiden. Diese Option wurde auch von Einheiten gewählt, die aufgrund der geringen Größe die üblichen Gemeindedienstleistungen praktisch nicht erbringen konnten (vgl. Leaman 1999: 115).

Der sich zuspitzende parteipolitische Konflikt zwischen konservativer Mehrheitspartei und den lokalen *Labour*-Administrationen überlagerte die politische Sozialisation, die auch einige *Tory*-Abgeordnete auf lokaler Ebene erfahren hatten. So kam auch von konservativen Unterhaus-Abgeordneten, die ihre Karriere auf lokaler Ebene begonnen hatten, kein nennenswerter Widerstand gegen einschneidende Maßnahmen wie die oben beschriebene Deckelung der lokalen Ausgaben oder die Zentralisierung des schulischen Curriculums (vgl. Norton 1994: 370). Das Mandat der Konservativen für umfassende Reformen wurde durch den Wahlerfolg von 1983 erneuert. Privatisierungen, weitere

Gesetze zur Schwächung der Gewerkschaften und Gesetze zur Umgestaltung des *local government* setzten die Reformen fort (vgl. Keeler 1993: 461). Auf lokaler Ebene befanden sich die politischen Kräfteverhältnisse allerdings im Fluss, seitdem in den 1970er Jahren die Erosion der Zwei-Parteien-Systeme begonnen hatte. Hatte *Labour* 1977 noch 55% der vormals 1.100 Sitze in den 39 englischen Grafschaftsräten und damit in allen Grafschaftsräten bis auf einem die Mehrheit verloren (vgl. Norton 1994: 384), büßten die Konservativen 1981 ihre Mehrheit in 18 Grafschaftsräten ein. Auf der lokalen Ebene waren die Konservativen in den 1980er Jahren deutlich schwächer als in Westminster. Selbst in traditionell konservativen Gegenden verloren sie ihre Mehrheit. Durch den Erfolg, den auch kleinere Parteien wie die *Liberal Party* und die *Social Democrats* verbuchen konnten, verloren die Konservativen 1985 ihre Mehrheit in allen bis auf elf der 47 Grafschaftsräte Englands und Wales'. 1993 blieb ihnen gar nur ein einziger. In Schottland blieben sie gänzlich erfolglos, und von 36 *metropolitan districts* herrschte schließlich nur in einem eine konservative Mehrheit (vgl. ebd.: 386). Dies hatte Auswirkungen auf die Organisation der seitdem oft von Minderheitsadministrationen oder Koalitionen geführten *councils*, deren Konventionen noch auf einem Zwei-Parteien-System und einer Ein-Partei-Mehrheit beruhten. Die lokale politische Landschaft wurde weiter dadurch verändert, dass man 1989 damit begann, die *policy and resources committees* entsprechend der parteipolitischen Zusammensetzung der jeweiligen Vertretungskörperschaft zusammenzusetzen (vgl. Vetter 2002: 153).

Die Spannungen zwischen Zentralstaat und Gebietskörperschaften verstärkten sich dadurch, dass Widerstände der lokalen Verwaltungen zu zentralstaatlichen Interventionen führten (vgl. Hesse/ Benz 1990: 138). An die Stelle der Beziehungen zwischen Ressort-Spezialisten traten nach 1979 politisierte Konfrontationen, die die Koordination zwischen den staatlichen Ebenen erschwerten. Dabei verzichtete die Regierung Thatcher nicht nur – zugunsten fiskalischer Steuerung – auf Formen der Kooperation und Verhandlung, sondern schaffte zudem zahlreiche der in den 1960er Jahren geschaffenen regionalen Institutionen und Konsultationsgremien ab. Während diese Entkopplung von der lokalen Ebene geeignet war, die Steuerungs- und Handlungsfähigkeit der Regierung zu verbessern, ist sie „mit Blick auf eine räumlich differenzierte und zeitlich flexible Aufgabenerfüllung sowie unter gesellschaftlich-integrativen Aspekten als in ihren Wirkungen eher problematisch einzuschätzen" (ebd.: 139). Als Ergebnis blieben vor allem die verstärkte zentrale Kontrolle der Gebietskörperschaften und die Reduzierung der dezentralen Ressourcen (vgl. ebd.: 226).

5.3 Entwicklung der Staatsorganisation seit den 1990er Jahren

Die *devolution* Großbritanniens hat mit dem spanischen Autonomieprozess gemein, dass hier wie dort subnationale Autonomie mit der Einheit eines traditionell zentralisierten Staates in Einklang zu bringen war. In beiden Staaten kam es zu einer „innovative[n], asymmetrische[n] Dezentralisierung" (EZFF 2003: 113) mit einem höheren Autonomieniveau der „historischen" Regionen bzw. „selbstbewussten" Nationen. Wenngleich die asymmetrische Staatsstruktur Spaniens das Ergebnis eines improvisierten Dezentralisierungsprozesses ist, wurde sie als Modell von anderen Staaten, die sich mit ähnlichen Autonomieforderungen konfrontiert sahen, aufgegriffen. Die Schaffung von Selbstverwaltungsinstitutionen für Schottland und Wales Ende der 1990er Jahre gilt manchen als bestes Beispiel (vgl. Gunther et al. 2004: 331). Der britische Dezentralisierungsprozess wurde darüber hinaus als Teil bzw. „Kernstück" (Stolz 2006: 94) einer umfassenderen „Modernisierung der britischen Verfassung" (Sturm 2009: 63) durch die 1997 gewählte *Labour*-Regierung analysiert. Zu den wichtigsten Einzelmaßnahmen in diesem Kontext zählen:

- die Einrichtung direkt gewählter Vertretungskörperschaften in Schottland und Wales (1998)
- die Einführung der personalisierten Verhältniswahl für diese Körperschaften (1998)
- die Schaffung einer gewählten Versammlung für den Großraum London und die Einführung der Direktwahl des Londoner Oberbürgermeisters (1999)
- die Errichtung von acht regionalen Entwicklungsbehörden in England (1999).

Die besondere politische und akademische Aufmerksamkeit galt der regionalen Dezentralisierung. Im Folgenden wird zunächst die Reform der lokalen Ebene, deren Bedeutung sich aus der oben (Kap. 5.1) dargestellten historischen Organisation des britischen Staates ergibt, thematisiert. Daran schließt sich die Analyse der institutionellen und politischen Entwicklung in Schottland und Wales an. Hintergründe und Ansätze der regionalen Institutionenbildung Englands werden gesondert behandelt.

5.3.1 Die Reform der lokalen Ebene: inhaltliche Kontinuität und institutioneller Wandel

„There is a contrast between the shift of substantial power to the Scottish Parliament and the Welsh Assembly and the refusal of the Labour government to enhance markedly the autonomy of local government." (Cole 2003: 192)

Bereits Anfang der 1990er Jahre war ein Prozess in Gang gesetzt worden, durch den die Territorialgliederung der 1970er Jahre modifiziert werden sollte. Kritik an der unklaren Kompetenzverteilung zwischen *counties* und *districts* kam sowohl vonseiten der Regierung als auch *Labours*. Seit der ersten Empfehlung der zuständigen Reformkommission wurden (und werden) „klassische" Zwei-Ebenen-Verwaltungen in die Struktur von *unitary authorities* überführt (vgl. Sturm 2009: 105f.). Dieser Prozess wurde unter den *Labour*-Regierungen fortgesetzt. Die *Modernisierung der lokalen Verwaltung*, die ein wichtiger Bestandteil der Reformagenda *Labours* war, hatte jedoch noch andere Zielrichtungen.

Die Institutionenpolitik der *Labour*-Regierungen hat auch im Bereich des *local government* zu einem Anwachsen der Literatur geführt, die sich überwiegend deskriptiv oder – bewertend – mit Einzelaspekten der subnationalen Institutionen befasst. Die selteneren Analysen handeln vor allem von der (so bezeichneten) demokratischen Erneuerung (vgl. Cole 2003: 181f.). Auch international wurde verfolgt, wie *Labour* noch 1997 die Charta der kommunalen Selbstverwaltung unterzeichnete, nachdem die Partei dies zuvor in mehreren Wahlprogrammen angekündigt hatte. Beobachter der folgenden Schritte haben jedoch häufig auf Spannungen in der Reformagenda hingewiesen, zwischen einem *bottom-up*- und einem *top-down*-Ansatz, zwischen nationalen Standards und lokalen Freiräumen für Politikinnovation, zwischen der Stärkung der Exekutiven und der Stärkung der Partizipation. Dabei waren auch die konservativen Reformen keineswegs widerspruchsfrei, wie überhaupt die umfangreichen Aufgaben des britischen *local government* und seiner verschiedenen Ebenen spätestens seit dem 19. Jahrhundert eine gewisse Heterogenität immer begünstigt haben (vgl. Lowndes/Wilson 2003: 275; Stoker 2002).

Die intellektuellen Urheber von *Labours* Drittem Weg (*„Third Way"*), die dem Staat eine wichtige Rolle zuschrieben, aber den Wandel betonten, haben sich auch der konservativen Politik als narrativer Quelle bedient. *Labours* Modernisierungsdiskurs beinhaltete eine Kritik an Strukturen wie dem traditionellen Ausschusssystem der *councils* (s. o. Kap. 5.1.1), die teilweise älter waren als das allgemeine Männerwahlrecht (vgl. DTLR 1998). Ökonomische und neue Steuerungskonzepte („Effizienz", „Anreize") wurden von *Labour* ebenso in Anknüpfung an neoliberale Ansätze verwendet wie die Betonung der aktivierenden Rolle des Staates. *Labours* Thematisierung der lokalen Demokratie gingen vor allem Ende der 1980er Jahre auf lokaler Ebene artikulierte Forderungen voraus. Dabei war der erneuerte Diskurs in Bezug auf das *local government* in Teilen widersprüchlich. Während einerseits die grundlegende Bedeutung der lokalen Demokratie für die lokale politische Führung und die Qualität der öffentlichen Dienstleistungen betont wurde, wurden andererseits die Leistungen der lokalen Ebene scharf kritisiert (vgl. GTLR 1998, Abs. 2.2; Orr 2005: 376f.).

Zur Modernisierungsagenda *Labours* gehörte auch eine Reform der „Regierungsstrukturen" lokaler Politik. In der Schrift *Leading the Way* von 1998[256] wurde die Ineffizienz und Opazität der lokalen Administration betont. Viel Zeit und Energie werde in den Ausschüssen verschwendet, die als Institutionen zur politischen Führung ungeeignet seien; insbesondere ermangle das System einer klaren politischen Verantwortlichkeit. Diese Überlegungen waren bereits Ende 1995 im Rahmen weiter reichender Reformpläne ins Feld geführt worden. 1996 sprach Blair in einer Rede über die Effizienz der lokalen Verwaltung von der Direktwahl des Londoner Bürgermeisters (vgl. Hambleton/Sweeting 2004: 475). Auch im Wahlkampf 1997 stellte *Labour* die Reformbedürftigkeit der Londoner Administration heraus. Die entsprechende Reform folgte 1999, als mit dem *Greater London Authority Act* die Direktwahl des Londoner Bürgermeisters eingeführt wurde. Für die lokale Verwaltung allgemein wurde ein wissenschaftliches Beratungsgremium geschaffen, und bis Anfang 1998 entstand eine Reihe von Studien zu Themen wie Dienstleistungsqualität, finanzielle Verantwortung und ethische Standards. Auch wenn keine offizielle Untersuchung lokaler Administration in anderen Staaten in Auftrag gegeben wurde, spielte in dieser Reform-Phase besonders das US-amerikanische Modell eine wichtige Rolle (vgl. ebd.; Lowndes/Wilson 2003: 284).

Das Fehlen einer klar identifizierbaren politischen Führung wurde von wissenschaftlicher wie auch von politischer Seite lange vor den *Labour*-Reformen als Problem herausgestellt. Der *Maud Report* empfahl bereits 1967 die Schaffung von *management boards* bestehend aus lokalen Mandatsträgern. Widerstand seitens der lokalen Autoritäten ließ diesen Ansatz scheitern (vgl. Cole 2003: 186). Auch die Direktwahl der Bürgermeister war bereits ins Gespräch gebracht worden (vgl. Regan 1980). 1991, unter Premierminister John Major, befürwortete mit Michael Heseltine ein hochrangiges konservatives Regierungsmitglied[257] die Direktwahl von Bürgermeistern und die Schaffung lokaler Exekutiven. Sowohl die bisherigen Spitzen der lokalen Politik als auch *Tory*-Abgeordnete, die in direkt gewählten Bürgermeistern potentielle Konkurrenten in den Wahlkreisen sahen, standen den Vorschlägen sehr skeptisch gegenüber.

---

[256] Diese war die Grundlage des Weißbuchs *Modern Local Government: In Touch with the People* (1998).
[257] Heseltine war *secretary of state* im Umweltministerium.

Ein Tabu waren grundlegende Reformen der lokalen Strukturen allerdings nicht. Auch vor dem Hintergrund dieser Erfahrung mit Widerständen gegen die Reform des *local government* setzte Blair – zumindest in den ersten beiden Jahren nach der Wahl von 1997 – sein persönliches politisches Gewicht ein, um den Reformprozess zu unterstützen (vgl. Hambleton/Sweeting 2004: 475).[258] Die Reformideen fügten sich in die Modernisierungsagenda *Labours* ein, die auf stärkere Partnerschaften zwischen Politik und privaten Akteuren abzielte, ein Ansatz, der den eher nach innen gerichteten *councils* zuwider lief. Nicht zu vernachlässigen sind allerdings auch innerparteiliche Gründe. So richteten sich die Reformpläne auch gegen lokale Führungspersönlichkeiten aus den eigenen Reihen, die *New Labour* und der gesamten Modernisierungsagenda kritisch gegenüber standen (vgl. ebd.).

Labours Reform der lokalen Verwaltung hatte zwei Hauptstoßrichtungen: die Verbesserung der Leistungen und eine institutionelle Dimension, die mit Begriffen wie demokratische Erneuerung und Gewaltenteilung belegt wurde (vgl. DETR 1998; EZFF 2003: 110ff.). Im institutionellen Bereich ist der Unterschied zur professionalisierten Entscheidungsgewalt, wie sie zuvor von Experten (wie Wirtschaftsplanern) ausgeübt wurde, offensichtlich. Mit dem *Local Government Act* von 2000 wurde die exekutiv-legislative Gewaltenteilung für die lokalen Institutionen in England und Wales eingeführt, die erstmals die politische Verantwortung innerhalb der lokalen Institutionen deutlich machte. Ein Argument für diese Neuordnung war die größere Legitimität und damit verbunden auch die Stärkung der sichtbaren politischen Führung. Daneben ging es auch um die Stärkung der repräsentativen Funktion von Räten und der Kontrolle der lokalen Exekutive sowie um die Erhöhung der öffentlichen Beteiligung an den lokalen Angelegenheiten (vgl. Hambleton/Sweeting 2004: 480).

Bei der Gesetzgebung wurde der empirischen Vielfalt institutioneller Arrangements Rechnung getragen, indem der *Local Government Act* vier institutionelle Optionen bot, mit denen jedoch die Gestaltungsfreiheit auch schon wieder endete.[259] Das Gesetz setzte auf der Ebene der *councils* einen weitreichenden institutionenpolitischen Veränderungsprozess in Gang. Bis 2002 hatten 83% der

---

[258] Hinsichtlich der Motivation Blairs gehen Beobachter davon aus, dass die propagierten Strukturen seinem Konzept von politischer Führung entsprachen, das kollektive Entscheidungsprozesse nicht (mehr als nötig) vorsah (vgl. Hambleton/Sweeting 2004: 476).
[259] Die Optionen waren: (1.) ein direkt gewählter Bürgermeister mit Kabinett; (2.) ein direkt gewählter Bürgermeister plus *council manager* (dieses Modell wurde lediglich – und nur vorübergehend – in Stoke-on-Trent angewandt); (3.) ein Kabinettsmodell; und (4.) ein modifiziertes Ausschuss-System. Das erste Modell ist durch die starke Exekutive und die Kontrollfunktion des Rates gekennzeichnet. Im zweiten Modell teilen sich der direkt gewählte mayor und ein Beamter (*council manager*), der die konkreten Inhalte unter der politischen Führung des *mayors* entwickelt, die Exekutive (vgl. Hambleton/Sweeting 2004: 477f.).

councils ein Kabinettsystem eingeführt – jenes Modell also mit der größten Kontinuität zum alten System –, und lediglich drei Prozent das Bürgermeister-Kabinett-Modell. Jeder zweite *council* hat Ausschüsse für einzelne Gebietseinheiten geschaffen, und alle *councils* errichteten Ausschüsse zur Kontrolle der Exekutive. Beim Kabinettsystem bestand eine Neuerung darin, dass einzelne Räte die Verantwortung für bestimmte Ressorts übernehmen konnten (vgl. ebd.: 478f.; Lowndes/Wilson 2003: 292). Die *Greater London Authority* (GLA) erhielt entsprechend dem *Greater London Authority Act* von 1999 eine eigene Struktur, die am ehesten dem ersten Modell mit Bürgermeister und Kabinett entspricht. Die Vertretungskörperschaft wird nach einem kombinierten Verhältniswahlsystem gewählt. Die GLA hat strategische Aufgaben, die häufig auf regionaler Ebene verortet sind, während die üblichen kommunalen Zuständigkeiten bei den *London boroughs* liegen. Mit dem Londoner Bürgermeister wurde am 4. Mai 2000 erstmals ein britischer Stadtchef direkt gewählt.[260]

Der *Local Government Act* verpflichtete die *councils*, die jeweilige Wahlbevölkerung per Referendum zu den Reformvorhaben zu befragen. Durch die Regelungen des Gesetzes hatte die Regierung versucht, die von ihr bevorzugte Option, die direkt gewählten Bürgermeister, zu fördern. Unterstützungsunterschriften von fünf Prozent der Bevölkerung genügten für ein bindendes Referendum. Von 30 bis 2004 abgehaltenen Referenden erhielten zwölf (einschließlich London) die erforderliche Zustimmung, so dass von knapp 400 lokalen Gebietskörperschaften lediglich ein Dutzend einen direkt gewählten Chef der Exekutive ins Amt setzte. Die geringe Zahl der Referenden und eine schwache öffentliche Debatte entsprachen kaum *Labours* Intention eines öffentlichkeitswirksamen Reformvorhabens (vgl. ebd.; Hambleton/Sweeting 2004: 479). Gleichzeitig haben fast alle *councils* eine Gewaltenteilung institutionalisiert, die an die Stelle des alten Ausschuss-Systems trat (vgl. ebd.: 484). Obwohl die Entwicklung der lokalen Politik im 20. Jahrhundert zu einer parteipolitischen Prägung geführt hatte (s. u. Kap. 5.1.1), war die Hälfte der nun direkt gewählten Bürgermeister unabhängig. Selbst in *Labour*-Stammlanden wie Middlesborough versagten viele Wähler den Partei-Kandidaten die Zustimmung. Wenngleich von den direkt gewählten Bürgermeistern durchaus erwartet worden war, dass sie eine unabhängigere politische Führung als im überkommenen *council*-System ausüben würden, war diese Entwicklung, die vom Erfolg Livingstones in London besonders veranschaulicht wird, von *Labour* nicht erwartet worden (Lowndes/Wilson 2003: 292).

---

[260] Gewählt wurde Kevin Livingstone, der als Unabhängiger ins Rennen gegangen war, nachdem *Labour* ihm die Nominierung versagt hatte. Bei der Wahl am 10. Juni 2004 war er wieder in den Reihen *Labours* zurück, stützte seine Kandidatur jedoch allein auf seine Person und sparte seine Parteizugehörigkeit praktisch aus.

Hinsichtlich der lokalen Dienstleistungen verfolgte die *Labour*-Regierung im Prinzip eine Privatisierungsagenda, worin sie sich nicht grundsätzlich von den konservativen Regierungen unterschied. Für die Umsetzung wurden die Autoritäten ermächtigt, Partnerschaften mit anderen Akteuren unter ihrer strategischen Führung zu bilden (vgl. Cole 2003: 184). Die auf die Dienstleistungen abzielenden institutionellen Neuerungen waren *best value* (s. u.), die Kontrolle der Leistungen sowie Maßnahmen, die die lokale Innovationsbereitschaft fördern sollten. Die lokale Ebene wurde angehalten, eine Reihe von Mechanismen (Partnerschaften, Kontrakte etc.) anzuwenden, um die „bestmöglichen Lösungen" für die als Kunden gedachten Bürger und die lokale Wirtschaft zu erreichen (vgl. Lowndes/Wilson 2003: 287). Einen nennenswerten Protest seitens der lokalen Akteure hat diese Politik nicht ausgelöst (vgl. Sturm 2009: 106). Dass sich *Labours* Reformagenda in weiten Teilen eher rhetorisch als inhaltlich von der konservativen Politik unterschied, wird beim *best-value*-Regime deutlich, das keinen Bruch mit dem unter Thatcher forcierten System der obligatorischen Ausschreibungen (*competitive tendering*) darstellt. *Best value* verpflichtete die Kommunen dazu, sämtliche Dienstleistungen entsprechend klaren Standards hinsichtlich Kosten und Qualität zu erbringen (vgl. Lowndes/Wilson 2003: 286). Der Regelung lag die Annahme zugrunde, dass für die Dienstleistungen immer dann ein Wettbewerb gelten müsse, wenn es private Anbieter gibt. So lag bei den lokalen Autoritäten die Beweislast zu zeigen, dass eine Leistung für den Wettbewerb nicht geeignet ist. Eine ähnliche Kontinuität ist bezüglich der Partnerschaften festzustellen, die an die unter den Konservativen vorangetriebenen *Public-Private-Partnerships* erinnern (vgl. Cole 2003: 187).

Auf der institutionellen Dimension ist neben der Gewaltenteilung zwischen Exekutive und Rat die Stärkung der Bürgerbeteiligung zu sehen (vgl. Lowndes/Wilson 2003: 284). In diesem Bereich hielt die Regierung die lokalen Autoritäten dazu an, die Bürger mittels Referenden und Bürgerforen zu konsultieren. Manche Autoritäten haben Referenden über die Höhe der einzigen lokalen Steuer, der *council tax*,[261] abgehalten. Den Institutionen maß die Regierung offensichtlich einige Bedeutung bei, so umfangreich und detailliert waren die Konzeptionen für Bereiche wie die lokalen Wahlen, die Gewaltenteilung auf lokaler Ebene, die öffentliche Beteiligung an lokaler Politik, die Qualität der lokalen Dienstleistungen etc. Daran, dass sie es mit der Modernisierung der lokalen Verwaltung ernst meinte, wollte die *Labour*-Regierung keinen Zweifel lassen. So setzte sie nicht allein darauf, dass die lokalen Autoritäten die Initiativen (insbesondere im Bereich der Sozialfürsorge) aus eigenem Engagement umsetzen, sondern drohte für den Fall der Verweigerung mit Intervention. Blair

---

[261] Deren Anteil an den lokalen Einnahmen liegt bei etwa 25%. Drei Viertel sind Zuschüsse aus London (vgl. Sturm 2009: 105).

machte deutlich, dass London reagieren werde, wenn Qualitätsstandards nicht erfüllt würden, und dass nach anderen Einrichtungen Ausschau gehalten würde, wenn das *local government* zur Verbesserung seiner Dienstleistungsqualität nicht in der Lage sei (vgl. ebd.: 286). Im Unterschied zu den Vorgängerregierungen ging *Labour* davon aus, dass die effektive Reform der lokalen Institutionen der Überzeugung und des Einsatzes der lokalen Ebene selbst bedarf – im Sinne einer Übernahme der Werte und vollständigen Anerkennung der durch die neuen Institutionen gesetzten Möglichkeiten und Grenzen. Dazu versuchte *Labour* eine reformorientierte *policy community* um führende Vertreter der Verwaltung, der Wissenschaft und von Organisationen wie dem *Local Government Management Board* zu mobilisieren (vgl. ebd.: 285).

Was die demokratische Stoßrichtung der Reformen betrifft, ist hingegen die schmale Wertebasis auffällig. Ausgerechnet in diesem Bereich spielten das Engagement der Betroffenen und die Einbeziehung der Öffentlichkeit praktisch keine Rolle. *Labour* hatte einen eigenen Begriff von demokratischer Erneuerung, der von der lokalen Ebene kaum geteilt wurde. Im Zentrum stand die politische Führung, die institutionell sichergestellt werden sollte (vgl. Lowndes/Wilson 2003: 290; s. o.). Hinsichtlich der Wiederherstellung lokaler Kompetenzen, Aufgaben und Ressourcen machte die Regierung indes keine konkreten Versprechungen. Es erwies sich vielmehr, dass die lokale Autonomie kein genuines Reformziel *Labours* darstellte. Ihre Rolle lag in der Umsetzung der Wahlversprechen in Bezug auf die Leistungen des öffentlichen Dienstes; wenn *Labour* von Demokratierung sprach, waren weniger die lokalen Institutionen als die Beziehungen zwischen den Bürgern und den Autoritäten als Dienstleister gemeint. Es ging weniger darum, die lokalen Mandatsträger und Beamten zu stärken, als das Vertrauen in die lokalen Institutionen wiederherzustellen. Hoffnungen auf eine Stärkung der lokalen Autonomie wurden enttäuscht. In der Wertehierarchie der Reformen stand die lokale Demokratie klar unterhalb der Leistungserbringung. Dies erklärt beispielsweise auch, weshalb trotz aller Kritik die Quangos nicht abgeschafft wurden und die zentrale Begrenzung der Gemeindeabgaben (*capping*) nicht beendet wurde[262] (vgl. ebd.).

In der Erwartung neuer Initiativen in der zweiten Amtszeit Blairs schlossen die meisten Kommentatoren zunächst verhalten optimistisch (Wright/Gamble 2001; Seldon 2001). Tatsächlich gab es in der zweiten Amtszeit Ansätze, den lokalen Autoritäten größere Freiheiten zu gewähren und weniger Strategien und Pläne von ihnen zu verlangen. Die Regierung hatte die Kosten erkannt, die die Vereinheitlichung des Institutionendesigns und die enge Kontrolle mit sich brachten. Allerdings zielte auch diese Neuausrichtung weniger auf die Neubele-

---

[262] Dies widersprach früheren Erklärungen *Labours*. Allerdings betraf das *capping* in der Folge eine geringere Zahl von *councils* (vgl. Hambleton/Sweeting 2004: 486; Cole 2003: 185).

bung der lokalen Demokratie denn auf die Optimierung der Leistungserbringung ab. Durch *Local Strategic Partnerships* wurde der Einfluss von Interessengruppen weiter erhöht. Leistungsfähige *councils* sollten größere Freiheiten erhalten, insbesondere bei der Ausgabengestaltung (vgl. Cole 2003: 200).

Wenngleich sich das zweite Weißbuch der Regierung zur *accountability* der lokalen Politik bekannte und bereits seit Jahren diskutierte Themen wie die Reform des lokalen Wahlsystems nicht unerwähnt ließ, spielte die demokratische Erneuerung nur eine untergeordnete Rolle (vgl. Lowndes/Wilson 2003: 295). Die nationale Kontrolle zu verringern, stand nicht im Dienst größerer lokaler Autonomie, sondern sollte eine Rationalisierung nationaler Standards und Ziele bringen. Die *councils* wurden verpflichtet, für nicht weniger als 70 verschiedene Bereiche Pläne auszuarbeiten und der Zentralregierung vorzulegen. Gemessen werden sie an zahlreichen Leistungsindikatoren. Ihre Politikgestaltung wird zudem durch zahlreiche Initiativen verschiedener Stellen der Zentralverwaltung determiniert (vgl. Hambleton/Sweeting 2004: 483). Auch der für die Aufsicht über die lokale Verwaltung zuständige Unterhaus-Ausschuss musste Anfang des neuen Jahrtausends feststellen, dass den Forderungen nach größerer Steuerautonomie und auch der Erklärung der Blair-Regierung, die Bedeutung der lokalen Verwaltung zu sehen, keine Veränderung der Ressourcenlage folgte (vgl. ebd.).[263] So bilanziert Roland Sturm für die zweite *Labour*-Amtszeit bezüglich der Kommunen, dass es lediglich eine einzige neue Idee gegeben habe, nämlich, „spezifischer bei der Bestrafung oder Belohnung erfolgloser oder erfolgreicher Kommunen zu reagieren" (Sturm 2009: 104).

5.3.2 *Institutionen und Politik in Schottland und Wales*

Das in Kapitel 5.2 beschriebene Scheitern der Devolutionsreferenden des Jahres 1979 bedeutete keineswegs das Ende der Diskussion und der politischen Virulenz des Themas. Die regional unterschiedlichen Kräfteverhältnisse führten dazu, dass die Wahlen in Schottland und Wales regelmäßig andere Ergebnisse hervorbrachten als auf nationaler Ebene. So konnten beispielsweise 1992 die oppositionellen Parteien (*Labour, Liberal Democrats* und Nationalisten) in Schottland 74% und in Wales 71% der Stimmen auf sich vereinen, während sie insgesamt auf etwa 54% der Stimmen kamen (vgl. Rose/Munro 2010: 2028). Besonders in Schottland warf dies die Frage nach der Legitimität des (konservativen) schottischen *Secretary of State* auf. In den 1980er und 90er Jahren erlebte Schottland

---

[263] United Kingdom. House of Commons. Select Committee on the Office of the Deputy Prime Minister 2002: Office of the Deputy Prime Minister: Housing, Planning and Local Government and the Regions, First Report, London.

mit jedem weiteren konservativen Wahlsieg einen nationalistischen Auftrieb. Der verhalf zwar den Nationalisten nicht zum Durchbruch (vgl. Sorens 2004: 746), doch konnte die SNP auf regionaler und lokaler Ebene Stimmenanteile in der Größenordnung der nationalen Parteien erreichen. In dieser Phase begann die *Labour Party* in Schottland sich klar zugunsten einer gewählten schottischen Vertretungskörperschaft zu positionieren.

Auf der Basis eines radikalen Wahlprogramms, das neben der nuklearen Abrüstung und einer alternativen Wirtschaftspolitik den Austritt aus der EG zum Ziel erklärte, hatte *Labour* 1983 noch eine historische Wahlniederlage mit 28% der Stimmen erlitten. Erst die erneute Niederlage von 1987 führte unter dem Vorsitz Neil Kinnocks zu einer programmatischen Erneuerung (vgl. Menon 2004: 298; Baker 2005: 24). Neben der strategischen Orientierung suchte *Labour* auch institutionenpolitisch noch eine klare Strategie. Der Zentralismus des politischen Systems und die territoriale Repräsentation wurden in diesem Kontext zu wichtigen Reformthemen. Dass *Labour* 1987 einen Gesetzesentwurf zur Errichtung eines schottischen Parlaments mit weitreichenden Kompetenzen einbrachte, hing neben der programmatischen Ausrichtung auch damit zusammen, dass die Konservativen, wie beschrieben, nach ihrem Regierungsantritt dort massiv an Rückhalt verloren hatten und in jenem Jahr nur noch zehn von 72 Mandaten gewannen, während *Labour* mit 50 Mandaten klar dominierte (vgl. Kaiser 2002: 223). In Schottland trug auch das „Experiment" der *poll tax* (s. o. Kap. 5.2) zum regionalen Niedergang der konservativen Partei bei. Nicht mehr nur die Nationalisten stellten das konservative Mandat für den Landesteil in Frage. „Mit der radikalen Durchsetzung des formalen Souveränitätsanspruchs des Westminster Parlaments durch aufeinander folgende konservative Regierungen ohne Rücksicht auf traditionelle Autonomiespielräume Schottlands wurde eine zentrale Konvention der Territorialordnung des Vereinigten Königreiches mißachtet, der Basiskompromiß zwischen schottischer Gesellschaft und britischem Staat gebrochen." (Stolz 2006: 96) Eine Reihe von Oppositionsparteien (mit Ausnahme der SNP), subnationale Verwaltungen, Kirchen und gesellschaftliche Gruppen schufen vor diesem Hintergrund 1989 mit der *Scottish Constitutional Convention* (SCC) ein Gremium, das über die Gestalt eines schottischen Parlamentes debattierte (vgl. Münter 2006: 70). Damit wurde eine verfassungspolitische Debatte aus dem parlamentarischen, Mehrheitsregeln folgenden Prozess herausgelöst und auf einer breiten gesellschaftlichen Basis geführt, die ihre Forderung nach politischer Selbstbestimmung zunehmend klar Ausdruck verlieh (vgl. Kaiser 2002: 321; Stolz 2006: 96). In einem konsensualen Verfahren wurden in der SCC Vorschläge erarbeitet. Diese betrafen insbesondere das Wahlsystem (personalisierte Verhältniswahl), die Legislaturperiode, die Vertretung von Frauen und den Modus der Auflösung (vgl. Kaiser 2002: 320). War es im Zuge des Devolutionsprojekts von 1979 noch um eine sehr beschränkte Dezentralisierung gegangen, ging die SCC einen Schritt weiter und diskutierte über ein Parlament mit substantiellen legislativen Kompetenzen und einer gewissen fiskalischen Autonomie (vgl. Bradbury 2003: 561; Sturm 2009: 63).

Fast zwei Jahrzehnte konservativer Regierung hatten innerhalb der *Labour Party* zu der Ansicht geführt, dass Zentralismus und Mehrheitswahl die Tories systematisch begünstigten. Die Wahlniederlage von 1992, die vierte in Folge, und die damit einhergehende wachsende Unterstützung einer schottischen Unabhängigkeit (von mehr als 50% in manchen Umfragen) führten innerhalb der Partei zu einer weiteren Akzentuierung. Parteimitglieder sprachen sich für ein schottisches Parlament notfalls auch gegen den Willen Westminsters aus (vgl. Sorens 2004: 745). In der Folge legte sich die Partei auf Devolution, Dezentralisierung und Regionalisierung fest, die schließlich Teile von Blairs Programm der Staatsreform, der *New Agenda for Democracy* von 1993, wurden (Baker 2005: 24; Sturm 2009: 50). Neben dieser strategischen Orientierung erfolgte auch eine inhaltliche Neubewertung. Im Unterschied zu den 1970er Jahren, wo *devolution* für *Labour* vor allem eine Strategie zur Sicherung der eigenen Mehrheit in Teilen des Landes war, betrachteten in den 1990er Jahren der schottische und walisische Zweig der Partei auch die größere Problemnähe einer dezentralisierten Verantwortung als Reformziel. Die sich erneuernde Partei brach mit ihrer zentralistischen Vergangenheit und begann, institutionelle Fragen in politischen Prinzipien und mit pragmatischen Erwägungen zu denken (O'Neill 2000: 76f.). Unterdessen betonten die Nationalisten in den 1990er Jahren zunehmend die ökonomische Dimension ihres Autonomieprojekts. Dabei bezogen sie sich auch explizit auf den europäischen Wirtschaftsraum und die Bedeutung der regionalen Entwicklung innerhalb der Gemeinschaft (vgl. Keating 1994: 228).

Insgesamt positionierte *Labour* sich zwischen Regierung und schottischen Nationalisten. Letztere reklamierten das Recht auf Selbstbestimmung – mit der Konsequenz, dass allein das schottische Volk über seine Autonomie zu befinden habe –, was einen radikalen Gegenentwurf zur *ultra-vires*-Doktrin darstellte. *Labour* bezog mit zunehmender Klarheit Stellung in der Frage der vertikalen Organisation des Staates, die endgültig zum Gegenstand parteipolitischer Auseinandersetzungen wurde. Der Höhepunkt dieser Entwicklung wurde 1997 erreicht, als derartige „verfassungspolitische" Fragen im Wahlkampf eine zentrale Rolle spielten (vgl. Kaiser 2002: 190).[264] Während die Konservativen ausführlich begründeten, warum sie keinen Reformbedarf sahen, legten *Labour* und Liberaldemokraten detaillierte Reformvorschläge vor (vgl. ebd.: 240). Die Befürchtung

---

[264] In Schriften wie „*A Choice for England*" (1995) und „*A New Choice for England's Regions*" (1996) positionierte *Labour* sich im Vorfeld der Wahl von 1997 auch zugunsten einer englischen Regionalisierung (vgl. Jeffery/Mawson 2002: 715).

der Opposition, es könnte keine Alternanz geben, und das Repräsentationsdefizit der Konservativen in Schottland führten zu einer Neupositionierung der *Labour Party* und kulminierten darin, dass die *devolution* 1997 ein zentrales und polarisierendes Wahlversprechen der Partei wurde (vgl. ebd.: 228). Allerdings agierte Blair in dieser Frage vorsichtiger als sein Vorgänger Kinnock. Hatte der für den Fall eines *Labour*-Wahlsiegs noch die sofortige Schaffung eines schottischen Parlaments angekündigt, beschied Blair sich mit der Ankündigung eines entsprechenden Referendums. Für Wales schwebte sowohl Kinnock als auch Blair eine Verwaltungsdezentralisierung vor (vgl. Sturm 2009: 63).

Abgesehen vom Konsens in der Frage der einheitlichen Lokalverwaltung unterschieden sich die Vorstellungen von *Labour* und Konservativen hinsichtlich der Stellung der Gebietskörperschaften deutlich. Während *Labour* nun die Zukunft in einer selbstverwalteten Ebene mit wirtschaftspolitischen Kompetenzen und strategischen Entwicklungsaufgaben, die eine mit der EG-Strukturpolitik kompatible Einheit darstellen würde, sah, blieben selbstverwaltete Körperschaften auf regionaler Ebene der konservativen Programmatik fremd (vgl. Marcou/Verebelyi 1993b: 65). In Anbetracht der nationalistischen Bestrebungen und in der Überzeugung, dass die nationale Einheit durch eine Unzufriedenheit in den Territorien gefährdet würde, schlug jedoch die konservative Regierung unter John Major, der 1990 Margaret Thatcher nachfolgte, einen versöhnlicheren Kurs ein. Die lokalen Spielräume wurden etwas vergrößert, insbesondere das *Scottish Office* erhielt weitere Zuständigkeiten. Im Großen und Ganzen waren diese Anpassungen symbolischer Natur, wie es auch die Abhaltung von Sitzungen des *Scottish Office* an verschiedenen Orten war, wodurch die Institutionen „*closer to the people*" (O'Neill 2000: 76) gebracht werden sollten. Mit der Politisierung der nationalen Frage in Schottland hielten diese Änderungen jedenfalls nicht Schritt. Auch konnten sie nicht verhindern, dass die Konservativen im Mai 1997 alle Mandate in Schottland und Wales verloren (vgl. Münter 2006: 70).

In Wales nahm die Unterstützung regionaler Autonomie in den 1990er Jahren ebenfalls zu, wenngleich die walisischen Nationalisten keine ernsthafte Bedrohung für die regionale Vorherrschaft *Labours* darstellten. Um ignoriert zu werden, waren die Stimmen innerhalb und außerhalb *Labours*, die die Weiterentwicklung der regionalen Institutionen forderten, allerdings zu zahlreich. Innerhalb der Partei, wo Ron Davis Anfang der 1990er Jahre die Verantwortung für das Thema übernahm, setzte sich die Vorstellung einer administrativen Dezentralisierung im Sinne des Vorhabens von 1979 durch, was mehr war als der *status quo*, aber weniger als die Überlegungen für Schottland. In der zweiten Hälfte der 1990er Jahre war es die Initiative der nationalen Parteiführung, die auch in Wales konkrete Debatten in Gang setzte (vgl. Grotz 2007: 300).

Aufgrund der deutlichen verfassungspolitischen Festlegung *Labours* mussten der Regierungsübernahme von 1997 Taten folgen (vgl. Hazell 2003b: 299; Sturm 2009: 51). Hier profitierte die Regierung von den detaillierten „Vorarbeiten", die die *Scottish Constitutional Convention* einige Jahre zuvor geleistet hatte (vgl. Kaiser 2002: 321). Bereits im September desselben Jahres wurde ein Projekt zur Volksabstimmung vorgelegt, das für Schottland die Übertragung von Kompetenzen auf die regionale Ebene, d. h. überhaupt die Schaffung einer autonomen politischen Ebene unter der Zentralgewalt vorsah (vgl. Leaman 1999: 126). Für die Devolutionsreferenden, die *Labour* vor der Regierungsübernahme in Aussicht gestellt hatte, war angesichts der vorgesehenen Kompetenzübertragung von Westminster auf die regionale Ebene der legitimatorische Aspekt von großer Bedeutung. Nichtsdestoweniger spielten – wie bereits beim Devolutionsreferendum von 1979 – auch innerparteiliche Gründe eine Rolle. So wollte man dem Widerstand englischer und einzelner devolutionsfeindlicher walisischer Abgeordneter mit einem klaren Wählervotum vorbeugen (vgl. Kaiser 2002: 331f.). Im Unterschied zum Verfahren des Jahres 1979 ging nun das Referendum dem Gesetzgebungsverfahren voraus und bezog sich lediglich auf die grundlegenden Fragen (s. u.), nicht aber auf die Details. Dies erlaubte auch einen Termin zu wählen, der relativ nah an den Unterhauswahlen lag, und reduzierte das Risiko, dass nach Abflauen der „Anfangseuphorie" Kritik an der Regierung das Referendumsergebnis negativ beeinflussen könnte (vgl. Münter 2006: 71).

Bei dem Doppelreferendum zur schottischen Dezentralisierung ging es einerseits um die Schaffung eines *Scottish Parliament* und andererseits um Steuererhebungskompetenzen. Die Regierung koppelte letztere Frage von der grundsätzlichen Dezentralisierungsthematik ab, da sie befürchtete, damit bei einem guten Teil der Wählerschaft auf Ablehnung zu stoßen (vgl. O'Neill 2000: 77; Kaiser 2002: 224). Umfragedaten weisen darauf hin, dass die Mobilisierung zum schottischen Devolutionsreferendum weniger über einen kulturell-identitären Diskurs erfolgte als vielmehr über eine Argumentation, die auf wirtschaftliche Effekte, bessere öffentliche Dienstleistungen und eine stärkere Profilierung Schottlands im Reigen der europäischen Regionen abzielte. Auch sollte die *devolution* für Schottland der Wiederholung von Fehlern wie der *poll tax* (s. o. Kap. 5.2) vorbeugen und eine Antwort auf die Proliferation von Quangos, „*which had little* local *accountability*" (Morgan 2002: 804; Hervorhebung im Original), darstellen. Die Erwartungen an das schottische Parlament und die nunmehr – zumindest teilweise – regional zu steuernde Politik waren groß (vgl. Bradbury 2003: 562; Mitchell/Bradbury 2004: 330). Etwas mehr als 60% der zur Abstimmung aufgerufenen Schotten beteiligten sich, rund drei Viertel (74,3%) stimmten dem Vorhaben zu. Die Mehrheit für die Kompetenz zur Variierung des Steuersatzes fiel etwas geringer aus (vgl. Münter 2006: 71).

Der 1998 verabschiedete *Scotland Act* sah die Einsetzung eines schottischen Parlaments mit Sitz in Edinburgh und einer Exekutive mit umfangreichen Befugnissen vor. Die 129 Abgeordneten des Parlaments wurden erstmals im Mai 1999 nach einem kombinierten Wahlsystem[265] für eine Legislaturperiode von vier Jahren gewählt. Bei der Entscheidung für das „*Additional Member System*", das den Verhältniswahlsystemen zuzurechnen ist, spielten Überlegungen hinsichtlich der schottischen politischen Kultur, besonders aber die regionalen Kräfteverhältnisse eine Rolle. So konnte *Labour* davon ausgehen, dass die bei einer Verhältniswahl wahrscheinlichen Koalitionen nur unter der eigenen Beteiligung möglich sein würden (vgl. Sturm 2009: 71). Die Zuständigkeit für das Wahlsystem und die Wahlorganisation ist in Westminster verblieben, was einen wichtigen Unterschied zur bundesstaatlichen Kompetenzverteilung markiert (vgl. O'Neill 2000: 80). Gesetzgebungskompetenz wurde dem *Parliament* für die folgenden Bereiche übertragen: Gesundheitswesen, Bildung und Ausbildung, *local government*, Wohnungswesen, wirtschaftliche Entwicklung, innere Angelegenheiten, Justiz (Aspekte des bürgerlichen Rechts und des Strafrechts), Verkehr, Umwelt, Landwirtschaft, Fischerei- und Forstwesen, Sport und Kunst. In den genannten Bereichen erhielt das Parlament das Recht, Gesetze zu verändern, aufzuheben oder neue Gesetze zu erlassen. Außenpolitik, Verteidigung, Steuern, soziale Sicherheit und Wohlfahrt, Beschäftigung, Immigration und Asylrecht sind weithin Aufgaben Westminsters. Mit dem Recht, den von London festgelegten Einkommenssteuersatz um bis zu drei Prozent zu erhöhen oder zu senken, wurde das schottische Parlament mit einer nur partiellen Steuerhoheit ausgestattet. Hebt man diesen, für die Konstituierung subnationaler Autonomie zentralen Punkt hervor, wird auch eine Einordnung der schottischen Institutionen plausibel, die die Beschränkungen stärker betont als die Innovation. So markieren ein fixer Wahltermin, nämlich alle vier Jahre zusammen mit den Kommunen, und das Amt eines vom Parlament gewählten „*First Minister*" – der kein „*Prime Minister*" ist – deutlichere Parallelen zur lokalen Administration als zum nationalen Regierungssystem (vgl. Sturm 2009: 70). Nichtsdestoweniger ist die Aufgabenzuschreibung bemerkenswert. So hätte es der britischen Verfassungstradition und der Doktrin der Parlamentssouveränität entsprochen, die Aufgaben der Gebietskörperschaft gesetzlich abschließend aufzulisten. Stattdessen wurden im schottischen Fall (und anders als für Wales; s. u.) die Aufgaben Londons aufgelistet. Das schottische Parlament ist mithin, systematisch betrachtet, allzuständig (vgl. Sturm 1999: 219; Münter 2006: 76). Gleichwohl erlaubt es die Parlamentssouveränität dem Unterhaus, auch in den Bereichen legislativ tätig zu werden, mit denen das schottische Parlament betraut ist: „*The UK Parliament is*

---

[265] Das „*Additional Member System*" ist der in Deutschland angewandten Personalisierten Verhältniswahl ähnlich, jedoch ist der Anteil der direkt gewählten Abgeordneten höher.

and will remain sovereign in all matters: but as part of the Government's resolve to modernise the British constitution Westminster will be choosing to exercise that sovereignty by devolving legislative responsibilities to a Scottish Parliament without in any way diminishing its own powers." (Weißbuch zum schottischen Parlament 1997; vgl. auch Münter 2006: 76). Mit der *Sewel motion* wurde hier ein Instrument geschaffen, durch das das schottische Parlament das Unterhaus formal „einlädt", ein Gesetz zu verabschieden. Die faktische Negation jeder schottischen Souveränität wird auf diese Weise etwas verdeckt.

Anders als in Schottland fand das Dezentralisierungsvorhaben für Wales nur eine knappe Mehrheit. Nur etwa 50% der 1997 zur Abstimmung Aufgerufenen nahmen teil, 50,3% stimmten den Plänen zu. Die geringe Begeisterung für die Regierungspläne dürfte mit den in Aussicht gestellten Befugnissen zusammenhängen. Der institutionelle Kompromiss war durch den tiefen Graben bedingt, der die *Wales Labour Party* traditionell durchzog. In Anbetracht der starken innerparteilichen Ablehnung einer walisischen Devolution war für die Befürworter um Ron Davies mehr als die *Assembly* vorerst nicht zu erreichen (vgl. Hazell 2003b: 293). Bei der Mobilisierung zum Devolutionsreferendum war eine funktionalistische Argumentation ausschlaggebend, während eine walisische Identität praktisch keine Rolle spielte. Dabei fiel die Zustimmung unter den Walisischsprechern im Norden deutlich höher aus als unter der englischsprachigen Mehrheit im Süden (vgl. O'Neill 2000: 78). Die funktionalen Argumente waren denen der schottischen Referendumskampagne sehr ähnlich, und auch die demokratische Kontrolle der Quangos spielte eine prominente Rolle (vgl. Morgan 2002: 804; Bradbury 2003: 562). In der Literatur findet sich für den Wandel von der in den 1970er Jahren vorherrschenden Ablehnung zur Zustimmung eine Reihe von Gründen (Evans/Trystan 1999; McAllister 1998): Zum einen wird für 1979 der politische Kontext einer Regierung hervorgehoben, die am Ende ihrer Amtszeit nur über eine knappe Mehrheit verfügt und unter schwierigen wirtschaftlichen Bedingungen agiert habe. Dem wird (für 1997) die große Mehrheit der gerade gewählten *Labour*-Regierung mit ihrer klaren Verpflichtung auf die *devolution* gegenübergestellt. Zum anderen wird die historische Erfahrung einer konservativen Regierung genannt, die ihre Politik ungeachtet der konträren politischen Kräfteverhältnisse in Wales durchsetzen konnte. Ein weiterer Faktor wird schließlich auch in der Intensität gesehen, mit der 1997 für die *devolution* geworben wurde (vgl. Richard Commission 2004: 11).

Auf der Basis des *Government of Wales Act* von 1998 wurde die *National Assembly for Wales* geschaffen. Zum 1. Juli 1999 wurden die Zuständigkeiten vom *Secretary of State for Wales* auf die regionalen Institutionen übertragen. Das Modell für die walisische Devolution um Elemente wie die 60-köpfige Versammlung, ein kombiniertes Verhältniswahlsystem und die Zuständigkeit für das Sekundärrecht hatte *Labour* nach längerer Diskussion in einem Weißbuch („*A Voice for Wales*") entworfen. Das institutionelle Arrangement ist durch einen Kompromiss geprägt, der Befürworter und Gegner der *devolution* in der walisischen *Labour Party*, die insbesondere über der Frage genuiner legislativer Kompetenzen entzweit waren, versöhnen sollte (vgl. Bache/Bristow 2003; Richard Commission 2004: 11). Bei der exekutiven Devolution wurde analog zur Kommunalverwaltung verfahren. Bis zur stärkeren Profilierung der Organe, die wenige Jahre später erfolgte, bestand zunächst formal keine Trennung von Gesetzgebung und Exekutive, beide Funktionen wurden zusammen von der Körperschaft wahrgenommen. *De facto* war der Vorsitzende der größten Fraktion in seiner Funktion als Vorsitzender des Hauptausschusses Chef der Exekutive (*First Secretary*), deren weitere Mitglieder die Vorsitzenden der übrigen Ausschüsse waren (vgl. Osmond 2001: 19; Münter 2006: 77; Sturm 2009: 82).

Die erstmals im Mai 1999 nach einem System der personalisierten Verhältniswahl gewählte *Welsh Assembly* zählt 60 Abgeordnete (40 „*constituency members*" und 20 „*list members*"). Wie Schottland erlebte auch Wales die Premiere einer Wahl nach Verhältniswahl noch vor den Wahlen zum Europäischen Parlament im Juni 1999. Hinsichtlich der Kompetenzen stand die walisische Versammlung deutlich hinter der schottischen zurück. Weder erhielt sie das Recht, eigene Steuern zu erheben oder deren Höhe zu variieren, noch genuine legislative Kompetenzen. Die *Assembly* konnte auf der Basis Londoner Gesetze Politik in Form von Ausführungsbestimmungen, insbesondere in den Bereichen Gesundheit, Bildung und Umwelt, gestalten. Den Möglichkeiten der Politikformulierung wurden durch den *secretary of state* und die Gesetzgebung durch Westminster enge Grenzen gesetzt (vgl. Laffin 2004: 215; zur weiteren Entwicklung s. u. Kap. 5.3.3). Der Unterschied zu einer Vertretungskörperschaft mit primärrechtlichen Kompetenzen sollte bereits in der Bezeichnung „*Assembly*" zum Ausdruck kommen, die bewusst in Abgrenzung zu „*Parliament*" gewählt wurde (vgl. Richard Commission 2004: 11). Auch die Amtsbezeichnung des „*First Secretary*" (gegenüber dem schottischen „*First Minister*") markierte eine beabsichtigte Asymmetrie. Ein weiterer Unterschied zwischen den beiden Vertretungskörperschaften besteht darin, dass lediglich das schottische Parlament mit einem Selbstauflösungsrecht ausgestattet wurde.

Der besondere Status von Wales, Schottland und Nordirland beinhaltet die Verantwortung für dezentralisierte Ausgaben, während die Finanzierung der Regionen über Blockzuweisungen erfolgt. Im Rahmen ihrer Budgets besitzen die dezentralen Administrationen eine vergleichsweise große Freiheit bei der konkreten Ausgabengestaltung (vgl. Richard Commission 2004: 14). Bereits im Zuge der Devolutionsvorbereitungen der 1970er Jahre war mit der Barnett-Formel ein Mechanismus zur Finanzierung der öffentlichen Ausgaben in Schottland, Wales und Nordirland entwickelt worden, der auch von den nachfolgenden Regierungen angewandt wurde. Die Regionen erhalten bedarfsunabhängige Zuweisungen, die zwar auf den Bevölkerungsanteilen basieren, jedoch in Nordirland, Schottland und Wales öffentliche Ausgaben oberhalb der jeweiligen Steuereinnahmen und, *per capita*, höhere Ausgaben erlauben als in England. Die Finanzverfassung wird deshalb auch als Instrument des Ausgleichs zwischen den Regionalregierungen betrachtet. Politisch verstanden, dienen diese Transferleistungen dem Zweck, „*[to] keep the Kingdom United*" (Mackay/Williams 2005: 816f.). Während die Finanzierung über zentrale Zuweisungen als handlungsbeschränkend gilt und die britischen Regionen auch nicht das Recht besitzen, sich zu verschulden, sind sie autonom, was die Ausgaben betrifft. Der Finanzierungsmechanismus wurde allerdings dynamisch angelegt, so dass sich die Pro-Kopf-Ausgaben allmählich angleichen (vgl. Sturm 2009: 74f.).

Die *offices* für Wales, Schottland und Nordirland blieben als Mittler zwischen regionalen und nationalen Institutionen bestehen und erhielten die Aufgabe, die Interessen der einen Ebene jeweils auf der anderen zu repräsentieren.[266] Zunächst dem Verfassungsministerium und später dem Justizministerium untergeordnet (vgl. ebd.: 81), dienen sie der Konfliktvermeidung, wenn es etwa darum geht, Gesetzesvorhaben auf Zuständigkeitskonflikte hin zu überprüfen. Auswirkungen hatte die Devolution auch auf das Corps der Staatsbediensteten, den *Civil Service*. Galt traditionell – ungeachtet des Auftrags, auch die jeweiligen regionalen Interessen zu repräsentieren – die unbedingte Loyalität gegenüber London auch für diejenigen, die in den regionalen Institutionen tätig waren, ist heute eine stärkere Orientierung auf Edinburgh bzw. Cardiff gefordert. Gleichwohl bildet der *Civil Service* organisatorisch auch heute noch eine Einheit (vgl. ebd.: 146).[267]

5.3.3 *Politische Prozesse und die weitere institutionelle Entwicklung in Schottland und Wales*

Mit den regionalen Wahlen, bei denen die absolute und die effektive Zahl der Parteien höher sind als bei den Unterhauswahlen, haben sich die Bedingungen des Wettbewerbs verändert (s. Tabelle 13): Die großen nationalen Parteien, die (anders als die *Liberal Democrats*) traditionell zentralistisch organisiert waren,

---

[266] „*As well as being Wales' voice in Westminster and Westminster's voice in Wales, the Wales Office is responsible for ensuring the smooth running of Welsh legislation through Parliament and for financial transactions between the UK Government and the National Assembly for Wales.*" (http://www.walesoffice.gov.uk/about/)

[267] Infolge des Umdenkens in der Sprachenpolitik geht es in der walisischen Administration nun auch darum, den Anteil der Walisischsprechenden auch in den höheren Positionen zu erhöhen (vgl. Sturm 2009: 146)

sehen sich hier starken regionalen Parteien gegenüber, insbesondere der schottischen SNP und der walisischen *Plaid Cymru* (vgl. Pogorelis et al. 2005: 993).

Tabelle 13: Stimmen- und Sitzverteilung bei nationalen und regionalen Wahlen[1]

	Wahlen zum Unterhaus		Regionale Wahlen	
	Stimmen (%)	Sitze (%)	Stimmen (%)	Sitze (%)
Schottland				
Labour	42,8	74,6	33,6	43,4
SNP	21,2	6,5	27,3	27,1
Conservative	19,6	5,6	15,4	14,0
Lib-Dem	14,1	13,4	12,4	13,2
Green	–	–	3,6	0,8
Scot. Soc.	–	–	2,0	0,8
Andere/Unabh.	–	–	3,3	0,8
Wales				
Labour	50,9	80,4	35,5	46,7
Conservative	23,1	5,3	16,5	15,0
Plaid Cymru	10,9	10,2	30,6	28,8
Lib-Dem	12,9	4,2	12,5	10,0

[1] Durchschnitt der Jahre 1992-2001.
Quelle: Bohrer II/Krutz 2004: 320.

Nach der ersten Wahl zum schottischen Parlament bestimmten Koalitionen von *Labour* und *Liberal Democrats* die schottische Politik (vgl. Bradbury 2003: 559). Institutionenpolitisch war es bereits im Vorfeld der Wahl von 1999 zu einer „Mäßigung" gekommen. Der schottische *Labour First Minister* Jack McConnell, im Amt von 2001 bis 2007, führte die politische Diskussion auf der Ebene der unmittelbaren politischen Fragen und nicht auf der Ebene verfassungspolitischer Zieldiskussionen (vgl. Mitchell/Bradbury 2004: 346). Die schottische *Labour Party* nahm frühzeitig Abstand von den Plänen, Gebrauch von der dezentralisierten Steuerkompetenz zu machen. Die SNP hielt auf der Grundlage ihrer sozialdemokratischen Programmatik an diesem Vorhaben fest, um ihrerseits während der ersten Legislaturperiode von der redistributiven Agenda Abstand zu nehmen (vgl. ebd.: 330). Pogorelis et al. (2005: 1008) zeigen auf der Basis einer Wahlprogramm-Analyse, dass die Regionalisten im Jahr 2003, nachdem sie ihre marginale Rolle gegen politische Verantwortung eingetauscht hatten, bereits eine sehr viel weniger spezifische Programmatik aufwiesen als noch 1999. Nach einer anfänglichen Betonung politisch-prozessualer Fragen – unterstrichen wurden die *politics*-Unterschiede zu Westminster – wurde das Gewicht auf distributive Politiken gelegt. Hierin unterschieden sich die drei großen schottischen Parteien jedoch nur marginal. So stritt man über die Höhe des privaten Beitrags zu den sozialen Dienstleistungen, nicht aber über die grundsätzliche Rolle des Staates. Der Unterschied bestand eher gegenüber England, wo die Privatisierungspolitik konsequenter verfolgt wurde (vgl. Mitchell/Bradbury 2004: 331).

Bei den zweiten Regionalwahlen (2003) verloren *Labour* und SNP Sitze, während *Greens* und *Scottish Socialist Party* sieben bzw. sechs Sitze zulegen konnten und auch mehrere Unabhängige erfolgreich waren. Auswirkungen auf die Koalition von *Labour* und Liberaldemokraten hatten die Wahlen nicht, wenngleich der Verlust *Labours* von zehn Sitzen beim Verhältniswahl-Element als Niederlage gewertet wurde (vgl. Fisher 2004: 1161). Der Erfolg der kleineren Parteien verhinderte nicht nur – wie intendiert – die Dominanz einer bloß relativen Mehrheit, sondern erschwerte auch die parlamentarische Mehrheitsbildung. Dies veranlasste nun auch *Labour*, das Wahlsystem wieder in Frage zu stellen. Virulent blieb die Forderung nach Steuerautonomie, die im Grundsatz von allen schottischen Parteien erhoben wird (vgl. Sturm 2009: 74). Während sich im neuen Parlament SNP, Grüne und Sozialisten für die Unabhängigkeit aussprachen, wurden Liberaldemokraten und auch einige Konservative zu Befürwortern fiskalischer Autonomie. Dies widersprach zwar der Linie des konservativen Parteichefs Michael Howard. Den konservativen Abgeordneten im schottischen Parlament war jedoch bewusst, dass sie sich, um politisch zu überleben, proschottisch darstellen und von der Partei „südlich der Grenze" abheben müssen. *Labour* hingegen erwies sich als die wahre strukturkonservative Kraft. In der Annahme (und mit dem Hinweis auf Umfragen), dass das Thema der fiskalischen Autonomie für die Bevölkerung keine besondere Relevanz besitze, setzte die Regierung es nicht auf die Agenda (vgl. Mitchell/Bradbury 2004: 334).

Im Bereich des *local government*, das hinsichtlich der Aufgabenerfüllung und der Finanzierung in der Zuständigkeit des schottischen Parlaments liegt, wurden Konkordate mit den Gebietskörperschaften, den 32 *unitary authorities*,[268] verabschiedet, die die Höhe der *council tax* und für die Leistungen Zielvereinbarungen festlegen (vgl. Sturm 2009: 107f.). Die schottische Koalition hatte sich – wie auch die walisische – auf die Erarbeitung von Vorschlägen zur Wahlreform für die lokale Ebene verpflichtet. Ein entsprechendes Weißbuch war bereits 2002 veröffentlicht worden. Der zu diesem Zweck erstellte *Kerley Report* empfahl die übertragbare Einzelstimmgebung (STV), die 2004 für die subregionalen Wahlen in Schottland eingeführt wurde und 2007 erstmals zur Anwendung kam (vgl. Cole 2003: 184).[269] Zwar sahen sich die Verfechter eines deutlich

---

[268] 1995 war das seit den 1970er Jahren bestehende Zwei-Ebenen-System durch einheitliche Autoritäten ersetzt worden.
[269] Damit wählen die Schotten, je nach politischer Ebene, mit vier verschiedenen Wahlsystemen.

proportionaleren Wahlsystems aufgrund der kleinen (Dreier- und Vierer-) Wahlkreise enttäuscht; SNP und *Liberal Democrats* konnten dennoch vom neuen Wahlsystem profitieren. Nur in zwei von 32 schottischen *councils* konnte 2007 eine einzelne Partei die absolute Mehrheit behaupten. Die Gegner der personalisierten Verhältniswahl sahen in STV auch eine Alternative für das *Parliament*. Insgesamt macht die Diskussion um das Design der subregionalen Institutionen deutlich, wie sehr auch hier machtpolitische Erwägung eine Rolle spielen, insbesondere, wenn man das Wahlsystem als Konzession *Labours* an den kleineren Koalitionspartner, die *Liberal Democrats*, wertet und das Ende der traditionellen Überrepräsentation *Labours* herausstreicht (vgl. Bradbury/Mitchell 2005: 291; Sturm 2009: 73).

In der Debatte über die walisische Devolution spielten ein Demokratisierungsdiskurs und damit die partizipatorische Dimension und die Verantwortung der regionalen Politik eine wichtige Rolle. Mit der Versammlung sollte eine responsivere, verantwortliche und demokratisch legitimierte Verwaltung ins Werk gesetzt werden und an die Stelle des überkommenen '*quango state*' treten (vgl. Bache/Bristow 2003: 413). Tatsächlich übt das *Assembly Government* eine stärkere Kontrolle über die Quangos aus, von denen im Juli 2003 einige abgeschafft wurden (vgl. Osmond 2003: 13). Die großen Mitte- und Linksparteien in Wales, *Labour*, Liberaldemokraten und *Plaid Cymru*, erwarteten von der Devolution eine stärkere Konsensorientierung der Politik und eine deutlichere Ausprägung der kollektivistischen Orientierung, wie sie Teil des regionalen Wertesystems ist. Für eigene redistributive Politiken gab es mangels fiskalischer Befugnisse kaum Spielraum. Politisch ging es deshalb vor allem darum, *wie* die Blockzuweisung ausgegeben werden soll (vgl. Mitchell/Bradbury 2004: 335).

Der enge Wettbewerb zwischen den Parteien hatte in Wales eine relativ starke politische Dynamik zur Folge. So begann sich die walisische *Labour Party* von der englischen Schwester abzugrenzen, um eine Wähler-Abwanderung in Richtung *Plaid Cymru* zu verhindern. Zu erwarten war, dass die Errichtung subnationaler Institutionen innerhalb der nationalen Parteien zu Spannungen führen würde, da die regionalen Zweige zwangsläufig in manchen regionalspezifischen Fragen von der nationalen Parteilinie abweichen mussten. Für die Konservativen kam hinzu, dass sie sich bei den Wahlen zu den Vertretungskörperschaften für Institutionen bewarben, die sie zuvor noch politisch bekämpft hatten (vgl. Bohrer/Krutz 2005: 667).

Labours traditionelle Vorherrschaft in Wales hatte es dem walisischen Parteichef Ron Davies in den Jahren vor der Devolution erlaubt, parteiintern Pläne für die konstitutionelle Zukunft zu entwickeln. In der Erwartung eines deutlichen Wahlsieges hatte Davies in Absprache mit *Liberal Democrats* und *Plaid Cymru* die Ersetzung des vorgesehenen Mehrheitswahlsystems durch ein System der

Verhältniswahl initiiert (vgl. Bradbury 2003: 559).[270] Profitiert haben von dem institutionellen Arrangement der Devolution zunächst die Konservativen, die aufgrund der Verhältniswahl in der ersten *Assembly* relativ stark vertreten waren. Bei den nationalen Wahlen von 1997 hatten sie noch alle Sitze außerhalb Englands verloren und 2001 lediglich einen in Schottland gewonnen (vgl. Osmond 2001: 38). *Labour* bildete zunächst eine glücklose Minderheitsregierung. Nach dem Rücktritt des Davies-Nachfolgers Alun Michael konnte Rhodri Morgan mit ausdrücklicher Zustimmung der Partei eine Koalition mit den Liberaldemokraten bilden, die bis zu den Wahlen des Jahres 2003 hielt. Damit konnte die Vorherrschaft *Labours* im Mitte-Links-Spektrum behauptet werden.

Die politischen Kräfteverhältnisse in Wales und die dadurch bedingte Wettbewerbsdynamik begünstigten einen kooperativen Politikstil der Parteien. So hatte die Abhängigkeit *Labours* von den *Liberals* direkte Auswirkungen auf die Institutionenpolitik. Eine Kommission empfahl für die Kommunalwahlen, die Mehrheitswahl durch STV in Mehrmannwahlkreisen zu ersetzen. Ein solches Vorhaben war eindeutig im Sinne des kleineren Koalitionspartners, auch wenn sich damit (wie mit der Möglichkeit der Briefwahl) Überlegungen bezüglich einer Erhöhung der Wahlbeteiligung und der Verstärkung der Repräsentativität der lokalen Vertretungen verbinden ließen. Diese Reformbereitschaft der regionalen Parteiführung brachte lokale *Labour*-Vertreter auf. Die Konstellation der Interessen ließ bereits erahnen, dass infolge veränderter Mehrheitsverhältnisse *Labour* die Reform der lokalen Ebene nach 2003 nicht weiter verfolgen würde (vgl. Laffin 2004: 215). Die walisische Versammlung lässt den lokalen Verwaltungen[271] mehr Spielraum als Whitehall (vgl. Laffin 2004: 214). Die *Assembly* prüft die lokalen Finanzen und kann die Grenzen der 22 *unitary authorities* reformieren, nicht jedoch deren Aufgaben ändern. Die Verpflichtung der *Assembly* durch den *Government of Wales Act* darauf, das *local government* zu fördern und die Partnerschaft in einem *Partnership Council* zu institutionalisieren (der Mitglieder der *Assembly*, Minister und Vertreter der lokalen Ebene umfasst), spiegelt schließlich die Bemühungen wider, die Unterstützung der lokalen Ebene für die Devolution zu gewinnen (vgl. ebd.: 215).

Während die regionale politische Führung den *Council* als konsultatives Organ betrachtete, gingen insbesondere lokale *Labour*-Notabeln davon aus, dass sie die Devolution erst ermöglicht und entsprechend exekutive Mitspracherechte

---

[270] Davies' Ablösung durch Alun Michael aufgrund eines Skandals wenige Monate vor der Wahl war einer der Gründe für das relativ schlechte Abschneiden *Labours* bei der ersten Wahl zur *Welsh Assembly* im Mai 1999. Michael galt als Vertreter des Zentralismus und, so böse meinende Stimmen, als Tony Blairs „Pudel" (vgl. Bradbury 2003: 559).

[271] 1996 wurden die walisischen lokalen Autoritäten reformiert. 22 einheitliche Autoritäten wurden geschaffen mit Zuständigkeiten in den Bereichen Bildung, soziale Dienstleistungen, Planung, Wohnungswesen, Umwelt und wirtschaftlicher Entwicklung (vgl. Laffin 2004: 215).

hätten. Besonders in den Jahren 2000 bis 2003 gab es einen engen, Konflikte zwischen den Ebenen glättenden Austausch zwischen der Ministerin für das *Local Government*, Edwina Hart, die auf die Unterstützung der lokalen Ebene in zukünftigen Auseinandersetzungen setzte, und dem Vorsitzenden der *Welsh Local Government Association*, Sir Harry Jones (vgl. Laffin 2004: 218). Die Vertreter der walisischen Regierung schlossen sich dem Modernisierungsdiskurs der nationalen Partei nicht an und betonten die Bedeutung von Lokalverwaltung und lokaler Demokratie sowie des öffentlichen Dienstes im Allgemeinen. Tatsächlich bestand eine starke Abhängigkeit der regionalen Administration von der lokalen. So war die regionale Administration auch aufgrund geringer Wahlbeteiligung (Referendum: 50%, Wahlen: 2003: 38%) unter dem Druck, insbesondere in den Bereichen Gesundheit und Bildung Zustimmung über die Qualität der Leistungen zu erzeugen. Die lokale Ebene bot eine wichtige Implementationsstruktur, in die (2002) ein Drittel des regionalen Budgets floss. Als von der lokalen Ebene abhängig erwies sich die regionale Ebene auch, weil sie nur über etwas mehr als 3.000 Beschäftigte verfügte und somit auch auf einen lokalen *policy*-Input angewiesen war (vgl. ebd.: 216).[272]

Labours Erfolge unter Morgan gaben der Partei die Möglichkeit, die institutionenpolitische Agenda zu bestimmen. Dies bedeutete, dass legislative Befugnisse, nicht aber fiskalische Autonomie Ziel der walisischen „Verfassungspolitik" wurden (vgl. Mitchell/Bradbury 2004: 338). Bei der Mehrheit unter Morgan spielten weder patriotische Rhetorik noch Forderungen nach einer geschriebenen Verfassung eine Rolle. Wie auch sein schottisches Pendant McConnell machte Morgan verfassungspolitische Zielbestimmungen nicht zum Gegenstand der politischen Diskussion (vgl. ebd.: 346). Noch zurückhaltender als Morgan, was die konstitutionelle Entwicklung betrifft, war allerdings der erste *First Minister*, Davies, der den Prozess-Charakter der Devolution betonte (vgl. Bradbury 2003: 563). Rhodri Morgan ging einen Schritt weiter, indem er sich mit seiner Koalition mit den Liberaldemokraten auf die vorhandenen Möglichkeiten der Versammlung konzentrierte, öffentliche Unterstützung zu erzeugen. Erst in einem zweiten Schritt sollte deutlich gemacht werden, dass der *Assembly* die Kompetenzen fehlen, die zur Lösung der walisischen Probleme nötig sind. Unter der Morgan-Regierung wurde oft auf die schottische *devolution* Bezug genommen und die Übertragbarkeit dortiger Lösungen auf Wales diskutiert (vgl. ebd.).

Im Laufe der *devolution* nahm die Unterstützung für die *Welsh Assembly* zu. Eine knappe Mehrheit sprach sich für weitere Kompetenzen aus, auch wenn

---

[272] 2003/2004 hatte *Labour* die Mehrheit in acht Autoritäten, *Plaid* in drei; zwei wurden durch Unabhängige dominiert, und in neun gab es keine klare Mehrheit. *Labours* traditionelle Vorherrschaft in Wales (insbesondere im Süden) hat sich deutlich abgeschwächt (vgl. Laffin 2004: 216).

die *Assembly* als überlastet wahrgenommen wurde (vgl. ebd.: 566). Ein weiteres, spezifisch walisisches institutionelles Thema, die Struktur der Exekutive, wurde bereits im Gesetzgebungsprozess zum *Government of Wales Bill* kontrovers diskutiert. Ursprünglich war vorgesehen, dass die *„assembly would be run along local government lines, with subject committees assuming responsibility for the determination of policy"* (Bache/Bristow 2003: 413). Die Opposition machte jedoch erfolgreich geltend, dass eine derart unklare Kompetenzstruktur die Versammlung schwächen würde. Tatsächlich entwickelte sich die walisische Exekutive nach Schaffung der Institutionen rasch weiter. Nachdem Rhodri Morgan Chef der walisischen Exekutive geworden war, kündigte er die Prüfung der internen Abläufe sowie der Befugnisse an. Die Prüfung der Abläufe innerhalb der *Assembly* führte dazu, dass in den Jahren 2000 und 2001 im Rahmen der durch den *Government of Wales Act* vorgegebenen Strukturen einige kleinere Reformen durchgeführt wurden, die die Sichtbarkeit der (seit Ende 2001 *Welsh Assembly Government* genannten) Exekutive und die Teilung der Gewalten stärkten. Der *„First Secretary"* wurde in diesem Zusammenhang entsprechend einer neuen Konvention zum *„First Minister"*, und die Exekutive erhielt einen eigenen Verwaltungsunterbau (vgl. Münter 2006: 78f.; Sturm 2009: 82). Eine brisantere Frage war, ob die *Assembly* primärrechtlicher Kompetenzen bedürfe. Einer entsprechenden Entscheidung war *Labour* bis dato aus dem Weg gegangen (vgl. Hazell 2003b: 293ff.).

2002 wurde schließlich die *Richard Commission* eingesetzt, die zur Frage der konstitutionellen Entwicklung der *Welsh Assembly*, insbesondere ihrer Größe, Bestellung und Kompetenzen, beraten und Anfang 2004 berichten sollte.[273] Für die Mitglieder der *Richard Commission* boten besonders Deutschland – wegen der *„long history of strong regional government"* (Richard Commission 2004: 15) – und Spanien – wegen der Asymmetrie sowie der durch die historischen Nationalitäten betriebenen *„constant renegotiation of the scope of their powers"* (ebd.) – interessante Modelle. Der Abschlussbericht der Kommission stellte fest, dass die 1998/99 geschaffenen Strukturen grundsätzlich geeignet seien, mit weiteren Befugnissen zu operieren, nicht jedoch mit primärrechtlichen. Hierfür sei eine Erhöhung der Mitgliederzahl auf 80 erforderlich. Außerdem sollte das *Welsh Assembly Government* formal von der *National Assembly* getrennt werden, um die parlamentarische Verantwortlichkeit der regionalen Regierung zu unterstreichen. Bezüglich der Quangos stellte der Bericht fest, dass die Versammlung wenig Gebrauch von ihren Möglichkeiten gemacht hätte, diese Einrichtungen zu restrukturieren, aber zunehmend Einfluss auf deren Politiken

---

[273] In der *Commission on the Powers and Electoral Arrangements of the National Assembly for Wales 2004* waren die Parteien vertreten. 115 öffentliche Sitzungen und zahlreiche Veranstaltungen wurden abgehalten.

und Aktivitäten nehme. Ein Problem sei die Verantwortung solcher Quangos gegenüber der *Assembly*, die zwar primär nicht-dezentralisierte Aufgaben ausübten, aber in der Praxis die Zuständigkeiten der *Assembly* berührten. Wenngleich eine *split accountability* bestehe – wenn von der walisischen Versammlung vorgeschlagene Politiken in Westminster geprüft und verabschiedet werden –, konstatierte der Bericht eine gute Kooperation zwischen regionalen und nationalen Institutionen bei der Entwicklung von Politiken. Steuerpolitisch empfahl der Bericht eine Orientierung an Schottland, falls für Wales entsprechende Kompetenzen gewünscht seien; dies sei aber „*not essential*" (ebd.: 212). Bezüglich des Wahlsystems kam die Kommission zu dem Ergebnis, dass die personalisierte Verhältniswahl nicht geeignet sei für eine Vergrößerung der *Assembly*. Stattdessen wurde die Einführung der übertragbaren Einzelstimmgebung in Wahlkreisen von vier bis sechs Abgeordneten empfohlen. Die Kommission empfahl schließlich einen neuen *Wales Act*, auf dessen Basis die *Assembly* – für die Bereiche, in denen sie bereits Befugnisse hatte – primärrechtliche Kompetenzen erhalten sollte.

Der Bericht verfehlte seine Wirkung nicht. Bereits 2005 machte sich die Blair-Regierung einige der Empfehlungen zu Eigen.[274] Auch unterstützt durch Umfragen, die einen weit verbreiteten Wunsch nach einer stärkeren Dezentralisierung dokumentierten, wurde 2006 der *Government of Wales Act* verabschiedet, der „als Einstieg in die legislative Devolution und damit die Transformation der walisischen Selbstverwaltung in eine begrenzte Selbstregierung interpretiert werden kann" (Sturm 2009: 83). So schuf das Gesetz die Grundlage für eine deutlichere Trennung von Regierung und *Assembly* und stattete Letztere mit klassisch parlamentarischen Kompetenzen wie der Entscheidung über Ausschüsse und über die Budgets der Minister aus. Seit 2008 wurden der *Assembly* im Wege von *Legislative Competence Orders* im Rahmen der Gesetzgebung immer wieder legislative Gestaltungsbefugnisse übertragen. Dies bedeutete jedoch für jede Entscheidung die vorherige Zustimmung Westminsters. Der *Government of Wales Act* sah allerdings auch die Möglichkeit vor, auf Grundlage eines Referendums legislative Kompetenzen auf die *Assembly* zu übertragen. Die walisische Regierung entschloss sich, von ihren Möglichkeiten Gebrauch zu machen, wobei sie Spannungen mit dem Londoner Parteiflügel, dessen Vertreter im parlamentarischen *Select Committee on Welsh Affairs* dieser Stärkung der Versammlung skeptisch gegenüber standen, in Kauf nahm (vgl. ebd.: 84f.). So durften, nach einem entsprechenden Votum der *Assembly*, die Waliser am 3. März 2011 über den Transfer von Kompetenzen der primären Gesetzgebung abstimmen. Infolge der deutlichen Zustimmung von

---

[274] Siehe hierzu das Weißbuch *Better Governance for Wales*, 2005.

knapp zwei Dritteln wurden der *Assembly* legislative Kompetenzen u. a. für die Bereiche Bildung, Gesundheit und Umwelt übertragen.

1997 haben die Konservativen mit dem Verlust ihrer Mandate in Schottland und Wales noch dafür „bezahlen" müssen, dass sie nicht einzusehen schienen, dass das Vereinigte Königreich ein Viernationenstaat ist (vgl. Sturm 1999: 219). In der Folge haben sich zumindest Teile der Partei schrittweise an die institutionenpolitische Programmatik von *Labour* angepasst. Die Forderung nach Föderalisierung kam beispielsweise von der konservativen Direktorin des *Centre for Policy Studies* (Tessa Keswick) sowie aus dem schottischen Zweig der Partei (vgl. Kaiser 2002: 184). Angesichts der in Gang gekommenen Regionalisierungsdynamik betrieben die Konservativen im Jahr 1999 sogar eine Kampagne für ein englisches, dem schottischen ähnliches Parlament, um die Symmetrie herzustellen (vgl. Tomaney/Hetherington 2003: 49ff.). Dieser Plan wurde jedoch bald wieder aufgegeben. Nachdem John Major 1992 und 1997 noch das Ende des Vereinigten Königreichs heraufbeschworen hatte, spielte die Dezentralisierung bei den Unterhaus-Wahlen von 2001 schon keine bedeutende Rolle mehr. Alle größeren Parteien bekannten sich im Grundsatz zu ihr, während die walisischen und schottischen nationalistischen Parteien weitere Autonomie forderten (vgl. Trench 2001b: 2).

5.3.4 England: funktionale Erwägungen für die regionale Ebene

Nicht wenige Autoren vertreten wie Tom Nairn (2001) die Meinung, dass das „Schweigen" der Engländer das Haupthindernis eines weiter reichenden konstitutionellen Wandels für diesen Teil des Vereinigten Königreichs darstelle. Tatsächlich kann man bezogen auf England kaum von einer ernsthaften Reformdebatte sprechen, geschweige denn von einem ähnlichen Einsatz auf Elitenebene für eine politische Dezentralisierung wie im schottischen Fall. Dennoch konnte bei den lokalen Eliten Englands in den relativ weniger entwickelten Regionen (insbesondere in North East, North West und Yorkshire and Humberside) seit Ende der 1980er Jahre ein Einstellungswandel festgestellt werden. Angesichts der interregionalen Entwicklungsdisparitäten wurden Forderungen nach stärkerer Koordination und Kooperation zur Verfolgung regionaler Entwicklungsziele sowie nach Institutionen entsprechend dem Vorbild der *offices* in Schottland und Wales laut (vgl. Keating 1994: 228). Die Ziele dieser „regionalen Bewegung" waren in erster Linie wirtschaftlicher Art, während eine identitäre Dimension praktisch keine Rolle spielte. Ein weiterer Unterschied gegenüber Schottland bestand darin, dass sich die Debatte weitgehend auf die regionale Elite beschränkte und so gut wie keinen Widerhall in der Bevölkerung fand (vgl. Burch/Gomez 2002: 768f.). Von Identitätsbekundungen wurde die Diskussion nur in North-East begleitet, wo konkretere Forderungen nach politischer Dezentralisierung und Autonomie gegenüber der Zentralregierung artikuliert wurden. Abgesehen von einer 1992 gestarteten Kampagne für eine *Northern Assembly* waren es insgesamt meist weniger bedeutende regionale oder lokale Vereinigungen, die die zivilgesellschaftlichen Plattformen für eine englische *devolution* bildeten (vgl. Bradbury 2003: 556). Im übrigen England herrschte eine „*complete absence of a coherent definition of boundaries, their size or even the concept of a region*" (Hogwood 1982: 2). Nichtsdestoweniger kündigten die Wahlprogramme *Labours* von 1997 und 2001 an, dass Referenden zur Schaffung englischer Vertretungskörperschaften abgehalten werden sollen.

Die Entwicklung der englischen Institutionen war Anfang der 1990er Jahre und damit einige Jahre vor der Regierungsübernahme durch *Labour* in Gang gekommen. Die konservative Regierung unter John Major gelangte zu der Überzeugung, dass die regionalen Infrastrukturen und die regionale Industriepolitik von einer regionalen Verwaltungsebene und administrativer Koordination profitieren würden. Entsprechende Forderungen kamen vor allem von zwei Seiten: der Europäischen Kommission und der *Labour Party*. *Labours* Forderung nach demokratisch legitimierten regionalen Institutionen war Teil der Profilierungsstrategie, die die Partei seit Anfang der 1990er Jahre bezogen auf Schottland und Wales verfolgte (s. o. Kap. 5.3.2). Der Europäischen Kommission ging es nach den jüngsten Reformen der gemeinschaftlichen Strukturpolitik um deren effiziente Umsetzung unter Beachtung des Partnerschaftsprinzips (vgl. O'Neill 2000: 77; s. o. Kap. 2.3.3.3). Seit Ende der 1980er Jahre hatte sich auch zwischen der EU und den englischen lokalen und regionalen Akteuren eine gewisse Interdependenz entwickelt. Während die gemeinschaftliche Strukturpolitik bei ihrer Entwicklungsplanung und deren Umsetzung auf dezentrale Instanzen angewiesen war, versuchten lokale und regionale Akteure die gemeinschaftliche Politik – in der konkretesten Form: die Fördermittel aus den Strukturfonds – für entwicklungspolitische Ziele zu nutzen (vgl. Burch/Gomez 2002: 768).

In ihrem Wahlprogramm von 1992 sprachen sich die Konservativen für eine Reform der regionalen Stellen der Zentraladministration aus. Eine regionale „Regierungsebene" mit eigenen Befugnissen zur Vertretung regionaler Interessen lehnten sie jedoch kategorisch ab. Auch eine Wirtschaftsplanung auf regionaler Ebene durch Institutionen mit eigenen Kompetenzen und nicht bloß durch dekonzentrierte Stellen stand nicht auf der konservativen Agenda (vgl. CDLR 1998: 225). 1994 wurden durch die Zusammenlegung der dekonzentrierten ministeriellen Außenstellen zehn *Integrated Government Offices for the Regions* (GOR) geschaffen. Diese übernahmen Aufgaben der Ressorts Bildung, Arbeit,

Umwelt, Industrie und Transport und waren u. a. zuständig für die städtische Erneuerung und eine Reihe wirtschaftlicher Entwicklungsprogramme, wofür sie über ein eigenes Budget verfügten (vgl. Eser/Konstadakopoulos 2000: 794). Unklar war, ob die GOR regionale Belange nach Whitehall vermitteln oder Whitehalls Kontrollposten in den Regionen sein würden, was *Labour* unterstellte (vgl. Bache/Jones 2000: 12). Für die Planung und Umsetzung der gemeinschaftlichen Strukturpolitik wurde Anfang 1997 die Auswahl der lokalen Partner im Rahmen der Partnerschaft durch die dezentralen Autoritäten ermöglicht (vgl. ebd.: 11). Angesichts der zu erwartenden Wahlniederlage gegen *Labour* erfüllten derartige Reformen für die Konservativen auch die Funktion, Brücken in die Regionen zu bauen. Ein zentraler Faktor war jedoch, dass sich innerhalb der *Conservative Party* die Ansicht verbreitete, dass ein rigider Zentralismus der wirtschaftlichen Entwicklung im Wege steht (vgl. ebd.: 15).

Für die nachfolgende *Labour*-Regierung bzw. den engeren Kreis um Blair war das Erfüllungsdefizit der öffentlichen Dienstleistungen ausschlaggebend für die englische *devolution* (vgl. Morgan 2002: 805). Damit blieb die Basis für die Dezentralisierung Englands im Wesentlichen eine ökonomisch-funktionale, die sich auf Aufgaben der regionalen Wirtschaftsentwicklung konzentrieren würde (vgl. Sturm 2009: 103). Sie war folglich den auf Effizienz abzielenden subregionalen Reformen ähnlicher als der politisch-institutionellen Entwicklung in Schottland und Wales (s. o. Kap. 5.3.1). Hintergrund war der wirtschaftliche Strukturwandel, der durch die konservativen Reformen des öffentlichen Sektors in Gang gesetzt worden war. Insbesondere Wirtschaftsverbände und Vereinigungen der lokalen Administration sahen einen Anpassungsbedarf für die regionalen Institutionen, um im Rahmen der europäischen Politiken effektiv agieren und in den Bereichen Regionalplanung, Wirtschaftsentwicklung und Transport nach der Privatisierung die Politiken koordinieren zu können. Die Unterstützung für eine politische Dezentralisierung der englischen Regionen blieb jedoch schwach (vgl. Bradbury 2003: 557). Ungeachtet der verbreiteten Gleichgültigkeit sowie politischer und wissenschaftlicher Zweifel an einem direkten Zusammenhang zwischen Demokratie und Entwicklung hat der Glaube an einen positiven wirtschaftlichen Effekt Befürworter der *devolution* in den englischen Regionen an ihrer Forderung nach demokratischen Vertretungskörperschaften festhalten lassen (vgl. Morgan/Rees 2001; Morgan 2002: 800). Mitunter neidvoll wurde auf die keltischen Nachbarn geblickt, die aus den im Zuge der Dekonzentration geschaffenen Institutionen wirtschaftliche Erfolge zu ziehen schienen. Darüber hinaus haben die Implementation der gemeinschaftlichen Strukturpolitik und die Mitgliedschaft im Ausschuss der Regionen die englischen Regionen für das Thema Dezentralisierung sensibilisiert (vgl. ebd.: 801).

Die Erwartung wirtschaftlicher Effekte spielte bei der Konzeption der Devolutionspolitik *Labours* in der Opposition eine wichtige Rolle. Einflussreiche Akteure, die dieses Thema auf der Tagesordnung hielten, waren John Prescott, der „*main champion of English devolution in the Labour Party*" (Morgan 2002: 801), wie auch die neue *Regional Policy Commission* unter dem Vorsitz des ehemaligen EU-Kommissars für Regionalpolitik, Bruce Millan. Blair selbst galt, wie der Rest des Kabinetts, als indifferent. Er stellte sich nicht offen gegen englische Regionen, war jedoch empfänglich für die Argumente der Wirtschaft. Die Empfehlungen, die die *Millan Commission* 1996 in ihrem Bericht schließlich gab, griffen die bekannten Themen der englischen Diskussion auf, darunter die Wahrnehmung der Regionalpolitik als zu zentralistisch. Noch in der Opposition entwickelte die Partei eine differenzierte Strategie zur Schaffung gewählter Vertretungskörperschaften in England in zwei Schritten (vgl. Grotz 2007: 301).

Der erste dieser Schritte bestand in der Schaffung von regionalen Entwicklungsbüros (*Regional Development Agencies*) in den englischen Regionen (mit Ausnahme Londons) im Jahr 1999. Die Schaffung der Entwicklungsbüros steht im Zusammenhang mit dem Wahlversprechen Labours „*to re-invigorate regional economic policy*" (vgl. Blackman/Ormston 2005: 376). Indirekt gewählte *Regional Chambers*, die sich aus lokalen Mandatsträgern und Vertretern der Wirtschaft, der Bildungsinstitutionen und gesellschaftlicher Organisationen zusammensetzten, wurden geschaffen, um die Aufsicht über die Entwicklungsbüros und damit auch über die Umsetzung der europäischen Regionalpolitik auszuüben. Der zweite Schritt sollte in der – an bestimmte Voraussetzungen geknüpften – Ersetzung der Kammern durch direkt gewählte Vertretungskörperschaften bestehen.[275] Angesichts des Konfliktpotentials wurde damit anstelle von Reforminhalten zunächst ein Prozess definiert (vgl. Grotz 2007: 301).

Die Einrichtung der Entwicklungsbüros durch die *Labour*-Regierung war praktisch gleichbedeutend mit der Anerkennung der englischen Regionen als *wirtschaftliche* Akteure; als wirtschaftliche *und politische* Akteure erkannte die Regierung die englischen Regionen mit der Schaffung und Stärkung der *Chambers* an. In der Folge formierten sich in einigen englischen Regionen *constitutional conventions*, in denen Forderungen nach weiter reichenden Befugnissen und direkten Wahlen zu den Vertretungskörperschaften debattiert wurden (Mitchell/Bradbury 2004: 342). Aufgabe dieser Körperschaften sollte es sein, regionale Entwicklungsschwerpunkte festzulegen und die Arbeit der Regierungseinrichtungen, Behörden und Quangos zu kontrollieren. Während die Budgets wuchsen, wurden die Mitglieder der regionalen Entwicklungsbehörden weiterhin

---

[275] Neben einer entsprechenden „Nachfrage" seitens der Bevölkerung wurden auch die Schaffung einer homogenen kommunalen Struktur und die Kostenneutralität der Reformen zu Voraussetzungen gemacht (vgl. Grotz 2007: 301).

von Whitehall ernannt. Damit setzte *Labour* die konservative Institutionenpolitik für die regionale Verwaltung zunächst fort (vgl. Bradbury 2003: 565).

Vor dem Hintergrund eines in den 1990er Jahren gesunkenen BIP *per capita* hob die politische Begründung der Einrichtung von regionalen Entwicklungsbüros – in ähnlicher Weise wie zuvor schon bei den GOR – auf die wirtschaftliche Effizienz und Wettbewerbsfähigkeit sowie auf die Zuteilung von Mitteln aus den europäischen Strukturfonds ab. Um eine regionale politische Autonomie ging es in diesem Diskurs nicht (vgl. O'Neill 2000: 90). Der angenommene Zusammenhang zwischen *devolution* und Entwicklung – dass Regionalpolitik *bottom-up* organisiert sein müsse, um die endogenen Potentiale zu wecken – wurde von Prescott politisch konsequent verfolgt. Bei dieser Konzeption wurde allerdings in Kauf genommen, dass die Schaffung der Entwicklungsbüros als von London kontrollierte Quangos das Demokratiedefizit zunächst sogar verstärken würde. „Abhilfe" erwartete man sich mittelfristig von den regionalen Vertretungskörperschaften (vgl. Morgan 2002: 802).

Im Jahr 2000 forderte das *National Policy Forum*, ein innerparteiliches *Labour*-Gremium zur Vertretung der Gebietskörperschaften, die Regierung auf, ein Weißbuch zur englischen Regionalisierung zu verfassen. In der Folge ebneten Äußerungen hochrangiger *Labour*-Politiker den Weg für ein solches Weißbuch sowie für eine Reform der Finanzierung und Zuständigkeiten der regionalen Entwicklungsbüros und der *Chambers* (vgl. Tomaney 2001: 108). Das Finanzministerium thematisierte die englischen Entwicklungsunterschiede – zwischen London, South East und East Anglia auf der einen und den übrigen englischen Regionen auf der anderen Seite – und deren Auswirkungen auf die gesamte englische Ökonomie. Auf eine stärkere und bedürfnisgerechte Eigeninitiative der Entwicklungsbüros zu setzen und deren Ressourcen sowie die der *regional Chambers* zu erhöhen, ließ gleichzeitig eine klarere politische Verantwortlichkeit, gewissermaßen eine Demokratisierung der regionalen Institutionen, geboten erscheinen. Der Glasgower Schatzkanzler Brown, der die schottische Devolution für nicht verhandelbar erklärte (vgl. Bradbury 2003: 565), ging zwar nicht so weit, direkt gewählte regionale Vertretungskörperschaften in England zu fordern. Er bewegte sich aber jenseits seiner Ressortzuständigkeit, als er in diesem Kontext die Rolle der Whitehall-Bürokratie thematisierte und die Notwendigkeit politischer Verantwortung auf regionaler und lokaler Ebene erklärte. Beobachter werteten die Rede von einer erhöhten Verantwortlichkeit der regionalen Entwicklungsbüros als Schritt in Richtung Direktwahl regionaler Vertretungskörperschaften (vgl. Tomaney 2001: 109; Tomaney/Hetherington 2003: 51).

Zwischen Sommer 2000 und Sommer 2001 kam es zu einem bemerkenswerten Schub in der Entwicklung der regionalen Institutionen Englands. Die Entwicklungsbüros standen im Zentrum der neuen regionalpolitischen Bemühungen und wurden durch Mittelerhöhungen und eine größere Flexibilität bei der Mittelverwendung im Rahmen verschiedener Programme gestärkt. Die *Regional Chambers* wurden 2002 ermächtigt, regionale Entwicklungsstrategien zu koordinieren. Auch ihre Mittel wurden erhöht, um sie zu befähigen, die Kontrolle der regionalen Wirtschaftspolitik, insbesondere der *Regional Development Agencies*, effektiv auszuüben. Diese Entwicklung ist vor dem Hintergrund der Pläne zu sehen, die *Chambers* zu direkt gewählten Vertretungskörperschaften weiterzuentwickeln (vgl. Blackman/Ormston 2005: 376). Daneben blieben die GOR wichtige regionale Akteure, wenn auch mit einem schwachen eigenen Profil. In den Jahren 2000 und 2001 wurden ihre Funktionen ausgeweitet, und weitere Ressortzuständigkeiten wurden in sie integriert (vgl. Tomaney 2001: 110ff.).

Diese einheitliche institutionelle Entwicklung wurde von London aus gestaltet und implementiert. Sehr heterogen waren die Reaktionen der örtlichen Akteure. Diese mobilisierten sich dort stark, wo überdurchschnittliche Summen aus der gemeinschaftlichen Strukturpolitik zu verwalten waren. Auch das konkrete Engagement der *Regional Chambers* hing von der Bedeutung der regionalen Strukturfonds-Interventionen ab. Wo das Mittel-Volumen groß war (wie in North West), spielten die *Chambers* eine wichtige Rolle bei der Koordinierung der regionalen Partner für die Erarbeitung der Programmplanungsdokumente und für die Implementation der Programme (vgl. Burch/Gomes 2002: 773). Auch andere staatliche und nicht-staatliche Akteure wurden zunächst besonders in solchen Teilen Englands aktiv, die signifikante Mittelvolumina aus gemeinschaftlichen Quellen zu erwarten hatten. Gewissermaßen um den Anschluss nicht zu verpassen, reagierten in der Folge auch die übrigen englischen Regionen auf diese Entwicklung (vgl. ebd.: 771). So stellten die Bedingungen der gemeinschaftlichen Politik, insbesondere das Partnerschaftsprinzip, eine Anreizstruktur für integrierte Prozesse politischer und wirtschaftlicher Akteure dar. Im Sinne des Regionalisierungsbegriffs von Benz et al. (1999; s. o. Kap. 2.3.1) nahmen die Regionen hier Züge einer politischen Arena an, wenngleich nur ausgewählte Politiken (und diese auch nur teilweise) dezentral steuerbar waren. Da die Programmplanung weiterhin in London erarbeitet und entschieden wurde, blieb die Zentralregierung unumstrittener *gatekeeper*. Der genuine regionale Input war sehr beschränkt (vgl. Burch/Gomes 2002: 770).

Teilweise wurde in der Debatte um die englischen Regionen die Erwartung geäußert, dass demokratische Strukturen auf regionaler Ebene effizientes Regieren zur Folge haben würden. Was die demokratische Dimension der *devolution* betrifft, wurde jedoch auch eingewandt, dass der Transfer von Aufgaben von der lokalen auf die regionale Ebene eine Zentralisierung darstelle (vgl. Commission for Local Democracy 1995). Die Sensibilität für die vertikalen Strukturen und Beziehungen war hoch. Kritiker sahen sich in dieser Befürchtung bestätigt, als mit dem *Planning Green Paper* vom Dezember 2001[276] die Zuständigkeit für die Strukturpläne von den *counties* auf die regionale Ebene verschoben wurde (vgl. Morgan 2002: 805). Auch im weiteren Prozess um die englischen Institutionen sollte diese Problematik eine wichtige Rolle spielen.

War es bei den Dezentralisierungsprozessen in Schottland und Wales noch darum gegangen, vorhandene regionale Institutionen parlamentarisch verantwortlich zu machen, ging es bei der englischen Devolution mangels regionaler Institutionen um die Rolle Whitehalls (vgl. Tomaney/Hetherington 2003: 57). Die partielle regionale politische Dezentralisierung hatte zwangsläufig systemische Konsequenzen. So konnten infolge der *devolution* in schottischen Wahlkreisen gewählte Abgeordnete in Angelegenheiten mitentscheiden, die englische Wahlkreise betreffen, während Abgeordnete aus englischen Wahlkreisen nicht weiter über Fragen entscheiden konnten, die Sache des schottischen Parlamentes geworden waren (vgl. Fisher 2004: 1163). Dass die im Unterhaus traditionell überproportional vertretenen schottischen Abgeordneten bei Beschlüssen mit abstimmen dürfen, die sie nicht betreffen, wurde von Konservativen und englischen Nationalisten scharf kritisiert.[277] Zur Beseitigung dieser als *West Lothian Question* diskutierten Asymmetrie forderten sie ein englisches Parlament, gingen dann aber einerseits zum Widerstand gegen die englische Regionalisierung über, während sie andererseits englische Stimmen für englische Gesetze forderten. 2005 entschärfte die Blair-Regierung das Problem, indem sie die Zahl der in Schottland vergebenen Mandate von 72 auf 59 reduzierte[278] (vgl. Jeffery/Mawson 2002: 715; Grotz 2007: 305f.).

2002 legte die Regierung das schon länger geforderte Weißbuch zur englischen Devolution vor.[279] Dieses stellte neben einer weiteren Dekonzentration auch direkt gewählte Vertretungskörperschaften in Aussicht. Ursprünglich hatten die Vorstellungen selbst innerhalb des Kabinetts weit auseinander gelegen. 2001 skizzierte etwa der Minister für die Regionen, Nick Raynsford, ein London ähnliches Modell mit der Kontrolle über einige Quangos. Weiter gingen die Ambitionen John Prescotts, der 2002 im neuen *Office of the Deputy Prime*

---

[276] Department for Transport, Local Government and the Regions 2001: Planning: Delivering a Fundamental Change (Planning Green Paper).

[277] In diesem Zusammenhang warfen die Konservativen der Regierung vor, ihre Gesetze betreffend die Krankenhäuser des NHS in England nur mit Hilfe der schottischen Abgeordneten durchgebracht zu haben. Gesundheitspolitik ist eines der dezentralisierten Politikfelder und für Schottland Sache des *Scottish Parliament* (vgl. Fisher 2004: 1164).

[278] Eine keltische Überrepräsentation bleibt jedoch bestehen: So vertritt auch nach der genannten Reform ein schottischer Abgeordneter durchschnittlich rund 65.640 Wahlberechtigte, ein walisischer Abgeordneter rund 56.000 Wahlberechtigte und ein englischer Abgeordneter rund 71.000 Wahlberechtigte (vgl. Sturm 2009: 77).

[279] Unter dem Titel: *Your Region, Your Choice, Revitalising the English Regions*.

Minister für die lokale und regionale Ebene zuständig war. Aus dieser Position heraus konnte Prescott im Kabinett die Gesetzgebung bezüglich der regionalen Referenden erwirken. Das Bündnis mit dem mächtigen Schatzkanzler Brown spielte dabei – wie auch schon bei der Stärkung der regionalen Entwicklungsbüros – eine wichtige Rolle (vgl. Tomaney/Hetherington 2003: 49ff.). Seitens der Ressorts Handel und Industrie sowie Kultur kam Widerstand gegen die Dezentralisierung der Aufgaben der *Regional Development Agencies* bzw. der Finanzierung der regionalen Künste (vgl. ebd.: 54). Das im Weißbuch beschriebene Modell entsprach einem Ansatz verschiedener Geschwindigkeiten mit partizipatorischem Charakter und strukturellen Variationsmöglichkeiten. Prescott konnte das Weißbuch nur unter der Bedingung durchsetzen, dass das *Boundary Committee* der *Electoral Commission* die subregionalen Strukturen in Regionen, in denen Referenden stattfinden sollten, auf die Entstehung zusätzlicher Bürokratie hin prüfte. Das Weißbuch, dessen Titel „*Your Regions, Your Choice*" deutlich machen sollte, dass es sich um eine Option und kein Muss handelt, war also ein Kompromiss. Gegen die Konzession einer Vereinheitlichung der lokalen Verwaltung stimmte Downing Street schließlich den Regionalisierungsreferenden zu. Blair bestand dabei darauf, dass den Wählern deutlich gemacht würde, dass die englische Devolution die Abschaffung einer lokalen Ebene, in der Regel der *counties*, bedeuten würde. Anfangs hatte die Regierung auch die andere Sequenz nicht ausgeschlossen. Die spätere Position ist auch im Kontext abnehmender Wahlbeteiligung auf lokaler Ebene zu sehen. Die neue Ebene sollte nicht als zusätzliche Bürokratie angreifbar sein. Damit lieferte sie den Konservativen die willkommene Möglichkeit, die Regionen als Angriff auf die historischen *counties* darzustellen (vgl. Hazell 2003b: 295; Tomaney/Hetherington 2003: 50ff.).[280] Anfang 2001 gab es jedoch politische Signale (etwa aus dem *Department for Environment, Transport and the Regions*), dass eine Reform der lokalen Ebene – d. h. eine Abschaffung der *counties* – keine zwingende Voraussetzung mehr für die Reform der regionalen Ebene darstellen müsse. Verschiedene derartige Äußerungen aus Regierungskreisen ließen erwarten, dass die zweite Amtszeit *Labours* die englische Regionalisierung bringen würde (vgl. Tomaney 2001: 110). Fest stand, dass die Regierung vor der Ansetzung von Referenden die indirekt gewählten *Regional Chambers* konsultieren würde. Deren Zustimmung war fraglich, da die direkt gewählten Vertretungskörperschaften die zentrale Aufgabe der *Chambers*, nämlich die

---

[280] Das Weißbuch ließ jedoch auch zu, mancherorts statt der *councils* die *districts* aufzulösen. Insgesamt war das Problem der einheitlichen Autoritäten sehr unterschiedlich relevant. In North East lebten 70% der Bevölkerung bereits unter einer einstufigen Verwaltung, im Osten Englands teilweise nur 10% (vgl. Tomaney/Hetherington 2003: 58).

Kontrolle der *Regional Development Agencies*, und langfristig sämtliche Aufgaben übernehmen würden (vgl. Hazell 2003b: 299).

Dieser Ansatz implizierte eine asymmetrische Entwicklung der Staatsorganisation innerhalb Englands, da absehbar war, dass es zu unterschiedlichen Zeitpunkten zu Referenden kommen würde. Auch die Erfolgswahrscheinlichkeit der Referenden wurde unterschiedlich – und meistens skeptisch – eingeschätzt, da die Unterstützung sehr heterogen ausgeprägt war. Genährt wurde der Pessimismus durch die ambivalente Haltung der Regierung (vgl. Morgan 2002: 806f.). Von konservativer Seite wurde der Vorwurf laut, der Zuschnitt der englischen Regionen entspreche den Vorstellungen Brüssels für eine verwaltungsmäßige Gliederung zur Vorbereitung der vollständigen Subordination gegenüber den Anforderungen der EU. Ein derart enger Zusammenhang, wie er hier zwischen dem Integrationsprozess und der Entwicklung der Staatsstruktur hergestellt wird, ist in den britischen Debatten eine seltene Ausnahme (vgl. Grotz 2007).

Bezüglich der für die englischen Regionen vorgesehenen Kompetenzen, die wie die geplanten Budgets zunächst sehr übersichtlich waren, erklärte die Regierung, dass die Devolution ein fortdauernder Prozess sei. Prescott war es nicht gelungen, seine Kabinettskollegen zur Abtretung wesentlicher Zuständigkeiten zu bewegen; die meisten der zur Disposition gestellten Aufgaben kamen aus seinem eigenen Ressort (vgl. Hazell 2003b). Laut Weißbuch sollten die Versammlungen die Kontrolle über die *Regional Development Agencies* und deren Budgets erhalten und deren Mitglieder ernennen. Auch die Kontrolle der europäischen Strukturfonds-Mittel, bisher bei den GOR gelegen, sollte auf die *Assemblies* übergehen. Die vorgesehenen Kompetenzen gingen in manchen Bereichen (wie den Investitionen im Wohnungswesen) über die Erwartungen hinaus, in anderen (Transport) lagen sie darunter (vgl. Tomaney/Hetherington 2003: 57).

Das Weißbuch enthielt über die Demokratisierung der regionalen Institutionen hinaus einen Regionalisierungsansatz, der auch die Ressourcen und Kompetenzen der anderen regionalen Institutionen stärken sollte. Die GOR wurden gewissermaßen als „Augen und Ohren" der Regierung in den Regionen gestärkt und erhielten die Zuständigkeit für neue Programme und Politiken zur Ergänzung der Arbeit der *Regional Development Agencies* und der *Chambers* (vgl. ebd.: 63f.). Vor dem Hintergrund des Produktivitätsproblems und der Erwärmung des Schatzkanzlers für eine regionalisierte Politikgestaltung wurden die Ressourcen und Kompetenzen der regionalen Institutionen erhöht, „*but within the context of enduring central controls*" (ebd.: 68). Der Einfluss des Finanzministeriums, das die Ziele formulierte, nahm dabei sogar zu.

Die englischen Parlamente sollten jeweils 25 bis 35 Sitze umfassen und für vier Jahre gewählt werden. Beim Wahlsystem sollte den Beispielen in Schottland und Wales gefolgt werden. Für die regionalen Kompetenzen wurden zehn

Politikfelder vorgesehen, darunter insbesondere die wirtschaftliche Entwicklung mit der Leitung der regionalen Entwicklungsbehörden, Raumplanung und das Management der EU-Strukturfonds-Programme. Die Finanzierung sollte über Blockzuweisungen erfolgen. Befürworter der englischen Devolution sahen die Pläne eher am Londoner Modell angelehnt als an der schottischen oder walisischen Devolution und wiesen auf die fehlenden Spielräume für regionale distributive oder regulative Politiken hin (vgl. Mitchell/Bradbury 2004: 343). Kritik kam insbesondere von der *Confederation of British Industry* und der Handelskammer, die durch die regionalen Parlamente wirtschaftliche und industrielle Interessen gefährdet sahen. In West Midlands, East Midlands, East of England und South East gab es kaum Zustimmung seitens der regionalen Interessenvertreter. Meinungsumfragen ergaben im Jahr 2002 allerdings, dass in allen englischen Regionen – außer in South-East – eine Mehrheit der Bevölkerung die regionale Selbstverwaltung befürwortet (vgl. Bradbury 2003: 567).

Im Mai 2003 wurde der *Regional Assemblies (Preparations) Act* königlich gebilligt, auf dessen Grundlage die Referenden abgehalten werden sollten. Nachdem die Regierung im Juni 2003 die Zustimmung der *stakeholders* der Regionen North-East, North-West, Yorkshire and the Humber festgestellt hatte, wurden Referenden für 2004 angekündigt. Die Zustimmung hätte die Errichtung gewählter Vertretungskörperschaften im Jahr 2006 bedeutet (vgl. ebd.; Fisher 2004: 1167). Dass ein schwieriger Prozess bevorstehen würde, war der Regierung bewusst. Mangelndes Interesse ließ eine geringe Beteiligung erwarten. Ein ganzes Jahr vor den Abstimmungen begann Prescott deshalb eine Kampagne für die regionalen Parlamente im Norden Englands. Von den Konservativen wurde klare Opposition erwartet. Problematisch war zudem, dass die Wähler im Referendum über die Abschaffung einer traditionellen Ebene des *local government* zu befinden hatten (s. o.). In North East, einer der ärmsten englischen Region, herrscht traditionell die Vorstellung eines dezentralisierten Großbritannien vor. Auch ist das Gefühl einer Marginalisierung und Entfremdung gegenüber London besonders groß (vgl. Morgan 2002: 807), weshalb hier ein erfolgreicher Auftakt der Referenden-Serie erwartet wurde. Am 4. November 2004 scheiterte jedoch das Referendum in Nordostengland. Die für Yorkshire and the Humber und North-West geplanten Referenden wurden daraufhin auf Eis gelegt und auch nicht wieder aufgenommen. Roland Sturm sieht die Ursache für die Ablehnung letztendlich darin, dass die Engländer in der Reform eine „unnötige und teure Bürokratie" (Sturm 2009: 102) gesehen hätten „und sich wenig von ihren Kommunalpolitikern versprachen".

Trotz der Prominenz, die die englische Devolution im Programm von *Labour* von 1997 noch gehabt hatte, verlor sie bald ihren vorderen Platz auf der Agenda, teilweise auch aufgrund der Reform der lokalen Verwaltung und der

Einführung der Bürgermeister-Direktwahl (vgl. Trench 2001b: 7). Die Direktwahl des Londoner Oberbürgermeisters und der *Greater London Authority* war schließlich der einzige Erfolg, den die Befürworter einer englischen Dezentralisierung verbuchen konnten. Anders als die Parlamente Schottlands und Wales' mit einer schwachen Legitimation ausgestattet, war die Zukunft der *Regional Chambers*, die sich noch in *Assemblies* umbenannten, ungewiss. Nachdem ihnen noch ein neues Profil als Kontrollorgan im Bereich der regionalen Entwicklung bescheinigt worden war (vgl. Sturm 2009: 102), ersetzte die *Labour*-Regierung in einer ihrer letzten Amtshandlungen diese Institutionen durch *Local Authority Leaders' Boards*. Die nach den Unterhauswahlen im Mai 2010 gebildete Regierungskoalition aus Konservativen und *Liberal Democrats* hat bereits zu Beginn der Legislaturperiode Schritte unternommen, die *boards* sowie die RDAs wieder abzuschaffen (vgl. Sandford 2011).

5.4 Staatsorganisationsreform in Großbritannien: Fazit

Die vertikale Organisation des britischen Staates entwickelte sich lange Zeit ohne größere Einschnitte. Mangelndes „Interesse" im Zentrum ließ der lokalen Ebene umfangreiche Freiheiten und eine relativ große finanzielle Autonomie. Ungeachtet staatsorganisatorischer Besonderheiten ist Großbritannien ein gutes Beispiel dafür, wie sich der Zentralstaat im Zuge der Industrialisierung auf Ordnungsfunktionen zu beschränken begann, während die lokalen Verwaltungen zu wichtigen Instanzen der staatlichen Leistungserbringung wurden (vgl. Norton 1994: 368). Mit dieser als Modernisierung zu analysierenden Differenzierung gingen Ende des 19. Jahrhunderts massive Eingriffe in die lokale Aufgabenorganisation und Territorialgliederung sowie das Ende der traditionellen Eigenständigkeit der lokalen Ebene einher. Infolge der weiteren Entwicklung des Sozialstaats wurde die Kontrolle über die lokale Ebene, der immer mehr Aufgaben übertragen wurden, verstärkt.

Vor allem nach dem Zweiten Weltkrieg haben die Regierungen „dazu geneigt, die Pflichten und Aufgaben der Gemeinden je nach den Interessen der jeweiligen Parlamentsmehrheit zu gestalten und die Gemeinden lediglich als Vollstrecker zentral gefasster Entscheidungen zu betrachten" (Johnson 1988: 29). Auch im internationalen Vergleich ist die in den 1970er Jahren durchgeführte Territorialreform in diesem Zusammenhang bemerkenswert. Von der Amalgamierung wurde eine Effizienzsteigerung erwartet. Ein politischer Effekt dieser Vergrößerung der Gebietskörperschaften war die Stärkung der Parteien, während die lokal verwurzelten Eliten an Einfluss verloren. Die Institutionen der lokalen Autoritäten wurden an diese politische Entwicklung freilich nicht angepasst.

Die oft als Bruch mit den kommunalpolitischen Verfassungstraditionen dargestellte konservative Gesetzgebung ab 1979 stellt sich vor diesem Hintergrund auch als Fortsetzung der Neugestaltung der Beziehungen zwischen Zentrum und lokaler Ebene dar (vgl. Duncan/Goodwin 1988: 3). Darüber hinaus beendete die Thatcher-Regierung jedoch auch das partnerschaftliche Verhältnis zwischen Zentralstaat und Gebietskörperschaften und definierte deren Rolle neu. Die lokalen Autoritäten erfuhren in den 1980er Jahren finanzielle Restriktionen und den Verlust von Aufgaben, insbesondere durch deren Privatisierung. Auch nahm die Kontrolle durch Londoner Ministerien und Stellen der Zentralregierung zu. Die auf die öffentlichen Ausgaben zielenden Reformen waren auch im internationalen Vergleich ein tiefer Einschnitt, wenngleich die eigentlichen institutionellen Veränderungen gering waren. Zu den wichtigen Ausnahmen zählt die Abschaffung der *metropolitan governments* in England. Maßnahmen wie diese trafen insbesondere – und nicht zufällig – die auf lokaler Ebene starke *Labour Party*. Divergierende politische Mehrheiten auf nationaler und lokaler Ebene spielten immer wieder eine Rolle, so auch in den 1990er Jahren bei der Formierung der Opposition, die sich auf ein Dezentralisierungsprogramm festlegte (s. u.).

Das Fehlen einer verfassungsrechtlichen Garantie, die den lokalen Handlungsspielraum empfindlich beschränkende *ultra-vires*-Doktrin und die in funktionalen Begriffen gedachte Selbstverwaltung konstituieren die institutionellen Bedingungen lokaler Politik. Mangels einer intermediären Ebene zwischen Lokalverwaltung und Zentralregierung konzentrierte sich der Zielkonflikt zwischen Effizienz und Bürgernähe traditionell auf die lokale Ebene (vgl. CDLR 1998: 219). Die Entstehung von *home-rule*-Bewegungen im 19. Jahrhundert führte jedoch zu einer kleinschrittigen und von London kontrollierten Entwicklung territorialer Einrichtungen der zentralen Administration. Dies galt früher und in größerem Umfang für Schottland als für Wales, wobei auch hier ein zunehmender Dezentralisierungsdruck als Triebkraft für die allmähliche Stärkung der regionalen Institutionen gewertet wurde (vgl. Sharpe 2001: 160ff.). Die Doppelrolle der *offices* für Nordirland, Schottland und Wales, die neben der Repräsentation der territorialen Interessen gegenüber dem Zentrum auch in dessen Auftrag die Kontrolle im Territorium auszuüben hatten, ähnelt funktional der Rolle der Präfekten (vgl. Sharpe 2001: 164).

Besonders der schottische Nationalismus blieb während des gesamten 20. Jahrhunderts virulent. Ernsthaft herausgefordert sah sich der von *Labour* und *Conservatives* institutionenpolitisch „konservierte" Zentralismus, als in den 1960er Jahren im Zuge eines Wertewandels nationalistische Parteien an Gewicht gewannen. Deren Wahlerfolge gingen auf Kosten der *Labour Party*, die deshalb aus strategischen Gründen die Devolution zu ihrem Thema machte (vgl. Sturm 1981). Allerdings vermieden Partei und Regierung eine inhaltliche Festlegung und behielten sich auch die Bewahrung des *status quo* vor. Wenngleich die Dezentralisierungsreferenden Ende der 1970er Jahre scheiterten, wurde eine neue, durch konkretere Forderungen gekennzeichnete Phase der Institutionenentwicklung eingeleitet. Die Spannungen erhöhten sich in den 1980er Jahren angesichts der zentralistischen und einer mehrheitsdemokratischen Logik folgenden Politik der Konservativen. Unterdessen steigerte sich innerhalb *Labours* mit zunehmender Dauer in der Opposition die tatsächliche Reformbereitschaft.

Der Modernisierungsimpuls für den britischen Einheitsstaat erwies sich nach der Regierungsübernahme Blairs im Jahr 1997 jedoch als begrenzt. Für Schottland an die Entwürfe des *Scottish Constitutional Convention* anknüpfend, setzte die *Labour*-Regierung „zumindest jene Reformmaßnahmen um, die ihre zentralstaatliche Machtposition nicht einzuschränken schienen" (Sturm 2009: 51). Auffällig sind besonders im walisischen Fall die Parallelen der zunächst geschaffenen regionalen Institutionen zur lokalen Administration, wenngleich die Institutionen innerhalb weniger Jahre aufgrund regionaler Initiative erheblich weiterentwickelt wurden. Dennoch hatte sich die Sicht auf die regionale Ebene teilweise gewandelt. Einzelne Akteure und Teile der *Labour Party* sahen in einer größeren Problemnähe der Verwaltung ein genuines Reformziel. Kaum auf einer Ebene mit den keltischen Landesteilen ist hingegen der englische Fall zu sehen, in dem selbst die Regierung Zweifel an der Realisierung der eröffneten Optionen hatte. Die Entwicklung der regionalen Verwaltungsstrukturen Englands stand deutlich in Funktion einer Effizienzorientierung hinsichtlich Planungs- und Umsetzungsaufgaben im Rahmen zentral formulierter Politiken. Damit setzte die Blair-Regierung eine Strategie fort, die in den 1990er Jahren bereits von den Konservativen verfolgt worden war und in den Planungsinstitutionen der 1960er Jahre Vorläufer hatte. Auch die europäische Regionalpolitik erforderte eine gewisse institutionelle Territorialisierung, die sich durch Dekonzentration herstellen ließ. Bei der englischen Devolution ging es *Labour* insbesondere um das Erfüllungsdefizit der öffentlichen Dienstleistungen. Damit entsprach die Sicht auf die englischen „Regionen" der Sicht auf die Kommunen (s. u.). Der weitere – letztendlich gescheiterte – Prozess folgte einer innen- und institutionenpolitischen Modernisierungsagenda, die von manchen Akteuren aktiv vertreten, von anderen mitgetragen und von kaum jemandem ernsthaft abgelehnt wurde.

Dass es unter *Labour* Ende der 1990er Jahre, anders als 20 Jahre zuvor, zur Devolution kam, hat verschiedene Ursachen. Die klare Positionierung der Partei zugunsten einer Dezentralisierung nach fast zwei Jahrzehnten konservativer und hierarchisch-zentralistischer Regierung und die Mehrheit nach der Unterhaus-Wahl von 1997 gaben schließlich den Ausschlag. Dabei zeigt der diachrone Vergleich, dass die konkreten Mehrheitsverhältnisse ein sekundärer Faktor sind.

Denn es war ja gerade die – in den 1990er Jahren nicht in dem Maße festzustellende – Stärke der Nationalisten, die die Wilson-Regierung in den 1970er Jahren auf den Devolutionskurs gebracht hatte. Was seinerzeit aber fehlte, war eine tatsächliche Verpflichtung der Regierung auf ein solches Reformprogramm. Materiell ist die Ähnlichkeit mit den regionalen Reformplänen der 1970er Jahre auffällig. Für die regionale Ebene bedeutete die Devolution eine umfangreiche Übertragung von gesetzgeberischen und ausführenden Kompetenzen unter Beibehaltung eines zentralistischen Finanzierungssystems und ohne Beteiligung an nationalen Entscheidungsprozessen. Es wurden keine Vetospieler geschaffen, die das politische System grundlegend verändert hätten. Insofern ist eine Pfadabhängigkeit der institutionellen Entwicklung festzustellen, die sich bis zur englisch-walisischen Einheit zurückverfolgen lässt (vgl. Richard Commission 2004: 13; Grotz 2007: 314) und auch in den unterschiedlich ausgestatteten *offices* zum Ausdruck kam. Auch die dezentralisierten Politiken machen den graduellen Charakter der Devolution deutlich (vgl. Mitchell/Bradbury 2005: 345). Zwar hat sich in den regionalen Institutionen ein spezifischer Parteienwettbewerb eigestellt. Keine der neuen regionalen Institutionen hat jedoch ihre „konstitutionellen" Grenzen in Frage gestellt. Weder in Schottland noch in Wales gab es nennenswerte Auseinandersetzungen mit London über finanzielle, legislative oder exekutive Befugnisse. Die Proponenten der Unabhängigkeit, *Plaid Cymru* und SNP, haben nach 1997/98 zunächst sogar an Unterstützung verloren und sich programmatisch teilweise an die nationalen Parteien angenähert.

Labours Reformen der lokalen Administration wurden als Teil einer Modernisierungsagenda mit einer ausgeprägten demokratischen Zielrichtung analysiert. Dabei haben die Blair-Regierungen die im 20. Jahrhundert intensivierte Instrumentalisierung der Kommunen keineswegs beendet. Die vermeintliche Stärkung der lokalen Ebene zum Zweck der Umsetzung zentraler Politik ist eine Konstante über die verschiedenen Regierungen. Zugespitzt formuliert, ging es weniger um eine Stärkung der lokalen Demokratie als um eine Reform der Mittel, die lokale Politik und Verwaltung zu kontrollieren (vgl. Sturm 2009). Damit wurden die Ziele verfolgt, die Effizienz der lokalen Leistungserbringung und die Zustimmung zu den dezentralen Institutionen zu erhöhen. Entsprechend sind auch die Stärkung der lokalen Exekutiven durch die Bürgermeister-Direktwahl – die allerdings auf nur geringe Akzeptanz stieß und sich nicht gegen die alten Institutionen durchsetzen konnte – und die exekutiv-legislative Gewaltenteilung zu verstehen. Im Bereich der Leistungserbringung verloren Marktmechanismen (etwas) an Bedeutung zugunsten des Einflusses lokaler Interessenvertreter. Wie zuvor die Konservativen machte allerdings auch *Labour* keinen Hehl aus der Skepsis gegenüber den lokalen Akteuren und Institutionen. In historischer Perspektive wird deutlich, dass die Reform der *local-government-*

Strukturen keine genuine politische Reformkonzeption der Partei war, sich aber hinsichtlich ihres Rechtfertigungsmusters gut in die Agenda staatlicher Modernisierung fügte (vgl. Hambleton/Sweeting 2004: 476).

In der Gesamtschau von subregionaler und regionaler Ebene zeigt sich, dass allein einem Effizienzgedanken Leitbild-Charakter für die britischen Staatsorganisationsreformen zugesprochen werden kann. Ansonsten hat ein institutionenpolitischer Pragmatismus der Regierungspartei die Rationalität der Reformen auf allen Ebenen bestimmt. Aus dieser Perspektive ist es denn auch nicht überraschend, dass weder die Quangos zugunsten demokratisch legitimierter Institutionen massiv reduziert noch die Kompetenzen und Autonomie der lokalen Ebene erweitert wurden (vgl. Cole 2003: 196f.).[281]

Keine Einigkeit besteht bei der Bewertung der ab 1998 durchgeführten regionalen Reformen. Dem Hinweis auf die Beispiellosigkeit für die jüngere britische Verfassungsentwicklung, insbesondere hinsichtlich der regionalen Autonomie (vgl. Münter 2006: 64), steht die Betonung der Beschränkung gegenüber. Denn die Reformstrategie habe zu keinem Zeitpunkt auf einen Bruch abgezielt (vgl. Stolz 2006: 95), sondern auf eine Modernisierung in dem engen Wortsinn, der eben nicht die Ersetzung von etwas Altem durch etwas Neues beinhaltet, sondern die planvolle Veränderung. So ging es auch *Labour* um die Bewahrung des unitarischen Staates, dessen zentrales Parlament der Ort der – ungeteilten – Souveränität ist. Im Ergebnis stabilisierten die Reformen die Einheitsstaatlichkeit des Vereinigten Königreichs, da nationalistische Tendenzen akkomodiert wurden. Sie stehen damit in einer Reihe mit den ersten dekonzentrierenden Reformen wie auch mit dem in den 1970er Jahren entwickelten Finanzierungssystem, das in seiner eigentümlichen Ausgestaltung dem Zusammenhalt des Königreichs dient. Die Devolution stellt sich somit als „eine flexible Antwort auf eine vor allem in Schottland aufgetretene Legitimationskrise des britischen Staates" dar (Stolz 2006: 96). Die Flexibilität des politischen Systems scheint dabei insofern an ihre Grenzen gekommen, als die Schaffung regionaler Institutionen oder auch des gewählten Londoner Bürgermeisters manchen Beobachtern als ein *fait accompli* gilt, das sich heute einer souveränen Aufhebungsentscheidung durch das Unterhaus entziehe. „Nicht mehr durchzusetzen und nicht mehr vorstellbar" (Sturm 2007: 73) sei die Abschaffung der walisischen und schottischen Institutionen.[282]

---

[281] Ein weiteres Beispiel ist die Diskussion um die Verwandlung des *House of Lords* in eine Kammer der territorialen Repräsentation, die unter Blair noch beendet wurde, bevor sie richtig begonnen hatte (vgl. Münter 2006: 64).
[282] Klaus Stolz hebt demgegenüber den Zugeständnis-Charakter der (schottischen) Devolution hervor. Schottische Selbstbestimmung sei kein Wert an sich, sie könne jederzeit wieder aufgehoben werden (vgl. Stolz 2006: 98).

6 Demokratisierung und Dezentralisierung. Abschließender Vergleich und Ergebnisse

Auf Grundlage der drei Fallstudien soll im Wege des abschließenden Vergleichs untersucht werden, welche Erkenntnisse sich aus der kontextbezogenen Analyse für die Reform der Staatsorganisation ziehen lassen. In einem ersten Teil werden die zentralen Befunde der historischen Analysen zusammengeführt, um jenseits der Akteurs- und Prozessebene mögliche systemübergreifende Trends staatsorganisatorischer Entwicklung zu identifizieren. Sodann werden die konkreten Reformprozesse unter den Bedingungen der Transition und der konsolidierten Demokratie miteinander verglichen. Hier geht es sowohl um die operativen Variablen der staatsorganisatorischen Reformprozesse als auch um die Wirkungen der Reformkontexte. Das abschließende Kapitel fasst noch einmal die zentralen Befunde bezogen auf die systematische Fragestellung hinsichtlich der Beziehungen zwischen Reformprozess und Kontext sowie die Befunde bezogen auf das „gegenständliche" Forschungsinteresse an der postautoritären Staatsorganisation zusammen und gibt einen Ausblick auf Anknüpfungsmöglichkeiten für die weitere Forschung.

6.1 Die Makro-Ebene: Systemübergreifende Trends der staatsorganisatorischen Entwicklung

Die historische Analyse der staatsorganisatorischen Entwicklung Spaniens, Polens und Großbritanniens hat gezeigt, dass dieses politische Teilsystem durch eine Beständigkeit gekennzeichnet ist, die verschiedene Phasen der politischen Entwicklung, auch Herrschaftsphasen, überdauert, wenngleich es immer wieder zum Gegenstand von Reformbemühungen und Modernisierungspolitiken wird. Dieser Befund ist im Hinblick auf mögliche strukturelle Kontinuitäten über den Autoritarismus hinaus von Bedeutung.

Ungeachtet der individuellen staatlichen Konstituierungsbedingungen weisen die drei hier untersuchten Länder einheitsstaatliche Traditionen auf, die sich jeweils – wiederum sehr unterschiedlichen – Herausforderungen gegenüber sahen. Diesbezüglich waren die Teilungen Polens zwar ein massiver Einschnitt in die gesamtstaatliche Entwicklung; „nachhaltiger" wirkten jedoch die Existenz „selbstbewusster" Nationen bzw. Regionen in Großbritannien und Spanien, wobei diese Bewegungen in ihrer Radikalität immer Minderheiten gegenüber einer einheitsstaatlichen Mehrheit geblieben sind. Ähnlich ablehnend sind die Reaktionen, die die föderalistische Idee in allen drei Ländern hervorruft (vgl. Roller 2002: 83; Brusis 2002: 550).

Demokratische und autoritäre Staaten haben im Zuge ihrer Entwicklung im 19. und 20. Jahrhundert im Namen der (wohlfahrts-) staatlichen Entwicklung die Kontrolle über die lokalen Gebietskörperschaften verschärft und die dezentralen Einheiten zu Ausführenden zentral formulierter Politik gemacht. Unter den Demokratien waren es Staaten, die – wie Großbritannien – nicht vom französischen Einfluss geprägt waren, die auf den durch Urbanisierung und staatliche Aufgabenerweiterung bedingten Bedarf an größeren und leistungsfähigeren territorialen Einheiten mit massiven Territorialreformen reagieren konnten (vgl. Sharpe 2001: 167). In diesem Zusammenhang effizienzorientierter Institutionenbildung steht auch die Schaffung von Zweckbehörden, die unter Franco und in Großbritannien in großer Zahl entstanden und die Spielräume der lokalen politischen Institutionen erheblich einschränkten.

Politische und wirtschaftliche Entwicklungen ließen immer wieder Diskontinuitäten auftreten, auf die mit institutionellen Anpassungen reagiert wurde. Trotz stark veränderter vertikaler Aufgaben- und Ressourcenverteilungen sind in vielen Staaten Europas auch heute noch die napoleonischen Strukturen erkennbar (vgl. Marcou/Verebelyi 1993b: 52), besonders deutlich in Gestalt der Provinzen, die sich teilweise gegenüber neuen regionalen Institutionen behaupten konnten. Nach ersten Ansätzen in den 1960er Jahren wurde insbesondere in der anschließenden Dekade in europäischen Flächenstaaten die territoriale Dimension der Politik stärker zu berücksichtigen versucht. Diese Prozesse betreffen, wenn auch mit unterschiedlicher Ausprägung, osteuropäische ebenso wie west- und südeuropäische und autoritäre ebenso wie demokratische Systeme. Ihr Leitmotiv ist die Erhöhung der administrativen Effizienz bei der Umsetzung von in der Regel zentral – und seltener regional – formulierten Politiken. Wie im Fall der Territorialreformen in Großbritannien und Polen in den 1970er Jahren wurden teilweise auch systemübergreifend ähnliche Konzepte angewendet.

Während die spanische Staatsorganisation seit dem frühen 19. Jahrhundert durch einen Zentralismus nach französischem Vorbild und zunehmende Homogenität gekennzeichnet war, führten die Teilungen Polens zu einer heterogenen Struktur. Folglich war die politische Homogenisierung, die mit dem Autoritarismus einherging, im lokalen Polen stärker als im lokalen Spanien unter Franco, wobei hier der Zentralismus auch das Ende regionaler Institutionen bedeutete. Während in Polen der demokratische Zentralismus und die Homogenität staatlicher Autorität die Ausschaltung jeder vertikalen Gewaltenteilung legitimierten, sorgte in Spanien das historisch-ideologische Konzept der Einheit der Nation für eine zentralistische Kontroll-Hierarchie über (theoretisch) jede staatliche Aktivität. Dennoch wurden in beiden Ländern auf informellem Weg auch „partikulare" Interessen vertreten, ein Zeichen des den Autoritarismus kennzeichnenden begrenzten Pluralismus. Auch Forderungen nach subnationaler Autonomie – in Polen auf lokaler und in Spanien vor allem auf regionaler Ebene – wurden in diesen Kontexten artikuliert und gingen den Demokratisierungsprozessen lange voraus.

Die autoritären Regime hatten in beiden Ländern Auswirkungen auf überkommene, vormoderne lokale Strukturen. Der Modernisierungsimpuls im Bereich der Staatsorganisation war jedoch nur partiell, da er sich auf die Output-Seite des politischen Systems beschränkte. Zwar hat sich auch die institutionelle Entwicklung der britischen Demokratie seit der Industrialisierung in einer Dekonzentration weitgehend erschöpft. Einen wesentlichen Unterschied markieren jedoch die kompetitiven lokalen Wahlen, die in Großbritannien eine dezentrale Administration hervorbrachten, die, wenn auch mit beschränktem Einfluss, als Opposition gegenüber der nationalen Mehrheit agieren konnte.

Wie die Zentralisierung eine allgemeine historische Entwicklungslinie der staatlichen Modernisierung darstellt, erweisen sich auch Dekonzentration und Dezentralisierung als internationaler Trend. Eine Besonderheit ist im britischen Fall die asymmetrische Problemkonstellation aus einer Legitimitätskrise der britischen Politik in Schottland und Wales einerseits und Zweifeln an der – vor allem ökonomischen – Effizienz der Institutionen in England andererseits. Auch in den autoritären Systemen betraf die Legitimitätskrise die vertikale Organisation der Staaten. Deren Effizienz wurde seitens der Regime – sowie der betroffenen Bevölkerungen – zunehmend kritisch gesehen. Dass hingegen zu Beginn der Systemwechsel die demokratische Dimension der Dezentralisierung im Mittelpunkt stand, ist eine Folge der Prioritäten in dieser Phase der politischen Entwicklung. Die Dezentralisierungspolitik hat in diesem Kontext die Funktion, den Autoritarismus – und die Präsenz seiner Vertreter in den Institutionen – auf allen staatlichen Ebenen zu beenden. Was hier als genuines Motiv für Dezentralisierungsreformen erscheint, nämlich die Legitimierung des neuen Regimes, unterscheidet sich jedoch nicht prinzipiell von jenem Demokratisierungsargument, das in der zweiten Hälfte des 20. Jahrhunderts in den Diskussionen der demokratischen Flächenstaaten – darunter auch in Großbritannien – begegnet. Hier geht es um einen internationalen Trend von Staatsorganisationsreformen, der aufgrund partizipatorischer Orientierungen und zivilgesellschaftlicher Vorstellungen die demokratische Dimension und die Beziehungen zwischen Staat und Gesellschaft betont (vgl. Hesse/Benz 1990: 15).

6.2 Staatsorganisationsreform im Kontext von Regime- und Regierungswechseln: Institutionen, Prozesse und Akteure

In Spanien und Polen erfolgte die Öffnung des autoritären Systems in einer Krise, in der die – gemäßigt pluralisierten – Regimes die Zusammenarbeit mit der Opposition suchten. Beide Länder sind Fälle einer elitengesteuerten und ausgehandelten Transition, die gleichsam eine spanische „Erfindung" war, aber in Osteuropa weiterentwickelt wurde (vgl. Ágh 1998a: 141). Die Vertreter der Diktaturen gestalteten jeweils die gewaltfreie Auflösung des alten Regimes bzw. dessen Transformation in ein liberal-demokratisches System mit, wobei der Prozess zunächst im Rahmen der bestehenden Institutionen erfolgte. Dadurch wurde der potentiell große institutionelle und politisch-materielle Gestaltungsspielraum erheblich eingeschränkt.

Die Entscheidungen der Akteure waren in beiden Ländern besonders zu Beginn der Transition von Unsicherheit geprägt. Durch Kooperation und klare Verpflichtung auf übergeordnete Ziele wurde zwar Erwartungssicherheit hergestellt. Aus dem Umstand jedoch, dass sich neue Regeln, Koalitionen und Organisationen gleichzeitig bildeten, erwuchs den Akteuren der alten Ordnung ein strategischer Vorteil (vgl. Bafoil 1995). Dies zeigt sich auch in den unvollständigen Staatsorganisations- und Verwaltungsreformen der ersten Jahre. UCD (Spanien) und SLD (Polen) standen trotz ihrer Reformbereitschaft als Vertreter der alten Ordnungen für den Zentralismus. Beide setzten sich – teilweise mit Erfolg – für die Bewahrung zentralistischer Strukturen ein. Symbolisiert wird dies besonders durch die Bewahrung der Provinzen (Spanien) bzw. der Zentralverwaltung neben der neuen Selbstverwaltung (Polen).

Der demokratische Grundkonsens galt nicht für die Frage der Staatsorganisation, in der sich alle relevanten Parteien relativ klar – und sehr unterschiedlich – positionierten. Uneinigkeit bestand vor allem hinsichtlich der intermediären Ebene. In beiden Transitionsländern ging es um die Dezentralisierung öffentlicher Aufgaben bei grundsätzlicher Wahrung der Einheitsstaatlichkeit. Auch wurde – vor allem in Polen, wo lokalistische und kommunitaristische Orientierungen eine Rolle spielten – die Auffassung vertreten, dass eine regionale Selbstverwaltungsebene *bottom-up* errichtet werden müsse (vgl. Hesse 1993b: 232). Dieses Konzept wurde in Spanien durch die nach sofortiger Institutionalisierung strebenden Regionen in den Hintergrund gedrängt, wenngleich es auch hier dem von der Verfassung (Art. 143) vorgesehenen Weg zugrunde lag. Als *Option* wurde die politische Dezentralisierung, insbesondere für England, auch von der Blair-Regierung gestaltet. Ähnlich wie in Spanien war dies allerdings weniger Ausdruck einer gesellschafts- und staatstheoretischen Konzeption als vielmehr Folge der ambivalenten Haltung einer institutionenpolitisch *reagierenden* Regierung. Deutlich wurde bereits in den Fallstudien, dass die Analyse der Dezentralisierungspolitik als Instrument zur Überwindung des Autoritarismus an ihre Grenzen stößt, wo sich auch im – erfolgreichen – Übergang zur Demokratie die Beständigkeit der Staatsorganisation erweist. Hier wirken einerseits Reformwiderstände der vom Zentralismus begünstigten Kräfte. Andererseits zeigt die diachrone Betrachtung, dass der anfängliche Reformeifer nicht mit einer umfassenden Reformstrategie einhergeht und nach der Anfangsphase einem „staatspolitischen" Pragmatismus weicht (s. u.). Eine mit der Transitionssituation zusammenhängende strukturelle Besonderheit ist in diesem Zusammenhang die Existenz (post-) autoritärer und zentralistischer Machtpole auf den subnationalen Ebenen, die erst allmählich demokratisch „erneuert" werden. Den britischen Regierungswechseln konnte hingegen eine Veränderung der Mehrheitsverhältnisse in den Gebietskörperschaften vorausgehen, die wiederum den Wechsel auf der nationalen Ebene begünstigt hat. Als eine ähnliche Entwicklung im Falle des PSOE zu beobachten war, der vor 1982 auf lokaler und regionaler Ebene Ämter und Mandate gewinnen konnte, war die kritische Phase des Regimewechsels bereits abgeschlossen.

In den Fallstudien bestätigt sich die bei der Anlage des Vergleichssettings getroffene Annahme, dass der Prozess-Verlauf der ausgehandelten Transitionen, die Kompromisshaftigkeit und der Inkrementalismus der Reformen Ähnlichkeiten mit politischen Prozessen in konsolidierten Kontexten konstituieren (s. o. Kap. 2.2.3). Dies gilt freilich mehr für das Faktum des institutionell geordneten Verlaufs als für die Muster der Entscheidungsfindung, die im hier betrachteten konsolidierten Fall mehrheitsdemokratischer Natur sind. Allerdings konnten auch in den beiden Transitionen die „künstlich" hergestellten Kooperationsmuster und Kompromisse nur von begrenzter Dauer sein. Diese Interaktionsmuster bezogen sich primär auf die Institutionen der Demokratie; die Gestaltung weiterer politischer Institutionen unterlag hingegen stärker dem politischen Wettbewerb. Die anfänglichen Aushandlungssituationen der Systemwechsel konnten die geringe Strukturiertheit der politischen Systeme für eine begrenzte Zeit gewissermaßen ersetzen. Im weiteren Verlauf mussten jedoch die strukturellen Defizite, insbesondere im Bereich der Parteiensysteme und damit zusammenhängender Elemente (wie der Regierungsstabilität), Auswirkungen auf die institutionenpolitischen Prozesse haben (vgl. Hesse 1993b: 247). Deutlicher als für Spanien, wo die Prozesse durch die (relative) Mehrheit der UCD und die Dominanz des PSOE geprägt waren, lässt sich dies für Polen feststellen. Die Entwicklung und Umsetzung umfassender Reformkonzepte waren unter diesen Bedingungen kaum möglich. In zahlreichen, häufig kleinen Schritten veränderten die Reformen die bestehenden Strukturen. Dies steht in deutlichem Kontrast zu den Mehrheiten und zur Bestandsdauer britischer Regierungen, die die konsequente Verfolgung (institutionen-) politischer Strategien erlaubten.

Wie gezeigt, erwiesen sich staatsorganisatorische Entwicklungslinien auch gegenüber starken Reformimpulsen als beständig. Bemerkenswert ist vor diesem Hintergrund insbesondere die politische Dezentralisierung auf regionale Ebenen in allen drei Fällen, wenngleich die Kompetenz- bzw. Autonomieniveaus sehr unterschiedlich sind. Zwar folgten im Prinzip alle hier analysierten Reformen einem *top-down*-Ansatz. Die ersten Entscheidungen in Spanien und in Großbritannien entfalteten jedoch eine Dynamik jahrelanger institutioneller Entwicklung. Dabei ging in beiden Ländern eine „Sogwirkung" von den stärker dezentralisierten Landesteilen aus (vgl. Sturm 1999: 82f.). Autonomie- und *home-rule*-Bewegung hatten sich seit Ende des 19. Jahrhunderts in regionalistischen bzw. nationalistischen Parteien institutionalisiert, die zu wichtigen Akteuren in den politischen Prozessen wurden. Für die walisischen Akteure war der spanische Präzedenzfall einer asymmetrischen Dezentralisierung nicht zuletzt auch aufgrund der allmählichen Angleichung der Autonomieniveaus attraktiv.

Die regionalistische Triebkraft ist besonders in der spanischen Institutionenentwicklung offenkundig. Allerdings steht die Schaffung einer neuen intermediären Ebene auch in Funktion des Ziels administrativer Effizienz. Hintergrund eines solchen Ansatzes ist ein – für die Staaten des napoleonischen Typs charakteristischer – systeminhärenter Widerstand gegen eine Modernisierung der lokalen Administration, wie sie in Deutschland und Großbritannien in den 1970er Jahren im Wege der Gebietsreform erfolgt war (vgl. Sharpe 2001: 167).

Die Forderung nach regionaler Autonomie wurde in Spanien wie in Großbritannien neben den regionalen Akteuren auch von landesweit agierenden Parteien (*Liberal Democrats*, *Labour*, PSOE, PCE) erhoben. In beiden Ländern verband sich ein strategisches politisches Interesse mit einer – wenn auch nicht von allen vertretenen – politischen Überzeugung (vgl. Nohlen/Hildenbrand 1992: 24). Weder die spanische noch die britische Opposition machte dabei konkrete Vorschläge hinsichtlich der territorialen und kompetentiellen Ausgestaltung der künftigen Staatsorganisation. Das Fehlen solcher Entwürfe bzw. die Beschränkung von Reformansätzen auf isolierte Teile des Gesamtsystems lässt sich, in unterschiedlichen Kontexten, immer wieder feststellen.

Struktur und Machterwerb-Strategie der Opposition sowie die politischen Kräfteverhältnisse waren wichtige Faktoren des institutionenpolitischen Prozesses. In Polen hatten die Strategie der „S", die ihre Wurzeln auf der lokalen Ebene hatte, sowie das Fehlen klarer Konzepte für die intermediäre(n) Ebene(n) eine anfängliche Konzentration auf die kommunale Selbstverwaltung zur Folge. Die

6 Abschließender Vergleich und Ergebnisse

spanische Opposition in Gestalt landesweit agierender Parteien war hingegen stärker auf die nationale Ebene orientiert, während hier die Regionalisten die Schaffung regionaler Institutionen beschleunigten. Auch die weitere Entwicklung der Staatsorganisation erweist sich als von Kräfte- und Interessenkonstellationen, Kalkülen, Machtressourcen und politischen Durchsetzungsfähigkeiten abhängig. Dies gilt freilich für den Transitionskontext ebenso wie für die Demokratie.

Für den spanischen Fall hebt die Literatur die Strategie hervor, eher einen Prozess als Strukturen zu definieren. Die Analysen erklären dieses Vorgehen insbesondere mit dem von separatistischen Forderungen bis hin zum Zentralismus der beharrenden Kräften reichenden Spannungsfeld sowie den Unsicherheiten der Transition. Eine ähnliche Strategie findet sich jedoch auch in Großbritannien, wo sie als Ausdruck einer begrenzten Reformfreudigkeit der Regierung und ihrer abwartenden Haltung gewertet wurde. Als transitionsspezifisch kann jener Befund folglich nicht gelten. So ist denn auch das Muster des polnischen Reformprozesses ein anderes. Hier sind es zwar auch Kompromisse – wie die anfängliche Beschränkung der Selbstverwaltung auf die kommunale Ebene –, doch wurden damit eher Inhalte als Verfahren fixiert. Jahre vor den eigentlichen Reformen waren die möglichen institutionellen Modelle bereits intensiv diskutiert worden. Ein wichtigeres Merkmal der polnischen Dezentralisierungsreformen ist deren hohe Geschwindigkeit. Die Akteure sahen den Erfolg des gesamten Transformationsprozesses von einer möglichst raschen Umsetzung der einzelnen Schritte abhängig, zu denen auch die Schaffung der lokalen Selbstverwaltung zählte. Teilweise mussten Kompromisse getroffen werden, die in der Folge parallel zur demokratischen Entwicklung überarbeitet wurden. Gemeinsam war der politischen Dimension der Reformprozesse in Spanien und Polen, dass die Frage der Staatsorganisation noch Jahre nach der Errichtung der demokratischen Institutionen auf der Agenda stand. Dies gilt insbesondere für wichtige Detailregelungen, beispielsweise die vertikale Kompetenzabgrenzung und die Finanzverfassung.

Die konsensorientierten Transitionen führten im Rahmen staatlicher Kontinuität zu einer vertikalen „politischen Ungleichzeitigkeit". In Spanien und Polen wurden die ersten allgemeinen und freien Kommunalwahlen jeweils nach den ersten (teil-) kompetitiven nationalen Wahlen abgehalten. Den neu strukturierten und pluralisierten politischen Kräfteverhältnissen auf nationaler Ebene standen somit zunächst ausschließlich die Vertreter der alten Ordnung auf lokaler Ebene gegenüber. Aufgrund ihres Verwaltungscharakters wurden die Gemeinden weniger als Arenen zur Austragung politisch-institutioneller und ideologischer Konflikte gesehen. Sie schienen deshalb geeignet, eine gewisse Stabilisierungswirkung für das gesamte politische System zu entfalten. Die

Kontinuität der Verwaltung wurde in Spanien kritischer gesehen, wenngleich sie auch hier zum „Funktionieren" der jungen Demokratie beigetragen hat. Auffällig ist das schwache politische Profil der lokalen Ebene. Diese spielte zwar eine wichtige Rolle bei der Formierung der polnischen Opposition. Mit der kommunalen Selbstverwaltung sollte die zentralistische Administration überwunden und die Demokratisierung unterstützt werden (vgl. Wollmann 1995: 554). In dem Moment jedoch, wo die Opposition im Zentrum die Regierungsgeschäfte übernommen hatte, neigte auch sie zur Instrumentalisierung der Gemeinden. Weder die polnischen noch die spanischen lokalen Institutionen wurden mit den Befugnissen und Ressourcen ausgestattet, die notwendig gewesen wären, um die geweckten Erwartungen zu erfüllen. Eine Lösung für die Finanzverfassung schien in keinem der Fälle zu den Prioritäten der nationalen Akteure zu gehören. Stattdessen führte der Transfer von Aufgaben dazu, dass der Finanzbedarf stieg, während die ökonomische Krise die Ressourcen reduzierte. Dennoch gelang es den alten und neuen Akteuren auf der lokalen Ebene, die staatlichen Leistungen auch im Kontext von Transition und Wirtschaftskrise aufrecht zu erhalten. Der Vergleich mit der Effizienzorientierung der kommunalpolitischen Reformen unter *Labour* liegt hier auf der Hand und gibt Hinweise darauf, dass die in der Literatur vorherrschende Erklärung, die die Herausforderungen der politischen und wirtschaftlichen Transformation betont, zu kurz greift.

Transitionsspezifisch ist jedoch die Verschiebung der Reform-Prioritäten. Die anfängliche Priorität der partizipatorischen Dimension bedeutete, dass die Maßnahmen zunächst weniger einer „administrativen Logik" folgten, sondern auf den Bruch mit der zentralistischen Vergangenheit zielten (vgl. Hesse 1993b: 222f.). Mit der Neukonfigurierung der Akteursbeziehungen, dem Ende der Unsicherheit und den ersten Regierungswechseln rückten hingegen funktionale und technische Gesichtspunkte der Staatsorganisation in den Mittelpunkt. Damit ging es vornehmlich um effiziente Strukturen. In Spanien wird dies aufgrund der größeren Regierungskontinuität und der Neupositionierung des PSOE besonders deutlich. Die Vorstellung der polnischen Regimeopposition, den zentralistischen Staat durch autonome Einheiten zu desintegrieren, erklärte sich noch aus dem Kontext eines stabilen Autoritarismus. Dass derartige Konzeptionen im Zuge der Demokratisierung keine größere Bedeutung mehr hatten, ist deshalb nicht überraschend. Mit dieser programmatischen Flexibilität der (ehemaligen) Regime-Oppositionen hängt es zusammen, dass die Gebietskörperschaften schließlich nicht wesentlich gestärkt wurden. Hinsichtlich der – als Selbstverwaltungsebene schwachen – Wojewodschaften muss im Rückblick sogar die Intensität der politischen Auseinandersetzung verwundern. Durchgesetzt hat sich auch hier das Bemühen des Zentrums um die Kontrolle über die wirtschaftliche und politische Transformation sowie die weitere politische Entwicklung. In allen hier untersuchten Reformprozessen wurden Anleihen bei früher diskutierten Modellen genommen. Die Rezeption institutionellen Know-hows etablierter Demokratien, beispielsweise der Charta der Kommunalen Selbstverwaltung, ist besonders im polnischen Fall festzustellen. Allerdings wurde hier eklektisch vorgegangen. Während auf der regionalen Ebene das französische Vorbild wirksam war, standen die deutschen Kreise Pate bei der Wiedereinführung der überlokalen Ebene (vgl. Zaborowski 2005: 18). Es wurde festgestellt, dass die nationalen politischen Dynamiken in einem europäischen Kontext des Verfassungswandels (mit Dezentralisierungsprozessen u. a. in Belgien und Italien) verstärkt worden seien, der unter den Begriffen Verwaltungseffizienz und Legitimierung in Gang gesetzt worden war und beispielsweise die Autonomieforderungen in Spanien zusätzlich rechtfertigte (vgl. Gunther et al. 2004: 281). Anzeichen für einen konkreten politisch-institutionellen Einfluss gibt es freilich nur wenige. In den hier untersuchten Reformprozessen wurden die wesentlichen Strukturelemente im Rahmen „nationaler" politischer Prozesse definiert. Ausschlaggebend für die Schaffung von Selbstverwaltungsebenen war, dass sich die Befürworter gegenüber den Gegnern politisch durchsetzen konnten (vgl. Brusis 2005: 295).

6.3 Ergebnis und Ausblick

Die vorliegende Arbeit verfolgte das Ziel, mittels der empirisch-vergleichenden Untersuchung politischer Reformprozesse und ihrer historischen Rahmenbedingungen einen Beitrag zur kontextbezogenen Institutionenanalyse zu leisten. In systematischer Hinsicht bestätigten die Fallstudien und der abschließende Vergleich, dass sich die postautoritäre Entwicklung der Staatsorganisation insgesamt nur unter konkreter Bezugnahme auf den Transitionskontext erklären lässt. Inhaltlich bzw. politisch-materiell erweisen sich die spezifischen Auswirkungen des Transitionskontextes jedoch als geringer, als es die politische und rhetorische Prioritätensetzung im Ausgang des Autoritarismus erwarten lassen. Es ist vielmehr bemerkenswert, wie begrenzt die „vertikalen" institutionellen Auswirkungen des Demokratisierungsdiskurses sind. Bei der Interpretation der Befunde hat sich in diesem Zusammenhang die heuristische Funktion des kontrastierenden Vergleichs mit Großbritannien bewährt.

Verfassungswandel im Allgemeinen und Reformen der Staatsorganisation im Speziellen wurden von Verwaltungswissenschaft und institutionell interessierter Politikwissenschaft als Modernisierungsprozesse analysiert. Die empirische Untersuchung hat den begrenzten analytischen Nutzen des Modernisierungsbegriffs deutlich gemacht, da mit diesem die Bandbreite der Strategien, Motive und konkreten Reformkonzeptionen kaum sinnvoll zu erfassen ist. Zwar spielen die Anforderungen an eine „moderne", d. h. eine an die Umsetzungserfordernisse nationaler Politik angepasste Administration bei der postautoritären Entwicklung der Staatsorganisation ebenso eine Rolle wie im demokratisch konsolidierten Kontext; auch ist über die verschiedenen politischen Phasen und Regime hinweg ein deutlicher Zusammenhang zwischen wirtschaftlicher und – infolge eines Wertewandels – gesellschaftlicher Entwicklung einerseits und einer „vertikalen" institutionellen Anpassung andererseits zu erkennen, so dass sich die Prozesse auf einer Makro-Ebene sinnvoll als Modernisierungsprozesse beschreiben lassen. *Erklärungskraft* hat jedoch eine akteurs- und prozessorientierte Analyse. So waren es in allen Fällen in erster Linie veränderte politische Kräfteverhältnisse, die am Anfang der Staatsorganisationsreformen standen. Neue Mehrheiten haben – oft auf der Basis offensichtlicher Eigeninteressen – institutionenpolitische Positionen durchgesetzt. National spezifische Reforminhalte ergeben sich ferner aus einer Kombination eher kontingenter Einflüsse und struktureller Bedingungen, insbesondere des institutionellen *status quo ante*. Darüber hinaus zeigt die kontextbezogene Analyse, wie die jeweiligen soziopolitischen Rahmenbedingungen die Institutionenreformen u. a. hinsichtlich ihrer inhaltlichen Schwerpunkte, ihres Umfangs, des Umsetzungszeitpunkts sowie der Realisierungsgeschwindigkeit beeinflussen. Einerseits schlagen sich die historisch-konkreten Transitionsbedingungen Spaniens und Polens ebenso in Prozessen und Ergebnissen der Reformen nieder wie die konstitutionellen Besonderheiten der britischen Parlamentssouveränität. Andererseits konstituiert auch der Unterschied zwischen Regimewechsel und konsolidierter Demokratie eine relevante Differenz, wenngleich, wie bereits erwähnt, in einem begrenzten Ausmaß. So hat der Transitionskontext Auswirkungen auf die Aufgaben, Ziele und Rollen der Akteure im politischen System sowie auf institutionenpolitische Prioritäten (und deren Verschiebung im Zeitverlauf). Besonders auffällig ist, wie im Systemwechsel der Beginn des institutionellen Reformprozesses mit einer Pluralisierung der Positionen – auch bezogen auf die vertikale Organisation der neuen politischen Ordnung – verbunden ist, die es im weiteren Prozess zu integrieren gilt. Völlig anders stellt sich der Reformprozess im britischen Fall dar, in dem die Devolutionspolitik *Labours* 1997 als Mehrheitsposition aus dem politischen Wettbewerb hervorging und in der Folge durchgesetzt wurde. Häufig wird die „Aufgabenlast" als Kennzeichen der Transition gesehen (s. o. Kap. 2.2.3.2). Der direkte Vergleich der Fälle zeigt jedoch, dass weniger die Menge der Aufgaben als vielmehr die Wechselwirkungen zwischen bestimmten Zielen und der institutionellen Entwicklung von Bedeutung sind. Zu den transitions-

6 Abschließender Vergleich und Ergebnisse

spezifischen Aufgaben zählen u. a. die Schaffung einer stabilen demokratischen Ordnung, die Institutionalisierung der Parteien unter den Bedingungen des politischen Wettbewerbs und – bezogen auf die Staatsorganisation – die Beendigung des autoritären Zentralismus. Wenngleich es hier nicht um eine der zentralen Institutionen der Demokratie geht, erweist sich die Beendigung des Zentralismus sogar als eine der vordringlichen Aufgaben in der Transition und entspricht einem „kollektiv formulierte[n] Änderungsbedarf" (Hesse/Benz 1990: 211). Allerdings beruht die Reform der Staatsorganisation in der frühen Phase der Transition weniger auf umfassender Planung, sondern stellt sich als Ergebnis kurzfristiger politischer Notwendigkeiten dar. Gleichzeitig ist es in den durch Volatilität geprägten und ergebnisoffenen Systemwechseln für die Regierungen von Bedeutung, die Kontrolle über die politische und wirtschaftliche Entwicklung und schließlich – in den Krisenzeiten – auch über die verknappten Ressourcen zu behalten (vgl. Illner/Wollmann 2003: 328). Der Zielkonflikt wurde in den untersuchten Fällen schließlich zugunsten der zentralen Steuerungskapazitäten aufgelöst.

Die hier analysierten postautoritären Dezentralisierungsprozesse entsprachen der – lange in Gang gesetzten – gesellschaftlichen sowie der – als überfällig betrachteten – staatlichen Modernisierung. In beiden Ländern hängen Demokratisierung und Dezentralisierung eng miteinander zusammen, da mit der Dezentralisierung die Hoffnung auf eine Stärkung der Bürgerbeteiligung und auf diesem Wege auch eine Stärkung der Legitimation der sich konsolidierenden Systeme verbunden wurde. In beiden Ländern verschoben sich jedoch auch die Reformprioritäten zugunsten einer Effizienzorientierung. Es liegt im Übergangscharakter der Transition begründet, dass die Rationalität der Dezentralisierungspolitik sich spätestens mit dem Machterwerb der ehemaligen Opposition verändert. Die demokratische und partizipatorische Dimension verliert an Bedeutung, während das Funktionieren der staatlichen Institutionen in den Mittelpunkt rückt. Diese *Zentralität der Verfassungsinstitutionen* ist allerdings nicht mit einem Zentralismus der Verwaltungsstruktur gleichzusetzen, der in allen hier untersuchten Fällen zugunsten dezentraler Institutionen erheblich reduziert wurde.

An diesen letzten Punkt lässt sich eine Überlegung anschließen, die im Rahmen weiterer Forschung nähere Befassung wert zu sein scheint. Dabei geht es um den hier am Fall von Transitionsländern untersuchten Demokratisierungs- und Partizipationsdiskurs, der in den etablierten Demokratien eine Fortsetzung erlebte und erlebt. Eine „Vertiefung" der Demokratie über Bürgerbeteiligung in unterschiedlichen Formen soll einem – wahrgenommenen – Verdruss mit politischen Akteuren und Institutionen entgegenwirken. Hier stellt sich die Frage, welches integrierende Potential die vertikale Organisation des Staates als

„*social sphere*" (Mync 2001) der auf diese Weise herausgeforderten repräsentativen Demokratie möglicherweise (noch) hat. Für den Zentralstaat geht es hier neben der Legitimität auch um den Erhalt von Steuerungsmöglichkeiten. Politikwissenschaftlich ist es eine kontextbezogene Institutionenforschung, die hier mögliche institutionelle „Antworten" im Kontext entsprechender – historischer oder aktueller – Legitimationskrisen herausarbeiten kann.

7 Bibliographie

Adshead, M. 2002: Developing European Regions? Comparative Governance, Policy Networks and European Integration, Aldershot.
Ágh, A. 1998a: The Politics of Central Europe, London u. a.
Ágh, A. 1998b: Emerging Democracies in East Central Europe and the Balkans, Cheltenham.
Aguilar, P. 2001: Justice, Politics and Memory in the Spanish Transition, in: Barahona de Brito, A./Gonzalez Enríquez, C./Aguilar, P. (Hg.), The Politics of Memory, Oxford, 92-119.
Agüero, F. 1995: Soldiers, Civilians, and Democracy: Post-Franco Spain in Comparative Perspective, Baltimore.
Alba, C. R. 2001: Bureaucratic politics in Spain. A long-lasting tradition, in: Peters, B. G./Pierre, J. (Hg.), Politicians, Bureaucrats and Administrative Reform, London, 93-105.
Almond, G./Powell, G. B. 1966: Comparative Politics: A Developmental Approach, Boston/ Toronto.
Altmann, J. 2000: Dezentralisierung, Demokratie und Verwaltung. Zu hohe Erwartungen an einen langfristigen Prozess, in: Entwicklung und Zusammenarbeit, 10 (Oktober): 275-277.
Arias-Salgado, R. 1988: La formación del sistema de partidos en España durante la transición, in: Nohlen, D./Solari, A. (Hg.), 143-158.
Arter, D. 2004: The Scottish Parliament: A Scandinavian-Style Assembly?, London.
Bache, I. 1998: The Politics of European Union Regional Policy. Multi-Level Governance or Flexible Gatekeeping?, Sheffield.
Bache, I. 1999: The Extended Gatekeeper: Central Government and the Implementation of EC Regional Policy in the UK, in: Journal of European Public Policy, 6/1: 28-45.
Bache, I./Jones, R. 2000: Has EU Regional Policy Empowered the Regions? A Study of Spain and the United Kingdom, in: Regional and Federal Studies, 10/3: 1-20.
Bache, I./Bristow, G. 2003: Devolution and the gatekeeping role of the core executive: the struggle for European funds, in: British Journal of Politics and International Relations, 5/3: 405-427.
Baena del Alcázar, M. 2004: The Elite Power in Spain (1939-1992), in: Benz, A./Siedentopf, H./Sommermann, K.-P. (Hg.), 239-250.
Bafoil, F. 1995: Systemumbruch in Ostdeutschland und Polen zwischen außengesteuerter Integration und endogener Systemveränderung, in: Wollmann, H./Wiesenthal, H./ Bönker, F. (Hg.), 597-608.

Baker, D. 2005: Island of Mind: New Labour's Defensive Engagement with the European Union, in: The Political Quarterly: 22-36.
Baldersheim, H. 2003: Towards Normalisation of Local Democracy in East-Central Europe. A Developmental Approach to Institutional Reform, in: Baldersheim, H./Illner, M./Wollmann, H. 2003 (Hg.), 241-261.
Baldersheim, H./Illner, M. 1994: Local Democracy in East-Central Europe: Lessons from the First Stages of Reform in the Czech Republic, Hungary, Poland and Slovakia (auf dem IPSA Weltkongress, Berlin, vorgestelltes Paper).
Baldersheim, H. et al. (Hg.) 1996a: Local Democracy and the Processes of Transformation in East-Central Europe, Boulder.
Baldersheim, H. et al. 1996b: New Institutions of Local Government: A Comparison, in: Baldersheim, H. et al. (Hg.), 23-42.
Baldersheim, H./Illner, M. 1996a: Local Democracy: The Challenges of Institution-Bulding, in: Baldersheim, H. et al. (Hg.), 1-22.
Baldersheim, H./Illner, M. 1996b: Virtuous Circles: Local Democracy in a Post-Communist Environment, in: Baldersheim, H. et al. (Hg.), 225-240.
Baldersheim, H./Illner, M./Wollmann, H. (Hg.) 2003: Local Democracy in Post-Communist Europe, Opladen.
Baldersheim, H./Swianiewicz P. 2003: The Institutional Performance of Polish Regions in an Enlarged EU. How Much Potential? How Path Dependent?, in: Keating, M./Hughes, J. (Hg.), 121-147.
Batt, J. 1991: East Central Europe from Reform to Transformation, New York.
Batt, J./Wolczuk, K. 1998: Redefining the State: The Constitutional Process, in: White, St./Batt, J./Lewis, P. G. (Hg.), 83-102.
Bennett, R. J. (Hg.) 1989: Territory and Administration in Europe, London.
Bennett, R. J. (Hg.) 1993: Local Government in the New Europe, London.
Bennett, R. J. (Hg.) 1994: Local Government and Market Decentralization, Tokyo.
Bennett, R. J. 1994: An Overview of Developments in Decentralization, in: ders. (Hg.), 11-37.
Benz, A. 1993: Regionen als Machtfaktor in Europa?, in: Verwaltungsarchiv, 84: 328-348.
Benz, A. 2004: Institutionentheorie und Institutionenpolitik, in Benz, A./Siedentopf, H./Sommermann, K.-P. (Hg.), 19-31.
Benz, A./Eberlein, B. 1999: The Europeanization of regional policies: patterns of multilevel governance, in: Journal of European Public Policy, 6/2: 329-348.
Benz, A. et al. 1999: Regionalisierung. Theorie – Praxis – Perspektiven, Opladen.
Benz, A./Lehmbruch, G. (Hg.) 2002: Föderalismus. Analysen in entwicklungsgeschichtlicher und vergleichender Perspektive (PVS-Sonderheft 32/2001), Wiesbaden.
Benz, A./Siedentopf, H./Sommermann, K.-P. (Hg.) 2004: Institutionenwandel in Regierung und Verwaltung (Festschrift für Klaus König zum 70. Geburtstag), Berlin.
Berg, S./Kaiser, A. (Hg.) 2006: New Labour und die Modernisierung Großbritanniens, Augsburg.
Bernecker, W. L./Collado Seidel, C. (Hg.) 1993: Spanien nach Franco. Der Übergang von der Diktatur zur Demokratie 1975-1982, München.
Bernecker, W. L. 1996: Zentralistischer Einheitsstaat versus nationalistische Peripherie: Das Beispiel Spanien, in: Ammon, G. et al. (Hg.), Föderalismus und Zentralismus:

Europas Zukunft zwischen dem deutschen und dem französischen Modell, Baden-Baden, 114-140.
Bernhard, M. H. 1993: The Origins of Democratization in Poland: Workers, Intellectuals, and Oppositional Politics, 1976-1980, New York.
Beyme, K. von 1971: Vom Faschismus zur Entwicklungsdiktatur - Machtelite und Opposition in Spanien, München.
Beyme, K. von 1994a: Ansätze zu einer Theorie der Transformation der ex-sozialistischen Länder Osteuropas, in: Merkel, W. (Hg.), 141-171.
Beyme, K. von 1994b: Systemwechsel in Osteuropa, Frankfurt a. M.
Beyme, K. von 1997: Parteien im Prozess der demokratischen Konsolidierung, in: Merkel, W./Sandschneider, E. (Hg.), 23-56.
Beyme, K. von 2005: Asymmetric federalism between globalization and regionalization, in: Journal of European Public Policy, 12/3: 432-447.
Birch, S. 2003: Electoral Systems and Political Transformation in Post-Communist Europe, Basingstoke u. a.
Blackman, T./Ormston, Ch. 2005: Discourses of Accountability: Policy Scrutiny of an English Regional Development Agency, in: Regional Studies, 39/3: 375-386.
Blakeley, G. 2005: Digging Up Spain's Past: Consequences of Truth and Reconciliation, in: Democratization, 12/1: 44-59.
Blazyca, G. 1998: The Politics of Economic Transformation, in: White, St./Batt, J./Lewis, P. G. (Hg.), 191-215.
Bogdanor, V. 1979: Devolution, Oxford.
Bohrer, R. E. II/Krutz, G. S. 2005: The Devolved Party Systems of the United Kingdom. Subnational Variations From the National Model, in: Party Politics, 11/6: 654-673.
Boix, C. 2001: Managing the Spanish Economy within Europe, in: Featherstone, K./Kazamias, G. (Hg.), 165-190.
Bonime-Blanc, A. 1987: Spain's Transition to Democracy. The Politics of Constitution-making, Boulder.
Bos, E. 1994: Die Rolle von Eliten und kollektiven Akteuren in Transitionsprozessen, in: Merkel, W. (Hg.), 81-109.
Börzel, T. A. 1999: The Domestic Impact of Europe: Institutional Adaptation in Germany and Spain, Florenz.
Börzel, T. 2002: States and Regions in the European Union. Institutional Adaptation in Germany and Spain, Cambridge.
Börzel, T./Risse, Th. 2000: When Europe Hits Home. Europeanization and Domestic Change, in: European Integration online Papers (EIoP), 4 (15) (http://eiop.or.at/eiop/texte/2000-015a.htm).
Borrás, S./Font, N./Gómez, N. 1998: The Europeanization of National Policies in Comparison: Spain as a Case Study, in: South European Society & Politics, 3/2: 23-44.
Borzutzky, S./Kranidis, E. 2005: A Struggle for Survival: The Polish Agricultural Sector from Communism to EU Accession, in: East European Politics and Societies, 19/4: 614-654.
Bradbury, J. 2003: The political dynamics of sub-state regionalisation: a neo-functionalist perspective and the case of devolution in the UK, in: British Journal of Politics and International Relations, 5/4: 543-575.

Bradbury, J./Mitchell, J. 2005: Devolution: Between Governance and Territorial Politics, in: Parliamentary Affairs, 58/2: 287-302.
Brugué, Q./Gomà, R./Subirats, J. 2001: Multilevel Governance and Europeanization: The Case of Catalonia, in: Featherstone, K./Kazamias, G. (Hg.), 95-118.
Brunner, G. 1989: Verwaltung, in: Ziemer, K. (Hg.), 521-530.
Brusis, M. 2002: Between EU Requirements, Competitive Politics, and National Traditions: Re-creating Regions in the Accession Countries of Central and Eastern Europe, in: Governance, 15/4: 531-559.
Brusis, M. 2005: The Instrumental Use of European Union Conditionality, in: East European Politics and Societies, 19/2: 291-316.
Bulmer, S. et al. 2002: British Devolution and European Policy Making: Transforming Britain into Multi-Level Governance, Basingstoke u. a.
Bulpitt, J. 1983: Territory and Power in the United Kingdom, Manchester.
Burch, M./Gomez, R. 2002: The English Regions and the European Union, in: Regional Studies, 36/7: 767-778.
Burton, M./Gunther, R./Higley, J. 1995a: Introduction: elite transformations and democratic regimes, in: Higley, J./Gunther, R. (Hg.), 1-37.
Burton, M./Gunther, R./Higley, J. 1995b: Elites and democtaric consolidation in Latin America and Southern Europe: an overview, in: Higley, J./Gunther, R. (Hg.), 323-348.
Caciagli, M. 1986: Elecciones y partidos en la transición española, Madrid.
CDLR (Council of Europe, Steering Committee on Local and Regional Authorities) 1998: Regionalisation and its effects on local self-government, Straßburg.
Ciechocinska, M. 1989: Poland: searching for increasing economic effectiveness, in: Bennett, R. J. (Hg.), 138-153.
Clegg, Th. 1987: Spain, in: Page, E. C./Goldsmith, M. J. (Hg.), 130-155.
Cole, M. 2003: Local Government Reform in Britain 1997-2001: National Forces and International Trends, in: Government and Opposition, 38/2: 181-203.
Collier, R. B./Mazzuca, S. 2006: Does history repeat?, in: Goodin, R./Tilly, Ch. (Hg.), The Oxford Handbook of Contextual Political Analysis, Oxford, 472-489.
Colomer, J. M. 1991: Transitions by Agreement: Modeling the Spanish Way, in: The American Political Science Review, 85/4: 1283-1302.
Colomer, J. M. 1998: The Spanish 'State of Autonomies': Non-Institutional Federalism, in: West European Politics, 21/4: 40-52.
Commission for Local Democracy 1995: Taking Change: The Rebirth of Local Democracy, London.
Corkery, J. (Hg.) 1999: Governance: Concepts and Applications, Brüssel.
Costa Pinto, A./Severiano Teixera, N. (Hg.) 2002: Southern Europe and the making of the European Union, 1945-1980s, Boulder/New York.
Coulson, A. (Hg.) 1995: Local Government in Eastern Europe, Aldershot.
Council of Europe 1981: Functional Decentralisation at Local and Regional Level, Straßburg.
Council of Europe 1985: European Charter of Local Self-Government. European Treaty Series No. 122.

Czechowski, P. R. 1988: Die Lokalverwaltung in Polen, in: Erichsen, H.-U./Hoppe, W./ Leidinger, A. (Hg.), 135-147.
Dahl, R. A. 1971: Polyarchy, New Haven.
Dahl, R. A. 1989: Democracy and its Critics, New Haven.
Dahl, R. A. 1996: Thinking About Democratic Constitutions: Conclusions from Democratic Experience, in: Shapiro, I./Hardin, R. (Hg.), Political Order, New York/London, 175-206.
Delgado Sotillos, I./Lopez Nieto, L. 1992: Un análisis de las elecciones municipales, in: Revista de Estudios Políticos, 76 (April-Juni): 195-219.
Diamandouros, P. N./Gunther, R. (Hg.) 2001: Parties, Politics, and the New Southern Europe, Baltimore/London.
Dieringer, J. 2001: Federalism and Decentralization in East and Central Europe, in: Rose, J./ Traut, J. Ch. (Hg.), 35-47.
Dimitrova, A. 2002: Enlargement, Institution-Building and the EU's Administrative Capacity Requirement, in: West European Politics, 25/4: 171-190.
Dimitrova, A./Pridham, G. 2004: International Actors and Democracy Promotion in Central and Eastern Europe, in: Democratization, 11/5: 91-112.
DTLR (Department for Transport, Local Government and the Regions) 1998: Modern Local Government – In Touch with the People, London.
Duncan, S. S./Goodwin, M. 1988: The Local State and Uneven Development, Cambridge.
Easton, D. 1965: A Systems Analysis of Political Life, New York.
Edwards, S. 1999: 'Reconstructing the Nation': The Process of Establishing Catalan Autonomy, in: Parliamentary Affairs, 52: 666-676.
EECR, East European Constitutional Review 1997: Constitution Watch: Poland, 6/4.
EECR, East European Constitutional Review 1998: Constitution Watch: Poland, 7/2.
Ekiert, G. 1992: Peculiarities of Post-communist Politics: The Case of Poland, in: Studies in Comparative Communism, 25/4: 341-361.
Ekiert, G. 1998: Legacies of Struggle and Defeat, in: Staar, R. (Hg.), 15-45.
Elander, I. 1991: Analysing Central-Local Government Relations in Different Systems: A Conceptual Framework and Some Empirical Illustrations, in: Scandinavian Political Studies, 14: 31-58.
Elcock, H. 1996: Local government, in: Farnham, D./Horton, F. (Hg.), Managing the New Public Services, Basingstoke.
Elster, J./Offe, C./Preuss, U. K. 1998: Institutional Design in Post-Communist Societies: Rebuilding the Ship at Sea, Cambridge.
Encarnación, O. G. 2005: Do Political Pacts Freeze Democracy? Spanish and South American Lessons, in: West European Politics, 28/1: 182-203.
Erichsen, H.-U./Hoppe, W./Leidinger, A. (Hg.) 1988: Kommunalverfassungen in Europa, Köln.
Eser, T. W./Konstadakopoulos, D. 2000: Power shifts in the European Union? The case of spatial planning, in: European Planning Studies, 6: 783-798.
European Commission 1995: White Paper – Preparation of the Associated Countries of Central and Eastern Europe for Integration into the Internal Market of the Union, COM (95) 164, Brüssel.

Evans, G./Trystan, D. 1999: Why was 1997 different?, in: Taylor, B./Thomson, K. (Hg.), Scotland and Wales: Nations Again?, Cardiff.
EZFF (Europäisches Zentrum für Föderalismusforschung) (Hg.) 2003: Europäischer Föderalismus im 21. Jahrhundert, Baden-Baden.
Featherstone, K./Kazamias, G. (Hg.) 2001: Europeanization and the Southern Periphery, London.
Ferry, M. 2003: The EU and Recent Regional Reform in Poland, in: Europe-Asia Studies, 55/7: 1097-1116.
Filipek, J. 1995: Wirkungen des Europarechts auf die polnische Verwaltungsorganisation (Diskussionsbeitrag), in: Schoch, F. (Hg.), 87-90.
Firlit Fesnak, G. 1993: Sozialpolitik in der Transformationsperiode, in: Wojtaszczyk, A. (Hg.), Transformationsprozesse in Polen, Warschau.
Fisher, J. 2004: United Kingdom, in: European Journal of Political Research, 43: 1160-1169.
Fishman, R. 1990: Rethinking State and Regime: Southern Europe's Transition to Democracy, in: World Politics 42/3: 422-440.
Franzke, J. 2002: Polen – Eine Zwischenbilanz der Systemtransformation, in: Schorkowitz, D. (Hg.), Transition – Erosion – Reaktion. Zehn Jahre Transformation in Osteuropa, Frankfurt a. M., 274-297.
Friedrich, C. J. 1970: Politik als Prozeß der Gemeinschaftsbildung, Köln/Opladen.
Genieyes, W. 1997: L'Espagne des autonomies, in: Le Galès, P./Lequesne, Ch. (Hg.), Les paradoxes des régions en Europe, Paris, 165-178.
Gibson, J. S. 1985: The Thistle and the Crown. A History of the Scottish Office, Edinburgh.
Gieorgica, J. P. 2001: Polska localna we władzy PZPR (Lokales Polen in der Hand der PZPR), in: Rozwój Regionalny – Rozwój Lokalny – Samorzad Terytorialny, ed. Europejski Instytut Rozwoju Regionalnego I Lokalnego (Regionale Entwicklung – Lokale Entwicklung – Territoriale Selbstverwaltung, ed. Europäisches Institut für regionale und lokale Entwicklung), Vol. 33.
Glenn, J. 2003: Contentious Politics and Democratization: Comparing the Impact of Social Movements on the Fall of Communism in Eastern Europe, in: Political Studies, 51: 103-120.
Główny Urząd Statystyczny (Zentrales Amt für Statistik) 2000: Maly Roznik Statystyczny Polski 2000 (Statistisches Jahrbuch für Polen 2000), Warschau.
Główny Urząd Statystyczny (Zentrales Amt für Statistik) 2007: Maly Roznik Statystyczny Polski 2007 (Statistisches Jahrbuch für Polen 2007), Warschau.
Goetz, K. H. 1995: Ein neuer Verwaltungstyp in Mittel- und Osteuropa? Zur Entwicklung der post-kommunistischen öffentlichen Verwaltung, in: Wollmann, H./Wiesenthal, H./Bönker, F. (Hg.), 538-553.
Goetz, K. H. 2000: Europeanizing the national executive? Western and eastern style (Paper für die 30. UACES-Jahreskonferenz, Budapest, 6-8 April 2000).
Goetz, K. H. 2001: Making sense of post-communist central administration: modernization, Europeanization or Latinization?, in: Journal of European Public Policy, 8/6: 1032-1051.

Göhler, G. 1987: Grundfragen der Theorie politischer Institutionen. Forschungsstand - Probleme - Perspektiven, Opladen.
Goldsmith, M. J. 1990: Local Autonomy: Theory and Practice, in: King, D. S./Pierre, J. (Hg.), Challenges to Local Government, London, 15-36.
González Casanova, J. A. 1979: Los Estatutos de las Comunidades Autónomas y el principio de autogobierno, in: Documentación Administrativa, 182: 115-148.
Gonzáles Encinar, J. J. 1988: Las Constituciones españolas de 1931 y 1978, in: Nohlen, D./ Solari, A. (Hg.), 123-141.
Gonzáles Encinar, J. J. 1991: La descentralización en España, in: Nohlen, D. (Hg.), 103-110.
Gonzáles Encinar, J. J. 1992: Ein asymmetrischer Bundesstaat, in: Nohlen, D./González Encinar, J. J. (Hg.), 217-230.
Gorzelak, G. 1990: General Implications of the Local Government Reform in Poland, in: Kukliński, A./Jałowiecki, B. (Hg.), 241-253.
Gorzelak, G. 1996: The Regional Dimension of Transformation in Central Europe, London.
Gorzelak, G./Mularczyk, K. 1990: New Local Government Legislation in Poland, in: Kukliński, A./Jałowiecki, B. (Hg.), 255-275.
Gorzelak, G. et al. 1994: Eastern and Central Europe 2000 – Final Report (Studies 2. DGXII of the European Commission), Luxemburg.
Grabbe, H. 2001: How does Europeanization affect CEE governance? Conditionality, diffusion and diversity, in: Journal of European Public Policy, 8/6: 1013-1031.
Grabowski, T. 1996: The Party That Never Was: The Rise and Fall of the Solidarity Citizen's Committees in Poland, in: East European Politics and Societies, 10/2: 214-254.
Grau i Creus, M. 2000: Spain: incomplete federalism, in: Wachendorfer-Schmidt, U. (Hg.), Federalism and Political Performance, New York, 58-77.
Grindle, M. S. 2007: Decentralization, Democratization, and the Promise of Good Governance, Princeton.
Grotz, F. 2000: Politische Institutionen und post-sozialistische Parteiensysteme in Ostmitteleuropa. Polen, Ungarn, Tschechien und die Slowakai im Vergleich, Opladen.
Grotz, F. 2005: Die Entstehung kompetitiver Wahlsysteme in Mittel- und Osteuropa: postsozialistische Entstehungsbedingungen und fallspezifische Reformkontexte, in: Österreichische Zeitschrift für Politikwissenschaft, 34/1: 23-38.
Grotz, F. 2007: Europäisierung und nationale Staatsorganisation. Institutionenpolitik in föderalen und unitarischen EU-Staaten, Baden-Baden.
Grotz, F. 2010a: Kontext, in: Nohlen, D./Schultze, R.-O. (Hg.), 504-505.
Grotz, F. 2010b: Kontextanalyse, in: Nohlen, D./Schultze, R.-O. (Hg.), 505-507.
Guillén, A. M./Álvarez, S. 2004: The EU's impact on the Spanish welfare state: the role of cognitive Europeanization, in: Journal of European Social Policy, 14/3: 285-299.
Guillén, A. M./Palier, B. 2004: Introduction: Does Europe matter? Accession to EU and social policy developments in recent and new member states, in: Journal of European Social Policy, 14/3: 203-209.
Gunther, R. 1995: Spain: the very model of the modern elite settlement, in: Higley, J./Gunther, R. (Hg.), 38-80.

Gunther, R./Montero, J. R./Botella, J. 2004: Democracy in Modern Spain, New Haven/ London.
Gurr, T. R./King, D. S. 1987: The State and the City, Houndmills u. a.
Hambleton, R./Sweeting, D. 2004: U.S.-Style Leadership for English Local Government?, in: Public Administration Review, 64/4: 474-488.
Harrison, B. 1996: The Transformation of British Politics, 1860-1995, Oxford.
Havlik, P. 1996: Stabilization and Prospects for Sustainable Growth in the Transition Economies, in: Knell, M. (Hg.), Economics of Transition: Structural Adjustments and Growth Prospects in Eastern Europe, Cheltenham, 25-48.
Hay, C. 1999: The Political Economy of New Labour: Labouring Under False Pretenses, Manchester.
Hazell, A. (Hg.) 2003a: The State of the Nations. The Third Year of Devolution in the United Kingdom, Exeter u. a.
Hazell, A. 2003b: Conclusion. The Devolution Scorecard as the Devolved Assemblies Head for the Polls, in: ders. (Hg.), 285-302.
Held, G. /Sánchez Velasco, A. 1996: Regionale Strukturfonds und Politiknetzwerke in Spanien, in: Heinelt, H. (Hg.), Politiknetzwerke und europäische Strukturförderung. Ein Vergleich zwischen EU-Mitgliedstaaten, Opladen, 253-276.
Herr, R. 1971: Spain (The Modern Nations in Historical Perspective), Englewood Cliffs.
Hesse, J. J. (Hg) 1993a: Administrative Transformation in Central and Eastern Europe. Towards Public Sector Reform in Post-Communist Societies (Public Administration Special Issue), Oxford.
Hesse, J. J. 1993b: From Transformation to Modernization: Administrative Change in Central and Eastern Europe, in: ders. (Hg.), 219-257.
Hesse, J. J./Goetz, K. H. 1993/94: Public Sector Reform in Central and Eastern Europe I. The Case of Poland, in: Jahrbuch zur Staats- und Verwaltungswissenschaft, 6.
Hesse, J. J./Benz, A. 1990: Die Modernisierung der Staatsorganisation. Institutionspolitik im internationalen Vergleich: USA, Großbritannien, Frankreich, Bundesrepublik Deutschland, Baden-Baden.
Hesse, J. J./Sharpe, L. 1991: Local Government in International Perspective: Some Comparative Observations, in: Hesse, J. J. (Hg.), Local Government and Urban Affairs in International Perspective, Baden-Baden, 603-621.
Hesse, J. J./Wright, V. (Hg.) 1996: Federalizing Europe? The Costs, Benefits, and Preconditions of Federal Political Systems, Oxford.
Heywood, P. 1995: The Government and Politics of Spain, New York.
Higley, J./Gunther, R. (Hg.) 1995: Elites and Democratic Consolidation in Latin America and Southern Europe, Cambridge.
Hildenbrand, A. 1985: Regionale Entwicklungsdisparitäten und Regionalpolitik in Spanien, in: Nohlen, D./Schultze, R.-O. (Hg.), 113-137.
Hildenbrand, A. 1992: Die Finanzierung der Autonomen Gemeinschaften, in: Nohlen, D./ González Encinar, J. J. (Hg.), 125-176.
Hildenbrand, A. 1993: Das Regionalismusproblem, in: Bernecker, W. L./Collado Seidel, C. (Hg.), 104-126.
Hobsbawm, E. 1995: Das Zeitalter der Extreme. Weltgeschichte des 20. Jahrhunderts, München/Wien.

Holman, O. H. 1996: Integrating Southern Europe: EC Expansion and the Transnationalization of Spain, London.
Holtmann, E. 1999: Parteien in der lokalen Politik, in: Wollmann, H./Roth, R. (Hg.), 256-270.
Hooghe, L. (Hg.) 1996: Cohesion Policy and European Integration: Building Multi-Level Governance, Oxford.
Hooghe, L./Marks, G. 2001: Multi-Level Governance and European Integration, Oxford.
Horváth, G. 1996: Transition and Regionalism in East-Central Europe (Europäisches Zentrum für Föderalismusforschung, Occasional Papers Nr. 7), Tübingen.
Hudson, R./Lewis, J. (Hg.) 1984: Uneven Development in Southern Europe. Studies of accumulation, class, migration and the state, London/New York.
Hughes, J./Sasse, G./Gordon, C. 2002: Saying 'Maybe' to the 'Return to Europe', in: European Union Politics, 3/3: 327-355.
Hughes, J./Sasse, G./Gordon, C. 2003: EU Enlargement, Europeanisation and the Dynamics of Regionalization in the CEECs, in: Keating, M./Hughes, J. (Hg.), 69-88.
Hughes, J./Sasse, G./Gordon, C. 2004: Europeanization and Regionalization in the EU's Enlargement to Central and Eastern Europe. The Myth of Conditionality, Basingstoke.
Humlebœk, C. 2003: Die spanische Zeitgeschichtsforschung zur Franco-Ära seit 1975, in: Troebst, S. (Hg.), 161-188.
Huntington, S. P. 1991a: How Countries Democratize, in: Political Science Quarterly, 106/4: 579-616.
Huntington, S. P. 1991b: The Third Wave: Democratization in the Late Twentieth Century, Norman/London.
Illés, I. 2001: Federalism and Regionalism in Central Eastern Europe, in Rose, J./Traut, J. Ch. (Hg.), 195-215.
Illner, M. 1998: Territorial Decentralization: An Obstacle to Democratic Reform in Central and Eastern Europe?, in: Kimball, J. D. (Hg.), 7-42.
Illner, M. 2002: Réformes sur la voie de la décentralization dans trois pays d'Europe Centrale et Orientale candidates à l'adhésion. Hongrie, Pologne et République Tchèque 1990-2001. (Groupement d'Etudes et de Recherches „Notre Europe", Juni 2002) (http://www.notre-europe.asso.fr/article.php3?id_article=206).
Illner, M. 2003a: Devolution of Government in the Ex-Communist Countries: Some Explanatory Frameworks, in: Baldersheim, H./Illner, M./Wollmann, H. (Hg.), 9-28.
Illner, M. 2003b: The Czech Republic 1990-2001. Successful Reform at the Municipal Level and a Difficult Birth of the Intermediary Government, in: Baldersheim, H./Illner, M./Wollmann, H. (Hg.), 61-90.
Illner, M./Wollmann, H. 2003: Decentralization: Lessons for Reformers, in: Baldersheim, H./Illner, M./Wollmann, H. (Hg.), 313-335.
IBRD (Internationale Bank für Wiederaufbau/Weltbank) 1992: Poland: decentralization and reform of the state, Washington, D.C.
Jałowiecki, B. 1990a: Les élites locales, ou le départ pour la démocratie, in: Kukliński, A./Jałowiecki, B. (Hg.), 303-323.
Jałowiecki, B. 1990b: La naissance de la démocratie dans la Pologne locale, in: Kukliński, A./Jałowiecki, B. (Hg.), 325-340.

Jałowiecki, B. 1990c: Narodziny Demokracji w Polsce Lokalnej (Entstehung der Demokratie im lokalen Polen), Warschau.
Jann, W. 2004: Entwicklungen der Ministerialverwaltung in Mittel- und Osteuropa – organisationstheoretische Zugänge und Hypothesen, in: Benz et al. (Hg.), 593-612.
Jeffery, Ch. 2004: Regions and the Constitution for Europe. German and British Impacts, in: German Politics, 13/4: 605-624.
Jeffery, Ch./Mawson, J. 2002: Introduction: Beyond the White Paper on the English Regions, in: Regional Studies, 36/7: 715-720.
John, P. 2001: Local Governance in Western Europe, London.
Johnson, N. 1988: Die kommunale Selbstverwaltung in England, in: Erichsen, H.-U./ Hoppe, W./Leidinger, A. (Hg.), 19-37.
Jones Luong, P. 2000: After the Break-Up: Institutional Design in Transitional States, in: Comparative Political Studies, 33/5: 563-592.
Jost, S. 1993: Die Union des Demokratischen Zentrums, in: Bernecker, W. L./Collado Seidel, C. (Hg.), 171-191.
Jowell, J./Oliver, D. ^{5}2004: The Changing Constitution, Oxford.
Kaiser, A. 2002. Mehrheitsdemokratie und Institutionenreform. Verfassungspolitischer Wandel in Australien, Großbritannien, Kanada und Neuseland im Vergleich, Frankfurt a. M.
Keating, M. 1994: The Nations and Regions of the United Kingdom and European Integration, in: Bullmann, U. (Hg.), Die Politik der dritten Ebene. Regionen im Prozeß der EG-Integration, Baden Baden, 225-246.
Keating, M. 1997: Les régions constituent-elles un niveau de gouvernement en Europe, in: Le Galès, P./Lequesne, Ch. (Hg.) 1997: Les paradoxes des régions en Europe, Paris, 19-35.
Keating, M. 2003a: Territorial Restructuring and European Integration, in: Keating, M./Hughes, J. (Hg.), 9-20.
Keating, M. 2003b: Regionalization in Central and Eastern Europe: The Diffusion of a Western Model?, in: Keating, M./Hughes, J. (Hg.), 51-67.
Keating, M. 2004: Exploring Europeanization, in: International Studies Review, 6: 481-482.
Keating, M./Hooghe, L. 1996: By-passing the Nation State? Regions and the EU Policy Process, in: Richardson, J. (Hg.) 1996: European Union. Power and Policy-Making, London, 216-229.
Keating, M./Hughes, J. (Hg.) 2003: The Regional Challenge in Central and Eastern Europe. Territorial Restructuring and European Integration, Brüssel u. a.
Keeler, J. T. S. 1993: Opening the Window for Reform. Mandates, Crises, and Extraordinary Policy-Making, in: Comparative Political Studies, Januar 1993: 433-486.
Kelsen, H. 1925: Allgemeine Staatslehre, Berlin.
Kimball, J. D. (Hg.) 1998a: The Transfer of Power. Decentralization in Central and Eastern Europe, Budapest.
Kimball, J. D. 1998b: Introduction, in: ders. (Hg.), 1-4.
Kingdon, J. W. 1984: Agendas, Alternatives, and Public Policies, New York.

Kieniewicz, J. 2004: Spanien im polnischen Spiegel, in: Diktaturbewältigung und nationale Selbvergewisserung. Geschichtskulturen in Polen und Spanien im Vergleich, Wrocław, 15-23.

Kitschelt, H. 1995: Die Entwicklung post-sozialistischer Parteiensysteme. Vergleichende Perspektiven, in: Wollmann, H./Wiesenthal, H./Bönker, F. (Hg.), 475-505.

Klokočka, V./Ziemer, K. ²1989: Opposition, in: Ziemer, K. (Hg.), 305-315.

Klotz, J./Zielinski, H. (Hg.) 1999: Europa 2000. Lokale Demokratie im Europa der Regionen, Heilbronn.

Knill, Ch. 1998: European Policies: The Impact of National Administration Traditions, in: Journal of Public Policy, 18/1: 1-28.

Knill, Ch./Lehmkuhl, D. 2002: The national impact of European Union regulatory policy: Three Europeanization mechanisms, in: European Journal of Political Research, 41: 255-280.

Kohler-Koch, B. (Hg.) 1998: Interaktive Politik in Europa. Regionen im Netzwerk der Integration, Opladen.

Kolarska-Bobinska, L. (Hg.) 1999: Druga fala polskich reform (Die zweite Welle der polnischen Reformen), Warschau.

Kolarska-Bobinska, L. 2003: The EU Accession and Strengthening of Institutions in East Central Europe: The Case of Poland, in: East European Politics and Societies, 17/1: 91-98.

Kowalczyk, A. 2000: Local Government in Poland, in: Horváth, T. M. (Hg.), Decentralization: Experiments and Reforms, Budapest, 217-254.

Kraft, C. 2003: „Europäische Peripherie" – „Europäische Identität". Über den Umgang mit der Vergangenheit im zusammenwachsenden Europa am Beispiel Polens und Spaniens, in: Troebst, S. (Hg.), 11-37.

Kraus, P. A. 1996: Nationalismus und Demokratie. Politik im spanischen Staat der Autonomen Gemeinschaften, Wiesbaden.

Kraus, P. A./Merkel, W. 1993: Die Linksparteien, in: Bernecker, W. L./Collado Seidel, C. (Hg.), 192-211.

Krohn, T. 2003: Die Genese von Wahlsystemen in Transitionsprozessen. Portugal, Spanien, Polen und Tschechien im Vergleich, Opladen.

Kukliński, A. 1990a: Poland – The Difficult Stage of Transformation, in: Kukliński, A./Jałowiecki, B. (Hg.), 33-40.

Kukliński, A. 1990b: Local Poland – Priorities of Research at the Turn of the XX and XXI Century, in: Kukliński, A./Jałowiecki, B. (Hg.), 211-219.

Kukliński, A. 1990c: Local Development – Experiences and Prospects, in: Kukliński, A./Jałowiecki, B. (Hg.), 221-39.

Kukliński, A./Jałowiecki, B. 1990 (Hg.): Local Development in Europe. Experiences and Prospects (Regional and Local Studies, Universität Warschau, Bd. 5), Warschau.

Kukliński, A./Mync, A. /Szul, R. 1997: The Regional Impact of the Transformation Processes in Poland after 1989 against the Background of the General Trends, in: Becker, A. (Hg.), Regionale Strukturen im Wandel, Opladen, 147-249.

Kulesza, M. 1993: Options for Administrative Reform in Poland, in: Hesse, J. J. (Hg), 33-40.

Ladrech, R. 1994: Europeanization of Domestic Politics and Institutions: The Case of France, in: Journal of Common Market Studies, 3: 69-88.
Laffin, M. 2004: Is Regional Centralism Inevitable? The Case of the Welsh Assembly, in: Regional Studies, 38/2: 213-223.
Leaman, J. 1999: "Dezentralisierung" in Großbritannien – Rhetorik, Praxis und Aussichten, in: Klotz, J./Zielinski, H. (Hg.), 110-126.
Letowski, J. 1993: Polish Public Administration between Crisis and Renewal, in: Hesse, J. J. (Hg.), 1-11.
Liebert, U. 1990: From Polarization to Pluralism: Regional-nationalist Parties in the Process of Democratization Consolidation in Post-Franco Spain, in: G. Pridham (Hg.), 147-178.
Linz, J. J. 1964: An Authoritarian Regime: the Case of Spain, in: Allard, E./Littunen, Y. (Hg.), Cleavages, Ideologies and Party Systems, Helsinki, 291-341.
Linz, J. J. 1970: From Falange to Movimiento-Organization: The Spanish Single Party and the Franco Regime, in: Huntington, S. P./Moore, C. H. (Hg.), Authoritarian Politics in Modern Societies, New York, 128-203.
Linz, J. J. 1973a: Early State Building and Late Peripheral Nationalism Against the State: The Case of Spain, in: Eisenstadt, S. N./Rokkan, S. (Hg.), Building States and Nations, London, 32-116.
Linz, J. J. 1973b: Opposition to and Under an Authoritarian Regime: The Case of Spain, in: Dahl, R. A. (Hg.), Regimes and Oppositions, New Haven, 171–260.
Linz, J. J. 1985: De la crisis de un Estado unitario al Estado de las autonomías, in: Fernández, F. (Hg.), La España de las Autonomías, Madrid, 527-672.
Linz, J. J. ^{3}2009: Totalitäre und autoritäre Regime (hg. von Raimund Krämer), Potsdam.
Linz, J. J./Stepan, A. 1996: Problems of Democratic Transition and Consolidation. Southern Europe, South America, and Post-Communist Europe, Baltimore.
Lipowicz, I. 1995: Wirkungen des Europarechts auf die polnische Verwaltungsorganisation, in: Schoch, F. (Hg.), 79-86.
Lippert, B./Umbach, G./Wessels, W. 2001: Europeanization of CEE executives: EU membership negotiations as a shaping power, in: Journal of European Public Policy, 8/6: 980-1012.
Lipset, S. M. 1959: Some Social Requisites of Democracy: Economic Development and Political Legitimacy, in: The American Political Science Review, 53/1: 69-105.
Lipset, S. M. 1994: The Social Requisited of Democracy Revisited, in: American Sociological Review, 59: 1-22.
Loewenstein, K. 1959: Verfassungslehre, Tübingen.
López Mira, Á. X. 2001: Spanien – Das Modell der Autonomien: Ein unzweckmäßige Lösung für ein politisches Problem, in: Jahrbuch des Föderalismus, Baden-Baden, 273-280.
Lowndes, V./Wilson, D. 2003: Balancing Revisability and Robustness? A New Institutionalist Perspective on Local Government Modernization, in: Public Administration, 81/2: 275-298.
MacKay R. R./Williams J. 2005: Thinking about need: public spending on the regions, in: Regional Studies, 39: 815-828.

Magone, J. M. 2002: Attitudes of Southern European Citizens towards European Integration: before and after Accession, 1974-2000, in: Costa Pinto, A./Severiano Teixera, N. (Hg.), 209-235.
Magone, J. M. 2003: Regional Institutions and Governance in the European Union, Westport.
Malovà, D./Haughton, T. 2002: Making Institutions in Central and Eastern Europe, and the Impact of Europe, in: West European Politics, 24/2: 101-120.
Mangott, G./Waldrauch, H./Day, S. (Hg.) 2000: Democratic Consolidation – The International Dimension: Hungary, Poland and Spain, Baden-Baden.
March, J. G./Olsen, J. P. 1984: The New Institutionalism: Organizational Factors in the Political Life, American Political Science Review, 78/3: 734-49.
March, J. G./Olsen, J. P. 1989: Rediscovering Institutions. The Organizational Basis of Politics, New York/London.
Marcou, G./Verebelyi, I. (Hg.) 1993a: New Trends in Local Government in Western and Eastern Europe, Brüssel.
Marcou, G./Verebelyi, I. 1993b: Size, Levels and Functions of Local Government, in: dies. (Hg.), 33-100.
Marcou, G./Lysenko, V. 1993: Local Democracy, in: Marcou, G./Verebelyi, I. (Hg.), 101-147.
Materska-Sosnowska, A. (2010): Poland, in: Nohlen, D./Stöver, P. (Hg.), Elections in Europe. A Data Handbook, Baden-Baden, 1471-1524.
Mayntz, R./Scharpf, F. W. 1995: Gesellschaftliche Selbstregulierung und politische Steuerung, Frankfurt a. M./New York.
McAllister, L. 1998: The Welsh Devolution Referendum: Definitely, Maybe?, in: Parliamentary Affairs, 51/2: 149-165.
Mc Dermott, G. A. 2004: Institutional Change and Firm Creation in East-Central Europe: An Embedded Politics Approach, in: Comparative Political Studies, 37: 188-217.
Medhurst, K. 1973: Government in Spain, Oxford u. a.
Merkel, W. 1994a: Restriktionen und Chancen demokratischer Konsolidierung in postkommunistischen Gesellschaften. Ostmitteleuropa im Vergleich, in: Berliner Journal für Soziologie 4/1994: 463-484.
Merkel, W. (Hg.) 1994b: Systemwechsel 1. Theorien, Ansätze und Konzeptionen, Opladen.
Merkel, W. 1994c: Struktur oder Akteur, System oder Handlung: Gibt es einen Königsweg in der sozialwissenschaftlichen Transformationsforschung?, in: ders. (Hg.), 303-331.
Merkel, W. 1996: Institutionalisierung und Konsolidierung der Demokratien in Ostmitteleuropa, in: Merkel, W. et al. (Hg.), 73-112.
Merkel, W. ^{2}2010: Systemtransformation. Eine Einführung in die Theorie und Empirie der Transformationsforschung, Wiesbaden.
Merkel, W./Busch, A. (Hg.) 1999: Demokratie in Ost und West, Frankfurt a. M.
Merkel, W./Sandschneider, E./Segert, D. (Hg.) 1996: Systemwechsel 2. Die Institutionalisierung der Demokratie, Opladen.
Merkel, W./Sandschneider, E. (Hg.) 1997: Systemwechsel 3. Parteien im Transformationsprozeß, Opladen.

Ministerio de Administración Pública 1995: Informe sobre los Convenios de Colaboración entre la Administración del Estado y las Comunidades Autónomas, Madrid.
Ministerio de Administración Pública 1996: Puesta en Práctica de los Acuerdos Autonómicos de 1992 y sus Efectos sobre el Estado Autonómico, Madrid.
Mitchell, J./Scottish Monitoring Team 2001: Scotland: Maturing Devolution, in: Trench, A. (Hg.), 45-76.
Mitchell, J./Bradbury, J. 2004: Devolution: Comparative Development and Policy Roles, in: Parliamentary Affairs, 57/2: 329-346.
Monsalve, S./Sottoli, S. 2003: Epílogo. El enfoque histórico-empírico en comparación, in: Zilla, C. (Hg.), El contexto hace la diferencia: reformas institucionales y el enfoque histórico-empírico, Mexiko, 179-200.
Morales, M. J. G./Molés, E. R. 2001: The Spanish "Autonomic State", in: Rose, J. /Traut, J. Ch. (Hg.), 179-192.
Morata, F./Muñoz, X. 1996: Vying for European Funds: Territorial Restructuring in Spain, in: Hooghe, L. (Hg.), 195-218.
Moravcsik, A. 1993: Preferences and Power in the European Community: A Liberal Intergouvermentalist Approach, in: Journal of Common Market Studies, 31/4: 473-524.
Moravcsik A./Vachudova M. A. 2003: National Interests, State Power, and EU Enlargement, in: East European Politics and Societies, 17/1: 42-57.
Moreno L. 1988: Scotland and Catalonia: The Path to Home Rule, in: Scottish Government Yearbook 1988 (hg. von McCrone, D. und Brown, A.), Edinburgh, 166-181.
Moreno, L. 2002: Decentralization in Spain, in: Regional Studies, 36/4: 399-408.
Moreno, L./Arriba, A. 1999: Welfare and Decentralization, in: EUI Working Papers EUF No. 99/8.
Morgan, K. 2002: The English Question: Regional Perspectives on a Fractured Nation, in: Regional Studies, 36/7: 797-810.
Morgan, K./Rees, G. 2001: Learning by doing: devolution and the governance of economic development in Wales, in: Chaney, P. et al. (Hg.), New Governance–New Democracy?, Cardiff.
Morlino, L. 1986: Consolidación democrática. Definición, modelos, hipótesis, in: Revista española de investigaciones sociológicas, 35: 7-62.
Morlino, L. 1998: Democracy Between Consolidation and Crisis, New York.
Morlino, L. 1999: Europeanization and Representation in Two Europes. Local Institutions and National Parties (Paper für den Workshop über „Multi-level Party Systems: The Reshaping of National Political Representation", EUI, Florenz, 16.-18. Dezember).
Morlino, L. 2002: Conclusion: The Europeanisation of Southern Europe, in: Costa Pinto, A./Severiano Teixera, N. (Hg.), 237-260.
Mueller, J. 1996: Democracy, Capitalism and the End of Transition, in: Mandelbaum, M. (Hg.), Post-Communism: Four Perspectives, New York, 102-167.
Müller-Rommel, F./Fettelschoss, K./Harfst, Ph. 2004: Party Government in Central Eastern European Democracies: A Data Collection (1990–2003), in: European Journal of Political Research, 43: 869-893.

Münter, M. 2006: Devolution für Schottland und Wales: Die asymmetrische Dezentralisierung Großbritanniens, in: Berg, S./Kaiser, A. (Hg.), 61-93.
Mync, A. 2001: Processes of Democratization and Decentralization in Poland, in: Rose, J./Traut, Ch. (Hg.), 235-258.
Nairn, T. 2001: Pariah kingdom, openDemocracy, 4. Juni.
Neunreither, E. B. 2001: Die Interessenvertretung der Regionen bei der Europäischen Union. Deutsche Länder, spanische autonome Gemeinschaften und französische Regionen, Frankfurt a. M.
Newman, J. 2001: Modernizing governance: New Labour, policy and society, London.
Niklasson, T. 1994: The Soviet Union and Eastern Europe. Interactions between domestic change and foreign policy, in Pridham, G. /Vanhanen, T. (Hg.), 191-219.
Nohlen, D. 1969: Spanien, in: Sternberger, D./Vogel, B. (Hg.), Die Wahl der Parlamente und anderer Staatsorgane. Ein Handbuch (Band I: Europa, Zweiter Halbband), Berlin, 1229-1284.
Nohlen, D. 1970: Spanischer Parlamentarismus im 19. Jahrhundert. Régimen parlamentario und parlamentarische Regierung, Meisenheim am Glan.
Nohlen, D. (Hg.) 1991a: Descentralización política y consolidación democrática. Europa-América del Sur, Madrid.
Nohlen, D. 1991b: Descentralización política. Perspectivas comparadas, in: ders. (Hg.), 357-369.
Nohlen, D. 2005: Entwicklungstheorie und Transitionsforschung. Ein ressourcenorientierter Theorievergleich, in: Engel, U. et al., Navigieren in der Weltgesellschaft, Münster, 313-335.
Nohlen, D. 2010a: Area approach, in: Nohlen, D./Schultze, R.-O. (Hg.), 37.
Nohlen, D. 2010b: Systemwechsel, in: Nohlen, D./Schultze, R.-O. (Hg.), 1076-1079.
Nohlen, D. 2010c: Transitionsforschung, in: Nohlen, D./Schultze, R.-O. (Hg.), 1108-1109.
Nohlen, D. 2010d: Vergleichende Methode, in: Nohlen, D./Schultze, R.-O. (Hg.), 1151-1161.
Nohlen, D. /Gonzáles Encinar, J. J. (Hg.) 1992: Der Staat der Autonomen Gemeinschaften in Spanien, Opladen.
Nohlen, D./Hildenbrand, A. 1988: Politische Dezentralisierung in Spanien: Ergebnisse und Probleme der Bildung des Autonomiestaats, in: Zeitschrift für Parlamentsfragen, 19: 323-334.
Nohlen, D./Hildenbrand, A. 1992: Regionalismus und politische Dezentralisierung in Spanien, in: Nohlen, D./González Encinar, J. J. (Hg.), 9-44.
Nohlen, D./Hildenbrand, A. 2005: Spanien. Wirtschaft - Gesellschaft - Politik. Ein Studienbuch, Wiesbaden.
Nohlen, D./Kasapovic, M. 1996: Wahlsysteme und Systemwechsel in Osteuropa. Genese, Auswirkungen und Reform politischer Institutionen, Opladen.
Nohlen, D./Schultze, R.-O. (Hg.) [4]2010: Lexikon der Politikwissenschaft, München.
Nohlen, D./Solari, A. (Hg.) 1988: Reforma política y consolidación democrática. Europa y América Latina, Caracas.
Norton, A. 1994: International Handbook of Local and Regional Government. A Comparative Analysis of Advanced Democracies, Aldershot.

Nowacki, K. 2002: Grundsätze der Entstehung und der Organisation von lokaler Verwaltung und der territorialen Selbstverwaltung in Polen, in: Knopp, L./Nowacki, K./Wrede, S. (Hg.), Kommunale Selbstverwaltung in Deutschland und Polen – zugleich ein Beitrag zur EU-Osterweiterung, Cottbus, 14-32.
Nunberg, B. (Hg.) 1999a: The State After Communism. Administrative Transitions in Central and Eastern Europe, Washington, D.C.
Nunberg, B. 1999b: Administrative Change in Central and Eastern Europe, in: dies. (Hg.), 237-272.
Nunberg, B./Barbone, L. 1999: Breaking Administrative Deadlock in Poland: Internal Obstacles and External Incentives, in: Nunberg, B. 1999 (Hg.), 7-51.
O'Donnell, G./Schmitter, Ph. C. 1986: Transitions from Authoritarian Rule: Tentative Conclusions about Uncertain Democracies, Baltimore.
O'Dwyer, C. 2006: Reforming Regional Governance in East Central Europe: Europeanization or Domestic Politics as Usual?, in: East European Politics and Societies, 20/2: 219-253.
Offe, C. 1996: Designing Institutions in East European Transitions, in: Goodin, R. E. (Hg.), The Theory of Institutional Design, Cambridge, 199-226.
Offe, C. 1998: Die politisch-kulturelle "Innenseite" der Konsolidierung. Eine Anmerkung über Besonderheiten der postkommunistischen Transformation, in: Wagener, H.-J./Fritz, H. (Hg.), Im Osten was Neues. Aspekte der EU-Osterweiterung, Bonn, 100-114.
Olsen, J. P. 2002: The Many Faces of Europeanization, in: Journal of Common Market Studies, 40/5: 921-952
O'Neill, M. 2000: Great Britain: From Dicey to Devolution, in: Parliamentary Affairs, 53: 69-95.
Öniş, Z. 2004: Diverse but Converging Paths to European Union Membership: Poland and Turkey in Comparative Perspective, in: East European Politics and Societies, 18/3: 484-512.
Orr, K. 2005: Interpreting Narratives of Local Government Change under the Conservatives and New Labour, in: British Journal of Politics and International Relations, 7: 371-385.
Osmond, J. 2001: In Search of Stability. Coalition Politics in the Second Year of the National Assembly for Wales, in: Trench, A. (Hg.), 13-44.
Osmond, J. 2003: From Corporate Body to Virtual Parliament, in: Hazell, A. (Hg.), 13-47.
Ost, D. 1990: Solidarity and Politics of Anti-Politics, Philadelphia.
Paczkowski, A. 1993: Stalinizacja Europy Srodkowo-Wschoniej i casus Polski, in: Obóz, 28: 61.
Page, E. C. 1991: Localism and Centralism in Europe. The Political and Legal Bases of Local Self-Government, New York.
Page, E. C. ^{2}1993: Political Authority and Bureaucratic Power, New York u. a.
Page, E. C./Goldsmith, M. J. (Hg.) 1987a: Central and Local Government Relations: A Comparative Analysis of West European Unitary States, London.
Page, E. C./Goldsmith, M. J. 1987b: Centre and Locality: Functions, Access and Discretion, in: dies. (Hg.), 1-11.

Parsons, T. 1969: Das Problem des Strukturwandels: eine theoretische Skizze, in: Zapf, W. (Hg.), Theorien des sozialen Wandels, Köln/Berlin, 35-54.
Pasquino, G. 1990: Party elites and democratic consolidation: cross-national comparison of southern European experience, in: Pridham, G. (Hg.), 42-61.
Pasquino, G. 2002: Democratic Consolidation: Between Institutional Engineering and International Support, in: West European Politics, 25/4: 229-236.
Pereira Castañares, J. C./Moreno Juste, A. 2002: Spain: in the Centre or on the Periphery of Europe?, in: Costa Pinto, A./Severiano Teixera, N. (Hg.), 41-80.
Pérez González, M. 1992: Autonome Gemeinschaften und EG: Die interne Anwendung des europäischen Gemeinschaftsrechts, in: Nohlen, D./González Encinar, J. J. (Hg.), 177-198.
Pérez Ledesma, M. 1994: Una dictadura "por la gracia de Dios", in: Historia Social 20, (1994): 173-193.
Pérez Royo, J. 1992: Die Verteilung der Kompetenzen zwischen Staat und Autonomen Gemeinschaften, in: Nohlen, D./González Encinar, J. J. (Hg.), 103-124.
Pitt-Rivers, J. 1954: The People of the Sierra, London.
Pogorelis, R. et al. 2005: Issue Salience in Regional and National Party Manifestos in the UK, in: West European Politics, 28/5: 992-1014.
Poznanski, K. 1996: Poland's Protracted Transition, Cambridge.
Pridham, G. (Hg.) 1990: Securing Democracy. Political Parties and Democratic Consolidation in Southern Europe, London.
Pridham, G. 1994: Democratic transitions in theory and practice: Southern European lessons for Eastern Europe, in: Pridham, G. /Vanhanen, T. (Hg.), 15-37.
Pridham, G. 2002a: The European Union's Democratic Conditionality and Domestic Politics in Slovakia, in: Europe-Asia Studies, 54/2: 203-227.
Pridham, G. 2002b: EU Enlargement and Consolidating Democracy in Post-Communist States – Formality and Reality, in: Journal of Common Market Studies, 40/3: 953-973.
Pridham, G./Herring, E./Sanford, G. (Hg.) 1997: Building Democracy? The International Dimension of Democratisation in Eastern Europe, London/Washington.
Pridham, G./Vanhanen, T. (Hg.) 1994: Democratization in Eastern Europe. Domestic and International Perspectives, London.
Przeworski, A. 1992: Democracy and the Market. Political and Economic Reform in Eastern Europe and Latin America, Cambridge.
Puhle, H.-J. 1994: Transitions, Demokratisierung und Transformationsprozesse in Südeuropa, in: Merkel, W. (Hg.), 173-194.
Puhle, H.-J. 1997: Politische Parteien und demokratische Konsolidierung in Südeuropa, in: Merkel, W./Sandschneider, E. (Hg.), 173-194.
Pye, L. W. (Hg.) 1975: Political Science and Area Studies, Bloomington.
Radaelli, C. M. 2000: Whither Europeanization? Concept stretching and substantive change, in: European Integration online Papers (EIoP) 4/8 (http://eiop.or.at/eiop/texte/2000-008a.htm).
Ragin, Ch. 1987: The Comparative Method. Moving Beyond Qualitative and Quantitative Strategies, Berkeley.

Rawlings, R. 2003: Delineating Wales: Constitutional, Legal and Administrative Aspects of National Devolution, Cardiff.
Regan, D. 1980: The Headless State: The Unaccountable Executive in Local Government, Nottingham.
Regulska, J. 1998: Local Government Reform, in: Staar, R. (Hg.), Transition to Democracy in Poland, New York, 113-132.
Regulski, J./Kocan, W. 1994: From communism towards democracy: Local government reform in Poland, in: Bennett, R. J. (Hg.), 41-66.
Rhodes, R. A. W. 1980: Developed Countries, in: Rowat, D. C. (Hg.), International Handbook on Local Government Reorganisation. Contemporary Developments, London, 563-581.
Richard Commission (Commission on the Powers and Electoral Arrangements of the National Assembly for Wales) 2004: Report of the Richard Commission, Cardiff.
Richardson, H. W. 1975: Regional Development Policy and Regional Planning in Spain, Westmead u. a.
Richter, M. 1992: Sozialistische Autonomieprogrammatik und -politik bis zum 31. Parteitag des PSOE, in: Nohlen, D./González Encinar, J. J. (Hg.), 45-74.
Roccas, M./Padoa-Schioppa, T. 2001: Economic Change and the Process of Democratization in Southern Europe, in: Gibson, H. D. (Hg.), Economic Transformation, Democratization and Integration into the European Union. Southern Europe in Comparative Perspective, Houndmills, 30-74.
Roller, E. 2002: Reforming the Spanish Senate: Mission Impossible?, in: West European Politics, 25/4: 69-92.
Roller, E./Sloat, A. 2002: The Impact of Europeanisation on Regional Governance: a Study of Europeanisation on Regional Governance: a Study of Catalonia and Scotland, in: Public Policy and Administration, 17/2: 68-86.
Rose, R./Munro, N. 2010: United Kingdom, in Nohlen, D./Stöver, P. (Hg.), Elections in Europe. A Data Handbook, Baden-Baden, 2001-2034.
Rose, J. /Traut, J. Ch. (Hg.) 2001: Federalism and Decentralization. Perspectives for the Transformation Process in Eastern and Central Europe, Hamburg.
Rüb, F. W. 1994: Die Herausbildung politischer Institutionen in Demokratisierungsprozessen, in: Merkel, W. (Hg.), 111-137.
Rüb, F. W. 1995: Die drei Paradoxien der Konsolidierung, in: Wollmann, H./Wiesenthal, H./Bönker, F. (Hg.), 509-537.
Rüb, F. W. 1996: Zur Funktion und Bedeutung politischer Institutionen in Systemwechsel-prozessen. Eine vergleichende Betrachtung, in: Merkel, W./Sandschneider, E./Segert, D. (Hg.), Systemwechsel 2. Die Institutionalisierung der Demokratie, Opladen, 37-72.
Ruchniewicz, K. 2003: Zeitgeschichte in Polen nach 1989, in: Troebst, S. (Hg.), 39-69.
Rupp, M. A. 1999: The pre-accession strategy and the governmental structures of the Visegrad countries, in: Henderson, K. (Hg.), Back to Europe. Central and Eastern Europe and the European Union, London, 89-105.
Rustow, D. A. 1970: Transitions to Democracy: Toward a Dynamic Model, in: Comparative Politics, 2/3: 337-363.

Ryan, J. J. 2004: Decentralization and Democratic Instability: The Case of Costa Rica, in: Public Administration Review, 64/1: 81-91.
Sachs, J. 1993: Poland's Jump to the Market Economy, Cambridge.
Sakwa, R. 1999: Postcommunism, Buckingham u. a.
Sanford, G. 1997: Communism's weakest link – democratic capitalism's greatest challenge, in: Pridham, G./Herring, E./Sanford, G. (Hg.), 170-196.
Sandford 2011: The abolition of regional government (Standard Note, Parliament and Constitution Centre 05842, 17. März 2011).
Sartori, G. 1970: Concept Misformation in Comparative Politics, in: The American Political Science Review, 64/4: 1033-1053.
Schaub, M. 2000: European Regional Policy. The Impact of Structural Transfers and the Partnership Principle since the 1988 Reform, Chur/Zürich.
Schmidt, M. G. 1996: Der Januskopf der Transformationsperiode. Kontinuität und Wandel der Demokratietheorien, in: Beyme, K. von/Offe, C. (Hg.), Politische Theorien in der Ära der Transformation (PVS-Sonderheft 26/1995), Opladen, 182-210.
Schmidt, M. G. 2003: Vergleichende Analyse politischer Systeme, in: Münkler, H. (Hg.), Politikwissenschaft, Reinbek bei Hamburg, 172-207.
Schmidt, M. G. ^{5}2010: Demokratietheorien, Bonn.
Schmidt, V. A. 2001: Europeanization and the Mechanics of Economic Policy Adjustment, in: European Integration online Papers 5/6 (http://eiop.or.at/eiop/texte/2001-006a.htm).
Schmitter, Ph. C. 1992a: The Consolidation of Democracy and Representation of Social Groups, in: American Behavioral Scientist, 35: 422-449.
Schmitter, Ph. C. 1992b: Interest Systems and the Consolidation of Democracies, in: Marks, G/Diamonds, L. (Hg.), Re-examining Democracy, Beverly Hills.
Schmitter, Ph. C. 1999: Organisierte Interessen und die Konsolidierung der Demokratie in Südeuropa, in: Merkel, W./Sandschneider, E. (Hg.), Systemwechsel 5. Die Rolle von Verbänden im Transformationsprozeß, Opladen, 45-82.
Schoch, F. (Hg.) 1995: Das Verwaltungsrecht als Element der europäischen Integration, Stuttgart u. a.
Seldon, A. 2001: The Blair Effect. The First Blair Government, 1997-2001, London.
Sharman, J. C. 2003: Agrarian Politics in Eastern Europe in the Shadow of EU Accession, in: European Union Politics, 4: 447-471.
Sharpe, L. J. 2001: Regionalism in the United Kingdom, in: Rose, J./Traut, J. Ch. (Hg.), 155-170.
Smolar, A. 1999: Vergangenheitspolitik nach 1989. Eine vergleichende Zwischenbilanz, in: Transit, 18 (Winter 1999/2000): 81-101.
Solé-Vilanova, J. 1989: Spain: developments in regional and local government, in: Bennett, R. J. (Hg.), 205-229.
Solé-Vilanova, J. 1994: Instituting a decentralization to regional and local governments in Spain: Barcelona and rural areas in Catalonia, in: Bennett, R. J. (Hg.), 375-391.
Sorens, J. 2004: Globalization, Secessionism, and Autonomy, in: Electoral Studies, 23/4: 727-752.
Sosa Wagner, F. 1988: Die spanische Gemeindeverwaltung, in: Erichsen, H.-U./Hoppe, W./Leidinger, A. (Hg.), 120-134.

Staar, R. (Hg.) 1998: Transition to Democracy in Poland, Basingstoke.
Stanger, A. 2004: How Important are New Constitutions for Democratic Consolidation? Lessons from the Post-communist States, in: Democratization, 11/3: 1-26.
Stark, D./Bruszt, L. 1998: Postsocialist Pathways: Transforming Politics and Property in East Central Europe, Cambridge.
Stewart, J. 1993: The limitations of government by contract, in: Public Money and Management, 13/3: 114-130.
Stoker, G. 2002: Life is a lottery: New Labour's strategy for the reform of devolved governance, in: Public Administration, 80/3: 417-434.
Stolz, K. 2006: Devolution und politische Karrieren: Institutionelle Modernisierung und ihre nicht-intendierten Konsequenzen, in: Berg, S./Kaiser, A. (Hg.), S. 94-118.
Sturm, R. 1981: Nationalismus in Schottland und Wales. Eine Analyse seiner Ursachen und Konsequenzen, Bochum.
Sturm, R. 1999: Großbritannien heute. Ist das Modell der Westminster-Demokratie am Ende?, in: Merkel, W./Busch, A. (Hg.), Demokratie in Ost und West, Frankfurt a. M., 210-224.
Sturm, R. 2007: Vier Nationen im United Kingdom, in: Kastendiek, H./Sturm, R. (Hg.), Länderbericht Großbritannien, Opladen/Farmington Hills, 53-74.
Sturm, R. 2009: Politik in Großbritannien, Wiesbaden.
Subirats, J./Gallego, R. 2002: El análisis del rendimiento institucional: teoría y aplicación a las comunidades autónomas, in: Subirats, J./Gallego, R. (Hg.), Veinte años de autonomías en España: leyes, políticas públicas, instituciones y opinión pública, Madrid, 3-27.
Surazska, W. 1993: Local Government in Poland. Political Failure and Economic Success, in: Goetz, E. G./Clarke, S. E. (Hg.): The New Localism. Comparative Urban Politics in a Global Era, Newbury Park, 83-101.
Surazska, W. 1996: Theoretical perspectives on Central Europe, in: Czech Sociological Review, 4: 3-17.
Sutcliffe, J. B. 2000: The 1999 reform of the structural fund regulations: multi-level governance or renationalization?, in: Journal of European Public Policy, 7/2: 290-309.
Swianiewicz, P. 1990: Local Government in Poland. The Transition from the Real-Socialism Model to the Local Democracy, in: Kukliński, A./Jałowiecki, B. 1990 (Hg.), 277-301.
Szczerbiak, A. 2001: Polish Public Opinion. Explaining Declining Support for EU Membership, in: Journal of Common Market Studies, 39/1: 105-122.
Szczerbiak, A. 2003: Old and New Divisions in Polish Politics: Polish Parties' Electoral Strategies and Bases of Support, in: Europe-Asia Studies, 55/5: 729-746.
Taras, R. 1995: Consolidating Democracy in Poland, Boulder.
Taras, R. 1997: Postcommunist Presidents, Cambridge.
Taras, R. 1998: Voters, Parties, and Leaders, in: Staar, R. (Hg.), 47-73.
Taras, W. 1993: Changes in Polish Public Administration, in: Hesse, J. J. (Hg.), 13-32.
Thedieck, F. 1999: Governance and Decentralisation, in: Corkery, J. (Hg.), 153-172.
Thedieck, F. 2000: Dezentralisierung und kommunale Selbstverwaltung in der Entwicklungszusammenarbeit. Bilanz und Perspektiven aus der Sicht der Wissenschaft. Vier Fragen und ein Denkanstoß, in: KAS-Auslandsinformationen, 10: 63-72.

Thelen, K./Steinmo, S. 1992 Historical Institutionalism in Comparative Politics, in: Steinmo, S./Thelen, K./Longstreth, F. (Hg.), Structuring Politics, Cambridge, 1-32.
Thibaut, B. 1996: Präsidentialismus und Demokratie in Lateinamerika (Dissertation), Opladen.
Tomaney, J. 2001: Reshaping the English Regions, in: Trench, A. (Hg.), 107-134.
Tomaney, J./Hetherington, P. 2003: England Arisen?, in: Hazell, A. (Hg.), 49-77.
Traut, J. Ch. 2001: Conclusion, in: Rose, J./Traut, J. Ch. (Hg.), 361-365.
Trench, A. (Hg.) 2001a: The State of the Nations. The Second Year of Devolution in the United Kingdom, Thorverton u. a.
Trench, A. 2001b: Introduction: Devolution's Second Year. But Mountains Left to Climb?, in: ders. (Hg.), 1-11.
Trench, A. 2001c: Intergovernmental Relations a Year On. Whitehall still Rules UK?, in: ders. (Hg.), 153-174.
Troebst, S. (Hg.) 2003a: Diktaturbewältigung, Erinnerungspolitik und Geschichtskultur in Polen und Spanien (Jahrbuch für Europäische Geschichte, Bd. 4), München.
Troebst, S. 2003b: „Diktaturerinnerungsvergleich". Zur Einführung, in: ders. (Hg.), 1-10.
Tusell, J. 1997: La transición española. La recuperación de las libertades, Madrid.
Vallès, J. M. 1991: Sistema electoral y democracia representativa: nota sobre la Ley Orgánica del Régimen Electoral General de 1985 y su función política, in: Revista de Estudios Políticos, 53: 7-28.
Vallès, J. M. 1992: Wieviele „Wahl-Spanien" gibt es? Territoriale Dimensionen der Wahlen im heutigen Spanien, in: Nohlen, D./González Encinar, J. J. (Hg.), 75-102.
Vallès, J. M./Nohlen, D. (2010): Spain, in: Nohlen, D./Stöver, P. (Hg.), Elections in Europe. A Data Handbook, Baden-Baden,1803-1840.
Vazquez Barquero, A./Hebbert, M. 1985: Spain: economy and state in transition, in: Hudson, R./Lewis, J. (Hg.), 284-308.
Verebelyi, I. 1993: Basics of Local Self-government, in: Marcou, G./Verebelyi, I. (Hg.), 13-32.
Vetter, A. 2002: Lokale Politik als Ressource der Demokratie in Europa? Lokale Autonomie, lokale Strukturen und die Einstellungen der Bürger zur lokalen Politik, Opladen.
de Vries, M. 2000: The rise and fall of decentralization: A comparative analysis of arguments and practices in European countries, in: European Journal of Political Research, 38: 193-224.
Wachendorfer-Schmidt, U. (Hg.) 2000: Federalism and Political Performance, London.
Walicki, A. 1984: The Main Components of the Situation in Poland: 1980-1983, Australian Journal of Political Science, 19/1: 4-17.
Wasilewski, J. 1998: Elite Circulation and Consolidation of Democracy in Poland, in: Higley, J./Pakulski, J./Wesolowski, W. (Hg.), Postcommunist Elites and Democracy in Eastern Europe, Basingstoke, 163-187.
Webb, S./Webb, B. 1924: English Local Government from the Revolution to the Municipal Corporations Act: The Parish and the County, London.
Weber, M. ^{5}1972: Wirtschaft und Gesellschaft: Grundriß der verstehenden Soziologie (besorgt von Johannes Winkelmann), Tübingen.
Wehling, H.-G. 1992: Kommunalpolitik, in: Schmidt, M.-G. (Hg.), Die westlichen Länder (Lexikon der Politik, Bd. 3), München, 181-190.

Welfe, W. 1999: Economic Past, Market Reforms in Poland and the Prospects of Growth in the 90's, in: Courbis, R./Welfe, W. (Hg.), Central and Eastern Europe on its Way to European Union, Frankfurt a. M., 71-122.

White, St./Batt, J./Lewis, P. G. (Hg.) 1998: Developments in Central and East European Politics 2, Houndmills u. a.

Whitehead, L. 1997: East-Central Europe in comparative perspective, in: Pridham, G./Herring, E./Sanford, G. (Hg.), 31-55.

Wiatr, J. J. 1983: Władza lokalna wobec kryzysu (Die lokale Verwaltung gegenüber der Krise), Warschau.

Wiatr, J. J. 1987: Władza lokalna w warunkach kryzysu (Die lokale Verwaltung im Rahmen der Krise), Warschau.

Wiatr, J. J. 2003: Polish local elites and democratic change, 1990–2002, in: Communist and Post-Communist Studies, 36: 373-383.

Wilford, R./Wilson, R. 2003: Northern Ireland: Valedictory?, in: Hazell, A. (Hg.), 79-117.

Wollmann, H. 1995: Variationen institutioneller Transformation in sozialistischen Ländern: Die (Wieder-) Einführung der kommunalen Selbstverwaltung in Ostdeutschland, Ungarn, Polen und Rußland, in: Wollmann, H./Wiesenthal, H./Bönker, F. (Hg.), 554-596.

Wollmann, H. 1999a: Kommunalvertretungen: Verwaltungsorgane oder Parlamente?, in: Wollmann, H./Roth, R. (Hg.), 50-66.

Wollmann, H. 1999b: Entwicklungslinien lokaler Demokratie und kommunaler Selbstverwaltung im internationalen Vergleich, in: Wollmann, H./Roth, R. (Hg.), 186-205.

Wollmann, H. 2004: Transformation der Regierungs- und Verwaltungsstrukturen in postkommunistischen Ländern: Zwischen „(Re)Politisierung" und „Entpolitisierung", in: Benz, A./Siedentopf, H./Sommermann, K.-P. (Hg.), 575-592.

Wollmann, H./Roth, R. (Hg.) 1999: Kommunalpolitik. Politisches Handeln in den Gemeinden, Opladen.

Wollmann, H./Lankina, T. 2003: Local Government in Poland and Hungary: from postcommunist reform towards EU accession, in: Baldersheim, H./Illner, M./Wollmann, H. (Hg.), 91-122.

Wollmann, H./Wiesenthal, H./Bönker, F. (Hg.) 1995: Transformation sozialistischer Gesellschaften: Am Ende des Anfangs (Leviathan Sonderheft 15), Opladen.

Wright, T./Gamble, A. 2001: Commentary. From Thatcher to Blair, in: Political Quarterly, 72/1: 1-4.

Wyrzykowski, M. 2001: The Major Features and Structural Problems of Institutional Design in States in Transition. What Kind of Strategy for Good Governance? Poland – A Case Study, in: Basta Fleiner, L. R./Swiderski, E. M. (Hg.) 2001: Democratic Transition and Consolidation in Central and Eastern Europe, Basel u. a., 95-114.

Wysocka, E./Kozinski, J. 1993: Regionalizacja polski – przestrzenne aspekty strategii rozwoju (Regionalisierung Polens – räumliche Aspekte der Entwicklungsstrategie). Samorzad Terytorialny 6.

Yoder, J. A. 2003: Decentralisation and Regionalisation after Communism: Administrative and Territorial Reform in Poland and the Czech Republic, in: Europe-Asia Studies 55/2: 263-286.

Zaborowski, M. 2005: Westernizing the East: External Influences in the Post-Communist Transformation of Eastern and Central Europe, in: Journal of Communist Studies and Transition Politics, 21/1: 16-32.

Zapf, W. 1994: Modernisierung, Wohlfahrtsentwicklung und Transformation: Soziologische Aufsätze 1987-1994, Berlin.

Ziemer, K. 1987: Polens Weg in die Krise. Eine politische Soziologie der „Ära Gierek", Frankfurt a. M.

Ziemer, K. ^{2}1989: Sozialistische Systeme (Pipers Wörterbuch zur Politik, hg. von D. Nohlen, Band 4), München.

Ziemer, K. 1999: Wie konsolidiert ist Polens Demokratie?, in: Merkel, W./Busch. A. (Hg.), 332-360.

Ziemer, K. 2003: Wahlen im postsozialistischen Polen, in: ders. (Hg.), Wahlen in postsozialistischen Staaten, Opladen, 155-188.

VS Forschung | VS Research
Neu im Programm Politik

Michaela Allgeier (Hrsg.)
Solidarität, Flexibilität, Selbsthilfe
Zur Modernität der Genossenschaftsidee
2011. 138 S. Br. EUR 39,95
ISBN 978-3-531-17598-0

Susanne von Hehl
Bildung, Betreuung und Erziehung als neue Aufgabe der Politik
Steuerungsaktivitäten in drei Bundesländern
2011. 406 S. (Familie und Familienwissenschaft) Br. EUR 49,95
ISBN 978-3-531-17850-9

Isabel Kneisler
Das italienische Parteiensystem im Wandel
2011. 289 S. Br. EUR 39,95
ISBN 978-3-531-17991-9

Frank Meerkamp
Die Quorenfrage im Volksgesetzgebungsverfahren
Bedeutung und Entwicklung
2011. 596 S. (Bürgergesellschaft und Demokratie Bd. 36) Br. EUR 39,95
ISBN 978-3-531-18064-9

Martin Schröder
Die Macht moralischer Argumente
Produktionsverlagerungen zwischen wirtschaftlichen Interessen und gesellschaftlicher Verantwortung
2011. 237 S. (Bürgergesellschaft und Demokratie Bd. 35) Br. EUR 39,95
ISBN 978-3-531-18058-8

Lilian Schwalb
Kreative Governance?
Public Private Partnerships in der lokalpolitischen Steuerung
2011. 301 S. (Bürgergesellschaft und Demokratie Bd. 37) Br. EUR 39,95
ISBN 978-3-531-18151-6

Kurt Beck / Jan Ziekow (Hrsg.)
Mehr Bürgerbeteiligung wagen
Wege zur Vitalisierung der Demokratie
2011. 214 S. Br. EUR 29,95
ISBN 978-3-531-17861-5

Erhältlich im Buchhandel oder beim Verlag.
Änderungen vorbehalten. Stand: Juli 2011.

Einfach bestellen:
SpringerDE-service@springer.com
tel +49 (0)6221 / 345–4301
springer-vs.de

Springer VS